[개정판]

변량분석과 회귀분석

박광배 지음

학지사
www.hakjisa.co.kr

개정판 머리말

변량분석과 회귀분석은 심리학 전공생들이 석사과정 첫해에 필수적으로 공부하는 자료분석 기법이다. 국내에서 집필된 교재가 많지 않고, 영어로 집필된 교재들은 대학원생들이 이해하기 어렵거나 행동/사회과학도들에게 꼭 필요하지 않은 내용들을 많이 포함하고 있어서, 필자는 대학원 강의를 해오면서 직접 작성한 원고를 교재삼아 사용하여 왔다. 그 원고가 해마다 조금씩 수정・보완되어 본서의 형태로 나오게 되었다.

한권의 책으로 변량분석과 회귀분석의 모든 내용을 설명하는 것은 쉬운 일이 아니다. 특히 행동/사회과학도들을 위한 대학원 교재로 사용되는 책의 경우에는 내용의 선별이 불가피하다. 본서의 초판 집필을 위하여 필자는 두 가지 자가 지침을 설정하였었는데, 첫째는 행동/사회과학을 공부하는 사람들이 통계, 분석적 내용을 이해하기 쉽도록 집필해야 한다는 것이고, 둘째는 한 학기 동안 공부하기에 과하거나 부족하지 않은 내용들을 선별한다는 것이었다. 본서의 초판 집필을 위하여 필자가 사용한 두 가지 자가 지침은 개정판의 집필에서도 여전히 중요한 지침으로 사용되었다. 다만 개정판에서는 초판에서 피상적으로 다루었던 내용 중 일부에 대하여 보다 상세한 설명을 첨가한 부분이 있고, 각 장의 구성을 좀더 조직화하려고 노력하였다. 또한 필자가 초판에서 범하였던 오류들 중에 몇 가지를 교정・수정하였다. 그러나 아직도 필자의 무지에 의한 오류가 많이 있을 것으로 생각되며, 이에 대하여 독자들의 질책을 기대한다.

초판에서는 통계적 자료처리를 위한 컴퓨터 소프트웨어의 사용법에 관하여 꼭 필요하다고 생각되는 부분에서 약간의 예시들이 포함되었다. 그러나 소프트웨어들이

해마다 개정되고 변화하므로 그러한 예시들이 무의미하다고 판단되고 또한 소프트웨어 사용법에 관한 많은 설명서들이 출판되고 있으므로 본 개정판에서는 모두 삭제하였다.

본서에는 각종 기호와 수학적 표현들이 많이 포함되어 있다. 이들의 표기를 위하여 국어학의 띄어쓰기 법에 충실하다 보면 혼동을 일으키는 경우가 많다. 따라서 이들의 표기를 위하여 국어학의 띄어쓰기 법보다는 시각적인 명료함을 의도적으로 더 우선시 하였다는 점을 밝혀둔다. 예를 들어, " $\sum$X에" 대신에 " $\sum$X 에" 라고 표기하였고, "1이" 대신에 "1 이" 라고 표기하였다. 또한 "기호(예를 들면 괄호)가" 대신에 "기호 (예를 들면 괄호) 가" 로 표기하였다. " $\sum$X에" 식의 표기는 한국어 문법에는 맞을지 몰라도, 수학공식표기법의 관점에서는 혼동가능성이 매우 높은 표기방식이다. 세계적으로 통용되는 수학공식표기의 원칙이 한국어 표기원칙보다 상위의 원칙이라고 사료되고, 특히 필자의 전공분야인 심리학의 관점에서 시각적인 명료함을 극대화하고, 혼동가능성을 최소화하기 위하여 기호, 외국어, 숫자가 국문과 혼합된 경우에는 언제나 같은 원칙에 의하여 띄어쓰기를 적용하였음을 주지하기 바란다.

초판에 이어 개정판의 출판을 쾌히 허락해주신 학지사의 김진환 사장님께 진심으로 감사드린다. 사랑하는 나의 위린에게 이 책을 헌사한다.

박 광 배

2003년 3월 청주에서

차 례

제1부 변량분석

제 1 장 기본 개념 ……………………………………………… 13

1. 인과관계 추정을 위한 세 가지 기본조건 / 14
2. 인과관계 추정을 위한 실험의 세 가지 기본요소 / 16
3. 변인과 요인 / 18
4. 실험설계의 유형 / 21

제 2 장 변산성과 F 분포 ……………………………………………… 29

1. 변산성 / 31
2. F 분포 / 48

제 3 장 일원변량분석 ……………………………………………… 61

1. 자승합의 분할 / 62
2. 자유도의 분할 / 65
3. 효과크기 / 67
4. 평균자승 / 69
5. 평균자승의 기댓값 / 70
6. 통계적 추론 / 78
7. 결과와 결론의 기술 / 81
8. 기본가정에 대한 검토 / 83

제 4 장 다중비교 ……………………………………………… 93

1. 대비의 개념 / 94
2. 직교대비의 개념 / 96
3. 직교대비분석 / 97
4. 경향분석 / 102
5. 사후비교 / 105

제 5 장 이원변량분석 ········ 119

1. 주 효과와 상호작용 효과 / 120 2. 자승합의 분할 / 125
3. 자유도 / 127
4. 평균자승과 평균자승의 기댓값 / 130
5. 고정모형, 무선모형, 혼합모형 / 131
6. 가설검증과 변량분석표 / 133 7. 효과크기 / 136
8. 결과해석 / 138 9. 기본가정에 대한 검토 / 147
10. 무선구획설계 / 151

제 6 장 삼원변량분석 ········ 159

1. 편차의 분할과 자승합의 분할 / 160
2. 자유도 / 163 3. 평균자승의 기댓값 / 163
4. 효과크기 / 164 5. 삼원상호작용 효과의 해석 / 165
6. 대비분석 / 167 7. 분석 예 / 168

제 7 장 반복측정설계 ········ 175

1. 일요인 반복측정설계 / 178 2. 대비분석 / 183
3. 합동대칭성 가정 / 187 4. 이요인 반복측정설계 / 195
5. 이요인 반복측정 변량분석을 위한 합동대칭성 지수 / 199
6. 반복측정설계의 요약 / 203

제 8 장 등지요인설계 ········ 209

1. 편차와 자승합의 분할 / 211 2. 자유도 / 214

3. 평균자승의 기댓값 / 214　　4. 대비분석 / 216
5. 둥지요인, 둥지튼 요인, 교차요인이 혼합된 실험설계 / 218

제 9 장 구획분할 교차요인설계 ····························· 227
1. 설계 예 / 228　　2. 전반적 검증을 위한 분석 / 230
3. 대비분석 / 233

제 10 장 라틴스퀘어 설계 ····························· 243
1. n=1 인 경우 / 244　　2. n>1 인 경우 / 252
3. 순서효과의 통제를 위한 균형화 설계 / 257

제 2 부 회귀분석

제 11 장 단순회귀모형 ····························· 265
1. 독립변인 없는 예측 / 267　　2. 회귀모형 / 269
3. 최소자승화 추정치 / 272　　4. 최소자승화 추정치의 속성 / 277
5. 결정계수와 상관계수 / 278　　6. 자유도 / 281
7. 평균자승과 모형 F / 282　　8. 평균자승의 기댓값 / 283
9. 변량분석표 / 286　　10. 기울기 계수의 안정성 / 286
11. 기울기 계수에 대한 t 검증 / 288
12. 단순회귀분석의 가정 / 289　　13. 이분독립변인 / 293

제 12 장 중다회귀모형 299

1. 모형 / 300
2. 중다회귀계수의 추정 / 303
3. 모형검증 / 309
4. 준여과상관자승 / 312
5. 중다회귀계수에 대한 가설검증 / 316
6. 위계분석 / 316
7. 다중공선성 / 318
8. 매개모형과 공통원인모형 / 320

제 13 장 경로모형 325

1. 경로모형 방정식 / 326
2. 계수산출 / 328

제 14 장 상호작용효과 335

1. 상호작용효과의 추정 / 336
2. 연속변인과 범주변인의 상호작용효과 / 341
3. 변인군의 상호작용효과 / 342

제 15 장 범주독립변인 345

1. 대비코딩 / 345
2. 참조코딩 / 348
3. 효과코딩 / 350
4. 교차요인설계 / 353
5. 불균형 교차요인설계 / 357

제 16 장 비직선형 관계 373

1. 다항회귀모형 / 374
2. 직교다항모형 / 378

제 17 장 로지스틱 회귀모형 ……………………………………………………………385

1. 이론적인 범주 확률분포 / 386
2. 연결함수 / 391
3. 로지스틱 회귀모형 / 396
4. 로지스틱 회귀계수의 추정 / 400
5. 통계적 검증 / 405
6. 로지스틱 회귀모형의 장점과 단점 / 409

제 3 부 공변량분석

제 18 장 공변량분석 ……………………………………………………………………415

1. 기본원리 / 417
2. 절차 / 421
3. 가설검증 / 423
4. 공변량분석표 / 424
5. 회귀선 기울기의 동일성 가정 / 426
6. 세 개 이상의 실험집단 차이 검증 / 426
7. 다중비교 / 430
8. 두 개 이상의 공변인 / 436

부록 / 442
참고문헌 / 445
연습문제 해답 / 451
찾아보기 / 483

제 1 부

변량분석

제 1 장　기본 개념
제 2 장　변산성과 F 분포
제 3 장　일원변량분석
제 4 장　다중비교
제 5 장　이원변량분석
제 6 장　삼원변량분석
제 7 장　반복측정설계
제 8 장　둥지요인설계
제 9 장　구획분할 교차요인설계
제 10 장　라틴스퀘어 설계

기본 개념 1

과학은 '옳은 질문' 에서부터 시작된다. 옳은 질문이란 그 질문에 대한 해답을 도출하는 과정을 명확하고 세밀하게 기술할 수 있는 질문을 말한다. 예를 들어 "인류는 결국 멸망할 것인가?" 라는 질문은 매우 중요한 질문이기는 하지만, 그것을 파악할 수 있는 방법이 분명하지 않으므로 옳은 질문이 아니다. 반면에 "태양을 등지고 소변보는 것이 지능을 향상시키는가?" 라는 질문은 비록 멍청하게 들릴지라도 과학적인 질문이다. 왜냐하면 그것을 파악할 수 있는 방법이 명확하기 때문이다. 간단히 말해서, 과학의 핵심은 방법적 절차의 명확성에 있다. '실험 (experiment)' 이란 이러한 과학적 방법의 일종으로서 한 가지 이상의 변인을 조작하고, 그 조작이 또 다른 한 변인에 대하여 어떤 효과를 초래하는지를 관찰하는 방법을 말한다.

'실험설계 (design of experiment)' 라고 불리는 연구방법론 분야는 1921 년과 1925 년 사이에 R. A. Fisher 에 의해 발전한 이후 (Fisher & MacKenzie, 1923; Fisher, 1925), 농학, 생물학, 의학 등의 자연과학뿐만 아니라 심리학, 교육학, 인류학 등의 행동/사회과학 발전에 지대한 역할을 하고 있다. 실험설계와 그 결과를 통계적으로 분석하기 위하여 역시 Fisher 에 의해 발전한 '변량분석 (Analysis of Variance)' 은 서로 불가분의 관계를 가진다. 변량분석은 그것이 발전하기 시작한 초창기에는 주로 농학과 생물학 실험의 자료를 분석하기 위하여 많이 사용되었다. 심리학 분야에서 최초로 변량분석을 사용한 연구논문은 두 개의 학교에서 해마다 달라지는 학생들의 지능평균을 비교한 Reitz (1934) 로 알려져 있다. 실험연구를 설계하기 위해서는 나중에 실험결과로서 수집될 자료를 어떻게 분석할지에 관한 명확한 판단과 이해를 필요로 하고, 반대로 변량분석을 하기 위해서는 그것에 적합하고 합당한 실험설계를 하여야 한다. 따라서 변량분석을 이해하는 것은 곧 실험설계를 이해하는 것이다.

1. 인과관계 추정을 위한 세 가지 기본조건

실험은 인과관계 (causal relationship) 를 파악하기 위한 혹은 추정하기 위한 과학적 방법이다. 인과관계를 추정하기 위해서는 세 가지 기본조건들이 반드시 충족되어야 한다. 그런데 실험은 인과관계의 추정을 위해서 필요한 세 가지 기본조건들을 충족하도록 고안된 연구방법이다.

인과관계 추정을 위한 첫째 조건은 원인과 결과는 일관성이 있는 특정한 공변성 (covariation) 을 가져야 한다는 것이다. 즉, 원인이 생기거나, 사라지거나, 증가하거나, 감소하거나, 변화하면, 그에 따라서 결과에서도 일관된 변화가 발생하여야 한다. 이 조건을 편의상 '원인과 결과의 공변성' 이라고 지칭할 수 있다. 만약, 현상 A 가 변화하는데도 불구하고 다른 또 하나의 현상 B 에서 변화가 동반되지 않으면, 그 두 가지 현상들 사이에 인과관계가 존재하는지를 판단할 수 없다. 또한, 현상 A 가 발생할 때 현상 B 가 발생하기도 하고, 소멸하기도 한다면, 현상 A 와 현상 B 사이에 인과관계가 존재하는지를 판단할 수 없다. 즉, 인과관계 추정을 위한 공변성은 일관성이 있는 특정한 공변성이다. 현상 A 가 발생하면 현상 B 가 항상 발생하고, 현상 A 가 소멸하면 항상 현상 B 가 소멸한다면, 현상 A 와 현상 B 는 서로 인과관계를 가진다는 추론을 하기 위한 첫째 조건이 충족된다.

인과관계 추정을 위한 둘째 조건은 원인에서의 변화가 결과에서의 변화보다 시간적으로 먼저 발생하여야 한다는 것이다. 이 조건을 편의상 '원인의 선행성' 이라고 부를 수 있다. 두 가지 현상들이 서로 공변성을 가지지만 동시에 변화하는 경우에는 그 두 가지 현상들 중에서 어떤 것이 원인이고, 어떤 것이 결과인지를 구별할 수 없다. 예를 들어, 현상 A (원인) 가 먼저 변화할 때 현상 B (결과) 의 변화가 수반되지만, 현상 B 가 먼저 변화할 때 현상 A 가 공변하지 않는다면, 현상 A 가 현상 B 에 대한 원인이라는 추론을 하기 위한 둘째 조건이 충족된다. 즉, 현상 A 가 현상 B 에 대한 원인이라는 추정을 하기 위해서는, 현상 A 와 현상 B 가 공변하되, 그 공변성이 현상 A 가 먼저 변화할 때만 존재해야 하고, 현상 B 가 먼저 변화할 때는 존재하지 말아야 한다.

인과관계 추정을 위한 셋째 조건은 원인에서의 변화와 결과에서의 변화를 제외한 다른 모든 현상이 불변이어야 한다는 것이다. 이 조건을 편의상 '기타 현상의 불변성' 이라고 지칭할 수 있다. 현상 A 의 변화와 현상 C 의 변화가 동시에 발생하고, 그에 따라 현상 B 가 공변한다면, 현상 B 에 대한 원인이 현상 A 인지, 아니면 현상 C 인지를 구분할 수 없다. '기타 현상의 불변성' 이라는 조건은 인과관계가 존재하기 위한 조건이 아니라, 인과관계를 추정 혹은 파악하기 위한 조건이다. 인과관계가 존재하기 위해서는 다른 모든 현상이 불변일 필요가 없다. 자연계에는 분명히 무수히 많은 인과관계가 존재하지만, 다른 모든 현상이 불변인 경우는 존재하지 않는다. 그러나 인과관계를 추정 혹은 파악하기 위해서는 이 조건이 필수적이다.

인과관계를 파악 혹은 추정하기 위해서는 세 가지 기본조건이 반드시 충족되어야 한다. 이 조건들이 충족되지 않으면 현상들 사이의 관계가 인과관계인지, 단순한 상관관계 (co-relationship) 인지, 실제로는 아무 관계가 없지만 마치 관계가 있는 것처럼 보이는 擬似관계 (spurious relationship) 인지, 아니면 다른 현상들에 의해 매개되는 간접적 관계인지 등을 구분할 수 없다. 그런데 첫째 조건 (원인과 결과의 공변성) 과 둘째 조건 (원인의 선행성) 은 자연계에 대한 단순관찰에서도 충족될 수 있는 조건들이다. 그러나 인과관계를 추정하기 위한 셋째 조건 (기타 현상의 불변성) 은 자연계에 대한 단순관찰을 통하여 충족시키기 어렵다. 왜냐하면 자연계에는 다른 모든 현상이 불변인 경우가 존재하지 않기 때문이다. 따라서 자연계에 대한 단순관찰을 통해서는 인과관계를 파악할 수 없다. 때때로 '오랜 경험' 등을 인과관계 추정에 대한 근거로 제시하는 경우가 있지만, 일반적으로 오랜 경험은 불특정 다수의 현상들이 함께 공변하는 '잡다한 경험' 과 구별되지 않으므로 인과관계 추정을 더 모호하게 할 뿐이다. 인과관계 추정을 위하여 필요한 것은 오랜 경험이 아니라 체계적으로 조직화된 경험이다. 체계적으로 조직화된 경험을 통하여 인과관계에 대한 추론을 하기 위해서 인간이 성공적으로 고안해낸 방법이 실험이다.

2. 인과관계 추정을 위한 실험의 세 가지 기본요소

모든 실험은 세 가지의 기본요소로 구성되는데, 이 세 가지 요소는 바로 인과관계의 추정을 위한 요소들이다. 따라서 세 가지 요소들 중에 하나라도 결여된 실험의 결과는 인과관계의 추정을 위하여 사용될 수 없다. 또한 이들 세 가지 기본요소는 실험의 타당성 혹은 실험연구의 우수성을 판단하는 일차적 기준이 된다. 즉, 이들 세 가지 기본요소들 각각이 실험에서 얼마나 잘 구현되었는가에 따라서 실험연구의 질 (quality) 이 판단될 수 있다.

인과관계 추정을 위한 실험의 세 가지 기본요소들 중에 첫 번째는 '조작 (manipulation)' 혹은 '처치 (treatment)' 이다. 연구자는 인과관계에서 원인이라고 생각되는 혹은 가정되는 현상을 인위적으로 변화시키는데, 이것을 조작 혹은 처치라고 부른다. 예를 들어, 태양을 등지고 소변보는 것이 지능을 향상시키는지를 규명하기 위한 실험에서 한번은 태양을 등지고 소변을 보고, 한번은 태양을 마주보고 소변을 보는 것을 조작 혹은 처치라고 부른다. 연구자의 인위적인 행위에 의해 이루어지는 조작 혹은 처치는 그 발생에 관한 불확실성이 완벽하게 배제된 변화이다. 따라서 실험에서 조작 혹은 처치가 잘 되었는가에 대한 판단은 조작 혹은 처치에 불확실성이 존재하는지의 여부에 의해 좌우된다. 즉, 인과관계에서 원인이라고 가정되는 현상에서 변화가 존재하는데, 그 변화가 연구자의 인위적인 조작 혹은 처치 이외에 다른 이유에 의해서 생길 수 있다면 그 실험은 불완전한 실험이 된다.

인과관계 추정을 위한 실험의 세 가지 기본요소들 중에 두 번째는 '측정 (measurement)' 혹은 '관찰 (observation)' 이다. 연구자는 인과관계에서 결과라고 생각되는 혹은 가정되는 현상을 측정하거나 혹은 관찰한다. 예를 들어, 태양을 등지고 소변보는 것이 지능을 향상시키는지를 규명하기 위한 실험에서 지능의 정도를 파악하는 것이 측정 혹은 관찰이다. 측정과 관찰은 신뢰롭고 타당하게 이루어져야 한다. 측정과 관찰의 신뢰도 (reliability) 란 같은 현상을 같은 방식으로 반복 측정 혹은 반복 관찰하는 경우에 같은 측정치 혹은 같은 관찰치가 얻어지는 정도를 말한다. 측정과 관찰의 타당도 (validity) 란 측정치 혹은 관찰치가 실제로 측정/관찰하고자 하는 것을 나타내는 정도를 말한다. 인과관계에서 결과라고 가정되는 현상에 대하여 신뢰도와 타당도가 낮은 방식으로 측정과 관찰이 이루어졌다면, 그 실험은 불완전한 실험이 된다.

인과관계 추정을 위한 실험의 세 가지 기본요소들 중에 세 번째는 '통제 (control)' 이다. 통제란 실험에서 연구자가 인위적으로 조작/처치하는 현상과 연구자에 의해 측정/관찰되는 현상 이외의 모든 다른 현상들을 변화하지 않도록 고정시키는 것을 말한다. 예를 들어, 태양을 등지고 소변보는 것이 지능을 향상시키는지를 규명하기 위한 실험에서 '소변보는 방향' 은 연구자가 인위적으로 조작/처치해야 하는 현상이고, 지능은 연구자에 의해 측정/관찰되어야 하는 현상이라면, '소변보는 횟수' 는 통제되어야 하는 현상이다. 만약 연구자가 태양을 마주보고 소변을 본 후에 자신의 지능을 측정하고 나서, 그 다음에는 태양을 등지고 소변을 본 후에 자신의 지능을 다시 측정하였더니, 두 번째 측정에서 지능이 월등히 높은 것으로 나타났다면, 지능을 향상시킨 원인이 소변보는 방향일 수도 있지만, 소변보는 횟수일 수도 있다. 이와 같은 인과관계 추정의 모호성을 배제하기 위해서는 소변보는 횟수가 변화하지 않도록 혹은 고정되도록 통제하여야 한다. 그런데 이와 같이 인과관계 추정을 위하여 통제되어야할 현상들은 무수히 많을 수 있다. 인과관계 추정이 어려운 이유가 바로 여기에 있다.

모든 실험은 조작/처치, 측정/관찰, 그리고 통제의 세 가지 기본요소로 구성된다. 실험에서는 원인이라고 가정되는 현상에 대한 조작/처치가 결과라고 가정되는 현상에 대한 측정/관찰에 언제나 선행하여 먼저 이루어진다. 따라서 인과관계 추정을 위한 '원인의 선행성' 조건이 충족된다. 또한 실험에서는 조작/처치되는 현상과 측정/관찰되는 현상 사이의 공변성이 소위 '통계적 분석 (statistical analysis)' 을 통하여 검증된다. 통계적 분석을 통하여 원인과 결과의 공변성이 확인되면, 인과관계 추정을 위한 '원인과 결과의 공변성' 조건이 충족된다. 마지막으로, 실험에서는 연구자가 인위적으로 조작/처치하는 현상과 연구자에 의해 측정/관찰되는 현상 이외의 다른 현상들이 변화하지 않도록 통제된다. 이 통제가 적절하다고 판단되면, 인과관계 추정을 위한 '기타 현상의 불변성' 조건이 (부분적으로) 충족된다.

실험에서 얻어진 자료를 분석하는 통계적 방법으로 발전한 변량분석은 인과관계 추정을 위한 3 가지 기본조건들 중에 오직 '원인과 결과의 공변성' 여부를 확인하기 위한 도구이다. 따라서 변량분석 자체는 인과관계 추정에 대하여 무능하다. 인과관계 추정은 변량분석 등의 통계적 도구 혹은 분석에 의해 이루어지는 것이 아니고, 보다 포괄적인 실험연구 설계에 의해 가능하다는 점을 유념해야 한다.

3. 변인과 요인

실험에서 연구자가 조작/처치하거나, 측정/관찰하거나, 통제하는 현상들을 모두 통틀어 '변인 (variable)' 이라고 부른다 (때로는 일본 용어를 직역하여 '변수' 라고 부르기도 한다). 이 변인들은 실험에서의 역할과 기능에 따라 각기 다르게 지칭된다.

1) 독립변인, 처치변인, 분류변인

변인들 중 인과관계에서 원인이 될 것으로 간주되어 연구자에 의해 조작/처치되는 것들을 '독립변인 (independent variable)', '처치변인 (treatment variable)' 혹은 '분류변인 (classification variable)' 이라고 부른다. 한 실험 내에서 이 변인들은 다른 변인들의 영향을 받지 않고, 그 대신 연구자에 의해 조작되므로 독립변인이라고 지칭된다. 이것이 바로 독립변인이 원인으로 간주될 수 있는 논리적 근거이다. 독립변인 값의 이러한 인위적 조작에 의하여, 그 독립변인의 값이 다른 변인의 값과 공변하는 경우에 연구자는 독립변인이 그것과 공변하는 다른 변인의 '결과' 가 아니라는 것을 확신할 수 있다. 만약 두변인의 관계가 인과관계라면, 연구자에 의하여 값이 계획적으로 조작된 독립변인이 원인일 수밖에 없기 때문이다. 그런데 '연구자에 의한 조작' 이란 흔히 약물투여, 자극제시, 환경조성, 교육실시, 신체부위 혹은 심리적 욕구의 제거 등과 같이 피험자에 대한 실험적 처치 혹은 인위적 조작을 포함하므로 처치변인이라고 불리기도 한다. 또한 각기 다른 처치조건에 피험자가 할당되고, 그로 인하여 처치집단이 분류되거나, 연구자가 미리 설정한 기준 (예를 들면 성별) 에 의하여 피험자들이 집단화되므로 분류변인이라고 불리기도 한다. 따라서 '실험조작' 이라는 개념은 두 가지 의미를 함축하는데, 첫째는 처치의 내용 (예를 들면 투여약물의 종류와 양) 을 정하여 실시하는 것이고, 둘째는 각기 다른 처치상황 혹은 조건에 피험자를 어떻게 할당할 것인가 (예를 들면, 각 조건에 다른 피험자들을 할당할 것인가, 아니면 동일한 피험자들을 다른 조건들에서 반복적으로 관찰할 것인가) 를 결정하는 것이다.

2) 요 인

경우에 따라서는 인과관계에서 원인으로 간주되는 변인이 연구자에 의해 조작되지 않고, 자연적으로 존재하는 속성 (예를 들어 성별, 연령 등) 인 경우도 있다. 이런 경우, 연구자는 자연적으로 존재하는 속성을 단지 이용하여 실험집단을 구성할 뿐이므로 독립변인 혹은 처치변인이라는 용어는 다소 어색해진다. 따라서 실험에서 원인으로 간주되는 변인을 지칭하기 위한 보다 일반적이고 포괄적인 용어로써 소위 '요인 (factor)' 이라는 용어가 많이 사용된다. 한 개의 실험에서 한 개의 원인변인이 고찰되었다면 그 실험설계를 '일요인 실험설계 (one-factor experimental design)' 라고 부르고, 두 개의 원인변인이 고찰되었다면 '이요인 실험설계 (two-factor experimental design)' 라고 부른다.

간단히 말해서, 요인은 실험에서 원인으로 간주되는 변인이다. 그런데 이 요인은 거의 언제나 범주변인 (categorical variable), 유목변인 (nominal variable) 혹은 질적 변인 (qualitative variable) 이다. 즉, 변인의 값이 서열 (order) 이나 양 (quantity) 혹은 정도 (degree) 의 의미를 가지지 않는 것으로 간주된다. 요인의 값을 '수준 (level)' 이라고 부르는데, 각 수준들은 서로 질적인 차이를 가질 뿐이고, 수준 2 가 수준 1 보다 더 크거나 작다는 것을 의미하지 않는다. 예를 들어, 알코올이 판단력에 미치는 영향을 파악하기 위한 실험에서 세 집단의 피험자들에게 각각 0.5 g/kg, 1.0 g/kg, 1.5 g/kg 의 알코올을 섭취시켰다면, 이 실험의 독립변인은 섭취한 알코올의 양이고, 이 독립변인은 3 개의 수준을 가진다. 비록 독립변인이 알코올의 양에 의해 조작되었지만, 이 실험의 자료를 분석하기 위한 변량분석에서는 3 개의 수준이 각기 질적으로 다른 수준들인 것으로 간주한다. 따라서 0.5 g/kg을 섭취한 집단이 첫 번째 집단으로 간주되건 혹은 마지막 집단으로 간주되건 동일한 결과가 산출된다. 왜냐하면 수준들 사이의 서열이나 순서는 변량분석에서 의미가 없기 때문이다.

요인의 수준들 사이의 관계에 대한 이러한 범주적, 질적 가정은 변량분석이라는 통계분석방법의 한 가지 특징이며, 수학적 연산과정과 통계적 개념의 동질성에도 불구하고 변량분석이 회귀분석 (regression analysis) 과 구별되는 핵심적 요소이다. 회귀분석은 요인의 수준들이 서로 서열, 양 혹은 정도의 차이를 가진다고 가정하는 분석방법이다. 따라서 회귀분석에서는 0.5 g/kg 집단이 첫 번째 집단으로 간주되는 경우와 1.0 g/kg 집단이 첫 번째 집단으로 간주되는 경우에 다른 결과가 산출된다. 왜냐하면 회귀분석에서는 독립변인의 수준들 사이의 서열과 순서가 매우 중요하기 때문이다. 변량분석과 회귀분석의 이러한 개념적 차이는 그들의 결과를 해석하는데 매우 중요한 의미를 가진다.

3) 종속변인, 반응변인, 측정변인

한 실험 내에서 인과관계의 '결과' 라고 간주되는 변인을 '종속변인 (dependent variable)', '반응변인 (response variable)' 혹은 '측정변인 (measurement variable)' 이라고 지칭한다. 이 변인은 독립변인의 영향을 받아서 값이 종속적으로 변한다고 가정되므로 종속변인이라고 부르고, 처치에 대해서 발생하는 반응이므로 반응변인, 그리고 그 반응을 연구자가 조작하는 것이 아니라 측정하는 것이므로 측정변인이라고 부른다. 어떻게 불리던 간에, 이 변인은 거의 모든 실험에서 무한히 많은 값을 가질 수 있는 연속변인 (continuous variable) 으로 측정된다. 때때로 종속변인의 값이 서열적인 성격을 가진 숫자들일 수도 있으나, 그런 경우라 하더라도 분석에서는 무한히 많은 값을 가지는 연속변인으로 간주된다. 예를 들어, 판단력에 미치는 알코올의 영향에 관한 실험에서 종속변인은 판단력이다. 판단력을 측정하기 위하여 컴퓨터 스크린에 점 하나가 스크린 중앙에서부터 외곽 쪽으로 이동하는 자극을 제시해주고, 피험자로 하여금 그 이동방향을 판단하게 하였다고 가정하자. 이러한 판단과제를 한 피험자 당 30 번씩 실시한 후, 정확하게 판단한 횟수를 측정하면 이것이 종속변인을 구성한다. 정확한 판단횟수는 사실 단속적인 숫자이고, 따라서 이 경우의 종속변인은 엄밀한 의미에서 연속변인이 아니지만, 변량분석은 이것을 연속변인으로 간주한다. 특정한 피험자로부터 측정된 종속변인의 특정한 값을 '종속측정치 (dependent measure)' 라고 지칭하자. 이 종속측정치의 의미는 뒤에서 세밀하게 설명될 것이다.

4) 가외변인, 오염변인, 폐해변인

실험에서 인과관계의 추정을 위하여 통제되어야 하는 변인을 가외변인 (extraneous variable), 오염변인 (confounding variable), 혹은 폐해변인 (nuisance variable) 이라고 부른다. 가외변인이란 독립변인의 각 수준에 따라서 값이 변화하는 변인인데, 연구의 중심적 관심대상이 아니면서도 불필요하게 변화하여 인과관계의 추정을 방해하는 혹은 오염시키는 변인이라는 뜻이다. 예를 들어, 두통약의 효과를 검증하기 위한 실험에서 투약집단에 젊은 사람들이 많고, 위약 (placebo) 집단에 늙은 사람들이 많았다면, 피험자의 연령이 가외변인일 수 있다. 가외변인은 독립변인의 수준에 따라서 변하는 변인이며, 독립변인의 수준에 따라서 변화하지 않는 변인 즉, 독립변인과 공변하지 않는 변인은 가외변인이 될 수 없다. 이러한 가외변인이 존재하면 비록 투약집단과 위약집단에서 차이가 발견되어도 그것이 약의 효과인지 아니면 연령효과인지를 구별할 수 없으므로 해석의 명확성이 오염되고, 결과적으로 실험 전체가 헛수고에 지나지 않게 된다. 따라서 이러한 변인을 오염변인 혹은 폐해변인이라고 부르기도 한다.

4. 실험설계의 유형

실험설계의 유형은 독립변인의 조작방식에 의해 구분되기도 하고, 동시에 피험자 할당방식에 의해 구분되기도 한다. 독립변인의 조작방식에 의해 구분하는 경우, 실험설계는 크게 교차요인설계, 둥지요인설계, 그리고 라틴스퀘어 설계로 구분된다. 반면에 피험자의 할당방식에 의해 구분되는 경우, 실험설계는 독립집단설계, 반복측정설계, 짝짓기 설계로 구분된다. 이러한 구분범주는 언제나 상호배타적인 것은 아니다. 예를 들어, 한 실험에 독립집단설계와 반복측정설계가 공존할 수 있고, 교차요인설계와 둥지요인설계가 공존할 수 있으며, 심지어는 극단적으로 모든 유형이 다함께 공존할 수도 있다. 그러나 이러한 설계유형의 구분은 실험자료를 분석하고 해석하는데 절대적인 중요성을 가지므로 명확하게 숙지하고 이해해야 한다.

1) 교차요인설계, 둥지요인설계, 라틴스퀘어 설계

한 실험에서 두 개 이상의 요인 (독립변인) 들의 효과를 검증하는 경우, 그 요인들의 수준을 조작하는 방식이 여러 가지 존재한다. 그중에서 가장 일반적인 방식이 '교차요인설계 (crossed factors design)' 방식과 '둥지요인설계 (nested factors design)' 방식이다. 교차요인설계란 한 요인의 모든 수준들이 다른 요인의 각 수준에 모두 존재하도록 실험조건들을 조작하는 것을 말한다. 반면에 둥지요인설계란 한 요인의 수준들 중 일부만 다른 요인의 각 수준에 존재하도록 실험조건들을 조작하는 것을 말한다. 이것을 도식적으로 표현하면 [도식 1-1] 과 같다. 실험설계의 유형에 따라서 분석을 위한 계산과정이 달라지므로 설계유형을 명확히 파악하는 것이 중요하다.

[도식 1-1] 교차요인설계와 등지요인설계의 도식적 구조

교차요인설계

		요인 B	
		수준 b_1	수준 b_2
요인 A	수준 a_1	실험조건	실험조건
	수준 a_2	실험조건	실험조건
	수준 a_3	실험조건	실험조건

둥지요인 설계

요인 A	요인 B	
수준 a_1	수준 b_1	실험조건
	수준 b_2	실험조건
수준 a_2	수준 b_3	실험조건
	수준 b_4	실험조건

교차요인설계의 도식을 보면 요인 A 의 각 수준 내에 요인 B 의 모든 수준이 존재하는 것을 알 수 있다. 이렇게 요인의 수준들이 서로 완벽하게 교차하여 실험조건을 만들어내는 설계를 간단히 줄여서 '요인설계 (factorial design)' 라고 부르기도 한다. 교차요인설계 혹은 요인설계에서 각 요인의 교차하는 수준들의 조합에 의해 만들어지는 실험상황을 '실험조건 (experimental condition)' 혹은 줄여서 '조건 (condition)' 이라고 부른다. 만약, [도식 1-1] 의 경우처럼, 요인 A 가 3 개의 수준을 가지고, 요인 B 가 2 개의 수준을 가지며, 요인 A 와 B 의 수준들이 서로 교차되었다면, 이 실험에는 3×2=6 개의 실험조건이 존재한다. 이때 이 실험설계 유형을 '3×2 교차요인설계' 라고 부른다.

교차요인설계는 가장 표준적인 설계유형이며, 모든 실험에서 가능하다면 일차적으로 고려되어야하는 설계유형이다. 그 이유는 교차요인설계가 적절하게 잘 이루어진 경우에 인과관계에 대하여 가장 명료하고 분명한 결론을 도출할 수 있기 때문이다. 다른 모든 설계유형은 교차요인설계 만큼 단순명료하고 유용한 결론을 도출해줄 수 없다. 교차요인 설계는 가장 바람직한 설계유형이지만, 때때로 비용과 시간이 많이 소모되는 단점을 가지기도 한다. 또한 교차요인설계가 현실적으로 불가능한 경우도 많이 있다. 그런 경우에는 불가피하게 다른 유형의 실험설계에 의존할 수밖에 없으

나, 교차요인설계에서 벗어난 다른 유형의 실험설계들은 보다 심각한 단점들을 가질 수 있다는 점을 유념하여야 한다.

반면에 [도식 1-1] 의 둥지요인설계를 보면, 요인 A 의 각 수준에는 요인 B 의 수준들 중 일부분만이 존재한다. 이런 경우 요인 B 를 '둥지튼 요인 (nested factor)' 이라고 부른다. 예를 들어, 강의방식에 따른 교육효과의 차이를 검증하기 위한 실험에서 교육효과는 강의방식 뿐만 아니라 강사에 따라서도 달라질 수 있으므로, 요인 A 는 강의방식, 요인 B 는 강사로 정하고, 각 강의방식을 두 명씩의 강사가 채택하여 교육한 후, 강의방식에 따른 차이와 강사에 따른 차이를 검증하기 위하여 [도식 1-1] 의 둥지요인설계와 같은 방식을 사용할 수 있다.

라틴스퀘어 설계 (latin square design) 는 불완전한 요인설계의 일종이다. 라틴스퀘어라는 용어는 특별한 의미가 있는 것이 아니라 설계의 모양이 마치 옛날에 로마사람들이 라틴어 알파벳을 배열하여 놀이를 하던 정방형 놀이판과 흡사하다고 해서 붙여진 것이다. 전형적인 (완전한) 요인설계에서는 각 독립변인 수준들의 모든 가능한 조합이 실험조건으로 설정된다. 그런데 만약 독립변인의 수가 많고, 또한 각 독립변인의 수준들이 많은 경우에는 그들의 모든 가능한 조합에 의해서 만들어지는 실험조건의 수가 많아져서 연구의 비용부담이 커질 수 있다. 예를 들어, 독립변인이 A, B, C, 세 개가 있고, 각 독립변인이 세 개씩의 수준을 가진다면, 교차요인설계에 의해 3×3×3=27 개의 실험조건이 설정된다. 이런 경우 실험조건의 수를 줄이기 위하여 교차요인설계 대신에 다음의 [도식 1-2] 와 같은 라틴스퀘어 설계를 할 수 있다.

[도식 1-2] 라틴스퀘어 설계의 예

	a_1	a_2	a_3
b_1	c_2	c_1	c_3
b_2	c_3	c_2	c_1
b_3	c_1	c_3	c_2

[도식 1-2] 의 설계에 의하면 요인이 세 개이고, 각 요인의 수준이 세 개인 경우, 27 개의 실험조건을 설정하는 대신에 9 개의 실험조건만을 설정하면 된다는 것을 알

수 있다. 만약 한 조건에 10 명씩의 피험자가 실험된다면, 교차요인설계를 하면 270 명의 피험자가 요구되지만 라틴스퀘어 설계를 하면 90 명만 실험하면 된다. 라틴스퀘어 설계의 핵심은 독립변인 C 의 각 수준 (c_1, c_2, c_3) 이 독립변인 A 와 B 의 수준들로 이루어진 정방형 교차분할 판의 각 행과 열에서 한 번씩만 나타나도록 배열하는 것이다. 예를 들어, b_1 행을 보면 c_1, c_2, c_3 가 각각 한 번씩 나타나고 있는데, 이 원칙이 모든 행 (b_1, b_2, b_3) 과 모든 열 (a_1, a_2, a_3) 에서 예외 없이 지켜져야 한다. 라틴스퀘어 설계에서는 흔히 통제되어야할 오염변인, 가외변인, 폐해변인이 정방형 교차분할 판을 구성하는 변인들 ([도식 1-2] 에서 독립변인 A 와 B) 로 이용되고, 연구의 관심대상이 되는 주 독립변인이 그 정방형 틀의 각 셀에 분배되는 변인 (독립변인 C) 으로 이용된다.

[도식 1-3] 은 라틴스퀘어 설계의 몇 가지 경우를 더 예시한 것이다. 2×2×2 는 각 요인의 수준이 두 개인 경우이고, 4×4×4 는 각 요인의 수준이 네 개인 경우이며, 5×5×5 는 각 요인의 수준이 다섯 개인 경우이다.

[도식 1-3] 라틴스퀘어 설계의 몇 가지 경우

2×2×2

	a_1	a_2
b_1	c_1	c_2
b_2	c_2	c_1

4×4×4

	a_1	a_2	a_3	a_4
b_1	c_1	c_2	c_3	c_4
b_2	c_4	c_1	c_2	c_3
b_3	c_3	c_4	c_1	c_2
b_4	c_2	c_3	c_4	c_1

5×5×5

	a_1	a_2	a_3	a_4	a_5
b_1	c_1	c_2	c_3	c_4	c_5
b_2	c_5	c_1	c_2	c_3	c_4
b_3	c_4	c_5	c_1	c_2	c_3
b_4	c_3	c_4	c_5	c_1	c_2
b_5	c_2	c_3	c_4	c_5	c_1

라틴스퀘어 설계는 실험비용과 시간을 절약할 수 있다는 장점이 있는 반면, 불완전한 설계인 까닭에 해석이 불분명하다는 단점이 뒤따르는 설계방식이다.

2) 독립집단설계, 반복측정설계, 짝짓기설계

실험에서 가외변인을 통제하기 위한 한 가지 방법으로 각 실험조건에 피험자를 무작위할당 혹은 무선할당 (random assignment) 하는 경우가 많다. 무선할당의 엄밀한 의미는 각 피험자가 어떤 실험조건에 할당되는지의 여부가 다른 피험자의 할당여부에 의해 영향 받지 않고, 또한 영향을 주지도 않는 방식으로 할당하는 것을 말한다. 많은 수의 피험자를 각 실험조건에 무선할당 (무작위 할당) 하면 각 집단에 할당된 피험자들의 성향이나 속성이 궁극적으로 (in the long run), 그리고 평균적으로 동일해지고, 결국 독립변인의 수준에 따라서 공변하는 가외변인의 발생을 어느 정도 예방할 수 있다. 이와 같이 무선할당에 의해 이루어진 실험집단들은 서로 독립적인 집단들이 된다. 무선할당은 독립적인 집단을 구성하는 가장 대표적인 방법인데, 이러한 피험자할당 방식에 의해 각 실험조건이 구성되는 경우, 그 실험설계를 '독립집단설계 (independent-groups design)' 라고 부른다.

무선할당은 가외변인을 통제하기 위한 가장 일반적인 방편이지만, 그 방법에 의하여 가외변인의 통제가 보장되는 것은 아니다. 특히, 피험자의 수가 적을 때는 무선할당을 철저히 하여도 각 집단에 할당된 피험자들의 성향이나 속성이 평균적으로 동일해지지 않는 경우가 더 많다. 따라서 피험자의 수가 적은 경우가 더 일반적인 심리학 실험들에서 흔히 당면하는 문제는 가외변인을 통제하기 위하여 무선할당 이외에 다른 방법이 필요하다는 것이다. 피험자의 속성이나 성향을 각 실험집단에서 동일하게 만드는 가장 극단적인 방법은 동일한 피험자 집단을 모든 실험조건들에서 반복적으로 관찰하는 것이다. 심리학자들에 의해서 고안된 이러한 실험방법을 '반복측정설계 (repeated measurement design)' 라고 부르는데, 이 방법은 장점과 단점을 가진다. 장점은 많은 가외변인들이 효과적으로 통제된다는 것과 뒤에서 설명될 소위 '통계적 검증력 (statistical power)' 이 일반적으로 높은 실험방법이라는 것이다. 반면에 단점은 동일한 피험자들이 각기 다른 실험상황에서 반복적으로 관찰되므로 전이효과 (carry-over effect), 연습효과 (practice effect), 피로효과 (fatigue effect) 등의 새로운 오염이 발생할 수 있다.

전이효과는 먼저 실시한 실험에서의 경험이 나중에 실시한 실험에서의 경험에 영향을 주는 것을 말한다. 이런 경우, 나중에 실시한 실험에서 피험자가 보인 반응과 행동은 그 실험상황의 효과이기도 하지만, 먼저 실시한 실험의 효과가 혼합된 것이어서 실험결과의 해석을 모호하게 한다. 연습효과는 실험의 종속변인이 능력을 측정하는 것일 때 나타날 수 있다. 연습효과가 있는 경우, 나중에 실시한 실험에서의 피험자 반응이 먼저 실시한 실험에서의 그것보다 우수할 수 있는데, 이 차이가 실험처치나 조건에 의한 것인지 아니면 연습에 의한 것인지를 분간할 수 없다. 피로효과는 일반적으로 연습효과와 반대의 결과를 초래하지만 연습효과와 마찬가지로 결과해석을 모호하게 하는 요인이 된다.

독립집단설계와 반복측정설계의 절충방식이 '짝짓기설계 (paired measurements design)' 이다. 이 방법은 해석의 오염을 유발할 수 있는 가외변인들 중 두드러진 변인들을 선택하여 그 가외변인에서 동일한 수준을 가지는 피험자들을 실험조건의 수 만큼 표집한 후, 그들을 실험조건에 무선할당 하는 것이다. 예를 들어, 세 개의 실험조건으로 이루어진 실험에서 우려되는 가외변인이 연령이라면, 연령이 동일한 (e. g., 10 세) 피험자들 세 명을 표집한 후 그들을 세 개의 실험조건에 무선할당하고, 역시 연령이 동일한 (e. g., 11 세) 피험자들 세 명을 표집한 후, 그들을 세 개의 실험조건에 무선할당한다. 말하자면, 연령에 의해 각 실험조건의 피험자들이 서로 짝지어지는 설계이다. 특정한 가외변인에서 속성이 동일한 피험자들을 찾아서 짝짓는 과정을 '매칭 (matching)' 이라고 부른다. 이렇게 연령으로 매칭되어 할당된 피험자들로 구성된 실험조건들은 평균연령이 서로 동일해지고, 따라서 연령이라는 가외변인이 효과적으로 통제될 수 있다.

자료분석 절차에서 독립집단설계와 반복측정설계는 약간 서로 다른 계산과정을 거쳐서 이루어진다. 그러나 반복측정설계와 짝짓기설계는 분석과정이 동일하다. 왜냐하면 그 두 가지 설계에서의 각 실험조건들은 서로 독립적이지 않고 서로 연관성이 있기 때문이다. 예를 들어 피험자들이 연령에 의해 짝지어진 설계를 가정해보자. 이런 경우, 만약 세 개의 실험조건이 설정되었다면, 연령이 동일한 세 명의 피험자가 짝지어진 후, 그 중 한 명은 실험조건 1 에, 또 한 명은 실험조건 2 에, 나머지 한명은 실험조건 3 에 할당된다. 이들이 각 실험조건에서의 실험처치를 받은 후에 종속변인이 측정되는데, 이 세 명은 서로 다른 실험처치를 받았음에도 불구하고 연령의 동질성에 의해 종속변인 측정에서 유사한 반응이나 행동을 보여줄 수 있다. 따라서 각 실험조건에서 측정된 종속변인의 측정치들을 짝지어진 피험자별로 배열하여 실험조건간의 상관계수를 구하면 상당히 높은 상관계수가 산출될 가능성이 높다. 단적으로 말해서, 비독립집단설계 (반복측정설계와 짝짓기설계) 에서는 종속측정치에서 실험조건간 상관관계가 높게 산출될 수 있다. 따라서 분석에서는 이 실험조건간 상관관계를 수학적으로 제거 (통제) 할 필요가 생긴다. 만약 이 상관관계를 수학적으로 제거하지 않는다면, 실험처치가 실험조건간의 차이를 유발하는 경우에도 각 실험조건의 피험자들의 유사성에 의하여 그들이 모두 유사한 결과를 초래한다는 잘못된 결론을 내릴 수 있을 것이다. 이러한 이유에서, 분석적 관점에서는 독립집단설계와 비독립집단설계가 구분될 뿐이다.

3) 피험자간 설계와 피험자내 설계

앞서 설명한 독립집단설계에서 피험자들을 각 실험조건에 무작위할당하면 각 실험조건이 서로 다른 피험자들로 구성되고, 실험조건들의 상호비교는 서로 다른 피험자들 간의 비교가 되므로 그러한 설계방식을 '피험자간 설계 (between-subjects design)' 라고 부르기도 한다. 반면에 반복측정 설계의 경우에는 동일한 피험자들 사이에서 집단비교가 이루어지므로 '피험자내 설계 (within-subjects design)' 라고 부른다 (Myers & Well, 1991). 그런데 독립집단설계만이 피험자간 설계인 것은 아니다. 짝짓기설계도 서로 다른 피험자들 간의 비교를 위한 피험자간 설계이다. 짝짓기설계는 피험자간 설계이지만 분석적으로는 위에서 설명한 이유로 인하여 반복측정설계와 동일한 분석절차가 적용된다.

연습문제

1-1. 어떤 심리학자가 포르노그래피에 대한 신체/생리적 반응 (구체적으로는 동공의 확대) 이 인성특질 중의 하나인 '지적 욕구/호기심' 과 관련되는지를 파악하기 위하여 30 명의 피험자를 대상으로 실험을 수행하였다. 우선 연구자는 피험자들의 '지적 욕구/호기심' 을 표준화된 심리척도로 측정한 후, 그 피험자들을 지적 욕구/호기심이 높은 집단과 낮은 집단으로 구분하였다. 실험에서 연구자는 각 피험자들에게 포르노그래피를 보여주고, 피험자가 포르노그래피를 응시하는 동안에 그 피험자 눈동자의 동공 (pupil) 의 지름을 측정하였다. 이 연구자는 지적 욕구/호기심이 높은 집단의 동공이 낮은 집단의 동공보다 더 큰지의 여부를 검증하기 위한 자료분석을 수행하려고 한다. 이 실험연구의 문제점을 연구방법의 관점에서 논하라.

1-2. 어떤 사회학자가 50 여개의 시에서 매매춘에 종사하는 사람의 수와 유흥업소

의 수를 조사한 후, 각 시에서 조사된 매매춘에 종사하는 사람의 수와 유흥업소의 수 사이의 상관계수를 산출해보니 0.7 이 산출되었다. 이 사회학자는 자신의 자료에서 산출된 상관계수에 근거하여 매매춘을 근절하기 위해서는 유흥업소를 모두 없애야한다는 주장을 하였다. 인과관계 추론의 관점에서 이 주장의 문제점을 논하라.

1-3. 광고효과를 알아보기 위한 어떤 실험연구에서 두 집단의 피험자들에게 각기 다른 비누상품의 광고를 보여주었다. 이 실험의 종속변인은 피험자가 상점에서 나란히 진열된 비누상품들 중에서 자신이 시청한 TV 광고의 비누상품을 구입하는지의 여부이다. 이 실험연구의 자료를 변량분석하려고 한다. 문제점을 지적하라.

1-4. 어떤 연구자가 키가 큰 사람이 몸무게도 무거운 경향이 있는지를 알아보기 위하여 100 명의 여자대학생들의 키와 몸무게를 측정한 후 변량분석을 하려고 한다. 변량분석을 위해서는 독립변인이 범주화되어야 하므로, 100 명의 표본에서 키가 가장 큰 피험자 25 명과 키가 가장 작은 25 명을 선발하여 '롱다리 집단' 과 '숏다리 집단' 이라고 명명한 후, 두 집단 사이의 몸무게 차이를 검증하려고 한다. 이러한 분석방법의 문제점을 지적하고, 이 연구자에게 보다 나은 분석방법을 제시하라.

1-5. 태양을 등지고 소변보는 것이 지능을 향상시키는지를 규명하기 위한 실험에서 연구자가 태양을 마주보고 소변을 본 후에 자신의 지능을 측정하고 나서, 그 다음에는 태양을 등지고 소변을 본 후에 자신의 지능을 다시 측정하였더니, 두 번째 측정에서 지능이 월등히 높은 것으로 나타났다면, 지능을 향상시킨 원인이 소변보는 방향일 수도 있지만, 소변보는 횟수일 수도 있다. 소변보는 횟수의 효과를 통제하기 위한 실험을 기술하되, ① 독립집단 설계에 의한 실험과 반복측정설계, 그리고 라틴스퀘어설계에 의한 실험을 각각 하나씩 기술하고, ② 그 실험들에서 독립변인과 종속변인을 설명하며, ③ 그 실험들에서 추가로 통제되어야할 변인들을 설명하라.

변산성과 F 분포 2

앞서 '옳은 질문' 의 정의에 관하여 언급한 바 있다. 옳은 질문이란 그 질문에 답하기 위한 방법과 절차를 명확하게 규정할 수 있는 질문을 말한다. 옳은 질문의 또 한 가지 속성은 '차이 (difference)' 혹은 '변화 (change)' 에 관한 질문이라는 점이다. 과학의 한 가지 목적은 이 세상에서 발견되는 다양한 현상들을 설명하는 것이다. 인간의 키가 모두 동일하지 않으므로 과학은 그 이유를 설명하고자 한다. 만약 모든 인간의 키가 모두 동일하다면, 인간의 키를 결정하는 원인에 대해 궁금증을 가질 필요도 없고, 궁금증을 가진다고 하여도 그에 대한 과학적인 해답을 구할 수도 없다. 앞서 제 1 장에서 인과관계 추정을 위한 첫째 조건은 원인과 결과가 일관성이 있는 특정한 공변성을 가져야 한다는 것이라고 하였다. 변화와 차이가 존재하지 않을 때, 인과관계의 규명은 불가능하다. 더 나아가서, 변화와 차이가 존재하지 않을 때 '현상 (phenomena)' 이 존재할 수 없다. 현대 진화론자 중의 한 사람인 Martin Brooks 는 "변화와 차이가 존재하지 않으면 종의 기원 (種의 起源) 이 발생하지 않았을 것이다 (If there was no variation, then there could be no origin of species)" 라고 천명하였다 (Brooks, 2001, p. 26). 따라서 차이가 없거나 변화가 없는 현상에 대한 질문은 옳은 과학적 질문이 아니다. 과학은 "왜 인간은 제각기 다른 지능을 가지는가?", "왜 목격자의 진술은 어떤 때는 정확하고 어떤 때는 부정확한가?", "왜 어떤 사람은 암세포를 가지게 되고, 어떤 사람은 그렇지 않은가?" 등의 질문에 답하고자 한다. 즉, 과학이 설명하고자 하는 현상은 언제나 '변산성 (variability)' 을 가지는 현상이며, 실험의 궁극적 목적은 그 변산성의 원인과 이유를 알아내는 것이다.

변량분석은 종속변인의 전체 변산성 혹은 총 개인차에서 독립변인에 의해 초래된 혹은 설명되는 부분과 그렇지 않은 나머지 부분을 분리해내는 분석이다. 여기에서 '독립변인에 의해 초래된 혹은 설명되는 개인차' 란 연구자가 이유를 파악할 수 있는 체계적인 변산 (systematic variation) 을 말한다. 반면에 '나머지 개인차' 란 연구자가 이유를 파악할 수 없는 혹은 특별한 이유 없이 존재하는 종속변인의 변산 즉, 무선오차 변산 (random error variation) 이다. 만약, 종속변인에 존재하는 전체 변산 중에서 독립변인에 의해 설명되는 부분이 무선오차에 의한 부분보다 크지 않다면, 독립변인이 종속변인의 변산성에 대해서 특별한 의미를 가진다고 보기 어려울 것이다. 왜냐하면 특별한 이유 없이도 무선오차 변산만큼의 개인차는 발생할 수 있기 때문이다. 반면에 종속변인에 존재하는 전체 변산 중에서 독립변인에 의해 설명되는 부분이 무선오차에 의한 부분보다 월등히 크다면, 종속변인의 변산성에 대해서 독립변인이 '의미 있는' 설명력, 영향력 혹은 효과 (effect) 을 가진다고 판단할 수 있다. 왜냐하면, 이 경우는 독립변인의 수준이 달라짐으로서 종속변인에서 개인차가 크게 발생한다는 것을 뜻하기 때문이다.

변량분석의 절차는 크게 두 단계로 구분된다. 첫 번째 단계는 자료를 목적에 맞도록 수학적으로 요약하는 단계이고, 두 번째 단계는 요약된 자료를 이용하여 모집단의 상태에 대한 통계적 추론을 하는 단계이다. 변량분석의 첫 번째 단계는 종속변인의 전체 변산성 혹은 총 개인차에서 독립변인에 의해 초래된 혹은 설명되는 부분과 그렇지 않은 나머지 부분을 수학적으로 분리해내는 단계이다. 이 절차를 다른 말로 표현하면 종속변인에 대한 독립변인의 '효과크기 (effect size)' 를 수학적으로 추출해 내는 것이다. 효과크기의 추출은 순전히 수학적인 연산과정이며, 이 과정에는 어떠한 통계적 추론이나 통계적 이론이 사용되지 않는다. 이 단계를 통하여 종속변인의 변산성에 대해서 독립변인이 얼마나 의미 있는 설명력, 영향력 혹은 효과를 가지는지를 판단할 수 있다. 변량분석의 두 번째 단계는 첫 번째 단계에서 요약된 자료를 이용하여 모집단의 상태를 추정하는 통계적인 가설검증 단계이다. 이 통계적 추론은 'F-분포 (F-distribution)' 라고 불리는 통계적 이론에 기초하는데, 이론적인 F-분포에 기초하여 모집단의 상태에 대한 가설검증 혹은 통계적 추론을 하게 된다.

본 장에서는 변량분석의 구체적 내용을 설명하기에 앞서, 수학적 요약 단계에서 핵심적 역할을 하는 변산성 및 효과크기의 개념과 통계적 추론 단계에서 핵심적 역할을 하는 이론적인 F 분포를 자세히 살펴보고자 한다.

1. 변산성

변산성 혹은 개인차는 추상적인 개념이다. 따라서 그것을 구체적으로 정의하는 방법은 무수히 많을 수 있는데, 대표적인 수학적 정의에는 편차점수, 자승합, 변량, 표준편차가 있다.

1) 편차점수

변산성 혹은 개인차를 수학적으로 정의하는 가장 기본적인 단위는 '평균으로부터의 편차 (deviation from the mean)' 이다. 평균으로부터의 편차를 간단히 줄여서 '편차점수 (deviation score)' 라고 부르기도 한다. 어떤 변인 Y 에서 특정한 사례의 편차점수 D 는 <수식 2-1> 로 정의된다.

$$D = Y - \bar{Y} \qquad \text{<수식 2-1>}$$

편차점수가 변산성 혹은 개인차를 수학적으로 정의하는 가장 기본적인 단위인 이유는 매우 상식적인 사실에 있다. 만약 주어진 표본 내에서 변산성 혹은 개인차가 존재하지 않는다면 즉, 모든 사례의 Y 값이 모두 동일하다면, 모든 사례의 편차점수는 모두 0 이다. 다시 말해서 모든 사례의 편차점수가 모두 0 이 아니면 변산성 혹은 개인차가 존재한다는 것을 의미한다. 다만, 편차점수는 표본 전체의 평균 ($\bar{Y}$) 에 대한 개별 사례 혹은 개인 (Y) 의 상대적 변산성을 나타내는 지수이다.

편차점수의 몇 가지 속성을 기억해두는 것이 좋다. ① 변인 Y 를 기하학적인 차원 (dimension) 으로 개념화하면, 편차점수 D 는 일차원 Y 에서 특정한 사례가 평균으로부터 떨어져 있는 유클리드 직선거리이다. ② 편차점수는 원 변인 (Y) 에서 상수인 평균 ($\bar{Y}$) 을 빼어 소위 선형변환 (linear transformation) 한 점수이다. 원 변인 Y 에서 평균 (상수) 을 빼어 선형변환한 편차점수 D 는 단지 원 변인의 원점 (origin) 을 평균의 위치로 옮겨놓은 것에 불과하다 (이것을 영어로는 'centering' 이라고 표현한다). 따라서 원 변인 Y 와 그것의 편차점수 D 는 언제나 r=1.0 의 완벽한 상관관계를 가진다. 즉, 원 변인 Y 가 가지는 정보 (의미하는 것, 나타내는 것, 암시하는 것) 와 편차점수 D 가 가지는 정보는 100% 동일하다. ③ 주어진 표본에서 각 사례들의 편차점수를 모두 합하면 언제나 0 이 된다. 즉, $\sum(Y-\overline{Y})=0$ 은 언제나 참이다. 따라서 주어진 표본에서 편차점수의 평균 또한 언제나 0 이다. 편차점수의 이 속성은 앞서 언급한 '차원' 에서 평균이 무게중심의 위치라는 것을 뜻한다. ④ 편차점수 D 의 표준편차는 원 변인 Y 의 표준편차와 같다 ($s_D = s_Y$). 편차점수의 이 속성은 편차점수가 원 변인이 내포하는 '변산성' 에 관한 정보를 과하거나 부족함이 없이 그대로 보유한다는 것을 의미한다.

편차점수의 네 가지 중요속성들 중에 증명이 필요한 것은 세 번째 ($\sum(Y-\overline{Y})=0$) 와 네 번째 ($s_D = s_Y$) 속성이다. 여기에서는 세 번째 속성의 증명을 제시하고, 네 번째 속성에 대해서는 잠시 후에 표준편차에 관한 설명과 더불어 그 증명을 제시하고자 한다. 편차점수의 세 번째 속성은 다음과 같이 간단히 증명된다.

$$\sum(Y-\overline{Y})=\sum Y-\sum\overline{Y}=\sum Y-N\overline{Y}=\sum Y-\sum Y = 0$$

2) 자승합

앞서 편차점수는 표본 전체에 대한 개별 사례 혹은 개인의 상대적 변산성을 나타내는 지수라고 하였다. 그렇다면 표본 내의 모든 개인의 변산성을 합한 '총변산성' 은 어떻게 지수화 할 수 있을까? '자승합 (sum-of-squares: SS)' 이 대표적인 총변산성 혹은 변산성의 총합을 나타내는 지수이다. 어떤 변인 Y 가 가지는 자승합은 <수식 2-2> 와 같이 계산된다.

$$SS = \sum(Y-\overline{Y})^2 \qquad \text{<수식 2-2>}$$

<수식 2-2> 에서 $\overline{Y}$ 는 표본평균을 의미한다. 따라서 자승합 (SS) 의 정확한 명

칭은 '평균으로부터의 편차 자승합 (sum-of-squares of the deviation from the mean)' 이지만, 흔히 간단하게 자승합이라고 지칭한다. 예를 들어, 어떤 모집단에서 세 명을 표집하여 어떤 변인 Y 에 대한 측정치를 구하였더니 10, 15, 17 이었다면, Y 의 자승합은 다음과 같이 계산된다.

$$SS = (10-14)^2 + (15-14)^2 + (17-14)^2 = 26$$

자승합은 한개 변인에서 나타나는 변산성의 총합을 나타내는 대표적 통계치이다. 다시 말해서, 자승합은 표본 내에 존재하는 각 개별 사례의 변인 값과 평균 사이의 편차자승의 총합이며, 표본 내 변산성 (개인차) 의 총량을 수치화한 것이다. 만약 표본 내의 모든 사례들의 Y 값이 모두 동일하다면 (즉, 개인차 혹은 변산성이 존재하지 않는다면), 자승합 $\sum(Y-\overline{Y})^2$ 는 필연적으로 0 이 된다. 따라서 $\sum(Y-\overline{Y})^2$ 이 0 보다 큰 정도가 바로 표본 내 전체 변산성 혹은 전체 개인차의 정도를 반영한다.

3) 자유도

변산성의 수학적 정의들 중에서 '변량' 과 '표준편차' 는 '자유도' 의 개념을 포함한다. 따라서 우선 자유도의 개념을 살펴보고, 변량과 표준편차에 대하여 설명하고자 한다.

(1) 일반적 개념

'자유도 (degrees-of-freedom: df)' 의 개념은 통계학뿐만 아니라 공학, 물리학, 철학 등의 매우 광범위한 분야에서 사용되는 개념이다. 자유도의 일반적 개념은 독립적인 행위차원의 수를 의미한다. 일차원의 세계에 사는 생명체가 있다면, 이 생명체는 직선운동만을 할 수 있으므로 행위 자유도가 1 인 생명체이다. 막대기 모양의 수은주 안에 들어 있는 수은은 수은주 내에서 아래와 위로만 움직일 수 있다. 따라서 이러한 온도계의 운동은 자유도가 1 인 운동이다. 반면에 이차원의 평면세계에 사는 단세포 생명체가 있다면, 평면에서는 종축 (Y 축) 과 횡축 (X 축) 의 좌표값으로 위치와 방향을 모두 표시할 수 있으므로, 이 생명체의 행위 자유도는 2 이다. 따라서 인간을 포함한 동물들이 지상을 '종횡무진' 해보았자 그것은 모두 자유도가 고작 2 에 불과한 활동이다. 반면에 조류의 비행운동은 자유도가 3 인 운동인데, 높이 혹은 고도라는 독립적인 차원이 추가된 행위이기 때문이다. 높이 차원은 평면이 가지는 차원 (종축과 횡축) 들을 조합하여 만들어낼 수 없기 때문에 높이는 평면차원들과 독립적인 차원이다.

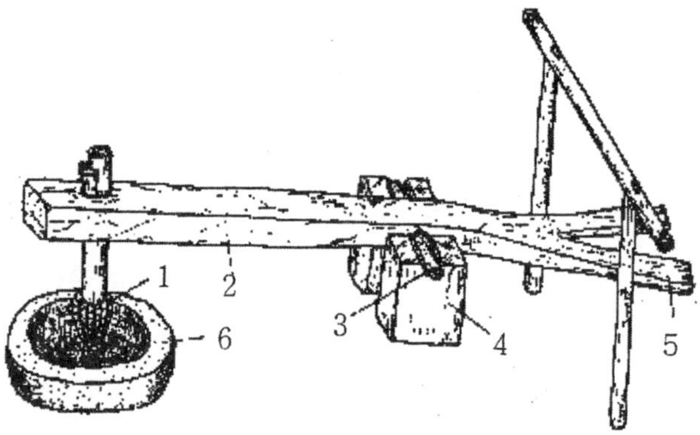

[그림 2-1] 디딜방아

한국의 옛날 방앗간에서 사용되던 [그림 2-1] 과 같은 디딜방아를 생각해보자. 고전적인 디딜방아는 [그림 2-1] 의 '3' 으로 표시된 한 개의 고정된 회전축 (pivot point) 을 중심으로 '2' 로 표시된 방아대가 상하로 움직이는 회전운동을 하여 '6' 의 절구 안에 들어 있는 곡식을 찧도록 고안된 장치이다. [그림 2-1] 에 '2' 로 표시된 방아대의 자유도는 얼마일까? 방아대는 회전축 ('3') 을 중심으로 이차원 평면에서 회전운동을 한다. 따라서 방아대의 운동자유도는 2 라고 볼 수 있을까? 이 물음에 대한 대답은 '아니다' 이다. 방아대의 운동궤적이 이차원 평면을 구성하는 것은 사실이지만, 방아대가 그 이차원 평면에서 완전히 자유롭게 움직일 수 있는 것은 아니다. 그 이유는 [그림 2-1] 에 '2' 로 표시된 방아대는 '3' 으로 표시된 회전축에 고정되어 있기 때문에 오직 기울기만 변화할 수 있기 때문이다. 회전축 ('3') 에 고정되어야 하는 하나의 '제약' 이 있으므로 [그림 2-1] 에 '2' 로 표시된 방아대의 자유도는 2-1=1 이다. 동일한 원리에 의하여 아날로그방식의 시계에 부착된 시침과 분침의 자유도 또한 1 이다. 또한 동일한 이유에 의하여 제 11 장에서 설명될 단순회귀모형의 자유도 또한 1 이다.

요약하자면, 자유도의 일반적 개념은 독립적인 행위차원의 수를 의미하는데, 독립적인 행위차원의 수는 곧 능력수준을 의미한다. 능력과 자유도는 비례하므로, 능력이 많은 사람, 동물 혹은 기계는 그만큼 자유로운 존재이다. 인간이 자기개발을 위하여 노력하는 것은 자신의 행위차원을 증가시키기 위한 것이고, 곧 독립적인 자유도를 많이 확보하기 위해서이다.

(2) 수리통계학적 개념

통계학에서 사용되는 자유도의 고전적 개념은 모집단에 대한 추정 (i. e., 모수추정)에 사용되는 표본자료들 중에 모집단에 대한 정보를 제공하는 독립적인 자료의 수를 의미한다. 연구자가 표본자료를 이용하여 모집단에 대한 추정을 많이 할수록, 주어진 표본자료에서 그 추정들과 독립적으로 모집단에 대한 추가적 정보를 제공하는 자료의 수 (자유도) 는 이미 이루어진 추정의 수만큼 줄어든다.

예를 들어, 어떤 모집단에서 N 명을 무작위로 표집한 후, 그 N 명의 IQ 를 측정하였다면, 그 N 개의 IQ 측정치들은 제각기 모집단 구성원의 IQ 에 대한 일정한 정보를 함축하므로, 모집단에 대한 독립적인 정보의 수 (자유도) 는 N 이라고 말할 수 있다. 이제, 표본평균을 계산하여 그것으로 모집단의 중심경향성 (모집단 평균) 을 추정한다고 가정해보자. 이때에 N 개의 자료는 모두 모집단에 대한 정보를 독립적으로 제공하는 것들이므로 표본평균의 계산에서 사용된 자료들 중에서 모집단 평균에 대한 추정을 위하여 정보가치가 있는 독립적인 자료의 수 (자유도) 는 여전히 N 이다. 즉, 모집단의 중심경향성의 추정을 위한 표본자료의 자유도는 N 이다.

평균을 계산한 후에, 그 평균을 이용하여 평균과 독립적인 뭔가 다른 모집단의 속성 (예를 들면, 모집단의 변산성) 을 추정한다고 가정해보자. 이때에는 표본에 존재하는 자료들 중에서 평균과 독립적으로 모집단의 '다른 속성 (변산성)' 에 대한 정보를 제공하는 자료의 수는 N-1 이 된다. 즉, 한 개의 자료는 모집단의 변산성에 대하여 평균과 독립적인 정보를 제공할 수 없다. 이 점을 구체적으로 이해하기 위하여, 어떤 모집단에서 세 명을 무작위로 표집한 후, 그 세 명의 IQ 를 측정하고, 각 사람의 IQ 측정치가 평균과 가지는 차이 즉, 편차점수 ($Y-\overline{Y}$) 를 때려 맞추기 한다고 가정해보자. 참고로, 편차점수는 평균과 독립적이다. 이때, 첫 번째 사람의 편차점수와 두 번째 사람의 편차점수는 어떠한 숫자라도 가능하며, 이러한 의미에서 이들은 자유로운 숫자들이다. 그런데 세 번째 사람의 편차점수는 자유롭게 어떠한 숫자라도 가능한 것이 아니고, 평균에 의해 구속을 받는다. 왜냐하면 편차점수의 합은 언제나 0 이어야 하기 때문이다. 즉, $\sum(Y-\overline{Y})=0$ 은 언제나 참이어야 한다. 따라서 만약 첫 번째 사람의 편차점수가 10 이고, 두 번째 사람의 편차점수가 3 이었다면, 세 번째 사람의 편차점수는 -13 일 수 밖에 없다. 즉, 마지막 사람의 편차점수는 앞의 두 사람의 편차점수로부터 즉각적으로 유추되므로, 마지막 사람의 편차점수는 앞사람들의 편차점수와 독립적이 아니다. 그런데 대표적인 변산성 지수인 자승합 $\sum(Y-\overline{Y})^2$ 은 바로 이 편차점수에 기초하므로 자승합의 계산에서 사용된 세 개의 자료 중에 한 개는 모집단의 변산성에 대한 독립적인 정보를 제공하는 대신에 그 자승합의 계산에서 사용되는 표본평균에 의해 구속되는 자료이다. 자승합의 계산에서 평균이 사용되고, 한 개의 자료는 평균에 종속적이므로, 그 한 개의 자료는 모집단에 대한 독립적인 정보를 제공하지 않는다. 따라서 자승합의 계산에서 모집단에 대한 정보를 제공하는 독립적인 자료의 수 즉, 자유도는 N-1 이다.

주어진 표본자료를 이용하여 모집단의 평균을 가늠하고, 이어서 평균과 독립적인 모집단의 변산성을 가늠하고 난 후, 모집단에 대하여 평균 및 변산성과 독립적인 뭔가 또 다른 속성을 가늠하려고 할 때는 자유도가 N-2 가 된다. 즉, 주어진 표본자료를 이용하여 모집단에 대한 독립적인 추론을 많이 할수록, 모집단에 대한 새로운 추가적 정보를 제공하는 자료의 수 혹은 자유도는 같은 자료를 이용하여 모집단에 대해서 이미 이루어진 추론의 수만큼 줄어든다. 자유도는 오로지 모집단의 확률분포에 의해서만 발현하는, 혹은 연구자의 임의적인 자료조작에 종속되지 않는 자료의 수라고 이해할 수 있다.

(3) 응용통계학적 개념

통계적인 자유도의 개념을 약간 다른 방식으로 이해해보자. 위에서 자유도에 대한 일반적 개념을 디딜방아의 예를 이용하여 설명하였는데, 그때 자유도는 '능력' 의 의미를 가지는 개념이라고 하였다.

Karl Raimund Popper (1902-1994) 는 1934 년에 출판된 'The Logic of Scientific Discovery' 라는 책에서 과학과 비과학을 구분하는 기준으로써 '기각가능성 (falsifiability)' 이라는 개념을 제시하였다. 기각가능성 기준은 과학적인 이론, 모형, 가설, 예측, 주장 등은 실증적인 자료와 경험에 의해서 기각될 수 있어야 한다는 원칙이다. 즉, 기각가능성 기준은 이론, 모형, 가설, 예측, 주장 등이 과학적인 것이기 위해서 갖추어야 할 요건 혹은 능력을 의미한다. 기각가능성이라는 능력은 무엇일까? 이 점을 이해하기 위하여 위에서 사용한 예를 다시 한번 사용해보자. 어떤 모집단에서 세 명을 무작위로 표집한 후, 그 세 명의 IQ 를 익명으로 측정하고, 그 익명 측정치들의 평균을 구하였더니 110 이었다고 가정하자. IQ 는 모두 익명으로 측정되었기 때문에 각 사람의 IQ 가 얼마인지는 알 수 없다. 이제 세 명 중에 한 사람을 무작위로 선택하여 그 사람의 IQ 를 알아 맞추기 한다면 앞서 계산된 평균 즉, 110 이 가장 합리적인 예측이다. 평균은 최소편차자승합 (least sum of squared deviation) 의 속성이 있으므로 세 명 모두에 대하여 각각 그들의 IQ 가 110 일 것이라고 때려 맞추는 것이 가장 합리적이다. 따라서 평균을 구하는 것은 "이 집단에 있는 사람들의 IQ 는 110 이다" 라고 주장을 하는 것과 같다 (아니라면 평균을 구하는 이유를 알 수 없게 된다). 그런데 세 명의 실제 IQ 각각은 이 주장에 대하여 기각가능성을 가진다. 우리의 자료에서 이 주장은 세 번 기각될 수 있는데, 자료가 가지는 이 기각가능성 혹은 기각능력이 자료의 자유도이다. 즉, 자유도는 주어진 자료가 이론, 모형, 가설, 예측, 주장 등을 기각할 수 있는 능력을 의미하는데, 표본자료는 모집단 평균의 추정치를 N 번 기각할 수 있는, 혹은 자유도가 N 인 자료이다.

이제, 세 사람 각각의 IQ 가 평균과 가지는 차이 즉, 편차점수 $(\mathrm{Y}-\overline{\mathrm{Y}})$ 를 때려 맞추기 한다고 가정해보자. 이를 위하여 우선 평균을 계산하였고, 그 값이 110 이다. 그런데 앞서 설명한 바와 같이 편차점수의 평균은 언제나 0 이다. 따라서 우리는 세 명의 편차점수가 모두 0 일 것으로 주장하는 것이 가장 합리적이다. 이 주장에 대하여 첫 번째 사람의 실제 IQ 는 기각능력을 가진다. 두 번째 사람의 실제 IQ 역시 편차점수가 0 이라는 주장에 대하여 기각능력을 가진다. '그러나 마지막의 세 번째 사람의 실제 IQ 는 모집단의 편차점수에 대한 어떠한 주장 (추정) 에 대해서도 기각능력이 없다. 왜냐하면 첫 번째와 두 번째 사람의 편차점수가 알려지고 나면 세 번째 사람의 편차점수는 '편차점수의 표본평균이 0' 이라는 수학적 제약을 충족시켜야 하기 때문이다. 이 수학적 제약은 편차점수의 계산에 표본평균이 사용되기 때문에 수반되는 것인데', 따라서 표본자료는 편차점수의 추정치를 N-1 번 기각할 수 있는, 혹은 자유도가 N-1 인 자료이다. 표본자료가 편차점수의 추정에 대해서 가지는 기각가능성 즉, 자유도는 N-1 이므로, 표본자료는 편차점수에 기초한 변산성 지수들 모두에 대하여 자유도가 N-1 인 자료이다.

기각가능성과 자유도의 관계를 더 명확히 이해하기 위하여 한 가지 예를 더 살펴보자. 두 사람의 키와 몸무게를 측정하여 [그림 2-2] 의 왼쪽 도면과 같은 산포도 (scatter-plot) 를 그렸다. 산포도는 자료를 단지 시각적으로 표현한 것이다. [그림 2-2] 의 오른쪽 도면과 같이 산포도의 점들을 연결하는 직선을 그리면 그 직선의 기울기는 키와 몸무게 사이의 관계의 정도를 나타내는 지수가 될 수 있다. 즉, 오른쪽 도면에 제시된 직선은 두 개의 자료를 연결하여 그려진 것인데, 이 직선은 키와 몸무게 사이의 관계를 정의하는 하나의 모형이다.

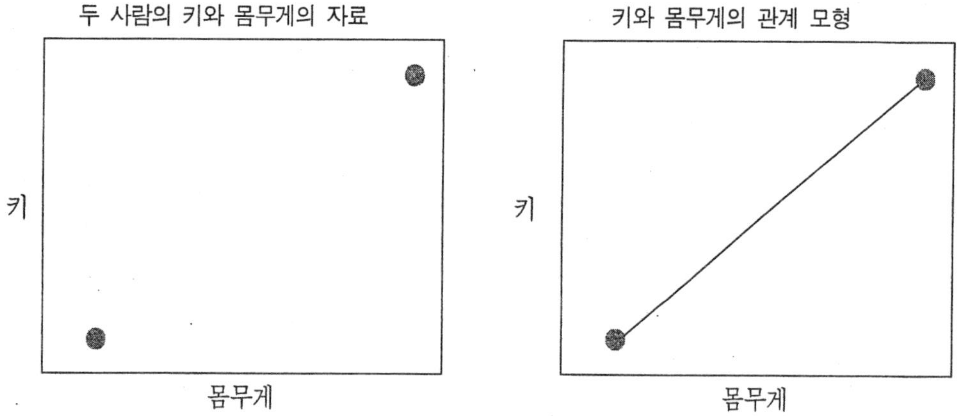

[그림 2-2] 두 변인에 대한 두 개의 자료와 관계 모형

직선은 절편과 기울기를 가지는 일차방정식으로 표현할 수 있다. 즉, [그림 2-2] 의 오른쪽 도면에 제시된 직선의 방정식은 다음과 같이 기술할 수 있다.

$$키 = b_0 + b_1(몸무게)$$

직선의 방정식에서 b_0 는 절편이고, b_1 은 기울기이다. 그런데 [그림 2-2] 의 오른쪽 도면에 제시된 직선은 키와 몸무게의 관계를 정의하는 옳은 모형일까? 이 물음에 답하기 위해서 각 사람의 몸무게 측정값을 직선의 방정식에 대입하여 그 사람의 키 측정값이 정확히 산출되는지를 알아볼 수 있을 것이다. 그런데 [그림 2-2] 의 오른쪽 도면에 제시된 직선은 두 점을 연결하여 그린 것이므로 각 사람의 몸무게 측정값을 직선의 방정식에 대입하면 당연히 그 사람의 키 측정값이 정확히 산출될 수밖에 없다. 따라서 [그림 2-2] 의 왼쪽에 제시된 두 개의 자료는 키와 몸무게 사이의 관계를 모형화한 직선의 타당성에 대한 기각가능성이 없다. 즉, [그림 2-2] 에 표시된 두 개의 자료는 키와 몸무게 사이의 관계를 나타내는 직선모형에 대하여 기각가능성 혹은 자유도가 0 인 자료이다.

일반적으로, 자료의 수에서 모형이 포함하는 모수의 수를 뺀 것 (N-k) 이 모형의 타당성 판단을 위한 자료의 자유도이다. [그림 2-2] 의 예에서는, 두 명의 자료가 이용되었으므로 N=2 이고, 키와 몸무게 사이의 관계를 나타내는 직선의 방정식은 절편과 기울기를 모수로 가지기 때문에 k=2 이다. 따라서 [그림 2-2] 의 자료는 오른쪽에 제시된 직선모형의 타당성 판단을 위하여 자유도가 N-k = 2-2 = 0 인 자료이다.

만약 세 명의 자료가 있고, 그 세 명의 자료로 이루어진 산포도가 있으며, 그 산포도에 키와 몸무게의 관계를 모형화한 직선을 그린다면, 그 자료는 키와 몸무게의 관계에 대한 직선모형의 타당성 판단을 위하여 자유도가 3-2=1 인 자료이다. 즉, 세 개의 자료 중에 한 개는 직선모형에 대한 기각능력 혹은 기각가능성을 가진 자료이다. 왜 그럴까? 산포도에 점이 세 개 있으면 그들 중에 두 개는 한 개의 직선으로 언제나 연결할 수 있다. 그러나 나머지 한 개의 점은 그 직선 위에 위치할 수도 있고, 직선에서 벗어난 곳에 위치할 수도 있다. 만약 그 한 개의 점이 직선 위에 위치한다면 그 직선모형은 모든 자료를 완벽하게 설명하는 훌륭한 모형이다. 그러나 만약 한 개의 점이 직선에서 벗어난 곳에 위치한다면 그 직선모형은 자료를 불완전하게 설명하는 모형이다. 따라서 세 개의 자료에 대한 하나의 설명모형으로서의 직선의 타당성은 한 개의 자료가 산포도에서 어디에 위치하는가에 달려있고, 그 한 개의 자료가 바로 직선모형에 대한 기각가능성을 가지는 자료이다. 결론적으로, 직선모형에 대하여 세 개의 자료가 가지는 자유도는 1 이다.

(4) 자유도 개념의 요약

자유도 개념의 일반적 의미는 독립적인 행위차원의 수 혹은 능력수준이라고 할 수 있다. 반면에, 수리통계학적 의미는 모집단에 대한 독립적 정보의 수이고, 응용통계학적 의미는 기각가능성이다. 그런데 자유도에 대한 이 의미들은 서로 별개의 것들이 아니고 같은 개념을 다르게 표현하는 것들에 불과하다. 기각가능성은 바로 독립적 정보의 수에 의해 좌우된다. 쉽게 말해서, 모집단에 대한 새로운 신정보가 없으면, 이미 아는 구 정보에 기초하여 만들어진 이론이나 모형을 판단할 수 없다 (즉, 자료의 기각가능성이 없다). 그리고 이 속성들은 바로 통계적 판단 (추론) 의 능력수준을 결정한다. 모집단에 대한 독립적 정보가 없고, 따라서 기각가능성이 없는 통계적 추론은 또한 과학적으로 무능한 추론인데, 이것이 바로 Karl Raimund Popper 의 과학철학의 핵심이다.

4) 변 량

'변량 (variance)' 은 한개 변인의 값들이 발현하는 빈도로 이루어진 분포의 변산성 혹은 그 값들에서의 개인차의 정도를 나타내는 또 한 가지의 지수이다 (때로는 일본 용어를 직역하여 '분산' 이라고 부르기도 한다). 어떤 변인 Y 가 가지는 모집단 변량의 추정치는 <수식 2-3> 과 같이 계산된다.

$$s^2 = \frac{\sum(Y - \overline{Y})^2}{N-1} = \frac{SS}{df} \qquad \text{<수식 2-3>}$$

모집단 변량의 추정치 (s^2) 는 개인차의 총합이라고 할 수 있는 자승합을 기각가능성을 가진 혹은 모집단에 대한 정보를 가진 자료의 수 (자유도) 로 나누어준 것이므로 '평균자승 (mean square)' 이라고 불리기도 하는데, 개인차의 평균치 혹은 평균적인 개인차를 나타내는 지수이다. 예를 들어, 어떤 모집단에서 3 명을 표집하여 어떤 변인 Y 에 대한 그 3 명의 측정치를 구하였더니 10, 15, 17 이었다면, 그 3 명의 표본이 추출된 모집단에서 Y 의 변량은 다음과 같을 것으로 추정된다.

$$s^2 = \frac{(10-14)^2 + (15-14)^2 + (17-14)^2}{3-1} = 13$$

일반적으로 모집단의 실제 변량은 σ^2 로 표기한다. s^2 는 σ^2 에 대한 추정치이다. σ^2 는 <수식 2-3> 에서 N-1 대신에 모집단의 전체 사례수를 사용하고, $\overline{Y}$ 대신에 모집단 평균 μ 를 사용하면 구할 수 있다. 그러나 모집단의 전체 사례수와 모집단의 평균을 알 수 없는 경우가 많으므로, 모집단 변량 σ^2 은 이론적이고 기호로만 표기되는 개념이다.

모집단 변량의 추정치를 계산하기 위한 <수식 2-3> 에서 분자는 자승합 (SS) 이다. 그런데 <수식 2-3> 은 모집단 변량의 추정치를 산출하기 위한 것이므로, 표본평균 $\overline{Y}$ 대신 모집단 평균 μ 를 사용해야 마땅하다. 그러나 μ 를 알 수 없고, $\overline{Y}$ 는 μ 에 대한 '비편중 추정치 (unbiased estimate)' 이므로, μ 가 $\overline{Y}$ 와 동일할 것으로 간주하여 μ 대신 $\overline{Y}$ 를 사용한다. 즉, $\mu = \overline{Y}$ 를 가정하는 것이다 (비편중 추정치의 의미는 다음과 같다. 평균이 μ 인 모집단에서 특정한 크기의 표본을 채취하여 표본평균 $\overline{Y}$ 를 구하면, $\overline{Y}$ 는 μ 와 동일하지 않은 경우가 많다. 또한 그런 표본을 반복적으로 여러 번 채취하여 그 때마다 표본평균을 구하면, 그 표본평균들은 매번 다르게 산출되고, 그 평균들의 값이 특정한 분포를 가지게 된다. 그런데, 이렇게 여러 번 산출한 표본평균의 평균은 궁극적으로 (in the long run) 모집단 평균 μ 와 동일해진다. 따라서 비편중 추정치의 의미는 $\overline{Y}$ 가 μ 와 동일하지는 않지만 어떤 한 방향으로 체계적으로 편중되지는 않는다는 뜻이다.).

모집단 변량의 추정치를 산출하기 위하여 모집단 평균이 표본평균과 같은 것으로 간주하여 표본평균을 계산절차에서 사용하므로 표본 내에 있는 N 개의 변인 값들 중 1 개는 표본평균과 독립적으로 모집단의 변산성에 대한 정보를 제공할 수 없다. 따라서 N 개의 값들 중 모집단의 변산성에 대한 정보를 제공하는 독립적인 값들은 N-1 개이다. 즉, 자유도가 N-1 이다. 자유도는 모집단의 모수를 추정할 때에 고려되는 개념이며, 표본 통계치 (sample statistic) 를 산출할 때는 필요 없는 개념이다. <수식 2-3> 는 모집단의 변량을 추정하기 위한 것이므로 자유도가 분모로 이용된다.

모집단의 변량을 추정하기 위하여 자유도를 사용하는 또 하나의 중요한 이유가 있다. 모집단에서 N 개의 사례들로 이루어진 표본을 반복적으로 추출한다고 가정해보자. 더 나아가서 N 개의 사례들로 이루어진 표본의 개수가 무한대라고 가정해보자. 그 각각의 표본에서 N 개의 사례들을 이용하여 변량을 계산하면 무한대 개수만큼의 변량이 계산될 것인데, 그 변량들의 평균을 '변량의 기댓값 (expected variance)' 이라고 부른다. 그런데 각각의 변량을 계산할 때 <수식 2-3> 의 변량공식이 사용되는데, 그 공식에서 분모에 N-1 대신 N 을 사용하면 변량의 기댓값이 모집단의 실제 변량보다 작아진다. 즉, 분모에 N 을 사용하여 계산된 변량은 모집단 변량을 과소추정하는 편중된 추정치이다. 반면에 <수식 2-3> 에서처럼 분모에 자유도 N-1 을 사용하여 계산된 변량의 기댓값은 모집단의 실제 변량과 같다. 즉, 분모에 N-1 을 사용하여 계산된 변량은 모집단 변량에 대한 '비편중 추정치 (unbiased estimate)' 이다. 따라서 모집단의 변량을 추정하기 위하여 자유도를 사용하는 또 하나의 이유는 모집단

변량에 대한 비편중 추정치를 구하기 위해서이다.

통계학에서 변량은 모집단 평균과 같은 소위 '모수추정치 (parameter estimate)' 의 불확실성을 표현하는 지수로 흔히 쓰이기 때문에 '정보 (information)' 의 역수로 정의된다. 즉, 변량이 크면 모집단 모수추정치에 대한 불확실성이 증가하고, 모집단에 대한 정보가 희박해진다. 이것은 극히 상식적으로 이해될 수 있는 원칙이다. 변량이 크다는 것은 모집단 내의 사례들 사이에 개인차가 크다는 것을 의미하고, 개인차가 크면 그 모집단의 중심적인 경향성이 불확실해질 수밖에 없다. 따라서 통계학에서는 모집단 모수를 정확하게 추정하기 위하여 일반적으로 작은 변량이 선호된다. 반면에 심리측정 (psychometrics) 에서의 변량은 개인차에 대한 정보 자체이다. 즉, 심리측정에서는 변량이 클수록 피측정자들에 대한 많은 정보가 수집된 것으로 간주되고, 변량이 최대가 되도록 검사도구나 측정도구를 개발하고자 노력한다. 변량의 의미가 이와 같이 통계학과 심리측정에서 정반대인데, 어쨌든 변량은 '정보의 양' 의 의미를 함축하는 용어라는 사실을 기억할 필요가 있다 (이 이유 때문에 본 저자는 일본어를 직역한 분산이라는 용어보다 변량이라는 용어가 더 적절하다고 생각한다). 다만, 정보가 통계학에서는 변량의 역수로 정의되고, 심리측정에서는 변량 자체로 정의된다.

5) 표준편차

'표준편차 (standard deviation)' 는 변량의 제곱근을 구한 것인데, 변량과 마찬가지로 한개 변인의 값들이 발현하는 빈도로 이루어진 분포의 변산성 혹은 그 값들에서의 개인차의 정도를 나타내는 또 한 가지의 지수이다. 어떤 변인 Y 가 가지는 모집단 표준편차의 추정치 (s) 는 <수식 2-4> 와 같이 계산된다.

$$s = \sqrt{\frac{\sum(Y-\overline{Y})^2}{N-1}} = \sqrt{\frac{SS}{df}}$$

<수식 2-4>

변량의 제곱근을 구하여 또 하나의 변산성 지수로 삼는 이유는 변산성을 기하학적인 개인차의 개념으로 해석하기가 더 용이하기 때문이다. 즉, 변량의 제곱근을 구하면 변산성의 의미를 '두 사람 사이의 차이' 라고 구체적으로 해석하기가 더 쉬워진다. 피타고라스 정리를 이용하여 직각삼각형의 가장 긴 변의 길이를 구할 때 제곱근이

사용되듯이 ($a = \sqrt{b^2 + c^2}$), 개인이 평균과 가지는 차이를 자승해서 합한 것의 평균 (변량) 의 제곱근을 구하면 기하학적으로 '평균적인 두 사람 사이의 개인차' 라고 해석할 수 있는 변산성 지수가 된다.

표준편차는 변량보다 더 구체적인 해석적 의미를 가지는 변산성 지수인 까닭에 추상적 속성의 측정에서 표준적인 '단위 (unit)' 로 사용하기 편리한 특성을 가진다. 예를 들어, 불안감을 측정하기 위한 어떤 심리척도에서 어떤 피검자 A 의 원 점수 (raw score) 가 32 점이라면, 이 원 점수의 단위는 매우 임의적이다. 이런 경우에 '평균적인 두 사람 사이의 개인차' 는 매우 유용한 단위개념이 될 수 있다. 만약 이 심리척도에서 많은 수의 사람들이 획득한 점수들을 이용해서 계산된 표준편차가 3 이고, 피검자 B 의 원 점수가 26 점이라면, 피검자 A 와 피검자 B 의 점수 차이를 표준편차의 단위로 표현하면 2s 가 된다. 이와 같은 표준편차의 단위를 앞서 설명한 편차점수에 적용한 것을 '표준점수 (standardized score)' 라고 부른다. 표준점수를 흔히 z 로 표기하는데, $z = (Y - \overline{Y})/s$ 로 정의된다. 즉, 표준점수는 특정한 사례의 점수가 평균으로부터 떨어져 있는 거리를 정보의 변질 없이 표준편차의 단위로 변환해준 것이다. 정보의 변질이 생기지 않는 이유는 표준점수가 원 점수 (Y) 를 상수 ($\overline{Y}$ 와 s) 만을 이용하여 선형변환해준 것이기 때문이다. 이와 같이 측정치들을 표준점수로 변환해주면, 그 측정치들은 원래의 척도단위에 상관없이 모두 공통의 단위를 가지는 측정치로 바뀌는데, 그 공통의 단위는 바로 '평균적인 두 사람 사이의 개인차' 이다. 예를 들어, 키와 불안감에 대한 측정치들은 서로 다른 단위로 측정된 숫자들이므로 그 숫자들을 이용하여 더하기, 빼기 등의 수학적 연산을 의미 있게 수행하기 어렵다. 그러나 그 측정치들이 표준점수로 변환되면 정보의 변질 없이 모두 동일한 단위를 가지는 숫자들로 바뀌므로 어려움 없이 수학적인 분석의 대상이 될 수 있다.

앞서 편차점수의 속성들 중에 "편차점수 D 의 표준편차는 원래 변인 Y 의 표준편차와 같다" 는 속성 ($s_D = s_Y$) 을 언급한 바 있다. 그 속성에 대한 증명을 다음과 같이 간단히 할 수 있다.

$$s_D = \sqrt{\frac{\sum(D - \overline{D})^2}{N-1}} = \sqrt{\frac{\sum((Y - \overline{Y}) - 0)^2}{N-1}} = \sqrt{\frac{\sum(Y - \overline{Y})^2}{N-1}} = s_Y$$

6) 효과와 무선오차

앞서 과학이 설명하고자 하는 현상은 언제나 변산성을 가지는 현상이며, 실험의 궁극적 목적은 그 변산성의 원인과 이유를 알아내는 것이라고 하였다. 그리고 위에서 그 변산성을 나타내는 지수들을 살펴보았다. 편차점수, 자승합, 변량, 표준편차 등의 변산성 지수들은 조금씩 서로 다른 수학적인 절차에 의해 계산되지만, 그들의 본질적인 의미는 모두 동일하다. 즉, 자료에 존재하는 변산성 혹은 개인차를 조금씩 다른 방식으로 수치화한 것들이다.

그런데 변산성은 그 원인과 이유가 무엇인가에 따라서 본질적으로 서로 다른 속성과 내용을 가진 각기 다른 종류로 구분될 수 있다. 실험과 변량분석에서는 변산성의 종류를 크게 '효과 (effect)' 와 '무선오차 (random error)' 로 구분한다. 효과는 알려진 특정한 원인에 의해서 유발된 변산성을 지칭하는 개념이고, 무선오차는 불특정 다수의 알려지지 않은 원인들에 의해서 유발된 변산성을 지칭하는 개념이다. 따라서 효과와 무선오차는 본질적으로 서로 다른 변산성을 구분하는 개념들이다.

실험에서 '효과 (effect)' 의 의미를 이해하기 위하여 사과 하나를 둘로 잘라서 두 개의 상자에 나누어 넣는 경우를 생각해보자. 사과 하나를 둘로 자르는 이유가 단지 두 개의 상자에 나누어 넣기 위한 것 이외에 아무 것도 없다면, [그림 2-3] 과 같이 사과 하나를 똑같은 크기로 나누게 될 것이다. 또한 두 상자에 들어있는 반쪽 사과들의 평균 크기를 구하면 상자 안에 있는 반쪽 사과들의 크기와 동일할 것이다.

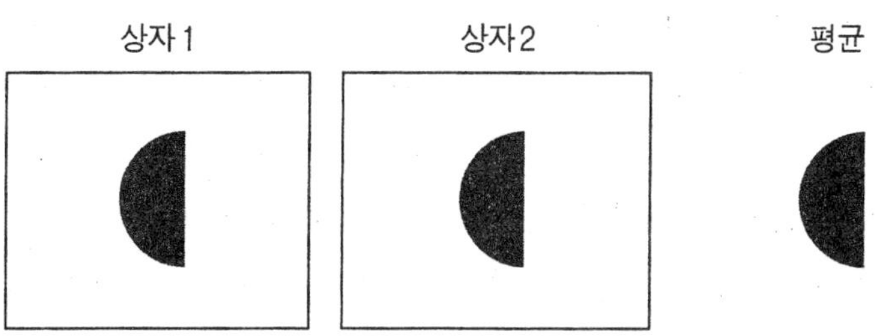

[그림 2-3] 이유 없이 두 개의 상자에 나누어진 한 개의 사과

자, 이제 한 상자에 있는 사과는 어른 (성인) 이 먹을 것이고, 다른 상자에 있는 사과는 아기에게 먹일 것이라고 가정하자. 말하자면, 사과를 나누되, 특정한 목적을 가지고 나눈다면, 그 목적에 부합하도록 [그림 2-4] 와 같이 나누어질 것이다.

사과가 나누어진 결과를 보면, 사과의 크기가 다르도록 나누어진 이유를 '시식가의 체구' 라고 부를 수도 있을 것이다. 시식가의 체구가 다르므로 사과의 크기가 다르도록 나누어진 것이다. 다시 말해서, 시식가의 체구에 의해 유발된 사과의 크기가 다른 정도는 시식가인 성인과 아기의 체구가 서로 다른 정도에 따라서 달라질 것이다. 이것을 '효과 (effect)' 라고 부른다. 시식가의 체구를 고려하지 않았다면 각 상자에 들어 있는 사과의 크기는 평균크기와 동일할 것이다. 따라서 시식가의 체구가 초래한 효과는 다음과 같다.

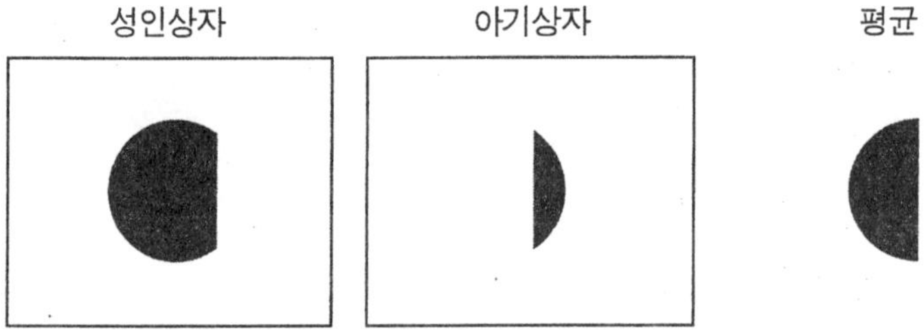

[그림 2-4] 성인용과 아기용의 상자에 나누어진 한 개의 사과

성인효과 = 성인사과의 크기와 평균 크기의 차이
아기효과 = 아기사과의 크기와 평균 크기의 차이
시식가 체구의 효과 = 성인효과 + 아기효과

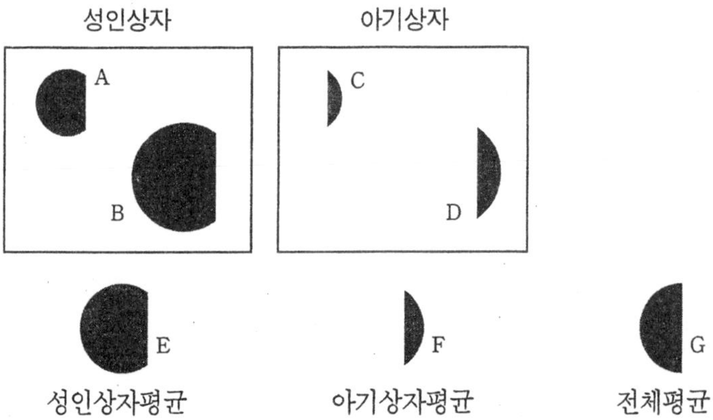

[그림 2-5] 성인용과 아기용의 상자에 나누어진 두 개의 사과

자, 이제 두 개의 사과를 성인용과 아동용으로 나눈다고 가정하면 [그림 2-5] 의 그림과 같은 상황을 상상할 수 있다.

이 경우에 소위 '성인효과' 는 성인상자평균과 전체평균의 차이 (E-G) 이고, '아기효과' 는 아기상자평균과 전체평균의 차이 (F-G) 가 될 것이다. 물론 이 두 가지 효과를 합하면 시식가 체구의 효과가 된다.

성인효과 = 성인상자평균 - 전체평균 = E - G
아기효과 = 아기상자평균 - 전체평균 = F - G

이제 같은 상자 안에 있는 쪽 사과들의 크기 차이를 생각해보자. 예를 들어, 쪽 사과 A 와 쪽 사과 B 의 크기 차이는 왜 발생한 것일까? 이 차이는 시식가의 체구 때문이 아니라, 단지 우연에 의해 발생한 것뿐이다. 우연이란 무수히 많은 불특정 다수의 알려지지 않은 원인들에 의해 발생하는 현상을 일컫는 개념이다.

따라서 같은 상자 안에 있는 쪽 사과들의 크기 차이를 다음과 같이 개념화할 수 있다. "A 와 B 는 모두 성인용이므로 그들의 크기가 달라야 할 특별한 이유는 없다. 다만 우연에 의해 달라진 것뿐이며, 만약 그들의 크기가 같다면 그들은 모두 성인상자평균 (E) 와 같은 크기라야 한다. 그런데 A 는 불특정 이유인 우연에 의해서 E 보다 약간 작아진 것이고, B 는 역시 불특정 이유인 우연에 의해서 E 보다 약간 커진 것뿐이다." 다시 말해서, 쪽 사과 A 와 B 의 크기는 각각 성인상자평균 (E) 에 우연에 의한 변산이 합해진 것이다. 이 우연에 의한 변산을 '무선오차 (random error)' 라고 부른다.

쪽 사과 B 크기의 무선오차 (random error) = B 의 크기 - 성인상자평균 = B - E
(다른 쪽 사과 크기의 무선오차도 같은 요령으로 정의된다)

상자 안에 있는 각 개별적인 쪽 사과의 크기는 전체평균 (G) 에 두 가지 요소가 작용하여 결정된다고 볼 수 있다. 하나는 효과이고, 다른 하나는 무선오차이다. 예를 들어, 쪽 사과 B 의 크기는 전체평균 G 에 '성인효과' 가 더해지고 (그래서 E 가 되고), 거기에 다시 무선오차가 더해진 것이다. 말하자면 다음과 같은 수학적 관계가 성립한다.

B = G + (E-G) + (B-E)
말하자면, 종속측정치의 크기 = 전체평균 + 효과 + 무선오차

이상의 논의를 요약하면 다음과 같다. 실험에서 관찰되는 특정한 종속측정치는 포괄적인 평균치 (전체평균) 에 두 가지 요소가 합해진 결과라고 간주된다. 하나는 효과인데, 이것은 체계적인 (즉, 분명한 이유가 있는) 변산이며, 독립변인의 효과이다. 또 하나는 무선오차이며, 이것은 비체계적인 불특정 우연에 의해 발생하는 변산이다.

7) 편차분해

실험에서 나타난 효과와 무선오차를 구체적으로 수치화하는 과정을 '편차분해 (decomposition of deviation)' 라고 부른다. 앞서 종속측정치의 크기는 ① 전체평균, ② 효과, ③ 무선오차가 합해진 것이라는 점을 분명히 하였다. 각 피험자의 종속측정치에서 전체평균을 빼서 나오는 숫자를 '전체평균으로부터의 편차 (deviation from the grand mean)' 혹은 줄여서 '전체편차 (total deviation)' 라고 부른다. 이 전체편차는 당연히 두 부분으로 구성되는데, 하나는 효과이고, 다른 하나는 무선오차이다.

전체편차 = 종속측정치 - 전체평균 = 효과 + 무선오차

그런데 효과는 집단평균과 전체평균의 차이이므로 이것도 일종의 편차인데, '집단간 편차 (between-groups deviation)' 라고 부른다. 또한 무선오차는 종속측정치와 그 종속측정치가 속한 집단의 평균 사이의 차이이므로 또한 일종의 편차인데, 집단내에서의 편차이므로 '집단내 편차 (within-group deviation)' 라고 부른다. 따라서 다음과 같은 세 개의 편차가 존재한다.

전체편차 = 효과 + 무선오차 = (집단간 편차) + (집단내 편차)

전체편차를 집단간 편차 (효과) 와 집단내 편차 (무선오차) 로 분할하는 것이 편차분해이다. 숫자들을 이용해서 편차분해의 수학적 구조를 살펴보자. <표 2-1> 은 어

떤 가상적인 실험에서 얻어진 자료이다. 이 실험에서는 한 개의 독립변인이 두 개의 수준을 가지도록 조작되었고, 각 수준에 세 명씩의 피험자가 할당되었으며, 각 피험자에 대하여 종속변인이 측정되었다. <표 2-1> 에 제시된 종속변인 측정치의 전체 평균은 6 이다. 또한 독립변인의 첫 번째 수준에 속하는 피험자들의 종속변인 측정치의 평균은 3 이고, 두 번째 수준에 속하는 피험자들의 평균은 9 이다. 이 평균들을 이용하여 편차점수들을 구한 것이 또한 <표 2-1> 에 제시되어 있다.

예를 들어, 5 번째 피험자의 전체편차는 다음과 같이 집단간 편차와 집단내 편차로 분해된다. (7-6)=(9-6)+(7-9). 이와 같은 편차분해는 실험내의 모든 피험자에게 예외 없이 공히 적용되는 '수학적 필연 (mathematical necessity)' 이다.

〈표 2-1〉 가상적인 실험자료

피험자	독립변인의 수준	종속변인 측정치	전체편차	집단간 편차	집단내 편차
1	1	3	3-6=-3	3-6=-3	3-3= 0
2	1	1	1-6=-5	3-6=-3	1-3=-2
3	1	5	5-6=-1	3-6=-3	5-3= 2
4	2	11	11-6= 5	9-6= 3	11-9= 2
5	2	7	7-6= 1	9-6= 3	7-9=-2
6	2	9	9-6= 3	9-6= 3	9-9= 0

2. F 분포

실험자료에 대한 변량분석의 최종 결론은 'F 분포 (F distribution)' 라고 불리는 이론적인 확률분포에 의존한다. 앞서 언급한대로 변량분석은 Fisher 에 의해 발전하였으나, 실제로 F 분포를 발견하고, 그것을 변량분석의 가설검증에 적용한 사람은 George W. Snedecor (1882-1974) 라고 알려지고 있다 (Cowles, 1989). F 분포의 원래 명칭은 '역 베타 분포 (inverted beta distribution)' 였으나, Snedecor 가 변량분석의 연산절차에 기여한 Fisher 의 공로를 기리기 위하여 F 분포라고 명명하였다고 한다.

1) 개념과 가정

F 분포는 다음과 같은 가정에 기초한 확률분포이다. ① 두 개의 모집단에서 어떤 변인 Y 가 정규분포 (normal distribution) 한다 (두 개의 모집단에서 Y 의 평균은 다를 수 있다); ② Y 의 모집단 변량이 두 개의 모집단에서 동일하다 (즉, $\sigma_1^2 = \sigma_2^2$); ③ 두 개의 모집단에서 각각 N_1 와 N_2 크기의 표본들이 독립적으로 표집된다 ($N_1 \leq N_2$); ④ 두 개의 표본에서 산출된 모집단 변량의 추정치들 중에서 사례수가 작은 표본에서 구해진 것을 분자로 하고, 사례수가 많은 표본에서 구해진 것을 분모로 하여 비율 s_1^2/s_2^2 을 구한다. 이 변량추정치들의 비율 s_1^2/s_2^2 을 'F 통계치' 혹은 그냥 간단히 'F' 라고 부른다.

$$F = \frac{s_1^2}{s_2^2}$$

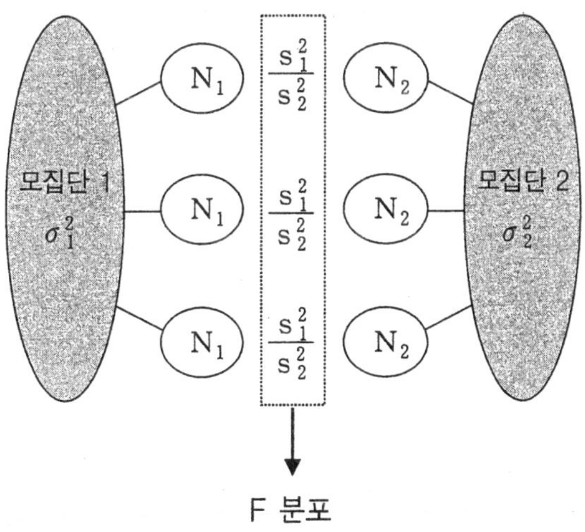

[그림 2-6] F 통계치와 F 분포의 도식적 의미

F 분포의 기초가 되는 위의 가정들 중 1, 2, 3 번 가정은 변량분석을 비롯하여 F 통계치를 사용하는 모든 분석방법의 기본가정이므로 매우 중요한 것들이다. 가정 ① 을 '정규성 가정 (normality assumption)' 이라고 부르는데 변인 Y 가 각각의 모집단내에서 정규분포한다는 가정이다. 가정 ② 는 '변량의 동질성 가정 (homogeneity of variance assumption)' 이라고 불리는데, 특히 변량분석과 같이 평균차이를 검증하는 경우에 매우 중요하게 고려되어야 하는 가정이다. 가정 ③ 은 '관찰의 독립성 가정 (independence of observation assumption)' 이라고 불리는데, 관찰단위 (표집사례) 들이 서로 독립적이라는 가정이다. 즉, 관찰단위들은 서로에게 영향을 주지 않는 방식으로 표집되었다는 가정을 의미한다.

2) F 분포의 밀도함수식

두 개의 모집단에 대해 위의 4 가지 가정을 충족하는 절차를 반복하고, 매번 F 를 산출하면, 각 F 값들이 나타나는 확률은 특정한 수학적 함수로 표현되는 이론적인 확률분포를 따르게 되는데, 이 이론적인 확률분포를 F 분포라고 부른다. 이론적인 F 분포의 밀도함수식 (density function) 은 <수식 2-5> 와 같다.

$$f(F) = \frac{\Gamma\left(\frac{\nu_1+\nu_2}{2}\right)\left(\frac{\nu_1}{\nu_2}\right)^{\frac{\nu_1}{2}} F^{\frac{\nu_1}{2}-1}}{\Gamma\left(\frac{\nu_1}{2}\right)\Gamma\left(\frac{\nu_2}{2}\right)\left(1+\frac{\nu_1 F}{\nu_2}\right)^{\frac{\nu_1+\nu_2}{2}}} \quad \text{단, } F \geqq 0 \qquad \text{<수식 2-5>}$$

<수식 2-5> 는 매우 복잡해 보일 뿐만 아니라, 실제로 그 수학적인 속성이 매우 복잡한 함수식이다. 그러나 많은 분석방법들이 이 함수식에 기초하여 통계적 추론을 하므로, <수식 2-5> 의 F 분포 밀도함수식에 대하여 몇 가지 사항은 개념적으로 이해하고 기억해두어야 한다.

<수식 2-5> 의 F 분포 밀도함수식은 종축과 횡축을 가지는 이차원 평면에 그려지는 곡선의 방정식이다. 등호 왼쪽의 f(F) 는 그 곡선의 높이 혹은 종축의 좌표값이고, '밀도 (density)' 라고 불린다. 밀도는 확률과 비례관계를 가지는 개념이다. 확률이 어떤 사각평면의 넓이로 정의된다고 가정하자. 그 사각평면의 폭이 점점 압축되어서 급기야 폭이 극단적으로 좁게 압축된 평면이 되었다고 상상하면, 이 극단적으로 폭이 압축된 평면의 높이를 밀도라고 부른다. 확률이 사각평면의 넓이로 정의되었으므로, 그 사각평면의 밀도와 '극단적으로 압축된 폭' 을 곱하면 확률이 된다. 확률이 0 보다 커야 하므로 밀도의 최소값은 0 이다.

<수식 2-5> 의 F 분포 밀도함수식 내의 분자와 분모에 각각 포함된 기호 F 는 이차원 평면에 그려지는 곡선의 횡축 좌표값이다. F 분포 밀도함수식 내에 포함된 F 는 바로 위에서 설명한 변량추정치들의 비율 (s_1^2/s_2^2) 을 말한다. 따라서 F 도 역시 최소값은 0 이다.

<수식 2-5> 의 f(F) 와 F 에 대한 설명에 준하여 생각해보면, 이 수식은 개념적으로 '특정한 F 혹은 변량추정치들의 특정한 비율이 나타나는 밀도' 를 정의한 함수라는 것을 알 수 있다. 즉, 두 개의 모집단에 대해 앞에서 기술한 F 분포의 4 가지 가정을 충족하는 절차를 반복하고, 매번 F 를 산출하면, 각 F 값들의 빈도는 <수식 2-5> 가 기술하는 수학적 확률분포에 따라서 나타난다는 것이다.

<수식 2-5> 의 ν_1 과 ν_2 는 각각 두 개의 표본에서 산출된 모집단 변량의 추정치들 즉, s_1^2 과 s_2^2 의 자유도들이다. 다시 말해서, $\nu_1 = N_1 - 1$ 이고, $\nu_2 = N_2 - 1$ 이다.

마지막으로, <수식 2-5> 의 Γ 는 '감마함수 (gamma function)' 라고 불리는 함수인데, '계승 (factorial)' 혹은 '순차곱셈' 을 수행하는 함수이다. 예를 들어, 3 의 계승은 3! 이라고 표기하고, 3 을 포함하여 그 보다 작은 모든 양의 정수를 곱한 것이다. 즉, 3!=3×2×1=6 이다. 일반적으로, n 의 계승은 n!=n(n-1)(n-2).....1 이다. 일반적인 계승은 0 보다 큰 양의 정수에 대해서 사용된다. 그런데, 양의 정수뿐만 아니라 소수를 포함한 0 보다 큰 모든 실수 (real number), 그리고 음의 정수 (i. e., -1, -2, -3, etc.) 를 제외한 모든 음수에 대하여 계승을 구하기 위한 것이 감마함수이다 (음의 정수의 경우에는 감마함수의 값이 ±∞ 가 된다). 간단히 말해서, 1.8! 혹은 (-4.2)! 등을 산출하기 위한 함수가 감마함수이다. 예를 들어, $\Gamma(3.5)$=3.32335097045 이고, $\Gamma(-1.7)$ =2.51392351907 이다. 이러한 감마함수를 처음 개발한 사람은 18 세기 스위스의 수학자 Leonhard Euler (1707-1783) 라고 한다.

감마함수는 계승의 원리를 난수 (complex number) 와 실수 (real number) 까지 확장한 것인데, 구체적으로는 $\Gamma(x)$=$(x-1)!$ 로 정의된다. 즉, $\Gamma(5)$=$(5-1)!$ 이다. 예를 들어, <수식 2-1> 의 $\Gamma\left(\frac{\nu_1}{2}\right)$ 는 $\left(\frac{\nu_1}{2}-1\right)!$ 을 의미한다. 만약 ν_1 이 8 이라면, $\Gamma\left(\frac{\nu_1}{2}\right)$=(4-1)!=3!=6 이다. 같은 원리를 적용하여 몇 가지 양의 정수에 대한 감마함

수를 산출하면 다음과 같다.

$\Gamma(2)=1!=1$	$\Gamma(9)=8!=40320$
$\Gamma(3)=2!=2$	$\Gamma(10)=9!=362880$
$\Gamma(4)=3!=6$	$\Gamma(11)=10!=3628800$
$\Gamma(5)=4!=24$	$\Gamma(12)=11!=39916800$
$\Gamma(6)=5!=120$	$\Gamma(13)=12!=479001600$
$\Gamma(7)=6!=720$	$\Gamma(14)=13!=6227020800$
$\Gamma(8)=7!=5040$	$\Gamma(15)=14!=87178291200$

<수식 2-5> 의 F 분포 밀도함수식은 F 분포의 밀도가 ν_1 과 ν_2 의 두 개의 모수에 의해 결정된다는 것을 나타낸다. 예를 들어, <수식 2-5> 는 다음과 같은 질문에 답할 수 있다. 두 개의 모집단에서 어떤 변인 Y 가 정규분포하고, Y 의 모집단 변량이 두 개의 모집단에서 동일한데, 두 개의 모집단에서 각각 $N_1=9$ 과 $N_2=21$ 의 표본이 독립적으로 표집된다면, 두 개의 표본에서 산출된 모집단 변량의 추정치들 사이의 비율 s_1^2/s_2^2 이 1.2 일 때 F 분포의 밀도는 얼마인가? 이 물음에 대한 답은 다음과 같다.

$$f(F) = \frac{\Gamma\left(\frac{\nu_1+\nu_2}{2}\right)\left(\frac{\nu_1}{\nu_2}\right)^{\frac{\nu_1}{2}} F^{\frac{\nu_1}{2}-1}}{\Gamma\left(\frac{\nu_1}{2}\right)\Gamma\left(\frac{\nu_2}{2}\right)\left(1+\frac{\nu_1 F}{\nu_2}\right)^{\frac{\nu_1+\nu_2}{2}}} = \frac{\Gamma\left(\frac{8+20}{2}\right)\left(\frac{8}{20}\right)^{\frac{8}{2}} 1.2^{\frac{8}{2}-1}}{\Gamma\left(\frac{8}{2}\right)\Gamma\left(\frac{20}{2}\right)\left(1+\frac{8(1.2)}{20}\right)^{\frac{8+20}{2}}}$$

$$= \frac{13!\left(\frac{8}{20}\right)^{\frac{8}{2}} 1.2^{\frac{8}{2}-1}}{3!9!\left(1+\frac{8(1.2)}{20}\right)^{\frac{8+20}{2}}} = \frac{(6227020800)(0.0256)(1.728)}{(6)(362880)(241.9157)}$$

$$= \frac{275463473.725}{526718215.296} = 0.523$$

3) F 분포의 특성

<수식 2-5> 로 정의되는 F 분포의 모양은 F 통계치 (s_1^2/s_2^2) 의 분자와 분모의 자유도 ($\nu_1 = \mathrm{N}_1 - 1$ 와 $\nu_2 = \mathrm{N}_2 - 1$) 에 따라서 달라지지만, 일반적으로 0 과 $+\infty$ 의 범위를 가지고, 한 개의 최빈값 (mode) 을 중심으로 (즉, 단봉분포) 정적으로 편포된 비대칭적 양상을 보인다.

[그림 2-7] 은 N_1-1=2 이고, N_2-1=12 인 이론적인 F 분포의 밀도함수식을 곡선그래프로 표현한 것이다. [그림 2-7] 의 종축은 <수식 2-5> 의 f(F) 이고, 횡축은 <수식 2-5> 의 F 이다. <수식 2-5> 에 ν_1=2 와 ν_2=12 를 고정시키고, F 값을 0 에서부터 ∞ 까지 모든 가능한 값을 차례로 대입하여 산출되는 f(F) 를 그래프로 그리면 [그림 2-7] 과 같은 곡선이 나타난다. 또한, 두 모집단의 모집단 변량이 동일할 경우 ($\sigma_1^2 = \sigma_2^2$), 한 모집단에서는 3 개의 사례를 표집하고, 다른 모집단에서는 13 개의 사례를 표집한 후, 이 표본들로부터 모집단 변량의 추정치를 산출하여, 그들의 비율 s_1^2/s_2^2 을 구하면 [그림 2-7] 과 같은 분포를 가지는 F 값이 산출된다. 이 말은 이와 같은 표집을 무한히 많이 반복하되, 매번 모집단 변량추정치들의 비율 F 를 산출하면, 그 비율들의 빈도분포가 [그림 2-7] 의 곡선과 같은 모양으로 나타난다는 뜻이다.

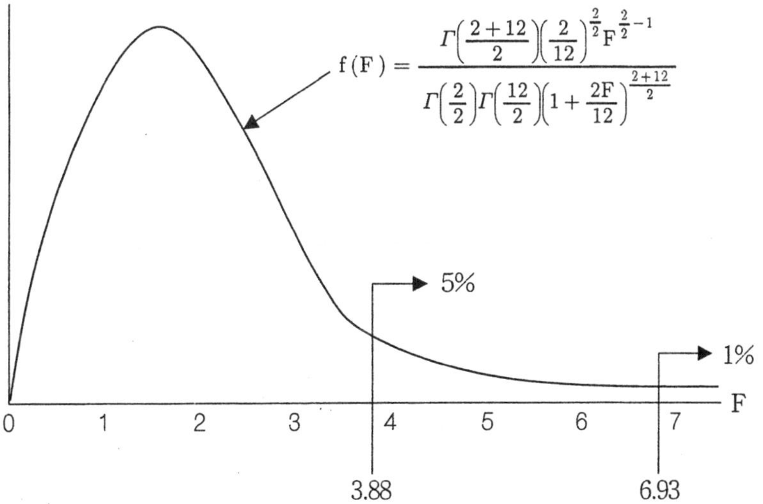

[그림 2-7] ν_1=N_1-1=2 이고, ν_2=N_2-1=12 인 F 분포

[그림 2-7] 에 나타난 곡선 밑의 전체 면적 중에서 F=3.88 보다 오른쪽에 위치한 부분의 면적이 전체 면적의 5% 이고, F=6.93 보다 오른쪽에 위치한 부분의 면적은 전체 면적의 1% 이다. 즉, 두 모집단의 모집단 변량이 동일할 경우 ($\sigma_1^2=\sigma_2^2$), 한 집단에서는 3 개의 사례를 표집하고, 다른 집단에서는 13 개의 사례를 표집한 후, 이 표본들로부터 모집단 변량의 추정치를 산출하여, 그들의 비율 s_1^2/s_2^2 을 구하는 과정을 무수히 많이 반복한다면, 무수히 많은 s_1^2/s_2^2 중에 3.88 보다 큰 것이 5% 산출되고, 6.93 보다 큰 것은 1% 산출된다는 것이다. 따라서 이런 경우, F 통계치가 3.88 보다 클 확률은 0.05 이고, 6.93 보다 클 확률은 0.01 이라고 말할 수 있다. 이 확률이 0.05 혹은 0.01 인 F 값 (3.88 과 6.93) 을 보통 '임계치 (critical value)' 라고 부른다. 이론적인 F 분포의 모양은 두 개의 자유도에 따라서 달라지므로, 이 확률이 0.05 혹은 0.01 인 F 값 또한 자유도에 따라서 달라진다. [그림 2-8] 은 자유도가 달라질 때 F 분포의 모양이 달라지는 것을 보여준다.

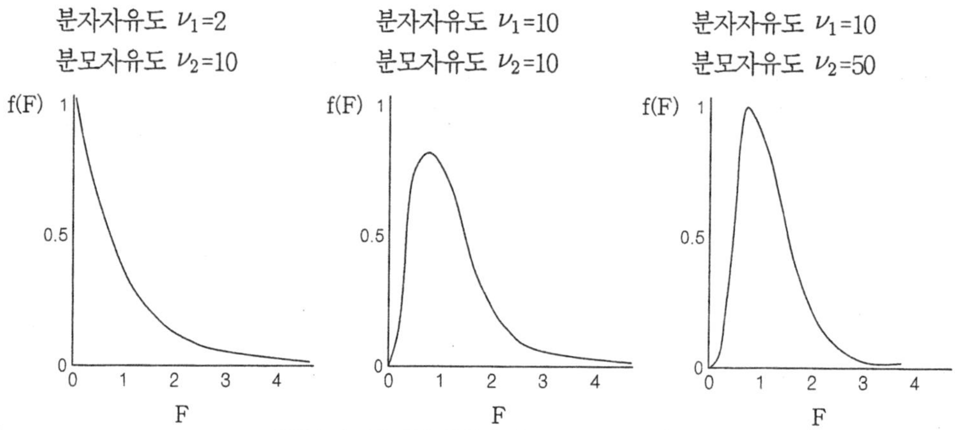

[그림 2-8] 자유도에 따른 F 분포의 변화

($\sigma_1^2=\sigma_2^2$) 가 진실인 경우, F 의 기댓값은 (N_2-1)/(N_2-3) 이다. 예를 들어, 두 모집단의 모집단 변량이 동일할 경우 ($\sigma_1^2=\sigma_2^2$), 한 집단에서는 3 개의 사례를 표집하고, 다른 집단에서는 13 개의 사례를 표집한 후, 이 표본들로부터 모집단 변량의 추정치를 산출하여, 그들의 비율 s_1^2/s_2^2 을 구하는 과정을 무수히 많이 반복한다면 무한히 여러 번 산출된 F 값들의 기댓값 (평균) 은 (13-1)/(13-3)=1.20 이다. [그림 2-8]

에서 분자자유도가 2 이고 분모자유도가 10 인 F 분포의 평균 (기댓값) 은 (11-1)/(11-3)=1.25 이고, 분자자유도가 10 이고 분모자유도가 50 인 F 분포의 평균은 (51-1)/(51-3)=1.04 이다. 일반적으로 분모자유도가 커질수록 F 의 평균 혹은 기댓값은 1.00 에 근접한다.

분자자유도가 1 이고, 분모자유도가 ν_2 인 F 분포는 자유도가 ν_2 인 t 분포와 밀접한 연관성을 가진다. 이때에는 $\sqrt{F} = \pm t$ 의 관계가 성립한다. 따라서 예를 들어, 분자자유도가 1 이고, 분모자유도가 ν_2 인 F 분포에서 F 통계치가 4.0 보다 클 확률은 자유도가 ν_2 인 t 분포에서 t 통계치의 절댓값이 2.0 보다 클 확률과 같다. 즉, t 분포는 분자자유도가 1 인 F 분포의 일종이다.

3) 변량의 동질성 검증

만약 N_1=3 이고, N_2=13 인 어떤 두 개의 표본들로부터 계산된 s_1^2/s_2^2 가 3.90 이라면 어떤 판단을 할 수 있을까? 두 모집단의 변량이 동일하다는 가정 하에 3.88 보다 큰 F 값이 산출될 확률이 0.05 이므로, 3.90 보다 큰 F 값이 산출될 확률은 0.05 보다 작다. 다시 말해, 특정한 가정 하에서 특정한 F 값이 산출될 가능성이 희박하다는 것이고, 가정 혹은 자료 중 하나가 부적절하거나 부정확하다는 것을 의미한다. 그런데 산출된 F 값 (3.90) 은 자료에 의해 계산된 것이므로 이것을 의심할 여지는 없다. 결국 우리는 두 모집단의 변량이 동일하다는 가정에 대해 회의적일 수밖에 없다. 즉, 두 모집단의 변량이 동일하다는 가정 (혹은 가설) 이 기각된다. 왜냐하면 그 가정 하에서 3.90 인 F 값이 나올 확률이 낮기 때문이다.

그런데 F 값이 3.90 이고, 따라서 두 모집단의 변량이 동일하다는 가정을 기각하는 결정을 한다면, 우리의 결정이 틀렸을 가능성이 최대 0.05 가 된다. 왜냐하면 변량의 동일성이 진실이라고 하더라도 3.88 보다 큰 F 값이 산출될 수 있는 확률 (가능성) 이 0.05 는 되기 때문이다. 다만 이 판단의 오류가능성이 작으므로 우리는 그것을 감수하고 판단을 하는 것뿐이다. 이것을 통계적 판단의 제 1 종 오류 (type-1 error) 라고 부르고 (제2종 오류는 진실로 틀린 가정을 기각하지 않는 오류이다), 제 1 종 오류의 확률을 α 라고 부른다. α 는 연구자가 정하는데, 그것에 의해서 F 에 대한 통계적 결정의 분기점 혹은 임계치가 정해진다. N_1-1=2 이고, N_2-1=12 인 경우, 만약 연구자가 α=0.05 보다 α=0.01 을 선호한다면 F=3.88 대신에 F=6.93 이 변량의 동질성 가정에 대한 판단의 임계치가 된다.

4) Levene 의 변량동질성 검증

통계분석을 위한 컴퓨터 소프트웨어에서 자주 사용하는 변량동질성 (HOV: homogeneity of variance) 검증 방법 중에 'Levene 의 변량동질성 검증 (Levene's test for equality of variance)' 이라고 불리는 방법이 있다. 여기에서는 간단히 'Levene 검증' 이라고 부르기로 한다. Levene 검증 (Levene, 1960) 은 변량동질성 가정에 대한 검증방법으로서 가장 널리 사용되는 방법이고, F 분포를 사용하는 모든 분석이 변량의 동질성 가정을 가지므로 잘 이해를 해둘 필요가 있다.

앞서 제 1 장에서 변산성 혹은 개인차를 수학적으로 정의하는 가장 기본적인 단위가 편차점수라고 하였다. Levene 검증은 변산성의 가장 기본적인 단위인 편차점수를 이용하여 두 개의 모집단이 동일한 변산성을 가지는지의 여부를 판단하기 위한 것이다. Levene 검증은 다음과 같은 절차에 의해 이루어진다. ① 각 표본 내의 사례들의 점수 (Y) 에서 표본평균 ($\overline{Y}_i$) 을 빼어 원점수를 집단 내 편차점수 ($Y-\overline{Y}_i$) 로 변환한다; ② 집단 내 편차점수의 절댓값 $|Y-\overline{Y}_i|$ 을 구한다; ③ 집단 내 편차점수의 절댓값에서 집단 차이가 존재하는지의 여부를 판단하기 위하여 t 검증을 하거나 변량분석 (F 검증) 을 한다.

간단히 말해서, Levene 검증은 모집단들의 변산성이 동일한지의 여부 (변량동질성 가정) 를 판단하기 위하여 변산성의 기본단위인 편차점수에서 모집단간 차이가 존재하는지를 검증하는 것이다. Brown & Forsythe (1974) 는 두 가지의 변형된 Levene 검증 절차를 제안하였는데, 하나는 편차점수의 산출 단계에서 일반적인 집단평균 ($\overline{Y}_i$) 대신에 집단중앙치 ($\widehat{Y}_i$) 를 사용하는 것이고, 또 다른 하나는 역시 일반적인 집단평균 대신에 소위 '다듬은 집단평균 (trimmed mean)' ($\overline{Y}_i^t$) 을 사용하는 것이다. '다듬은 집단평균' 이란 마치 피겨스케이팅 경기에서 심사위원들의 점수를 집계하는 방식처럼, 집단 내 점수분포의 양극단에서 각각 전체 사례수의 5% 가량의 자료를 제거하고 나머지 자료를 이용해서 산출한 집단평균을 말한다. 어떤 중심경향성 지수 (평균, 중앙치 혹은 다듬은 평균) 를 이용하여 원점수를 집단 내 편차점수로 변환할 것인가의 여부는 원점수의 집단 내 분포가 어떤 모양인가에 따라 선택될 수 있다. Monte Carlo 연구 (통제된 인위적인 자료를 만들어서 분석해보는 모의자료 연구) 에 의하면, 원점수의 집단 내 분포가 편포 (skewed) 되었을 때는 중앙치를 이용하여 Levene 검증을 하는 것이 변량동질성에 대한 정확한 검증이 된다고 한다 (Olejnik & Algina, 1984, 1987). 반면에, 원점수 분포의 모양은 대칭적이지만, 양극단의 값을 가지는 사례가 많을 때 (fat-tailed) 는 '다듬은 평균' 을 이용하여 Levene 검증을 하는 것이 변량동질성에 대한 정확한 검증이 된다고 한다.

Levene 검증은 변량동질성 가정에 대한 검증을 위하여 변산성의 최소기본단위 (편차점수) 를 이용하여 모집단간 차이를 검증한다는 점에서 매우 총명한 아이디어라고 할 수 있다. 그러나 필자는 F 분포의 가정을 검증하는 이 방법에 심각한 비과학성이 있음을 지적하고자 한다. 그 비과학성은 F 분포의 기본가정인 변량의 동질성 가정을 검증하는 방법이 F 분포를 사용한다는 자기기만적 오류에 있다. Levene 검증은 편차점수를 산출하는 방식에 상관없이 그 산출된 편차점수를 이용하여 t 검증이나 F 검증을 하는 방법이다 (t 검증은 F 검증의 일종이다). 사실, Levene 검증에 대한 변형들이 제안된 이유도 그 방법이 가지는 이러한 순환적 모순 때문이다. 만약 모집단의 변량들이 동일하지 않으면 일반적인 평균 ($\overline{Y}_i$) 을 이용해서 산출되는 편차점수의 분포가 정규분포에서 크게 이탈하는 경향이 생긴다. 그런데 편차점수의 분포가 정규분포에서 이탈하면 Levene 검증의 마지막 단계인 t 검증이나 F 검증의 가정에 위배된다. 즉, F 분포의 기본가정이 충족되는지를 검증하기 위한 방법이 F 분포의 기본가정 (정규성 가정) 을 위배하는 것이다. 따라서 중앙치나 '다듬은 평균' 을 사용하는 방안이 제안된 이유는 Levene 검증에 사용되는 편차점수가 정규분포에서 이탈하는 것을 가능한 방지하기 위한 조치이다. 그러나 평균 대신에 중앙치나 '다듬은 평균' 을 사용하는 것이 편차점수의 집단 내 분포가 정규분포에 가까워지게 만드는 효과가 있기는 하지만 비정규성을 방지한다는 보장은 없다.

결론적으로, 평균차이 혹은 변인들 사이의 관계에 관한 연구가설을 검증하기 위하여 변량분석이나 그 밖의 자료분석 방법들을 사용하려는 연구자가 자신의 연구가설을 검증하기 전에 자신의 자료가 F 분포의 중요한 가정 중의 하나인 변량동질성 가정을 충족하는지의 여부를 판단하려는 경우에는 Levene 검증보다 앞서 설명한 변량비율 (s_1^2/s_2^2) 에 의한 검증방법이 더 타당한 방법이라고 생각된다. 그러나 모집단들 사이의 변산성 차이 자체가 연구의 중심 가설인 경우에는 Levene 검증이 매우 탁월한 가설검증방법이 될 수 있다. 왜냐하면 후자의 경우에는 F 분포의 기본가정인 변량의 동질성 가정을 검증하는 방법이 F 분포를 사용한다는 자기기만이나, F 분포의 기본가정이 충족되는지를 검증하기 위한 방법이 F 분포의 기본가정 (정규성 가정) 을 위배하는 모순이 발생하지 않기 때문이다.

연습문제

2-1. 바둑판 위의 바둑돌의 자유도는 얼마인지 설명하라.

2-2. 무작위 표본자료를 이용하여 모집단의 자승합은 추정할 수 없다. 그 이유를 설명하라.

2-3. 무작위 표본에서 추정된 모집단 변량 s^2 은 실제 모집단 변량 σ^2 보다 클지, 아니면 작을지를 판단하고, 그 이유를 설명하라.

2-4. 100 개의 사례로 이루어진 어떤 표본에서 변인 Y 의 평균은 32 이고, 추정된 모집단 표준편차 s 를 계산해보니 10 이었다. 이 표본에 ⓐ Y 의 값이 40 인 사례가 추가되는 경우, ⓑ Y 의 값이 24 인 사례가 추가되는 경우, 그리고 ⓒ Y 의 값이 16 인 사례가 추가되는 경우에 각각 새로이 계산된 추정된 모집단 표준편차는 어떤 경우가 가장 크고, 어떤 경우가 가장 작을지 판단하라.

2-5. 분자자유도가 6 이고 분모자유도가 20 인 이론적인 F 분포에서 F 값이 2.3 일 때의 밀도 (density) 를 구하라.

2-6. 두 개의 모집단에서 어떤 변인 Y 가 정규분포한다. Y 의 모집단 변량이 두 개의 모집단에서 동일하다. 두 개의 모집단에서 각각 $N_1=10$ 와 $N_2=30$ 크기의 표본들이 독립적으로 표집된다. 두 개의 표본에서 산출된 모집단 변량의 추정치들 사이의 비율 s_1^2/s_2^2 을 구하면 이 비율의 기댓값은 얼마인가?

2-7. 아래에 예시된 분포도들은 일정한 사례수를 가지는 10,000 개의 표본 쌍 각각에서 추정된 모집단 변량비율을 구하고, 그 비율의 경험적인 빈도분포 (즉, 경험적인 F 분포) 를 구한 것이다. 아래에 예시된 두 개의 경험적인 F 분포는 동일한 분자자유도를 가진다. F 분포의 모든 가정이 충족된다고 전제하는 경우, A 분포와 B 분포 중 어떤 것이 더 큰 분모자유도를 가지는 F 분포인지 판단하고 그 이유를 설명하라.

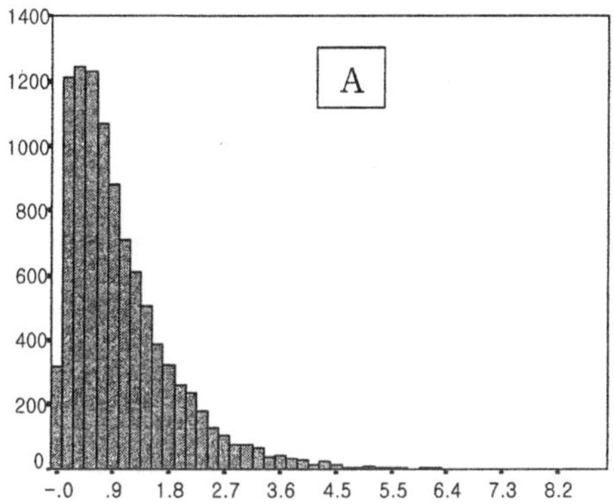

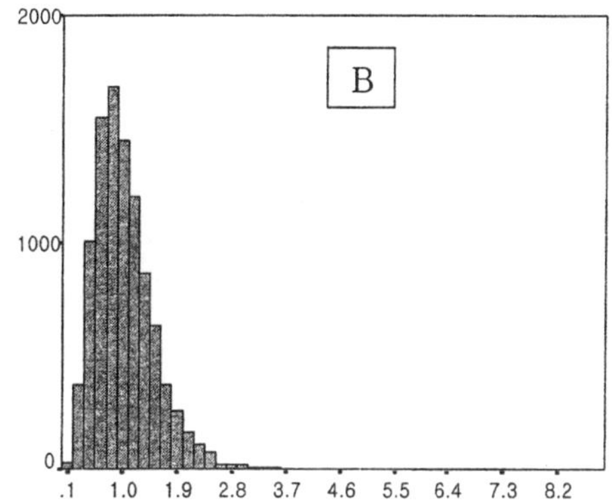

일원변량분석 3

일원변량분석 (One-way Analysis of Variance) 은 한 개의 독립변인 혹은 한 개의 요인을 가지는 변량분석이다. 일원변량분석은 종속변인의 변산 중에 독립변인에 의한 체계적인 부분과 무선오차에 의한 비체계적인 부분을 분리하여 독립변인의 효과를 검증한다. 일원변량분석은 가장 간단한 형태의 실험설계 자료를 분석하는 방법이고 가장 간단한 변량분석이지만, 그 분석의 모든 논리와 개념들이 보다 복잡한 실험설계의 자료와 분석에도 똑같이 적용되므로 일원변량분석의 논리와 개념을 정확하고 자세히 이해해야 한다.

우선 몇 가지 기호사용을 정하기로 하자. 종속변인은 기호 Y 로 표기한다. 만약 독립변인을 표기해야할 때는 기호 X 를 사용할 것이다. 실험에 참여한 전체 피험자 수는 N 으로, 각 실험조건내의 피험자 수는 N_i 혹은 n_i 로 표기하자. 따라서 $N = \sum_{i=1}^{g} N_i$ 이다. 기호 i 는 실험조건 혹은 실험집단을 의미하는 기호이다. 첨자가 붙지 않는 합의 기호 $\sum$ 는 한집단내의 개별 종속변인 측정치를 모두 합한다는 의미이다. 따라서 $\sum Y$ 는 한집단내의 피험자들의 종속변인 측정치를 모두 합한다는 것을 의미한다. 일반적으로는 $\sum_{s=1}^{N_i} Y_s$ 로 표기해야 정확한 것이지만, 시각적인 단순함을 위하여 첨자를 생략하기로 한다. 따라서 $\frac{\sum Y}{N_i} = \overline{Y}_i$ 이며, 이것은 실험집단 i 의 종속측정치 평균을 의미한다. 실험집단 평균들의 합은 $\sum_{i=1}^{g}\overline{Y}_i$ 로 표기한다. $\sum_{i=1}^{g}\Sigma Y$ 는 각 피험자의 종속변인 측정치를 각 실험집단별로 모두 합한 후, 그 합을 다시 모든 실험집단에 걸쳐서 모두 합한다는 뜻이다. 즉, $\sum_{i=1}^{g}\Sigma Y$ 는 실험내의 종속변인 측정치들의 총합이다. 이 총합을 전체 피험자수로 나누면 $\left(\frac{1}{N}\sum_{i=1}^{g}\Sigma Y\right)$ 종속측정치의 전체평균이 되는데, 종속측정치의 전체평균은 $\overline{Y}_.$ 로 표기한다.

1. 자승합의 분할

변량분석의 궁극적 목적은 종속측정치를 분석하여 독립변인의 효과를 추정하는 것이다. 그런데 앞서 제 2 장에서 살펴보았듯이, 각 종속측정치에 대한 독립변인의 효과는 각 종속측정치의 전체편차에 함축되어 있다. 따라서 모든 피험자들의 전체편차들을 모두 합하면 그들에 함축된 효과 (집단간 편차) 도 모두 합해지고, 더불어서 무선오차 (집단내 편차) 도 모두 합해질 것이다. 그런 후, 전체편차의 합으로부터 효과의 합과 무선오차의 합을 분리해내면 종속측정치에 대한 독립변인의 효과의 총합을 산출할 수 있을 것이다.

종속측정치의 전체편차를 모든 피험자에서 산출한 후, 그들을 모두 단순합산하면 언제나 0 이 된다. 전체편차의 합을 구하는 한 가지 방법은 종속측정치의 전체편차를 자승하고, 실험에 참여한 모든 피험자의 자승된 전체편차를 더해주는 것이다. 이것을 전체 자승합 (total sum of squares) 이라고 부르고 SST 로 표기하자.

$$SST = \Sigma(Y - \overline{Y}_.)^2$$

이 전체 자승합을 두 부분으로 분리하는데, 그 중 독립변인의 효과에 의해 발생한 집단간 편차자승의 합을 집단간 자승합 (between-groups sum of squares) 이라고 부르고 SSB 로 표기하자.

$$SSB = \Sigma(\overline{Y}_i - \overline{Y}_.)^2$$

SSB 공식의 합의 기호 Σ 에 첨자가 없는 것에 주목하라. 이것은 실험에 참여한 전체 (모든) 피험자에 대해서 그들이 속한 실험집단의 평균과 전체평균의 차이자승을 더해준 것을 의미한다. 마지막으로 무선오차에 의한 자승합을 집단내 자승합 (within-groups sum of squares) 이라고 부르고 SSW 로 표기하자.

$$SSW = \Sigma(Y - \overline{Y}_i)^2$$

SSW 공식의 합의 기호 Σ 도 역시 실험에 참여한 전체 (모든) 피험자에 대해서 그들의 종속측정치와 그들이 속한 실험집단의 평균의 차이자승을 더해준 것을 의미한다. 이상 세 개의 자승합은 <수식 3-1> 과 같은 관계를 가진다.

$$SST = SSW + SSB$$

$$\Sigma(Y - \overline{Y}_.)^2 = \Sigma(Y - \overline{Y}_i)^2 + \Sigma(\overline{Y}_i - \overline{Y}_.)^2 \qquad \text{<수식 3-1>}$$

<수식 3-1> 의 등식은 매우 간단히 증명될 수 있다. 증명을 도출하기 위하여 <수식 3-1> 의 오른쪽 항에서 시작해보자.

$$\begin{aligned}
&\Sigma(Y - \overline{Y}_i)^2 + \Sigma(\overline{Y}_i - \overline{Y}_.)^2 \\
&= \Sigma(Y^2 - 2Y\overline{Y}_i + \overline{Y}_i^2) + \Sigma(\overline{Y}_i^2 - 2\overline{Y}_i\overline{Y}_. + \overline{Y}_.^2) \\
&= \Sigma Y^2 - 2(\Sigma Y\overline{Y}_i) + \Sigma\overline{Y}_i^2 + \Sigma\overline{Y}_i^2 - 2\overline{Y}_.(\Sigma\overline{Y}_i) + \Sigma\overline{Y}_.^2
\end{aligned}$$

그런데, $\Sigma\overline{Y}_. = \Sigma Y$ 이고, $\Sigma\overline{Y}_i^2 = \Sigma Y\overline{Y}_i$ 이므로,

$$\begin{aligned}
&= \Sigma Y^2 - 2\overline{Y}_.\Sigma Y + \Sigma\overline{Y}_.^2 \\
&= \Sigma Y^2 - \Sigma 2Y\overline{Y}_. + \Sigma\overline{Y}_.^2 \\
&= \Sigma(Y^2 - 2Y\overline{Y}_. + \overline{Y}_.^2) \\
&= \Sigma(Y - \overline{Y}_.)^2
\end{aligned}$$

〈표 3-1〉 자승합 분할의 예

집단	Y	평균	집단간 편차자승 $(\overline{Y}_i - \overline{Y})^2$	집단내 편차자승 $(Y - \overline{Y})^2$	전체 편차자승 $(Y - \overline{Y})^2$
1	5		$(5.38-5.62)^2$=0.058	$(5-5.38)^2$= 0.144	$(5-5.62)^2$= 0.384
1	7		$(5.38-5.62)^2$=0.058	$(7-5.38)^2$= 2.624	$(7-5.62)^2$= 1.904
1	6		$(5.38-5.62)^2$=0.058	$(6-5.38)^2$= 0.384	$(6-5.62)^2$= 0.144
1	3		$(5.38-5.62)^2$=0.058	$(3-5.38)^2$= 5.664	$(3-5.62)^2$= 6.864
1	9	$\overline{Y}_1=5.38$	$(5.38-5.62)^2$=0.058	$(9-5.38)^2$=13.104	$(9-5.62)^2$=11.424
1	7		$(5.38-5.62)^2$=0.058	$(7-5.38)^2$= 2.624	$(7-5.62)^2$= 1.904
1	4		$(5.38-5.62)^2$=0.058	$(4-5.38)^2$= 1.904	$(4-5.62)^2$= 2.624
1	2		$(5.38-5.62)^2$=0.058	$(2-5.38)^2$=11.424	$(2-5.62)^2$=13.104
2	9		$(8.40-5.62)^2$=7.728	$(9-8.40)^2$= 0.360	$(9-5.62)^2$=11.424
2	11		$(8.40-5.62)^2$=7.728	$(11-8.40)^2$= 6.760	$(11-5.62)^2$=28.944
2	8	$\overline{Y}_2=8.40$	$(8.40-5.62)^2$=7.728	$(8-8.40)^2$= 0.160	$(8-5.62)^2$= 5.664
2	7		$(8.40-5.62)^2$=7.728	$(7-8.40)^2$= 1.960	$(7-5.62)^2$= 1.904
2	7		$(8.40-5.62)^2$=7.728	$(7-8.40)^2$= 1.960	$(7-5.62)^2$= 1.904
3	8		$(6.14-5.62)^2$=0.270	$(8-6.14)^2$= 3.460	$(8-5.62)^2$= 5.664
3	6		$(6.14-5.62)^2$=0.270	$(6-6.14)^2$= 0.020	$(6-5.62)^2$= 0.144
3	9		$(6.14-5.62)^2$=0.270	$(9-6.14)^2$= 8.180	$(9-5.62)^2$=11.424
3	5	$\overline{Y}_3=6.14$	$(6.14-5.62)^2$=0.270	$(5-6.14)^2$= 1.300	$(5-5.62)^2$= 0.384
3	7		$(6.14-5.62)^2$=0.270	$(7-6.14)^2$= 0.740	$(7-5.62)^2$= 1.904
3	4		$(6.14-5.62)^2$=0.270	$(4-6.14)^2$= 4.580	$(4-5.62)^2$= 2.624
3	4		$(6.14-5.62)^2$=0.270	$(4-6.14)^2$= 4.580	$(4-5.62)^2$= 2.624
4	1		$(3.00-5.62)^2$=6.864	$(1-3.00)^2$= 4.000	$(1-5.62)^2$=21.344
4	3		$(3.00-5.62)^2$=6.864	$(3-3.00)^2$= 0.000	$(3-5.62)^2$= 6.864
4	4	$\overline{Y}_4=3.00$	$(3.00-5.62)^2$=6.864	$(4-3.00)^2$= 1.000	$(4-5.62)^2$= 2.624
4	5		$(3.00-5.62)^2$=6.864	$(5-3.00)^2$= 4.000	$(5-5.62)^2$= 0.384
4	1		$(3.00-5.62)^2$=6.864	$(1-3.00)^2$= 4.000	$(1-5.62)^2$=21.344
4	4		$(3.00-5.62)^2$=6.864	$(4-3.00)^2$= 1.000	$(4-5.62)^2$= 2.624
		$\overline{Y}_.=5.62$	SSB=82.18	SSW=85.93	SST=168.14

<수식 3-1> 은 간단한 수식이지만, 변량분석의 가장 핵심적인 논리적 구조를 반영한다. 앞서 제 2 장에서 각 개별 피험자의 전체편차를 집단간 편차 (효과) 와 집단

내 편차 (무선오차) 로 분할하는 편차분해를 살펴보았다. <수식 3-1> 은 개인 피험자 자료의 편차분해와 똑같은 수학적 구조가 전체 피험자 자료에 대한 자승합 분할에도 적용된다는 것을 보여준다. 즉, 종속변인에서의 총변산성 혹은 개인차의 총량 (SST) 은 독립변인에 의한 체계적인 효과 (SSB) 와 무선오차에 의한 비체계적인 변산 (SSW) 으로 분할될 수 있다는 것이다. 종속변인에 대한 독립변인의 효과 (effect) 를 수학적으로 추출해낸다는 것은 바로 이 변산성의 분할을 의미한다.

각종 자승합의 연산과정을 확실히 이해하기 위하여 4 개의 실험집단들로 이루어진 실험자료를 예로 사용해보자. 첫 번째 집단은 8 명의 피험자로 구성되었고, 두 번째 집단은 5 명, 세 번째 집단은 7 명, 네 번째 집단은 6 명의 피험자들로 구성되었다. 자승합을 계산하기 위해서는 우선 각 실험집단의 종속변인 평균과 전체 평균을 계산할 필요가 있다. 각 실험집단의 평균과 전체 평균이 계산되면 자승합들은 <표 3-1> 과 같이 매우 쉽고도 기계적으로 계산된다.

<표 3-1> 의 마지막 줄에 자승합들이 제시되어 있다. 이 자승합들의 의미는 다음과 같다. 이 가상적인 실험에 참여한 총 26 명의 피험자들이 종속변인 (Y) 에서 가지는 총변산성 혹은 전체 개인차는 SST=168.14 이다. 이 총변산성 중에 SSB= =82.18 은 독립변인에 의한 효과 즉, 실험집단의 차이에 의해서 발생한 것이다. 총변산성 중에 SSB 를 제외한 나머지 SSW=85.93 은 독립변인에 의한 것이 아니며, 나이, 체질, 성격 등의 다양하고 잡다한 개인차 요인들 즉, 무선오차에 의해서 발생한 것이다.

2. 자유도의 분할

앞서 제 2 장에서 자세히 설명하였듯이, 자유도란 표본자료를 이용하여 모집단의 상태에 대한 확률적 추정을 하는 경우에, 표본자료들 중에 모집단에 대한 정보를 제공하는 독립적인 자료의 수를 의미한다. 자유도는 흔히 'df' 로 표기한다.

SST 는 한 실험에 존재하는 개인차 혹은 변산성의 총합을 반영하며, 전체 피험자 수 N 개의 $(Y - \overline{Y}_{.})^2$ 가 합쳐진 숫자이다. 그런데 전체평균 $\overline{Y}_{.}$ 는 고정된 숫자이고 상수 (constant) 이므로 확률적 변인 (random variable) 은 Y 뿐이다. 이 Y 는 N

만큼 존재하지만 그 Y 값들로부터 전체평균 $\overline{Y}_{.}$ 이 계산되어 사용되었으므로, N 개의 Y 값들 중에 모집단에 대한 독립적인 정보를 제공하는 것은 N-1 개뿐이다. 즉, SST 의 자유도는 $df_{total} = N - 1$ 이다.

SSB 는 실험집단간 평균차이를 반영하는 숫자이며, 집단간 편차의 자승합이다. 그런데 동일한 실험조건 혹은 실험집단에 속한 피험자들은 모두 동일한 집단간 편차자승을 가진다. 따라서 SSB 는 실험조건 혹은 실험집단 수만큼의 $N_i(\overline{Y}_i - \overline{Y}_{.})^2$ 가 더해진 수이다. 실험집단의 피험자 수 N_i 는 연구자가 임의로 정하는 것이므로 확률적 변인 (random variable) 이 아니다. 또한 전체평균 $\overline{Y}_{.}$ 는 고정된 숫자이고 상수 (constant) 이다. 따라서 SSB 를 계산하는데 개입하는 확률적 변인은 실험집단의 평균 $\overline{Y}_i$ 뿐이다. 이 실험집단의 평균은 실험집단의 수 g 만큼 존재하지만, 전체평균 $\overline{Y}_{.}$ 이 계산되어 사용되었으므로 g-1 개만 모집단에 대한 독립적인 정보를 제공한다. 따라서 SSB 의 자유도는 g-1 이다. 즉, $df_{between} = g - 1$ 이다.

SSW 는 실험집단내의 개인차를 반영하는 숫자이며 $\sum_{i=1}^{g} N_i = N$ 개만큼의 $(Y - \overline{Y}_i)^2$ 가 합쳐진 숫자이다. 실험집단내의 개인차를 반영해야 하므로, 각 실험집단의 평균에 대한 종속측정치 Y 의 편차를 종합한 것이다. 다시 말해서, SSW 는 $\overline{Y}_i$ 가 상수인 것으로 간주하고 계산되는 수치이다. 결과적으로 SSW 를 산출하기 위하여 이용되는 확률적 변인은 Y 인데, 각 실험집단에서 한 개씩의 Y 값은 모집단에 대한 독립적인 정보를 제공할 수 없다. 따라서 SSW 를 산출하기 위하여 이용되는 확률적 자료의 수는 $\sum_{i=1}^{g}(N_i - 1)$ 이며, 이것이 SSW 의 자유도이다. 그런데 $\sum_{i=1}^{g}(N_i - 1) = (\sum_{i=1}^{g} N_i) - g$ 이므로, 결국 SSW 의 자유도는 N-g 이다. 즉, $df_{within} = N - g$ 이다. 자승합의 자유도들은 다음과 같은 관계를 가진다.

$$\underset{df_{total}}{N - 1} = \underset{df_{within}}{(N - g)} + \underset{df_{between}}{(g - 1)}$$

요약하면, 전체 실험자료 중에 모집단에서의 총변산성 혹은 총 개인차에 대한 독립적인 정보를 제공하는 자료는 N-1 개이다. 그런데, 이 중에서 g-1 개는 모집단에서 실험집단 혹은 실험조건 사이의 차이가 유발하는 변산성에 대한 정보를 가진 자료이고, 나머지 N-g 개의 자료는 불특정 다수의 잡다한 모집단 요인들이 유발하는 변산성에 대한 정보이다.

3. 효과크기

변량분석 결과 실험집단간 변산성 (SSB) 이 실험집단내 변산성 (SSW) 에 비하여 상대적으로 크게 나타나면 이것은 종속변인과 독립변인이 서로 공변성을 가진다는 것 즉, 독립변인의 조작에 따라서 종속변인의 측정치가 체계적으로 변한다는 것을 의미한다. 이 공변성의 정도를 나타내는 지수가 에타자승 η^2 이며 다음과 같이 정의된다.

$$\eta^2 = \frac{\mathrm{SSB}}{\mathrm{SST}} = \frac{\mathrm{SSB}}{\mathrm{SSB+SSW}} \qquad \text{<수식 3-2>}$$

<수식 3-2> 의 η^2 공식에서 SSB/SST 와 SSB/(SSB+SSW) 는 결국 같은 의미이지만, 보다 복잡한 실험설계에서의 η^2 개념을 위하여 SSB/(SSB+SSW) 를 η^2 의 공식적인 수학적 정의로 기억하자.

η^2 은 종속변인의 전체 변산성 (SST=SSB+SSW) 중에서 실험집단의 차이에 의해 유발된 부분 (SSB) 의 비율이다. 다시 말하면, 종속변인의 총변산성에 대하여 독립변인이 가지는 효과크기 (effect size) 라고 할 수 있다. 이 지수는 비율지수 (%) 이므로 $0<\eta^2<1$ 의 범위를 가진다. <표 3-1> 의 예에서 산출되는 η^2 는 82.18/168.14=0.489 인 바, 종속변인의 총변산성 중에서 약 49% 는 독립변인의 조작에 따른 변산 즉, 독립변인의 효과라는 것을 의미한다. 나머지 약 51% 는 불특정 잡다한 요인 즉, 무선오차에 의한 변산이다.

η^2 는 독립변인과 종속변인 사이의 공변성의 정도를 나타내는 지수이면서 동시에 종속변인에 대한 독립변인의 효과크기를 나타내는 지수이다. 그런데 η^2 의 계산과정에는 소위 '모집단' 에 대한 배려가 전혀 없다. 즉, η^2 는 표본자료에서의 공변성

과 효과크기를 나타내는 지수이다. 그렇다면 모집단에서 독립변인과 종속변인 사이의 공변성은 얼마나 되고, 종속변인에 대한 독립변인의 효과크기는 얼마나 될까? 모집단에 대한 이 질문에 답하기 위해서는 제 2 장에서 자세히 살펴본 바와 같이 연구자가 가지고 있는 표본자료 중에서 모집단에 대한 정보를 가지고 있는 것이 얼마나 되는지에 대한 고려가 필요하다. 즉, 자료의 자유도를 고려해야 하는 것이다.

η^2 와 자유도를 고려하여 모집단에서 독립변인과 종속변인 사이의 공변성은 얼마나 되고, 종속변인에 대한 독립변인의 효과크기는 얼마나 될지를 추정한 '모집단 효과크기의 추정치 (effect size)' 를 ω^2 (오메가 자승) 이라고 부르고, 다음과 같이 산출한다 (Cohen, 1988).

$$\omega^2 = \frac{\eta^2(\mathrm{df}_{\mathrm{between}} + \mathrm{df}_{\mathrm{within}}) - \mathrm{df}_{\mathrm{between}}}{\eta^2(\mathrm{df}_{\mathrm{between}} + \mathrm{df}_{\mathrm{within}}) - \mathrm{df}_{\mathrm{between}} + \mathrm{N}(1-\eta^2)}$$

<표 3-1> 의 자료에서 산출된 ω^2 는 0.410 이다. 일반적으로 모집단에서는 표본에서보다 독립변인의 효과가 약간 더 작을 것으로 추정되므로 (왜냐하면 모집단에는 불특정 잡다한 요인이 훨씬 더 많을 것이므로), ω^2 가 η^2 보다 약간 작은 수치를 가진다. 그러나 두 개의 지수는 의미가 동일한 지수이다. 다만, η^2 는 표본자료에서의 공변성과 효과크기를 나타내는 기술 (記述) 통계치인 반면, ω^2 는 모집단에서의 공변성과 효과크기를 추정하는 추론 (推論) 통계치인 차이가 있을 뿐이다.

ω^2 는 독립변인과 종속변인 사이의 모집단 공변성을 나타내는 지수이므로 이 지수는 매우 쉽게 '상관계수 (correlation coefficient)' 로 전환될 수 있다. 피어슨 적률상관 (Pearson product moment correlation coefficient) 은 두 개의 연속변인 (continuous variable) 들 사이의 공변성을 나타내는 지수이다. 그런데, 변량분석에서는 독립변인이 언제나 범주변인 (categorical variable) 으로 간주되고, 종속변인은 언제나 연속변인으로 간주되므로, ω^2 가 나타내는 공변성은 범주변인과 연속변인 사이의 공변성이다. 따라서 ω^2 의 제곱근 (ω) 을 구한 것을 범주변인과 연속변인 사이의 상관관계를 나타내는 지수로 사용한다. 범주변인의 경우에는 그 값의 방향이 무의미하므로 ω 는 언제나 0 보다 큰 값만을 가지는 상관계수이다.

4. 평균자승

자승합을 자유도로 나누어준 것을 평균자승 (mean square) 이라고 부르는데, 앞서 제 2 장에서 설명한 바와 같이 변량 (variance) 의 의미를 가지는 숫자이다. 전체 평균자승 (MST: Total Mean Square), 집단간 평균자승 (MSB: Between-groups Mean Square), 집단내 평균자승 (MSW: Within-groups Mean Square) 은 각각 다음과 같다.

$$\mathrm{MST} = \frac{\mathrm{SST}}{\mathrm{N}-1} \qquad \mathrm{MSB} = \frac{\mathrm{SSB}}{\mathrm{g}-1} \qquad \mathrm{MSW} = \frac{\mathrm{SSW}}{\mathrm{N}-\mathrm{g}}$$

평균자승들은 모두 자유도를 이용하여 계산되므로 이 지수들은 모두 모집단에서의 변량 추정치들이다. MST 는 모든 실험조건을 통합한 전체 피험자들의 모집단에서 종속변인 Y 가 가지는 변량의 추정치이다. MSB 는 모집단에서 실험조건 혹은 실험집단의 차이에 의해 설명되는 변량의 추정치이고, MSW 는 불특정 다수의 잡다한 요인들에 의해 존재하는 오차변량의 추정치이다. 자승합과는 달리 평균자승들은 합산성이 없다. 즉, MST≠MSB+MSW 이다. 앞의 <표 3-1> 의 예에서 계산된 평균자승들은 다음과 같다.

$$\mathrm{MST} = \frac{168.14}{26-1} = 6.726$$

$$\mathrm{MSB} = \frac{82.18}{4-1} = 27.393$$

$$\mathrm{MSW} = \frac{85.93}{26-4} = 3.906$$

앞서 자승합들을 이용하여 종속변인에 대한 독립변인이 효과크기를 산출하는 방법을 살펴보았다. 종속변인에 대한 독립변인의 효과크기를 산출하면 그것으로 실험자료에 대한 분석의 목적은 달성되는 것이 아닐까? 그런데 자유도를 이용하여 평균자승을 계산해야 하는 이유는 무엇일까? 이 물음에 대한 대답은 “모집단에서의 독립변인의 효과 유무에 대한 확률적 혹은 통계적 판단을 하기 위해서” 이다.

앞서 변량분석은 자료에 대한 수학적인 요약 단계와 통계적 추론 단계로 구성된다는 사실을 설명하였다. 자승합들을 이용하여 효과크기를 산출하는 것은 수학적인 요약 단계이다. 그런데 실험의 궁극적 목적은 실험에 참가한 피험자들뿐만 아니라 모집단에 존재하는 모든 잠재적 피험자들에서도 독립변인이 효과를 가질 것인지를 판단하는 것이다. 이 판단이 가능하기 위해서는 표본과 모집단의 관계에 대한 지식이 필요하다. 표본과 모집단의 관계에 대한 지식이 없으면 표본자료를 수학적으로 요약하여도 그것으로 모집단에 대한 판단을 할 수 있는 방도가 없다. 수학적으로 요약된 표본자료를 이용하여 모집단에 대한 판단을 하기 위하여 필요한 지식이 바로 이론적인 F 분포이다. 이론적인 F 분포는 특정한 모집단에서 무작위 표본을 반복적으로 추출하면 그 표본들의 추정된 모집단 변량의 비율들이 특정한 확률적 양상 (F 분포의 밀도함수) 으로 나타난다는 통계적 확률이론이며, 따라서 모집단과 표본의 관계에 대한 이론적 지식을 제공한다.

변량분석은 실험자료를 수학적으로 요약하고, F 분포가 제공하는 표본-모집단의 관계에 대한 이론적 지식을 활용하여, 모집단에서의 독립변인의 효과 유무에 대한 확률적 판단을 하는 분석이다. 그런데 제 2 장에서 이론적인 F 분포는 추정된 모집단 변량의 비율들의 확률분포라는 것을 설명하였다. 따라서 이론적인 F 분포를 이용하여 모집단에서의 독립변인의 효과 유무에 대한 확률적 판단을 하기 위해서는 '추정된 모집단 변량' 을 의미하는 지수들이 필요하고, 평균자승들이 바로 이 변량지수들이다. 요약하자면, 평균자승의 산출은 통계적 추론을 위한 단계이다.

5. 평균자승의 기댓값

변량분석에서 종속변인에 대한 독립변인의 효과가 모집단에서도 존재할 것인지에 대한 통계적 판단이 평균자승들을 이론적인 F 분포에 적용하여 이루어지므로 평균자승의 내용과 의미를 자세히 이해할 필요가 있다. 평균자승의 내용과 의미를 자세히 이해하는 것은 그것들이 어떤 요소들로 구성될 것으로 기대되는지를 이해하는 것이다. 그러나 평균자승의 기댓값은 매우 이론적인 개념이고, 그것을 완전하게 이해하기 위해서는 수리통계적인 개념들에 대한 충분한 이해가 선행되어야 하므로 많은 독자들이 이 부분에 관하여 어려움을 경험할 것으로 예상된다. 그러한 독자들을 위하여 평균자승 기댓값의 정의에 관한 세부적인 설명 후에 그것들을 요약하였으므로, 수리통계적인 개념들에 익숙하지 않은 독자들은 '요약' 부분을 잘 기억해두기 바란다.

1) 가 정

집단간 평균자승 MSB 와 집단내 평균자승 MSW 의 의미를 파악하기 위해서는 두 가지 가정이 필요하다. 하나는 앞서 '변량의 동질성' 이라는 용어로 설명된 것인바, 실험집단들의 모집단들이 동일한 변량을 가진다는 가정이다. 이 변량의 동질성 가정은 이론적인 F 분포에 내재하는 가정이다. 따라서 이론적인 F 분포를 사용하는 모든 분석은 공히 이 가정을 가지게 된다. 또 하나의 가정은 실험집단들의 모집단들이 동일한 평균을 가진다는 '평균의 동일성 가정' 이다.

모집단 변량의 동질성 가정 : $\sigma_1^2 = \sigma_2^2 = \sigma_3^2 = \ldots\ldots\ldots\ldots = \sigma^2$
모집단 평균의 동일성 가정 : $\mu_1 = \mu_2 = \mu_3 = \ldots\ldots\ldots\ldots = \mu$

2) 집단내 평균자승의 기댓값

변량의 동질성 가정은 모든 실험집단의 모집단 변량이 동일하다는 가정이다. 이 가정이 실현되는 경우는 어떤 경우일까? 이 가정이 실현되는 한 가지 경우는 어떤 실험에서 각 실험집단이 각각 별개의 모집단들에서 추출되는 것이 아니라, 실제로는 동일한 모집단에서 무작위로 추출된 각기 다른 표본들일 때이다. 이 표본들은 모두 동일한 모집단으로부터 추출된 것들이므로 각 표본의 모집단 변량은 동일할 수밖에 없다. 이런 경우, 그 모집단의 변량 σ^2 는 어떻게 추정될까? 모집단의 변량 σ^2 에 대한 가장 좋은 추정치는 그 모집단으로부터 무작위로 추출된 각 표본에서 '추정된 모집단 변량' s_i^2 을 구한 후, 각 표본에서 산출된 s_i^2 의 평균치를 산출하는 것이다. 왜냐하면 제 2 장에서 설명한 바와 같이, 모집단에서 무작위 표본을 반복적으로 추출하면, 그 표본들에서 산출된 '추정된 모집단 변량 (s_i^2)' 의 기댓값 $E(s_i^2)$ 혹은 평균은 모집단의 실제 변량 σ^2 과 같기 때문이다.

이러한 상황을 염두에 두고 MSW 를 생각해보자. MSW 는 각 실험집단 내에서 편차자승합 $\sum(Y-\overline{Y_i})^2$ 을 구하고, 그들을 모든 실험집단에 걸쳐서 더하여 $\sum_{i=1}^{g}\sum(Y-\overline{Y_i})^2$ 를 산출한 후, 각 실험집단의 자유도의 합 N-g 로 나누어준 것이다. MSW 는 각 실험집단 내에서 자승합을 구하여 그것을 모든 실험집단에 걸쳐서 합산하고, 역시 각 실험집단 내의 자유도를 구하여 그것을 모든 실험집단에 걸쳐서 합산한 후, 합산된 집단내 자승합을 합산된 집단내 자유도로 나누어준 것이므로, MSW 는 곧 각 실험집단 내 모집단 변량 추정치의 '가중평균 (weighted mean)' 이다. 간단히 말해서, MSW 는 '집단내 모집단 변량 추정치들의 평균' 이다. 다만, 각 실험집단의 자유도가 동일하지 않으므로 각 실험집단의 종속변인 변량을 구해서 합산한 후 그것을 실험집단의 수로 나누어 '대수평균 (arithmetic mean)' 을 구하는 대신에 가중평균을 구한 것뿐이다.

MSW 는 각 실험집단 내의 모집단 변량 추정치의 평균이므로, 각 실험집단이 동일한 모집단에서 무작위로 추출된 각기 다른 표본들이라면, MSW 는 그 모집단의 변량 σ^2 에 대한 비편중 추정치 (unbiased estimate) 이다. 즉, 변량의 동질성 가정이 맞는다면, MSW 는 모든 실험집단이 취합된 (pooled) 모집단의 변량과 같을 것으로 기대된다. 따라서 다음과 같이 표기될 수 있다.

$$E(MSW)=\sigma^2,\qquad \text{단, 모든 실험집단의 모집단 변량이 동일하다면}$$

MSW 의 기댓값은 모집단 변량의 동질성 가정에 기초한다. 만약 모집단에서 각 실험집단의 변량이 동일하다는 가정을 하지 않으면 MSW 의 기댓값은 이처럼 간단히 정의될 수 없다. 그러나 모집단에 대한 또 하나의 가정인 평균의 동일성 가정은 MSW 의 기댓값을 정의하기 위해서 이용되지 않는다. 즉, MSW 의 기댓값은 평균의 동일성 가정과는 무관하게 정의된다. 평균의 동일성 가정은 다음에 설명될 집단간 평균자승 MSB 의 기댓값을 정의하기 위해 필요한 가정이다.

3) 집단간 평균자승의 기댓값

집단간 평균자승의 기댓값이 어떻게 구성되는지를 살펴보기 위하여 우선 기초통계학에서 많이 사용되는 '평균의 표준오차 (standard error of the mean)' 개념을 상기해보자. 평균의 표준오차는 흔히 $s_{\bar{Y}}$ 로 표기하는데, 동일한 모집단에서 무작위 표본을 반복적으로 추출하는 경우에 그 표본평균들의 표준편차를 의미한다. 즉, 평균의 표준오차는 동일한 모집단에서 무작위로 추출된 표본들의 평균들이 가지는 변산성 혹은 차이의 정도를 나타내는 지수이다. '중심극한법칙 (central limit theorem)' 에 의하여, 평균의 표준오차는 한 개의 표본에서 산출된 모집단 표준편차의 추정치 s 로부터 다음과 같이 산출된다. $s_{\bar{Y}}=s/\sqrt{n}$. 즉, 모집단에서 개인차 (s) 가 크게 존재하면 그 모집단에서 추출되는 무작위 표본들의 평균들은 서로 큰 차이를 가지는 경향이 있다는 것이다. 이와 같이 산출되는 평균의 표준오차는 모집단 평균의 신뢰구간을 파악하거나, 모집단 평균에 대한 가설검증을 위하여 필수적인 지수로 이용된다.

이제, 변량분석에서 집단간 평균자승 MSB 의 의미를 살펴보자. MSB 는 SSB 를 자유도로 나누어준 것 즉, MSB = SSB/(g-1) 이다. 그런데, SSB = $\sum_{i=1}^{g} N_i(\bar{Y}_i - \bar{Y}_.)^2$ 이므로, 만약 각 실험집단의 피험자수가 모두 동일하여 $N_i = n$ 이라면, MSB 는 <수식 3-3> 과 같이 표기된다.

$$MSB = \frac{n\sum_{i=1}^{g}(\bar{Y}_i - \bar{Y}_.)^2}{g-1} \qquad \text{<수식 3-3>}$$

(1) 실험조건들의 모집단 평균들이 동일한 경우

<수식 3-3> 로 표현된 MSB 의 기댓값은 실험조건들의 모집단 평균들에 대하여 어떤 가정을 하는가에 따라서 다르게 정의된다. 우선 실험조건들의 모집단 평균들이 모두 동일하다는 평균의 동일성 가정을 하면 MSB 의 기댓값이 어떻게 정의되는지를 살펴보자. 우선, <수식 3-3> 의 공식은 g 개의 표본평균들을 이용하여 '표본평균의 모집단 변량 추정치' 를 산출한 후, 그것에 n 을 곱해준 것이다. 표본평균의 모집단 변량 추정치는 위에서 설명한 평균의 표준오차를 제곱해준 것이다 (평균의 표준오차는 동일한 모집단에서 무작위 표본을 반복적으로 추출하는 경우에 그 표본평균들의 표준편차라는 것을 기억하라). 즉, MSB= $ns^2_{\bar{Y}}$ 이다. 따라서 모든 $\bar{Y}_i$ 가 한 개의 모집단으로부터 무작위로 추출된 표본들에서 구해진 평균들이고, 따라서 모든 $\bar{Y}_i$ 의 모집단 평균이 동일하다면, 표본평균의 모집단 변량 추정치는 모집단의 변량으로부터 다음과

같이 산출된다. $s^2_{\bar{Y}} = s^2/n$. 결과적으로, 모든 $\bar{Y}_i$ 의 모집단 평균이 동일하다면, <수식 3-3> 은 다음과 같이 기술될 수 있다.

$$MSB = \frac{n\sum_{i=1}^{g}(\bar{Y}_i - \bar{Y}_.)^2}{g-1} = ns^2_{\bar{Y}} = n\frac{s^2}{n} = s^2$$

모든 $\bar{Y}_i$ 가 한 개의 모집단으로부터 무작위로 추출된 표본들에서 구해진 평균들이어서 그 모집단 평균이 모두 동일하다면, MSB 는 그 모집단의 추정된 변량 s^2 과 같다. 그런데 추정된 모집단 변량 s^2 는 실제 모집된 변량 σ^2 의 비편중 추정치이므로, MSB 의 기댓값은 다음과 같이 표기될 수 있다.

$$E(MSB) = \sigma^2, \qquad \text{단, 모든 실험집단의 모집단 평균이 동일하다면}$$

(2) 실험조건들의 모집단 평균들이 동일하지 않은 경우

만약 모집단 평균들이 모두 동일하다는 평균의 동일성 가정을 하지 않는 경우에는 MSB 의 기댓값이 다소 복잡하게 정의된다. 평균의 동일성 가정을 하는 경우와 마찬가지로, 각 실험집단의 피험자수가 모두 동일하여 $N_i = n$ 이라면 집단간 평균자승은 다음과 같이 정의된다.

$$MSB = \frac{n\sum_{i=1}^{g}(\bar{Y}_i - \bar{Y}_.)^2}{g-1} = \frac{n}{g-1}\sum_{i=1}^{g}(\bar{Y}_i - \bar{Y}_.)^2$$

따라서,

$$E(MSB) = \frac{n}{g-1}E\left[\sum_{i=1}^{g}(\bar{Y}_i - \bar{Y}_.)^2\right]$$

즉, MSB 의 기댓값을 정의하기 위해서는 $\sum_{i=1}^{g}(\bar{Y}_i - \bar{Y}_.)^2$ 의 기댓값을 정의하면

된다. 그런데 표본에서의 평균 ($\overline{Y}$) 들과 모집단에서의 평균 (μ) 들이 서로 다를 것이고, 그 다른 정도를 '평균의 오차' $\bar{\epsilon}$ 으로 표기하면 $\overline{Y}_i - \overline{Y}_.$ 은 다음과 같이 기술할 수 있다.

$$\overline{Y}_i - \overline{Y}_. = (\mu_i - \bar{\varepsilon}_i) - (\mu_. - \bar{\varepsilon}_.) = (\mu_i - \mu_.) + (\bar{\varepsilon}_i - \bar{\varepsilon}_.)$$

따라서,

$$\sum_{i=1}^{g}(\overline{Y}_i - \overline{Y}_.)^2 = \sum_{i=1}^{g}(\mu_i - \mu_.)^2 + \sum_{i=1}^{g}(\bar{\varepsilon}_i - \bar{\varepsilon}_.)^2 + 2\sum_{i=1}^{g}(\mu_i - \mu_.)(\bar{\varepsilon}_i - \bar{\varepsilon}_.)$$

이제, $\sum_{i=1}^{g}(\overline{Y}_i - \overline{Y}_.)^2$ 의 기댓값을 찾기 위해서는 위의 등식 오른쪽에 있는 각 항의 기댓값을 찾으면 된다.

첫째, $\sum_{i=1}^{g}(\mu_i - \mu_.)^2$ 는 상수이다. 따라서 이 항은 그 자체가 자신의 기댓값이다.

둘째, $\sum_{i=1}^{g}(\bar{\varepsilon}_i - \bar{\varepsilon}_.)^2$ 의 기댓값을 파악하기 위하여 평균의 표준오차 개념을 생각해보자. 평균의 표준오차는 표본평균들의 표준편차이다. 마찬가지로 '평균의 오차' $\bar{\epsilon}_i$ 의 표준오차는 각 표본에서 존재하는 '평균의 오차' 들의 표준편차이다. 따라서,

$$\frac{\sum_{i=1}^{g}(\bar{\varepsilon}_i - \bar{\varepsilon}_.)^2}{g-1} = \text{오차평균 } \bar{\epsilon}_i \text{ 의 변량이며 표준오차 자승}$$

그런데 표준오차를 실제로 산출하는 것은 한 개의 표본에 포함된 개인자료들의 표준편차를 이용한다. 예를 들어, 평균의 표준오차는 $s/\sqrt{n}$ 로 계산된다. 따라서 평균의 오차 $\bar{\epsilon}_i$ 의 표준오차도 각 개인자료의 오차 ε 을 이용하여 계산될 수 있다. 그런데 개인자료들의 오차 ε 의 표준편차는 다름 아닌 Y 의 표준편차이다. 결론적으로 다음의 등식이 성립한다.

$$\text{'평균의 오차'}\ \bar{\epsilon}_i \text{ 의 표준오차 자승} = \frac{\sum_{i=1}^{g}(\bar{\varepsilon}_i - \bar{\varepsilon}_.)^2}{g-1} = \frac{\sigma^2}{n}$$

그런데 σ^2 은 상수이다. 따라서, $E\left[\sum_{i=1}^{g}(\bar{\varepsilon}_i - \bar{\varepsilon}_.)^2\right] = \frac{g-1}{n}\sigma^2.$

셋째, $2\sum_{i=1}^{g}(\mu_i - \mu_.)(\bar{\varepsilon}_i - \bar{\varepsilon}_.)$ 는 집단평균 μ_i 과 '평균의 오차' $\bar{\epsilon}_i$ 의 공변량(covariance) 을 의미한다. 그런데 평균과 '평균의 오차' 의 공변량은 언제나 0 이다. 따라서 이 세 번째 항의 기댓값은 언제나 0 이다.

결론적으로, $E\left[\sum_{i=1}^{g}(\bar{Y}_i - \bar{Y}_.)^2\right] = \sum_{i=1}^{g}(\mu_i - \mu_.)^2 + \frac{g-1}{n}\sigma^2$ 이고, 따라서, 모든 실험집단의 모집단 평균이 동일하다는 가정을 하지 않을 때, 다음과 같이 MSB 의 기댓값이 유도된다.

$$\begin{aligned} E(MSB) &= \frac{n}{g-1}\left[\sum_{i=1}^{g}(\mu_i - \mu_.)^2 + \frac{g-1}{n}\sigma^2\right] \\ &= \sigma^2 + n\frac{\sum_{i=1}^{g}(\mu_i - \mu_.)^2}{g-1} \\ &= \sigma^2 + n\sigma_A^2 \end{aligned}$$

즉, 모집단에서 실험집단들의 평균들이 모두 동일하다는 가정을 하지 않는 경우에는 MSB 가 두 가지 요인에 의해 구성될 것으로 기대되는데, 그 하나는 모든 실험조건들을 통합한 커다란 모집단의 변량 (σ^2) 이고, 또 다른 하나는 모집단에서 실험집단들이 가지는 평균들의 변량 (σ_A^2) 이다. 모집단에서 실험집단들이 가지는 평균들의 변량 (σ_A^2) 이 크면 모집단에서 종속변인에 대한 독립변인의 효과가 크다는 것을 뜻한다.

4) 평균자승 기댓값의 요약

변량의 동질성 가정이 맞는다면, MSW 는 모든 실험집단이 취합된 (pooled) 모집단의 변량과 같을 것으로 기대된다. 즉, 변량의 동질성 가정이 맞는다면, $E(MSW) = \sigma^2$ 이다.

반면에 MSB 의 기댓값은 실험조건들의 모집단 평균들에 대하여 어떤 가정을 하는가에 따라서 다르게 정의된다. 만약 모집단 평균들이 모두 동일하다는 평균의 동일성 가정을 하면 MSB 의 기댓값은 MSW 의 기댓값과 동일한 $E(MSB) = \sigma^2$ 이다. 즉, 평균의 동일성 가정을 하면 $E(MSB) = E(MSW) = \sigma^2$ 이다. 그러나 만약 실험조건들의 모집단 평균들이 모두 동일하지 않다면 MSB 의 기댓값은 $E(MSB) = \sigma^2 + n\sigma_A^2$ 로 정의된다. 즉, 실험조건들의 모집단 평균들이 모두 동일하지 않을 때, MSB 는 모든 실험조건들을 통합한 커다란 모집단의 변량 (σ^2) 과 모집단에서 실험집단들이 가지는 평균들의 변량 (σ_A^2) 이 합쳐진 것으로 기대된다.

모집단에서 실험집단들이 가지는 평균들의 변량 (σ_A^2) 이 크면 모집단에서 종속변인에 대한 독립변인의 효과가 크다는 것을 뜻하므로, 역으로 모집단에서 종속변인에 대한 독립변인의 효과가 크다면 MSB 의 크기가 MSW 의 크기보다 클 것으로 기대된다. 반면에 모집단에서 종속변인에 대한 독립변인의 효과가 없다면 $\sigma_A^2=0$ 이 되므로, MSB 의 크기와 MSW 의 크기가 같을 것으로 기대된다.

평균자승의 기댓값에 대한 설명을 마감하기 전에 한 가지 주의를 환기해야 할 사항이 있다. 집단간 평균자승의 기댓값을 정의하기 위하여 필요한 한 가지 가정이 존재하는데, 그것은 각 실험조건의 피험자 수가 모두 동일하여 $N_i = n$ 이라는 가정이다. 이 가정은 집단간 평균자승의 기댓값에 대한 개념정의를 위하여 필요한 가정이고, 일반적으로 이 가정을 충족하는 실험자료가 매우 드물기 때문에 변량분석에 익숙한 연구자도 그 존재를 간과하기 쉬운 가정이다. 그러나 집단간 평균자승의 기댓값이 명확히 정의되지 않으면 다음에 설명될 통계적 추론이 무의미해지므로 $N_i = n$ 이라는 가정은 변량분석에서 매우 중요한 가정이라는 사실을 유념하여야 한다. 다만, 여기에서는 이 가정의 존재에 대하여 주의를 환기하는 것으로 충분하며 자세한 내용은 나중에 다시 설명될 것이다.

6. 통계적 추론

변량분석의 통계적 추론 (statistical inference) 은 실험조건들의 모집단들이 평균차이를 가지는지의 여부에 관한 확률적 판단을 말한다. 즉, 모집단에서도 독립변인의 효과가 존재할 것인지에 대한 확률적 판단이며, 앞에서 설명한 집단간 평균자승의 기댓값에 관여되는 평균의 동일성 가정에 대한 검증이다.

앞의 <표 3-1> 의 예에서 첫 번째 실험집단의 표본평균은 $\bar{Y}_1$=5.83 이고, 두 번째 실험집단의 표본평균은 $\bar{Y}_2$=8.40 이며, 세 번째 실험집단의 표본평균은 $\bar{Y}_3$=6.14 이고, 네 번째 실험집단의 표본평균은 $\bar{Y}_4$=3.00 이다. 이렇게 실험조건들의 표본평균들은 분명한 차이를 보이고 있지만, 연구자의 관심은 이러한 표본평균의 차이가 이들의 모집단 평균들이 서로 달라서인지, 아니면 모집단 평균들은 모두 동일한데도 불구하고 표집오차 (sampling error) 에 의해 발생한 것인지를 판단하고 싶은 것이다. 표집오차란 모집단에서의 표집과정에서 특정한 개인들이 우연히 표집되어 표본평균들의 차이를 유발하는 것을 말한다. 각 실험조건의 모집단 평균들이 모두 동일한 경우에도 표집오차에 의하여 그것들의 표본평균들은 서로 달라질 수 있다. 이러한 우연에 의한 표본평균 차이는 모집단에 고유하게 존재하는 변산성에 기인한다. 다시 말해서 표집오차가 발생하는 원인은 모집단에서 개인차가 존재하기 때문이다. 예를 들어, <표 3-1> 의 첫 번째 실험집단의 종속변인 평균은 $\bar{Y}_1$=5.83 이지만, 이 실험집단의 모집단 평균 μ_1 은 5.83 이 아닐 수 있다. 이와 같이 모집단 평균과 표본평균이 달라지는 이유는 모집단에 있는 피험자들의 종속변인 값이 모두 동일하지 않기 때문이다.

따라서 변량분석에서 이루어지는 통계적 추론의 기본논리는 다음과 같다. “만약 실험조건의 모집단 평균들 사이에 차이가 있다면, 표본평균들 사이의 차이는 모집단에 존재하는 변산성 (개인차) 에 의한 표집오차와 모집단 평균들 사이의 차이에 기인하는 차이가 합해져서 나타난다; 그러나 만약 실험조건의 모집단 평균들이 동일하다면, 표본평균들 사이의 차이는 순전히 모집단에 존재하는 변산성 (개인차) 에 의한 표집오차이다.” 앞서 우리는 평균자승의 의미를 살펴보면서, 변량의 동질성 가정과 평균의 동일성 가정이 맞는다면, MSB 의 기댓값과 MSW 의 기댓값은 공히 종속변인의 모집단 변량인 σ^2 와 같다는 것을 알게 되었다. 이 모집단 변량 σ^2 이 바로 모집단에 존재하는 변산성 (개인차) 이다. 따라서 만약 실험조건의 모집단 평균들이 동일하다면, 표본평균들 사이에서 관찰되는 차이 (MSB) 는 σ^2 에 의한 표집오차이다. 이 사실이 앞서 평균자승의 기댓값과 관련하여 살펴본 $E(MSB) = \sigma^2$ 의 의미이다. 반면에 만약 실험조건의 모집단 평균들 사이에 차이가 있다면, 표본평균들 사이에서 관찰되는 차이 (MSB) 는 모집단에 고유하게 존재하는 변산성 (개인차) 인 σ^2 에 의한 표집오차와 모집단 평균들 사이의 차이인 σ_A^2 에 기인하는 차이가 합해져서 나타난다. 이 사실이 앞서 평균자승의 기댓값과 관련하여 살펴본 $E(MSB) = \sigma^2 + n\sigma_A^2$ 의 의미이다.

이론적인 F 분포에 내재하는 변량의 동질성 가설이 참일 때, MSB 와 MSW 의 비율은 이론적인 F 분포를 따르게 되는데, 실험자료를 이용해서 계산된 MSB/MSW 비율을 '경험적인 F' 로 부르고 'F' 로 표기한다 (MSB 와 MSW 는 모두 변량지수라는 사실을 상기하라).

$$F = \frac{MSB}{MSW}$$

경험적인 F 는 그 분자인 MSB 의 기댓값에 내재하는 모집단 평균의 동일성 가정이 참인지의 여부에 따라서 그 값이 커질 수도 있고, 작아질 수도 있다. 만약 모집단 평균의 동일성 가정이 참이면 MSB 의 기댓값과 MSW 의 기댓값이 모두 σ^2 로 정의되므로 경험적인 F 의 기댓값은 1.00 이 된다 (이것을 이론적인 F 분포의 평균과 혼동해서는 안 된다. 이론적인 F 분포의 평균은 분모자유도에 의해 좌우된다). 반면에 만약 모집단 평균의 동일성 가정이 참이 아니면 MSB 의 기댓값이 MSW 의 기댓값보다 커지므로 경험적인 F 의 기댓값은 1.00 보다 커진다. 바로 이 경험적인 F 의 속성을 이용하여, 변량분석의 통계적 추론에서는 모집단 평균의 동일성 가정을 소위 '영 (零) 가설 (null hypothesis)' 로 간주한 후, 이 영가설에 대한 확률적 판단을 한다.

영 (零) 가설 : $\mu_1 = \mu_2 = \mu_3 = \ldots\ldots\ldots\ldots = \mu$

이제, 통계적 추론의 논리구조를 명확히 기술할 수 있는 준비가 되었다. 그 논리구

조는 다음과 같다. ① 변량의 동질성 가정이 맞는다면, 표본자료로 계산된 경험적인 F (MSB/MSW) 는 이론적인 F 분포의 양상으로 발현된다; ② 변량의 동질성 가정과 더불어 평균의 동일성 가정 (영가설) 이 또한 참이라면, 경험적인 F (MSB/MSW) 의 기댓값은 1.00 이다; ③ 두 가지 가정이 맞는 경우에도, 표집오차에 의하여 경험적인 F (MSB/MSW) 가 기대된 F (1.00) 와 차이를 보일 수 있지만, 그 차이는 일반적으로 크지 않다; ④ 두 가지 가정이 맞는 경우에 경험적인 F (MSB/MSW) 가 기대된 F (1.00) 와 큰 차이를 보일 확률은 일반적으로 작으므로, 이 확률이 연구자에 의해 미리 설정된 α 보다 작을 정도로 경험적인 F (MSB/MSW) 가 기대된 F (1.00) 와 큰 차이를 보이면 평균의 동일성 가정 (영가설) 이 틀린 것으로 판단한다.; ⑤ 왜냐하면 평균의 동일성 가정 (영가설) 이 참이 아닌 경우에 경험적인 F (MSB/MSW) 는 1.00 보다 커질 것으로 기대되기 때문이다.

이론적인 F 분포에 의존하는 통계적 추론의 최종 판단은 집단간 평균자승의 기댓값을 정의하기 위하여 필요한 모집단 평균의 동일성 가정에 대한 판단이다. 반면에 변량의 동질성 가정은 이론적인 F 분포에 내재하는 가정이기 때문에 판단대상이 될 수 없다. 물론, 변량분석을 하기 전에 연구자가 제 2 장에서 설명한 방식들에 의하여 변량의 동질성 가정의 타당성을 검토할 수 있다. 그러나 이론적인 F 분포를 이용하여 소위 'F 검증' 을 하기 위해서는 변량의 동질성 가정이 필수적이므로, 이 가정은 변량분석의 선험적 전제이며, 경험적 판단의 대상이 아니다.

위의 <표 3-1> 의 예에 대한 변량분석은 네 개의 모집단 평균이 동일하다는 영가설 ($\mu_1 = \mu_2 = \mu_3 = \mu_4 = \mu$) 을 검증한다. 이 검증을 위하여 계산된 경험적인 F 는 다음과 같다.

$$F = \frac{SSB/df_{between}}{SSW/df_{within}} = \frac{MSB}{MSW} = \frac{27.393}{3.906} = 7.013$$

이 F 의 분자자유도인 $df_{between}$ 은 3 이고, 분모자유도인 df_{within} 은 22 이다. 그런데 α 를 0.05 로 설정하는 경우, 자유도가 3 과 22 인 이론적인 F 분포의 임계치는 3.05 이다. 즉, 자유도가 3 과 22 인 F 분포에서는 영가설 (평균의 동일성 가정) 이 참일 때, 3.05 보다 큰 값을 가지는 F 가 나타날 확률이 0.05 라는 의미이다. 계산된 경험적인 F 인 7.013 이 임계치보다 크므로 영가설 (평균의 동일성 가정) 이 참일 때

이와 같은 경험적인 F 값이 나타날 확률은 0.05 보다 작다. 따라서 영가설 (평균의 동일성 가정) 이 기각된다. 이 기각결정이 오류일 확률, 즉, 제 1 종 오류를 범할 확률은 최고 0.05 이다.

실제 제 1 종 오류를 범할 확률은 자유도가 3 과 22 인 이론적인 F 분포에서 경험적인 F 값 7.013 를 중심으로 오른쪽에 위치한 빈도들의 비율, 혹은 분포의 면적이다. 이 확률을 흔히 'p' 로 표기한다. 그런데 p 를 정확히 계산하기 위해서는 F 분포의 밀도함수식에 F=7.013 을 대입한 후, 그 함수식을 F 값 7.013 과 $+\infty$ 의 영역에서 적분하여 구하면 된다. 그런데 이 절차가 복잡하고, 또한 정확한 p 값을 산출할 필요가 없으므로 보통 생략하는 것이 일반적이다. 중요한 것은 p 가 미리 설정된 α 보다 작은가의 여부이다. 만약 계산된 경험적인 F 가 임계치 F 보다 크면 p 가 α 보다 작다는 것을 의미하므로 정확한 p 를 산출하는 대신 $p<\alpha$ 로 표기하여 "실험집단들 사이의 평균차이가 α=xx 수준에서 통계적으로 유의미하다", 혹은 "모집단 평균이 동일하다는 영가설이 α=xx 수준에서 기각되었다" 고 결론을 내린다.

7. 결과와 결론의 기술

이상의 결과를 일목요연하게 표로 제시하면 <표 3-2> 와 같다. p 는 모집단에서 실험집단간 평균차이에 대한 영가설 ($\mu_1=\mu_2=\mu_3=\mu_4=\mu$) 이 맞는 경우 즉, 모집단에서는 실험집단간 평균차이가 없는 경우, 그 모집단으로부터 표본들을 추출하면, 본 자료에서 발견된 실험집단간 평균차이 혹은 그 이상의 차이가 나타날 확률이다. 이 확률이 연구자가 미리 설정한 α 수준보다 작으면 영가설이 기각된다.

〈표 3-2〉 일원변량분석표

변산원	자승합	자유도	평균자승	F	p
집단간	82.18	3	27.393	7.013	0.002
집단내	85.93	22	3.906		
전체	168.14	25	6.726		

<표 3-2> 와 같이 변량분석표가 작성되면 분석의 결과에 대하여 최소한 두 가지의 해석과 판단이 필요하다. 하나는 자료의 수학적인 구조 즉, 효과크기에 대한 해석이고, 또 하나는 자료의 통계적인 결론 즉, 가설에 대한 판단이다.

<표 3-2> 에 제시된 자승합들을 이용하여 효과크기 지수인 η^2 를 계산하면 82.18/168.14 = 0.489 이다. 따라서 "표본에 존재하는 종속변인의 전체 변산 중에서 48.9% 가 독립변인의 변산에 의해 설명된다 (48.9% of the total variance in the dependent variable is accounted for by the independent variable in the sample)." 고 기술할 수 있다. ω^2 는 0.410 이다. 따라서 "종속변인의 전체 모집단 변산 중에서 41% 를 독립변인의 모집단 변산에 의해 설명될 것으로 추정한다." 고 기술할 수 있다. ω^2 의 제곱근인 ω=0.64 는 독립변인과 종속변인의 상관계수로 해석된다.

[그림 3-1] 는 분자자유도 (v_1) 가 3 이고, 분모자유도 (v_2) 가 22 인 이론적인 F 분포와 그 분포에서의 임계치를 보여준다. 만약 영가설이 참이라면, 그리고 동일한 모집단으로부터 동일한 크기의 무작위 표본을 반복적으로 추출하여 동일한 실험을 무수히 여러 번 반복하고, 매번의 실험에서 <표 3-2> 와 같은 결과를 산출하였다면, 그 실험들에서 산출된 무수히 많은 경험적인 F 값들은 [그림 3-1] 의 분포를 보이면서 산출된다. 그 무수히 많은 경험적인 F 값들 중에서 5% 는 크기가 3.05 보다 크다. 따라서 영가설이 참이라면, 이와 같은 실험에서 3.05 보다 큰 값을 가지는 경험적인 F 가 산출될 확률이 0.05 라고 말할 수 있다. 그런데 <표 3-2> 의 실험에서 구해진 경험적인 F 값은 7.013 이므로, 영가설이 참일 때 이러한 경험적인 F 가 구해질 확률이 매우 낮고, 따라서 영가설이 기각된다.

<표 3-2> 에 제시된 '경험적인 F' 는 영가설 (모집단 평균의 동일성 가정) 이 참이라는 가정 하에 기대되는 값 (1.00) 보다 월등히 크다. 더 구체적으로 말하면, 영가설이 참이라는 가정 하에 7.013 혹은 그 이상의 경험적인 F 가 나타날 확률은 p=0.002 에 불과하다. 이 확률이 α=0.05 보다 작으므로, "영가설이 참인 경우에 F=7.013 의 변량비율이 산출될 가능성 (확률) 이 희박하므로, α=0.05 유의도 수준에서 영가설을 기각한다." 고 기술한다. 이 기술은 "네 개의 실험집단들 사이의 평균차이가 α=0.05 유의도 수준에서 통계적으로 유의미 (statistically significant) 하다" 는 기술과 동일한 의미이다.

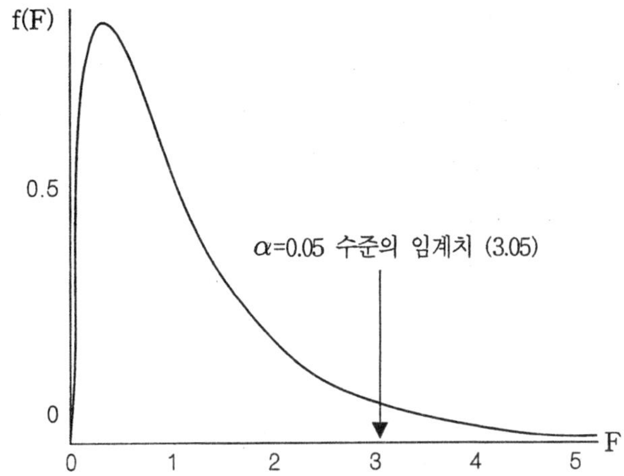

[그림 3-1] v_1=3, v_2=22 인 이론적인 F 분포

8. 기본가정에 대한 검토

변량분석이 이론적인 F 분포를 사용하므로 모든 변량분석의 유형들은 공히 F 분포에 개입되어 있는 세 가지 가정을 함께 공유한다. ① 각 실험조건의 모집단에서 종속변인 Y 가 정규분포한다 (정규성 가정); ② 실험집단들은 각 모집단에서 서로 독립적으로 표집된 사례들로 이루어진다 (독립성 가정); ③ Y 의 모집단 변량이 모든 실험조건에서 동일하다 (변량의 동질성 가정). 이론적인 F 분포에 개입된 가정은 아니지만, 독립변인의 각 수준이 동일한 수의 사례들 혹은 피험자들로 구성된다는 가정이 또한 존재한다. 이 추가적 가정을 '동일 사례 수 가정' 이라고 부를 수도 있을 것인데, 이 가정은 앞서 설명되었듯이 집단간 평균자승의 기댓값을 정의하기 위해 필요한 가정이며, 변량분석에서 산출되는 '경험적인 F' 를 이론적인 F 분포에 적용시키기 위한 조건이다.

1) 정규성 가정

변량분석은 정규성 가정의 파기에 대하여 '상당히 견고 (fairly robust)' 한 것으로 알려져 있다 (Glass, Peckham & Sanders, 1972; Ferguson & Takane, 1989, p. 261). 즉, 변

량분석을 사용하는 특정한 실험연구의 자료에서 이 가정이 구현되지 않더라도 그 연구가 규명하려는 바에 대하여 심각한 판단오류를 범하는 경우가 드물다는 것이다. 따라서 변량분석을 사용하는 연구자는 각각의 실험조건의 모집단에서 종속변인 측정치들이 정규분포 하는지에 대하여 크게 우려하거나, 이 가정의 타당성을 검토하기 위하여 지나치게 복잡하고 섬세한 추가적 분석을 수행해야할 필요는 없을 것으로 생각된다. 정규성 가정을 검토하기 위하여 가장 널리 사용되는 간단한 방법은 실험조건별로 '정규 확률도표 (normal probability plot)' 를 구성한 후, 그 도표를 시각적으로 판단하는 방법이다.

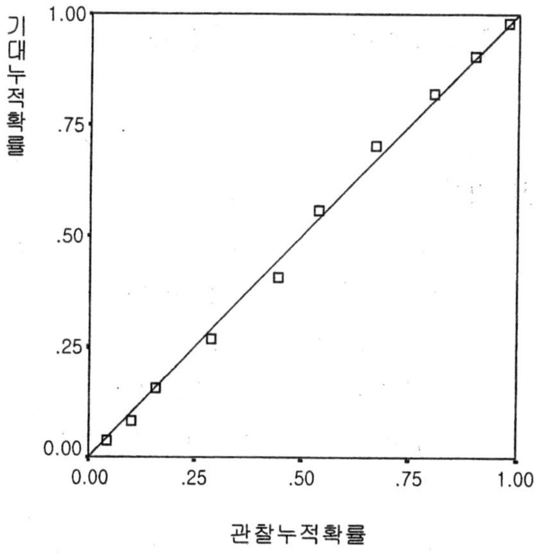

[그림 3-2] 정규 확률도표

정규 확률도표는 때때로 'P-P 도표 (P-P plot)' 라고 불리기도 하는데, [그림 3-2]에 예시된 것과 같이, 실험조건별로 종속측정치의 누적비율분포 (관찰누적확률) 를 산출한 후, 각 종속측정치가 정규분포 한다면 가져야할 누적비율분포 (기대누적확률) 와 대비하여 작도한 도표이다. [그림 3-2] 에서 '□' 기호는 각 종속측정치의 값을 나타낸다. 만약 종속측정치의 값이 해당 실험조건에서 정규분포 한다면 정규 확률도표에 표시된 종속측정치의 값들 ([그림 3-2] 의 □ 기호) 은 모두 대각선 위에 위치하게 된다. 즉, 정규 확률도표에 표시된 종속측정치의 값들이 모두 대각선 위에 위치하는 경우는 각 종속측정치의 누적비율 (확률) 이 정규분포에서의 누적확률과 일치한다는 것을 의미이다. 반면에 정규 확률도표에서 종속측정치를 나타내는 기호가 대각선에서 많이 벗어날수록 정규성 가정이 위협을 받는 상황이라는 것을 의미한다.

한 가지 유념해야할 것은 정규성 가정은 각 실험조건에서의 종속측정치 분포에 관한 가정이다. 정규성 가정은 종속측정치들이 독립변인의 각 수준에 해당하는 모집단에서 정규분포 한다는 가정이므로, 만약 독립변인이 4 개의 수준을 가지고 있고, 그 각 수준에서 종속변인의 모집단 분포가 정규분포 하지 않을 것으로 의심되는 경우에는 독립변인의 각 수준에서 하나씩 총 4 개의 정규 확률도표를 작도해볼 필요가 있다.

2) 독립성 가정

독립성 가정은 표집절차에 관한 것이므로 자료분석을 통해서 검증하기 어려운 가정이다. 다만, 이 가정을 위한 검증을 위하여 제 11 장에서 설명되는 'Durbin-Watson 검증' 이 이용될 수 있다. 그러나 변량분석에서는 이 가정의 타당성 여부가 분석을 통한 검증절차 없이도 어느 정도 파악할 수 있는 것이 일반적이다. 이 가정을 유지할 수 없는 대표적 상황이 '반복측정설계 (repeated measures design)' 와 '짝짓기설계 (paired observations design)' 가 이루어진 경우이다. 두 가지 유형의 실험설계에서는 각기 다른 실험조건에 할당된 사례들이 서로 독립적이 아니다. 따라서 반복측정설계와 짝짓기설계에 의한 실험에서 도출된 자료에 대한 변량분석은 이들 자료에서 독립성 가정이 파기되었다는 사실을 고려해야 한다. 독립성 가정의 파기가 분석에서 어떻게 구체적으로 고려되는지에 관해서는 반복측정설계에 관한 부분에서 자세히 설명될 것이다.

3) 변량의 동질성 가정

변량의 동질성 가정이 충족되지 않으면 집단내 평균자승 (MSW) 이 σ^2 일 것이라는 기대의 근거를 상실하게 되고, MSW 가 σ^2 일 것이라는 기대의 근거가 상실되면 F 검증의 근거가 또한 실종된다. 변량의 동질성 가정이 충족되지 않는 자료를 변량분석하면 이론적인 F 분포에 준해서 예상되는 것보다 경험적인 F 가 더 크게 산출되는 경향이 생긴다.

따라서 변량의 동질성 가정이 충족되지 않는 자료를 분석하면서 이론적인 F 분포에 준해서 임계치를 설정하고, 그 임계치에 의해 영가설에 대한 판단을 하면, 영가설을 지나치게 빈번히 기각하게 되고, 또한 제 1 종 오류를 더 빈번히 범하게 된다. 즉, 변량의 동질성 가정이 충족되지 않는 자료를 변량분석하면 제 1 종 오류를 범할 확률이 연구자가 설정하는 α=0.05 보다 실제로는 더 크다. 이러한 현상 때문에 변량의 동질성 가정이 충족되지 않으면 변량분석의 통계적 추론이 이론적인 F 분포를 이용할 수 없다는 심각한 문제가 발생한다.

변량의 동질성 가정이 충족되지 않으면 이론적인 F 분포를 이용할 수 없는 심각한 문제에 봉착하므로, 일반적으로 변량분석을 수행하기 전에 이 가정의 충족여부를 검토하는데, 그 방법은 실험집단들 중에 변량이 가장 큰 집단과 가장 작은 집단의 변량 차이를 F 검증하는 것이다.

$$F_{max} = \frac{\max\ s_i^2}{\min\ s_i^2}$$

max s_i^2 은 변량이 가장 큰 실험집단의 추정된 모집단 변량이고, min s_i^2 는 그것이 가장 작은 실험집단의 추정된 모집단 변량이다. 이 F_{max} 가 유의미하면 실험집단들이 그들의 모집단에서 서로 상이한 크기의 변량들을 가진다고 판단된다.

4) 동일 사례 수 가정

동일 사례 수 가정은 집단간 평균자승 (MSB) 에 대한 이론적인 개념정의 혹은 이해를 위한 가정이다. 각 실험조건에 각기 다른 수의 피험자들이 할당된 경우에는 MSB 의 기댓값이 $E(MSB) = \sigma^2$ (영가설이 참인 경우) 혹은 $E(MSB) = \sigma^2 + n\sigma_A^2$ (영가설이 참이 아닌 경우) 로 비교적 간단히 정의되지 않는다. 그럼에도 불구하고, 보다 복잡한 유형의 실험설계와는 달리, 일원변량분석을 위해서는 이 가정의 충족여부가 매우 중요한 것은 아니다. 그러나 일원실험설계보다 복잡한 유형의 실험설계에서 각 실험조건의 사례 수가 동일하지 않으면 심각한 문제가 발생할 수 있다. 따라서 동일 사례 수 가정에 대해서는 이원변량분석에서 다시 한번 자세히 살펴보게 될 것이다.

그러나 일원변량분석의 경우에도 실험이 계획대로 이루어지지 못하여 자료가 미비된 소위 '결측치 (missing value)' 때문에 동일 사례 수 가정이 파기되는 경우에는 연구자의 주의가 요망된다. 이때에는 경우에 따라서 일원변량분석에서 심각한 추론오류를 범할 수도 있다. 이 점을 구체적으로 이해하기 위하여, 각기 다른 사례 수로 이루어진 4 개의 실험조건들을 가지는 어떤 실험자료를 가정하고 MSB 의 계산공식을 다시 한번 살펴보자.

$$
\begin{aligned}
\text{MSB} &= \frac{\sum_{i=1}^{4} N_i(\overline{Y}_i - \overline{Y}_{.})^2}{4-1} \\
&= \frac{N_1(\overline{Y}_1 - \overline{Y}_{.}) + N_2(\overline{Y}_2 - \overline{Y}_{.}) + N_3(\overline{Y}_3 - \overline{Y}_{.}) + N_4(\overline{Y}_4 - \overline{Y}_{.})}{4-1}
\end{aligned}
$$

<수식 3-4>

<수식 3-4> 는 4 개의 실험조건들을 가지는 어떤 실험자료에서 산출되는 MSB 의 계산공식인데, 이 실험을 위하여 연구자는 실험조건들이 동일한 사례 수를 가지도록 계획하였으나 실험여건이 좋지 않아서 특정한 실험조건에서 결측치가 무작위적으로 많이 발생하였다고 가정하자. 즉, N_1, N_2, N_3, N_4 중의 하나가 다른 것들에 비하여 월등히 작아진 경우를 가정하자. <수식 3-4> 를 주의깊게 살펴보면 이 경우에 다음과 같은 사실들을 깨닫게 된다. ① 결측치가 발생한 실험조건의 평균이 전체 평균과 가지는 차이 (즉, 결측치가 발생한 실험조건의 효과) 가 다른 실험조건의 그것과 비교하여 MSB 의 값에 더 작게 기여한다; ② 실험조건들의 사례 수가 동일하게 유지된 경우와 비교할 때, 결측치가 존재하면 MSB 가 과소 추정될 수 있다; ③ 실험조건들의 사례 수가 동일하게 유지된 경우와 비교할 때, 결측치가 발생한 실험조건의 평균이 전체 평균과 유사하다면 MSB 가 과소 추정되는 경향이 그리 크지 않다; ④ 그러나 실험조건들의 사례 수가 동일하게 유지된 경우와 비교할 때, 결측치가 발생한 실험조건의 평균이 전체 평균과 큰 차이를 가진다면 MSB 가 과소 추정되는 경향이 매우 커진다.

다시 말해서, 결측치가 어떤 실험조건에서 발생하였는가에 따라서 통계적 추론의 결론이 달라질 수 있다. 결측치가 발생할 때 일반적으로 MSB 가 과소 추정되므로 영가설을 기각할 가능성이 줄어든다. 즉, 영가설이 모집단에서 진실로 참이 아닐 때, 그것을 기각할 수 있는 소위 '통계적 검증력 (statistical power)' 이 떨어지는 것이다. 특히, 만약 결측치가 전체 평균과 매우 다른 평균을 가지는 실험조건 (즉, 효과가 큰 실험조건) 에서 많이 발생하면 통계적 검증력이 떨어지는 정도가 극심해져서 통계적 추론에서 잘못된 결론을 내리게 될 수도 있다. 또한 동일한 실험을 다른 연구자들이 독립적으로 수행하는 경우에, 각 연구에서 결측치가 각기 다른 실험조건에서 발생하면 각기 다른 연구자들은 동일한 실험을 하였어도 서로 상반된 결과를 얻을 수도 있다.

결측치에 대한 이상의 논의는 각 실험조건에서 결측치가 무작위적으로 (randomly) 발생하는 것을 전제한 논의이다. 만약에 결측치가 종속변인의 특정한 값의 영역에서 발생하면 문제는 더 복잡해진다. 따라서 실험설계와 변량분석에서는 언제나 실험조건의 사례 수를 동일하게 유지하려는 연구자의 노력이 매우 중요하다.

5) 가정의 충족을 위한 자료변환

모집단에서 정규성 가정이나 변량의 동질성 가정이 의심되는 경우에는 그 가정들이 충족되도록 종속측정치에 대한 제곱근 변환, 로그변환, 혹은 역수변환 등을 하여 변량분석을 하는 경우가 있다.

종속변인이 모집단에서 가지는 분포의 속성을 바꾸어주기 위한 방법으로 소위 '승수변환 (power transformation)' 이 많이 활용된다. 승수변환이란 원 자료 (raw data) 에 승수를 제곱하여 변환하는 것인데, 변인의 원래 분포가 어떤가에 따라서 곱해주는 승수를 결정한다. 변인의 자연적 분포가 심하게 부적으로 (negatively) 편포되었을수록 큰 숫자를 승수로 이용하여 자료변환을 하고, 심하게 정적으로 (positively) 편포되었을수록 작은 숫자를 승수로 이용하여 변환한다. 이때 사용하는 승수는 반드시 정수일 필요는 없다. 몇 가지 승수변환의 일반적인 효과는 <표 3-3> 과 같다.

로그변환은 승수가 0 인 변환으로 간주된다. 또한 역수변환을 하면 큰 값이 작아지고 작은 값이 커지므로 변인의 방향을 환원시키기 위하여 변환된 변인의 값의 부호를 바꾸어 주는 것 즉, 변환된 변인의 값에 -1 을 곱해주는 것을 잊어선 안 된다.

〈표 3-3〉 승수변환의 예

승수	변환	분포에 미치는 효과
3	Y^3	극심한 부적 편포를 정규분포하게 만든다.
2	Y^2	부적 편포를 정규분포하게 만든다.
1	Y	(효과 없음)
0	$\log_{10}(Y)$	극심한 정적 편포를 정규분포하게 만든다.
-1	-1/Y	엄청나게 극심한 정적 편포를 정규분포하게 만든다.

승수변환의 효과는 기본적으로 변인의 분포가 정규분포에 가까워지도록 하기 위한 것이다. 이러한 변환들이 변량에 미치는 효과는 자료의 속성에 따라 다르므로 일률적으로 예측하기 어렵다. 따라서 변량의 동질성을 확보하기 위해서는 여기에서 설명된 승수변환을 여러 가지로 시도해보고 변인의 변량들이 가장 유사해지는 변환을 선택하는 방법이 최선이다. 만약 실험집단들의 변량이 집단평균과 비례하여 변하는 경우에는 제곱근 변환이 효과적이다. 만약 변량이 집단평균의 제곱과 비례하여 변하는 경우에는 로그변환이 효과적이다. 반면에 변량이 아니라 집단의 표준편차가 평균의 제곱과 비례하여 변하는 경우에는 역수변환이 효과적이다 (Ferguson & Takane, 1989: 264-267).

〈표 3-4〉 자료변환의 예

	종속변인 (Y) 값			변환 값 $Y' = \sqrt{Y+.5}$		
	집단-1	집단-2	집단-3	집단-1	집단-2	집단-3
Y	3	6	12	1.87	2.55	3.54
	0	4	6	0.71	2.12	2.55
	4	2	6	2.12	1.58	2.55
	2	4	10	1.58	2.12	3.24
	2	7	6	1.58	2.74	2.55
$\overline{Y}$	2.2	4.6	8.0	1.57	2.22	2.89
σ^2	2.2	3.8	8.0	0.28	0.20	0.22

종속변인 변환의 예를 살펴보기 위하여 <표 3-4> 와 같은 자료를 가정해보자. 이 자료는 세 개의 실험집단에 각 다섯 명씩의 피험자가 할당된 상황을 가정한다. 각 실험집단의 평균과 변량이 비례하므로 종속변인의 값을 제곱근 변환하여 변량분석을 실시하는 것이 바람직한 상황이다. 그런데 종속변인의 값이 10 보다 작은 것일 때는 $Y' = \sqrt{Y+.5}$ 변환이 더 효과적이다. <표 3-4> 의 변환 값을 보면 3 실험집단의 변량이 엇비슷해진 것을 알 수 있다. 일단 종속변인의 값이 변환되면 모든 변량분석 절차는 변환 값들을 이용하여 수행한다.

연습문제

3-1. 여대생 15 명에게 포르노그래피를 보여주고 동공확대를 측정하였다. 3 종류의 포르노그래피가 이용되었고, 각 종류를 5 명씩에게 보여주었다. 각 피험자가 대학 캠퍼스 전경사진을 보고 있을 때 동공의 크기를 측정한 후, 포르노그래피를 볼 때 동공의 크기를 다시 측정하였다. 종속변인은 캠퍼스 사진을 볼 때의 동공의 크기에 비하여 포르노그래피를 볼 때 동공이 확대된 정도를 % 로 환산한 것이다. 집단간 자승합 (SSB), 집단내 자승합 (SSW), 그리고 전체 자승합 (SST) 을 산출하라.

남자누드 (single)	여자누드 (single)	남녀누드 (couple)
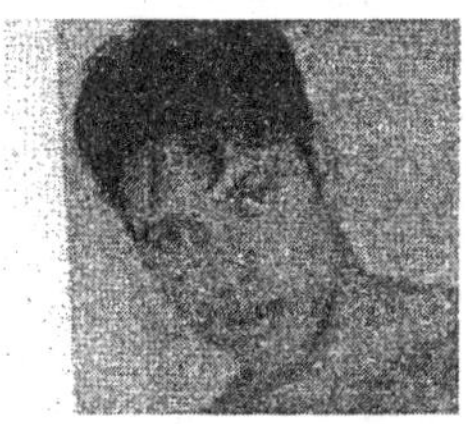	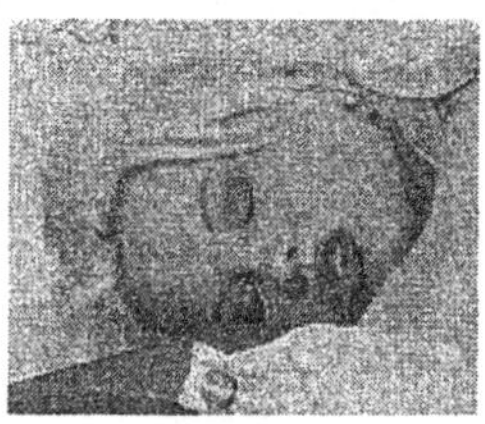	
10 21 13 15 30	0 1 3 1 0	25 47 18 36 53

3-2. MSW 는 실험집단내 모집단 변량 추정치들의 '가중평균 (weighted mean)' 이라고 하였다. 이 말의 구체적 내용을 세 개의 실험집단들로 구성된 간단한 가

상적 실험자료를 만들어서 설명하되, 각 실험집단에서 종속측정치의 모집단 변량 추정치를 계산하고, 그 세 개의 변량 추정치들의 일반적인 대수평균 (3 개의 집단내 변량 추정치들을 합해서 3 으로 나누어준 평균) 을 구하면 MSW 와 동일한 경우도 있고, 그렇지 않은 경우도 있는데, 그 두 가지 경우들이 어떤 경우들인지 예시하라.

3-3. 세 개의 실험에서 각각 다음과 같은 결과들이 산출되었다. 각각의 실험은 '처치집단' 과 '통제집단' 을 비교하는 실험이고, 제시된 숫자는 종속변인 측정치들이다. 종속변인에 대한 독립변인의 효과가 가장 크게 나온 실험이 어떤 것이지 판단하고, 그 이유를 설명하라.

실험 A		실험 B		실험 C	
처치집단	통제집단	처치집단	통제집단	처치집단	통제집단
2 5 7 3 8	7 2 5 3 8	3 6 5 4 7	6 5 7 8 4	9 5 1 8 2	2 10 6 3 9

3-4. 어떤 실험에서 6 개의 실험집단에 각각 12 명씩의 피험자들이 할당되어 실험되었다. df_{total}, df_{within}, $df_{between}$ 를 각각 계산하라.

3-5. 어떤 실험에서 첫 번째 실험조건에는 6 명, 두 번째 실험조건에는 4 명, 세 번째 실험조건에는 9 명의 피험자들이 할당되었다. df_{total}, df_{within}, $df_{between}$ 를 각각 계산하라.

3-6. 변량의 동질성 가정이 맞지 않는 상황이라면 변량분석은 모집단에서 실제로 존재하는 집단차이를 과대평가하게 될지, 아니면 과소평가하게 될지 판단하고 그 이유를 설명하라.

3-7. 앞서 F 는 서로 독립적인 모집단 변량의 추정치들의 비율이라고 하였다. 그런데 변량분석의 통계적 유의미도 검증을 위한 F 는 MSB 와 MSW 의 비율이다. MSB 와 MSW 가 서로 '독립적' 인지의 여부를 어떻게 판단할지 설명하라.

3-8. 다음은 어떤 연구에서 보고된 변량분석표이다. 잘못된 곳을 모두 찾아 수정하라.

변산원	자승합	자유도	평균자승	F	p
집단간	153	4	38.25	3.84	>.05
집단내	315	44	7.39		
전체	478	48	9.96		

3-9. 어떤 연구들은 변량분석을 실시한 후, 오직 F 값만을 논문에 보고하고 변량분석표는 제시하지 않는 경우가 있다. 이러한 관행의 단점을 지적하라.

3-10. 다음은 어떤 실험에서 구해진 원 자료이다. ① 자료변환이 필요한지를 판단하고, ② 필요하다면 어떤 변환이 필요한지를 판단한 후, ③ 원 자료와 변환된 자료에 대하여 각각 변량분석을 하고, ④ 그 결과를 비교하여 논의하라.

실험집단 1	실험집단 2	실험집단 3
4 16 49 64 81	49 121 144 169 196	16 36 81 100 121

다중비교 4

일원변량분석은 실험조건들의 모집단 평균이 모두 동일하다는 영가설에 대한 통계적 검증을 수행한다. 이 영가설이 기각되면 실험조건의 모집단 평균이 모두 서로 동일하지 않다는 것을 의미한다. 영가설에 대한 이 검증을 '전반적 검증 (overall test)' 혹은 '옴니버스 검증 (omnibus test)' 이라고 부른다. 전반적 검증에서 영가설이 기각되는 경우, 연구자는 어떤 실험조건들이 서로 통계적으로 유의미한 평균차이를 가지는지, 혹은 평균들 사이에 어떤 특정한 양상이 존재하는지를 파악해야 하는 경우가 많다. 이러한 세부적인 파악을 위하여 실험조건의 평균들을 대상으로 여러 번의 비교를 수행하는 것을 '다중비교 (multiple comparison)' 라고 부른다.

다중비교는 크게 '사전비교 (a priori comparison)' 혹은 '계획된 비교 (planned comparison)' 와 '사후비교 (posterior comparison, unplanned comparison, or post hoc comparison)' 로 나뉜다. 사전비교는 전반적 검증을 하기 전에 특정한 평균들의 차이에 대하여 연구자가 가설을 정립한 후, 그 평균들의 차이를 구체적으로 검증하는 것을 말한다. 반면에 사후비교는 전반적 검증을 한 후, 만약 영가설이 기각되면, 어떤 평균들이 서로 유의미한 차이가 있어서 전반적 검증의 영가설이 기각되었는지를 파악하기 위한 비교이다. 일반적으로 사전비교를 하는 경우에는 전반적 검증을 하지 않거나, 하더라도 연구자의 관심이 아니다. 즉, 사전비교는 전반적 검증의 결과와 무관하게 수행된다. 왜냐하면 사전비교는 전반적 검증의 결과를 단순히 해석하기 위한 추가분석이 아니라, 전반적 검증의 영가설과는 독립적인 훨씬 더 구체적인 가설을 검증하는 것이기 때문이다. 반면에 사후비교는 전반적 검증의 결과를 단순히 해석하기 위한 추가분석에 불과하고, 전반적 검증의 결과가 유의미하게 나온 후에 이루어지며, 만약 전반적 검증에서 영가설이 기각되지 않으면 사후비교는 의미가 없다.

사전비교는 다시 평균들 사이의 단순차이를 파악하기 위한 '대비분석 (contrast analysis)' 과 여러 개의 평균들 사이의 특정한 양상 (직선형 혹은 곡선형) 을 파악하기 위한 '경향분석 (trend analysis)' 으로 나눈다. 경향분석은 독립변인의 수준들이 서열적인 혹은 연속적인 의미를 가지는 경우, 예를 들어 독립변인이 학년 혹은 연령 대 (10 대, 20 대, 30 대 등) 인 경우에 많이 수행된다.

1. 대비의 개념

'대비 (contrast)' 란 평균들의 차이를 지칭하는 개념이다. 예를 들어, 어떤 변인 Y 에서 두 개의 집단이 가지는 평균차이는 $\overline{Y}_1 - \overline{Y}_2$ 라고 기술할 수 있다. 그런데 이 집단간 평균차이를 평균들의 '가중 합 (weighted sum)' 으로 볼 수도 있다. 즉, 두 집단의 평균차이 $\overline{Y}_1 - \overline{Y}_2$ 는 첫 번째 집단의 평균 $\overline{Y}_1$ 에는 가중치 1 을 곱해주고, 두 번째 집단의 평균 $\overline{Y}_2$ 에는 가중치 -1 을 곱해준 후, 가중된 평균들을 합산한 것 $(1)\overline{Y}_1 + (-1)\overline{Y}_2$ 과 같다. 이때, 가중치들 (1 과 -1) 의 합은 0 이다. 이와 같이, 합이 0 인 가중치들을 이용하여 평균들의 차이를 평균들의 가중 합으로 개념화한 것이 대비이다. 특정한 대비 Ψ_k 의 정의는 <수식 4-1> 과 같은 수학적 함수이다.

$$\Psi_k = \sum_{i=1}^{g} c_{ki}\overline{Y}_i \qquad 단, \ \sum_{i=1}^{g} c_{ki} = 0 \qquad <수식\ 4\text{-}1>$$

예를 들어, 제 3 장의 연습문제 3-1 에 기술된 포르노그래피 실험의 예에는 세 개의 실험조건이 있고, 각 실험조건의 평균이 각각 $\overline{Y}_1 = 17.8$, $\overline{Y}_2 = 1.0$, $\overline{Y}_3 = 35.8$ 이므로 다음과 같은 대비들이 만들어질 수 있다.

$$\Psi_1 = (1)17.8 + (-1)1.0 + (0)35.8 = 16.8$$

$$\Psi_2 = (1)17.8 + (0)1.0 + (-1)35.8 = -18$$

$$\Psi_3 = (0)17.8 + (1)1.0 + (-1)35.8 = -34.8$$

$$\Psi_4 = (0.5)17.8 + (0.5)1.0 + (-1)35.8 = -26.4$$

$$\Psi_5 = (0.5)17.8 + (-1)1.0 + (0.5)35.8 = 25.8$$

$$\Psi_6 = (-1)17.8 + (0.5)1.0 + (0.5)35.8 = 0.6$$

첫 번째 대비 Ψ_1 는 남자누드를 본 실험집단과 여자누드를 본 실험집단의 평균차이를 비교하는 대비이고, 두 번째 대비 Ψ_2 는 남자누드를 본 실험집단과 남녀누드를 본 실험집단의 대비이며, 세 번째 대비 Ψ_3 는 여자누드를 본 실험집단과 남녀누드를 본 실험집단의 평균차이를 비교하는 대비이다. 반면에 나머지 세 개의 대비는 두 개의 실험집단을 하나로 묶어서 나머지 한 실험집단과 비교하는 대비인데, 네 번째 대비 Ψ_4 는 싱글 누드를 본 실험집단 (남자누드집단 + 여자누드집단) 과 커플 누드를 본 실험집단의 평균차이를 나타내는 대비이다. 다섯 번째 및 여섯 번째 대비도 동일한 방식으로 그 의미를 해석할 수 있다.

모든 대비는 결국 두 집단간 평균차이를 의미한다. 다만, '두 집단' 이 원래의 여러 개 실험집단들을 두 개의 집단으로 통합한 것일 수 있다. 원래의 실험집단들을 두 개로 통합하건, 아니면 원래의 실험집단들 중에서 두 개의 집단을 선택하건, 모든 대비는 결국 두 개의 집단들 사이의 평균차이이다.

변량분석에서의 모든 다중비교는, 그것이 사전비교이건 사후비교이건 상관없이, 대비개념에 의해 이루어진다. 연구자가 할 일은 첫째 자신이 비교하고 싶은 실험집단들 혹은 평균들을 결정하고, 둘째 그것에 적절한 대비가중치 (contrast weights) 를 만드는 것이다. 대비가중치를 만드는 요령은 ① 한 개의 대비를 위한 가중치들의 합은 0 이 되고, ② 비교를 위하여 서로 묶여지는 실험집단들은 동일한 가중치를 가지고, ③ 비교에서 제외되는 실험집단들은 0 의 가중치를 가지도록 하는 것이다. 이상 세 개의 조건만 충족된다면 가중치의 숫자 자체는 아무 의미가 없다. 다시 말해서, 위의 네 번째 대비 Ψ_4 를 위한 가중치가 (0.5 0.5 -1) 이 아니고, 그 대신 (-1 -1 2) 라고 하여도 결과에는 영향을 주지 않는다. 이점은 잠시 후 더 자명하게 예시될 것이다.

2. 직교대비의 개념

대비는 변량분석의 전반적 검증에서 산출되는 집단간 변산 (자승합 혹은 변량) 의 일부이다. 동일한 실험집단들에 대하여 여러 개의 대비를 구성할 수 있다. 그런데 '직교대비 (orthogonal contrast)' 란 동일한 실험집단들에 대하여 구성된 일련의 대비들 중, 서로 독립적인 관계에 있는 대비들을 말한다. 독립적인 관계란 두 개의 대비들이 서로 공유하는 집단간 변량이 없는 것을 말한다. 따라서 일련의 실험집단 평균들에 대하여 서로 직교적인 (독립적인) 관계에 있는 대비들을 구성하면, 각각의 대비들이 반영하는 집단간 변산의 합은 전반적 검증에서 산출되는 집단간 변산과 같아진다. 반면에 대비들이 서로 직교적이지 않으면 대비들이 반영하는 집단간 변산의 합은 전반적 검증의 그것보다 크다.

두 개의 대비가 서로 '직교적' 이라는 말의 보다 엄밀한 정의는 그들의 가중치들 사이의 상관계수를 구하면 0 이라는 것을 의미한다. 다시 말해서 상관계수가 서로 0 인 가중치들을 가지는 두 개의 대비는 서로 직교적이다. '직교적' 이라는 용어와 '독립적 (independent)' 이라는 용어는 매우 유사하게 사용되지만 반드시 동일한 의미로 쓰이는 것은 아니다. '직교적' 이라는 용어는 기하학에 근원을 두는 용어인데 보다 이론적이고 원칙적인 현상에 적용되는 개념인 반면, '독립적' 이라는 용어는 통계적인 용어인데 보다 자료적이고 현실적인 현상을 지칭한다. 예를 들어, 성별 (남녀) 과 인종 (흑백) 으로 4 집단을 구성하였다면, 성별이라는 변인과 인종이라는 변인이 서로 직교적으로 교차되었다고 말한다. 그런데 그 두 변인이 서로 독립적인지의 여부는 각 집단에 동수의 사람들이 존재하는지, 아니면 집단마다 사람 수가 다른지에 따라 좌우된다. 만약 4 집단에서 사람 수가 다르면 성별과 인종은 직교적으로 교차되었더라도 서로 독립적이 아니다. 따라서 두 변인은 서로 직교적이면서 동시에 비독립적일 수 있다. 그 반대도 성립한다.

대비들을 구성하여 평균차이를 검토하되, 각 대비들이 서로 직교적이 되도록 구성하면 각 대비에 대한 해석이 서로 독립적으로 이루어질 수 있다는 장점이 있다. 다시 말하면 한 대비에 대한 해석을 위하여 다른 대비의 의미를 고려할 필요가 없다는 것이다. 두 개의 대비 Ψ_1 과 Ψ_2 의 대비가중치들이 $\sum_{i=1}^{g} c_{1i}c_{2i} = 0$ 를 충족하면 그 두 대비는 서로 직교적이다. 예를 들어 <표 4-1> 의 각 세트 내에 만들어진 두 개의 대비들은 서로 직교적이다.

〈표 4-1〉 직교대비의 예

직교대비 가중치 세트 1					직교대비 가중치 세트 2				
대비	집단 1	집단 2	집단 3	합	대비	집단 1	집단 2	집단 3	합
Ψ_1	0.5	0.5	-1	0	Ψ_1	0	-1	1	0
Ψ_2	1	-1	0	0	Ψ_2	-1	0.5	0.5	0
$c_{1i}c_{2i}$	0.5	-0.5	0	0	$c_{1i}c_{2i}$	0	-0.5	0.5	0

일련의 실험조건 평균들에 대해서 만들어지는 서로 직교적인 대비는 g-1 개 이다. 즉, 실험조건의 수가 세 개이면 두 개의 직교대비에 의해 실험조건 평균들이 비교될 수 있고, 실험조건의 수가 네 개이면 세 개의 직교대비들에 의해 실험조건 평균들이 비교될 수 있다. <표 4-1> 에서 가중치 세트 1 에 만들어진 두 개의 대비들은 서로 직교적이고, 세트 2 에 만들어진 두 개의 대비들도 서로 직교적이다.

위에서 포르노그래피 실험의 자료에 대하여 만들어진 여섯 개 대비들 중에, Ψ_1 과 Ψ_4 는 서로 직교적이고, Ψ_2 와 Ψ_5 는 서로 직교적이며, Ψ_3 과 Ψ_6 은 서로 직교적이다. 반면에, 예를 들어 Ψ_2 와 Ψ_4 는 서로 비직교적인 대비들이다.

3. 직교대비분석

직교대비를 이용한 다중비교분석을 '직교대비분석' 혹은 줄여서 '대비분석 (contrast analysis)' 이라고 부른다. 대비분석은 다중비교를 위한 여러 가지 방식들 중에 대표적인 사전비교 혹은 계획된 비교 방법이다. 대비분석은 특정한 실험집단 평균들 사이의 차이에 관한 사전 가설 (hypothesis) 을 전제로 하고, 따라서 대비분석을 하기 위하여 전반적 검증의 결과가 유의미하게 나와야할 필요가 없다. 오히려 대비분석을 하는 경우에는 전반적 검증을 한다는 것이 의미가 없는 경우가 많아서 그것을 생략하는 것이 보통이다. 일반적으로 대비분석은 전반적 검증보다 더 높은 통계적 검증력을 가지기 때문에, 전반적 검증에서 실험집단간 차이가 통계적으로 유의미하지 않았더라도 대비분석에서 특정한 실험집단평균들 사이의 차이가 유의미하게 나올 수 있다.

1) 직교대비의 자승합

앞서 모든 대비는 결국 두 개의 집단간 평균차이라고 하였다. '대비의 자승합' 이란 그 대비가 나타내는 집단간 차이의 자승합을 말한다. 각 실험집단의 사례수가 동일하다고 간주하면 ($N_i = n$), 각 대비의 자승합은 <수식 4-2> 와 같다.

$$SSB_{\Psi_k} = \frac{n\Psi_k^2}{\sum_{i=1}^{g} c_{ki}^2}$$

<수식 4-2>

대비의 자승합이 무엇일까? 간단한 예를 들기 위하여 세 개의 실험조건을 가지는 어떤 실험에서 각 실험조건에 세 명씩의 피험자들이 할당되었고, 그 피험자들로부터 <표 4-2> 와 같은 자료가 구해졌다고 가정하자. <표 4-2> 의 종속측정치들의 전체 평균 $\overline{Y}_{.}$ 은 6 이다. <표 4-2> 의 자료를 이용하여 첫 번째와 두 번째 실험집단을 통합한 집단과 나머지 세 번째 실험집단의 평균차이를 대비로 나타내려고 한다면, 첫 번째 실험조건의 가중치는 0.5, 두 번째 실험조건의 가중치도 또한 0.5, 그리고 나머지 세 번째 실험조건의 가중치는 -1 을 사용하면 된다. <표 4-2> 의 자료에서 첫 번째와 두 번째 실험집단을 통합한 집단과 나머지 세 번째 실험집단의 평균차이를 나타내는 대비는 (0.5)6+(0.5)9+(-1)3=4.5 이다. 또한 <수식 4-2> 를 이용하여 계산된 이 대비의 자승합은 $3(4.5)^2/(0.5^2+0.5^2+(-1)^2)$ = 60.75/1.5 = 40.5 이다.

〈표 4-2〉 세 개의 실험조건을 가지는 가상적인 실험자료

	실험조건 1	실험조건 2	실험조건 3
종속측정치	6 8 4	10 9 8	3 4 2
평균	6	9	3

이제 첫 번째와 두 번째 실험집단을 통합하여 한 집단으로 간주하고, 그 통합된 실험집단과 세 번째 실험집단을 이용하여 집단간 자승합 SSB 를 산출하면 역시 40.5 가 된다.

$$SSB = \sum_{i=1}^{g} N_i(\overline{Y}_i - \overline{Y}_.)^2 = 6(7.5-6)2+3(3-6)2 = 13.5+27 = 40.5$$

즉, 대비의 자승합이란 그 대비가 나타내는 평균차이를 가지는 실험집단들의 집단간 자승합이다. 앞서 한 개의 대비가 나타내는 집단간 차이는 모든 실험집단간 차이 전체의 일부라고 하였다. 따라서 실험집단들에 대하여 서로 직교적인 대비들을 구성하면, 각 직교대비들의 자승합을 모두 합하면 전반적 검증의 집단간 자승합 (SSB) 과 같다.

예를 들어, 연습문제 3-1 의 포르노그래피 실험에 세 개의 실험집단이 있으므로 실험집단들 간의 평균차이를 세밀하게 검증하기 위하여 두 개의 직교대비를 구성할 수 있다. 첫 번째 대비 Ψ_1 은 싱글 누드와 커플 누드의 차이를 대표하는 대비가 되고, 두 번째 대비 Ψ_2 는 남자와 여자의 싱글 누드 사이의 차이를 대표하는 대비가 되도록 하자면 <표 4-3> 과 같이 대비가중치를 정할 수 있다.

〈표 4-3〉 포르노그래피 실험자료에 대한 두 개의 직교대비

남자누드 (single)	여자누드 (single)	남녀누드 (couple)
$\overline{Y}_1 = 17.8$	$\overline{Y}_2 = 1.0$	$\overline{Y}_3 = 35.8$
$c_{11} = 0.5$ $c_{21} = 1$	$c_{12} = 0.5$ $c_{22} = -1$	$c_{13} = -1$ $c_{23} = 0$

<표 4-3> 과 같은 직교 대비가중치들에 의해 각 대비의 자승합은 다음과 같이 계산된다.

$$SSB_{\Psi_1} = \frac{5\ \Psi_1^2}{\sum_{i=1}^{3} c_{1i}^2} = \frac{5[(0.5)17.8+(0.5)1.0+(-1)35.8]^2}{(0.5)^2+(0.5)^2+(-1)^2} = 2323.2$$

$$SSB_{\Psi_2} = \frac{5\ \Psi_2^{\ 2}}{\sum_{i=1}^{3} c_{2i}^2} = \frac{5[(1)17.8+(-1)1.0+(0)35.8]^2}{(1)^2+(-1)^2+(0)^2} = 705.6$$

두 개 직교대비의 자승합을 합하면 전반적 검증의 집단간 자승합과 같아지는 점에 주목하라. 즉, $SSB_{\Psi_1} + SSB_{\Psi_2} = SSB = 3028.8$ 이다.

위에서 한 개의 대비를 위한 가중치의 합은 0 이 되고, 서로 묶여지는 집단들은 동일한 가중치를 가지고, 비교에서 제외되는 집단들은 0 의 가중치를 가진다는 조건만 충족되면, 가중치의 숫자는 어떤 것이라도 무관하다고 하였다. 그 이유는 대비가중치의 조건이 충족되면 대비가중치의 숫자가 무엇이건 간에 자승합이 동일하기 때문이다. 만약 첫 번째 대비 Ψ_1 를 위한 가중치들이 (0.5 0.5 -1) 이 아니고, (1 1 -2) 라고 하여도 그 대비의 자승합은 영향을 받지 않는다 (그러나 물론 가중치에 따라서 대비의 크기는 달라진다).

$$SSB_{\Psi_1} = \frac{5\ \Psi_1^{\ 2}}{\sum_{i=1}^{3} c_{1i}^2} = \frac{5[(1)17.8+(1)1.0+(-2)35.8]^2}{(1)^2+(1)^2+(-2)^2} = 2323.2$$

2) 직교대비의 효과크기

직교대비는 집단간 변산의 일부이므로 그것의 자승합이 산출되면 전반적 검증에서와 마찬가지로 직교대비의 효과크기 η^2 를 산출할 수 있다. 직교대비의 η^2 는 그 대비의 자승합을 전반적 검증의 전체 자승합으로 나누어주면 된다.

$$\eta^2_{\Psi_k} = \frac{SSB_{\Psi_k}}{SST}$$

<표 4-3> 의 예에서 첫 번째 대비 Ψ_1 의 효과크기는 $\eta^2_{\Psi_1}$ = 2323.2/4140.4 = 0.56 이고, 두 번째 대비 Ψ_2 의 효과크기는 $\eta^2_{\Psi_2}$ = 705.6/4140.4 = 0.17 이다. 따라서 첫 번째 대비 (싱글 누드와 커플 누드의 차이) 는 종속변인 (동공크기) 의 전체 변산 중에

56% 를 설명하고, 두 번째 대비 (남자와 여자의 싱글 누드 사이의 차이) 는 17% 를 설명한다.

3) 직교대비에 대한 통계적 검증

대비는 결국 두 집단의 비교이다. 예를 들어 (0.5 0.5 -1) 의 가중치에 의해 구성되는 대비는 첫 번째 집단과 두 번째 집단을 묶어서 하나의 집단으로 취급한 후, 그것을 세 번째 집단과 비교한다는 것을 의미한다. 따라서 모든 대비의 자유도는 언제나 1 이고, g-1 개의 직교대비들의 자유도를 모두 합하면 전반적 검증의 집단간 자승합 (SSB) 의 자유도가 된다.

각 대비의 평균자승 (혹은 자승합) 을 집단내 평균자승으로 나누어주면 그 대비의 통계적 검증을 위한 F 값이 산출된다. 이 F 값의 분자자유도는 언제나 1 이고, 분모자유도는 집단내 평균자승 (MSW) 의 자유도 (N-g) 와 같다.

대비의 통계적 검증을 위한 F 값은 분자자유도가 1 인 반면, 전반적인 집단간 차이의 통계적 검증을 위한 F 값의 분자자유도는 g-1 이므로 대비의 평균자승이 전반적인 집단간 평균자승 (MSB) 보다 클 수 있다. 그런데 대비의 효과를 검증하기 위해 사용되는 오차항과 전반적 차이를 검증하기 위해 사용되는 오차항은 똑같이 MSW 이다. 따라서 일반적으로 말해서 대비는 전반적 집단차이보다 통계적으로 유의미하다는 결론이 내려질 가능성이 더 높다. 즉, 대비에 의한 평균차이의 검증은 전반적 검증보다 통계적 검증력이 더 큰 검증방법이다.

결국 포르노그래피 실험 예에 대한 대비분석 (contrast analysis) 은 <표 4-4> 와 같이 요약될 수 있다. 대비 1 은 싱글 포르노그래피와 커플 포르노그래피의 비교이

〈표 4-4〉 포르노그래피 실험 예에 대한 대비분석 결과

변산원	자승합	자유도	평균자승	F	p
집단간 (pornography)	3028.8	2	1514.40	16.35	<.01
대비 1	2323.2	1	2323.20	25.08	<.01
대비 2	705.6	1	705.60	7.62	<.01
집단내 (오차)	1111.6	12	92.63		
전체	4140.6	14	295.74		

고, 대비 2 는 싱글 포르노그래피 중 남자누드와 여자누드의 비교이다.

4) 직교대비효과의 합산성

앞서 실험집단이 g 개 존재할 때 서로 직교적인 대비들은 g-1 개가 만들어질 수 있다고 하였다. 그러나 반드시 g-1 개의 직교대비들을 만들어야 하는 것은 아니다. 실험집단의 수가 많을 때는 서로 직교적인 대비들을 모두 만들어내는 것이 어려울 뿐만 아니라, 그 중 한두 개의 직교대비를 제외하고 나머지는 연구의 관심사가 아닌 경우도 많다. 이런 경우에는 꼭 필요한 직교대비들만 검증하고, 나머지 직교대비들은 모두 합하여 하나의 통합된 효과로 취급하여도 된다. 예를 들어, 실험집단이 6 개인 경우, 연구의 관심대상이 아닌 대비까지 포함한 5 개의 직교대비를 만들기 보다는, 연구의 관심사가 되는 2 개의 직교대비만을 만들어 검증하고, 나머지 3 개 직교대비의 효과는 통합하여 하나의 효과로 취급할 수 있다. 이때 통합된 3 개 직교대비의 자승합은 집단간 자승합 (SSB) 에서 검증되는 직교대비들의 자승합을 빼준 값과 같고, 그 자유도도 역시 집단간 자승합의 자유도 ($df_{between}$) 에서 검증되는 직교대비들의 개수를 빼준 값과 같다.

4. 경향분석

앞서 경향분석 (trend analysis) 은 여러 개의 실험집단 평균들 사이의 특정한 양상 (직선형 혹은 곡선형) 을 파악하기 위한 분석이고, 독립변인의 수준들이 서열적인 혹은 연속적인 의미를 가지는 경우, 예를 들어 독립변인이 학년 혹은 연령 대 (10 대, 20 대, 30 대 등) 인 경우에 많이 수행된다고 하였다. 이 말의 의미를 보다 명확히 이해하기 위하여 가상적인 예를 설정하기로 하자.

어떤 인스턴트커피 제조회사에서 커피에 첨가되는 설탕의 적정량을 파악하기 위하여 선호실험을 계획하였다. 이 회사는 일반사람들이 가장 선호하는 설탕의 적정량이 있을 것이고, 그 양보다 적거나 많으면 사람들의 선호도가 감소할 것으로 예상하였다. 설탕의 최적 양을 파악하기 위해 5 개의 실험조건을 설정하였는데, 첫 번째 조건에서는 커피에 설탕 1 g 을 첨가하여 피험자에게 시음시키고, 커피 맛의 선호도를 10

점 척도에 평정하게 하였다. 나머지 조건들에서도 첨가된 설탕의 양을 2 g 씩 증가시킨 것 이외에는 모든 상황이 첫 번째 조건과 동일하였다. 각 조건에 10 명의 피험자들이 할당되었다. 그 결과 <표 4-5> 와 같은 선호평정의 평균들이 산출되었다.

〈표 4-5〉 가상적인 커피 선호도 실험의 자료

설탕 1 g	설탕 3 g	설탕 5 g	설탕 7 g	설탕 9 g
$\overline{Y}_1=5$	$\overline{Y}_2=8$	$\overline{Y}_3=6$	$\overline{Y}_4=4$	$\overline{Y}_5=1$

<표 4-5> 의 결과를 보면 설탕의 양이 증가하면서 선호도가 증가하다가 감소하는 양상을 알 수 있다. 경향분석은 이와 같이 독립변인의 값이 증가하면서 변화하는 종속변인의 값이 직선형적인 (linear) 경향을 가지고 변화하는지, 아니면 곡선형적인 (curvilinear) 경향을 가지고 변화하는지를 파악하기 위한 분석이다. 따라서 경향분석은 독립변인의 수준들이 서로 서열적인 관계를 가지거나 양적인 의미를 가지는 경우에, 그 독립변인과 종속변인 사이의 관계의 양태를 규명하기 위한 분석이다.

경향분석에 의하여 파악할 수 있는 관계의 양태는 무한히 많다. 그러나 일반적으로 [그림 4-1] 의 네 가지 관계양태가 가장 많이 고려된다. 커피의 선호도 실험자료에 위의 4 가지 관계양태들 중 어떤 것이 존재하는지 파악하기 위한 경향분석은 <표 4-6> 과 같은 직교대비를 이용하여 이루어질 수 있다.

〈표 4-6〉 가상적인 커피 선호도와 설탕의 양 사이의 관계양상을 파악하기 위한 대비

대비 (Ψ_k)	실험조건				
	1g c_{k1}	3g c_{k2}	5g c_{k3}	7g c_{k4}	9g c_{k5}
직 선 형	-2	-1	0	-1	2
포물선형	2	-1	-2	-1	2
입 방 형	-1	2	0	-2	1
사 차 형	1	-4	6	-4	1

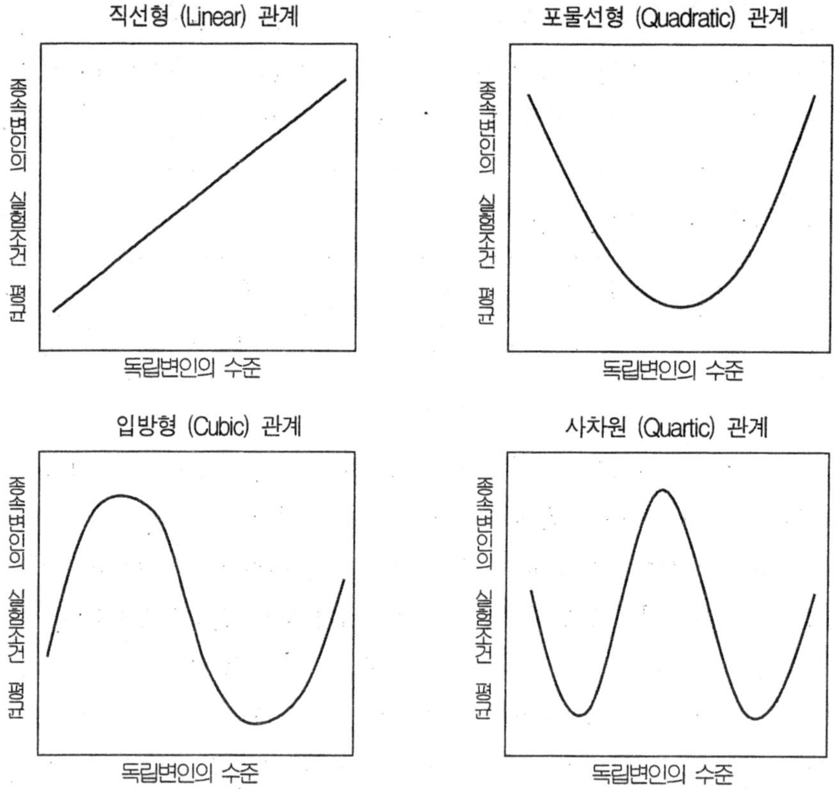

[그림 4-1] 네 가지의 대표적인 관계 경향 (trend)

<표 4-6> 의 대비들은 모두 직교대비의 조건을 충족한다는 사실에 주목하라. 따라서 이 대비들의 자승합을 모두 합하면 집단간 자승합 (SSB) 이 된다. 만약 연구자가 직선형 관계와 포물선형 관계에만 관심을 가진다면, 네 개의 대비효과를 모두 산출하는 대신 그 두 개의 대비들의 자승합만 산출한 후, 그들을 전반적 검증의 SSB 에서 빼어서 나머지 대비들의 통합된 자승합은 산출하면 된다.

$$SSB_{\Psi_1} = \frac{10\ \Psi_1^2}{\sum_{i=1}^{5} c_{1i}^2} = \frac{10[(-2)5+(-1)8+(0)6+(1)4+(2)1]^2}{(-2)^2+(-1)^2+(0)^2+(1)^2+(2)^2} = 144$$

$$SSB_{\Psi_2} = \frac{10\ \Psi_2^2}{\sum_{i=1}^{5} c_{2i}^2} = \frac{10[(2)5+(-1)8+(-2)6+(-1)4+(2)1]^2}{(2)^2+(-1)^2+(-2)^2+(-1)^2+(2)^2} = 102.86$$

경향분석을 위하여 대비가중치를 정할 때 관계의 방향은 완전히 무시해도 좋다. 다시 말해서 독립변인과 종속변인의 직선형 관계가 정적인 방향이건, 부적인 방향이건 상관없이, 실험집단이 5 개인 경우 위에 예시된 직선형 대비의 가중치를 이용하면 된다. 직선형 대비의 가중치를 (-2 -1 0 1 2) 로 정하는 대신 (2 1 0 -1 -2) 로 정하여도 동일한 SSB_{ψ_1} 이 산출된다. 이 원칙은 포물선형 관계 혹은 다른 관계양태에도 공히 적용된다.

경향분석을 위한 대비들의 자유도는 언제나 1 이다. 또한 그 대비들의 통계적 유의미도를 판단하기 위한 오차항은 언제나 전반적 검증의 집단간 차이 (SSB) 의 유의미도를 위한 오차항과 같다. 따라서 각 대비의 평균자승 (혹은 자승합) 을 MSW 로 나누어서 대비효과를 검증하기 위한 F 값을 산출한다.

5. 사후비교

평균차이들에 대한 사전가설 없이, 전반적 검증 결과 집단간 차이가 유의미한 것으로 파악된 후, 어떤 평균들이 서로 차이가 나는지를 규명하기 위하여 평균들을 쌍으로 혹은 묶어서 비교하는 경우에는, 그 차이에 대한 판단에서 제 1 종 오류를 범할 확률이 매우 높아질 수 있다.

예를 들어서 A, B, C 의 세 실험조건을 가진 실험에서 일원변량분석을 수행한 결과 집단간 차이의 F 값 (전반적 F) 이 유의미한 것으로 나타났다면, 그러한 결과는 A-B 의 평균차이, A-C 의 평균차이, B-C 의 평균차이, (A&B)-C 의 평균차이, (A&C)-B 의 평균차이, (B&C)-A 의 평균차이 등 모두 6 개의 평균차이 중 어떤 것에 의해서도 발생할 수 있고, 따라서 그들 중 어떤 평균차이가 유의미한 전반적 F 를 유발한 것인지를 파악하게 된다. 그런데 이와 같이 한 개의 실험에서 얻어진 자료에 대하여 여러 개의 가설검증이 이루어지는 경우, 여러 개의 검증에서 적어도 한 번 제 1 종 오류를 범할 확률을 '실험단위-α (experiment-wise α)' 라고 부른다. 실험단위-α 는 각각의 영가설 검증에서 제 1 종 오류를 범할 확률에 대비되는 개념으로, 그러한 영가설 검증이 여러 차례 이루어지는 하나의 실험을 종합적으로 보았을 때, 그 실험이 제 1 종 오류를 한번이라도 범할 확률을 지칭하는 개념이다. 각각의 평균차이를 파악하기 위한 검증에서 제 1 종 오류를 범할 확률 α 를 0.05 로 정해놓으면, 6 개의 평균차이 검증에서 '적어도 한 번' 제 1 종 오류를 범할 확률은 다음과 같다.

$$\text{실험단위-}\alpha = 1-(1-0.05)^6 = 0.26$$

위의 수식에서 $(1\text{-}0.05)^6$ 는 6 개의 검증에서 판단오류를 한 번도 범하지 않을 확률이다. 이 확률을 1 에서 빼면 6 번의 검증에서 적어도 1 번의 판단오류를 범할 확률이 되는데, 검증을 6 번 하는 경우 이 실험단위-α 는 0.05 보다 훨씬 높은 0.26 이다.

사후비교를 위한 여러 가지 방법들은 이 실험단위-α 가 0.05 를 넘지 않도록 통제하면서 평균차이를 검증하기 위한 것들이다. 이 방법들은 조금씩 각기 다른 비교상황을 가정한다. 따라서 연구자는 각 방법들이 가정하는 비교상황을 정확히 숙지하여 적절한 방법을 택해서 사용해야 한다.

1) Bonferroni-Dunn 검증

'Bonferroni 검증' 은 적절한 실험단위-α 를 먼저 정하고, 그 실험단위-α 를 연구자가 수행하려는 평균 쌍 비교의 개수로 나누어준 값을 각각의 쌍 비교에서 제 1 종 오류를 범할 확률로 사용하는 방법이다. Bonferroni 검증의 논리를 이해하기 위하여 실험단위-α 를 다시 한번 상기해보자. 실험단위-α 는 $1\text{-}(1\text{-}\alpha)^u$ 로 정의된다. α 는 각각의 평균 쌍 비교에서 연구자가 설정하는 제 1 종 오류를 범할 확률이고, U 는 연구자가 수행하는 평균 쌍 비교의 개수이다. 만약 연구자가 각각의 평균 비교에서 제 1 종 오류를 범할 확률을 0.05 로 설정하고, 그러한 평균 비교를 네 번 한다면 실험단위-α 는 $1\text{-}(1\text{-}0.05)^4 = 0.1854$ 이다. 그런데 만약 각각의 평균 비교에서 제 1 종 오류를 범할 확률을 0.05/4 = 0.0125 로 설정한다면, 실험단위-α 는 $1\text{-}(1\text{-}0.0125)^4 = 0.05$ 이다. 따라서 만약 연구자가 실험단위-α 를 0.05 로 설정하고자 하고, 4 번의 평균 쌍 비교를 하고자 한다면, 0.05/4 = 0.0125 를 각각의 쌍 비교에서 임계치를 설정할 제 1 종 오류를 범할 확률로 사용한다.

포르노그래피 실험의 예에서 연구자는 세 개의 실험조건들을 서로 쌍 비교하고자 한다고 가정하면, 연구자는 모두 세 번의 쌍 비교를 하게 된다. 이 쌍 비교들을 F 검증 (변량분석) 을 통하여 한다면, 각각의 쌍 비교에서 F 의 분자자유도는 1 이고, 분모자유도는 8 이다. 그런데, 세 번의 쌍 비교에서 실험단위-α 가 0.05 이기 위해서는 각각의 비교에서 α 는 0.05/3 = 0.017 이 되어야 한다. 분자자유도가 1 이고, 분모자유도가 8 인 F 분포에서 오른쪽으로 확률 (α) 이 0.017 이 되는 F 임계치는 9.00 이다. 즉, 분자자유도가 1 이고, 분모자유도가 8 인 F 분포에서 F 값이 9.00 인 지점을 중심으로 그 오른쪽에 위치한 면적의 비율 (α) 이 0.017 이다. 이 F 임계치 9.00 을 각각의 쌍 비교에서의 통계적 유의미도를 판단하기 위한 기준으로 사용한다. 이 F 임계치를 사용하여 세 번의 쌍 비교를 하면, 그 비교들 중에 적어도 한 개에서 제 1 종 오류를 범할 확률 (실험단위-α) 은 0.05 가 된다.

일반적인 참고서의 부록에 제시된 F 분포와 t 분포의 임계치 표들은 α=0.05 혹은 α=0.01 에 해당하는 임계치들만 제시해주고 있고, 여기에서의 예처럼 α=0.017 등에서의 임계치를 제시해주지 않는다. 이를 위하여 Dunn (1961) 이 각종 α 수준에서의 F 임계치와 t 임계치를 알 수 있는 표를 만들어 Bonferroni 검증을 수월하게 하는데 기여하였기 때문에 Bonferroni 검증을 때때로 'Dunn 검증' 이라고 부르기도 한다 (Dunn, 1958, 1961).

Bonferroni 검증 혹은 Dunn 검증은 한 가지 단점을 가지는데, 그것은 실험조건들에 대한 쌍 비교가 서로 독립적이라는 명백히 잘못된 가정에 기초한다는 것이다. 포르노그래피 실험의 예에서 남자누드 조건과 여자누드 조건의 쌍 비교는 남자누드 조건과 남녀누드 조건의 쌍 비교와 독립적인 비교가 아니다. 쌍 비교들이 서로 독립적이 아니므로 실제 실험단위-α 는 이들 검증들이 전제하는 것 보다 다소 낮다. 즉, 이들 검증들은 각각의 쌍 비교에서 통계적으로 유의미한 평균차이를 발견하기 위하여 필요 이상으로 엄격한 검증이 되는 경향이 있다. 이 경향은 실험조건들에 대한 쌍 비교의 개수가 증가할수록 더 극심해져서 전반적 검증에서는 영가설이 기각되었음에도 불구하고 이들 검증에서 통계적으로 유의미한 평균차이를 가지는 실험조건들을 찾아내지 못할 수도 있다.

Bonferroni 검증 혹은 Dunn 검증은 서로 통합되지 않은 원래의 실험조건들을 두 개씩 쌍으로 비교하여 종속변인에서 통계적으로 유의미한 평균차이를 가지는 실험조건들을 파악해낼 목적으로 사용되는 사후검증 방법인데, 쌍 비교를 여러 번 수행할수록 통계적으로 유의미한 평균차이를 가지는 실험조건들을 찾아내기 어려워지므로 연구자가 관심을 가지는 쌍 비교의 개수가 적은 경우에 자주 활용되는 방법이다.

2) Tukey HSD 검증, Newman-Keuls 검증, Duncan 검증

앞서 Bonferroni 검증은 실험조건들에 대한 쌍 비교가 서로 독립적이라는 명백히 잘못된 가정에 기초하는 까닭에 실험단위-α 를 실제보다 더 높게 추정하게 되고, 결과적으로 필요이상으로 엄격한 검증이 되는 경향이 있다고 하였다. 'Tukey 검증', 'Newman-Keuls 검증', 그리고 'Duncan 검증' 은 Bonferroni 검증의 이러한 단점을 보완한 것으로서, 이들은 모두 '범위 통계치 (range statistic)' 라고 불리는 지수를 이용한다. 따라서 이들 사후비교 방법들을 설명하기 전에 우선 범위 통계치가 무엇인지를 살펴보자.

(1) 범위 통계치

일정한 모집단에서 크기가 n 인 무작위 표본을 반복적으로 추출하면 표본평균들은 모두 조금씩 다르게 나타난다. 무작위 표본의 평균들이 서로 달라지는 정도를 '평균의 표준오차' 라고 부르고, 그 크기는 중심극한법칙 (central limit theorem) 에 의하여 $s_{\bar{Y}} = s/\sqrt{n}$ 이 될 것으로 예상된다. 이때 s 는 모집단 표준편차의 추정치이다. 모집단 표준편차의 추정치 s 는 한 개의 표본에서 얻어진 자료를 이용하여 산출할 수도 있고, 만약 여러 개의 표본이 존재한다면 그 여러 개의 표본에서 구해진 s 들의 평균치를 구하면 더 정확히 추정될 것이다. 그런데 앞서 변량분석에서 산출되는 MSW 는 변량의 동질성 가정 하에 각 실험조건에서 추정한 모집단 변량의 가중평균이며 곧, 모집단 변량의 추정치라고 하였다. 즉, 변량의 동질성 가정 하에 $E(MSW)=\sigma^2$ 이다. 따라서 변량분석에서 산출되는 MSW 의 제곱근은 변량의 동질성 가정 하에 모집단 표준편차의 추정치 s 이다. 결론적으로, 변량의 동질성 가정과 평균의 동일성 가정이 참일 때 한 개의 실험에서 산출되는 각 실험조건의 평균들은 서로 $\sqrt{MSW}/\sqrt{n}$ 만큼의 차이를 가질 것으로 예상된다. 즉, $\sqrt{MSW}/\sqrt{n}$ 는 변량의 동질성 가정과 평균의 동일성 가정이 참일 때 한 개의 실험에서 산출되는 각 실험조건의 평균들의 표준오차이다.

범위 통계치는 흔히 기호 'q' 로 표기하는데, 한 개의 실험에서 산출된 실험조건 평균들의 범위가 그 평균들의 표준오차로 몇 개나 되는지를 나타내는 지수이다.

$$q = \frac{\bar{Y}_L - \bar{Y}_S}{\sqrt{\frac{MSW}{n}}}$$

범위 통계치 q 의 정의공식에서 $\bar{Y}_L$ 은 두 개의 실험조건 평균들 중에 크기가 큰 것을 의미하고, $\bar{Y}_S$ 은 두 개의 실험조건 평균들 중에 크기가 작은 것을 의미한다. 즉 q 공식의 분자는 실험조건 평균들의 범위이고, 분모는 표본 평균의 표준오차이다. 이 범위 통계치 q 가 매우 클 때는 두 개의 실험조건들에서 나온 평균들이 가지는 차이 혹은 범위가 변량의 동질성 가정과 평균의 동일성 가정을 전제하는 경우에 예상되는 차이 (평균의 표준오차) 에 비하여 크다는 것을 의미하므로 평균들의 동일성 가정에 대해서 의심할 수 있는 근거가 된다.

범위 통계치가 얼마나 클 때 평균들의 동일성 가정에 대해서 의심할 수 있는 근거가 될 수 있을까? 이 의문은 바로 '범위 통계치의 임계치 (critical values of the range statistic)' 에 관한 의문이고, 이를 위하여 많은 참고서들이 부록 (예, Ferguson & Takane, 1989: 570-571) 에 범위 통계치의 임계치표를 제시해 놓고 있다. 범위 통계치의 임계치표들은 보통 두 가지 모수를 이용하여 임계치를 찾도록 구조화되어 있는데, 하나는 MSW 의 자유도 즉, 전반적 검증에서 사용된 N-g 이고, 다른 하나의 모수는 실험조건들을 평균의 크기별로 배열하였을 때 연구자가 비교하려는 두 개의 평균들 $\bar{Y}_L$ 와 $\bar{Y}_S$ 사이에 위치한 실험조건 평균들의 개수 ($\bar{Y}_L$ 와 $\bar{Y}_S$ 를 포함한 개수) 이다.

예를 들어, 포르노그래피 예에는 세 개의 집단이 있고, MSW 는 92.63 이고, MSW 의 자유도는 12 이므로 평균이 가장 큰 실험조건 (35.8: 남녀누드 조건) 과 평균이 가장 작은 실험조건 (1.0: 여자누드 조건) 의 범위 통계치 q 는 $(35.8-1.0)/\sqrt{92.63/5}$ = 8.086 이다. 그런데 범위 통계치의 임계치표를 보면 실험단위-α = 0.05 수준에서 MSW 의 자유도가 12 이고, 실험조건들을 평균의 크기별로 배열하였을 때 연구자가 비교하려는 두 개의 평균들 $\bar{Y}_L$ 와 $\bar{Y}_S$ 사이에 위치한 실험조건 평균들의 개수가 3 일 때 범위 통계치의 임계치 C_Q 는 3.77 이다. 범위 통계치 q 의 값 (8.086) 이 임계치 (3.77) 을 훨씬 초과하므로, 남녀누드 조건의 평균과 여자누드 조건의 평균들이 가지는 차이 (범위) 34.8 은 평균의 동일성 가정을 전제하는 경우에 예상되는 차이 (평균의 표준오차) $\sqrt{92.63/5}$ = 4.304 에 비하여 지나치게 크다고 할 수 있다. 따라서 실험단위-α = 0.05 수준에서 남녀누드 조건의 평균과 여자누드 조건의 평균들이 동일하다는 영가설이 기각된다.

(2) 범위 통계치를 이용한 사후비교

'Tukey 검증' 은 ① 실험조건들에 대한 쌍 비교가 서로 독립적이 아니라는 사실을 고려하고, ② 따라서 실험단위-α 를 현실적으로 설정한 후, ③ 이 실험단위-α 가 적정수준을 초과하지 않도록 통제하면서, ④ 주어진 실험조건들 사이의 모든 가능한 쌍 비교를 수행한다는 가정에 기초한 방법이다 (Tukey, 1953, Kirk, 1995 에서 인용됨). Tukey 검증은 만약 실험조건이 g 개 있다면, 평균 쌍에 대한 비교를 g(g-1)/2 번 한다고 전제한다. 그런데 실험조건이 g 개 일 때, g(g-1)/2 는 모든 가능한 쌍 비교의 개수이다. 이러한 이유로 집단평균들의 사후비교를 위한 Tukey 검증은 'HSD (honestly significant difference)' 검증이라고 불리기도 한다. 이 말은 Tukey 검증이 '순진한 검증' 이라는 뜻이다. Tukey 검증이 순진한 검증이라고 불리는 이유를 이해할 필요가 있다.

Tukey 검증은 범위 통계치를 이용하는데, 범위 통계치 q 는 특정한 대비 Ψ_k 를 산출하고, 그것의 F 값을 산출한 후, 다음과 같이 계산될 수도 있다. $q = \sqrt{2F}$. 그러나 Tukey 검증을 수행하기 위하여 범위 통계치 q 자체를 산출할 필요는 없으며, MSW 의 자유도와 실험조건의 수, 그리고 참고서의 부록 (예, Ferguson & Takane, 1989: 570-571) 에 나와 있는 범위통계치표를 참고하여 q 의 임계치 C_Q 를 정하면 된다. 여기에서 한 가지 유념할 사항이 있다. 앞서 범위 통계치의 임계치를 설정할 때 연구자가 비교하려는 두 개의 평균들 $\bar{Y}_L$ 와 $\bar{Y}_S$ 사이에 위치한 실험조건 평균들의 개수 (k) 를 고려한다고 하였다. 일반적으로 MSW 의 자유도가 일정할 때, k 가 클수록 범위 통계치의 임계치는 높아진다. Tukey 검증은 범위 통계치의 임계치를 설정할 때, 연구자가 비교하려는 실험조건들에 상관없이 무조건 실험에 포함된 모든 실험조건의 수 즉, k=g 를 이용하여 임계치를 설정한다. 다시 말해서, Tukey 검증은 k 를 주어진 실험에서 최대 가능한 것으로 설정하는 검증이며, 범위 통계치를 산출할 때 주어진 실험에서 산출할 수 있는 최대값을 산출하는 것과 같다. Tukey 검증의 이 특징은 범위 통계치를 이용하는 다른 검증방법들 (Newman-Keuls 검증과

Duncan 검증) 과 구별되는 특징이다. Tukey 검증은 바로 이 특징 때문에 주어진 실험조건들 사이의 모든 가능한 쌍 비교를 수행한다는 가정을 하는 사후비교 방법이며, '순진한 검증 (HSD 검증)' 이라고 불린다.

범위 통계치의 임계치 C_Q 가 찾아지면 모든 평균 쌍들을 $C_Q\sqrt{MSW/n}$ 와 비교하여, 평균차이의 절댓값이 이것 보다 큰 쌍들은 통계적으로 유의미한 차이를 갖는 것으로 판단한다. 이때 n 은 실험집단들이 동일한 수의 피험자를 가지는 경우, 각 집단내의 피험자수이다. 만약 실험집단마다 피험자수가 다르면 그 피험자 수들의 조화평균 (harmonic mean) 을 산출하여 n 에 대입한다.

$$|\overline{Y}_j - \overline{Y}_k| > C_Q\sqrt{\frac{MSW}{n}} \qquad n = \frac{g}{\sum_{i=1}^{g}(1/N_i)} = \text{조화평균}$$

포르노그래피 예의 경우는 MSW=92.63 이고, n=5 이며, C_Q=3.77 이므로, $C_Q\sqrt{MSW/n}$ =16.23 이다. 만약 어떤 평균 쌍의 절대적 차이가 이 숫자보다 크면 그 차이는 실험단위-α = 0.05 수준에서 통계적으로 유의미한 것으로 판단된다.

평균 쌍의 비교를 위하여 Tukey 검증 이외에 Newman-Keuls 검증과 Duncan 검증이 간혹 사후비교를 위하여 이용된다 (Newman, 1939; Keuls, 1952; Duncan, 1955). 이 두 가지 검증은 Tukey 검증의 변형이며, Tukey 검증과 마찬가지로 q 지수와 그것의 임계치 C_Q 에 의해 평균 쌍들의 차이에 대한 통계적 판단을 한다. 그런데 Tukey 검증은 집단평균들 사이의 모든 가능한 쌍 비교를 가정 (k=g) 하고, 그 비교들의 실험단위-α 를 적정수준에 고정시키기 위하여 한 개의 임계치를 설정한 후, 모든 평균차이를 이 임계치와 비교하여 통계적 유의도 판단을 한다. 반면에 Newman-Keuls 검증과 Duncan 검증은 비교되는 평균쌍이 실험 내에서 어떤 서열관계에 있는가에 따라서 각기 다른 임계치를 적용하는 방법이다. 따라서 이 두 검증에서는 우선 집단평균들이 가장 작은 것부터 가장 큰 것 순서로 배열되고, 비교되는 평균 쌍들이 서로 몇 개의 평균들을 사이에 두고 떨어져 있는지에 따라서 임계치가 결정된다. 비교되는 평균 쌍들이 서로 몇 개의 평균들을 사이에 두고 떨어져 있는지 (즉, 비교되는 평균 쌍들의 서열범위) 에 따라서 임계치가 다르게 설정되므로 이 검증들을 '다중범위 검증 (multiple range test)' 이라고 부르기도 한다. 비교되는 평균 쌍들 사이에 다른 실험조건의 평균들이 많이 존재할수록 임계치는 높게 설정된다. Tukey 검증은 비교되는 평균 쌍들 사이에 존재하는 다른 실험조건의 평균들의 수를 언제나 최대로 설정하는 순진한 검증인 반면, Newman-Keuls 검증과 Duncan 검증은 비교되는 평균 쌍들 사이에 실제로 존재하는 다른 실험조건의 평균들의 수를 고려한 영악한 검증이다. 따라서 일반적으로 Tukey 검증을 할 때에 비하여 Newman-Keuls 검증과 Duncan 검증을 하면 범위 통계치의 임계치가 낮게 설정된다. Newman-Keuls 검증과 Duncan 검증의 이러한 특징은 비교되는 평균 쌍들 사이에 다른 실험조건의 평균들이 적게 존재하는 경우에는 비교되는 평균 쌍들의 차이가 그리 크지 않더라도 그 차이를 무시할 수 없다는 관념적인 논리에 기초한다. 필자는 Newman-Keuls 검증과 Duncan 검증의 이러한 관념적 논리를 이해할 수 없기 때문에 이 두 가지 검증을 좋아하지 않는다. 그러나 어떻든지, 이러한 이유 때문에 이 두 검증을 하는 경우에는 순진한 Tukey 검증 (HSD) 을 하는 경우에 비하여 일반적으로 임계치가 낮게 설정되고, 결과적으로 통계적으로 유의미한 평균차이가 더 많이 나타난다.

Newman-Keuls 검증과 Duncan 검증은 α 를 정하는 방식에서 서로 차이가 난다. Newman-Keuls 검증은 일정한 α (0.05 혹은 0.01) 를 일관되게 사용하는 반면, Duncan 검증은 비교되는 평균 쌍들이 몇 개의 평균들을 사이에 두고 떨어져 있는가에 따라서 다른 α 수준을 적용하는 검증이다. 즉, Newman-Keuls 검증에서의 임계치는 비교되는 평균 쌍들이 가지는 서열범위에 따라서만 달라지는 반면, Duncan 검증에서의 임계치는 평균 쌍들이 가지는 서열범위와 그 범위에 따라 또한 다르게 설정되는 α 수준에 의해 달라진다. Duncan 검증에서는 비교되는 평균 쌍들이 평균들의 크기서열에서 더 멀리 떨어져 있을수록 더 높은 (즉, 관대한) α 수준을 적용한다. Duncan 검증의 이 특징은 위의 문단에서 필자가 Newman-Keuls 검증과 Duncan 검증에 대하여 이해할 수 없다고 핀잔을 준 이상한 관념적 논리를 다소 보완하는 것이다. 만약 Newman-Keuls 검증이 $\alpha = 0.01$ 수준에서 이루어진다면, 같은 검증을 Duncan 검증에 의해서 하면 비교되는 평균 쌍들이 몇 개의 평균들을 사이에 두고 떨어져 있는가에 따라서 $\alpha = 0.02$ 혹은 $\alpha = 0.03$ 수준에서 이루어지게 된다.

결론적으로, Tukey 검증을 근간으로 변형된 사후검증 방법들 중에, 특정한 평균 쌍 사이의 차이가 통계적으로 유의미한 것으로 결론지어질 가능성은 순진한 원조 Tukey 검증이 가장 낮고, 그 다음이 Newman-Keuls 검증이며, Duncan 검증이 가장 높은 순서를 가진다. 이들 검증들 중에 어떤 것을 사용할 것인지에 대한 판단은 Newman-Keuls 검증과 Duncan 검증에 내재하는 관념적 논리 즉, 비교되는 평균 쌍들 사이에 다른 실험조건의 평균들이 적게 존재하는 경우에는 비교되는 평균 쌍들의 차이가 그리 크지 않더라도 그 차이를 무시할 수 없다는 논리에 관하여 유념할 필요가 있다. Duncan 검증은 Newman-Keuls 검증에 비하여 이 논리를 다소 완화하여 적용한다. 특정한 실험에서 이 논리가 얼마나 중요한지에 따라서 적절한 검증방법을 채택하여야 한다.

3) Dunnett 검증과 Fisher LSD 검증

소위 '통제조건 (control condition)' 이 포함된 실험에서는 다른 처치조건 (treatment condition) 들이 각각 통제조건과 비교되어야 하는 경우가 있다. 예를 들어, 인위적으로 암을 유발시킨 쥐들을 네 집단으로 나누고, 그 중 세 개의 처치집단에는 각기 다른 항암제를 투여하고, 나머지 통제집단에는 생리식염수를 일정 기간 투여한 후, 암세포의 전이 상태를 측정하여 각기 다른 항암제들의 효과를 비교하기 위한 실험이 있다고 가정하자. 이러한 실험에서는 각기 다른 항암제들의 효과 차이를 비교하는 한 가지 방법으로 각 항암제를 투여한 처치조건의 쥐들과 생리식염수를 투여한 통제조건의 쥐들을 비교할 수 있다. 이와 같이 각 처치조건을 통제조건과 비교하기 위한 목적으로 개발된 사후검증 방법이 'Dunnett 검증' 이다 (Dunnett, 1955).

Dunnett 검증도 다른 모든 사후검증 방법들과 마찬가지로 실험단위-α 가 적정수준을 초과하지 않도록 하는 것이 주목적이다. 그 목적을 위하여 Dunnett 검증에서는 각 처치조건의 평균과 통제조건의 평균의 차이를 구하고, 그 평균차이의 절댓값 $\overline{Y}_T - \overline{Y}_C$ 이 <수식 4-3> 의 부등식을 충족하면 통계적으로 유의미한 것으로 판단한다.

$$|\overline{Y}_T - \overline{Y}_C| > t_{\alpha}\sqrt{\frac{2MSW}{n}} \qquad \text{<수식 4-3>}$$

<수식 4-3> 에서 $\overline{Y}_T$ 는 처치조건의 종속변인 평균이고, $\overline{Y}_C$ 는 통제조건의 종속

변인 평균이며, t_α 는 소위 '수정된-t 분포 (modified t distribution)' 의 임계치이고, MSW 는 전반적 검증에서 산출되는 집단내 평균자승이며, n 은 실험조건의 피험자 수가 동일하다는 가정 하에 각 실험조건의 피험자수이다. <수식 4-3> 의 t_α 는 Howell (1998) 혹은 Glantz & Slinker (2001) 등의 참고서 부록에 제시된 표를 이용해서 찾는 실험단위-α 수준의 수정된-t 의 임계치인데, 이때 실험단위-α=0.05 가 일반적으로 많이 사용된다. 이 t_α 의 자유도는 전반적 검증에서 산출되는 MSW 의 자유도와 같다. 만약 실험조건마다 피험자수가 다를 때에는 앞서 설명한 조화평균을 계산하여 n 으로 사용한다. 참고서 부록에 제시된 표를 이용해서 t_α 를 찾기 위해서는 두 개의 모수가 필요한데, 하나는 MSW 의 자유도이고, 다른 하나는 다중범위검증 방법에서와 마찬가지로 비교되는 평균 쌍들 사이에 실제로 존재하는 다른 실험조건의 평균들의 수이다.

Dunnett 검증은 각 처치조건과 통제조건을 비교하는 사후검증에서 실험단위-α 가 0.05 를 넘지 않도록 보장하는 방법인데, 처치조건과 통제조건 사이의 비교를 위해서는 다른 방법들보다 월등히 높은 검증력을 가지는 것으로 알려져 있다.

만약, <수식 4-3> 에 t_α 대신 일반적인 'student-t' 의 임계치가 사용되면, Dunnett 검증은 소위 'Fisher 의 LSD 검증 (least significant difference test)' 과 같아진다. 더 정확히 말하자면, <수식 4-3> 에서 t_α 대신에 일반적인 student-t 의 임계치를 사용하여 $\overline{Y}_T - \overline{Y}_C$ 의 통계적 유의미도를 판단하면 그것을 'Fisher 의 LSD 검증' 이라고 부른다. Fisher 의 LSD 검증은 Dunnett 검증을 위한 부등식 <수식 4-3> 과 거의 똑같은 부등식을 이용하여 실험조건들의 쌍 비교를 하는 방법이지만, Dunnett 검증처럼 각 처치조건들과 통제조건 사이의 비교에 국한되지 않고 모든 실험조건들 사이의 상호 쌍 비교를 위하여 사용된다. 그러나 Fisher 의 LSD 검증은 일반적인 student-t 분포를 이용하는 까닭에 실험단위-α 가 적정하게 통제되지 않는다는 단점이 있다. Fisher 자신은 이러한 비판에 대하여 사후비교는 오직 전반적 검증에서 영가설이 기각된 경우에 한하여 수행되므로 문제될 것이 없다는 주장을 한 바 있지만, 많은 학자들이 이 주장을 수긍하지 않으므로 Fisher 의 LSD 검증은 널리 사용되지 않는다.

4) Scheffè 검증

앞서 설명한 사후비교 방법들 (Bonferroni, Dunn, Tukey HSD, Newman-Keuls, Duncan, Dunnett, Fisher LSD) 은 모두 두 개의 실험집단 평균 쌍들 사이의 차이에 대한 비교 방법인 반면, 'Scheffè 검증' 은 두 개의 실험집단 평균들 사이의 차이에 대한 비교뿐만 아니라, 모든 가능한 유형의 대비에 의한 비교들에도 적용되는 사후비교 방법이다 (Scheffè, 1953). 예를 들어, 실험집단이 다섯 개인 경우 그 중 세 개의 실험집단을 나머지 두 개의 실험집단과 비교하는 대비에 대해서도 Scheffè 검증을 활용할 수 있다. 반면에 다른 사후비교 방법들은 일반적으로 두 개씩의 실험집단 평균들 사이의 차이검증에 적용된다.

Scheffè 검증을 하기 위해서는 우선 앞서 설명한 대비분석을 수행하고, 각 대비의 F 값을 산출한다. Scheffè 검증이 사전비교와 다른 점은 각 대비의 산출된 F 값이 유의미한지의 여부를 판단하기 위한 임계치 (critical value) 를 다르게 선정한다는 것이다. 통계참고서의 부록에 제시된 임계치들은 α 가 0.05 혹은 0.01 이라는 가정에 기초한 것들이다. 이 임계치들을 사용하여 대비의 유의도를 판단하면 앞서 설명한 실험단위-α 가 0.05 보다 훨씬 커진다. 따라서 Scheffè 검증에서의 임계치는 <표 4-7> 과 같이 정해진다.

〈표 4-7〉 Scheffè 검증에서의 임계치

① 일반적인 F 임계치 표에서 분자자유도가 g-1 이고 분모자유도가 N-g 인 임계치를 찾는다 (즉, 전반적 검증의 SSB 의 유의도 판단을 위한 임계치를 찾는다). ② 찾아진 임계치에 g-1 을 곱해준다.

예를 들어 실험집단이 세 개이고, 각 실험집단에 다섯 명씩의 피험자가 존재한다면, SSB 의 자유도는 2 이고, SSW 의 자유도는 12 이므로 α=0.01 수준에서의 임계치는 6.93 이다. 그런데 이 임계치를 사용하는 대신 6.93×2=13.86 을 임계치로 사용하여 모든 대비의 F 값에 대한 통계적 유의도 판단을 한다. 특정한 대비가 통계적으로 유의미하기 위해서는 이 임계치보다 큰 F 값을 가져야 하므로, 특정한 대비에 대하여 유의미한 판단을 하기가 어려워진다. 실제로 Scheffè 검증은 사전과 사후를 막

론하고 모든 다중비교 방법들 중에 영가설을 기각하기 가장 어려운 방법이다. 즉, 특정한 대비가 통계적으로 유의미하다는 판단을 하게 될 가능성이 가장 낮은 검증방법이다. Scheffè 검증이 엄격한 이유는 g 개의 실험집단에 대하여 모든 가능한 쌍 비교뿐만 아니라 모든 가능한 대비분석을 다 수행하는 경우에 실험단위-α 가 0.05 혹은 0.01 을 초가하지 않도록 하려는데 목적이 있기 때문이다.

Scheffè 검증은 지나치게 엄격한 경향을 가지기는 하지만, 주어진 실험조건들에 대하여 모든 가능한 비교 (대비) 를 다 할 수 있고, 일단 임계치가 정해지면 어떤 비교를 위해서도 그 동일한 임계치를 적용할 수 있으며, 비교를 위한 대비들이 서로 직교적일 필요가 없다는 편리함을 가지기도 한다.

연습문제

4-1. 어떤 실험에 네 개의 집단들이 이용되었다. 각 집단들의 종속변인 평균은 각각 $\bar{Y}_1, \bar{Y}_2, \bar{Y}_3, \bar{Y}_4$ 이다. 모든 가능한 대비를 작성하라.

4-2. 어떤 실험에 네 개의 집단들이 이용되었다. 각 집단들의 종속변인 평균은 각각 $\bar{Y}_1, \bar{Y}_2, \bar{Y}_3, \bar{Y}_4$ 이다. 이 평균들에 대하여 3 세트의 직교대비 세트를 구성하라.

4-3. 대비분석은 일반적으로 전반적 검증보다 더 높은 '통계적 검증력 (statistical power)'을 가지는 이유를 설명하라.

4-4. 어떤 맥주회사에서 광고효과를 알아보기 위하여 여섯 개의 광고를 제작하였다. 그런데 이 회사는 광고비를 효율적으로 사용하기 위하여 특히 두 가지 사항을 파악하고자 한다. 첫째는 연예인이 등장하는 광고와 그렇지 않은 광고의 효과가 다른지의 여부이고, 둘째는 연예인이 등장하는 경우 남자모델과 여자모델이 차이가 있는지의 여부이다. 광고-1 과 광고-2 는 각각 다른 남성 연예인들이 등장하는 광고이고, 광고-3 과 광고-4 는 각각 다른 여성 연예인들이 등장하는 광고이며, 광고-5 는 사람은 등장하지 않고 제품의 모양이 정밀하게

묘사되는 광고이고, 광고-6 은 역시 사람이 등장하지 않고 맥주의 제조공정이 보고서 형식으로 소개되는 광고이다. 이 광고들을 여섯 집단의 피험자들에게 한 집단에 하나씩 보여주고 광고의 선호도를 10 점 척도 (10 이 높은 선호도를 의미함) 로 측정하였다. 피험자의 수는 한 집단에 세 명씩이었다. 18 명의 피험자들이 평정한 자료가 다음과 같다. 이 맥주회사가 파악하고자 하는 두 가지 의문에 대해 결론을 도출하라.

♂-1	♂-2	♀-1	♀-2	제품모양	제조과정
3	7	5	4	9	7
6	4	2	1	8	9
1	6	7	4	8	9

4-5. 수면결핍이 수절증 (손 떨림) 을 유발하는지 알아보기 위하여 네 개의 실험집단에 각각 여덟 명씩의 피험자가 할당되었다. 실험에서 피험자들은 컴퓨터 화면에 특정한 철자가 나타나면 가능한 빨리 자판의 그 철자를 누르는 일을 하였다. 종속변인은 컴퓨터 화면에 특정한 철자가 나타난 후 자판의 철자를 누를 때까지 걸리는 시간이다. 독립변인은 수면 없이 지낸 시간이다. 수면결핍과 수절증의 관계가 직선형인지, 아니면 곡선형인지의 여부를 판단하라.

집단 1 12 시간	집단 2 24 시간	집단 3 36 시간	집단 4 48 시간
20	21	25	26
20	20	23	27
17	21	22	24
19	22	23	27
20	20	21	25
19	20	22	28
21	23	22	26
19	19	23	27

4-6. 연습문제 4-5 에서 종속변인의 총변산 중 직선형 경향이 차지하는 비율과 포물선형 경향이 차지하는 비율을 각각 산출하라.

4-7. 어떤 실험에서 평균차이 검증을 여덟 번 하는데, 각각의 평균차이에 대한 검증에서 α=0.05 를 사용한다면 실험단위-α 가 얼마인지 파악하라.

4-8. 포르노그래피 예 (연습문제 3-1) 에서 싱글누드와 커플누드 사이에 차이가 있는지를 Scheffè 검증하고 결론을 기술하라.

4-9. 포르노그래피 예 (연습문제 3-1) 에서 남자누드 집단과 여자누드 집단을 통합하여 싱글누드 집단을 구성한 후, 싱글누드 집단과 커플누드 집단의 종속변인 차이를 검증하는 일원변량분석을 수행하고, 그 결과를 연습문제 4-8 의 Scheffè 검증 결과와 비교하여 논의하라.

4-10. 포르노그래피 예 (연습문제 3-1) 에서 남자누드 집단과 남녀누드 (커플누드) 집단을 비교하고, 또한 여자누드 집단과 남녀누드 (커플누드) 집단을 비교하는 두 개의 쌍 비교를 하고자 한다. 이 쌍 비교들을 위하여 Bonferroni 검증을 하는 경우에 두 개의 쌍 비교가 서로 독립적인 비교들이 아니라는 사실을 대비자승합을 이용하여 설명하라.

4-11. 연습문제 4-4 의 맥주광고 예를 이용하여 Tukey 검증을 하고 서로 유의미한 차이를 가지는 집단들을 찾아내라.

5 이원변량분석

이원변량분석 (Two-way Analysis of Variance) 은 두 개의 독립변인 혹은 두 개의 요인을 가지는 변량분석이다. 일원변량분석과 마찬가지로 이원변량분석에서도 종속변인의 변산이 독립변인에 의한 체계적인 부분과 무선오차에 의한 비체계적인 부분으로 분리되어 독립변인의 효과가 검증된다. 그런데 요인이 두 개이므로 이 요인들의 '주 효과 (main effect)' 와 더불어 그들의 '상호작용 효과 (interaction effect)' 가 산출된다. 즉, 이원변량분석에서 독립변인의 효과란 주 효과와 상호작용 효과를 일컫는다. 이 효과들은 모두 집단간 변산 중의 일부이다.

이원변량분석의 핵심은 상호작용 효과를 산출하고 검증하는 것이다. 일반적으로 말해서, 만약 상호작용 효과가 없을 것으로 기대되거나, 연구의 관심사가 아닌 경우에는 이원변량분석을 하는 의미가 없다. 그런 경우에는 두 개의 독립변인에 대해서 각각 별개의 일원변량분석을 하면 된다 (상호작용 효과가 관심대상이 아님에도 불구하고 이원변량분석을 하는 예외적인 경우는 구획설계에서 설명될 것이다). 상호작용 효과가 이원변량분석의 수행이유이고 핵심이므로 우선 그것의 의미를 파악해보자.

1. 주 효과와 상호작용 효과

만약 요인이 두 개이고, 각 요인이 두 개씩의 수준들로 이루어졌으며, 두 개 요인들의 수준들이 서로 '교차 (crossed)' 되어 있다면, [도식 5-1] 과 같은 네 개의 실험조건 혹은 실험집단이 형성된다. 이와 같이 구성된 네 개의 실험조건을 각각 '셀 (cell)' 이라고 부른다. 또한 이와 같이 두 개의 요인들의 수준들이 서로 완벽하게 서로 교차된 실험설계를 '이원 교차요인 설계 (two-way crossed factors design)' 혹은 '이원 요인설계 (two-way factorial design)' 라고 부른다.

[도식 5-1] 이원교차요인 설계

		요인 A		
		a_1	a_2	
요인 B	b_1	$\overline{Y}_{11}$	$\overline{Y}_{21}$	$\overline{Y}_{.1}$
	b_2	$\overline{Y}_{12}$	$\overline{Y}_{22}$	$\overline{Y}_{.2}$
		$\overline{Y}_{1.}$	$\overline{Y}_{2.}$	$\overline{Y}_{..}$

[도식 5-1] 과 같은 상황에서 종속변인에 대한 요인 A 의 주 효과 (main effect) 는 $\overline{Y}_{1.}$ 와 $\overline{Y}_{2.}$ 의 차이를 말한다. 즉, 요인 A 의 각 수준의 외곽평균 (marginal mean) 이 동일하면 요인 A 는 주 효과를 가지지 않고, 그 외곽평균들이 서로 다르면 요인 A 는 종속변인에 대하여 주 효과를 갖는다. 마찬가지로 종속변인에 대한 요인 B 의 주 효과는 $\overline{Y}_{.1}$ 와 $\overline{Y}_{.2}$ 의 차이를 말한다.

그런데 외곽평균들은 각각 두 개씩의 셀 평균들의 평균치이다. 따라서 요인 A 와 B 의 주 효과는, 각 셀의 피험자수가 동일하다는 가정 하에, 다음과 같이 기술될 수 있다.

$$\text{요인 A 의 주 효과 :} \quad \overline{Y}_{1.} - \overline{Y}_{2.} = \frac{(\overline{Y}_{11} + \overline{Y}_{12})}{2} - \frac{(\overline{Y}_{21} + \overline{Y}_{22})}{2}$$

$$\text{요인 B 의 주 효과 :} \quad \overline{Y}_{.1} - \overline{Y}_{.2} = \frac{(\overline{Y}_{11} + \overline{Y}_{21})}{2} - \frac{(\overline{Y}_{12} + \overline{Y}_{22})}{2}$$

'효과' 라는 용어는 여기에서 말하는 단순평균차이보다는 더 기술적인 (technical) 의미를 가지는 용어이다. 효과의 기술적인 의미는 앞서 설명한 η^2 이다. 그러나 효과의 기술적인 의미가 무엇이든 간에 개념적으로 평균차이를 뜻한다. 말하자면, 주 효과란 실험설계행렬에서 각 행 평균의 차이 혹은 각 열 평균의 차이를 의미한다. 반면에 상호작용 효과란 실험설계행렬에서 대각선 평균의 차이이다. 즉, 상호작용 효과는 다음과 같이 정의된다.

$$\text{요인 A 와 B 의 상호작용 효과 :} \quad \frac{(\overline{Y}_{11} + \overline{Y}_{22})}{2} - \frac{(\overline{Y}_{12} + \overline{Y}_{21})}{2}$$

[도식 5-2] 는 모든 실험조건들의 피험자 수가 동일하다는 가정 하에, 주 효과와 상호작용 효과가 있는 경우와 없는 경우의 대표적인 예들이다. 숫자는 모두 종속변인 평균을 의미한다.

여기에서 한 가지 기호사용을 정하기로 하자. 'A-효과' 란 요인 A 의 주 효과를 의미한다. 마찬가지로 'B-효과' 란 요인 B 의 주 효과이다. 'AB-효과' 란 요인 A 와 요인 B 의 상호작용 효과이다.

1) 상호작용 효과의 일반적 의미

상호작용 효과의 일반적 의미는 경제학에서 사용되는 '부가가치 (added value)' 의 개념과 시사용어로 간혹 쓰이는 소위 '시너지 효과 (synergy effect)' 의 개념과 유사하다. 예를 들어, 어떤 수공업자가 100 만원 상당의 원료를 구입하고, 100 만원 상당의 노동을 투입하여 어떤 제품을 생산하였다면 그 제품의 가격은 원료의 가치와 노동의 가치가 합산된 200 만원보다 높다. 그 수공업자가 자신이 생산한 제품을 250 만원에

[도식 5-2] 주 효과가 존재하는 경우와 상호작용 효과가 존재하는 경우의 예

A 의 주효과만 있는 경우

	a_1	a_2
b_1	5	10
b_2	5	10

B 의 주효과만 있는 경우

	a_1	a_2
b_1	10	10
b_2	5	5

AB 상호작용효과만 있는 경우

	a_1	a_2
b_1	5	10
b_2	10	5

A 와 B 의 주효과만 있는 경우

	a_1	a_2
b_1	10	5
b_2	5	0

A 의 주효과와
상호작용효과가 있는 경우

	a_1	a_2
b_1	6	10
b_2	8	8

B 의 주효과와
상호작용효과만 있는 경우

	a_1	a_2
b_1	10	8
b_2	6	8

A, B 각각의 주효과와
상호작용효과가 있는 경우

	a_1	a_2
b_1	6	12
b_2	2	3

아무 효과도 없는 경우

	a_1	a_2
b_1	5	5
b_2	5	5

팔았다면, 제품의 판매가와 그 생산을 위하여 투입된 원가의 차이 50 만원을 흔히 '마진' 혹은 부가가치라고 부른다. 즉, 제품의 부가가치는 원료와 노동이 합산된 가치보다 더 높게 창출된 잉여가치를 말하는데, 이러한 잉여가치를 분석과학적인 개념으

로 표현한 것이 상호작용 효과이다.

부가가치는 특정한 원료와 특정한 노동이 결합되어 창출하는 가치이고, 원료와 노동이 결합되지 않은 채 따로 존재할 때는 그 각각이 창출하는 가치를 합해도 얻어지지 않는 가치이다. 이와 똑같은 의미가 상호작용 효과의 개념에도 존재한다. 두 개의 요인들이 결합되었을 때, 그 요인들이 독자적으로 창출하는 효과의 합보다 더 크거나 더 작은 효과가 발생하는 것을 상호작용 효과라고 부른다. 따라서 상호작용 효과는 긍정적인 효과만을 의미하는 것은 아니다. 예를 들어, 오이에 포함된 비타민 C 는 건강에 유익한 효과를 창출하고, 또한 당근에 포함된 비타민 C 도 건강에 유익한 효과를 창출한다. 그런데 오이와 당근을 함께 섭취하면 비타민 C 의 효과가 2 배로 나타나는 것이 아니라 그들의 효과가 서로 상쇄되어 비타민 C 효과가 사라지거나 감소한다고 한다. 이러한 경우는 부정적인 시너지 효과라고 볼 수 있다. 이와 같이 두 개의 요인들이 결합되었을 때, 그 요인들이 독자적으로 창출하는 효과의 합과 긍정적이건 부정적이건 간에 다른 효과가 발생하는 현상을 응용통계학에서는 상호작용 효과라고 부른다.

2) 상호작용 효과의 수학적 의미

상호작용 효과는 앞서 설명한 바와 같이, 실험설계행렬에서 대각선 평균의 차이이다. 즉, 상호작용 효과는 [도식 5-1] 과 같은 이원교차요인 설계에서 다음과 같이 정의된다.

$$\text{요인 A 와 B 의 상호작용 효과 : } \frac{(\overline{Y}_{11}+\overline{Y}_{22})}{2}-\frac{(\overline{Y}_{12}+\overline{Y}_{21})}{2}$$

그런데 상호작용 효과의 이 의미는, '상호작용 효과' 라는 개념이 독립변인들의 수준들이 서로 결합되어 이루어내는 효과인데, 그 결합하는 방식이 합산적 (additive) 이 아니라 곱셈적 (multiplicative) 이라는 것을 뜻한다. 상호작용 효과가 독립변인 수준들의 합산적 효과가 아니라 곱셈적인 결합효과라는 점을 이해하기 위하여, 요인 A 와 요인 B 의 주 효과, 그리고 상호작용 효과를 대비로 표현하면 다음과 같다 (주 효과와 상호작용 효과를 기술하는 수식들에서 2 로 나누어주는 것은 실험조건 평균들의 평균을 의미하는데, 숫자 2 는 상수이므로 '효과' 를 개념화하기 위하여 2 를 생략하여도 된다).

$$\text{A-효과}: \Psi_1 = (+1)\,\overline{Y}_{11} + (+1)\,\overline{Y}_{12} + (-1)\,\overline{Y}_{21} + (-1)\,\overline{Y}_{22}$$
$$\text{B-효과}: \Psi_2 = (+1)\,\overline{Y}_{11} + (-1)\,\overline{Y}_{12} + (+1)\,\overline{Y}_{21} + (-1)\,\overline{Y}_{22}$$
$$\text{AB-효과}: \Psi_3 = (+1)\,\overline{Y}_{11} + (-1)\,\overline{Y}_{12} + (-1)\,\overline{Y}_{21} + (+1)\,\overline{Y}_{22}$$

앞에서 제시된 대비가중치들을 자세히 보면, 상호작용 효과를 나타내는 대비의 가중치들은 각 주 효과를 나타내는 대비가중치들을 서로 곱한 것이라는 사실을 발견할 수 있다. 이것이 바로 상호작용 효과가 합산적 효과가 아니라 수학적으로 두 요인들의 곱셈적인 결합효과라는 의미이다. 즉, 상호작용 효과의 수학적 의미는 종속변인에 대한 독립변인들의 곱셈적 효과라는 것이다.

3) 상호작용 효과의 해석적 의미

앞서 상호작용 효과는 실험설계행렬에서 대각선 평균의 차이로 정의하였다. 그런데 상호작용 효과의 이 정의는 [도식 5-3] 과 같이 재정의할 수 있다.

[도식 5-3] 상호작용 효과의 해석적 의미

상호작용의 해석적 의미

$$\frac{(\overline{Y}_{11} + \overline{Y}_{22})}{2} - \frac{(\overline{Y}_{12} + \overline{Y}_{21})}{2} = \frac{(\overline{Y}_{11} - \overline{Y}_{12})}{2} - \frac{(\overline{Y}_{21} - \overline{Y}_{22})}{2}$$

A 의 첫번째 수준 (a_1) 에서의 B-효과 | A 의 두번째 수준 (a_2) 에서의 B-효과

[도식 5-3] 을 주의깊게 살펴보면, 상호작용 효과의 해석적 의미는 "종속변인에 대한 한 요인 (B) 의 효과가 다른 요인 (A) 의 각 수준에서 동일하지 않은 것" 을 의미한다는 것을 쉽게 알 수 있다. 따라서 상호작용 효과의 일반적 개념은 시너지 효

과 혹은 부가가치 효과라고 할 수 있는데, 이 일반적 개념이 수학적으로는 종속변인에 대한 두 요인들의 곱셈적 효과로 정의되고, 종속변인에 대한 한 요인의 효과가 다른 요인의 수준에 따라 달라지는 효과로 해석된다.

2. 자승합의 분할

일원변량분석과 마찬가지로 이원변량분석에서도 종속변인의 변산 중에 독립변인에 의한 체계적인 부분과 무선오차에 의한 비체계적인 부분이 분리된다. 그 중에서 체계적인 부분은 실험집단간의 차이를 반영하고 비체계적인 부분은 무선오차에 의한 집단내의 개인차를 반영한다. 이원변량분석이 일원변량분석과 다른 점은 집단간 차이에 의해 발생하는 종속변인의 체계적인 변산이 다시 요인 A 에 의한 부분 (A-효과), 요인 B 에 의한 부분 (B-효과), 그리고 상호작용에 의한 부분 (AB-효과) 으로 세분된다는 것이다.

1) 편차의 분할

우선, 전체 편차 ($Y-\overline{Y}_{..}$) 는 요인 A 에 의한 편차 ($\overline{Y}_{i.}-\overline{Y}_{..}$), 요인 B 에 의한 편차 ($\overline{Y}_{.j}-\overline{Y}_{..}$), 상호작용에 의한 편차 ($\overline{Y}_{ij}-\overline{Y}_{i.}-\overline{Y}_{.j}+\overline{Y}_{..}$), 우연에 의한 집단내 편차 ($Y-\overline{Y}_{ij}$) 의 합이다. 요인 A 에 의한 편차는 일원변량분석에서 정의된 바와 마찬가지로 요인 A 의 각 수준의 평균과 전체평균의 차이이다. 요인 B 에 의한 편차도 마찬가지로 정의되며, 집단내 편차도 일원변량분석에서와 마찬가지로 각 개인의 종속변인 측정치와 그 개인이 속한 집단평균의 차이이다. 이원변량분석에서 새로이 정의되는 개념은 상호작용에 의한 편차뿐이다.

상호작용에 의한 편차란 '각 집단평균과 전체평균의 차이 ($\overline{Y}_{ij}-\overline{Y}_{..}$) 중에 요인 A 에 의한 편차와 요인 B 에 의한 편차의 합을 제외한 나머지' 를 말한다. 이 나머지가 0 이 아니면 집단간 편차 ($\overline{Y}_{ij}-\overline{Y}_{..}$) 가 요인 A 와 요인 B 의 합산적 효과 이외에 추가적으로 곱셈적 효과에 의해 구성된다는 것을 의미한다.

$$\text{상호작용에 의한 편차} = (\overline{Y}_{ij} - \overline{Y}_{..}) - [(\overline{Y}_{i.} - \overline{Y}_{..}) + (\overline{Y}_{.j} - \overline{Y}_{..})]$$
$$= \overline{Y}_{ij} - \overline{Y}_{i.} - \overline{Y}_{.j} + \overline{Y}_{..}$$

결론적으로, 이원변량분석에서 전체 편차는 세 개의 집단간 편차와 한 개의 집단내 편차로 분할되는데, 세 개의 집단간 편차는 요인 A 에 의한 편차, 요인 B 에 의한 편차, 그리고 상호작용 AB 에 의한 편차이다. 즉, 전체 편차는 다음과 같이 분할된다.

$$(Y - \overline{Y}_{..}) = (\overline{Y}_{i.} - \overline{Y}_{..}) + (\overline{Y}_{.j} - \overline{Y}_{..}) + (\overline{Y}_{ij} - \overline{Y}_{i.} - \overline{Y}_{.j} + \overline{Y}_{..}) + (Y - \overline{Y}_{ij})$$

2) 자승합 분할

전체 편차의 분할은 모든 사례의 종속측정치에 대하여 예외 없이 적용되는 수학적 필연 (mathematical necessity) 이다. 따라서 모든 사례의 종속측정치를 편차분할하고, 각 편차를 자승하여 모든 사례의 자승된 편차들을 더해주면 다음과 같은 자승합 분할이 이루어진다.

$$\underbrace{\Sigma(Y - \overline{Y}_{..})^2}_{SST} = \underbrace{\Sigma(\overline{Y}_{i.} - \overline{Y}_{..})^2}_{SSB_A} + \underbrace{\Sigma(\overline{Y}_{.j} - \overline{Y}_{..})^2}_{SSB_B} + \underbrace{\Sigma(\overline{Y}_{ij} - \overline{Y}_{i.} - \overline{Y}_{.j} + \overline{Y}_{..})^2}_{SSB_{AB}} + \underbrace{\Sigma(Y - \overline{Y}_{ij})^2}_{SSW}$$

SST	SSB_A	SSB_B	SSB_{AB}	SSW
전체 자승합	집단간 자승합			집단내 자승합

예를 들기 위하여, 포르노그래피 실험을 여자대학생뿐만 아니라 남자대학생들에게도 실시하였고, <표 5-1> 과 같은 자료가 구해졌다고 가정하자. 이것은 이원변량분석 상황인데, 첫 번째 요인은 세 개의 수준을 가지는 '포르노그래피의 종류' 이고, 두 번째 요인은 두 개의 수준을 가지는 '피험자 성별' 이다. 따라서 2×3=6 개의 실험조건 (cell) 이 존재하고, 각 조건에 다섯 명씩의 피험자가 할당되었다. 종속변인은 대학 캠퍼스 사진을 볼 때의 동공크기를 기준으로 동공크기가 증가한 정도를 % 로 환산한 것이다.

〈표 5-1〉 동공크기에 대한 포르노그래피의 효과를 검증하기 위한 2×3 이원교차설계 자료

	남자누드 (single)	여자누드 (single)	남녀누드 (couple)
여자대학생	10 21 13 15 30	0 1 3 1 0	25 47 18 36 53
남자대학생	5 8 4 0 3	42 78 66 59 81	35 59 42 31 48

<표 5-1> 의 자료를 이용하여 각 실험조건의 평균과 외곽평균을 계산한 것이 <표 5-2> 에 제시되어 있다.

〈표 5-2〉 포르노그래피의 효과를 검증하기 위한 실험자료의 평균

	남자누드	여자누드	남녀누드	전체
여자대학생	$\overline{Y}_{11}$ = 17.8	$\overline{Y}_{21}$ = 1.0	$\overline{Y}_{31}$ = 35.8	$\overline{Y}_{.1}$ = 18.2
남자대학생	$\overline{Y}_{12}$ = 4.0	$\overline{Y}_{22}$ = 65.2	$\overline{Y}_{32}$ = 43.0	$\overline{Y}_{.2}$ = 37.4
전체	$\overline{Y}_{1.}$ = 10.9	$\overline{Y}_{2.}$ = 33.1	$\overline{Y}_{3.}$ = 39.4	$\overline{Y}_{..}$ = 27.8

<표 5-1> 의 자료와 <표 5-2> 의 실험조건 평균들을 이용하여 <표 5-3> 과 같이 자승합들이 계산된다. 편의상 '포르노그래피의 종류' 를 요인 A 로, '피험자 성별' 을 요인 B 로 지칭한다.

3. 자유도

앞서 일원변량분석에서 설명된 SSB 의 자유도를 상기해보자. 일원변량분석에서 SSB 는 평균차이를 반영하는 숫자이며, 집단 수만큼의 $N_i(\overline{Y}_i - \overline{Y}_.)^2$ 가 더해진 수이다. 그런데 집단의 피험자 수 N_i 는 연구자가 임의로 결정하는 것이므로 확률적 변수 (random variable) 가 아니다. 또한 전체평균 $\overline{Y}_.$ 는 고정된 숫자이고 상수 (constant) 이다. 따라서 SSB 를 계산하는데 개입하는 확률적 변수는 집단평균 $\overline{Y}_i$ 뿐이다. 이 집단평균은 집단의 수 g 만큼 존재하지만, 전체평균 $\overline{Y}_.$ 이 고정되어 있

〈표 5-3〉 자승합 분할의 예

A	B	Y	집단간 편차자승: A 편차자승 $(\bar{Y}_{i.}-\bar{Y}_{..})^2$	집단간 편차자승: B 편차자승 $(\bar{Y}_{.j}-\bar{Y}_{..})^2$	집단간 편차자승: AB 편차자승 $(\bar{Y}_{ij}-\bar{Y}_{i.}-\bar{Y}_{.j}+\bar{Y}_{..})^2$	집단내 편차자승 $(Y-\bar{Y}_{ij})^2$	전체 편차자승 $(Y-\bar{Y}_{..})^2$
1	1	10	$(10.9-27.8)^2$	$(18.2-27.8)^2$	$(17.8-10.9-18.2+27.8)^2$	$(10-17.8)^2$	$(10-27.8)^2$
1	1	21	$(10.9-27.8)^2$	$(18.2-27.8)^2$	$(17.8-10.9-18.2+27.8)^2$	$(21-17.8)^2$	$(21-27.8)^2$
1	1	13	$(10.9-27.8)^2$	$(18.2-27.8)^2$	$(17.8-10.9-18.2+27.8)^2$	$(13-17.8)^2$	$(13-27.8)^2$
1	1	15	$(10.9-27.8)^2$	$(18.2-27.8)^2$	$(17.8-10.9-18.2+27.8)^2$	$(15-17.8)^2$	$(15-27.8)^2$
1	1	30	$(10.9-27.8)^2$	$(18.2-27.8)^2$	$(17.8-10.9-18.2+27.8)^2$	$(30-17.8)^2$	$(30-27.8)^2$
1	2	5	$(10.9-27.8)^2$	$(37.4-27.8)^2$	$(4.0-10.9-37.4+27.8)^2$	$(5-4.0)^2$	$(5-27.8)^2$
1	2	8	$(10.9-27.8)^2$	$(37.4-27.8)^2$	$(4.0-10.9-37.4+27.8)^2$	$(8-4.0)^2$	$(8-27.8)^2$
1	2	4	$(10.9-27.8)^2$	$(37.4-27.8)^2$	$(4.0-10.9-37.4+27.8)^2$	$(4-4.0)^2$	$(4-27.8)^2$
1	2	0	$(10.9-27.8)^2$	$(37.4-27.8)^2$	$(4.0-10.9-37.4+27.8)^2$	$(0-4.0)^2$	$(0-27.8)^2$
1	2	3	$(10.9-27.8)^2$	$(37.4-27.8)^2$	$(4.0-10.9-37.4+27.8)^2$	$(3-4.0)^2$	$(3-27.8)^2$
2	1	0	$(33.1-27.8)^2$	$(18.2-27.8)^2$	$(1.0-33.1-18.2+27.8)^2$	$(0-1.0)^2$	$(0-27.8)^2$
2	1	1	$(33.1-27.8)^2$	$(18.2-27.8)^2$	$(1.0-33.1-18.2+27.8)^2$	$(1-1.0)^2$	$(1-27.8)^2$
2	1	3	$(33.1-27.8)^2$	$(18.2-27.8)^2$	$(1.0-33.1-18.2+27.8)^2$	$(3-1.0)^2$	$(3-27.8)^2$
2	1	1	$(33.1-27.8)^2$	$(18.2-27.8)^2$	$(1.0-33.1-18.2+27.8)^2$	$(1-1.0)^2$	$(1-27.8)^2$
2	1	0	$(33.1-27.8)^2$	$(18.2-27.8)^2$	$(1.0-33.1-18.2+27.8)^2$	$(0-1.0)^2$	$(0-27.8)^2$
2	2	42	$(33.1-27.8)^2$	$(37.4-27.8)^2$	$(65.2-33.1-37.4+27.8)^2$	$(42-65.2)^2$	$(42-27.8)^2$
2	2	78	$(33.1-27.8)^2$	$(37.4-27.8)^2$	$(65.2-33.1-37.4+27.8)^2$	$(78-65.2)^2$	$(78-27.8)^2$
2	2	66	$(33.1-27.8)^2$	$(37.4-27.8)^2$	$(65.2-33.1-37.4+27.8)^2$	$(66-65.2)^2$	$(66-27.8)^2$
2	2	59	$(33.1-27.8)^2$	$(37.4-27.8)^2$	$(65.2-33.1-37.4+27.8)^2$	$(59-65.2)^2$	$(59-27.8)^2$
2	2	81	$(33.1-27.8)^2$	$(37.4-27.8)^2$	$(65.2-33.1-37.4+27.8)^2$	$(81-65.2)^2$	$(81-27.8)^2$
3	1	25	$(39.4-27.8)^2$	$(18.2-27.8)^2$	$(35.8-39.4-18.2+27.8)^2$	$(25-35.8)^2$	$(25-27.8)^2$
3	1	47	$(39.4-27.8)^2$	$(18.2-27.8)^2$	$(35.8-39.4-18.2+27.8)^2$	$(47-35.8)^2$	$(47-27.8)^2$
3	1	18	$(39.4-27.8)^2$	$(18.2-27.8)^2$	$(35.8-39.4-18.2+27.8)^2$	$(18-35.8)^2$	$(18-27.8)^2$
3	1	36	$(39.4-27.8)^2$	$(18.2-27.8)^2$	$(35.8-39.4-18.2+27.8)^2$	$(36-35.8)^2$	$(36-27.8)^2$
3	1	53	$(39.4-27.8)^2$	$(18.2-27.8)^2$	$(35.8-39.4-18.2+27.8)^2$	$(53-35.8)^2$	$(53-27.8)^2$
3	2	35	$(39.4-27.8)^2$	$(37.4-27.8)^2$	$(43.0-39.4-37.4+27.8)^2$	$(35-43.0)^2$	$(35-27.8)^2$
3	2	59	$(39.4-27.8)^2$	$(37.4-27.8)^2$	$(43.0-39.4-37.4+27.8)^2$	$(59-43.0)^2$	$(59-27.8)^2$
3	2	42	$(39.4-27.8)^2$	$(37.4-27.8)^2$	$(43.0-39.4-37.4+27.8)^2$	$(42-43.0)^2$	$(42-27.8)^2$
3	2	31	$(39.4-27.8)^2$	$(37.4-27.8)^2$	$(43.0-39.4-37.4+27.8)^2$	$(31-43.0)^2$	$(31-27.8)^2$
3	2	48	$(39.4-27.8)^2$	$(37.4-27.8)^2$	$(43.0-39.4-37.4+27.8)^2$	$(48-43.0)^2$	$(48-27.8)^2$
자승합			4482.6 SSB_A	2764.8 $+ SSB_B$	8145.0 $+ SSB_{AB}$	2626.4 $+ SSW$	18018.8 $= SST$

으므로 g-1 개만 확률적 변수의 역할을 한다. 따라서 일원변량분석에서 SSB 의 자유도는 g-1 이다. 즉, $df_{between} = g - 1$ 이다.

일원변량분석에서의 SSB 의 자유도 개념을 이원변량분석인 포르노그래피 예에 적용해보자. 이 예에는 모두 여섯 개의 실험조건 (3×2) 이 있다. 따라서 집단간 자승합 (SSB) 의 자유도는 당연히 5 이다. 그런데 이원변량분석에서는 집단간 자승합 SSB 이 세 개의 부분으로 분할된다. SSB_A, SSB_B, SSB_{AB}. 따라서 집단간 자승합의 자유도 역시 세 개의 부분으로 분할된다.

$$df_{between} = df_A + df_B + df_{AB}$$

SSB_A 와 SSB_B 의 자유도는 일원변량분석에서와 마찬가지로 각 요인의 수준 수에서 1 을 빼준 값이다. 즉, df_A=2 이고 df_B=1 이다. 일반적으로, 만약 요인 A 의 수준이 c 개이고, 요인 B 의 수준이 r 개라면, df_A=c-1 이고, df_B=r-1 이다.

상호작용효과를 위한 SSB_{AB} 는 집단 수만큼의 $N_i(\overline{Y}_{ij} - \overline{Y}_{i.} - \overline{Y}_{.j} + \overline{Y}_{..})^2$ 가 더해진 숫자이다. 이때, 외곽평균들은 고정된 비확률적 숫자로 간주된다. 따라서 확률적 변수는 $\overline{Y}_{ij}$ 뿐이다. 포르노그래피 예의 경우, $\overline{Y}_{ij}$ 는 여섯 개가 존재한다. 그러나 이 여섯 개의 집단평균이 모두 확률적 변수는 아니다. 그 이유는 외곽평균들이 고정되어 있다고 간주되기 때문이다. 외곽평균들이 고정된 경우, 여섯 개의 $\overline{Y}_{ij}$ 중에 확률적 변수는 $df_A \times df_B$ 개, 혹은 (c-1)(r-1) 개뿐이다. 이것이 상호작용효과의 자유도이다.

$$df_{AB} = df_A \times df_B$$

포르노그래피 예의 경우, df_A=2, df_B=1, 이고, df_{AB}=2 이다. 이들을 모두 합하면 집단간 자승합 SSB 의 자유도인 5 가 된다.

4. 평균자승과 평균자승의 기댓값

자승합을 자유도로 나누어주면 변량의 의미를 가지는 평균자승이 된다. 이원변량분석에서의 MSB 도 일원변량분석에서와 마찬가지로 실험집단 평균들의 변산성을 나타내는 숫자이다. 그런데 이원변량분석에서 실험집단 평균들이 변산성을 가지게 하는 원인은 ① 개인차, ② 각 요인의 주 효과, 그리고 ③ 그 요인들의 상호작용효과이다. 우선, 개인차가 존재하지 않으면 실험집단간 평균차이는 있을 수 없다. 또한 독립변인들의 주 효과와 상호작용 효과는 실험집단간 변산을 유발하는 주 원인이다.

요인 A 가 c 개의 수준을 가지고, 요인 B 가 r 개의 수준을 가지는 이원변량분석에서 c 는 그보다 훨씬 많은 C 개의 수준들에서 선별된 수준들이고, r 은 그보다 훨씬 많은 R 개의 수준들에서 선별된 수준들이라고 상상할 수 있다. 또한 모집단에서 요인 A 에 의한 편차 $(\mu_{i.}-\mu_{..})$, 요인 B 에 의한 편차 $(\mu_{.j}-\mu_{..})$, 상호작용에 의한 편차 $(\mu_{ij}-\mu_{i.}-\mu_{.j}+\mu_{..})$, 집단내 편차 $(Y-\mu_{ij})$ 를 모든 모집단 구성원에 대해서 산출하는 것을 상상할 수 있다. 이 편차들의 모집단 변량을 각각 σ_A^2, σ_B^2, σ_{AB}^2, σ_e^2 라고 표기하자.

또한 요인 A 의 수준들 C 중에서 c 개를 표집 (선택) 하고, 요인 B 의 수준들 R 개 중에서 r 개를 표집한 후, (c)×(r) 개의 모집단 각각에서 n 명씩의 피험자를 표집하여 종속변인을 측정하고 변량분석을 하면 네 개의 평균자승들 (MSB_A, MSB_B, MSB_{AB}, MSW) 이 구해진다. 이 표집과정을 무수히 여러 번 반복하여 각 평균자승들의 평균을 구하면 그들이 평균자승의 기댓값들인 바, 다음과 같은 구성요소들로 이루어진 것이다.

$$E(MSB_A) = \sigma_e^2 + \frac{R-r}{R} n\sigma_{AB}^2 + nR\sigma_A^2$$

$$E(MSB_B) = \sigma_e^2 + \frac{C-c}{C} n\sigma_{AB}^2 + nC\sigma_B^2$$

$$E(MSB_{AB}) = \sigma_e^2 + n\sigma_{AB}^2$$

$$E(MSW) = \sigma_e^2$$

앞의 기댓값들에서 우리가 이해해야 할 사항은 다음과 같다. ① 요인 A 의 수준평균들의 변산은 요인 A 자체의 효과 (σ_A^2), 상호작용효과 (σ_{AB}^2), 그리고 모집단에 고유하게 존재하는 우연적인 개인차 (σ_e^2) 에 의해 유발될 것으로 기대된다; ② 요인 B 의 수준평균들의 변산은 요인 B 자체의 효과 (σ_B^2), 상호작용효과 (σ_{AB}^2), 그리고 모집단에 고유하게 존재하는 우연적인 개인차 (σ_e^2) 에 의해 유발될 것으로 기대된다; ③ 각 집단평균에서 A-효과 및 B-효과를 제거한 나머지 부분의 변산 즉, 상호작용에 의한 평균의 변산은 상호작용효과 (σ_{AB}^2), 그리고 모집단에 고유하게 존재하는 우연적인 개인차 (σ_e^2) 에 의해 유발될 것으로 기대된다; ④ 각 실험조건내의 개별적인 종속측정치들의 변산 즉, 집단내 변산은 모집단에 고유하게 존재하는 우연적인 개인차 (σ_e^2) 에 의해 유발될 것으로 기대된다. 이 평균자승의 기댓값들은 모두 모집단에서 실험집단 평균들이 동일하다는 '평균의 동일성 가정' 을 전제하지 않을 때의 기댓값들이다. 이 기댓값들을 '평균자승 기댓값의 원형' 이라고 부르자.

5. 고정모형, 무선모형, 혼합모형

일원변량분석에서도 살펴본 바와 같이, 위에서 설명한 평균자승의 기댓값은 각 효과의 통계적 유의미도를 판단하는 데 매우 중요하다. 이 통계적 유의미도의 판단은 연구자가 자신의 실험을 어떻게 개념화하느냐에 따라 달라진다. 연구자가 만약 자신의 실험에 이용된 각 독립변인의 조건들이 그 독립변인의 모든 가능한 조건들을 망라하고 있거나, 연구의 관심과 연구결과의 일반화가 오직 실험에 이용된 독립변인의 조건들에만 국한된다고 개념화하는 경우에는, (C=c) 이고 (R=r) 이라고 가정하는 것과 같다. 이것을 '고정모형 (fixed model)' 이라고 부른다. 즉, 독립변인의 조건들이 고정적이고 같은 가설을 다른 사람이 혹은 다른 상황에서 검증하는 경우에도 동일한 실험조건들이 설정되는 모형이다.

반면에 만약 연구자가 자신의 독립변인이 실제로는 매우 많은 수준들을 가지는데, 다만 그 모든 수준들을 한 개의 실험에서 모두 조작하여 실험집단을 구성할 수 없으므로, 그 중 일부의 조건들만 무작위로 추출하여 이용했다고 가정하는 경우에는 (C〉c) 이고 (R〉r) 이다. 이러한 경우를 '무선모형 (random model)' 이라고 부른다. 만약 한 개의 독립변인은 수준이 고정되었다고 가정되고, 다른 한 개의 독립변인은 수준들이 무작위로 추출되었다고 가정하는 경우에는 '혼합모형 (mixed model)' 이라고 부른다.

자, 이제 연구자가 자신의 실험에서 독립변인의 수준들에 대해 어떤 가정을 하느냐에 따라서 평균자승의 기댓값이 어떻게 달라지는지 살펴보자. 우선 고정모형을 가정하는 경우에는 C=c 이고 R=r 이므로 C-c=0 이고 R-r=0 이 된다. 따라서 독립변인들의 수준들에 관하여 고정모형을 가정하는 경우, 평균자승의 기댓값들은 다음과 같이 변한다.

$$E(MSB_A) = \sigma_e^2 + nR\sigma_A^2 \qquad E(MSB_B) = \sigma_e^2 + nC\sigma_B^2$$

$$E(MSB_{AB}) = \sigma_e^2 + n\sigma_{AB}^2 \qquad E(MSW) = \sigma_e^2$$

반면에 무선모형을 가정하는 경우에는 C 가 ∞ 이고, 그에 비하여 c 가 매우 작고, R 도 역시 ∞ 이고, 그에 비하여 r 이 매우 작으므로 (C-c)/C 와 (R-r)/R 은 모두 1 에 근접한다. 따라서 독립변인들의 수준들에 관하여 무선모형을 가정하는 경우에 평균자승의 기댓값들은 다음과 같이 기술된다.

$$E(MSB_A) = \sigma_e^2 + n\sigma_{AB}^2 + nR\sigma_A^2 \qquad E(MSB_B) = \sigma_e^2 + n\sigma_{AB}^2 + nC\sigma_B^2$$

$$E(MSB_{AB}) = \sigma_e^2 + n\sigma_{AB}^2 \qquad E(MSW) = \sigma_e^2$$

만약 요인 A 의 수준들은 고정되었고, 요인 B 의 수준들은 무작위로 추출되었다고 가정하는 혼합모형이 있다면, C=c 이고, (R-r)/R=1 이므로, 독립변인들의 수준들에 관하여 이와 같은 혼합모형을 가정하는 경우 평균자승들은 다음과 같이 기대된다.

$$E(MSB_A) = \sigma_e^2 + n\sigma_{AB}^2 + nR\sigma_A^2 \qquad E(MSB_B) = \sigma_e^2 + nC\sigma_B^2$$

$$E(MSB_{AB}) = \sigma_e^2 + n\sigma_{AB}^2 \qquad E(MSW) = \sigma_e^2$$

독립변인의 수준들에 대하여 연구자가 어떤 가정을 하는가에 따라서 평균자승의 의미가 달라진다. 각 모형에 따른 평균자승의 기댓값을 요약하면 <표 5-4> 와 같다.

〈표 5-4〉 이원변량분석의 평균자승 기댓값

원 형		
$E(MSB_A) = \sigma_e^2 + \frac{R-r}{R} n\sigma_{AB}^2 + nR\sigma_A^2$	$E(MSB_B) = \sigma_e^2 + \frac{C-c}{C} n\sigma_{AB}^2 + nC\sigma_B^2$	
$E(MSB_{AB}) = \sigma_e^2 + n\sigma_{AB}^2$	$E(MSW) = \sigma_e^2$	
고정모형의 경우	무선모형의 경우	혼합모형의 경우 (요인 A 는 고정, 요인 B 는 무선)
$E(MSB_A) = \sigma_e^2 + nR\sigma_A^2$	$E(MSB_A) = \sigma_e^2 + n\sigma_{AB}^2 + nR\sigma_A^2$	$E(MSB_A) = \sigma_e^2 + n\sigma_{AB}^2 + nR\sigma_A^2$
$E(MSB_B) = \sigma_e^2 + nC\sigma_B^2$	$E(MSB_B) = \sigma_e^2 + n\sigma_{AB}^2 + nC\sigma_B^2$	$E(MSB_B) = \sigma_e^2 + nC\sigma_B^2$
$E(MSB_{AB}) = \sigma_e^2 + n\sigma_{AB}^2$	$E(MSB_{AB}) = \sigma_e^2 + n\sigma_{AB}^2$	$E(MSB_{AB}) = \sigma_e^2 + n\sigma_{AB}^2$
$E(MSW) = \sigma_e^2$	$E(MSW) = \sigma_e^2$	$E(MSW) = \sigma_e^2$

6. 가설검증과 변량분석표

요인 A 의 주 효과를 위한 통계적 검증 (즉, 모집단에서 요인 A 의 수준에 따른 종속변인의 차이가 존재할 것인지에 대한 판단) 은 모집단에서 모든 $\mu_{i.} - \mu_{..}$ 가 0 이라는 가설검증을 위한 변량비율 즉, F 에 의해 이루어진다. 이 경험적인 F 가 '모든 $\mu_{i.}$ 에 대하여 $\mu_{i.} - \mu_{..}=0$' 이라는 영가설에 기초한 이론적인 임계치보다 크면 이 영가설이 기각되는데, 이 경우 독립변인의 어떤 수준에서는 모집단에서 $\mu_{i.} - \mu_{..}$ 이 0 이 아닐 확률이 매우 높다는 것을 의미한다. 모든 $\mu_{i.} - \mu_{..}$ 가 0 이면 결국 $\mu_{1.} = \mu_{2.} = \ldots\ldots = \mu_{..}$ 라는 것을 의미한다. 요인 B 의 주 효과를 위한 F 도 동일한 의미를 지닌다. 즉, 요인 B 의 주 효과를 위한 F 는 모집단에서 모든 $\mu_{.j} - \mu_{..}$ 가 0 이라는 영가설을 검증하는 변량비율이다. 마지막으로 상호작용 효과를 위한 F 는 모집단에서 모든 $\mu_{ij} - \mu_{i.} - \mu_{.j} + \mu_{..}$ 가 0 이라는 가설을 검증한다. 만약 모집단에서 적어도 한 개의 μ_{ij} 가 이 관계를 성립시키지 않으면 상호작용효과는 통계적으로 유의미하다.

A-효과의 영가설 :	모든 $\mu_{i.}$ 에 대하여	$\mu_{i.} - \mu_{..} = 0$
B-효과의 영가설 :	모든 $\mu_{.j}$ 에 대하여	$\mu_{.j} - \mu_{..} = 0$
AB-효과의 영가설 :	모든 μ_{ij} 에 대하여	$\mu_{ij} - \mu_{i.} - \mu_{.j} + \mu_{..} = 0$

이원변량분석에서의 F 값들도 일원변량분석에서의 그것과 동일한 가정들에 기초하고 있다. ① 각 실험조건의 모집단에서 종속변인 Y 가 정규분포 (normal distribution) 한다; ② 실험조건들은 그들의 모집단에서 서로 독립적으로 표집된 사례들로 이루어진다; ③ 모든 실험조건에서 Y 의 모집단 변량이 동일하다.

이원변량분석에서 각 효과의 평균자승 기댓값은 그 효과 자체와 다른 요소들의 합으로 이루어진다는 것을 알 수 있다. 따라서 특정한 효과에 대한 통계적 유의미도 검증은 그 효과가 '다른 요소들' 에 비해서 큰 정도에 의해서 판단된다. 예를 들어, 고정모형의 경우, 요인 A 의 평균자승 MSB_A 는 $\sigma_e^2 + nR\sigma_A^2$ 로 구성될 것이 기대된다. 그런데 $nR\sigma_A^2$ 는 요인 A 자체의 효과이고, 반면에 σ_e^2 는 오차 변량이다. 다행히도 σ_e^2 의 추정치를 계산할 수 있는데, 바로 MSW 가 σ_e^2 일 것으로 기대되기 때문이다. 따라서 MSB_A 와 MSW 를 서로 비교하여 후자에 비해 전자가 많이 크면, 우리는 요인 A 의 효과가 의미가 있다는 판단을 할 수 있다. 이 비교를 하는 한 가지 방식이 바로 MSB_A 와 MSW 의 비율 즉, F 를 산출하는 것이다.

각 효과의 통계적 검증을 위한 F 는 연구자가 자신의 독립변인들이 가지는 수준을 어떻게 간주하느냐에 따라서 다르게 산출된다. 고정모형의 경우에는 A-효과, B-효과, AB-효과의 통계적 검증을 위한 F 는 모두 그들의 평균자승을 MSW 로 나누어주어 산출한다. 반면에, 무선모형의 경우에는 A-효과와 B-효과의 통계적 검증을 위한 F 는 그들의 평균자승을 MSB_{AB} 로 나누어주어 산출하여야 적절한 비교가 되고, 상호작용효과의 통계적 검증을 위한 F 는 MSB_{AB} 를 MSW 로 나누어주어 산출한다. 혼합모형의 효과들에 대한 통계적 유의미도 판단도 동일한 논리에 의하여 해야 한다.

예를 들어, 위의 포르노그래피 실험에서 사용된 독립변인들에 대하여 각각 고정모형, 무선모형, 혼합모형을 가정하고 F 를 산출한 후, 변량분석표를 작성하면 <표 5-5> 와 같다. 물론 '성별' 을 무선요인이라고 볼 수 없지만, 예를 들기 위하여 그런 가정을 하자.

〈표 5-5〉 포르노그래피 실험에 대한 이원변량분석 결과의 비교

고정모형을 가정하는 경우				
변산원	자승합	자유도	평균자승	F
포르노그래피 (A)	4482.6	2	2241.3	20.49**
피험자 성별 (B)	2764.8	1	2764.8	25.27**
(A)×(B)	8145.0	2	4072.5	37.23**
집단내	2626.4	24	109.4	
전체	18018.8	29	621.3	

무선모형을 가정하는 경우				
변산원	자승합	자유도	평균자승	F
포르노그래피 (A)	4482.6	2	2241.3	0.55
피험자 성별 (B)	2764.8	1	2764.8	0.68
(A)×(B)	8145.0	2	4072.5	37.23**
집단내	2626.4	24	109.4	
전체	18018.8	29	621.3	

혼합모형을 가정하는 경우 (요인 A 는 무선, 요인 B 는 고정)				
변산원	자승합	자유도	평균자승	F
포르노그래피 (A)	4482.6	2	2241.3	20.49**
피험자 성별 (B)	2764.8	1	2764.8	0.68
(A)×(B)	8145.0	2	4072.5	37.23**
집단내	2626.4	24	109.4	
전체	18018.8	29	621.3	

7. 효과크기

앞서 일원변량분석에서 독립변인과 종속변인의 공변성의 정도를 나타내는 지수로서 η^2 를 살펴보았다. 이 η^2 은 독립변인과 종속변인 사이의 공변성의 정도를 나타내는 지수이면서 동시에 종속변인에 대한 독립변인의 효과크기를 나타내는 지수이다. 그런데 일원변량분석에서 η^2 은 종속변인의 전체 변산성 (SST=SSB+SSW) 중에서 실험집단의 차이에 의해 유발된 부분 (SSB) 의 비율이며, 따라서 SSB/(SSB+SSW) 가 η^2 의 공식적인 수학적 정의라고 하였다. 즉, 종속변인에 대한 독립변인의 효과크기를 개념적으로 표현하면 다음과 같다.

$$\text{효과크기} = \frac{\text{효과}}{\text{효과} + \text{오차}}$$

이원변량분석에서의 η^2 도 효과크기를 나타내는 지수이다. 그런데 이원변량분석의 SST 는 여러 가지 요소들이 합해진 지수 ($SSB_A + SSB_B + SSB_{AB} + SSW$) 이고, 단순히 특정한 효과와 그 효과의 오차가 합해진 지수가 아니므로, 효과크기를 산출하기 위한 분모로 사용될 수 없다. 만약 이원변량분석에서 주 효과와 상호작용 효과의 효과크기 η^2 를 산출하기 위하여 SST 를 분모로 사용하면 이들 효과크기들이 모두 과소평가된다.

예를 들어, 고정모형을 가정하는 경우, 독립변인 A 의 주 효과에 대한 통계적 검증을 위하여 사용되는 오차 항은 집단내 평균자승 MSW 이다. 따라서 고정모형을 가정하는 경우, 독립변인 A 의 효과크기를 산출하기 위해서는 SST 를 분모로 사용해서는 안 되며, $SSB_A + SSW$ 를 분모로 사용해야 한다. 결과적으로, 통계적 검증을 위한 F 의 산출과 마찬가지로, 이원변량분석에서의 효과크기 η^2 도 역시 연구자가 독립변인들의 수준들에 대하여 어떤 가정을 하는가에 따라서 다르게 정의된다. 예를 들어, 포르노그래피 실험의 예에서 만약 '포르노그래피 종류' 를 무선요인이라고 가정하고, '피험자 성별' 을 고정요인이라고 가정한다면, 각 주 효과와 상호작용 효과의 효과크기 η^2 는 <표 5-6> 과 같이 산출된다.

〈표 5-6〉 혼합모형을 가정하는 경우 (요인 A 는 무선, 요인 B 는 고정) 의 효과크기

효 과	η^2
A-효과 (포르노그래피 종류)	$\frac{SSB_A}{SSB_A + SSW} = \frac{4482.6}{4482.6 + 2626.4} = 0.63$
B-효과 (피험자 성별)	$\frac{SSB_B}{SSB_B + SSB_{AB}} = \frac{2764.0}{2764.0 + 8145.0} = 0.25$
AB-효과 (상호작용)	$\frac{SSB_{AB}}{SSB_{AB} + SSW} = \frac{8145.0}{8145.0 + 2626.4} = 0.76$

고정모형을 가정하는 경우와 무선모형을 가정하는 경우에도 평균자승의 기댓값에 따라서 각 효과의 오차항이 무엇인지를 적절히 파악하여 효과크기 η^2 를 산출해야 한다. 고정모형을 가정하는 경우에는 독립변인 A 의 주 효과의 효과크기는 $\eta_A^2 = SSB_A / (SSB_A + SSW)$ 이고, 독립변인 B 의 주 효과의 효과크기는 $\eta_B^2 = SSB_B / (SSB_B + SSW)$ 이며, 독립변인 A 와 B 의 상호작용 효과의 효과크기는 $\eta_{AB}^2 = SSB_{AB} / (SSB_{AB} + SSW)$ 이다. 반면에 무선모형을 가정하는 경우에는, 독립변인 A 의 주 효과의 효과크기는 $\eta_A^2 = SSB_A / (SSB_A + SSB_{AB})$ 이고, 독립변인 B 의 주 효과의 효과크기는 $\eta_B^2 = SSB_B / (SSB_B + SSB_{AB})$ 이며, 독립변인 A 와 B 의 상호작용 효과의 효과크기는 $\eta_{AB}^2 = SSB_{AB} / (SSB_{AB} + SSW)$ 이다.

일원변량분석에서는 효과크기 η^2 의 분모가 SST 이므로 효과크기를 종속변인의 전체 변산 중에 독립변인이 설명하는 혹은 독립변인과 공변하는 부분의 비율로 해석할 수 있다. 그러나 이원변량분석에서는 η^2 의 분모가 SST 가 아닐 뿐만 아니라, 효과의 종류 (주 효과 혹은 상호작용 효과) 에 따라서 그 분모가 모두 달라질 수 있기 때문에 η^2 을 일관되게 설명 변산의 비율로 해석하기 곤란하다. 즉, 이원변량분석에서의 효과크기는 일원변량분석에서의 그것보다 훨씬 추상적인 개념이고, 그 때문에 이원변량분석을 사용하는 실험연구에서는 효과크기를 산출하는 경우가 흔하지 않다.

η^2 는 표본자료에서의 공변성과 효과크기를 나타내는 지수이다. 그렇다면 모집단에서 종속변인에 대한 독립변인의 효과크기는 얼마나 될까? 모집단에 대한 이 질문

에 답하기 위해서는 제 2 장에서 자세히 살펴본 바와 같이 연구자가 가지고 있는 표본자료 중에서 모집단에 대한 정보를 가지고 있는 것이 얼마나 되는지에 대한 고려가 필요하다. 즉, 자료의 자유도를 고려해야 하는 것이다. η^2 와 자유도를 고려하여 모집단에서 종속변인에 대한 독립변인의 효과크기는 얼마나 될지를 추정한 '모집단 효과크기의 추정치' 를 ω^2 (오메가 자승) 이라고 부르고, 다음과 같이 산출된다.

$$\omega^2 = \frac{\eta^2(\mathrm{df}_{\mathrm{between}} + \mathrm{df}_{\mathrm{error}}) - \mathrm{df}_{\mathrm{between}}}{\eta^2(\mathrm{df}_{\mathrm{between}} + \mathrm{df}_{\mathrm{error}}) - \mathrm{df}_{\mathrm{between}} + \mathrm{N}(1-\eta^2)}$$

위의 ω^2 수식에서 $\mathrm{df}_{\mathrm{between}}$ 은 해당 주 효과 혹은 상호작용 효과의 자유도를 의미한다. 반면에 $\mathrm{df}_{\mathrm{error}}$ 는 그 효과에 대한 통계적 검증을 위하여 사용되는 오차항의 자유도이다. 예를 들어 포르노그래피 실험의 예에서 만약 '포르노그래피 종류' 를 무선요인이라고 가정하고, '피험자 성별' 을 고정요인이라고 가정하는 경우, 포르노그래피 종류의 '모집단 효과크기의 추정치' 를 산출한다면, $\mathrm{df}_{\mathrm{between}}$=2, $\mathrm{df}_{\mathrm{error}}$=24, η^2=0.63, 그리고 N=30 이므로, ω^2 은 다음과 같다. [0.63(2+24)-2]/[0.63(2+24)-2+30(1-0.63)]=0.56. 앞서 일원변량분석에서도 설명한 바와 같이 ω^2 의 크기는 언제나 η^2 의 크기보다 다소 작다. 더 나아가서, η^2 자체가 작은 경우에는 ω^2 가 0 보다 작은 숫자가 될 수도 있다. <표 5-6> 에 제시된 피험자 성별 (B-효과) 의 η^2 를 ω^2 로 변환하면 0 보다 작은 값이 산출된다. 이런 경우에는 모집단에서 효과크기가 0 일 것으로 간주한다.

8. 결과해석

이원변량분석의 결과가 도출되면 우선 각 주 효과와 상호작용 효과에 대한 전반적 검증의 결과를 해석한다. 그런데 만약 독립변인의 수준이 세 개 이상인 경우에는 전반적 검증에서 도출된 변량분석표에 의존해서 결과의 의미를 완전히 이해할 수 없는 경우도 많다. 이런 경우에는 대비분석 혹은 사후비교 등의 다중비교 분석을 추가로 하게 된다.

1) 전반적 검증의 결과에 대한 해석

고정모형을 가정하는 경우, 포르노그래피 실험에서는 모든 효과가 통계적으로 유의미한 것으로 나타나서 모든 영가설이 기각되었다. 우선 포르노그래피의 주 효과가 의미하는 것은 각종 포르노그래피에 대한 피험자들의 생리적 반응 (동공확대) 이 동일하지 않다는 것이다. 즉, 어떤 종류의 포르노그래피에 대해서는 생리적 반응이 크게 나타나고, 다른 종류의 포르노그래피에 대해서는 생리적 반응이 상대적으로 작게 나타난다는 것이다. 그러나 이 주 효과 (A-효과) 자체는 생리적 반응을 크게 유발하는 포르노그래피가 어떤 종류인지, 혹은 모든 종류의 포르노그래피가 제각기 다른 생리적 반응을 유발하는지 등의 세부적인 사항에 대해서는 아무것도 시사하지 않는다. 다만 모집단에서 각종 포르노그래피가 유발하는 생리적 반응은 모두 동일하지 않을 것이라는 시사점만을 제시한다. 따라서 이 주 효과의 세부적인 해석은 평균들을 비교하거나 추가적인 분석을 통하여 연구자가 도출하여야 한다. 이러한 추가적인 분석은 잠시 후에 설명하고자 한다.

또한 이 주 효과는 성별을 전혀 고려하지 않는 효과이다. 다만 남녀피험자를 섞어서 보았을 때 나타나는 포르노그래피의 효과에 지나지 않는다. 그런데, 이 해석에서 한 가지 주의할 점이 있다. 포르노그래피의 주 효과는 성별을 고려하지 않는다는 말이 포르노그래피에 따른 생리적 반응의 차이가 남자에서도 나타나고, 여자에서도 나타난다는 뜻이 아니다. 이 말은 남녀를 통틀어서 보았을 때 즉, 남녀집단을 섞어서 한 집단으로 보았을 때에 그러한 현상이 발견된다는 것이다.

성별의 주 효과는 포르노그래피에 대한 생리적 반응이 남자들과 여자들에서 동일하지 않다는 것이다. 그런데 성별의 경우에는 수준이 두 개뿐이므로 추가적인 분석 없이 평균비교만을 통하여 이 주 효과의 세부적 정체를 파악할 수 있다. 평균을 보면 남자피험자의 전체 평균이 37.4 이고, 여자 피험자의 전체 평균이 18.2 이다. 따라서 종류가 모두 혼합된 포르노그래피에 대하여 남자들이 여자들보다 생리적으로 크게 반응한다는 것을 알 수 있다. 이 해석에서 주의할 점도 마찬가지이다. 성별의 주 효과는 포르노그래피의 종류를 고려하지 않는다는 말이 포르노그래피에 따른 생리적 반응의 남녀차이가 모든 종류의 포르노그래피 에서 나타난다는 뜻이 아니다. 이 말은 각종 포르노그래피를 모두 혼합했을 때 남녀의 반응차이가 발견된다는 것이다.

상호작용 효과의 의미는 "종속변인 (동공확대) 에 대한 한 독립변인의 효과가 다른 독립변인의 각 수준에서 모두 동일하지 않다" 는 것이다. 따라서 포르노그래피 종류의 효과가 남자와 여자에서 다르게 나타나고, 성별의 효과가 포르노그래피의 종류에 따라 다르게 나타난다는 것이다. 이 상호작용 효과의 실체를 대략적으로 파악하기 위하여 집단평균들을 비교해볼 필요가 있다. 우선 여자피험자 집단에서는 남녀누드가 가장 큰 반응 (35.8) 을 유발하고 여자누드가 가장 작은 반응 (1.0) 을 유발하였다. 반면에 남자피험자집단에서는 여자누드가 가장 큰 반응 (65.2) 을 유발하였고 남자누드가 가장 작은 반응 (4.0) 을 유발하였다. 이와 같이 상호작용 효과의 의미는 가장 큰 반응을 유발하는 포르노그래피의 종류와 가장 작은 반응을 유발하는 그것이 남녀 집단에서 서로 다르다는 것이다. 상호작용효과를 성별효과에 대하여 해석하여도 동일한 해석이 이루어진다. 즉, 남자누드에 대해서는 여자피험자가 남자피험자보다 크게 반응하였고, 여자누드와 남녀누드에 대해서는 남자피험자가 여자피험자보다 크게 반응하였다. 따라서 포르노그래피의 종류에 따라서 남녀반응의 상대적 차이가 동일하지 않다는 것이다.

2) 다중비교 분석

그런데 결과에 대한 이러한 해석을 보다 공식적이고 엄격하게 하기 위하여 대비분석 (contrast analysis) 을 통한 다중비교를 하는 것이 바람직하다 (그러나 만약 실험이 2×2 설계인 경우에는 이러한 다중비교는 무의미하다. 다중비교는 독립변인들 중 적어도 한 개 이상이 적어도 세 개 이상의 수준을 가지는 경우에만 그 필요와 의미가 있다는 것을 기억하자).

(1) 사후비교

Scheffè 검증과 Tukey 검증 등의 사후검증방법들은 실험설계 행렬에서 외곽평균들의 차이를 검증하기 위한 방법들이며, 실험설계 행렬의 내부평균 혹은 셀 평균들의 차이를 검증하기 위한 것이 아니다. 따라서 이원변량분석에서 주 효과가 통계적으로 유의미한 것으로 나타났다면 그 주 효과를 반영하는 외곽평균들을 이용하여 Scheffè 검증과 Tukey 검증 등의 사후비교를 수행하여, 통계적으로 유의미한 주 효과의 구체적 내용을 파악할 수 있다.

그러나 상호작용 효과는 셀 평균들의 양상에 의해 결정된다. 더 나아가서, 상호작용 효과는 셀 평균들의 단순한 차이를 의미하는 것이 아니고, 셀 평균들의 차이의 차이를 의미한다. 셀 평균들의 차이의 차이에 대한 통계적 유의미도를 판단하는 사후검증방법은 존재하지 않는다. 그럼에도 불구하고, 흔히 상호작용 효과가 유의미한 경우, 셀 평균들의 차이를 통계적으로 사후검증하고, 그 검증결과를 주관적으로 해석하여 상호작용효과를 파악하고자 시도하는 경우가 많다. 예를 들어, 상호작용 효과가 유의미한 경우 Scheffè 검증이나 Tukey 검증을 이용하여 $\overline{Y}_{21}-\overline{Y}_{22}$ 의 차이를 검증하고, $\overline{Y}_{11}-\overline{Y}_{12}$ 의 차이를 검증한 후, 그 두 개의 검증결과를 주관적으로 종합하여 상호작용 효과의 양태를 해석하는 것이다. 그런데 이러한 임의적인 관행은 세 가지의 중요한 사실을 간과하는 잘못된 관행이다.

첫째로, 앞서 언급한 바와 같이 Scheffè 검증과 Tukey 검증 등의 사후검증방법들은 실험설계 행렬에서 외곽평균들의 차이를 검증하기 위한 방법들이며, 실험설계 행렬의 내부평균 혹은 셀 평균들의 차이를 검증하기 위한 것이 아니다. 일원변량분석의 경우에는 외곽평균과 셀 평균이 동일하므로 마치 셀 평균 사이의 차이를 검증하는 듯이 보인다. 그러나 일원변량분석의 경우에도 사후검증은 원칙적으로 외곽평균들 사이의 차이에 대한 검증이다.

둘째로, $\overline{Y}_{21}-\overline{Y}_{22}$ 혹은 $\overline{Y}_{11}-\overline{Y}_{12}$ 의 셀 평균 차이는 상호작용 효과의 일부분이 아니고, 요인 B 의 주 효과와 상호작용 효과가 혼합된 것이다 (이것에 대한 증명은 Kirk, 1982: 365-371 을 참고하라). 따라서 이 셀 평균 차이를 통계적으로 검증한다고 하여도 그것이 반영하는 것은 요인 B 의 주 효과일 수도 있고, 상호작용 효과일 수도 있으며, 둘 다일 수도 있다. 따라서 소위 '단순 주 효과검증 (test of simple main effect)' 이라고 흔히 불리는 이 셀 평균간의 차이검증은 상호작용 효과를 통계적으로 분석하는 합리적 방법이 아니다 (Kirk, 1982: 371).

셋째로, 상호작용 효과를 위하여 중요한 것은 셀 평균들의 차이의 차이다. 따라서 셀 평균 차이가 모두 통계적으로 유의미하지 않더라도 상호작용 효과는 유의미할 수 있고, 그 반대도 성립한다. 예를 들어 <표 5-7> 과 같은 자료가 존재한다고 가정하자.

〈표 5-7〉 상호작용 효과는 유의미하지만 단순 주효과는 유의미하지 않은 경우

<table>
<tr><th></th><th>a_1</th><th>a_2</th><th>변산원</th><th>자승합</th><th>df</th><th>평균자승</th><th>F</th></tr>
<tr><td rowspan="2">b_1</td><td rowspan="2">$\overline{Y}_{11}$=6.82
s_{11}=1.72
n_{11}=5</td><td rowspan="2">$\overline{Y}_{21}$=11.44
s_{21}=2.02
n_{21}=5</td><td>A</td><td>26.556</td><td>1</td><td>26.556</td><td>5.282*</td></tr>
<tr><td>B</td><td>1.153</td><td>1</td><td>1.153</td><td>.229</td></tr>
<tr><td rowspan="3">b_2</td><td rowspan="3">$\overline{Y}_{12}$=9.62
s_{12}=2.42
n_{12}=5</td><td rowspan="3">$\overline{Y}_{22}$=9.61
s_{22}=2.69
n_{22}=5</td><td>A×B</td><td>26.772</td><td>1</td><td>26.772</td><td>5.325*</td></tr>
<tr><td>집단내</td><td>80.438</td><td>16</td><td>5.027</td><td></td></tr>
<tr><td>전체</td><td>134.918</td><td>19</td><td>7.101</td><td></td></tr>
</table>

<표 5-7> 의 경우는 상호작용 효과는 통계적으로 유의미하지만, $\overline{Y}_{21} - \overline{Y}_{22}$ 의 차이와 $\overline{Y}_{11} - \overline{Y}_{12}$ 의 차이는 모두 유의미하지 않다. 이 셀 평균들의 차이는 사후검증방법들에 비하여 검증력이 월등히 높은 단순 student-t 검증을 하여도 유의미하지 않다. 상호작용 효과는 통계적으로 유의미하지 않지만, $\overline{Y}_{21} - \overline{Y}_{22}$ 의 차이와 $\overline{Y}_{11} - \overline{Y}_{12}$ 의 차이는 모두 유의미한 예는 훨씬 더 쉽게 만들어낼 수 있다. 이러한 경우들이 존재하는 이유는 상호작용 효과가 단순한 셀 평균들의 차이를 의미하는 것이 아니고, 관계의 차이 혹은 차이의 차이를 의미하는 것이기 때문이다.

(2) 직교대비분석

세 개 이상의 수준으로 이루어진 독립변인의 주 효과가 유의미하거나, 특히 그러한 독립변인들의 상호작용 효과가 유의미한 경우, 그 결과를 정확히 파악하기 위해서는 직교대비분석이 수행될 필요가 있다. 그런데 앞서 설명한 바와 같이 대비분석은 연구자의 사전 의도 혹은 가설에 의해 이루어진다. 연구자의 의도란 연구자가 비교하기를 원하는 평균들을 의미한다. 포르노그래피 예에서 연구자는 우선 싱글 포르노그래피 (남자 혹은 여자의 누드화) 와 커플 포르노그래피 (남녀가 함께 등장하는 누드화) 가 유발하는 생리적 반응에 차이가 있는지 알고자 하고, 그 두 종류의 포르노그래피가 성별과 상호작용 효과를 유발하는지를 알고자 한다고 가정하자. 그 다음으로는 싱글 포르노그래피 중에 남자누드와 여자누드가 서로 다른 반응을 유발하는지와 그들이 성별과 상호작용 효과를 유발하는지를 알기 원한다고 가정하자.

〈표 5-8〉 포르노그래피 실험자료에 대한 직교대비 가중치

실험조건		A-효과		B-효과	AB-효과	
요인 A	요인 B	대비-1	대비-2	대비-3	대비-4	대비-5
남자누드	여자피험자	1	1	1	1	1
남자누드	남자피험자	1	1	-1	-1	-1
여자누드	여자피험자	1	-1	1	1	-1
여자누드	남자피험자	1	-1	-1	-1	1
남녀누드	여자피험자	-2	0	1	-2	0
남녀누드	남자피험자	-2	0	-1	2	0

포르노그래피 종류와 피험자 성별로 구성되는 전체 실험조건 수가 여섯 개 이므로, 이러한 연구자의 의도를 반영하는 직교대비들은 최대 다섯 개가 만들어질 수 있다. 요인 A (포르노그래피의 종류) 는 세 개의 수준을 가지므로, 두 개의 직교대비에 의해 그 주 효과가 분리된다. 요인 B (피험자 성별) 는 두 개의 수준을 가지므로, 한 개의 직교대비에 의해 그 주 효과가 분리된다. 상호작용 효과는 곱셈적 효과이므로, 요인 A 의 대비들과 요인 B 의 대비를 서로 곱해준 두 개의 직교대비들로 분리된다. 대비의 자유도는 언제나 1 이라는 사실을 기억하자. 이 말은 특정한 효과 (주 효과 혹은 상호작용 효과) 를 분리하는 직교대비들의 수는 언제나 그 특정한 효과의 자유도만큼 존재한다는 의미이기도 하다. 따라서 이 예에서 가정하는 연구자의 의도를 반영하는 다섯 개의 직교대비들의 가중치를 <표 5-8> 과 같이 설정할 수 있다.

$$\Psi_1 = (\ 1)17.8+(\ 1)4.0+(\ 1)1.0+(\ 1)65.2+(-2)35.8+(-2)43.0 = -69.6$$

$$\Psi_2 = (\ 1)17.8+(\ 1)4.0+(-1)1.0+(-1)65.2+(\ 0)35.8+(\ 0)43.0 = -44.4$$

$$\Psi_3 = (\ 1)17.8+(-1)4.0+(\ 1)1.0+(-1)65.2+(\ 1)35.8+(-1)43.0 = -57.6$$

$$\Psi_4 = (\ 1)17.8+(-1)4.0+(\ 1)1.0+(-1)65.2+(-2)35.8+(\ 2)43.0 = -36.0$$

$$\Psi_5 = (\ 1)17.8+(-1)4.0+(-1)1.0+(\ 1)65.2+(\ 0)35.8+(\ 0)43.0 = 78.0$$

위에서 계산된 대비들의 자승합을 구하면 다음과 같다.

$$SSB_{\Psi_1} = 5(-69.6)^2/[(1)^2+(1)^2+(1)^2+(1)^2+(-2)^2+(-2)^2] = 2018.4$$

$$SSB_{\Psi_2} = 5(-44.4)^2/[(1)^2+(1)^2+(-1)^2+(-1)^2+(0)^2+(0)^2] = 2464.2$$

$$SSB_{\Psi_3} = 5(-57.6)^2/[(1)^2+(-1)^2+(1)^2+(-1)^2+(1)^2+(-1)^2] = 2764.8$$

$$SSB_{\Psi_4} = 5(-36.0)^2/[(1)^2+(-1)^2+(1)^2+(-1)^2+(-2)^2+(2)^2] = 540$$

$$SSB_{\Psi_5} = 5(78.0)^2/[(1)^2+(-1)^2+(-1)^2+(1)^2+(0)^2+(0)^2] = 7605$$

대비의 자승합을 구하기 위해서는 각 셀의 n 이 동일하다는 가정이 필요하다. 그런데 만약 각 셀의 피험자 수가 동일하지 않으면, 피험자 수의 조화평균 (harmonic mean) 을 계산하여 n 으로 간주한다. 조화평균은 다음과 같이 계산한다.

$$\overline{N}_h = \frac{rc}{1/N_{11} + 1/N_{12} + \ \ldots\ldots\ + 1/N_{rc}}$$

예를 들어, 여섯 개 실험집단의 피험자 수가 다음과 같다면 피험자 수의 조화평균 $\overline{N}_h$ 는 4.76 이다.

6	4	5
3	6	7

$$\frac{2 \times 3}{\frac{1}{6}+\frac{1}{4}+\frac{1}{5}+\frac{1}{3}+\frac{1}{6}+\frac{1}{7}} = 4.76$$

이원교차요인에 의해 설계된 실험자료에 대한 직교대비분석을 수행하기 위하여 한 가지 꼭 기억해야할 사항이 있다. 앞서 대비분석에 관한 설명에서 원래의 실험집단들을 두 개로 통합하건, 아니면 원래의 실험집단들 중에서 두 개의 집단을 선택하건, 모든 대비는 결국 두 개의 집단들 사이의 평균차이라고 하였다. 즉, 대비분석은 연구자가 설정하는 두 개의 실험조건들 사이의 차이를 파악하기 위한 것이므로 그 분석 결과를 무수히 많은 다른 조건들로 일반화하려는 분석이 아니다. 따라서 대비분석은 언제나 고정모형을 전제로 한다. 이 사실은 각 대비의 통계적 유의미도를 판단하기 위하여 어떤 변산원의 평균자승을 오차항으로 사용해야 하는지를 결정하기 위하여 매우 중요하다.

〈표 5-9〉 포르노그래피 실험자료에 대한 직교대비분석 결과

변산원	자승합	자유도	평균자승	F
포르노그래피 (A)	4482.6	2	2241.3	20.49**
대비-1	2018.4	1	2018.4	18.45**
대비-2	2464.2	1	2464.8	22.52**
피험자 성별 (B)	2764.8	1	2784.8	25.27**
대비-3	2764.8	1	2764.8	25.27**
(A)×(B)	8145.0	2	4072.5	37.23**
대비-4	540.0	1	540.0	4.94*
대비-5	7605.0	1	7605.0	69.52**
집단내	2626.4	24	109.4	
전체	18018.8	29	621.3	

* $p<.05$; ** $p<.01$

대비들의 자승합들을 이용하여 고정모형을 가정한 변량분석표를 재작성하면 <표 5-9> 와 같다. <표 5-9> 을 보면 다음과 같은 사실들이 확인된다. ① 특정한 효과를 분리한 직교대비들의 자승합을 합하면 그 효과의 자승합이다; 예를 들어 대비-1 과 대비-2 는 요인 A 의 주 효과를 분리한 것인데, 이 직교대비들의 자승합의 합은 요인 A 의 자승합이다. ② 특정한 효과를 분리한 직교대비들의 자유도를 합하면 그 효과의 자유도이다; 예를 들어 대비-4 와 대비-5 는 상호작용의 효과를 분리한 것인데, 이 대비들의 자유도의 합은 상호작용 효과의 자승합이다. ③ 모든 대비들의 F 값을 산출하기 위한 오차항은 그 대비들의 모체가 되는 효과의 오차항과 같다; 예를 들어 대비-1 과 대비-2 는 요인 A 효과의 일부이므로 이 대비들의 F 값을 산출하기 위한 오차항은 A-효과의 통계적 유의미도를 판단할 때 사용되는 오차항과 같은 MSW 이다.

직교대비분석 결과, 모든 대비들이 또한 유의미하였다. 이 대비들의 의미를 해석하기 위하여 <표 5-10> 과 같은 두 개의 평균 표를 작성할 수 있다. 표 안의 숫자는 모두 평균들이다.

〈표 5-10〉 포르노그래피 실험자료에 대한 직교대비들에 반영되는 실험집단 평균

	싱글누드	남녀누드	전체
여자피험자	9.4	35.8	18.2
남자피험자	34.6	43.0	37.4
전체	22.0	39.4	27.8

	남자누드	여자누드	전체
여자피험자	17.8	1.0	9.4
남자피험자	4.0	65.2	34.6
전체	10.9	33.1	22.0

대비-1 의 유의미한 효과는 남자누드와 여자누드를 합한 집단 (싱글누드) 의 평균 (22.0) 과 남녀누드 집단의 평균 (39.4) 사이의 차이가 유의미하다는 것을 의미한다. 즉, 싱글 포르노그래피에 비하여 커플 포르노그래피에 대해서 사람들이 더 강하게 반응한다는 것이다. 대비-2 의 유의미한 효과는 남자누드 집단과 여자누드 집단의 평균차이 (10.9 와 33.1) 가 유의미하다는 것을 의미한다. 대비-3 의 유의미한 효과는 피험자의 성별에 따른 차이 (18.2 와 37.4) 이다.

대비-4 의 유의미한 효과는 [(9.4+43.0) - (35.8+34.6)] 이 유의미하다는 것을 의미한다. 그런데 이 대각선 평균들의 차이 (상호작용 효과) 는 종속변인에 대한 한 독립변인의 효과가 다른 독립변인의 수준에 따라서 달라진다는 '해석적 의미' 를 가진다. 즉, 싱글 포르노그래피와 커플 포르노그래피가 유발하는 생리적 반응의 차이가 여자피험자와 남자피험자에서 다른데, 구체적인 평균들을 보면, 그 차이가 여자피험자 집단에서 (9.4 와 35.8 의 차이) 보다 남자피험자 집단에서 (34.6 과 43.0 의 차이) 더 크게 발생한다는 것이다. 피험자 성별의 효과 측면에서 보면, 피험자 성별에 의한 차이가 남녀누드에서는 작게 발생 (35.8 과 43.0 의 차이) 하는 반면 싱글 포르노그래피에서는 크게 발생 (9.4 와 34.6 의 차이) 한다는 것이다.

대비-5 의 유의미한 효과는 남자누드와 여자누드가 유발하는 반응의 차이가 여자피험자 집단과 남자피험자 집단에서 다른데, 여자피험자 집단에서는 남자누드 (17.8) 가 여자누드 (1.0) 보다 큰 반응을 유발하는 반면, 남자피험자 집단에서는 그 정반대이다.

9. 기본가정에 대한 검토

변량분석이 이론적인 F 분포를 사용하므로 모든 변량분석의 유형들은 공히 F 분포에 개입되어 있는 세 가지 가정을 함께 공유한다. 이원변량분석도 예외가 아니다. ① 각 실험조건의 모집단에서 종속변인 Y 가 정규분포한다 (정규성 가정); ② 실험집단들은 각 모집단에서 서로 독립적으로 표집된 사례들로 이루어진다 (독립성 가정); ③ Y 의 모집단 변량이 모든 실험조건에서 동일하다 (변량의 동질성 가정). 이론적인 F 분포에 개입된 가정은 아니지만, 독립변인의 각 수준이 동일한 수의 사례들 혹은 피험자들로 구성된다는 가정이 또한 존재한다. 이 가정은 앞서 설명되었듯이 평균자승의 기댓값을 정의하기 위해 필요한 가정이며, 변량분석에서 산출되는 '경험적인 F'를 이론적인 F 분포에 적용시키기 위한 조건이다.

1) 정규성 가정

이원변량분석에서의 정규성 가정은 이원교차요인 설계의 각 셀에 해당하는 모집단에서 종속측정치들이 정규분포한다는 가정이므로, 이 가정의 충족여부를 판단하기 위해서는 앞서 설명한 정규 확률도표 (normal probability plot) 를 각 셀마다 검토해볼 필요가 있다. 따라서 독립변인들이 여러 개의 수준들을 가지고 있고, 또한 피험자의 수가 많지 않은 실험에서는 각 셀마다 일관되지 않은 정규 확률도표의 양상이 나타나기 십상이므로 이 가정의 충족여부를 판단하기가 쉽지 않다. 그런데 다행히도 변량분석은 정규성 가정의 파기에 대하여 '상당히 견고 (fairly robust) 한' 것으로 알려져 있기 때문에 변량분석을 사용하는 연구자는 각각의 실험조건 셀의 모집단에서 종속변인 측정치들이 정규분포 하는지에 대하여 크게 우려하거나, 이 가정의 타당성을 검토하기 위하여 지나치게 복잡하고 섬세한 추가적 분석을 수행해야 할 필요는 없을 것으로 생각된다. 다만, 이론적으로 혹은 상식적으로 판단할 때 각 셀에 해당하는 모집단에서 종속측정치의 값들이 정규분포하지 않을 것이 자명한 경우에는 일원변량분석에서 설명한 자료변환 (승수변환) 방법에 의해 종속변인 자료를 변환한 후 이원변량분석을 수행할 수 있다.

2) 독립성 가정

독립성 가정은 표집절차에 대한 가정이므로 분석적으로 파악하기 어려운 가정이다. 일반적으로 말해서 모집단에서 피험자들이 무작위로 추출되었고, 추출된 피험자들이 각 실험조건에 무작위로 할당된 '피험자간 설계' 의 경우에는 독립성 가정이 충족된 것으로 간주한다. 그러나 반복측정 설계나 짝짓기 설계가 이루어진 경우에는 독립성 가정이 명백하게 파기된 상황이므로 이에 적합한 분석을 해야 할 필요가 있다. 독립성 가정이 파기된 실험자료의 분석에 관해서는 반복측정설계에 관한 부분에서 자세하게 다루어질 예정이다.

3) 변량의 동질성 가정

변량의 동질성 가정은 집단내 평균자승 (MSW) 의 기댓값이 σ^2 이 되기 위하여 필요한 가정이므로, 정규성 가정과 마찬가지로 이원교차요인 설계의 각 셀에 해당하는 모집단에서 종속측정치들의 변량이 모두 동일하다는 가정이다. 일원변량분석에서와 같이 이원변량분석에서도 이 가정은 매우 중요한 가정이므로 제 2 장에서 설명된 Levene 의 변량동질성 검증이나 제 3 장에서 설명된 F_{max} 방법에 의해 검토해야할 필요가 있다. 이러한 검증 결과 변량의 동질성 가정을 신뢰할 수 없을 때는 일원변량분석에서 설명한 자료변환 (승수변환) 방법에 의해 각 셀의 변량들이 유사해지도록 종속변인 자료를 변환한 후 이원변량분석을 수행할 수 있다.

4) 동일 사례 수 가정

일원변량분석의 경우에는 동일 사례 수 가정의 충족여부가 그다지 중요하지 않다고 하였다. 그러나 동일 사례 수 가정은 이원변량분석에서는 매우 중요한 가정이다. 이원변량분석에서 동일 사례 수 가정은 <표 5-4> 의 평균자승 기댓값들을 정의하기 위해서 필요한 가정이고, 또한 직교대비의 자승합을 산출하는 과정에도 개입되는 가정이다. 그러나 무엇보다 중요한 사실은 겉으로 드러나지는 않지만 이원변량분석의 자승합 분할도 동일 사례 수 가정에 기초한다는 것이다. 동일 사례 수 가정이 충족되지 않으면 이원변량분석에서 산출되는 세 개의 집단간 자승합 (두 개의 주 효과와 상호작용 효과의 자승합) 과 집단내 자승합을 합한 것이 전체 자승합이 되지 않고, 따라서 분석의 결과를 해석할 수 없는 심각한 상황이 발생할 수 있다. 그 근본적인 이유는 각 실험조건 셀의 사례 수가 동일하지 않을 때는 이원변량분석의 독립변인들이 서로 독립적이지 않기 때문이다. 예를 들기 위하여, <표 5-1> 의 자료를 약간 수정하여 <표 5-11> 과 같이 동일 사례 수 가정이 파기된 실험자료가 있다고 가정하자.

〈표 5-11〉 셀의 사례 수가 동일하지 않은 이원실험설계 자료

	남자누드 (single)	여자누드 (single)	남녀누드 (couple)
여자대학생	10 21 13 15 30	0 1 3 1 0	25 47 53
남자대학생	5 4 0 3	42 78 66 59 81	35 59 42 31 48

<표 5-11> 은 남녀누드를 본 여자대학생 피험자가 세 명이고, 남자누드를 본 남자대학생 피험자가 네 명이며, 다른 조건에서는 모두 피험자가 다섯 명인 실험자료이다. 우선, 이와 같이 각 실험조건 셀의 피험자 수가 동일하지 않은 경우에는 독립변인들이 서로 독립적이지 않다는 것을 이해하기 위하여 각 피험자가 할당된 독립변인의 수준을 <표 5-12> 와 같이 정리할 수 있다.

〈표 5-12〉 각 피험자가 할당된 독립변인의 수준

피험자	1	2	3	4	5	6	7	8	9	10	11	12	13	14	15	16	17	18	19	20	21	22	23	24	25	26	27
포르노그래피 종류	1	1	1	1	1	1	1	1	1	2	2	2	2	2	2	2	2	2	2	3	3	3	3	3	3	3	3
피험자 성별	1	1	1	1	1	2	2	2	2	1	1	1	1	1	2	2	2	2	2	1	1	1	2	2	2	2	2

<표 5-12> 에서 '포르노그래피 종류' 와 '피험자 성별' 사이의 상관계수를 구하면 r=0.142 이다 ("포르노그래피 종류" 와 "피험자 성별" 사이의 상관관계는 두 변인이 모두 범주변인이므로 카이자승으로 파악하는 것이 더 좋다. 여기에서는 다만 그 상관관계의 존재여부만을 확인하는 것이 목적이므로 상관계수를 이용하여 설명하고 있다). 만약 각 실험조건 셀의 피험자 수가 동일하다면 이 상관계수는 언제나 0 이 된다. 이와 같이 독립변인

들 사이의 상관계수가 0 이 아닐 때에는 이원변량분석에서 산출되는 한 독립변인의 효과는 그 독립변인의 순수한 효과가 아니라 다른 독립변인의 효과와 혼합된 효과이다. 이 점을 이해하기 위하여 두 개의 독립변인들에 대하여 고정모형을 가정하고 <표 5-11> 의 자료를 분석한 결과가 <표 5-13> 에 제시되었다.

〈표 5-13〉 실험조건 셀의 피험자 수가 동일하지 않은 실험자료에 대한 이원변량분석

고정모형을 가정하는 경우				
변산원	자승합	자유도	평균자승	F
포르노그래피 (A)	4554.2	2	2277.1	21.87**
피험자 성별 (B)	1860.6	1	1867.6	17.87**
(A)×(B)	8228.1	2	4114.1	39.52**
집단내	2186.3	21	104.1	
전체	17446.5	26	671.0	

<표 5-13> 의 자승합들을 살펴보면, 4554.2+1860.6+8228.1+2186.3≒17446.5 라는 것을 알 수 있다. 이와 같이 각 실험조건 셀의 피험자 수가 동일하지 않을 때에는 SSB_A, SSB_B, SSB_{AB}, SSW 를 모두 합한 것이 SST 보다 작거나 커지는데, 이러한 현상이 의미하는 바는 각 효과들을 서로 독립적인 효과들로 해석할 수 없다는 것이다. 예를 들어, <표 5-13> 에서 산출된 포르노그래피의 효과 (F 혹은 η^2) 는 포르노그래피의 효과뿐만 아니라 피험자 성별의 효과와 상호작용 효과, 그리고 집단내 변산까지 모두 혼합된 것이다. 각 실험조건 셀의 피험자 수가 동일하지 않을 때 발생하는 이러한 해석의 모호성은 연구자가 만약 무선모형이나 혼합모형을 가정하는 경우에는 더 복잡하게 심화될 수 있다.

일반적으로 이러한 문제들은 독립변인들 사이의 상관관계가 높을수록 더 심각해진다. 따라서 실험에서 동일 사례 수 가정이 불가피하게 유지되지 못하는 경우에는 <표 5-12> 와 같이 독립변인들 사이의 상관계수를 산출해볼 필요가 있다. 만약 독립변인들 사이의 상관계수가 거의 0 에 가깝다면 비록 각 실험조건 셀의 피험자 수가 동일하지 않더라도 이원변량분석을 수행하는 데 큰 문제가 되지 않는다. 그러나 만약 독립변인들 사이의 상관계수가 0.2 정도를 초과한다면 이원변량분석에 의해 주효과와 상호작용 효과를 정확하게 산출할 수 없다는 점을 유념해야 한다. 이런 경우

에는 변량분석보다 중다회귀분석을 이용하여 주 효과와 상호작용 효과를 산출하는 것이 더 바람직하다. 중다회귀분석을 이용하여 교차요인설계에 의해서 이루어진 실험의 자료에서 각 독립변인의 주 효과와 상호작용 효과를 산출하는 방법에 대해서는 본 서의 다른 부분에서 자세히 설명하고자 한다.

10. 무선구획설계

이원변량분석에 관한 지금까지의 논의는 연구자가 두 개의 독립변인들이 가지는 주 효과와 상호작용 효과에 주된 관심을 가진다는 가정 하에 이루어졌다. 앞서 이원변량분석의 주된 목적은 상호작용 효과를 검증하는 것이라고 하였다. 그런데 기실 연구자의 관심은 한 개의 독립변인이 가지는 주 효과에만 있는 경우에도 예외적으로 이원변량분석을 활용하는 경우가 있다. 이런 경우는 일반적으로 일원변량분석을 하는 상황이지만 특정한 목적을 위하여 이원변량분석을 수행하는 경우이다.

이때의 특정한 목적이란 오차 변산을 줄임으로서 연구자가 관심을 가지는 독립변인의 효과가 보다 쉽게 (혹은 정확히) 나타나도록 하기 위한 것이다. 독립변인들을 고정요인으로 가정하는 경우, 특정한 요인의 효과는 그 요인의 평균자승을 집단내 평균자승으로 나누어준 F = MSB/MSW 에 의해 판단된다. 이때 MSW 가 줄어들면 F 값이 증가하여 그 요인의 효과가 통계적으로 유의미한 것으로 나타날 가능성이 높아진다. 말하자면 MSW 가 작아지면 가설검증의 통계적 검증력 (statistical power) 이 증가하는 것이다. 이와 같이 특정한 요인의 효과를 검증하되, 그 효과검증의 통계적 검증력을 증가시키기 위하여 연구의 주된 관심대상은 아니지만 집단내 변산을 유발한다고 생각되는 요인을 추가적인 독립변인으로 설정하여 이원변량분석을 하는 경우가 종종 있다. 이런 경우의 이원요인설계를 '구획설계 (block design)' 혹은 '무선구획설계 (randomized block design)' 라고 부르기도 한다.

예를 들어서 성기능 장애 (구체적으로 어떤 장애인지는 독자들이 상상할 것) 를 치료하기 위한 약물치료와 심리치료를 서로 비교하여 더 효율적인 치료방법을 찾아내기 위한 실험이 있다고 가정하자. 이 실험을 위하여 성기능 장애의 정도가 동일한 20 명의 피험자를 두 개의 치료집단에 무작위 할당한 후, 각 집단에 해당하는 치료를 하고, 종속변인을 측정한 자료가 <표 5-14> 과 같다 (종속변인이 무엇인지도 독자들이 상상할 것).

〈표 5-14〉 성기능 장애의 치료방법을 비교하기 위한 가상적인 실험자료

심리치료					약물치료				
3	3	1	2	1	5	4	3	5	3
7	7	5	6	5	7	7	8	9	9

<표 5-14> 의 자료를 이용하여 치료효과의 차이를 알아보기 위한 일원변량분석을 하면 <표 5-15> 와 같은 결과가 얻어진다.

〈표 5-15〉 성기능 장애 실험자료에 대한 일원변량분석표

변산원	자승합	자유도	평균자승	F	p
집단간	20.0	1	20.0	3.75	>.05
집단내	96.0	18	5.3		
전체	116.0	19	6.1		

F 값이 3.75 로 산출되어 종속변인에 대한 치료방법의 효과가 유의미하지 않은 것으로 나타났다 (분자자유도가 1 이고, 분모자유도가 18 일 때, α=0.05 의 F 임계치는 4.41 이다). 따라서 성기능 장애에 대한 치료효과에서 두 가지 치료방법이 대동소이하다고 결론지을 수 있다. 그런데 이 실험과는 별도로, 성기능 장애에 영향을 주는 중요한 요인 중의 하나가 연령이다. 연령이 증가할수록 성기능이 저하된다는 것은 널리 인정되는 사실이고 너무나 당연시되는 것이어서 검증을 할 필요도 없다. 다만, 이 연구에서 치료효과의 차이가 나타나지 않은 이유가 정말로 치료방법간에 차이가 없기 때문일 수도 있고, 연령이 다른 사람들이 같은 조건에 할당됨으로서 연령 차이에 의한 집단내 변산 (within-group variance) 이 증가하였기 때문일 수도 있다. 이 두 번째 가능성을 점검하기 위하여 연령을 한 개의 요인으로 설정하여 이원변량분석을 할 수 있다. 연령을 한 개의 요인으로 설정한 후의 자료가 <표 5-16> 과 같다고 가정하자.

<표 5-16> 의 자료는 <표 5-14> 의 자료와 동일한 자료라는 것을 주목하자. <표 5-16> 의 자료에 대해 치료방법과 연령을 두 개의 요인으로 가지는 이원변량분석을 하면 <표 5-17> 과 같은 결과가 산출된다.

〈표 5-16〉 연령을 한 개의 추가적 요인으로 설정한 성기능 장애 치료 자료

	심리치료					약물치료				
35 세 이상	3	3	1	2	1	5	4	3	5	3
35 세 이하	7	7	5	6	5	7	7	8	9	9

〈표 5-17〉 성기능 장애 실험자료에 대한 이원변량분석표

변산원	자승합	자유도	평균자승	F
치료방법 (T)	20.2	1	20.0	20.00**
피험자 연령 (A)	80.0	1	80.0	80.00**
(T)×(A)	0.0	1	0.0	0.00
집단내	16.0	16	1.0	
전체	116.0	19	6.1	

치료방법을 유일한 요인으로 이용한 일원변량분석의 결과와 연령을 추가적인 요인으로 이용한 이원변량분석의 결과를 비교해보면, ① 치료방법의 자승합과 평균자승은 그 두 분석에서 동일하고, ② 집단내 평균자승이 이원변량분석에서 현저하게 작으며, ③ 치료방법의 F 값이 이원변량분석에서 현저하게 크다는 것을 알 수 있다. 비록 연령의 효과가 크게 나타났지만, 이 효과는 연구의 관심대상이 아니므로 의미부여를 하지 않는다.

일원변량분석만 하였다면 성기능장애를 치료하는 두 가지 방법이 동일한 정도의 효과를 가진다는 잘못된 결론을 내릴 것이지만, 연령의 효과를 통제한 이원변량분석에서는 치료방법간의 효과차이가 확연히 나타나고 있다. 이와 같이 특정한 변인의 효과를 통제하기 위한 이원변량분석에서 통제될 변인을 선정하기 위해서는 종속변인에 막대한 영향을 주는 변인을 선정하는 것이 중요하다. 이 통제될 변인에 의해서 나누어지는 피험자 집단을 '구획 (block)' 이라고 부른다. 앞의 예에서는 연령이 구획변인이고, 각각의 연령집단이 구획이다. 만약 이 구획변인이 종속변인에 대하여 효과를 가지지 않는다면 구획설계에 의해 큰 실효를 거둘 수 없게 될 뿐만 아니라, 필요없이 분석만 복잡해지게 되어 연구의 체계가 흐려질 수 있음을 명심해야 한다.

만약 피험자들을 연령에 따라서 두 집단으로 구분한 후, 각 연령집단의 피험자들을 두 개의 치료조건에 무선할당 (random assignment) 하였다면, 이러한 실험설계를

'무선구획설계 (randomized block design)' 라고 부른다. 무선구획설계를 이용하는 기본적인 이유는 구획변인의 효과를 통제하여 연구의 관심대상인 독립변인의 효과를 보다 명확히 파악하기 위해서이다.

또한, 만약 연령을 두 집단으로 구분하지 않고 한 살 단위로 많은 집단으로 구분하고, 각 연령에 해당하는 피험자를 독립변인 (치료방법) 수준의 개수만큼 선발한 후, 그들을 독립변인의 각 수준에 한 사람씩 무선 할당하는 경우를 '짝짓기 설계 (matched groups design)' 라고 부른다. 독립변인의 각 수준에 할당된 피험자들이 구획변인 (연령) 에 의해 서로 짝지어졌다는 뜻이다. 이런 경우에는 구획변인 (연령) 의 수준들과 독립변인의 수준들로 이루어진 실험조건 혹은 셀에 피험자가 한 명씩 존재한다는 것 이외에는 설계의 목적과 분석방법은 여기에서 설명된 무선구획설계에 의한 이원변량분석과 동일하다. 다만, 각 셀에 한 명씩의 피험자가 할당된다는 것, 그리고 구획변인이 무선변인으로 간주된다는 것 때문에, 독립변인의 효과를 결정하기 위한 오차항의 선정이 잠시 후 설명될 '반복측정 변량분석' 의 원칙을 따르게 된다. 따라서 짝짓기 설계는 무선구획설계의 일종이고, 그러한 실험에 의해 얻어진 자료는 잠시 후 설명될 반복측정 변량분석의 절차를 그대로 차용하면 된다는 사실을 기억하자.

연습문제

5-1. '폭력의 순환가설' 을 검증하기 위하여 남자와 여자를 각각 100 명씩 표집한 후, 그들을 학대받고 자란 집단과 그렇지 않은 집단으로 분류하고, 그들이 자신의 자식들을 학대하는 정도를 측정하였다. 자료분석 결과 어린 시절의 학대 경험과 성별이 상호작용효과를 가진다는 결론이 도출되었다. 이 결과를 해석하라.

5-2. 상호작용에 의한 편차는 $\overline{Y}_{ij} - \overline{Y}_{i.} - \overline{Y}_{.j} + \overline{Y}_{..}$ 로 계산된다. 그 이유를 설명하라.

5-3. 어떤 실험에서 요인 A 는 두 개의 수준을 가지고, 요인 B 는 세 개의 수준을 가지는데, 이 요인들은 서로 교차되었다. 이 실험에서 산출된 MSB_A 는 100 이고, MSB_B 는 150 이며, MSB_{AB} 는 70 이다. 집단간 평균자승 MSB 를 산출하라.

5-4. 이원변량분석의 평균자승의 기댓값 원형 공식들을 이용하여 연습문제 5-3 에서 산출된 MSB 는 어떤 구성요소들로 이루어진 평균자승인지 파악하라.

5-5. 어떤 대학원생이 사회불안에 대하여 최면요법과 수지침요법이 상호작용 효과를 가지는지를 알아보기 위해 2×2 의 실험설계를 하였다. 그런데 어떤 논문심사위원이 최면요법과 수지침요법이 각각 사회불안에 대하여 치료효과를 가지는지를 모르는 상황이므로 상호작용효과를 연구하기에 앞서 우선 그 요법들이 개별적으로 치료효과를 가지는지의 여부를 파악하는 연구를 먼저 수행해야 할 것이라는 이유로 학생의 실험설계를 거부하였다. 이 심사위원의 무지를 설명하라.

5-6. 다음은 비만한 사람과 그렇지 않은 사람들의 식생활 차이를 검증하기 위한 연구에서 산출된 자료이다. 이 연구에서는 정상체중을 가진 사람들은 육체적으로 감지되는 내적인 신호 (배고픔) 에 반응하여 음식섭취의 여부를 결정하는 반면, 비만체중을 가진 사람들의 음식섭취행위는 내적인 신호에 둔감하게 반응할 것이라는 가설을 검증하기 위한 것이었다. 즉, 비만체중을 가진 사람은 배고픔의 여부에 상관없이 음식섭취를 할 것이라는 가설이다. 이 가설을 검증하기 위하여 요인 A 는 위에 존재하는 음식물의 양 (공복, 포만) 으로 설정되었고, 요인 B 피험자 요인으로서 체중 (비만체중, 정상체중) 으로 설정되었다. 종속변인은 섭취한 크래커의 개수이다. 피험자들은 크래커 시음조사에 초대되어서 체중을 측정하고 최종적으로 음식을 섭치한 시간과 양을 보고한 후, 각종 크래커들의 맛을 보고 평정을 하였다. 크래커들의 평정이 끝난 후, 일종의 사례로서 원하는 만큼 크래커를 먹고 가도록 하였다. 각 조건에 여섯 명의 피험자들이 할당되었고, 종속변인은 이때에 각 피험자가 먹은 크래커의 개수이다. 이원변량분석을 위한 자승합들을 산출하라.

		요인 A (위 상태)	
		공복	포만
요인 B (체중)	정상	25 28 21 24 29 23	18 19 13 15 11 14
	비만	23 16 20 19 24 18	21 25 17 20 24 19

5-7. 비만증의 식습관 가설에 대한 위의 연습문제 5-6 의 자료를 이용하여 변량분석을 하되, 고정모형, 무선모형, 혼합모형을 각각 검증하여 세 개의 변량분석표를 작성하라.

5-8. 어떤 독립변인에 대하여 무선모형이 가정되는 경우에는 비록 그 독립변인의 주 효과가 유의미하더라도 평균차이를 따지기 위한 사후비교 혹은 대비분석을 하지 않는다. 그 이유를 설명하라.

5-9. 다음의 자료는 매력적인 외모를 가진 잘생긴 사람들이 그렇지 않은 사람들보다 인생을 자신의 의지대로 살아간다고 더 믿는지를 알아보기 위한 실험에서 구해진 것이다. 이 실험에서는 36 명의 남자대학생들에게 어떤 인물의 사진을 보여주고, 그 피험자로 하여금 Rotter 의 통제소재 척도에 응답하게 하였는데, 피험자는 본인의 입장이 아니라 사진 속의 인물의 입장에서 응답하도록 하였다. 통제소재 척도에서 낮은 점수는 소위 내적 통제를 의미하는데, 자신에게 발생하는 크고 작은 사건들이 자신의 행동에 따라 좌우된다고 믿는 경향을 뜻한다. 반대로 높은 점수는 소위 외적 통제를 의미하는데, 자신에게 발생하는 크고 작은 사건들이 운명, 우연, 타인 등의 외부적 요인에 따라 좌우된다고 믿는 경향을 뜻한다. 이 실험에서는 대학교 졸업앨범에서 발췌한 18 장의 남자인물사진과 18 장의 여자인물사진들이 사용되었는데, 이 사진들은 '고 매력' 집단, '중 매력' 집단, '저 매력' 집단으로 분류되었다. 이 실험의 독립변인은 사진성별 (남/여) 과 사진매력도 (고/중/저) 이고, 종속변인은 통제소재 척도 점수이다. 36 명의 피험자는 여섯 개의 실험조건에 무작위 할당되었고, 한 피험자에게는 한 장의 사진이 제시되었다.

a. 매력도를 고정요인으로 간주하고 직교대비분석에 의해 주 효과와 상호작용효과를 해석하라.

b. 매력도를 무선요인으로 간주하고 직교대비분석에 의해 주 효과와 상호작용 효과를 해석하라.

성별	고 매력	중 매력	저 매력
남자	9 10 9 13 5 8	8 8 12 7 8 4	14 9 11 6 10 10
여자	10 9 6 15 10 11	6 12 9 9 10 8	14 13 10 13 12 16

5-10. 다음의 각 경우에 독립변인에 대하여 고정모형을 가정하는 것이 타당한지, 아니면 무선모형을 가정하는 것이 타당한지 판단하라.

a. 한 학교의 학부모들 중 아버지와 어머니들을 각각 100 명씩 표집하여 아동들과 함께 보내는 시간을 조사하였다.

b. 20 마리의 쥐를 5 집단으로 나누어서 20 시간 동안 굶긴 후, 무작위로 선정된 시각마다 한 집단씩의 쥐들에게 흥분제를 주사한 후 활동성을 측정하였다.

c. 200 명의 대학생들을 무작위로 추출하여 4 집단으로 분류한 후, 첫 번째 집단은 사회과학과목 1 강좌를 수강하게 하고, 두 번째 집단은 2 강좌, 세 번째 집단은 3 강좌, 네 번째 집단은 4 강좌를 수강하게 한 후, 정치적 태도가 얼마나 진보적인지를 측정하였다.

d. 3 세 아동과 5 세 아동을 각각 20 명씩 표집하여 거짓말할 수 있는 능력을 측정하였다.

e. '약간 지체', '심한 지체', '정상' 으로 분류된 아동들이 타인과의 대화를 먼저 시도하는 정도를 관찰하였다.

5-11. 연구논문에 변량분석표를 제시해야 하는 이유를 모형유형 (무선모형, 고정모형, 혼합모형) 과 연관하여 설명하라.

5-12. 주 효과와는 달리 상호작용 효과가 통계적으로 유의미한 경우에는 그 이유를

파악하기 위해서 Scheffè 검증과 Tukey 검증 등의 평균차이에 대한 사후검증을 해서는 안 된다. 그 이유를 가능한 자세히 설명하라.

5-13. 타인에게 본의 아니게 혹은 실수로 피해를 입히게 되면, 흔히 가해자는 피해자의 인격이나 성격, 혹은 지능 등을 낮게 평가하는 경향이 있다. 그 이유는 가해자가 자신의 잘못에 대한 핑계 혹은 변명거리를 찾으려 하기 때문이다. 이 가설을 검증하기 위한 실험의 자료가 아래에 제시되었다. 이 실험에서 진짜 피험자는 20 명의 남자대학생 (피험자) 들이고, 2 명의 연구조교가 피험자로 위장하여 어떤 과제를 수행하였다. 진짜 피험자들의 임무는 위장한 피험자가 과제수행에 실패할 때마다 전기충격을 주는 것이었다. 진짜 피험자가 전기스위치를 결 때 실제로는 전류가 흐르지 않지만, 위장피험자는 매우 괴로운 표정과 괴성을 발산하여 진짜 피험자로 하여금 전기충격의 존재를 믿도록 연기하였다. 진짜 피험자들은 실험을 시작하기 전과 후에 자신으로부터 전기충격을 받게 되는 위장피험자에 대하여 호감도, 지능, 인격 등을 평정하였다. 실험의 독립변인은 전기충격의 강도 (강/약) 이고, 종속변인은 실험전과 후의 평정치 사이의 차이다. 괄호안의 남녀구분은 위장피험자의 성별이다. 본의 아니게 타인에게 더 큰 피해를 입힐수록 피해자의 인격 등을 더 낮게 평가하는지의 여부를 검증하라.

약한 전기충격					강한 전기충격				
14 (남)	0 (여)	10 (남)	-8 (여)	2 (남)	-6 (남)	9 (여)	-2 (남)	-7 (여)	-10 (남)
-4 (여)	-2 (남)	8 (여)	6 (남)	4 (여)	5 (여)	-18 (남)	1 (여)	-14 (남)	-3 (여)

5-14. 이원변량분석에서 각 셀의 사례수가 동일하지 않으면 주 효과와 상호작용 효과의 통계적 검증을 위한 F 값의 경험적인 분포가 이론적인 F 분포와 일치하지 않는다. 그 이유는 각 셀의 사례수가 동일하지 않을 때 이론적인 F 분포가 가지는 가정들 중에 하나가 파기되기 때문인데, 어떤 가정이 파기되는지를 설명하라.

삼원변량분석 6

심리학에서 최초로 발표된 교차요인설계에 의한 실험연구는 Rubin-Rabson (1937) 인데, 이 연구는 음악기억에 영향을 주는 요인들을 파악하기 위한 삼원변량분석 모형을 사용한 연구였다고 한다. 삼원변량분석은 세 개의 요인을 가지므로 각 요인의 주 효과가 세 개, 두 개 요인씩의 이원상호작용 효과가 세 개, 세 개 요인들의 삼원상호작용 효과가 한 개 산출되어, 총 일곱 개의 효과가 산출된다. 즉, 집단간 자승합 (SSB) 이 일곱 개의 효과들로 분리된다. 삼원상호작용은 두 개 요인의 이원상호작용이 마지막 요인의 각 수준에서 동일하지 않을 때 존재한다. 일반적으로 삼원상호작용 효과는 매우 복잡한 양상을 가지게 마련이고, 해석이 난해하기 때문에 삼원변량분석 혹은 그 이상의 요인들이 개입된 변량분석이 많이 사용되지는 않는다. Rubin-Rabson (1937) 의 연구에서도 실험은 서로 교차된 3 요인에 의한 삼원교차요인 설계였지만, 실제 분석에서는 오직 3 요인들의 주 효과만 산출되었다. 그럼에도 불구하고, 분석절차나 해석요령은 이원변량분석의 논리적 연장이므로 이원변량분석에서의 논리적 단계를 준용하여 섬세하게 자료를 분석하면 흥미로운 연구결과를 얻어낼 수도 있다. 여기에서는 설명의 복잡성을 피하기 위하여 특별한 예를 이용하지 않고 다소 추상적으로 삼원변량분석의 내용을 살펴보기로 하자.

첫 번째 요인을 A, 두 번째 요인을 B, 세 번째 요인을 Z 라고 표기하자. 또한, 요인 A 는 c 개의 수준을 가지고, 요인 B 는 r 개의 수준을 가지며, 요인 Z 는 u 개의 수준을 가진다고 가정하자. 이 요인들의 수준들이 모두 완벽하게 서로 교차되었다면 즉, 이 요인들이 모두 교차요인 (crossed factors) 들이라면, 실험에는 총 (c)×(r)×(u) 개의 실험조건이 존재하게 된다. 만약 각 요인들이 두 개씩의 수준을 가진다면, 삼원 교차요인설계는 [그림 6-1] 과 같은 구조를 가지는 실험설계이다.

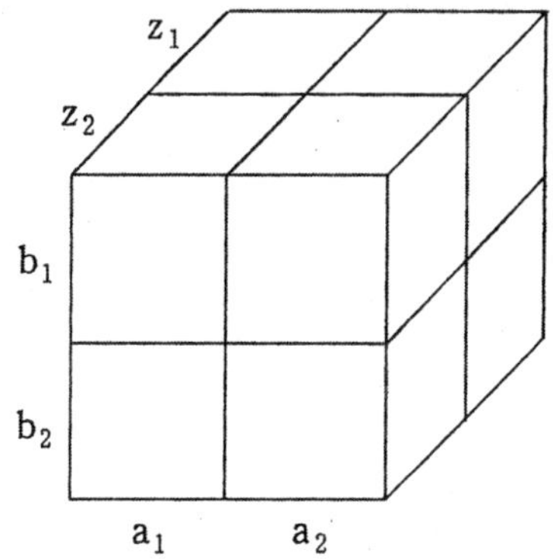

[그림 6-1] 삼원교차요인설계의 도식적 구조 (c=2, r=2, u=2 인 경우)

(c)×(r)×(u) 개의 각 실험조건의 종속변인 평균을 $\overline{Y}_{ijk}$ 라고 표기하자. i 는 요인 A 의 수준을 나타내는 기호로써, 1 부터 c 까지의 숫자를 가지고, j 는 요인 B 의 수준을 나타내는 기호로써, 1 부터 r 까지의 숫자를 가지며, k 는 요인 Z 의 수준을 나타내는 기호인데, 1 부터 u 까지의 숫자를 가진다.

1. 편차의 분할과 자승합의 분할

삼원변량분석의 특징은 삼원상호작용 효과가 산출된다는 것이다. 앞서 주 효과와 상호작용 효과의 산출은 그 효과들을 반영하는 '편차점수' 에 기초한다는 것을 자세히 살펴보았다. 삼원상호작용 효과의 산출도 역시 삼원상호작용에 의한 편차점수에 기초한다. 삼원상호작용에 의한 편차점수란 '각 실험조건 평균과 전체평균의 차이 ($\overline{Y}_{ijk} - \overline{Y}_{...}$) 중에 요인 A 에 의한 차이, 요인 B 에 의한 차이, 요인 Z 에 의한 차이의 합, 그리고 그 요인들의 이원상호작용에 의한 차이의 합을 모두 제외한 나머지' 를 말한다.

삼원상호작용에 의한 편차

$$
\begin{aligned}
&= (\overline{Y}_{ijk} - \overline{Y}_{...}) - (\overline{Y}_{i..} - \overline{Y}_{...}) \\
&- (\overline{Y}_{.j.} - \overline{Y}_{...}) - (\overline{Y}_{..k} - \overline{Y}_{...}) \\
&- (\overline{Y}_{ij.} - \overline{Y}_{i..} - \overline{Y}_{.j.} + \overline{Y}_{...}) \\
&- (\overline{Y}_{i.k} - \overline{Y}_{i..} - \overline{Y}_{..k} + \overline{Y}_{...}) \\
&- (\overline{Y}_{.jk} - \overline{Y}_{.j.} - \overline{Y}_{..k} + \overline{Y}_{...}) \\
&= (\overline{Y}_{ijk} - \overline{Y}_{ij.} - \overline{Y}_{i.k} - \overline{Y}_{.jk} + \overline{Y}_{i..} + \overline{Y}_{.j.} + \overline{Y}_{..k} - \overline{Y}_{...})
\end{aligned}
$$

편차분할 수식을 보다 명확히 이해하기 위하여 [그림 6-1] 에 예시된 삼원교차요인설계를 기준으로 [그림 6-2] 에 각 외곽평균들이 집계되는 실험조건들을 몇 가지 도식적으로 예시하였다.

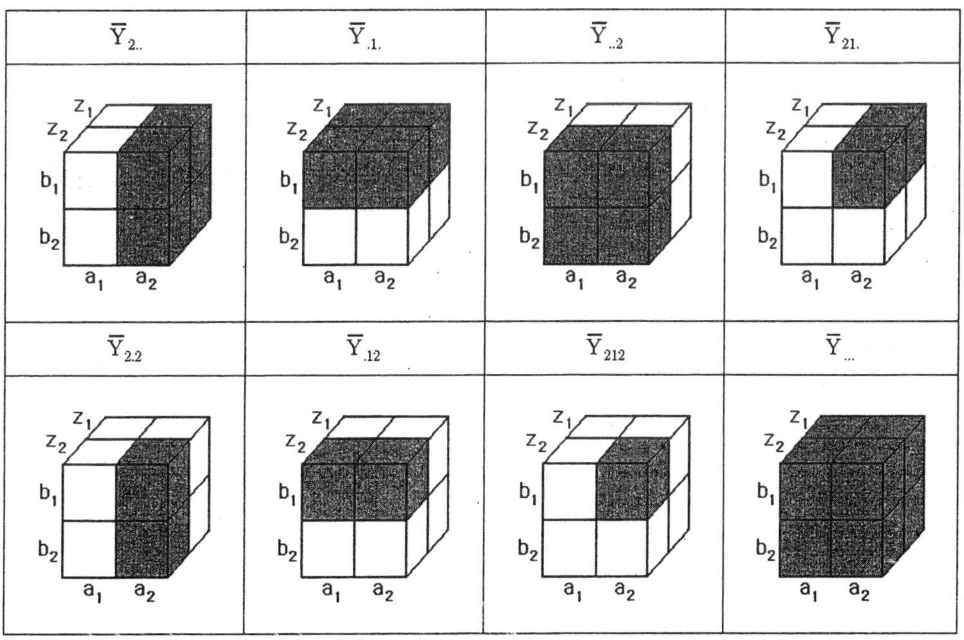

[그림 6-2] 2×2×2 삼원교차요인설계에서 각 외곽평균들이 집계되는 실험조건들의 예시

[그림 6-2] 에서 예를 들어, $\overline{Y}_{.1.}$ 는 요인 B 의 첫 번째 수준 (j=1) 의 종속변인 평균을 의미하는데, 요인 B 의 첫 번째 수준에 포함된 요인 A 의 모든 수준과 요인 Z 의 모든 수준의 종속변인 평균이다. 또한 예를 들어, $\overline{Y}_{212}$ 는 요인 A 의 두 번째 수준 (i=2) 과 요인 B 의 첫 번째 수준 (j=1), 그리고 요인 Z 의 두 번째 수준 (k=2) 이 결합된 셀의 종속변인 평균이다.

따라서 삼원변량분석에서 각 피험자의 종속측정치 (Y) 와 전체평균 ($\overline{Y}_{...}$) 사이의 전체편차는 다음과 같이 분할된다.

$(Y-\overline{Y}_{...})$	
$=(\overline{Y}_{i..}-\overline{Y}_{...})+(\overline{Y}_{.j.}-\overline{Y}_{...})+(\overline{Y}_{..k}-\overline{Y}_{...})$	→ 주 효과에 의한 편차
$+(\overline{Y}_{ij.}-\overline{Y}_{i..}-\overline{Y}_{.j.}+\overline{Y}_{...})$	→ 이원상호작용 효과에 의한 편차
$+(\overline{Y}_{i.k}-\overline{Y}_{i..}-\overline{Y}_{..k}+\overline{Y}_{...})$	
$+(\overline{Y}_{.jk}-\overline{Y}_{.j.}-\overline{Y}_{..k}+\overline{Y}_{...})$	
$+(\overline{Y}_{ijk}-\overline{Y}_{ij.}-\overline{Y}_{i.k}-\overline{Y}_{.jk}+\overline{Y}_{i..}+\overline{Y}_{.j.}+\overline{Y}_{..k}-\overline{Y}_{...})$	→ 삼원상호작용 효과에 의한 편차
$+(Y-\overline{Y}_{ijk})$	→ 집단내 편차

각 피험자에 대하여 이 편차들을 구한 후, 그들을 자승하여 모두 합하면 아홉 개의 자승합들이 구해지고, 모든 집단간 자승합과 집단내 자승합을 합하면 전체 자승합이 된다.

$$SSB_A=\Sigma(\overline{Y}_{i..}-\overline{Y}_{...})^2$$

$$SSB_B=\Sigma(\overline{Y}_{.j.}-\overline{Y}_{...})^2$$

$$SSB_Z=\Sigma(\overline{Y}_{..k}-\overline{Y}_{...})^2$$

$$SSB_{AB}=\Sigma(\overline{Y}_{ij.}-\overline{Y}_{i..}-\overline{Y}_{.j.}+\overline{Y}_{...})^2$$

$$SSB_{AZ}=\Sigma(\overline{Y}_{i.k}-\overline{Y}_{i..}-\overline{Y}_{..k}+\overline{Y}_{...})^2$$

$$SSB_{BZ} = \Sigma(\overline{Y}_{.jk} - \overline{Y}_{.j.} - \overline{Y}_{..k} + \overline{Y}_{...})^2$$

$$SSB_{ABZ} = \Sigma(\overline{Y}_{ijk} - \overline{Y}_{ij.} - \overline{Y}_{i.k} - \overline{Y}_{.jk} + \overline{Y}_{i..} + \overline{Y}_{.j.} + \overline{Y}_{..k} - \overline{Y}_{...})^2$$

$$SSW = \Sigma(Y - \overline{Y}_{ijk})^2$$

$$SST = \Sigma(Y - \overline{Y}_{...})^2$$

$$SSB_A + SSB_B + SSB_Z + SSB_{AB} + SSB_{AZ} + SSB_{BZ} + SSB_{ABZ} + SSW = SST.$$

2. 자유도

삼원변량분석에서 산출되는 세 개의 주 효과, 세 개의 이원상호작용 효과, 1 개의 삼원상호작용 효과, 그리고 한 개의 집단내 변산을 위한 자유도는 <표 6-1> 과 같다.

〈표 6-1〉 삼원변량분석의 자유도

주 효과	이원상호작용 효과	삼원상호작용 효과	집단내 변산
df_A=c-1 df_B=r-1 df_Z=u-1	df_{AB}=(c-1)(r-1) df_{AZ}=(c-1)(u-1) df_{BZ}=(r-1)(u-1)	df_{ABZ}=(c-1)(r-1)(u-1)	df_{within}= $N_{...}$-(c)(r)(u)

3. 평균자승의 기댓값

삼원변량분석의 각 효과들은 <표 6-2> 와 같은 평균자승의 기댓값을 가진다. 이 기댓값의 원형들은 이원변량분석에서와 마찬가지로 각 효과의 통계적 유의미도를 판단하기 위한 오차항을 결정하는 데 필수적인 정보를 제공한다. 기호 C 는 요인 A 의 모든 가능한 수준의 개수이고, 기호 R 은 요인 B 의 모든 가능한 수준의 개수이며, 기호 U 는 요인 Z 의 모든 가능한 수준의 개수이다.

〈표 6-2〉 삼원변량분석의 평균자승 기댓값의 원형

$$
\begin{aligned}
E(\, MSB_{A}) &= \sigma_e^2 + \frac{R-r}{R}\frac{U-u}{U} n\sigma_{ABZ}^2 + \frac{R-r}{R} un\sigma_{AB}^2 + \frac{U-u}{U} rn\sigma_{AZ}^2 + ru\,\sigma_{A}^2 \\
E(\, MSB_{B}) &= \sigma_e^2 + \frac{C-c}{C}\frac{U-u}{U} n\sigma_{ABZ}^2 + \frac{C-c}{C} un\sigma_{AB}^2 + \frac{U-u}{U} cn\sigma_{BZ}^2 + cu\,\sigma_{B}^2 \\
E(\, MSB_{Z}) &= \sigma_e^2 + \frac{C-c}{C}\frac{R-r}{R} n\sigma_{ABZ}^2 + \frac{C-c}{C} rn\sigma_{AZ}^2 + \frac{R-r}{R} cn\sigma_{BZ}^2 + cr\,\sigma_{Z}^2 \\
E(\, MSB_{AB}) &= \sigma_e^2 + \frac{U-u}{U} n\sigma_{ABZ}^2 + un\,\sigma_{AB}^2 \\
E(\, MSB_{AZ}) &= \sigma_e^2 + \frac{R-r}{R} n\sigma_{ABZ}^2 + rn\,\sigma_{AZ}^2 \\
E(\, MSB_{BZ}) &= \sigma_e^2 + \frac{C-c}{C} n\sigma_{ABZ}^2 + cn\,\sigma_{BZ}^2 \\
E(\, MSB_{ABZ}) &= \sigma_e^2 + n\,\sigma_{ABZ}^2 \\
E(\, MSW) &= \sigma_e^2
\end{aligned}
$$

만약 요인 A 가 고정요인으로 가정된다면 C=c 이고, 무선요인으로 가정된다면 (C-c)/C=1 이 된다. 만약 요인 B 가 고정요인으로 가정된다면 R=r 이고, 무선요인으로 가정된다면 (R-r)/R=1 이 된다. 만약 요인 Z 가 고정요인으로 가정된다면 U=u 이고, 무선요인으로 가정된다면 (U=u)/U=1 이 된다. 이와 같은 원칙을 적용하여 연구자가 독립변인의 속성을 어떻게 가정하는가에 따라서 <표 6-2> 의 기댓값의 원형들을 적절히 변형한 후, 각 효과의 통계적 유의미도를 파악하기 위한 오차항을 결정해야 한다.

4. 효과크기

이원변량분석에서와 마찬가지로 삼원변량분석에서 주 효과와 상호작용 효과들의 효과크기 η^2 는 연구자가 독립변인들의 수준들에 대하여 어떤 가정을 하는가에 따라서 다르게 정의된다. 이를 위한 효과크기의 일반적 정의는 이원변량분석에서의 정의와 같다.

$$\text{효과크기} = \frac{\text{효과}}{\text{효과} + \text{오차}}$$

삼원변량분석에서도 η^2 의 분모가 SST 가 아닐 뿐만 아니라, 효과의 종류 (주 효과 혹은 상호작용 효과) 에 따라서 그 분모가 모두 달라질 수 있기 때문에 η^2 을 일관되게 설명 변산의 비율로 해석하기 곤란하다. 즉, 이원변량분석에서와 마찬가지로 삼원변량분석의 효과크기는 다분히 추상적인 개념이다. '모집단 효과크기의 추정치' ω^2 (오메가 자승) 도 이원변량분석에서와 동일한 방법으로 산출된다.

5. 삼원상호작용 효과의 해석

위에서 언급한 바와 같이 삼원상호작용 효과가 유의미하면 어떤 한 요인의 각 수준에서 다른 두 요인들의 이원상호작용 효과가 각기 다르게 존재한다는 것을 뜻한다. 따라서 예를 들어, AB-효과가 요인 Z 의 첫 번째 수준에서도 유의미하고, 요인 Z 의 두 번째 수준에서도 동일한 양상으로 유의미하면, ABZ-효과 (삼원상호작용 효과) 는 유의미하지 않게 된다. 삼원상호작용 효과가 유의미한 경우, 한 요인의 각 수준에서 다른 두 요인들의 이원상호작용 효과가 어떤 양상으로 다르게 존재하는지를 파악하기 위해서는 실험조건 셀 평균 ($\overline{Y}_{ijk}$) 들을 이용한 그래프를 활용하는 것이 좋다. [그림 6-3] 은 삼원상호작용 효과가 존재하는 경우와 존재하지 않는 경우의 몇 가지를 선별하여 실험조건 셀 평균들의 양상을 예시한 것이다.

삼원상호작용은 그 양상이 복잡하기 마련이어서, 사전에 그 효과에 대한 자세한 예측이 부재한 경우, 해석의 문제점을 많이 내포하고 있다. 따라서 연구에 세 개 이상의 요인들이 포함된 경우에는 실험을 하기 전에 연구자가 예측하는 삼원상호작용의 양상을 논리적으로, 그리고 이론적으로 분명히 설정하고, 실험을 통하여 구해진 자료를 이용해서 그 예측된 양상을 확인하는 것이 매우 중요하다. 사전에 삼원상호작용에 대한 분명한 예측이 설정되지 않고, 자료분석 후에 나타난 삼원상호작용을 해석하고자 시도하는 것은 바람직하지 않은 연구관행이다.

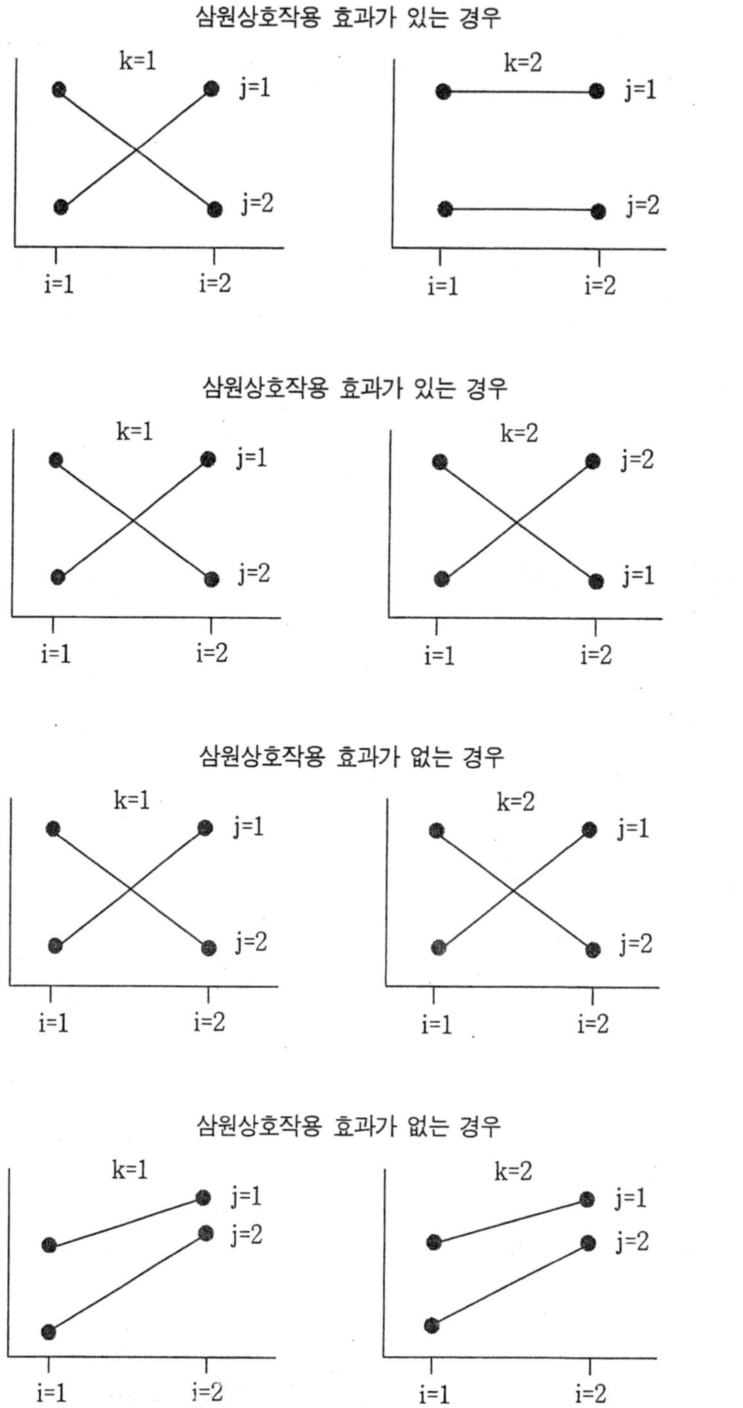

[그림 6-3] 삼원상호작용 효과가 있는 경우와 없는 경우의 실험조건 셀 평균의 양상

6. 대비분석

적어도 한 개의 요인이 세 개 이상의 수준들을 가지고, 삼원상호작용 혹은 이원상호작용이 유의미한 경우, 그 상호작용들이 과연 연구자가 예측한 양상을 가진 것인지의 여부를 보다 정밀히 판단하기 위하여 대비분석을 할 수 있다. 삼원변량분석의 대비분석은 이원변량분석의 대비분석의 연장에 지나지 않는다. 따라서 이원변량분석에서와 마찬가지로 모든 요인이 두 개씩의 수준을 가지는 경우에는 대비분석을 할 필요가 없다.

예를 들어, 요인 A 와 B 는 수준이 두 개이고, 요인 Z 는 수준이 세 개라면, 총 2×2×3 개의 실험조건이 존재하므로 11 개의 직교대비를 <표 6-3> 과 같이 만들 수 있다. <표 6-3> 의 대비계수들을 해당 실험조건의 평균에 곱해주고, 그것들을 모든 집단에 대해서 합하면 대비가 산출되고, 그 대비들을 이용하여 대비의 자승합을 이원변량분석에서와 동일한 방식으로 산출하면, 각 대비의 통계적 유의미도를 결정할 수 있다.

〈표 6-3〉 삼원변량분석에서 직교대비계수들의 한 가지 예

			A-효과	B-효과	Z-효과		AB-효과	AZ-효과		BZ-효과		ABZ-효과	
A 의 수준	B 의 수준	Z 의 수준	대비-01	대비-02	대비-03	대비-04	대비-05	대비-06	대비-07	대비-08	대비-09	대비-10	대비-11
1	1	1	1	1	2	0	1	2	0	2	0	2	0
1	1	2	1	1	-1	1	1	-1	1	-1	1	-1	1
1	1	3	1	1	-1	-1	1	-1	-1	-1	-1	-1	-1
1	2	1	1	-1	2	0	-1	2	0	-2	0	-2	0
1	2	2	1	-1	-1	1	-1	-1	1	1	-1	1	-1
1	2	3	1	-1	-1	-1	-1	-1	-1	1	1	1	1
2	1	1	-1	1	2	0	-1	-2	0	2	0	-2	0
2	1	2	-1	1	-1	1	-1	1	-1	-1	1	1	-1
2	1	3	-1	1	-1	-1	-1	1	1	-1	-1	1	1
2	2	1	-1	-1	2	0	1	-2	0	-2	0	2	0
2	2	2	-1	-1	-1	1	1	1	-1	1	-1	-1	1
2	2	3	-1	-1	-1	-1	1	1	1	1	1	-1	-1

7. 분석 예

학습능력에 영향을 주는 요인들을 파악하기 위한 어떤 동물실험 (쥐) 에서 발췌한 자료를 이용하여 삼원변량분석의 과정을 살펴보고자 한다.

〈표 6-4〉 학습능력에 영향을 주는 요인들을 파악하기 위한 쥐 실험자료

후천특질	환경	종자		
		영재	평균	둔재
유아맹목	열려진 환경	27 22 45 18 76 33	31 37 52 45 86 66	55 62 76 85 104 126
	억류된 환경	55 40 81 50 36 70	77 76 98 68 42 104	132 104 96 70 89 142
성인맹목	열려진 환경	61 39 76 60 46 59	61 71 82 92 103 105	140 122 99 92 68 101
	억류된 환경	88 92 95 103 51 73	100 120 120 131 89 76	142 150 96 105 80 125

학습능력에 영향을 주는 중요한 요인들은 크게 세 가지로 분류될 수 있다. 첫째는 타고난 소질 (유전) 이고, 둘째는 환경이며, 셋째는 후천성 특질이다. 따라서 이 실험에는 세 개의 요인이 사용되었는데, 첫 번째 요인은 쥐의 종자이다. 쥐의 종자는 쥐들에게 미로학습을 시킨 후, 성적이 우수한 쥐들끼리 교배를 하여 만들어진다. 이러한 선택교배를 여러 세대에 걸쳐서 지속적으로 실시하면, 미로학습에 천재적인 소질을 타고난 쥐들을 생산할 수 있다. '종자 (strain)' 요인은 세 가지 수준을 가지는데, 영재집단, 평균집단, 둔재집단이 그들이다. 두 번째 요인은 환경의 제한성이다. 이 '환경 (environment)' 요인은 두 개의 수준을 가지는데, 억류된 환경과 열려진 환경이 그들이다. 억류된 환경에서 생활하는 쥐들은 매우 좁은 공간에서 제한된 빛과 소리, 그리고 음식공급을 받으며 생활한다. 반면에 열려진 환경에서 생활하는 쥐들은 넓은 공간에서 무제한적인 환경적 혜택을 누리며 생활한다. 세 번째 요인은 후천성 특질인데, 이 요인은 두 개의 수준을 가진다. 후천성 특질의 한 수준은 어린 나이에 눈이

멀게 된 유아맹목이고, 다른 수준은 성인이 된 후 눈이 멀게 된 성인맹목이다. 이 실험에서는 이상 세 개의 요인들로 구성된 12 개 집단에 72 마리의 쥐들을 무작위 할당하여 성장시킨 후, 미로학습을 실시하였다. 종속변인은 미로학습에서 범한 실수의 횟수이다. 72 마리 각각의 쥐들이 범한 실수의 횟수가 <표 6-4> 와 같다.

모든 요인이 고정요인이라고 가정되면, 삼원변량분석의 결과는 <표 6-5> 와 같다. 반면에 후천성 특질과 환경이 무선요인이라는 가정을 하고 삼원변량분석의 결과를 산출하면 <표 6-6> 과 같다.

〈표 6-5〉 모든 요인이 고정요인이라고 가정된 삼원변량분석의 결과

변산원	자승합	자유도	평균자승	F	p
후천특질 (A)	9730.125	1	9730.125	20.293	<.01
환경 (B)	7667.347	1	7667.347	15.991	<.01
종자 (Z)	23630.030	2	11815.010	24.641	<.01
A×B	8.681	1	8.681	0.018	ns
A×Z	751.750	2	375.875	0.784	ns
B×Z	136.194	2	68.097	0.142	ns
A×B×Z	223.694	2	111.847	0.233	ns
집단내	28769.500	60	479.492		
전체	70917.320	71	998.835		

〈표 6-6〉 후천성 특질과 환경이 무선요인이라고 가정된 삼원변량분석의 결과

변산원	자승합	자유도	평균자승	F	p
후천특질 (A)	9730.125	1	9730.125	1120.853	<.01
환경 (B)	7667.347	1	7667.347	883.233	<.01
종자 (Z)	23630.030	2	11815.010	—	—
A×B	8.681	1	8.681	0.018	ns
A×Z	751.750	2	375.875	3.361	ns
B×Z	136.194	2	68.097	0.609	ns
A×B×Z	223.694	2	111.847	0.233	ns
집단내	28769.500	60	479.492		
전체	70917.320	71	998.835		

후천성 특질과 환경이 무선요인이라고 가정하는 경우에는 종자 요인의 주 효과를 통계적으로 검증할 수 없다. 그 이유는 앞서 <표 6-2> 에 제시된 평균자승의 기댓값의 원형이 후천성 특질과 환경이 무선요인인 경우에 <표 6-7> 과 같이 변형되기 때문이다.

〈표 6-7〉 후천성 특질 (A) 과 환경 (B) 이 무선요인인 경우의 평균자승 기댓값

$E(MSB_A) = \sigma_e^2 + un\,\sigma_{AB}^2 + ru\,\sigma_A^2$	$E(MSB_B) = \sigma_e^2 + un\,\sigma_{AB}^2 + cu\,\sigma_B^2$
$E(MSB_Z) = \sigma_e^2 + n\,\sigma_{ABZ}^2 + rn\,\sigma_{AZ}^2 + cn\,\sigma_{BZ}^2 + cr\,\sigma_Z^2$	$E(MSB_{AB}) = \sigma_e^2 + un\,\sigma_{AB}^2$
$E(MSB_{AZ}) = \sigma_e^2 + n\,\sigma_{ABZ}^2 + rn\,\sigma_{AZ}^2$	$E(MSB_{BZ}) = \sigma_e^2 + n\,\sigma_{ABZ}^2 + cn\,\sigma_{BZ}^2$
$E(MSB_{ABZ}) = \sigma_e^2 + n\,\sigma_{ABZ}^2$	$E(MSW) = \sigma_e^2$

<표 6-7> 을 보면 종자 요인의 평균자승 기댓값 $E(MSB_Z)$ 이 다섯 개의 요소 (σ_e^2, $n\sigma_{ABZ}^2$, $rn\sigma_{AZ}^2$, $cn\sigma_{BZ}^2$, $cr\sigma_Z^2$) 로 구성되는 것을 알 수 있다. 따라서 이 종자 요인의 주 효과를 산출하기 위해서는 평균자승의 기댓값이 $\sigma_e^2 + n\,\sigma_{ABZ}^2 + rn\,\sigma_{AZ}^2 + cn\,\sigma_{BZ}^2$ 인 변산원이 필요하다는 것을 알 수 있다. 그러나 후천성 특질과 환경이 무선요인이라고 가정하는 경우에 이와 같은 평균자승의 기댓값을 가지는 변산원이 존재하지 않으므로 종자 요인의 주 효과를 통계적으로 검증할 수 없다.

앞서 대비분석에 관한 설명에서 원래의 실험집단들을 두 개로 통합하건, 아니면 원래의 실험집단들 중에서 두 개의 집단을 선택하건, 모든 대비는 결국 두 개의 집단들 사이의 평균차이라고 하였다. 따라서 대비분석은 언제나 고정모형을 전제로 한다. 고정모형의 전제하에, 전체 실험조건이 2×2×3=12 개이므로 11 개의 직교대비를 구성할 수 있다. 이 직교대비들을 C01-C11 로 표기하면, C01 은 후천적 특질의 주 효과, C02 는 환경의 주 효과, C03 과 C04 는 종자의 주 효과를 각각 대표하고, 나머지 대비들은 이들의 상호작용효과를 대표한다. 즉, C05=C01×C02, C06=C01×C03, C07=C01×C04, C08=C02×C03, C09=C02×C04, C10=C01×C02×C03, C11=C01×C02×C04 로 구성된다.

<표 6-4> 에 제시된 학습능력에 영향을 주는 요인들을 파악하기 위한 쥐 실험자료에 대하여 <표 6-8> 과 같이 구성된 직교대비들의 값과 그들의 자승합을 구한 것

이 <표 6-9> 에 제시되어 있고, 그 자승합들을 고정모형을 가정한 삼원변량분석표 (<표 6-5>) 에 삽입하여 새로이 작성된 변량분석표가 <표 6-10> 에 제시되었다.

〈표 6-8〉 삼원교차요인 설계된 실험자료에 대한 직교대비 구성의 예

요인			평균	대비										
종자	후천특질	환경		C01	C02	C03	C04	C05	C06	C07	C08	C09	C10	C11
영재	유아맹목	열린	36.833	1	1	2	0	1	2	0	2	0	2	0
영재	유아맹목	억류	55.333	1	-1	2	0	-1	2	0	-2	0	-2	0
영재	성인맹목	열린	56.833	-1	1	2	0	-1	-2	0	2	0	-2	0
영재	성인맹목	억류	83.667	-1	-1	2	0	1	-2	0	-2	0	2	0
평균	유아맹목	열린	52.833	1	1	-1	1	1	-1	1	-1	1	-1	1
평균	유아맹목	억류	77.500	1	-1	-1	1	-1	-1	1	1	-1	1	-1
평균	성인맹목	열린	85.667	-1	1	-1	1	-1	1	-1	-1	1	1	-1
평균	성인맹목	억류	106.000	-1	-1	-1	1	1	1	-1	1	-1	-1	1
둔재	유아맹목	열린	84.667	1	1	-1	-1	1	-1	-1	-1	-1	-1	-1
둔재	유아맹목	억류	105.500	1	-1	-1	-1	-1	-1	-1	1	1	1	1
둔재	성인맹목	열린	103.667	-1	1	-1	-1	-1	1	1	-1	-1	1	1
둔재	성인맹목	억류	116.333	-1	-1	-1	-1	1	1	1	1	1	-1	-1

〈표 6-9〉 쥐 실험자료에서의 대비와 대비 자승합의 계산

	대비										
	C01	C02	C03	C04	C05	C06	C07	C08	C09	C10	C11
Ψ	-139.50	-123.83	-266.83	-88.16	-4.16	-5.50	-31.50	-12.16	-11.50	29.16	3.83
SSB	9730.12	7667.34	17800.02	5830.00	8.68	7.46	744.23	37.02	99.17	212.67	11.01

<표 6-10> 을 보면 쥐들의 미로학습능력에 대하여 세 개의 요인들이 모두 통계적으로 유의미한 주 효과를 가진다. 그런데 종자 요인의 주 효과는 주로 C03 의 대비에 의해 설명된다는 것을 알 수 있다. 종자 요인의 자승합 23630.030 중에 75% 에 해당하는 17800.029 가 C03 에 의한 집단간 변산이다. 대비 C03 는 <표 6-8> 의 대비계수들을 보면, 영재집단과 나머지 두 집단 (평균과 둔재) 의 차이이다. 따라서 쥐들의 미로학습능력에 대한 종자 요인의 영향은 주로 영재집단이 다른 집단들에 비하여

탁월하기 때문이라고 해석할 수 있다. 이 점을 보다 명확히 제시하기 위해서 표 혹은 그래프로 2×2×3=12 개의 실험조건들의 평균을 제시할 수 있을 것이다.

〈표 6-10〉 직교대비를 포함한 삼원변량분석표

변산원		자승합	자유도	평균자승	F	p
후천특질 (A)		9730.125	1	9730.125	20.293	<.01
환경 (B)		7667.347	1	7667.347	15.991	<.01
종자 (Z)		23630.030	2	11815.010	24.641	<.01
	C03	17800.029	1	17800.029	37.123	<.01
	C04	5830.001	1	5830.001	12.159	<.01
A×B		8.681	1	8.681	0.018	ns
A×Z		751.750	2	375.875	0.784	ns
	C06	7.465	1	7.465	0.016	ns
	C07	744.235	1	744.235	1.552	ns
B×Z		136.194	2	68.097	0.142	ns
	C08	37.021	1	37.021	0.077	ns
	C09	99.173	1	99.173	0.207	ns
A×B×Z		223.694	2	111.847	0.233	ns
	C10	212.675	1	212.675	0.444	ns
	C11	11.019	1	11.019	0.023	ns
집단내		28769.500	60	479.492		
전체		70917.320	71	998.835		

연습문제

6-1. 다음은 어린 아동들의 행동수정을 위하여 효과적인 방법을 모색하기 위한 실험에서 구해진 자료이다. 이 실험에는 세 개의 독립변인이 각 두 개씩의 수준을 가지도록 조작되었는데, 첫째 독립변인은 '보상의 강도' 이고, 둘째는 '사회

적 결핍' 이며, 세 번째는 '보상자의 성별' 이다. 이 실험에서 아동들은 커다란 통에 들어 있는 목제도형을 하나씩 꺼내어서 두 개의 상자들 중 하나에 집어넣는 과제를 수행하였다. 그 두 개의 상자들은 위 뚜껑에 특정한 모양의 구멍이 뚫려 있고, 아동들은 그 구멍을 통하여 목제도형을 집어넣는 것이었다. 두 개의 상자에 뚫린 구멍들은 각기 모양이 다른데, 연구자는 각 아동들이 그 구멍들 중 어떤 모양을 심정적으로 더 선호하는지를 우선 파악하였다. 독립변인 '보상의 강도' 의 수준들 중 강한 보상 조건에서는 아동이 선호하지 않는 구멍에 목제도형을 집어넣을 때마다 연구자는 고개를 끄떡이고, 웃음을 보여주며, 칭찬하는 말을 해주었다. 반면에 약한 보상 조건은 웃음만 보여주고 고개를 끄떡이거나 칭찬하는 말을 해주지 않는 조건이었다. 독립변인 '사회적 결핍' 의 수준들 중 심한고립 조건에서는 실험 전에 아동들이 80 분 동안 대기실에 혼자 고립되어 있었고, 약한 고립 조건에서는 40 분 동안 혼자 고립되어 있었다. 세 번째 독립변인 '보상자의 성별' 은 보상을 주는 성인이 남자이거나 여자인 조건들로 조작되었다. 각 실험조건에 4 명씩의 아동들이 무작위로 할당되었고, 종속변인은 각 아동이 자신이 선호하지 않는 구멍에 넣은 목제도형의 개수이다. 삼원변량분석 표를 작성하라.

	강한 보상		약한 보상	
	약한 고립	강한 고립	약한 고립	강한 고립
남자 보상자	3 6 3 3	7 8 7 6	1 2 2 2	5 6 5 6
여자 보상자	4 5 4 3	7 8 9 8	2 3 4 3	10 10 9 11

반복측정설계 7

실험의 가장 중요한 원칙 중의 하나가 가외변인 (extraneous variable) 의 통제이다. 이것을 변량분석의 창안자인 Fisher 는 '현장통제 (local control)' 라고 지칭하였다. 가외변인이란 연구와는 무관하면서 연구결과를 오염시킴으로서 독립변인의 효과를 잘못 추정하거나, 그 추정을 모호하게 하는 변인들을 말한다. 예를 들어서, 어떤 속옷 생산회사에서 최첨단 소재를 사용한 새로운 여성용 속옷을 제품화하였는데, 그 제품이 기존의 제품들에 비하여 소비자들에게 월등히 더 선호되는지를 파악하기 원한다고 가정하자. 그런 경우, 여성소비자들을 표집하여 두 집단으로 나누고, 한 집단에는 기존제품을 사용하게 하고, 다른 집단에는 신제품을 사용하게 한 후, 선호평정을 시켜서 두 집단의 평균적인 선호도를 비교할 수 있다. <표 7-1> 과 같은 경우를 상상해보자.

신제품 사용집단의 평정치 평균이 기존제품 사용집단의 평정치 평균보다 높으므로 최첨단 소재를 사용한 신제품이 기존제품보다 선호된다고 판단할 수 있다. 그러나 이 판단은 잘못된 판단일 가능성이 있는데, 그 이유는 신제품 사용집단의 피험자 성향과 기존제품 사용집단의 피험자 성향이 다르기 때문이다. 두 집단의 평균이 큰 차이를 가지는 이유 중에 한 가지 가능한 이유는, 이 회사의 제품은 기존 것이든 새로운 것이든 미혼여성들의 취향에 맞는 것인데, 다만 신제품 사용집단에 미혼여성이 많이 할당되었기 때문이라는 것이다. 만약 두 집단의 피험자 성향이 동일하다면, 평균차이가 발생하지 않았을 수도 있다. 따라서 자료에서 나타난 평균차이는 실제로 제품에 대한 선호도의 차이에 의한 것일 수도 있고, 두 집단의 피험자 성향 즉, 결혼 상태의 차이에 의한 것일 수도 있다. 그 두 가지 중 어떤 것이 실제로 평균차이를 유발한 것인지를 현재의 자료만으로는 가려낼 수 없으므로 이 연구를 위한 모든 노력은 헛수고에 지나지 않는다.

〈표 7-1〉 최첨단 여성용 속옷 선호도 실험자료

기존제품 사용집단		신제품 사용집단	
피험자	평정치	피험자	평정치
미혼여성 1	8	미혼여성 2	8
기혼여성 1	2	미혼여성 3	9
기혼여성 2	3	미혼여성 4	9
기혼여성 3	4	미혼여성 5	7
기혼여성 4	1	기혼여성 5	4
평정치 평균 = 3.6		평정치 평균 = 7.4	

이 예에서는 가외변인인 '결혼여부' 의 효과가 독립변인인 제품의 효과와 혼합되어 (confound) 연구결과의 해석을 불가능하게 만들고 있다. 이러한 가외변인의 혼합을 방지하는 가장 대표적인 방법이 무선할당 (random assignment) 이다. 피험자들을 실험조건에 무작위로 할당하면 종국적으로 (in the long run) 실험조건들의 피험자 성향 (성별, 나이, 결혼상태, 체질 등) 이 골고루 섞이게 되어 많은 가외변인들, 특히 피험자의 성향과 관련된 가외변인들의 혼합이 예방될 수 있다.

그러나 무선할당의 한 가지 단점은, 피험자의 전체 숫자가 많지 않은 경우에는 무선할당을 하여도 실험집단들의 피험자 성향이 동일해지지 않을 수 있다는 것이다. 피험자의 수가 적고, 피험자의 각종 성향들을 무선할당에 의해 통제하기 어려운 경우에는 모든 실험조건에서 동일한 피험자들을 반복적으로 관찰하는 이른 바 '반복측정설계 (repeated measurements design)' 를 고려할 필요가 있다. 반복측정설계에서는 모든 실험조건의 피험자들이 동일한 사람들이므로 나이, 성별, 체질, 성격 등의 모든 피험자 성향이 완벽하게 통제된다. 반복측정설계를 동일인을 각기 다른 조건과 상황에서 비교하는 것이므로 '피험자내 요인 설계 (within-subject factor design)' 라고 부르기도 한다. 반면에 각 실험조건에 다른 피험자들이 할당되는 독립집단 설계를 '피험자간 요인 설계 (between-subjects factor design)' 라고 부르기도 한다.

반복측정설계에 의한 변량분석은 심리학자인 L. G. Humphreys (1943) 에 의하여 개발되었다. 분석적인 관점에서 반복측정설계는 앞서 이원변량분석의 맥락에서 함께 설명된 무선구획설계의 한 특수한 형태이다. 여기에서 '특수한' 이라는 형용사의 의미는 각 구획에 사례수가 한 개인 경우를 말한다. 즉, 각 피험자가 구획을 이루게 된다. 따라서 실험에서 한 개의 독립변인의 효과가 검증되는 경우, 분석에서는 그 독립변인과 구획변인 (피험자) 에 의한 이원변량분석이 이루어진다. 마찬가지로 실험에서 두 개의 독립변인이 조작되는 경우, 분석에서는 삼원변량분석이 이루어진다. 이와 같이 피험자를 하나의 독립변인으로 간주하면, 소위 순수한 오차 (pure error) 와 개인차 (individual difference) 를 구분할 수 있고, 따라서 통계검증의 검증력을 높일 수 있는 장점이 생긴다. 실험자료의 분석에서 순수한 오차와 개인차를 구별해야 한다는 인식은 반복측정설계에 의한 변량분석이 L. G. Humphreys 에 의해서 공식적으로 발표되기 전부터 일찍 논의되고 있었다 (Garrett, 1940; Garrett & Zubin, 1943). 반복측정설계에 의한 변량분석은 이러한 인식을 구체화시킨 분석기법이다.

그러나 반복측정설계는 단점을 가지는 경우도 있는데, 소위 '순차효과 (sequence effect)' 라는 오염에 의해 결과가 왜곡될 수 있다. 중요한 순차효과는 '연습효과 (practice effect)', '순서효과 (order effect)', 그리고 '범람효과 (carry-over effect 혹은 spill-over effect)' 등이 존재한다 (Baxter, 1942; Babington-Smith, 1950). 연습효과란 동일한 피험자들이 실험조건에 반복적으로 참여하는 경우, 만약 그 실험조건들이 서로 유사한 처치 혹은 상황으로 이루어졌다면, 처음에 참여한 조건에서의 경험에 의해 나중에 참여하는 조건에서 더 좋은 혹은 더 숙달된 행동을 보이게 되는 것을 말한다. 순서효과란 어떤 조건에 먼저 참여하느냐에 따라서 행동이 다르게 나타나는 것을 말한다. 범람효과란 첫 번째 조건에서의 경험에 의해 생기는 생리적, 심리적 효과가 사라지기 전에 두 번째 조건에 참여함으로써 앞서 생긴 심리, 생리적 반응과 두 번째 조건에서 경험된 것이 서로 혼합되어 나타나는 것을 말한다.

반복측정설계에는 거의 언제나 순차효과에 의한 결과의 오염이 가능하므로 이를 방지하기 위한 실험절차를 이용하는 경우가 많다. 반복측정설계의 속성상 순차효과가 생기지 않도록 조치하는 것은 불가능하지만, 순차효과가 생기더라도 그것이 결과를 오염시키지 않도록 조치할 수는 있다. 이 절차를 '교차균형화 (cross-balancing)' 라고 부르는데, 각 피험자마다 참여하는 실험조건의 순서를 다르게 해주는 것이다. 만약 피험자의 수가 실험조건의 수에 비하여 적다면, 체계적인 계획을 세워서 각 피험자에게 서로 다른 순서로 실험을 실시한다. 이를 위하여 체계적인 계획을 세우는 한 가지 방법이 뒤에서 설명될 '라틴스퀘어 설계 (Latin-square design)' 이다. 반면에 피험자의 수가 많다면 각 피험자가 참여하는 실험조건들의 순서를 무작위적인 방식으로 결정할 수 있다. 각 피험자가 무작위로 정해진 순서에 따라서 각 실험조건에 참여하는 경우는 앞서 설명한 '무선구획설계 (randomized block design)' 의 일종이다. 반복측정설계는 각 피험자가 하나의 구획으로 간주되는 구획설계인데, 각 구획 내에서 피험자가 실험조건에 무작위로 할당되기 때문이다. 계획적이건, 무작위적이건 간에, 이 절차의 관건은 첫 번째 조건이 첫 번째로 실시되는 피험자의 수와 두 번째로 실시되는 피험자의 수, 세 번째로 실시되는 피험자의 수 등을 동일하게 해주는 것이다. 그러면 순차효과가 당연히 발생하겠지만, 그 순차효과가 피험자들 사이에서 서로 상쇄되어 결과에 영향을 주지 않게 된다.

1. 일요인 반복측정설계

일요인 반복측정설계 (one-factor experiment with repeated measurements) 혹은 일요인 피험자내 요인 설계는 실험에서 조작된 독립변인이 한 개이고, 이 독립변인의 각 수준에서 동일한 피험자들이 관찰되는 실험설계이다. 예를 들기 위하여 위에서 사용한 속옷 신제품 실험을 약간 변형하기로 하자. 이 변형된 실험에서는 세 개의 실험조건이 구성되었는데, 첫째는 최첨단 신제품을 사용한 조건이고, 둘째는 기존제품을 사용한 조건이며, 셋째는 타사제품을 사용한 조건이다. 따라서 이 실험에서의 독립변인을 '제품' 이라고 명명하고, 이 독립변인은 세 개의 수준으로 이루어졌다고 가정한다. 다섯 명의 여성이 이 세 가지 제품을 각각 사용해보고 <표 7-2> 와 같이 선호도를 평정하였다.

<표 7-2> 의 자료에 대하여 제품과 피험자를 두 개의 독립변인으로 가지는 이원변량분석을 하면 <표 7-3> 과 같은 결과가 산출된다. <표 7-3> 의 변량분석표에서 주목할 사항들은 다음의 것들이다. ① 집단 내 자승합이 0 이다; 즉, 집단 내 변산이 없다; ② 피험자 요인의 통계적 유의미도가 검증되지 않는다; ③ 제품요인의 통계적

유의미도를 판단하기 위한 오차항이 MSW 가 아니고 MSB_{PS} 즉, 상호작용효과의 평균자승이다; ④ 상호작용효과의 통계적 유의미도 역시 검증되지 않는다. 이 사항들이 반복측정설계에 대한 변량분석의 특징이다. 이들을 하나씩 살펴보기로 하자.

〈표 7-2〉 세 가지 여성용 속옷 제품에 대한 다섯 명 피험자의 평정치 자료

제품조건 / 피험자	신제품 조건	기존제품 조건	타사제품 조건
피험자 1	8	5	6
피험자 2	6	2	7
피험자 3	7	4	9
피험자 4	9	2	8
피험자 5	7	3	9

〈표 7-3〉 여성용 속옷 선호도 자료에 대한 이원변량분석 결과

변산원	자승합	자유도	평균자승	F
제품 (P)	64.93	2	32.47	18.88**
피험자 (S)	5.07	4	1.27	
(P)×(S)	13.73	8	1.72	
집단내	0.00	0	0.00	
전체	83.73	14	5.98	

일요인 반복측정설계에서는 독립변인과 피험자 요인으로 구성된 '실험조건' 내에 오직 한 개의 종속측정치가 존재할 뿐이다. 따라서 집단내 변산이 있을 수 없고, 집단내 자승합 SSW 와 그것의 평균자승 MSW 가 모두 0 이며, 그들의 자유도 df_{within} 또한 0 이 될 수밖에 없다.

일요인 반복측정설계에서는 일반적으로 피험자 요인 (S) 을 무선요인으로, 독립변인 (P) 을 고정요인으로 가정한다. 따라서 각 효과에 대한 평균자승의 기댓값은 다음과 같이 구성된다. 아래의 수식에서 N 은 전체 피험자의 수이고, C 는 독립변인 (제품) 의 모든 가능한 수준의 개수이다.

$$E(MSB_P) = \sigma_e^2 + \sigma_{PS}^2 + N\sigma_P^2$$

$$E(MSB_S) = \sigma_e^2 + C\sigma_S^2$$

$$E(MSB_{PS}) = \sigma_e^2 + \sigma_{PS}^2$$

이원변량분석에서의 평균자승 기댓값의 원형을 이용하여 C=c 를 가정하고, (R-r)/R=1 을 가정한 후, n=1 을 대입하면 일요인 반복측정설계를 위한 위의 기댓값들이 도출된다. $E(MSB_S)$ 를 위한 공식에서 C 는 실제로는 nC 인데, n=1 이므로 C 가 된다.

집단내 변산이 존재하지 않으므로 (0 이므로) 집단내 평균자승의 기댓값 역시 존재하지 않는다. 위의 평균자승 기댓값들을 보면, 제품 효과의 통계적 유의미도를 위한 적절한 오차항은 상호작용 효과의 평균자승이라는 것을 알 수 있다. 또한 피험자 효과의 통계적 유의미도를 위한 적절한 오차항과 상호작용 효과를 위한 적절한 오차항이 존재하지 않는다는 것도 쉽게 파악된다. 따라서 일요인 반복측정설계에서 피험자 효과와 상호작용 효과는 산출되지 않는다. 그런데 만약 피험자 효과가 통계적으로 유의미하다면 그것은 피험자들마다 종류를 불문하고 속옷 자체를 선호하는 정도가 다르다는 것을 의미한다. 또한 피험자 요인과 제품 요인의 상호작용 효과가 유의미하다면 그것은 각 피험자가 선호하는 속옷제품의 종류가 다르다는 것을 의미한다. 이러한 하찮은 의미를 가지는 피험자 요인의 효과와 상호작용 효과는 연구의 관심사가 아니므로 그 효과들의 통계적 유의미도가 검증되지 않더라도 연구의 목적에 대하여 전혀 해가 되지 않는다. 연구의 중요한 관심은 독립변인 (제품) 의 효과이고, 피험자 요인은 단지 가외변인을 통제하기 위한 수단에 불과하다.

<표 7-3> 의 결과를 보면 피험자들의 선호도에 대한 제품의 효과가 통계적으로 유의미하다 (F=18.88). 제품 요인의 효과크기는 앞서 설명된 바와 같이 '(효과)/(효과+오차)' 로 정의되므로, 제품 요인의 η^2 는 (64.93)/(64.93+13.17)=0.83 이다.

만약 <표 7-2> 의 자료를 마치 피험자간 독립집단 설계에 의한 실험에서 얻어진 자료처럼 분석하였다면 어떤 결과가 산출되었을까? <표 7-2> 의 자료를 마치 피험자간 설계에 의한 실험에서 얻어진 자료처럼 분석한다는 것은 제품 요인을 유일한 독립변인으로 가지는 일원변량분석을 한다는 것을 의미한다. 그와 같은 잘못된 일원변량분석을 수행한 결과가 <표 7-4> 에 제시되었다.

〈표 7-4〉 여성용 속옷 선호도 자료에 대한 일원변량분석 (잘못된 분석) 결과

변산원	자승합	자유도	평균자승	F
제품 (P)	64.93	2	32.47	20.72**
집단내	18.80	12	1.57	
전체	83.73	14	5.98	

자료를 마치 피험자간 독립집단 설계에 의한 실험에서 얻어진 자료처럼 잘못 분석한 <표 7-4> 에서는 집단내 자승합이 18.80 으로 산출되었다. 그런데 이 집단내 자승합이 <표 7-3> 의 일요인 반복측정 설계를 위한 이원변량분석에서는 피험자 요인의 자승합 (5.07) 과 상호작용 효과의 자승합 (13.73) 으로 분리된다는 것을 알 수 있다. 반면에 제품 요인의 자승합 (64.93) 과 전체 자승합 (83.73) 은 두 가지 분석에서 모두 동일하다. 이러한 사실들을 주의깊게 생각해보면, 피험자간 설계를 가정한 잘못된 분석에서는 제품 요인의 효과를 통계적으로 검증하기 위한 오차항의 자승합 (18.80) 이 일요인 반복측정 설계를 옳게 반영한 분석에서의 그 자승합 (13.73) 보다 크다는 것을 알 수 있다. 즉, 일요인 반복측정 설계를 옳게 반영한 분석에서 제품 요인의 효과를 통계적으로 검증하기 위한 오차항의 자승합 (즉, 상호작용 효과의 자승합) 은 피험자에 따른 변산성 (자승합) 이 제거된 오차항이다. 이러한 이유 때문에 일반적으로 반복측정설계에 의한 실험에서는 피험자간 독립집단 설계에 의한 실험에서보다 독립변인 (i. e., 제품) 의 효과가 통계적으로 유의미하다는 결론이 도출되기가 더 쉽다 (여기에서 사용된 예에서는 제품의 효과가 워낙 크므로 어떻게 분석을 하건 동일한 결론에 도달하였다. 그러나 이러한 동일한 결론이 일반적인 현상인 것은 결코 아니다).

앞서 오차 변산을 줄이기 위한 구획설계의 용도를 자세히 살펴본 바 있다. 오차 변산을 줄이는 핵심적 요소는 잘 선정된 구획변인이다. 구획변인은 흔히 피험자 특성을 대표하는 변인으로 선정된다는 것도 설명한 바 있다. 말하자면 종속변인에서 피험자들 간의 개인차를 유발하는 대표적인 변인을 선정하여, 그 구획변인에 의해 설명되는 개인차를 오차항에서 제거하는 것이다. 동일한 논리가 일요인 반복측정설계에 내재한다. 반복측정설계에서 피험자 요인은 일종의 구획변인이다. 이 요인은 연구의 주된 관심대상은 아니지만, 독립변인의 효과를 판단하기 위한 오차 변산에서 개인적 특성의 차이에 의한 변산을 제거하는 역할을 한다. 따라서 반복측정설계를

하면 각 조건에 독립적인 피험자들을 할당하는 독립집단설계 혹은 피험자간 요인 설계를 하는 경우에 비해서 일반적으로 독립변인의 효과가 더 크게 나오는 경향이 있다. 말하자면 반복측정설계는 독립집단설계에 비하여 통계적 검증력이 우수한 실험설계방식이다.

반복측정 변량분석에서 피험자의 특성차이에 의한 변산성 (피험자간 개인차) 을 피험자 자승합 SSB_S 로 별도로 분리해내는 것은 단순히 독립변인의 효과에 대하여 통계적으로 유의미한 결과를 쉽게 산출하는 것보다 더 중요한 의미를 가진다. <표 7-2> 의 자료에서 신제품 조건의 평균은 7.4 이고, 기존제품 조건의 평균은 3.2 이며, 타사제품 조건의 평균은 7.8 이다. 이 평균들은 각 제품에 대한 상대적인 선호도를 반영하는 것으로 보인다. 그러나 만약 각 실험조건에 각기 다른 피험자들이 할당되어 실험된 것이라면, 그 때에도 이 평균들은 상대적인 선호도를 반영하는 것으로 볼 수 있을까? 사람들이 속옷에 대하여 각기 다른 선호도를 가졌다고 가정해보자. 즉, 어떤 사람은 속옷입기를 즐기고, 어떤 사람은 속옷입기를 싫어할 수도 있다. 그런데 만약 타사제품 조건에 할당된 다섯 명의 피험자들은 속옷입기를 즐기는 사람들이고, 기존제품 조건에 할당된 다섯 명의 피험자들은 속옷입기를 싫어하는 사람들이라면, 각 실험조건의 평균 차이는 제품의 상대적인 선호도를 반영하는 것이 아니라 각 실험조건에 할당된 피험자들의 특성 혹은 피험자들의 개인차를 반영하는 것이다. 따라서 이런 경우에는 피험자들의 특성 혹은 개인차에 따른 변산성을 따로 분리해내어 독립변인의 효과와 혼동되지 않도록 하는 것이 매우 중요하며, 그것을 실현하는 한 가지 방법이 반복측정설계이다.

반복측정설계에서는 두 가지 방식에 의하여 피험자들의 특성 혹은 개인차에 따른 변산성이 독립변인의 효과와 혼동되지 않도록 조치한다. 첫째는 동일한 피험자들을 각기 다른 실험조건들에서 비교함으로서 실험조건들의 평균차이가 피험자들의 특성 차이와 혼합되는 가능성을 원천적으로 배제시킨다. 이것은 실험설계에 의한 오염의 통제이다. 둘째는 반복측정설계에 의하여 피험자 특성의 차이가 실험조건들의 평균 차이와 혼합되지는 않지만, 그 피험자 특성의 차이가 여전히 전체 변산에 섞여 있는 까닭에 실험조건들의 평균차이에 대한 통계적 검증을 위한 오차 변산을 부풀리는 결과를 초래할 수 있으므로, 피험자 요인을 설정하여 피험자들의 특성차이 때문에 발생하는 종속변인의 변산을 오차 변산에서 분리해내는 것이다. 이것은 수학적인 자료분석을 통한 오염의 통제이다.

2. 대비분석

속옷 신제품 실험에서 제품 요인의 효과가 유의미하였다. 즉, 모집단에서 세 실험조건 (신제품, 기존제품, 타사제품) 의 선호평정 평균이 동일하지 않다는 것이다. 그런데 이 전반적 결과는 속옷제조회사의 경영자에게는 아무런 쓸모가 없다. 왜냐하면 경영자의 애당초 관심은 신제품이 기존제품이나 타사제품보다 소비자들에게 더 선호되는지의 여부이기 때문이다. 이 구체적인 관심에 답하기 위해서는 대비분석을 하였어야 한다.

연구자의 구체적 관심사는 본 회사의 제품들이 타사제품에 비하여 얼마나 선호되는지를 파악하기 위한 것 (대비 1) 과 본 회사에서 만든 제품들 중에 신제품이 기존제품에 비하여 얼마나 선호되는지를 파악하기 위한 것 (대비 2) 이다. 따라서 각 실험조건의 평균들에 대하여 <표 7-5> 와 같이 두 개의 직교대비를 구성할 수 있다.

〈표 7-5〉 여성용 속옷 선호도 자료에 대한 직교대비분석을 위한 대비 가중치

	신제품	기존제품	타사제품
평균	7.4	3.2	7.8
대비 1	1	1	-2
대비 2	1	-1	0

각 실험조건의 평균에 대비계수들을 곱해준 후, 그들을 모두 더하면 다음과 같은 대비들이 산출되고, 그들을 이용하여 대비의 자승합을 구하면 <수식 7-1> 과 <수식 7-2> 와 같다.

$$\Psi_1 = (1)7.4 + (1)3.2 + (-2)7.8 = -5$$

$$\Psi_2 = (1)7.4 + (-1)3.2 + (0)7.8 = 4.2$$

$$SSB_{\Psi_1} = \frac{5\ \Psi_1^2}{\sum_{i=1}^{3} c_{1i}^2} = \frac{5(-5)^2}{(1)^2 + (1)^2 + (-2)^2} = 20.83 \qquad \text{<수식 7-1>}$$

$$SSB_{\Psi_2} = \frac{5\ \Psi_2^{\ 2}}{\sum_{i=1}^{3} c_{2i}^2} = \frac{5(4.2)^2}{(1)^2+(-1)^2+(0)^2} = 44.10 \qquad \text{<수식 7-2>}$$

제품 요인의 효과를 분할한 대비들 (Ψ_1 과 Ψ_2) 의 통계적 유의미도를 판단하기 위하여 어떤 평균자승을 오차항으로 사용할 것인가에 대해서 두 가지의 방안들이 있다. 첫째 방안은 제품 요인의 효과를 위한 오차항과 동일한 MSB_{PS} 을 사용하는 것이다. Ψ_1 와 Ψ_2 는 모두 제품 요인의 효과 중 일부이므로, 그 '모태' 가 사용하는 동일한 오차항을 사용하여 통계적 유의미도를 판단하는 것은 지극히 당연한 일이다. 이 방안은 모든 대비효과들 (Ψ_1 과 Ψ_2) 의 통계적 유의미도를 판단하기 위한 오차항이 동일하므로 대비효과들에 대한 통계적 검증이 일관되고 동일한 기준으로 그들을 상호 비교할 수 있다는 장점이 있다. 둘째 방안은 제품 요인의 효과를 위한 오차항이 제품 요인과 피험자 요인의 상호작용 평균자승이므로, 제품 요인의 효과를 분할한 Ψ_1 의 통계적 유의미도는 Ψ_1 와 피험자 요인의 상호작용 평균자승을 오차항으로 사용하고, Ψ_2 의 통계적 유의미도는 Ψ_2 와 피험자 요인의 상호작용 평균자승을 오차항으로 사용하여 판단할 수도 있다. 이 둘째 방안은 각 대비효과에 대하여 각기 다른 오차항을 사용하여 통계적 검증을 하는 방안이다.

각 대비효과에 대하여 각기 다른 오차항을 사용하여 통계적 검증을 하는 방안을 살펴보기 위하여 <표 7-2> 의 자료를 직교대비분석하기 하기 위한 직교대비계수를 <표 7-6> 과 같이 설정할 수 있다. 피험자 요인의 다섯 개 수준들과 제품 요인의 세 개 수준들에 의하여 5×3=15 개의 실험조건들이 존재하므로 총 14 개의 직교대비를 구성할 수 있다. 총 14 개의 직교대비들 중에 두 개는 제품 요인의 주 효과를 분할하는 대비들이고, 4 개는 피험자 요인의 주 효과를 분할하는 대비들이며, 나머지 여덟 개는 제품 요인과 피험자 요인의 상호작용 효과를 분할하는 대비들일 것이다.

<표 7-6> 에 제시된 직교대비들 중에서 피험자 요인의 주 효과를 분할하는 대비들은 특별한 의미를 가지지 않는다. 다만 직교대비들을 이용하여 피험자 요인의 주 효과를 서로 독립적인 대비들로 분할하기 위한 것이다. 따라서 피험자 요인의 주 효과를 다른 유형의 직교대비들로 분할하여도 상관없다. 반면에 제품 요인의 주 효과를 분할하는 대비들은 연구자의 주된 관심을 반영한다. 제품 요인의 주 효과를 분할

하는 대비들 중에서 대비 1 은 본사제품 (신제품과 기존제품) 과 타사제품을 비교하는 대비이고, 대비 2 는 본사제품들 중에서 신제품과 기존제품을 비교하는 대비이다.

〈표 7-6〉 제품 요인의 주 효과 대비와 피험자 요인의 주 효과 대비

실험조건		평균	제품 주 효과		피험자 주 효과				(대비 1)×(피험자)				(대비 2)×(피험자)			
피험자	제품		대비 1	대비 2	대비 3	대비 4	대비 5	대비 6	대비 7	대비 8	대비 9	대비 10	대비 11	대비 12	대비 13	대비 14
1	신제품	8	1	1	1	1	1	1	1	1	1	1	1	1	1	1
1	기존제품	5	1	-1	1	1	1	1	1	1	1	1	-1	-1	-1	-1
1	타사제품	6	-2	0	1	1	1	1	-2	-2	-2	-2	0	0	0	0
2	신제품	6	1	1	1	1	1	-1	1	1	1	-1	1	1	1	-1
2	기존제품	2	1	-1	1	1	1	-1	1	1	1	-1	-1	-1	-1	1
2	타사제품	7	-2	0	1	1	1	-1	-2	-2	-2	2	0	0	0	0
3	신제품	7	1	1	1	1	-2	0	1	1	-2	0	1	1	-2	0
3	기존제품	4	1	-1	1	1	-2	0	1	1	-2	0	-1	-1	2	0
3	타사제품	9	-2	0	1	1	-2	0	-2	-2	4	0	0	0	0	0
4	신제품	9	1	1	1	-3	0	0	1	-3	0	0	1	-3	0	0
4	기존제품	2	1	-1	1	-3	0	0	1	-3	0	0	-1	3	0	0
4	타사제품	8	-2	0	1	-3	0	0	-2	6	0	0	0	0	0	0
5	신제품	7	1	1	-4	0	0	0	-4	0	0	0	-4	0	0	0
5	기존제품	3	1	-1	-4	0	0	0	-4	0	0	0	4	0	0	0
5	타사제품	9	-2	0	-4	0	0	0	8	0	0	0	0	0	0	0
Ψ			-25	21	-3	-3	-6	4	15	3	9	7	1	-11	1	-1
SSB_{Ψ}			20.83	44.10	0.15	0.25	2.00	2.67	1.88	0.13	2.25	4.08	0.03	5.04	0.08	0.25

<표 7-6> 에 제시된 대비 1 과 대비 2 의 자승합들 (20.83 과 44.10) 은 <수식 7-1> 과 <수식 7-2> 에서 계산된 값들과 동일하다는 사실에 주목하라. <표 7-6> 에 제시된 모든 대비의 자승합을 모두 합하면 전체 자승합 (SST=83.73) 이 된다. 대비 1 과 피험자 요인의 상호작용 효과의 자승합은 그 상호작용 효과를 분할하는 대비-7, 대비-8, 대비-9, 대비 10 의 자승합을 모두 합한 것이다. 또한, 대비 2 와 피험자 요인의 상호작용 효과의 자승합은 그 상호작용 효과를 분할하는 대비 11, 대비 12, 대비 13, 대비 14 의 자승합을 모두 합한 것이다.

대비 1 과 피험자 요인의 상호작용 자승합 :

$$SSB_{\Psi 1xS} = 1.88+0.13+2.25+4.08 = 8.33$$

대비 2 와 피험자 요인의 상호작용 자승합 :

$$SSB_{\Psi 2xS} = 0.03+5.04+0.08+0.25 = 5.40$$

$SSB_{\Psi 1xS}$ 의 자유도는 4 이다. 왜냐하면 $SSB_{\Psi 1xS}$ 는 네 개의 직교대비들의 자승합이 합해진 것이기 때문이다. 같은 이유로 $SSB_{\Psi 2xS}$ 의 자유도도 또한 4 이다. 이와 같이 산출된 직교대비들의 자승합들을 이용하여 반복측정설계 변량분석표를 수정작성하면 <표 7-7> 과 같다.

〈표 7-7〉 여성용 속옷 선호도 자료에 대한 직교대비분석 결과

변산원	자승합	자유도	평균자승	F_1	F_2
제품 (P)	64.93	2	32.47	18.88**	18.88**
대비 1	20.83	1	20.83	12.11**	10.01**
대비 2	44.10	1	44.10	25.64**	32.67**
피험자 (S)	5.07	4	1.27		
(P)×(S)	13.73	8	1.72		
(대비 1)×(S)	8.33	4	2.08		
(대비 2)×(S)	5.40	4	1.35		
집단내	0.00	0	0.00		
전체	83.73	14	5.98		

<표 7-7> 에는 두 세트의 F 값들이 제시되었다. F_1 은 제품요인의 효과를 위한 오차항과 동일한 MSB_{PS} (1.72) 을 통일된 오차항으로 이용하여 대비 1 과 대비 2 의 통계적 검증을 위한 경험적 F 를 산출한 것이다. 반면에 F_2 의 경우에는, 대비 1 과 피험자 요인의 상호작용 평균자승 (2.08) 을 오차항으로 사용하여 대비 1 의 경험적 F 를 산출하고, 대비 2 와 피험자 요인의 상호작용 평균자승 (1.35) 을 오차항으로 사용하여 대비 2 의 경험적 F 를 산출한 것이다.

반복측정설계에서 독립변인의 효과를 분할하는 직교대비들의 통계적 검증을 위한

오차항이 이와 같이 달라질 수 있는 이유는 피험자 요인이 무선요인이기 때문이다. 그런데 이 직교대비들의 통계적 검증을 위하여 어떤 오차항을 사용해야 하는가는 단지 선택의 문제에 불과하다. 일관되고 통일된 오차항을 이용하여 모든 직교대비의 통계적 유의미도를 판단할 것인가, 아니면 각 대비 효과의 실제 오차 변산을 이용할 것인가를 고려하여 정하면 된다. 다만, 이 분야의 권위자들은 일관되고 통일된 오차항을 이용하는 것을 더 권장하는 편이다 (e. g., Rosenthal & Rosnow, 1985, p. 56). 그 주된 이유는 MSB_{PS} 가 각 대비와 피험자 요인의 상호작용 평균자승보다 표본에 따른 가변성이 더 적어서 안정적이기 때문이다. 또한 이 방안을 선택하여 직교대비의 통계적 유의미도를 판단하기 위해서는 <수식 7-1> 과 <수식 7-2> 만 계산하면 되고, 피험자 요인의 효과를 분할하여 <표 7-6> 과 같은 대대적인 대비분석을 수행할 필요가 없다. 반면에 일부 컴퓨터 통계 소프트웨어에서는 각각의 대비에 대하여 각기 다른 오차항을 적용하는 방식을 채택하고 있다.

독립변인의 효과를 분할하는 두 개의 직교대비들의 효과는 모두 통계적으로 유의미하다. 즉, 모집단에서 타사제품에 대한 선호도가 본사제품 (기존제품과 신제품) 에 대한 선호도의 평균치보다 높을 것으로 판단할 수 있다. 또한 본사제품들 중에 신제품에 대한 선호도가 기존제품에 대한 선호도보다 높을 것으로 판단된다.

3. 합동대칭성 가정

일반적인 변량분석의 모든 가정이 반복측정설계에 의한 변량분석에 모두 적용된다. 따라서 반복측정설계에 의한 변량분석은 '정규성 (normality)', '변량의 동질성 (homogeneity of variance)', '독립성 (independence of observations)' 가정을 가진다. 이 기본적인 가정들과 더불어 반복측정설계에 의한 변량분석은 매우 중요한 추가적 가정을 한 가지 가지는데, 이 가정을 '합동대칭성 (compound symmetry)' 이라고 부른다.

1) 가정의 정의

독립집단설계에서는 피험자들이 각 실험조건에 무작위로 할당되고, 따라서 각 실험조건의 피험자들이 서로 무관한 사람들이므로, 한 실험조건의 종속측정치와 다른 실험조건의 종속측정치가 서로 독립적이다. 그러나 반복측정설계에서는 동일한 피험자들이 각 실험조건에서 반복적으로 측정되므로 한 실험조건의 종속측정치들과 다른 실험조건의 종속측정치들이 서로 상관관계를 가지게 된다. 합동대칭성 가정이란 이 상관관계의 양상에 관한 가정이다.

<표 7-2> 의 실험자료를 이용하여 각 제품조건들의 변량-공변량 (variance-covariance) 행렬 표를 만들 수 있다. 변량-공변량 행렬 표는 다음과 같이 표기될 수 있다. 기호 r_{ij} 는 i 실험조건과 j 실험조건의 상관계수이다. 기호 s_i 는 실험조건 i 의 표준편차이다. 기호 $r_{ij}s_is_j$ 는 i 실험조건과 j 실험조건의 공변량이다. 즉, 공변량은 두 개의 실험조건에 있는 종속측정치들의 표준편차들과 그들의 상관계수를 곱해준 것이다. 따라서 공변량과 상관계수는 직접적인 함수관계에 있다. 다시 말해서, 상관계수는 표준화된 공변량이다. 상관계수 행렬과 마찬가지로, 모든 변량-공변량 행렬은 변량들이 위치한 대각선을 중심으로 대칭을 이루는 대칭행렬이다.

〈표 7-8〉 반복측정 실험조건들의 변량-공변량 행렬

	신제품 조건	기존제품 조건	타사제품 조건
신제품 조건	s_1^2	$r_{12}s_1s_2$	$r_{13}s_1s_3$
기존제품 조건	$r_{12}s_1s_2$	s_2^2	$r_{23}s_2s_3$
타사제품 조건	$r_{13}s_1s_3$	$r_{23}s_2s_3$	s_3^2

예를 들어, 신제품 조건의 변량은 다음과 같이 계산된다. 이 변량의 제곱근이 표준편차이다.

$$s_1^2 = \frac{\sum(Y - \overline{Y}_1)^2}{N-1}$$

$$= \frac{(8-\overline{Y}_1)^2 + (6-\overline{Y}_1)^2 + (7-\overline{Y}_1)^2 + (9-\overline{Y}_1)^2 + (7-\overline{Y}_1)^2}{4}$$

$$= 1.30$$

예를 들어, 신제품 조건과 기존제품 조건의 공변량은 다음과 같이 산출된다.

$$r_{12}s_1s_2 = (0.101)(1.14)(1.30) = 0.15$$

우선, 변량분석은 모집단에서 각 실험조건의 변량이 동일하다는 변량의 동질성 가정을 가진다. 즉, $\sigma_1^2 = \sigma_2^2 = \sigma_3^2 = \sigma^2$ 이다. 이와 더불어, 반복측정에 의한 변량분석은 '합동대칭성' 의 가정을 가지는데, 이 가정은 모든 실험조건들 사이의 공변량이 또한 모집단에서 모두 동일하다는 것이다. 즉, $\rho_{12}\sigma_1\sigma_2 = \rho_{13}\sigma_1\sigma_3 = \rho_{23}\sigma_2\sigma_3 = \rho\sigma\sigma$ 이다. 따라서 합동대칭성 가정은 <표 7-9> 과 같은 변량-공변량 행렬이 모집단에서 존재한다는 가정이다.

〈표 7-9〉 합동대칭성 가정

	신제품 조건	기존제품 조건	타사제품 조건
신제품 조건	σ^2	$\rho\sigma^2$	$\rho\sigma^2$
기존제품 조건	$\rho\sigma^2$	σ^2	$\rho\sigma^2$
타사제품 조건	$\rho\sigma^2$	$\rho\sigma^2$	σ^2

2) 가정이 개입하는 이유

독립집단설계에 개입하는 변량의 동질성 가정이 영가설 (평균의 동일성 가정) 이 참인 경우에 $E(MSB) = E(MSW) = \sigma^2$ 이 성립하기 위한 전제조건이듯이, 합동대칭성 가정은 반복측정설계에 의한 실험자료에서 영가설 (평균의 동일성 가정) 이 참인 경우에 $E(MSB_P) = E(MSB_{PS}) = \sigma_e^2 + \sigma_{PS}^2$ 이 성립하기 위한 전제조건이다. <표 7-9> 를 주의깊게 생각해보면, 반복측정설계에 개입하는 합동대칭성 가정과 독립집단설계에 개입하는 변량의 동질성 가정은 기실 동일한 가정이라는 사실을 깨닫게 된다. 만약 신제품 조건, 기존제품 조건, 타사제품 조건이 모두 서로 다른 피험자들로 이루어진 독립적인 집단들이라면 모집단에서 그들의 종속측정치들 사이의 공변량이 모두 0 일 것이므로 <표 7-9> 의 비대각선 요소들이 모두 0 이다. 또한 만약 변량의 동질성 가정이 참이라면, 이때에는 <표 7-9> 의 대각선에 있는 각 실험조건의 변량이 모집단에서 모두 동일하고, 비대각선에 있는 공변량들이 모집단에서 모두 0 으로 또한 동일하므로, 독립집단설계에 개입하는 변량의 동질성 가정이 충족되면서, 동시에 합동대칭성 가정도 충족된다. 정확히 표현하자면, 변량의 동질성 가정은 모집단에서 실험조건들 사이의 공변량이 모두 0 인 합동대칭성 가정의 한 가지 특수한 경우라고 할 수 있다.

3) 가정의 파기가 초래하는 결과

반복측정설계에서 합동대칭성 가정이 파기되는 경우, 평균자승의 비율 (MSB_P/MSB_{PS}) 의 표집분포는 이론적인 F 분포를 따르지 않는다 (Box, 1954). 따라서 이론적인 F 분포표를 이용하여 임계치를 설정한 후, 그 임계치와 MSB_P/MSB_{PS} 를 비교하여 영가설에 대한 판단을 하면 판단오류가 생길 가능성이 높다. 이때 문제가 되는 판단오류는 제 1 종 오류이다. 다시 말해서, 합동대칭성 가정이 파기되는 자료에서 산출된 MSB_P/MSB_{PS} 의 분포는 일반적인 F 분포보다 더 큰 값이 많이 산출되는 분포 즉, 분포 전체가 오른쪽으로 치우친 분포이다.

[그림 7-1] 에서 알 수 있듯이, 이론적인 F 분포에서 α=0.05 를 결정하는 임계치를 합동대칭성 가정이 파기된 경우의 MSB_P/MSB_{PS} 분포에 적용하면 제 1 종 오류를 범할 확률이 연구자가 생각하는 0.05 보다 훨씬 커진다. 합동대칭성은 MSB_P/MSB_{PS} 분포가 F 분포를 따르게 되는 충분조건 (sufficient condition) 이지만 필요조건 (necessary condition) 은 아니다. 따라서 학자들은 필요충분조건을 파악하고자 고심하였고, 그 결과 소위 'Circularity 가정', 혹은 'Sphericity 가정' 등이 제안되었다. 이 새로이 제안된 가정들은 합동대칭성 가정이 약간씩 변형된 것들인데, 그 가정들 사이의 구체적 차이는 여기에서의 논의수준을 벗어나므로 자세히 언급하지 않기로 한다. 다만 참고삼아 부언설명을 조금 하자면, sphericity 혹은 circularity 가정은 실험조건 간 '종속측정치의 차이의 변량' 이 동일하다는 가정이다. 만약 동일한 피험자들이 세 개의 실험조건에서 반복적으로 측정되었다면, 실험조건 간 종속측정치 차이가 또한 각 피험자마다 세 개씩 존재한다. 이 세 개의 차이점수들이 동일한 변량을 가진다는 가정이 sphericity 혹은 circularity 가정이다. 합동대칭성 가정이 충족되면 sphericity

혹은 circularity 가정은 항상 충족된다. 따라서 여기에서는 그 유사한 가정들을 통틀어 합동대칭성 가정이라고 지칭하고, 합동대칭성 가정은 반복측정설계의 각 실험조건들 사이의 종속측정치 상관계수가 동일하다는 가정이며, MSB_P/MSB_{PS} 분포가 F 분포를 따르기 위하여 필요한 가정이라고 기억하면 족하다.

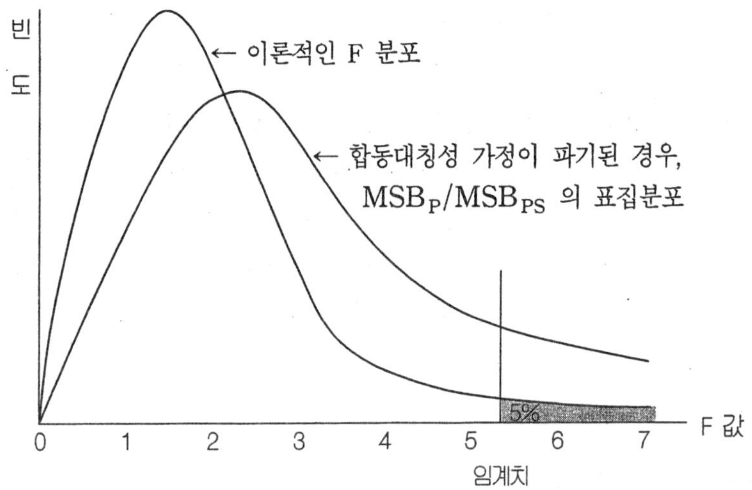

[그림 7-1] 반복측정설계에 의한 실험자료의 모집단에서 합동대칭성 가정이 파기되는 경우의 이론적인 F 분포와 경험적인 MSB_P/MSB_{PS} 의 분포

독립집단설계에 의한 변량분석은 변량의 동질성, 종속측정치 분포의 정규성 등의 기본적인 가정이 적용되지 않는 자료에 대해서도 어느 정도 저항력을 가지는 것으로 알려져 있다. 즉, 실제 자료가 그러한 가정들을 파기하더라도, 그 정도가 극심하지 않으면, 잘못된 결론에 도달하지는 않는다. 그러나 불행히도 가정의 파기에 대한 변량분석의 저항력이 반복측정설계에서는 존재하지 않는다. 특히 합동대칭성(compound symmetry, circularity, sphericity) 의 가정은 반복측정 변량분석 혹은 피험자내 요인을 가지는 변량분석을 위해서는 매우 중요한 가정이고, 이 가정이 파기되는 경우, 심각한 판단오류가 생길 수 있다.

반복측정 변량분석 혹은 피험자내 요인 변량분석은 합동대칭성 (compound symmetry, circularity, sphericity) 가정에 매우 민감하게 영향을 받는다는 말은 합동대칭성이 모집단에서 약간만 어긋나도 MSB_P/MSB_{PS} 의 표집분포가 이론적인 F 분포에서 상당한 정도로 이탈한다는 뜻이다. 따라서 반복측정 변량분석에서는 합동대칭성 가정의 충족이 필수적인데, 불행히도 대부분의 현실에서는 경험적 자료가 합동대칭성 가정에 부합하지 않는다 (Huynh & Feldt, 1970; Huynh & Mandeville, 1979; Rouanet & Lepine, 1970; Keselman, Rogan, Mendoza & Breen, 1980; Collier, Baker, Mandeville & Hays, 1967; Keppel, 1982; Ferguson & Takane, 1989). 특히, 반복측정설계에 의한 실험에서 앞서 설명한 교차균형화가 이루어지지 않은 경우에는 거의 언제나 합동대칭성 가정이 파기된다. 왜냐하면, 동일한 피험자들이 각 실험조건들에 동일한 순서로 투입되는 상황에서는 시간적으로 근접해서 투입되는 실험조건들에서 시간적으로 서로 멀리 격리되어 투입되는 실험조건들에서보다 종속측정치들 사이의 실험조건 간 상관관계가 더 높게 나타나기 때문이다. 일반적으로, 반복측정 변량분석에서는 합동대칭성의 가정이 충족하는지의 여부를 따지는 것은 거의 의미가 없다. 그보다는 그 가정과 자료가 부합하지 않는다고 전제하고, 그런 경우에 정확한 통계적 판단을 할 수 있는 조치를 강구하는 것이 더 현명하다고 알려져 있다.

4) 가정의 파기에 대한 대처방안

합동대칭성 (compound symmetry, circularity, sphericity) 의 가정이 파기된 경우에 취할 수 있는 조치는, ① 반복측정 변량분석은 위에서 기술된 절차에 의해서 정상적으로 수행하여 MSB_P/MSB_{PS} 를 산출한다; ② 산출된 F 값의 통계적 유의미도를 파악하기 위하여 임계치를 정하는 단계에서, 분자 자유도 df_P 와 분모자유도 df_{PS} 를 사용하는 대신에, 이 자유도들에 상수 ε 를 곱해준 εdf_P (분자자유도) 와 εdf_{PS} (분모자유도) 를 이용하여 F 분포 표에서 임계치를 결정한다 (Geisser & Greenhouse, 1958; Greenhouse & Geisser, 1959; Huynh & Feldt, 1970, 1976).

이 합동대칭성 지수 ε (<표 7-10>) 은 실험조건들의 모집단 변량-공변량 행렬이 합동대칭성에서 벗어난 정도를 나타내는 지수인데, 최대값은 1 을 가지고, 최소값은 1/(c-1) 를 가진다. 합동대칭성 지수 ε 의 범위를 생각해보면 c=2 인 경우에는 언제나 ε=1 이라는 것을 알 수 있다. 즉, 실험조건이 두 개뿐인 경우에는 실험조건 간 공변량이 오직 한 개가 존재할 뿐이므로 합동대칭성 가정이 언제나 충족된다. 이 지수가 1 보다 작을수록 모집단의 변량-공변량 행렬이 합동대칭성에서 많이 벗어난다는 것을 의미한다. 따라서 이런 경우, F 임계치를 위한 자유도들이 많이 줄어들게 된다.

〈표 7-10〉 합동대칭성 지수 ε 의 계산 (Greenhouse & Geisser, 1959)

c	= 실험조건의 수
$\overline{E}_{..}$	= 변량-공변량 행렬의 모든 요소의 평균
$\sum\sum E_{ij}^2$	= 변량-공변량 행렬의 모든 요소의 자승합
$\overline{E}_D$	= 변량-공변량 행렬의 대각선 요소들 (변량들) 의 평균
$\overline{E}_{.j}$	= 변량-공변량 행렬의 각 열의 평균

$$\varepsilon = \frac{c^2(\overline{E}_D - \overline{E}_{..})^2}{(c-1)(\sum\sum E_{ij}^2 - 2c\sum_{j=1}^{c}\overline{E}_{.j}^{\,2} + c^2\,\overline{E}_{..}^{\,2})}$$

예를 들어서, 여성용 속옷제품 선호도 실험자료를 이용하여 실험조건들 간의 변량-공변량 행렬을 구하면 <표 7-11> 과 같다.

〈표 7-11〉 실험조건 간 변량-공변량 행렬

	신제품	기존제품	타사제품
신제품	1.30	0.15	-0.15
기존제품	0.15	1.70	-0.45
타사제품	-0.15	-0.45	1.70

<표 7-11> 의 행렬로부터 다음과 같은 숫자들이 산출된다. $c=3$; $\overline{E}_{..}=0.42$; $\sum\sum E_{ij}^2=7.97$; $\overline{E}_D=1.57$; $\overline{E}_{.1}=0.43$; $\overline{E}_{.2}=0.47$; $\overline{E}_{.3}=0.37$. 이 숫자들을 <표 7-10> 의 합동대칭성 지수를 위한 공식에 대입하면, 다음과 같은 지수가 산출된다.

$$\varepsilon = \frac{3^2(1.57-0.42)^2}{(3-1)[7.97-2\cdot 3(0.43^2+0.47^2+0.37^2)+3^2\cdot 0.42^2]}$$

$$= \frac{11.9025}{12.6028} = 0.94$$

앞서 같은 자료에 대한 반복측정 변량분석에서 제품 요인 (P) 의 경험적인 F 값이 18.88 로 산출되었다. 이 경험적인 F 값이 통계적으로 유의미한지를 판단하기 위한 임계치는 이론적인 F 분포표의 분자자유도 2 와 분모자유도 8 에서 찾아지는 대신에, 0.94×2=1.88 과 0.94×8=7.52 에서 찾아진다. 합동대칭성 지수가 곱해진 자유도는 소수점을 가지는 것이 일반적인데, 이론적인 F 분포표는 정수의 자유도들에 해당하는 임계치만 제시되는 것이 보통이다. 이런 경우는 소수점을 반올림한 자유도를 사용할 수밖에 없다. 여기에서의 예에서는 합동대칭성 지수가 거의 1 에 가깝고, 따라서 모집단에서 합동대칭성이 크게 파기되지 않았다고 볼 수 있으므로, 수정되지 않은 자유도를 이용하여 F 임계치를 정하여도 큰 무리가 없다. 그러나 만약 합동대칭성 지수가 1 보다 많이 작을 경우에는 수정되지 않은 자유도를 이용하여 임계치를 정하면 잘못된 결론을 내리게 될 위험이 매우 높다는 것을 유념하여야 한다.

대비효과의 통계적 유의미도를 판단하기 위한 F 임계치도 합동대칭성 가정의 타당성 여부를 고려하여 결정되어야 한다. 그런데 대비효과들은 분자자유도가 언제나 1 이므로 만약 합동대칭성 지수 ε 이 0.5 보다 작으면 대비효과의 통계적 유의미도를 판단하기 위한 F 임계치를 결정할 수 없고, 결국 대비효과에 대한 통계적 판단이 불가능해진다. 다행히 0.5 보다 작은 ε 은 거의 나타나지 않으므로, 이런 경우는 극히 드물지만 이것이 반복측정설계에서 합동대칭성 가정을 충족해야 하는 한 가지 이유라는 점을 염두에 두어야 한다.

반복측정 변량분석에 개입하는 합동대칭성 (compound symmetry, circularity, sphericity) 가정은 대부분의 응용연구들에서 간과되고 있는 실정이다. 그러나 앞서 강조하였듯이 이 가정은 반복측정 변량분석에서 매우 중요한 가정일 뿐만 아니라 변량분석의 결과는 이 가정의 충족여부에 따라서 크게 좌우될 수 있다. 더군다나 심리학을 비롯한 거의 모든 사회과학 분야의 반복측정설계 실험자료는 이 가정에 부합하지 않는 것으로 알려져 있다. 따라서 반복측정 변량분석을 이용하는 경우에는 언제나 합동대칭성 지수를 산출하여 적절한 임계치를 찾아서 통계적 판단을 하는 것을 관례화하는 것이 중요하다.

4. 이요인 반복측정설계

독립변인 혹은 요인이 두 개인 경우, 그 요인들의 수준들이 서로 교차하고, 그 교차된 수준들로 이루어진 실험조건들에서 동일한 피험자들이 반복적으로 측정되면 이요인 반복측정설계 (two-factors experiment with repeated measurements) 혹은 이요인 피험자내 요인 설계가 된다.

〈표 7-12〉 민사소송 패소판결에 대한 승복여부 실험을 위한 설문문항

귀하가 원고가 되어 피고에게 손해배상을 청구하는 소송을 제기하였는데, 귀하 (원고) 가 패소하였습니다. 다음의 각 경우에 귀하 (원고) 는 항소하실 것입니까? 항소한다면, 항소심에서 귀하 (원고) 가 추가로 제시할 새로운 증거는 없습니다. 또한, 항소비용이 추가로 소요된다는 점을 유념하십시오.	
귀하가 청구하는 손해배상액은 5,000 만원이고, 귀하가 패소한 원심판결은 판사에 의해 내려졌습니다.	□ 항소하지 않는다. □ 항소를 고려해 보겠다. □ 반드시 항소한다.
귀하가 청구하는 손해배상액은 5,000 만원이고, 귀하가 패소한 원심판결은 배심원에 의해 내려졌습니다.	□ 항소하지 않는다. □ 항소를 고려해 보겠다. □ 반드시 항소한다.
귀하가 청구하는 손해배상액은 100 만원이고, 귀하가 패소한 원심판결은 판사에 의해 내려졌습니다.	□ 항소하지 않는다. □ 항소를 고려해 보겠다. □ 반드시 항소한다.
귀하가 청구하는 손해배상액은 100 만원이고, 귀하가 패소한 원심판결은 배심원에 의해 내려졌습니다.	□ 항소하지 않는다. □ 항소를 고려해 보겠다. □ 반드시 항소한다.

예를 들기 위하여, <표 7-12> 에 제시된 설문문항을 이용하여 필자가 수집한 간단한 실험자료를 살펴보자. 이 실험은 한국인들이 민사소송의 당사자 (원고) 가 되었을 때, 판사가 원고패소 판결을 하는 경우와 배심원이 원고패소 판결을 하는 경우에 패소한 당사자가 그 패소판결에 승복하는 경향이 유사할지의 여부를 가늠해보기 위한 것이다. 그런데 패소판결에 대한 승복여부는 패소함으로서 발생하는 손실의 크기

에 따라 달라질 수 있다. 더 나아가서, 판사에 의한 패소판결에 승복하는 정도와 배심원에 의한 패소판결에 승복하는 정도의 차이도 또한 패소함으로서 발생하는 손실의 크기에 따라 달라질 수 있다. 따라서 실험에서는 두 개의 요인들이 조작되었는데, 첫 번째 요인은 두 개의 수준 (판사판결 v. 배심판결) 을 가지는 '판결주체 (A)' 요인이고, 두 번째 요인은 역시 두 개의 수준 (5,000 만원 v. 100 만원) 을 가지는 '손실액수 (B)' 요인이다. 이 두 개의 요인들은 모두 피험자내 요인 혹은 반복측정 요인이고, 이 요인들은 서로 교차되었다. 종속변인은 패소판결에 대하여 항소하려는 의지를 측정한 것으로서 숫자가 높을수록 '항소의지' 가 강한 것, 혹은 패소판결에 대하여 불복하는 것을 의미하도록 코딩되었다 (1="항소하지 않는다"; 2="항소를 고려해 보겠다"; 3="반드시 항소한다").

<표 7-12> 에 제시된 설문문항은 이와 같은 이요인 반복측정설계를 구현하도록 고안된 것인데, 이 설문문항들에 대하여 128 명의 대학생들이 응답하였다. 이 응답자들 중에서 85 명은 남자였고, 43 명은 여자였다. <표 7-13> 은 설문문항에 대한 응답의 원 자료 중에서 일부를 예시한 것이다. 또한 각 실험조건의 평균과 표준편차가 <표 7-13> 의 마지막 줄에 제시되었다.

〈표 7-13〉 민사소송 패소판결에 대한 승복여부 실험의 원 자료 예시

피험자	실험조건			
	5000-판사	5000-배심	100-판사	100-배심
1	2	2	1	1
2	3	2	2	1
3	3	3	1	1
4	2	3	1	3
.	.	.	.	.
.	.	.	.	.
128	3	2	1	1
평균 (SD)	2.19 (0.50)	2.21 (0.58)	1.58 (0.64)	1.76 (0.71)

<표 7-13> 의 자료에 대하여 삼원 (판결주체 요인, 손실액수 요인, 피험자 요인) 변량분석을 하면, 총 7 개의 효과가 산출된다. 이 효과들의 통계적 유의미도를 판단하

기 위한 오차항을 결정하기 위해서는 삼원변량분석에서 제시된 바 있는 평균자승 기댓값의 원형 공식을 활용한다. 판결주체 요인 (A) 과 손실액수 요인 (B) 은 고정요인으로 간주한다면, 기댓값의 원형 공식에서 C=c 이고 R=r 이다. 피험자 요인 (S) 는 당연히 무선요인이므로 (U-u)/U=1 이다. 또한 반복측정설계에서는 각 셀의 자료수가 한 개이므로, 기댓값의 원형 공식에서 n=1 이다. 이러한 내용을 삼원변량분석을 위한 평균자승 기댓값의 원형 공식에 대입하면 <표 7-14> 와 같은 기댓값들이 도출된다.

〈표 7-14〉 이요인 반복측정 변량분석을 위한 평균자승의 기댓값과 F 비율

평균자승	기댓값	F
MSB_A	$\sigma_e^2 + r\sigma_{AS}^2 + rN\sigma_A^2$	MSB_A/MSB_{AS}
MSB_B	$\sigma_e^2 + c\sigma_{BS}^2 + cN\sigma_B^2$	MSB_B/MSB_{BS}
MSB_S	$\sigma_e^2 + cr\sigma_S^2$	(산출불능)
MSB_{AB}	$\sigma_e^2 + \sigma_{ABS}^2 + N\sigma_{AB}^2$	MSB_{AB}/MSB_{ABS}
MSB_{AS}	$\sigma_e^2 + r\sigma_{AS}^2$	(산출불능)
MSB_{BS}	$\sigma_e^2 + c\sigma_{BS}^2$	(산출불능)
MSB_{ABS}	$\sigma_e^2 + \sigma_{ABS}^2$	(산출불능)

판결주체 요인 A 의 주 효과를 위한 오차항은 판결주체 요인과 피험자 요인의 상호작용 평균자승 MSB_{AS} 이고, 손실액수 요인 B 의 주 효과를 위한 오차항은 손실액수 요인과 피험자 요인의 상호작용 평균자승 MSB_{BS} 이며, AB-효과를 위한 오차항은 AB 와 피험자 요인의 상호작용 (ABS 삼원상호작용) 평균자승 MSB_{ABS} 이다. 즉, 연구의 관심대상이 되는 요인들의 효과는 모두 그 요인과 피험자 요인의 상호작용 평균자승을 오차항으로 이용하여 판단된다. 그 밖의 효과들은 연구의 관심대상이 아니므로 통계적 검증을 위한 F 값을 산출할 필요가 없을 뿐만 아니라, 산출하는 것이 불가능하다. <표 7-13> 의 자료를 이용하여 이요인 반복측정 변량분석을 한 결과는 <표 7-15> 와 같다.

〈표 7-15〉 민사소송 패소판결에 대한 승복여부 실험의 이요인 반복측정 변량분석 결과

변산원	자승합	자유도	평균자승	F
판결주체 (A)	1.320	1	1.320	3.708
손실액수 (B)	36.125	1	36.125	96.850**
피험자 (S)	20.066	127	0.158	
(A)×(B)	0.781	1	0.781	5.917*
(A)×(S)	45.180	127	0.356	
(B)×(S)	47.375	127	0.373	
(A)×(B)×(S)	16.719	127	0.132	
전체	167.566	511	0.328	

* p<.05, ** p<.01

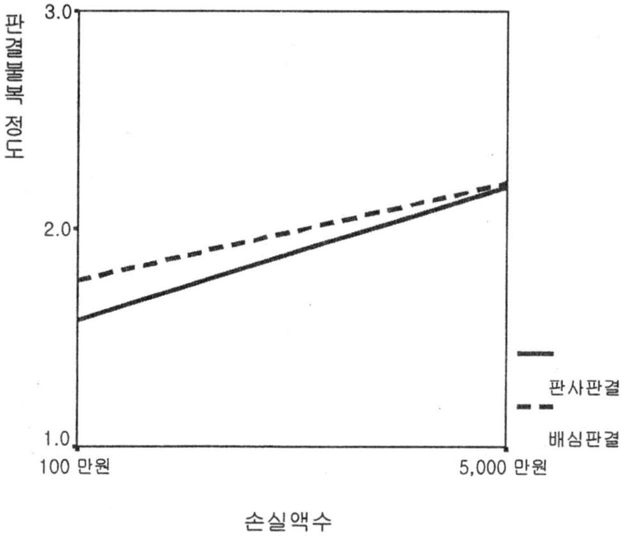

[그림 7-2] 실험조건별 평균

판결주체 요인의 주 효과는 α=0.05 수준에서 통계적으로 유의미하지 않은 반면, 손실액수 요인의 주 효과는 α=0.01 수준에서 통계적으로 유의미하다. 그런데, 판결주체 요인과 손실액수 요인의 상호작용 효과가 α=0.05 수준에서 통계적으로 유의미하므로 이 상호작용 효과를 가장 먼저 해석할 필요가 있다. 실험이 2×2 교차요인 설계에 의

해 이루어졌으므로 상호작용 효과를 해석하기 위하기 대비분석 등의 복잡한 절차를 거칠 필요가 없고 단지 네 가지 실험조건에서의 평균들을 보면 충분하다. <표 7-13> 에 제시된 네 가지 실험조건에서의 평균들이 [그림 7-2] 에 그래프 형태로 다시 제시되었다.

[그림 7-2] 를 보면, 판사에 의한 패소판결에 승복하는 정도와 배심원에 의한 패소판결에 승복하는 정도의 차이가 손실액수가 클 때는 거의 나타나지 않는 반면, 손실액수가 작은 경우에 나타나는 것을 알 수 있다. 이 양상은 손실액수에 따른 승복의 차이는 판사가 판결하는 경우에 배심원이 판결하는 경우보다 더 크게 나타나는 것으로 해석할 수도 있다.

5. 이요인 반복측정 변량분석을 위한 합동대칭성 지수

이요인 반복측정설계에서 두 개의 요인이 모두 피험자내 요인 (반복측정 요인) 인 경우에는 각 효과마다 합동대칭성 지수가 산출된다. 즉, 요인 A 의 주 효과, 요인 B 의 주 효과, 그리고 A 와 B 의 상호작용 효과에 대한 합동대칭성 지수 세 개가 산출된다. 이요인 반복측정설계에서 합동대칭성 지수가 산출되는 과정은 행렬개념이 많이 개입되어 다소 이해하기 어려우므로, 행렬개념에 익숙하지 않은 독자들은 이 부분에 관하여 중요한 골자만 파악하기 바란다.

이요인 반복측정설계에서 합동대칭성 지수들을 산출하기 위해서는 세 개의 행렬이 필요한데, 첫 번째 행렬은 원 자료로부터 계산되는 각 실험조건 간 변량-공변량 행렬 **C** 이고, 두 번째 행렬은 주 효과 및 상호작용 효과를 나타내는 직교대비 행렬 **M** 이며, 세 번째는 앞의 두 가지 행렬을 이용하여 산출되는 소위 '직교정상 공변량 (orthonormal covariance)' 행렬 **Z** 이다.

예를 들어 어떤 실험에서 피험자내 요인 A 가 세 개의 수준을 가지는 독립변인이고, 또 다른 피험자내 요인 B 는 두 개의 수준을 가지는 독립변인이며, 여섯 명의 피험자가 여섯 개의 실험조건 모두에서 반복적으로 측정되었는데, 그 원 자료가 <표 7-16> 과 같다고 가정하자.

〈표 7-16〉 이요인 반복측정설계 자료의 예

요인 A	i=1		i=2		i=3	
요인 B	j=1	j=2	j=1	j=2	j=1	j=2
피험자 1	4	1	5	4	7	2
피험자 2	6	3	8	6	10	6
피험자 3	1	3	6	5	5	4
피험자 4	2	1	10	4	12	7
피험자 5	5	5	10	6	10	5
피험자 6	1	2	7	8	8	7

<표 7-16> 의 원 자료를 이용하여 각 실험조건 간 변량-공변량 행렬 **C** 를 구하면 <표 7-17> 과 같다. 실험조건이 모두 k 개인 경우, 변량-공변량 행렬 **C** 는 k × k 의 열과 행으로 이루어지는 정사각형 행렬이다. 변량-공변량 행렬 **C** 의 대각선 요소들은 각 실험조건의 변량이며, 비대각선 요소들은 실험조건 간 공변량이다.

〈표 7-17〉 각 실험조건 간 변량-공변량 행렬 (행렬 C)

	i=1, j=1	i=1, j=2	i=2, j=1	i=2, j=2	i=3, j=1	i=3, j=2
i=1, j=1	4.57	1.30	1.07	-0.30	2.07	-0.83
i=1, j=2	1.30	2.30	1.20	0.90	0.00	0.10
i=2, j=1	1.07	1.20	4.27	0.20	4.47	2.67
i=2, j=2	-0.30	0.90	0.20	2.30	-0.20	1.50
i=3, j=1	2.07	0.00	4.47	-0.20	6.27	3.07
i=3, j=2	-0.83	0.10	2.67	1.50	3.07	3.77

직교대비 행렬 **M** 은 행 (row) 이 대비이고, 열 (column) 이 실험조건인 직사각형 행렬이다. 실험조건의 수가 k 개인 경우, k-1 개의 직교대비가 만들어질 수 있고, 따라서 **M** 은 다음과 같은 (k-1) × k 의 행렬이 된다.

〈표 7-18〉 직교대비 행렬 (행렬 M)

효과 \ 실험조건	i=1, j=1	i=1, j=2	i=2, j=1	i=2, j=2	i=3, j=1	i=3, j=2
A 주 효과	0.5	0.5	0.5	0.5	-1	-1
	1	1	-1	-1	0	0
B 주 효과	1	-1	1	-1	1	-1
AB 상호작용 효과	0.5	-0.5	0.5	-0.5	-1	1
	1	-1	-1	1	0	0

직교대비 행렬 **M** 의 요소들은 앞서 설명된 두 가지 원칙 ($\sum_{i=1}^{g} c_{ki} = 0$ 와 $\sum_{i=1}^{g} c_{ki}c_{qi} = 0$) 이 준수되는 한, 연구자의 목적에 따라 다양하게 정해질 수 있다.

합동대칭성 지수를 산출하기 위하여 필요한 마지막 행렬인 '직교정상 공변량 (orthonormal covariance)' 행렬 **Z** 는 **C** 와 **M** 을 이용하여 다음과 같이 산출된다. 행렬 **Z** 는 직교대비의 개수와 동일한 k-1 개의 행과 열로 이루어진 정사각형 행렬이다.

$$\mathbf{Z} = \mathbf{MCM}'$$

$$\mathbf{Z} =$$

$$\begin{bmatrix} 0.5 & 0.5 & 0.5 & 0.5 & -1 & -1 \\ 1 & 1 & -1 & -1 & 0 & 0 \\ 1 & -1 & 1 & -1 & 1 & -1 \\ 0.5 & -0.5 & 0.5 & -0.5 & -1 & 1 \\ 1 & -1 & -1 & 1 & 0 & 0 \end{bmatrix} \begin{bmatrix} 4.57 & 1.30 & 1.07 & -0.30 & 2.07 & -0.83 \\ 1.30 & 2.30 & 1.20 & 0.90 & 0.00 & 0.10 \\ 1.07 & 1.20 & 4.27 & 0.20 & 4.47 & 2.67 \\ -0.30 & 0.90 & 0.20 & 2.30 & -0.20 & 1.50 \\ 2.07 & 0.00 & 4.47 & -0.20 & 6.27 & 3.07 \\ -0.83 & 0.10 & 2.67 & 1.50 & 3.07 & 3.77 \end{bmatrix} \begin{bmatrix} 0.5 & 1 & 1 & 0.5 & 1 \\ 0.5 & 1 & -1 & -0.5 & -1 \\ 0.5 & -1 & 1 & 0.5 & -1 \\ 0.5 & -1 & -1 & -0.5 & 1 \\ -1 & 0 & 1 & -1 & 0 \\ -1 & 0 & -1 & 1 & 0 \end{bmatrix}$$

$$= \begin{bmatrix} 11.945 & 8.350 & -5.740 & -1.295 & 3.350 \\ 8.350 & 10.700 & 6.000 & -1.050 & 3.900 \\ -5.740 & 6.000 & 29.480 & -0.860 & -2.400 \\ -1.295 & -1.050 & -0.860 & 0.545 & -0.450 \\ 3.350 & 3.900 & -2.400 & -0.450 & 8.300 \end{bmatrix}$$

행렬 **Z** 는 피험자들의 성분점수 (component score) 들의 변량-공변량 행렬로 이해할 수 있다. 성분 점수란 여러 개의 원 점수들을 특정한 규칙에 따라서 조합한 점수를 말한다. 반복측정설계에서는 각 피험자가 k 개의 종속측정치를 가지게 되므로 그 종속측정치들을 소위 '선형조합 (linear combination)' 하여 각 피험자의 성분 점수를 k-1 개 산출한다고 가정하면, 행렬 **Z** 는 이 k-1 개의 성분 점수들의 변량-공변량 행렬이다.

요인 A 의 주 효과, 요인 B 의 주 효과, 그리고 A 와 B 의 상호작용 효과에 대한 합동대칭성 지수 세 개는 행렬 **Z** 에 포함된 숫자들로 계산된다. 직교대비 행렬 **M** 의 처음 두 개의 대비들이 세 개의 수준으로 이루어진 요인 A 의 효과를 나타낸다. 따라서 행렬 **Z** 의 요소들 중 처음 두 개의 행과 처음 두 개의 열로 이루어지는 하부행렬 (sub-matrix) 의 숫자들이 요인 A 의 주 효과에 대한 합동대칭성 지수를 산출하기 위해 이용된다. 직교대비 행렬 **M** 의 세 번째 대비는 두 개의 수준으로 이루어진 요인 B 의 효과를 나타낸다. 따라서 행렬 **Z** 의 요소들 중 세 번째 행과 세 번째 열로 이루어지는 하부행렬의 숫자가 요인 B 의 주 효과에 대한 합동대칭성 지수를 산출하기 위해 이용된다. 마지막으로, 직교대비 행렬 **M** 의 마지막 두 개의 대비들이 요인 A 와 요인 B 의 상호작용효과를 나타낸다. 따라서 행렬 **Z** 의 요소들 중 마지막 두 개의 행과 마지막 두 개의 열로 이루어지는 하부행렬의 숫자들이 요인 A 와 B 의 상호작용효과에 대한 합동대칭성 지수를 산출하기 위해 이용된다. 이것을 도식적으로 표현하면 아래의 표와 같다.

Z =

11.945	8.350	-5.740	-1.295	3.350
8.350	10.700	6.000	-1.050	3.900
-5.740	6.000	29.480	-0.860	-2.400
-1.295	-1.050	-0.860	0.545	-0.450
3.350	3.900	-2.400	-0.450	8.300

행렬 **Z** 의 각 하부행렬을 이용하여 요인 A 의 주 효과, 요인 B 의 주 효과, 그리고 A 와 B 의 상호작용 효과에 대한 합동대칭성 지수 세 개는 다음의 공식에 의해 산출된다.

$$\varepsilon = \frac{(\sum_{i=1}^{r} c_{ii})^2}{r \sum_{i,j=1}^{r} c_{ij}^2}$$

앞의 ε 공식에서 r 은 각 하부행렬의 행 혹은 열의 개수이고, c_{ii} 는 각 하부행렬의 대각선 요소들의 숫자이며, c_{ij} 는 하부행렬의 대각선 및 비대각선 요소들의 숫자이다. 즉, 요인 A 의 주 효과에 대한 합동대칭성 지수 ε_A, 요인 B 의 주 효과에 대한 합동대칭성 지수 ε_B, 요인 A 와 요인 B 의 상호작용 효과에 대한 합동대칭성 지수 ε_{AB} 는 각각 다음과 같이 산출된다.

$$\varepsilon_A = \frac{(11.945+10.700)^2}{2(11.945^2+8.350^2+8.350^2+10.700^2)} = 0.64$$

$$\varepsilon_B = \frac{(29.480)^2}{1(29.480^2)} = 1.00$$

$$\varepsilon_{AB} = \frac{(0.545+8.300)^2}{2(0.545^2+(-0.450)^2+(-0.450)^2+8.300^2)} = 0.58$$

이와 같이 산출된 합동대칭성 지수는 해당 효과의 통계적 검증을 위하여 자유도에 곱해지고, 합동대칭성 지수가 곱해진 자유도에 의해서 통계검증을 위한 F 임계치가 정해진다. 수준의 개수가 두 개인 요인에 대한 합동대칭성 지수는 언제나 1.00 이다. 따라서 이요인 반복측정 변량분석이 2×2 로 설계된 경우에는 합동대칭성 가정에 대한 우려를 할 필요가 없다.

6. 반복측정설계의 요약

반복측정설계를 위한 변량분석의 핵심적 특징은 두 가지로 요약된다. 첫째는 각 요인의 효과 (주 효과) 를 위한 오차항은 그 요인과 피험자 요인의 상호작용에 의한 평균자승 (MSB_{AS} 와 MSB_{BS}) 이라는 것이다. 이 원칙은 독립요인들 간의 상호작용 효과에도 공히 적용된다. 따라서 AB-효과를 위한 오차항은 MSB_{ABS} 이다. 둘째, 독립변인 (A 혹은 B) 과 피험자 요인 사이의 상호작용효과는 통계적으로 검증되지 않는다.

설계의 관점에서는 독립집단설계와 반복측정설계가 매우 다른 종류의 설계이지만,

분석적 관점에서는 그 두 가지 설계 사이에 아무런 본질적 차이도 존재하지 않는다. 단지, 피험자를 한 개의 요인 혹은 구획변인으로 볼 것인가의 여부가 다를 뿐이다. 반복측정설계에서는 피험자를 한 개의 요인으로 간주하므로 각 실험집단에 한명씩의 피험자가 할당되는 셈이 되고, 그로 인하여 집단 내 변산이 존재하지 않게 되며, 독립변인의 효과를 판단하기 위한 오차항이 그 독립변인과 피험자 요인 사이의 상호작용에 의한 평균자승이 될 뿐이다. 이 후자의 특징은 나중에 설명될 둥지요인설계를 이해하고 나면 보다 명료해진다.

두 개의 독립변인들의 수준들이 서로 교차되고, 그 중 한 개의 독립변인은 피험자 내 요인이며, 다른 한 개의 독립변인은 피험자간 요인인 실험설계도 일종의 이요인 반복측정설계라고 할 수 있다. 그런데 이런 실험설계는 매우 일반적인 형태의 실험설계인 까닭에 '구획분할 교차요인설계 (split-plot factorial design)' 라는 별도의 명칭을 가진다. 따라서 이요인 반복측정설계이면서 오직 한 개 요인에서만 반복측정이 이루어진 경우에 대해서는 별도의 장에서 설명하고자 한다.

연습문제

7-1. 다음은 정서의 효과를 검증하기 위한 실험의 자료이다. 이 실험에는 9 명의 피험자가 참여하였다. 한 조건 (괴로운 정서조건) 에서는 교통사고를 당하여 사망한 시체의 모습을 촬영한 사진을 보여주고, 두 번째 조건 (중립적인 정서 조건) 에서는 거리의 모습을 촬영한 사진을 보여주었으며, 세 번째 조건 (즐거운 정서조건) 에서는 남녀가 키스하는 모습을 촬영한 사진을 보여주었다. 피험자에게 각 사진을 보여준 후, 히브리어로 작성된 문장을 보여주고 히브리어에 대한 호감도를 평정하게 하였다. 모든 피험자는 세 조건의 사진을 모두 관람하고 그때마다 히브리어에 대한 호감도를 평정하였는데, 각 피험자들은 사진들을 서로 다른 순서로 관람하였다. 표의 숫자는 피험자가 평정한 히브리어에 대한 호감도이다. 큰 숫자가 높은 호감도를 의미한다.

① 가설을 기술하라; ② 전반적 가설을 검증하기 위한 변량분석표를 작성하라;

③ 직교대비분석을 하여 전반적 변량분석표를 보완하라; ④ 합동대칭성 지수를 계산하여 통계적 유의미도 판단을 하라.

교통사고 시체	거리	키스
2	4	6
1	3	5
1	5	7
0	2	6
2	3	7
2	4	5
0	4	6
3	2	8
1	5	4

7-2. 육체적 과로는 지각, 정보처리, 정밀한 수작업 등에서 효율성을 저하시킨다. 다음은 힘든 육체적 운동이 변별과제에 미치는 영향을 알아보기 위한 실험에서 구해진 자료이다. 7 명의 남자피험자가 런닝머쉰 위에서 달리기를 하면서 길이가 같은 선들을 서로 짝짓는 과제를 수행하였다. 피험자가 일정한 수의 선들을 길이가 같은 것끼리 짝짓기를 끝내면 곧 다시 새로운 선들이 제시되는 식으로 선 짝짓기 과제를 반복하였다. 종속변인은 일정한 시간 동안 피험자가 완수한 짝짓기의 횟수이다. 피험자들은 이 작업을 여러 조건에서 반복하였는데, 첫 번째 조건은 실험 전에 쉬는 상태에서 작업을 수행하는 조건이고 (사전검사), 두 번째는 시속 2.5 마일로 달리는 조건이며, 세 번째는 시속 3.4 마일, 네 번째는 시속 4.2 마일, 다섯 번째는 시속 5.0 마일로 달리는 조건이고, 여섯 번째는 실험이 끝난 후에 쉬는 상태에서 작업을 수행하는 조건 (사후검사)이다. 육체적 피로가 변별과제수행의 효율성을 저하시키는지 판단하라.

피험자	사전	2.5 mph	3.4 mph	4.2 mph	5.0 mph	사후
1	45	47	48	50	51	44
2	48	50	58	54	61	51
3	46	54	51	57	56	48
4	40	37	44	40	45	34
5	34	41	38	48	41	38
6	42	45	46	43	48	41
7	55	58	54	60	57	55

7-3. 육체적 과로는 지각, 정보처리, 정밀한 수작업 등에서 효율성을 저하시키는지를 알아보기 위한 예 (연습문제 7-2) 에서 제시된 자료를 이용하여 합동대칭성 지수를 산출하고, 독립변인의 효과를 검증하기 위해 적절한 자유도를 결정하라.

7-4. 다음은 뇌손상 환자들의 언어능력이 어떤 특징을 가지는지를 파악하기 위한 실험에서 수집된 자료이다. 연구자는 뇌손상 환자들이 어휘의 일상적인 의미를 이해하고 습득하는 능력보다 친숙하게 사용되는 어휘면서도 복합적인 의미를 가지고 있는 경우에 그 복합적인 의미 중에서 일상적으로 쓰이지 않는 의미를 파악하는 능력이 낮을 것으로 예상하였다. 예를 들어 영어의 'cool' 이라는 단어는 '차다' 의 일상적인 의미와 함께 '멋있다' 의 의미를 가지는데, 뇌손상 환자들은 '차다' 의 의미는 잘 알고 있지만, '멋있다' 의 의미는 잘 모를 것으로 예상하였다. 만약 이 예상이 맞는다면, 뇌손상 환자들은 특히 시나 수필 등의 문학작품과 메타포를 많이 사용하는 영화 등의 예술을 이해하는데 어려움을 가진다고 볼 수 있다. 복합의미를 가진 단어들의 비일상적인 의미를 알고 있는지를 측정하는 검사로써 Willner Unusual Meanings Vocabulary Test (WUMV) 와 Willner-Sheerer Analogy Test (WSA) 가 있다. 반면에 Wechsler Adult Intelligence Scale (WAIS) 는 일상적인 어휘의 일상적인 의미를 얼마나 이해하고 있는지의 여부를 측정하는 검사이다. 12 명의 뇌손상 환자들이 세 가지 검사를 받았는데, 각 환자는 무작위로 결정된 순서에 따라서 세 가지 검사에 응답하였다. 종속측정치는 각 검사의 표준점수 (평균=10, 표준편차=3)이다. 연구자의 예상을 확인할 수 있는 직교대비분석을 하라.

피험자	WAIS	WUMV	WSA
s01	15	12	11
s02	10	11	8
s03	6	4	3
s04	7	7	5
s05	9	6	6
s06	16	14	10
s07	11	10	7
s08	13	9	4
s09	12	10	8
s10	10	8	7
s11	11	9	9
s12	14	11	10

7-5. 다음은 심리학 실험실습과목의 효과적인 교수법을 파악하기 위한 실험에서 구해진 자료이다. 심리학 실험실습과목에서는 학생들이 2 인 1 조가 되어 각 조가 한 학기동안 네 개의 실험을 실시하는 방식으로 수업이 이루어진다. 이 과목을 위한 효과적인 교수법을 파악하기 위한 실험에서 두 개의 독립변인들이 사용되었는데, 첫째는 '교수법' 이고, 둘째는 '조 편성방법' 이다. 교수법은 두 개의 조건들로 조작되었는데, 첫 번째 조건 (a_1) 에서는 학생들이 실험지침서에 준하여 직접 실험을 실시하고 결과를 기록, 분석하는 조건이고, 두 번째 조건 (a_2) 에서는 교수가 실험을 실시하고 학생들은 관찰만 하면서 결과를 기록, 분석하는 조건이다. 조 편성방법의 첫 번째 조건 (b_1) 은 각 조의 학생들을 동성 (同性) 으로 구성하는 것이고, 두 번째 조건 (b_2) 은 이성 (異性) 들로 구성하는 것이다. 교수법과 조 편성방법의 조건들은 서로 교차되었다. 하나의 실험이 끝날 때마다 각 조는 그 실험에 대한 이해도를 평가받았는데, 그 평가점수들이 종속변인이다. 적절한 자유도를 파악하여 변량분석을 하고 결과를 해석하라.

조	a_1 b_1	a_1 b_2	a_2 b_1	a_2 b_2
1	192	134	174	130
2	189	178	174	108
3	180	175	174	123
4	168	165	160	116
5	162	156	149	138
6	168	164	140	129
7	158	156	145	131
8	169	142	147	131
9	135	142	143	140
10	159	148	144	144

7-6. 위의 연습문제 7-5 의 자료에 대하여 합동대칭성 가정을 평가하기 위한 합동대칭성 지수를 산출하라.

둥지요인설계 8

지금까지 설명된 독립집단설계와 반복측정설계는 모두 교차요인설계이다. 즉, 반복측정설계의 피험자 요인을 포함하여 모든 요인의 수준들이 완벽하게 서로 교차하는 형태를 이루는 실험설계들이다. 요인의 수준들이 교차한다는 말은 마치 그물이 짜여지듯이 한 요인의 각 수준 내에 다른 요인의 모든 수준이 존재한다는 뜻이다. 반면에 '둥지요인설계 (nested factors design)' 는 한 요인 (A) 의 각 수준에 다른 요인 (B) 의 수준들 중 일부분만이 존재하는 설계이다. 즉, 한 요인의 수준들 안에 마치 새의 알을 모아놓은 듯이 다른 요인의 일부 수준들이 포함된 형태의 설계이다. 이런 실험설계를 둥지요인설계라고 부르고, 요인 B 를 '둥지튼 요인 (nested factor)' 이라고 부른다. 이때의 요인 B 는 요인 A 의 수준 속에 둥지 틀었다는 의미에서 '요인 B|A' 라고 표기하기도 한다. 둥지튼 요인과 둥지요인은 마치 위계적인 관계를 가지는 것으로 볼 수도 있으므로 둥지요인설계를 '위계설계 (hierarchical design)' 라고 부르기도 한다 (Kirk, 1995).

예를 들어, 불안증을 감소시키기 위한 두 가지 심리치료의 효과를 서로 비교하기 위한 연구를 한다고 가정하자. 이 연구를 위해서 불안증이 서로 유사한 12 명의 환자를 선발하여 그 중 여섯 명에게는 첫 번째 치료를 실시하고, 나머지 6 명에게는 두 번째 치료를 실시하고자 한다. 그런데 심리치료란 속성상 치료방법 뿐만 아니라 치료자에 의해서도 그 효과가 달라질 수 있다. 따라서 치료자 요인을 고려하거나 그것의 효과를 통제할 필요가 있다. 이를 위하여 앞서 설명된 구획설계를 하고, 치료자 요인을 구획요인으로 간주하여 치료자에 따른 차이를 통제한 치료방법의 효과를 산출할 수 있다. 그런데 이러한 구획설계 혹은 이원변량분석설계를 실현하기가 현실적으로 어려운 상황이 있을 수 있다. 구획설계를 하면 치료방법의 수준들과 치료자 요인의 수준들이 서로 교차하게 되는데, 이런 설계에서는 한사람의 치료자가 한 번은 첫 번째 치료방법을 써서 치료를 하고, 그 다음 두 번째 치료방법을 이용하여 치료를 해야 한다. 그런데 만약 두 가지 치료방법에 모두 능통한 치료자를 구할 수 없고, 대부분의 치료자들이 어떤 한 가지 치료방법에만 숙달되어 있다면 이러한 구획설계를 이용하여 연구를 할 수 없게 된다.

따라서 교차요인설계가 현실적으로 불가능하거나 다른 부작용을 유발하는 경우에는 둥지요인설계를 활용할 수 있는데, 말하자면 둥지요인설계는 교차요인설계를 활용할 수 없는 경우에 채택할 수 있는 차선책이다. 교차요인설계가 가능한 경우에는 언제나 교차요인설계를 활용하는 것이 바람직한데, 그 이유는 곧 자세히 설명될 것이다. 둥지요인설계가 비록 차선책이기는 하지만, 실제 연구현실에서 교차요인설계를 이용할 수 없는 경우가 매우 많으므로, 결코 덜 중요한 설계방식은 아니다. 둥지요인설계를 잘 활용하면 매우 다양한 상황 속에서 유용한 실험도구가 될 수 있다.

〈표 8-1〉 두 가지 불안증 치료방법을 비교하기 위한 실험자료

<table>
<tr><th>환자번호</th><th>치료방법</th><th>치료자</th><th>불안감점수</th><th>치료자 평균</th><th>치료방법 평균</th><th>전체 평균</th></tr>
<tr><td>1</td><td>1</td><td>1</td><td>48</td><td rowspan="2">$\overline{Y}_{11} = 49$</td><td rowspan="6">$\overline{Y}_{1.} = 71.67$</td><td rowspan="12">$\overline{Y}_{..} = 117.50$</td></tr>
<tr><td>2</td><td>1</td><td>1</td><td>50</td></tr>
<tr><td>3</td><td>1</td><td>2</td><td>61</td><td rowspan="2">$\overline{Y}_{12} = 62$</td></tr>
<tr><td>4</td><td>1</td><td>2</td><td>63</td></tr>
<tr><td>5</td><td>1</td><td>3</td><td>103</td><td rowspan="2">$\overline{Y}_{13} = 104$</td></tr>
<tr><td>6</td><td>1</td><td>3</td><td>105</td></tr>
<tr><td>7</td><td>2</td><td>4</td><td>115</td><td rowspan="2">$\overline{Y}_{24} = 116$</td><td rowspan="6">$\overline{Y}_{2.} = 163.33$</td></tr>
<tr><td>8</td><td>2</td><td>4</td><td>117</td></tr>
<tr><td>9</td><td>2</td><td>5</td><td>209</td><td rowspan="2">$\overline{Y}_{25} = 210$</td></tr>
<tr><td>10</td><td>2</td><td>5</td><td>211</td></tr>
<tr><td>11</td><td>2</td><td>6</td><td>163</td><td rowspan="2">$\overline{Y}_{26} = 164$</td></tr>
<tr><td>12</td><td>2</td><td>6</td><td>165</td></tr>
</table>

불안증을 위한 두 가지 치료방법을 비교하는 연구를 위해서 여섯 명의 치료자가 자원봉사 하였는데, 그 중 세 명은 첫 번째 치료방법을 전공한 치료자들이고, 다른 세 명은 두 번째 치료방법을 전공한 치료자들이라고 가정하자. 각 치료자가 두 명씩의 환자를 치료하였다면 <표 8-1> 과 같은 도식으로 표현되는 실험설계 상황이 된다. 종속측정치는 치료 후 측정한 불안감 점수이다.

우선 치료자와 치료방법의 수준들이 서로 교차하지 않고, 치료방법의 각 수준 내에 치료자 수준들 중 일부만 존재한다는 것을 알 수 있다. 즉, 치료자가 둥지튼 요인(nested factor) 이다. 편의상 여기에서는 치료방법과 같은 요인을 '둥지요인' 이라고 부르고, 치료자와 같은 요인을 '둥지튼 요인' 이라고 부르기로 하자. 앞서 설명한 모든 반복측정설계는 둥지요인설계의 한 특수한 경우로 생각할 수 있다. 이때 '특수한' 경우란 피험자 요인이 둥지튼 요인으로 간주되는 것을 말한다.

1. 편차와 자승합의 분할

전체편차는 언제나 마찬가지로, 각 개인피험자의 종속측정치와 전체평균의 차이이다. 이 전체편차는 세 부분으로 분할될 수 있는데, ① 둥지요인인 치료방법에 의한 편차, ② 둥지튼 요인인 치료자에 의한 편차, 그리고 ③ 집단내 편차이다. 둥지요인에 의한 편차는 그 요인의 각 수준평균과 전체평균의 차이이다. 둥지튼 요인에 의한 편차는 그 요인의 각 수준평균과 그 요인을 감싸고 있는 둥지요인의 수준평균의 차이이다. 집단내 편차는 각 개인피험자의 종속측정치와 그 피험자가 소속한 둥지튼 요인의 수준평균이다. 둥지요인설계의 전체편차를 구성하는 집단간, 집단내 편차들을 요약하면 다음과 같다.

$$Y-\overline{Y}_{..} = (\overline{Y}_{i.}-\overline{Y}_{..})+(\overline{Y}_{ij}-\overline{Y}_{i.})+(Y-\overline{Y}_{ij})$$

전체편차 / 둥지요인에 의한 편차 / 둥지튼 요인에 의한 편차 / 집단내 편차

여기에서 한 가지 주목해야 할 사실은 둥지요인설계에서의 전체편차는 둥지요인과 둥지튼 요인 사이의 상호작용에 의한 편차를 포함하지 않는다는 것이다. 그러한 상호작용에 의한 편차 없이도 전체편차를 분할할 수 있다. 더 엄밀히 말하면, 둥지요인과 둥지튼 요인은 서로 상호작용 효과를 가질 수 없다. 이 사실은 상식적으로도 이해될 수 있다. 상호작용의 개념은 종속측정치에 대한 요인 B 의 효과가 요인 A 의 각 수준에서 다르다는 것을 의미한다. 이 말은 요인 A 의 한 수준에 존재하는 요인 B 의 수준들과 요인 A 의 다른 수준에 존재하는 요인 B 의 수준들이 서로 다르면 의미가 없는 말이 된다. 더 구체적인 예를 들어보자. 치료자 1, 2, 3 이 모두 첫 번째 치료방법을 사용하여 치료한 결과 세 명의 치료자의 치료효과에 차이가 발견된 반면, 동일한 치료자 세 명이 두 번째 치료방법을 사용하여 치료한 환자들에서는 치료자 간의 차이가 발견되지 않았다면, 치료자와 치료방법이 서로 상호작용 효과를 가진다고 말한다. 즉, 특정한 치료자와 특정한 치료방법이 결합하면 그 두 가지 요인의 합산적 효과 이외에 추가적인 시너지효과가 있다는 것이다. 그런데 각 치료방법을 서로 다른 치료자들이 사용하는 둥지요인설계에서는 이러한 상호작용을 파악할 수 없게 된다. 상호작용효과는 언제나 서로 교차된 요인들에 의해서만 가능하다는 사실을 기억하자.

또한 둥지튼 요인에 의한 편차는 그 요인의 각 수준평균과 그 요인을 감싸고 있는 둥지요인의 수준평균의 차이라는 사실과, 둥지튼 요인의 각 수준평균과 전체평균의 차이가 아니라는 사실도 주목해야하는 중요한 점이다. 예를 들어 치료자에 의한 편차는 치료자 간의 차이에 의한 편차이다. 그런데 치료자에 따라서 치료효과가 다른지를 알아보기 위해서는 동일한 치료방법을 사용한 치료자들을 비교하여야 한다. 따라서 치료자에 의한 편차는 각 치료자의 평균과 그 치료자가 사용한 치료방법의 평균 즉, 동일한 치료방법을 사용한 치료자들의 평균과의 차이이다.

이 편차들의 관계를 보다 명확히 이해하기 위하여 여기서 사용하는 예 자료를 이용하여 검증해보자. 아홉 번째 환자의 종속측정치는 209 이다. 이 숫자와 전체평균의 차이 (전체편차) 는 다음과 같이 세 가지의 편차로 구성 혹은 분할된다.

$$209-117.50 = (163.33-117.50) + (210-163.33) + (209-210)$$

둥지요인설계에서 전체편차가 위와 같은 세 개의 편차들로 구성되므로, 전체 자승합도 동일한 유형의 자승합들로 구성, 혹은 분할된다.

$$SST = SSB_A + SSB_{B|A} + SSW$$

SSB_A 는 요인 A (둥지요인) 의 자승합이다. $SSB_{B|A}$ 는 요인 B (둥지튼 요인) 의 자승합인데, 요인 B 가 요인 A 의 수준에 둥지튼 요인이라는 것을 표하기 위하여 아래첨자 B|A 를 사용하였다. $SSB_{B|A}$ 는 요인 A 와 B 의 상호작용에 의한 자승합이 아니라 요인 B 의 주 효과에 의한 자승합이라는 사실에 유념하여야 한다. 둥지요인설계에서는 둥지요인과 둥지튼 요인의 상호작용에 의한 자승합이 존재하지 않는다.

〈표 8-2〉 둥지요인설계에서의 자승합의 계산

치료방법	치료자	불안감	둥지요인에 의한 편차자승 $(\bar{Y}_{i.} - \bar{Y}_{..})^2$	둥지튼 요인에 의한 편차자승 $(\bar{Y}_{ij} - \bar{Y}_{i.})^2$	집단내 편차자승 $(Y - \bar{Y}_{ij})^2$	전체편차자승 $(Y - \bar{Y}_{..})^2$
1	1	48	$(71.67-117.50)^2$	$(49-71.67)^2$	$(48-49)^2$	$(48-117.50)^2$
1	1	50	$(71.67-117.50)^2$	$(49-71.67)^2$	$(50-49)^2$	$(50-117.50)^2$
1	2	61	$(71.67-117.50)^2$	$(62-71.67)^2$	$(61-62)^2$	$(61-117.50)^2$
1	2	63	$(71.67-117.50)^2$	$(62-71.67)^2$	$(63-62)^2$	$(63-117.50)^2$
1	3	103	$(71.67-117.50)^2$	$(104-71.67)^2$	$(103-104)^2$	$(103-117.50)^2$
1	3	105	$(71.67-117.50)^2$	$(104-71.67)^2$	$(105-104)^2$	$(105-117.50)^2$
2	4	115	$(163.33-117.50)^2$	$(116-163.33)^2$	$(115-116)^2$	$(115-117.50)^2$
2	4	117	$(163.33-117.50)^2$	$(116-163.33)^2$	$(117-116)^2$	$(117-117.50)^2$
2	5	209	$(163.33-117.50)^2$	$(210-163.33)^2$	$(209-210)^2$	$(209-117.50)^2$
2	5	211	$(163.33-117.50)^2$	$(210-163.33)^2$	$(211-210)^2$	$(211-117.50)^2$
2	6	163	$(163.33-117.50)^2$	$(164-163.33)^2$	$(163-164)^2$	$(163-117.50)^2$
2	6	165	$(163.33-117.50)^2$	$(164-163.33)^2$	$(165-164)^2$	$(165-117.50)^2$
			SSB_A=25208.33	$SSB_{B\|A}$=12142.67	SSW=12	SST=37363

2. 자유도

SSB_A 은 전체평균 (117.50) 이 고정된 상수로 간주되고, 두 개의 숫자 (71.67 과 163.33) 가 이용되었으므로, 그 두 개의 숫자 중 한 개만이 확률적 변수이다. 즉, 둥지요인의 자승합 자유도는 그 요인의 수준의 수에서 1 을 빼준 값, c-1 이다. <표 8-1> 의 예에서 SSB_A 의 자유도는 2-1=1 이다.

치료자의 효과인 $SSB_{B|A}$ 는 둥지요인 (A) 의 각 수준 내에서 둥지튼 요인 (B|A) 의 자승합을 구한 후, 그것을 둥지요인의 모든 수준에 걸쳐서 더한 것이다. 따라서 $SSB_{B|A}$ 의 자유도 역시 둥지요인의 각 수준에서 계산된 후, 그들을 더해서 산출한다. 둥지요인의 각 수준 내에 r 개씩의 둥지튼 요인의 수준이 존재한다면, $SSB_{B|A}$ 의 자유도는 $c(r-1)$ 이다. <표 8-1> 의 예에서 $SSB_{B|A}$ 의 자유도는 $2(3-1)$ =4 이다.

SSW 의 자유도는 각 실험집단내의 자유도의 합이므로, $cr(n-1)$ 이다. <표 8-1> 의 예에서는 $2 \cdot 3(2-1)=6$ 이다. SST 의 자유도는 언제나 마찬가지로 N-1 이며, <표 8-1> 의 예에서는 12-1=11 이다.

3. 평균자승의 기댓값

둥지요인설계에서 평균자승 기댓값의 원형은 <표 8-3> 과 같이 기술된다. R 은 둥지튼 요인의 모든 가능한 수준의 개수이고, r 은 실제로 실험에 포함된 둥지튼 요인의 수준의 개수이며, n 은 둥지튼 요인의 각 수준에 할당된 피험자의 수이다. 이 기댓값 원형에서 두 가지를 주목할 필요가 있다. ① 둥지요인의 평균자승 (MSB_A) 은 둥지튼 요인에 의한 변량을 포함한다; 예를 들어 각 치료방법에 의한 편차는 그 치료방법을 이용하는 치료자들 사이의 편차에 의해 영향받는다; ② 둥지튼 요인의 평균자승 ($MSB_{B|A}$) 은 둥지요인의 각 수준 내에서 결정되므로, 둥지요인의 변량에 영향 받지 않는다.

〈표 8-3〉 둥지요인설계에서 평균자승의 기댓값

원형 $E(MSB_A) = \sigma_e^2 + \frac{R-r}{R} n\sigma_{B\|A}^2 + nR\sigma_A^2$, $E(MSB_{B\|A}) = \sigma_e^2 + n\sigma_{B\|A}^2$, $E(MSW) = \sigma_e^2$				
	A 고정 B|A 고정	A 무선 B|A 무선	A 고정 B|A 무선	A 무선 B|A 고정
$E(MSB_A)$	$\sigma_e^2 + nR\sigma_A^2$	$\sigma_e^2 + n\sigma_{B\|A}^2 + nR\sigma_A^2$	$\sigma_e^2 + n\sigma_{B\|A}^2 + nR\sigma_A^2$	$\sigma_e^2 + nR\sigma_A^2$
$E(MSB_{B\|A})$	$\sigma_e^2 + n\sigma_{B\|A}^2$	$\sigma_e^2 + n\sigma_{B\|A}^2$	$\sigma_e^2 + n\sigma_{B\|A}^2$	$\sigma_e^2 + n\sigma_{B\|A}^2$
$E(MSW)$	σ_e^2	σ_e^2	σ_e^2	σ_e^2

<표 8-3> 의 기댓값들을 주의깊게 살펴보면, 둥지요인 (A) 이 고정요인으로 간주되거나 무선요인으로 간주되는 것은 기댓값에 전혀 변화를 초래하지 않는 반면, 평균자승의 기댓값은 둥지튼 요인 (B|A) 의 속성에 따라 좌우된다는 것을 알 수 있다. 둥지튼 요인이 고정요인으로 간주되는 경우에는 요인 A 의 효과와 요인 B|A 의 효과를 위한 오차항이 모두 집단내 평균자승 (MSW) 이다. 그러나 둥지튼 요인이 무선요인으로 간주되는 경우에는, 요인 A 의 효과를 위한 오차항은 요인 B|A 의 평균자승 $MSB_{B|A}$ 이고, 요인 B|A 의 효과를 위한 오차항은 집단내 평균자승 (MSW) 이다. 이상의 논의를 수렴하여 변량분석표를 작성하면 <표 8-4> 와 같다.

둥지요인설계에 의한 변량분석의 핵심적 특징은 두 가지로 요약된다. 첫째는 둥지요인과 둥지튼 요인간의 상호작용효과가 존재하지 않는다는 것이다. 흔히 둥지튼 요인은 연구의 주된 관심대상이 아니라 연구자가 통제하기를 원하는 가외변인인 경우가 많다. 따라서 비록 이 상호작용이 산출되지 않더라도 연구목적을 달성하는데 전혀 지장을 초래하지 않는 경우가 대부분이다. 둘째는 둥지튼 요인의 효과 (자승합과 자유도) 는 둥지요인의 각 수준 내에서 정의된다는 것이다. 이점은 실험의 실제 상황에 견주어 논리적, 직관적, 현실적으로 이해되어야할 사항이다. 이 두 가지 특징과 함께 평균자승 기댓값의 원형을 이용하여 실험연구의 상황에 따라 적절히 사용하면 둥지요인설계는 매우 유용한 실험방법이 될 수 있다.

〈표 8-4〉 둥지요인설계 변량분석 결과

둥지튼 요인 (B|A) 이 고정요인인 경우				
변산원	자승합	자유도	평균자승	F
치료방법 (A)	25208.33	1	25208.33	12604.17**
치료자 (B|A)	12142.67	4	3035.67	1517.84**
집단내	12.00	6	2.00	
전체	37363.00	11	3396.64	

둥지튼 요인 (B|A) 이 무선요인인 경우				
변산원	자승합	자유도	평균자승	F
치료방법 (A)	25208.33	1	25208.33	8.30*
치료자 (B|A)	12142.67	4	3035.67	1517.84**
집단내	12.00	6	2.00	
전체	37363.00	11	3396.64	

4. 대비분석

어떤 전자회사에서 제품생산 공정에 소요되는 시간을 줄이는 방안을 모색하기 위한 실험을 하였다. 이 회사의 제품은 이동벨트에 줄지어 앉아 있는 직원들 앞으로 제품 틀이 지나가면 각 직원들이 한두 개의 부품을 조립해가는 방식으로 생산되고 있다. 그런데 이 회사는 이 제품 틀을 어떻게 구성하는가에 따라서 공정시간이 달라지는지를 파악하고자 한다. 이것을 규명하기 위하여 현재 사용되고 있는 제품 틀 (a_1) 을 포함하여 3 개의 제품 틀 (a_1, a_2, a_3) 을 각 두 개씩, 총 여섯 개의 생산라인 (b_1, b_2, b_3, b_4, b_5, b_6) 에 투입하였다. <표 8-5> 는 각 생산라인에서 시간당 생산된 완제품의 개수이다. 이 실험에서 제품 틀 (A) 은 고정요인이고, 생산라인 (B|A) 은 무선요인이다.

<표 8-5> 의 자료에 대하여 제품 틀 (A) 은 고정요인이고, 생산라인 (B|A) 은 제품 틀의 조건 내에 둥지튼 무선요인으로 설정한 후 위에서 설명한 절차에 의해 전반적 검증을 수행할 수 있다. 그런데 이 연구의 주 관심은 현재 사용되고 있는 제품 틀 (a_1) 이 다른 제품 틀에 비하여 공정에 소요되는 시간을 더 걸리게 하는지를 파악하

〈표 8-5〉 여섯 개의 생산라인에서 시간당 생산된 완제품의 개수

제품 틀 (A)	a_1	a_1	a_2	a_2	a_3	a_3
생산라인 (B|A)	b_1	b_2	b_3	b_4	b_5	b_6
완제품 개수 (Y)	17 7 9 12 15	13 23 14 18 22	21 24 14 19 17	25 29 26 24 21	26 34 32 30 28	32 32 37 34 35
생산라인 평균 ($\overline{Y}_{ij}$)	12	18	19	25	30	34
제품 틀 평균 ($\overline{Y}_{i.}$)	15		22		32	

기 위한 것이다. 이러한 세부적인 연구관심에 대한 결론을 유도하기 위해서는 제품 틀 요인에 대한 직교대비분석을 수행할 필요가 있다. 제품 틀 요인이 세 개의 수준을 가지므로 두 개의 직교대비를 구성할 수 있는데, 대비-1 은 현재 사용하고 있는 제품 틀 (a_1) 과 나머지 두 개의 새로운 제품 틀 (a_2, a_3) 을 비교하는 대비이고, 대비-2 는 새로운 제품 틀 두 개를 서로 비교하는 대비가 되도록 구성할 수 있다. 이와 같이 구성된 두 개의 직교대비와 그들의 자승합은 아래와 같다.

$$\Psi_1 = \sum_{i=1}^{3} c_{1i}\,\overline{Y}_{i.} = (+2)15 + (-1)22 + (-1)32 = -24$$

$$\Psi_2 = \sum_{i=1}^{3} c_{2i}\,\overline{Y}_{i.} = (+0)15 + (+1)22 + (-1)32 = -10$$

$$SSB_{\Psi_1} = \frac{n\,\Psi_1^2}{\sum_{i=1}^{3} c_{1i}^2} = \frac{10(-24)^2}{(+2)^2 + (-1)^2 + (-1)^2} = 960$$

$$SSB_{\Psi_2} = \frac{n\,\Psi_2^2}{\sum_{i=1}^{3} c_{2i}^2} = \frac{10(-10)^2}{(+0)^2 + (+1)^2 + (-1)^2} = 500$$

이와 같은 대비분석과 전반적 검증의 한 결과를 종합하여 작성된 변량분석 표가 <표 8-6> 에 제시되었다.

〈표 8-6〉 생산라인이 제품 틀의 조건 내에 둥지튼 무선요인으로 설정한 변량분석 결과

변산원	자승합	자유도	평균자승	F	p
제품 틀 (A)	1460.00	2	730.00	9.95	<.05
대비-1	960.00	1	960.00	13.09	<.05
대비-2	500.00	1	500.00	6.82	ns
생산라인 (B|A)	220.00	3	73.33	5.87	<.01
집단내	300.00	24	12.50		
전체	1980.00	29	68.28		

<표 8-6> 을 보면, 제품 틀의 주 효과는 통계적으로 유의미한데, 그것은 현재 사용하고 있는 제품 틀과 새로운 제품 틀 사이의 차이 (대비-1) 가 통계적으로 유의미하기 때문이라는 것을 알 수 있다. 두 개의 새로운 제품 틀 사이의 차이 (대비-2) 는 통계적으로 유의미하지 않다.

<표 8-6> 에서 주목해야 할 것은 제품 틀 효과의 통계적 검증을 위한 오차항과 그 효과를 분할한 대비들의 통계적 검증을 위한 오차항이 모두 공히 둥지튼 요인인 생산라인의 평균자승 (73.33) 이라는 점이다. 그 이유는 둥지요인 (제품 틀 요인) 이 고정요인이고, 둥지튼 요인 (생산라인 요인) 이 무선요인으로 가정되었고 (<표 8-3> 참조), 대비들의 통계적 검증을 위한 오차항은 언제나 그 대비들의 모태가 되는 주 효과 혹은 상호작용 효과의 오차항과 동일하기 때문이다.

5. 둥지요인, 둥지튼 요인, 교차요인이 혼합된 실험설계

둥지요인설계에서 실험에 두 개의 요인이 포함되고, 그 중 하나는 둥지요인, 다른 하나는 둥지튼 요인인 경우를 살펴보았다. 여기에서는 세 개의 요인들에 의한 실험에서 둥지튼 요인 (B|A) 의 수준들이 세 번째 요인 (Z) 의 수준과는 서로 교차하는

상황을 살펴보고자 한다. 앞서 살펴본 불안증에 대한 심리치료 예에 한 가지 교차요인, 피험자 성별, 이 추가되었다고 가정하고 <표 8-7> 과 같은 자료가 수집되었다고 가정하자.

〈표 8-7〉 둥지요인, 둥지튼 요인, 교차요인이 혼합된 실험설계의 예

치료방법	치료자	환자성별		치료자 평균	치료방법 평균	전체 평균
		k=1	k=2			
i=1	j=1	48 50	121 123	$\overline{Y}_{11.}$ = 85.5	$\overline{Y}_{1..}$ =116.17	
	j=2	61 63	205 207	$\overline{Y}_{12.}$ =134.0		
	j=3	103 105	153 155	$\overline{Y}_{13.}$ =129.0		
i=2	j=4	115 117	36 38	$\overline{Y}_{24.}$ = 76.5	$\overline{Y}_{2..}$ =109.00	
	j=5	209 211	42 44	$\overline{Y}_{25.}$ =126.5		
	j=6	163 165	83 85	$\overline{Y}_{26.}$ =124.0		
환자성별 평균		$\overline{Y}_{..1}$=117.50	$\overline{Y}_{..2}$=107.67			$\overline{Y}_{...}$ =112.59

<표 8-7> 의 예에서 치료방법 (A) 은 둥지요인 (c=2) 이고, 치료자 (B|A) 는 치료방법의 수준 내에 둥지튼 요인 (r=3) 이며, 교차요인인 환자성별 (Z) 은 치료방법과 치료자와 모두 교차하는 요인 (u=2) 이다. 모두 12 개의 실험조건이 존재하고, 각 조건에 두 명씩의 피험자가 할당되어, 총 24 명의 피험자가 참가한 실험이다.

이런 경우, 각 종속측정치의 전체편차는 다음과 같이 다섯 개의 집단간 편차와 한 개의 집단내 편차로 분할된다. A-효과, B|A-효과, Z-효과, (A)(Z)-효과, (B|A)(Z)-효과에 의한 편차와 집단내 편차이다. 여기에서 두 가지를 주목하라. ① 둥지요인 (치료방법) 과 둥지튼 요인 (치료자) 간의 상호작용 효과에 의한 편차는 존재하지 않는다. 따라서 삼원상호작용 효과도 존재할 수 없다. 상호작용 효과는 언제나 서로 교차된 요인들에 의해서만 가능하다는 것을 기억하라. 따라서 둥지튼 요인 (B|A) 과 성별 (Z) 의 이원상호작용 효과는 존재한다. ② 또한 둥지튼 요인 (B|A) 이 개입하는 효과 (주 효과 및 환자성별과의 상호작용 효과) 에 의한 편차는 모두 둥지요인 (A) 의 수준 내에서 정의된다. 즉, B|A 의 주 효과에 의한 편차는 ($\overline{Y}_{ij.} - \overline{Y}_{i..}$) 로 정의

되고, B|A 와 Z 의 상호작용 효과에 의한 편차는 ($\overline{Y}_{ijk} - \overline{Y}_{ij.} - \overline{Y}_{i.k} + \overline{Y}_{i..}$) 로 정의된다.

$Y - \overline{Y}_{...} = (\overline{Y}_{i..} - \overline{Y}_{...})$	A-효과에 의한 편차
$+(\overline{Y}_{ij.} - \overline{Y}_{i..})$	B|A-효과에 의한 편차
$+(\overline{Y}_{..k} - \overline{Y}_{...})$	Z-효과에 의한 편차
$+(\overline{Y}_{i.k} - \overline{Y}_{i..} - \overline{Y}_{..k} + \overline{Y}_{...})$	(A)(Z)-효과에 의한 편차
$+(\overline{Y}_{ijk} - \overline{Y}_{ij.} - \overline{Y}_{i.k} + \overline{Y}_{i..})$	(B|A)(Z)-효과에 의한 편차
$+(Y - \overline{Y}_{ijk})$	집단내 편차

위의 편차분할을 실제 숫자로 확인하기 위하여 다섯 번째 치료자와 첫 번째 성별 집단 (i=2, j=5, k=1) 에 속한 한 피험자의 종속측정치 211 을 예로 사용하여 보자. ($\overline{Y}_{2.1}$ = (115+117+209+211+163+165)/6 = 163.33 이다. 또한, $\overline{Y}_{251}$ = (209+211)/2 = 210.00 이다.)

$$\begin{aligned}(211.00-112.59) &= (109.00-112.59) + (126.50-109.00) + (117.50-112.59) \\ &+ (163.33-109.00-117.50+112.59) + (210.00-126.50-163.33+109.00) \\ &+ (211.00-210.00)\end{aligned}$$

전체편차의 분할요소들을 이용하여 각 효과를 자승합 형태로 산출하면 <표 8-8(a)> 와 <표 8-8(b)> 와 같다.

둥지요인의 자유도는 c-1 이고, 둥지튼 요인의 자유도는 c(r-1) 이며, 교차된 요인의 자유도는 u-1 이다. 또한 집단내 자승합의 자유도는 cru(n-1) 이다. 상호작용 효과들의 자유도는 각기 주 효과의 자유도를 곱해준 것이다. 따라서 이 예에서의 자유도를 각기 계산하면 다음과 같다. df_A=2-1=1; $df_{B|A}$=2(3-1)=4; df_Z=2-1=1; df_{AZ}=1×1=1; $df_{(B|A)Z}$=4×1=4; df_{within}= 2×3×2×(2-1)=12.

〈표 8-8(a)〉 둥지요인, 둥지튼 요인, 교차요인이 혼합된 실험자료의 자승합

A	B|A	Z	DV	A-효과	B|A-효과	Z-효과
				$(\overline{Y}_{i..}-\overline{Y}_{...})^2$	$(\overline{Y}_{ij.}-\overline{Y}_{i..})^2$	$(\overline{Y}_{..k}-\overline{Y}_{...})^2$
1	1	1	48	$(116.17-112.59)^2$	$(85.50-116.17)^2$	$(117.50-112.59)^2$
1	1	1	50	$(116.17-112.59)^2$	$(85.50-116.17)^2$	$(117.50-112.59)^2$
1	1	2	121	$(116.17-112.59)^2$	$(85.50-116.17)^2$	$(107.67-112.59)^2$
1	1	2	123	$(116.17-112.59)^2$	$(85.50-116.17)^2$	$(107.67-112.59)^2$
1	2	1	61	$(116.17-112.59)^2$	$(134.00-116.17)^2$	$(117.50-112.59)^2$
1	2	1	63	$(116.17-112.59)^2$	$(134.00-116.17)^2$	$(117.50-112.59)^2$
1	2	2	205	$(116.17-112.59)^2$	$(134.00-116.17)^2$	$(107.67-112.59)^2$
1	2	2	207	$(116.17-112.59)^2$	$(134.00-116.17)^2$	$(107.67-112.59)^2$
1	3	1	103	$(116.17-112.59)^2$	$(129.00-116.17)^2$	$(117.50-112.59)^2$
1	3	1	105	$(116.17-112.59)^2$	$(129.00-116.17)^2$	$(117.50-112.59)^2$
1	3	2	153	$(116.17-112.59)^2$	$(129.00-116.17)^2$	$(107.67-112.59)^2$
1	3	2	155	$(116.17-112.59)^2$	$(129.00-116.17)^2$	$(107.67-112.59)^2$
2	4	1	115	$(109.00-112.59)^2$	$(76.50-109.00)^2$	$(117.50-112.59)^2$
2	4	1	117	$(109.00-112.59)^2$	$(76.50-109.00)^2$	$(117.50-112.59)^2$
2	4	2	36	$(109.00-112.59)^2$	$(76.50-109.00)^2$	$(107.67-112.59)^2$
2	4	2	38	$(109.00-112.59)^2$	$(76.50-109.00)^2$	$(107.67-112.59)^2$
2	5	1	209	$(109.00-112.59)^2$	$(126.50-109.00)^2$	$(117.50-112.59)^2$
2	5	1	211	$(109.00-112.59)^2$	$(126.50-109.00)^2$	$(117.50-112.59)^2$
2	5	2	42	$(109.00-112.59)^2$	$(126.50-109.00)^2$	$(107.67-112.59)^2$
2	5	2	44	$(109.00-112.59)^2$	$(126.50-109.00)^2$	$(107.67-112.59)^2$
2	6	1	163	$(109.00-112.59)^2$	$(124.00-109.00)^2$	$(117.50-112.59)^2$
2	6	1	165	$(109.00-112.59)^2$	$(124.00-109.00)^2$	$(117.50-112.59)^2$
2	6	2	83	$(109.00-112.59)^2$	$(124.00-109.00)^2$	$(107.67-112.59)^2$
2	6	2	85	$(109.00-112.59)^2$	$(124.00-109.00)^2$	$(107.67-112.59)^2$
				$SSB_A=308.17$	$SSB_{B\|A}=12042.67$	$SSB_Z=580.17$

둥지요인, 둥지튼 요인, 교차된 요인이 포함된 실험설계에서 각 효과를 위한 평균자승 기댓값의 원형은 <표 8-9> 와 같이 기술된다.

이 평균자승 기댓값의 원형들을 이용하여 둥지튼 요인만이 무선요인이고 다른 요인들이 고정요인으로 간주되는 경우의 평균자승 기댓값과 유의도 검증을 위한 경험적인 F 값은 다음과 같이 도출된다. 이 경우에 (C-c)=0, (U-u)=0, 그리고 (R-r)/R=1 이다. <표 8-10> 의 경험적인 F 값 산출을 위한 오차항을 자세히 살펴보면 몇 가지

〈표 8-8(b)〉 둥지요인, 둥지튼 요인, 교차요인이 혼합된 실험자료의 자승합

A	B|A	Z	DV	(A)(Z)-효과	(B|A)(Z)-효과	집단내 편차
				$(\bar{Y}_{i.k}-\bar{Y}_{i..}-\bar{Y}_{..k}+\bar{Y}_{...})^2$	$(\bar{Y}_{ijk}-\bar{Y}_{ij.}-\bar{Y}_{i.k}+\bar{Y}_{i..})^2$	$(Y-\bar{Y}_{ijk})^2$
1	1	1	48	$(71.67-116.17-117.50+112.59)^2$	$(49-85.50-71.67+116.17)^2$	$(48-49)^2$
1	1	1	50	$(71.67-116.17-117.50+112.59)^2$	$(49-85.50-71.67+116.17)^2$	$(50-49)^2$
1	1	2	121	$(160.67-116.17-107.67+112.59)^2$	$(122-85.50-160.67+116.17)^2$	$(121-122)^2$
1	1	2	123	$(160.67-116.17-107.67+112.59)^2$	$(122-85.50-160.67+116.17)^2$	$(123-122)^2$
1	2	1	61	$(71.67-116.17-117.50+112.59)^2$	$(62-134.00-71.67+116.17)^2$	$(61-62)^2$
1	2	1	63	$(71.67-116.17-117.50+112.59)^2$	$(62-134.00-71.67+116.17)^2$	$(63-62)^2$
1	2	2	205	$(160.67-116.17-107.67+112.59)^2$	$(206-134.00-160.67+116.17)^2$	$(205-206)^2$
1	2	2	207	$(160.67-116.17-107.67+112.59)^2$	$(206-134.00-160.67+116.17)^2$	$(207-206)^2$
1	3	1	103	$(71.67-116.17-117.50+112.59)^2$	$(104-129.00-71.67+116.17)^2$	$(103-104)^2$
1	3	1	105	$(71.67-116.17-117.50+112.59)^2$	$(104-129.00-71.67+116.17)^2$	$(105-104)^2$
1	3	2	153	$(160.67-116.17-107.67+112.59)^2$	$(154-129.00-160.67+116.17)^2$	$(153-154)^2$
1	3	2	155	$(160.67-116.17-107.67+112.59)^2$	$(154-129.00-160.67+116.17)^2$	$(155-154)^2$
2	4	1	115	$(163.33-109.00-117.50+112.59)^2$	$(116-76.50-163.33+109.00)^2$	$(115-116)^2$
2	4	1	117	$(163.33-109.00-117.50+112.59)^2$	$(116-76.50-163.33+109.00)^2$	$(117-116)^2$
2	4	2	36	$(54.67-109.00-107.67+112.59)^2$	$(37-76.50-54.67+109.00)^2$	$(36-37)^2$
2	4	2	38	$(54.67-109.00-107.67+112.59)^2$	$(37-76.50-54.67+109.00)^2$	$(38-37)^2$
2	5	1	209	$(163.33-109.00-117.50+112.59)^2$	$(210-126.50-163.33+109.00)^2$	$(209-210)^2$
2	5	1	211	$(163.33-109.00-117.50+112.59)^2$	$(210-126.50-163.33+109.00)^2$	$(211-210)^2$
2	5	2	42	$(54.67-109.00-107.67+112.59)^2$	$(43-126.50-54.67+109.00)^2$	$(42-43)^2$
2	5	2	44	$(54.67-109.00-107.67+112.59)^2$	$(43-126.50-54.67+109.00)^2$	$(44-43)^2$
2	6	1	163	$(163.33-109.00-117.50+112.59)^2$	$(164-124.00-163.33+109.00)^2$	$(163-164)^2$
2	6	1	165	$(163.33-109.00-117.50+112.59)^2$	$(164-124.00-163.33+109.00)^2$	$(165-164)^2$
2	6	2	83	$(54.67-109.00-107.67+112.59)^2$	$(84-124.00-54.67+109.00)^2$	$(83-84)^2$
2	6	2	85	$(54.67-109.00-107.67+112.59)^2$	$(84-124.00-54.67+109.00)^2$	$(85-84)^2$
				$SSB_{AZ}=58608.17$	$SSB_{(B\|A)Z}=9906.67$	$SSW=24$

원칙이 발견된다. ① 둥지튼 요인이 관여된 효과 (주 효과와 상호작용 효과) 를 위한 오차항은 집단내 평균자승 (MSW) 이다; ② 둥지요인의 주 효과 (A-효과) 를 위한 오차항은 둥지튼 요인의 평균자승이다; ③ 교차요인이 관여된 효과 (Z-효과와 AZ-효과) 를 위한 오차항은 그 교차요인과 둥지튼 요인 사이의 상호작용에 의한 평균자승 ($MSB_{(B|A)Z}$) 이다. 그러나 이 원칙은 각 요인에 대하여 고정모형 혹은 무선모형을 가정하는가에 따라서 변할 수 있다.

〈표 8-9〉 동지요인, 동지튼 요인, 교차요인이 혼합된 실험의 평균자승 기댓값의 원형

$E(MSB_A)$	$\sigma_e^2+n\left(\frac{R-r}{R}\right)\left(\frac{U-u}{U}\right)\sigma_{(B\mid A)Z}^2+nr\left(\frac{U-u}{U}\right)\sigma_{AZ}^2+nu\left(\frac{R-r}{R}\right)\sigma_{B\mid A}^2+nru\,\sigma_A^2$
$E(MSB_{B\mid A})$	$\sigma_e^2+n\left(\frac{U-u}{U}\right)\sigma_{(B\mid A)Z}^2+nu\sigma_{B\mid A}^2$
$E(MSB_Z)$	$\sigma_e^2+n\left(\frac{R-r}{R}\right)\sigma_{(B\mid A)Z}^2+nr\left(\frac{C-c}{C}\right)\sigma_{AZ}^2+ncr\,\sigma_Z^2$
$E(MSB_{AZ})$	$\sigma_e^2+n\left(\frac{R-r}{R}\right)\sigma_{(B\mid A)Z}^2+nr\,\sigma_{AZ}^2$
$E(MSB_{(B\mid A)Z})$	$\sigma_e^2+n\,\sigma_{(B\mid A)Z}^2$
$E(MSW)$	σ_e^2

〈표 8-10〉 A 고정, B|A 무선, Z 고정인 경우의 평균자승의 기댓값

평균자승	기댓값	F
$E(MSB_A)$	$\sigma_e^2 + nu\sigma_{B\mid A}^2 + nru\,\sigma_A^2$	$MSB_A/MSB_{B\mid A}$
$E(MSB_{B\mid A})$	$\sigma_e^2 + nu\sigma_{B\mid A}^2$	$MSB_{B\mid A}/MSW$
$E(MSB_Z)$	$\sigma_e^2 + n\sigma_{(B\mid A)Z}^2 + ncr\,\sigma_Z^2$	$MSB_Z/MSB_{(B\mid A)Z}$
$E(MSB_{AZ})$	$\sigma_e^2 + n\sigma_{(B\mid A)Z}^2 + nr\,\sigma_{AZ}^2$	$MSB_{AZ}/MSB_{(B\mid A)Z}$
$E(MSB_{(B\mid A)Z})$	$\sigma_e^2 + n\sigma_{(B\mid A)Z}^2$	$MSB_{(B\mid A)Z}/MSW$
$E(MSW)$	σ_e^2	

〈표 8-11〉 동지요인, 동지튼 요인, 교차요인이 혼합된 실험설계의 분석 결과

변산원	자승합	자유도	평균자승	F
치료방법 (A)	308.17	1	308.17	0.10
치료자 (B|A)	12042.67	4	3010.67	1505.34**
환자성별 (Z)	580.17	1	580.17	0.23
(A)(Z)	58608.17	1	58608.17	23.66**
(B|A)(Z)	9906.67	4	2476.67	1238.34**
집단내	24.00	12	2.00	
전체	81469.83	23	3542.17	

이상의 논의를 종합하여, 둥지튼 요인만이 무선요인이고 다른 요인들이 고정요인으로 간주되는 경우의 변량분석표를 작성하면 <표 8-11> 과 같다.

연습문제

8-1. 둥지요인설계에서 둥지요인과 둥지튼 요인이 서로 상호작용효과를 가질 수 없는 이유를 설명하라.

8-2. 둥지튼 요인에 의한 편차는 그 요인의 각 수준평균과 그 요인을 감싸고 있는 둥지요인의 수준평균의 차이인데, 그 논리적 이유를 설명하라.

8-3. 둥지요인 설계에서는 일반적으로 둥지요인 (A) 의 효과가 연구자의 관심대상이고, 둥지튼 요인 (B|A) 은 통제를 위한 목적으로 사용된다. 그리고 둥지튼 요인 (B|A) 은 흔히 무선요인 (random factor) 으로 간주된다. 둥지튼 요인 (B|A) 이 종속변인 (Y) 에 대하여 큰 효과를 가지는 경우와, 작은 효과를 가지는 경우 중, 어떤 경우에 둥지요인 (A) 의 효과에 대한 검증력이 높아지는지 설명하라.

8-4. 다음은 남녀공학에 재학 중인 여대생들과 여자대학교에 재학 중인 여대생들의 페미니스트 가치관을 비교하기 위한 자료이다. 남녀공학 중에 세 개의 대학교

학교유형	학교	계열	
		인문/사회	자연/공학
남녀공학	A 대학교	26 22 21 28	22 24 20 26
	B 대학교	25 27 24 21	23 22 25 22
	C 대학교	23 22 28 24	21 24 27 26
여자대학	D 대학교	43 38 46 42	21 22 24 27
	E 대학교	31 24 32 26	36 33 29 31
	F 대학교	22 32 33 28	24 22 26 24

를 무작위로 선택하고, 여자대학교 중에 역시 세 개의 대학교를 무작위로 선택한 후, 각 대학교에서 인문/사회계열을 전공하는 여대생 네 명과 자연/공학계열을 전공하는 여대생 네 명을 역시 무작위로 추출하여 페미니스트 가치관을 측정하였다. 측정된 페미니스트 가치관은 숫자가 클수록 페미니스트 가치관을 강하게 가진다는 것을 의미한다. 이 자료를 분석하여 적절한 결론을 도출하라.

8-5. 연습문제 8-4 에 제시된 페미니스트 가치관 자료를 분석하되, '학교유형' 변인을 없애고, 그 대신 직교대비분석을 하여 연습문제 8-4 에서의 결론과 동일한 결론이 유도되는지를 확인하라.

구획분할 교차요인설계 9

앞서 반복측정설계에 관한 설명을 마무리하면서 두 개의 독립변인들의 수준들이 서로 교차되고, 그 중 한 개의 독립변인은 피험자내 요인이며, 다른 한 개의 독립변인은 피험자간 요인인 실험설계를 '구획분할 교차요인설계 (Split-plot Factorial Design)' 라고 부르고, 이러한 실험설계는 이요인 반복측정설계이면서 오직 한 개 요인에서만 반복측정이 이루어진 경우라고 하였다. 이러한 형태의 실험설계는 적용범위가 매우 광범위한 일반적인 설계유형인 까닭에 구획분할 교차요인설계라는 별도의 명칭을 가진다. 구획분할 교차요인설계는 구획변인, 둥지요인, 피험자간 요인, 피험자내 요인 등의 지금까지 살펴본 실험설계 개념들이 모두 혼합된 설계형태라고 할 수 있다. 따라서 일견 복잡해보이지만, 앞서 설명한 설계의 특성들을 차근차근 적용하면 전혀 새로운 것이 없는 설계이다.

구획분할 교차요인설계는 다른 실험설계 유형들과 마찬가지로 처음에는 농학 분야에서 적용되고 발전하였다. '구획분할 (split-plot)' 이라는 용어도 농학실험에서 시작된 용어인데, 일정한 토지를 여러 개의 구획으로 분할하고, 각 구획을 다시 더 작은 부분 (section) 으로 나누어서 그 부분들에 실험조건들을 무작위 할당하는 농업실험과정에서 사용되었던 용어라고 한다 (Snedecor, 1946). 그러나 구획분할 교차요인설계가 반복측정요인을 포함하게 된 것은 그것이 심리학에 도입되면서부터라고 한다 (Lovie, 1979; 1981). 심리학에서 반복측정요인이 포함된 구획분할 교차요인설계를 가장 먼저 사용한 연구는 Gilliland & Humphreys (1943) 라고 알려져 있다. 이 연구는 사람들의 시간감각을 연구한 것인데, 성별, 나이, 판단방식, 그리고 객관적인 시간간격이 주관적인 시간간격에 주는 영향을 파악하기 위한 실험이었다. 그 후, Lindquist (1953)에 의해 이 실험설계방법이 '혼합설계 (mixed design)' 라는 이름으로 교육학에 소개되고, 교육학에서 매우 광범위하게 활용되었다.

1. 설계 예

아동들에게 무엇인가를 학습시키기 위한 교습방법이 몇 가지 있고, 이 교습방법들 간의 효과차이를 검증하기 위한 실험이 있다고 가정하자. 아동들을 각 교습방법에 무작위할당하고, 할당된 교습방법에 의해 학습시킨 후, 학습효과를 측정하기 위하여 과제를 주어 수행점수를 산출하되, 여러 종류의 과제로 테스트하였다면 바로 구획분할 교차요인설계가 된다. 이 경우에 교습방법은 피험자간 요인으로서 둥지요인이고, 각 아동은 각 교습방법 내에 둥지튼 요인이며, 과제종류는 피험자내 요인으로서 반복측정요인이며 또한 교습방법 및 아동요인들과 교차된 요인이다. 이 설계를 도식적으로 표현하면 <표 9-1> 과 같다.

〈표 9-1〉 구획분할 교차요인설계의 한 가지 예 (교습방법의 효과 실험)

교습방법	아동	과제 종류	
		과제 1	과제 2
교습방법 1	아동 1	점수	점수
	아동 2	점수	점수
	아동 3	점수	점수
교습방법 2	아동 4	점수	점수
	아동 5	점수	점수
	아동 6	점수	점수

<표 9-1> 에 예시된 설계는 두 가지로 개념화할 수 있다. 첫째는, 교습방법은 피

험자간 요인이고, 과제종류는 반복측정된 피험자내 요인인 2×2 이원교차요인설계로 볼 수 있다. 둘째는, 교습방법은 둥지요인이고, 아동은 둥지튼 요인이며, 과제종류는 교차요인인데 또한 반복측정된 피험자내 요인인 일종의 둥지요인설계로 볼 수 있다.

또 다른 예를 들어 보자. 사람얼굴에 대한 지각과 기억의 정확성은 법심리학의 목격자 연구에서 매우 중요한 주제이다. 만약 어떤 실험에서 목격자가 이성의 얼굴을 더 정확히 기억하는지, 아니면 동성의 얼굴을 더 정확히 기억하는지를 알아보기 위하여 남녀 피험자 (목격자) 들에게 남자들과 여자들의 모습 (타깃) 을 보여주고, 타깃을 새로운 사람들과 뒤섞은 후, 앞서 목격된 사람을 지목하게 하는 실험이 있다면 (<표 9-2>), 이것 역시 구획분할 교차요인설계가 된다.

〈표 9-2〉 구획분할 교차요인설계의 한 가지 예 (목격진술의 정확성 실험)

목격자 성별	피험자	타깃 성별	
		남자	여자
남자	피험자 1	정확성 점수	정확성 점수
	피험자 2	정확성 점수	정확성 점수
	피험자 3	정확성 점수	정확성 점수
여자	피험자 4	정확성 점수	정확성 점수
	피험자 5	정확성 점수	정확성 점수
	피험자 6	정확성 점수	정확성 점수

<표 9-1> 과 <표 9-2> 의 예를 보면, 앞 장에서 설명된 '둥지요인, 둥지튼 요인, 교차된 요인이 포함된 실험설계' 와 매우 유사하다는 것을 알 수 있다. 그 두 가지 유형의 실험설계가 가지는 유일한 차이는 교차요인이 피험자내 요인 (구획분할 교차요인 설계) 인가, 아니면 피험자간 요인 (둥지요인, 둥지튼 요인, 교차된 요인이 포함된 실험설계) 인가에 있다. 그러나 교차요인이 피험자내 요인이건, 피험자간 요인이건 상관없이 분석절차는 동일하므로, 두 가지 유형은 기본적으로 동일한 실험설계이다.

2. 전반적 검증을 위한 분석

모든 반복측정설계는 둥지요인설계의 한 특수한 경우로 생각할 수 있다. 이때 '특수한' 경우란 피험자 요인이 둥지튼 요인으로 간주되는 것을 말한다. 예를 들어서 정신건강을 측정하기 위한 검사문항에 대한 반응에 문화차이가 있는지를 알아보기 위한 실험이 있다고 가정하자. 한국인들은 정신건강을 탐문하는 질문이 설문형태로 주어진 경우와 대인면담 형태로 주어진 경우에 다르게 반응하는 것으로 알려져 있다 (Park, Upshaw & Koh, 1988). 이것을 확인하기 위하여 세 명의 한국인과 세 명의 미국인에게 우울증을 측정하기 위한 문항을 실시하되, 동일한 문항들을 한 번은 설문형태로, 또 한 번은 면담형태로 질문하였다고 가정하자. 이 가상적인 실험에서 다음과 같은 자료가 구해졌다. 종속변인 측정치는 우울증 문항들에 대한 반응을 이용하여 산출한 '우울증 점수' 이다. 큰 숫자가 심한 우울증을 뜻한다.

〈표 9-3〉 우울증 측정에서의 인종 간 차이를 확인하기 위한 실험자료

인종	피험자	검사방법		피험자 평균	인종 평균	전체 평균
		설문	면담			
한국인	j=1	25	8	$\overline{Y}_{11.}$ = 16.5	$\overline{Y}_{1..}$=15.67	
	j=2	18	11	$\overline{Y}_{12.}$ = 14.5		
	j=3	23	9	$\overline{Y}_{13.}$ = 16.0		
미국인	j=4	15	14	$\overline{Y}_{24.}$ = 14.5	$\overline{Y}_{2..}$=15.33	
	j=5	17	19	$\overline{Y}_{25.}$ = 18.0		
	j=6	14	13	$\overline{Y}_{26.}$ = 13.5		
검사방법 평균		$\overline{Y}_{..1}$=18.67	$\overline{Y}_{..2}$=12.33			$\overline{Y}_{...}$=15.50

이 경우는 이요인 (인종과 검사방법) 변량분석인데, 그중의 한 요인 (검사방법) 이 피험자내 요인 혹은 반복측정 요인인 2×2 교차요인설계로 볼 수 있다. 그런데 같은 자료를 둥지요인설계로 간주할 수도 있다. 둥지요인설계로 간주하는 경우에는 인종이 둥지요인, 피험자가 둥지튼 요인, 그리고 검사방법이 교차요인이다.

구획분할 교차요인 설계 (split-plot factorial design) 혹은 한 요인이 피험자내 요인인 2×2 반복측정설계에 의해 구해진 자료는 피험자 요인이 둥지튼 요인인 둥지요인 설계로 간주하여 분석한다. 이때 두 가지의 특징을 염두에 두어야 하는데, 첫째는 피험자 요인 혹은 둥지튼 요인이 무선요인이라는 점이고, 둘째는 각 셀에 종속측정치가 한 개만 존재하므로 집단 내 편차가 존재하지 않는다는 점이다. 그밖에 모든 내용은 앞서 설명된 '둥지요인, 둥지튼 요인, 교차된 요인이 포함된 실험설계' 와 동일하다. <표 9-3> 의 자료에서 종속측정치의 전체 편차는 다음과 같이 다섯 개의 편차로 분할된다.

$Y - \overline{Y}_{...} = (\overline{Y}_{i..} - \overline{Y}_{...})$	인종 (A) 효과에 의한 편차
$+ (\overline{Y}_{ij.} - \overline{Y}_{i..})$	피험자|인종 (B|A) 효과에 의한 편차
$+ (\overline{Y}_{..k} - \overline{Y}_{...})$	검사방법 (Z) 효과에 의한 편차
$+ (\overline{Y}_{i.k} - \overline{Y}_{i..} - \overline{Y}_{..k} + \overline{Y}_{...})$	(A)(Z) 효과에 의한 편차
$+ (\overline{Y}_{ijk} - \overline{Y}_{ij.} - \overline{Y}_{i.k} + \overline{Y}_{i..})$	(B|A)(Z) 효과에 의한 편차

각 종속측정치의 전체 편차를 위와 같이 다섯 개의 편차로 분할한 후 그들을 자승하여 모든 종속측정치에 걸쳐서 더하면 다음과 같은 자승합들이 산출된다.

$$SST = SSB_{A} + SSB_{B|A} + SSB_{Z} + SSB_{AZ} + SSB_{(B|A)Z}$$

둥지요인의 자유도는 c-1 이므로 <표 9-3> 의 자료에서 인종 효과 SSB_A 의 자유도 df_A 는 2-1=1 이다. 둥지튼 요인의 자유도는 c(r-1) 이므로 피험자 효과 $SSB_{B|A}$ 의 자유도 $df_{B|A}$ 는 2(3-1)=4 이다. 교차요인의 자유도는 u-1 이므로 검사방법 효과 SSB_Z 의 자유도 df_Z 는 2-1=1 이다. 상호작용 효과들의 자유도는 각기 주 효과의 자유도를 곱해준 것이다. 따라서 이 예에서 df_{AZ}=1×1=1; $df_{(B|A)Z}$=4×1=4 이다.

앞 장에서 둥지요인, 둥지튼 요인, 교차요인이 혼합된 실험의 평균자승 기댓값의 원형을 소개한 바 있다. 그 원형을 기초로 인종 (A) 을 고정요인, 피험자 (B|A) 를

무선요인, 검사방법 (Z) 을 고정요인으로 가정하면 <표 9-4> 와 같은 평균자승의 기댓값과 그에 따른 경험적인 F 값들이 유도된다.

〈표 9-4〉 A 고정, B|A 무선, Z 고정인 구획분할 교차요인 설계의 평균자승의 기댓값

평균자승	기댓값	F
$E(MSB_A)$	$\sigma_e^2 + nu\sigma_{B\|A}^2 + nru\,\sigma_A^2$	$MSB_A/MSB_{B\|A}$
$E(MSB_{B\|A})$	$\sigma_e^2 + nu\sigma_{B\|A}^2$	(산출불능)
$E(MSB_Z)$	$\sigma_e^2 + n\,\sigma_{(B\|A)Z}^2 + ncr\,\sigma_Z^2$	$MSB_Z/MSB_{(B\|A)Z}$
$E(MSB_{AZ})$	$\sigma_e^2 + n\,\sigma_{(B\|A)Z}^2 + nr\,\sigma_{AZ}^2$	$MSB_{AZ}/MSB_{(B\|A)Z}$
$E(MSB_{(B\|A)Z})$	$\sigma_e^2 + n\,\sigma_{(B\|A)Z}^2$	(산출불능)

<표 9-4> 를 보면, 집단내 변산이 없기 때문에 둥지튼 요인인 피험자 요인 (B|A) 이 개입된 효과 (주 효과와 상호작용 효과) 는 통계적 검증이 불가능하다. 그러나 일반적으로 피험자 요인의 효과는 연구의 관심사가 아니다. 이상의 결과를 요약하면 <표 9-5> 와 같다.

〈표 9-5〉 우울증 측정 실험자료의 둥지요인설계 변량분석 결과

변산원	자승합	자유도	평균자승	F	p
인종 (A)	0.33	1	0.33	0.05	ns
피험자 (B|A)	26.67	4	6.67		
검사방법 (Z)	120.33	1	120.33	16.42	<.05
(A)(Z)	120.33	1	120.33	16.42	<.05
(B|A)(Z)	29.33	4	7.33		
전체	297.00	11	27.00		

<표 9-5> 의 결과를 보면, 인종 요인과 검사방법 요인의 상호작용 효과 (AZ-효과) 가 통계적으로 유의미하다. 이 상호작용 효과의 양상을 이해하기 위하여 인종 요인과 검사방법 요인으로 구성되는 2×2 실험조건의 종속변인 (우울증) 평균을 살펴보면

[그림 9-1] 과 같다.

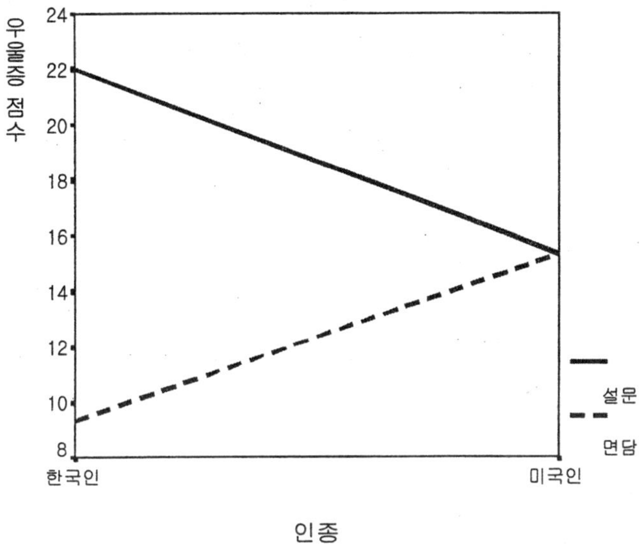

[그림 9-1] 인종 × 검사방법 실험조건의 종속변인 평균

[그림 9-1] 을 보면 한국인의 경우에는 홀로 있는 상황에서 설문방식으로 우울증을 측정할 때 사회적인 상황에서 면담방식으로 측정할 때보다 훨씬 더 우울한 것으로 반응하는 반면, 미국인들의 경우에는 상황에 따른 반응의 변화가 없다는 것을 알 수 있다.

3. 대비분석

구획분할 교차요인 설계를 위한 대비분석 (contrast analysis) 을 살펴보기 위하여 앞서 반복측정설계에 관한 설명에서 사용하였던 배심재판에 관한 자료를 다시 한번 활용해보자. 이 실험은 한국인들이 민사소송의 당사자 (원고) 가 되었을 때, 판사가 원고패소 판결을 하는 경우와 배심원이 원고패소 판결을 하는 경우에 패소한 당사자가 그 패소판결에 승복하는 경향이 유사할지의 여부를 가늠해보기 위한 것이다. 실험에서는 두 개의 요인들이 조작되었는데, 첫 번째 요인은 두 개의 수준 (판사판결 v.

배심판결) 을 가지는 '판결주체 (A)' 요인이고, 두 번째 요인은 역시 두 개의 수준 (5,000 만원 v. 100 만원) 을 가지는 '손실액수 (B)' 요인이다. 이 두 개의 요인들은 모두 피험자내 요인 혹은 반복측정 요인이고, 이 요인들은 서로 교차되었다. 종속변인은 패소판결에 대하여 항소하려는 의지를 측정한 것으로서 숫자가 높을수록 '항소의지' 가 강한 것, 혹은 패소판결에 대하여 불복하는 것을 의미하도록 코딩되었다. 판결주체와 손실액수를 변화시킨 네 개의 설문문항들에 대하여 128 명의 대학생들이 응답하였는데, 이 응답자들 중에서 85 명은 남자였고, 43 명은 여자였다. 앞장에서 이루어진 이요인 반복측정 변량분석에서 판결주체 요인과 손실액수 요인의 상호작용 효과가 α=0.05 수준에서 통계적으로 유의미한 것으로 나타났는데, 본 장에서의 분석 목적은 그러한 결과가 응답자의 성별에 따라 달라질 것인지의 여부를 파악하기 위한 것이다. 이를 위하여 우선 각 문항에 대한 반응의 평균을 성별로 나누어 산출한 것이 <표 9-6> 에 제시되었다.

〈표 9-6〉 배심재판에 관한 설문문항의 평균

응답자 성별	문항			
	손실액수=5,000 만원 판단주체=판사	손실액수=5,000 만원 판단주체=배심원	손실액수=100 만원 판단주체=판사	손실액수=100 만원 판단주체=배심원
남자 n=85, $\bar{n}_h$=57.11	2.16 (0.51)	2.19 (0.63)	1.54 (0.61)	1.65 (0.68)
여자 n=43, $\bar{n}_h$=57.11	2.23 (0.48)	2.26 (0.49)	1.65 (0.69)	1.98 (0.71)
전체 N=128	2.19 (0.50)	2.21 (0.58)	1.58 (0.64)	1.76 (0.71)

$\bar{n}_h$ 는 사례수의 조화평균 (2/[(1/85)+(1/43)]) 임. ( ) 안의 숫자는 표준편차임.

앞서 반복측정설계에 관한 설명에서 산출된 결과가 응답자의 성별에 따라 달라질 것인지의 여부를 파악하기 위한 목적으로 <표 9-6> 의 자료를 분석하는 방법에는 두 가지 약간 다른 방식이 있을 수 있다. 그러나 어떤 방식으로 분석하건 결과는 동일하다.

<표 9-6> 의 자료를 분석하는 첫 번째 방식은 '문항' 요인을 두 개의 피험자내 요인 (손실액수와 판단주체) 으로 구분한 후 손실액수, 판단주체, 그리고 성별을 독립변인으로 하는 반복측정 변량분석을 수행하는 것이다. 이때에는 성별이 피험자간 요인이고, 손실액수와 판단주체는 피험자내 요인이 되며, 세 가지 요인이 모두 서로 교차하는 2×2×2 삼원교차요인설계로 간주된다. 이 방식은 설계유형을 2×2×2 삼원교차요인설계로 간주하고, 요인들 중에서 일부가 반복측정된 것이므로, 분석에서는 피험자 요인이 포함되어 결국 4 요인을 가지는 구획분할 교차요인 분석이 된다 (이때 피험자 요인은 성별 요인에 둥지튼 요인이다).

<표 9-6> 의 자료를 분석하는 두 번째 방식은 문항 요인과 성별 요인으로 이루어진 4×2 이원교차요인설계로 간주한 후, 손실액수와 판단주체에 관련된 효과들을 대비분석을 이용하여 분리해내는 것이다. 이때에는 문항 요인이 네 개의 수준을 가지는 피험자내 요인이고, 성별 요인은 두 개의 수준을 가지는 피험자간 요인이다. 그리고 이 두 개의 요인은 서로 교차되었다. 따라서 분석에서는 성별 요인에 둥지튼 피험자 요인이 설정되어 결국 3 요인을 가지는 구획분할 교차요인 분석이 된다. 이 두 번째 방식에 의한 분석은 <표 9-3> 의 우울증 측정에서의 인종 간 차이를 확인하기 위한 실험자료에 관한 구획분할 교차요인 분석과 동일한 실험설계 상황을 가정한다는 점을 주목하라. 다만, 피험자내 요인 (문항) 의 수준이 두 개가 아니고 네 개이므로 대비분석의 필요성이 있다는 차이가 있을 뿐이다.

첫 번째 방식은 대비분석이 필요 없는 방식이지만 요인의 수가 많이 설정된 분석방식이고, 두 번째 방식은 요인의 수는 적지만 대비분석이 수행될 필요가 있는 분석방식이다. 어떤 방식을 택해서 분석을 하건 동일한 결과가 산출되지만, 여기에서의

〈표 9-7〉 배심판결 설문실험 자료에 대한 4×2 구획분할 이원교차요인 분석 결과

변산원	자승합	자유도	평균자승	F	p
성별 (A)	2.361	1	2.361	3.820	0.05
피험자 (B|A)	77.881	126	0.618		
문항 (Z)	31.967	3	10.656	37.321	0.00
(A)(Z)	1.350	3	0.450	1.576	0.20
(B|A)(Z)	107.924	378	0.286		
전체	221.483	511	0.433		

목적이 구획분할 교차요인 설계에서의 대비분석을 살펴보는 것이므로 <표 9-6> 의 자료를 두 번째 방식에 의하여 분석해보자.

우선, 실험이 문항 요인과 성별 요인으로 이루어진 4×2 이원교차요인설계라고 간주하고 위에서 설명된 우울증 측정에서의 인종 간 차이를 확인하기 위한 실험자료에 관한 구획분할 교차요인 분석과 동일한 분석을 수행한 결과가 <표 9-7> 과 같다.

이제 문항 요인을 손실액수와 판결주체로 구분하기 위한 대비를 어떻게 구성할지 생각해보자. <표 9-7> 을 보면 문항 요인 (Z) 은 주 효과를 가지고, 또한 성별 요인 (A) 과의 상호작용 효과 ((A)(Z)) 를 가진다는 것을 알 수 있다. 문항 요인이 피험자

〈표 9-8〉 배심판결 설문실험 자료에서 문항 요인의 효과분할을 위한 직교대비의 구성

실험조건		평균	손실액수 주 효과 (대비-1)	판결주체 주 효과 (대비-2)	성별 주 효과 (대비-3)	(대비-1) × (대비-2)	(대비-1) × (대비-3)	(대비-2) × (대비-3)	(대비-1) × (대비-2) × (대비-3)
성별	문항								
남자	5,000 만원 판사	2.16	+1	+1	+1	+1	+1	+1	+1
남자	5,000 만원 배심원	2.19	+1	-1	+1	-1	+1	-1	-1
남자	100 만원 판사	1.54	-1	+1	+1	-1	-1	+1	-1
남자	100 만원 배심원	1.65	-1	-1	+1	+1	-1	-1	+1
여자	5,000 만원 판사	2.23	+1	+1	-1	+1	-1	-1	-1
여자	5,000 만원 배심원	2.26	+1	-1	-1	-1	-1	+1	+1
여자	100 만원 판사	1.65	-1	+1	-1	-1	+1	-1	+1
여자	100 만원 배심원	1.98	-1	-1	-1	+1	+1	+1	-1
Ψ			2.02	-0.50	-0.58	0.38	0.30	0.22	-0.22
SSB_{Ψ}			29.278	1.633	2.361	1.056	0.661	0.344	0.345

SSB_{Ψ} 의 계산에서 셀 사례 수를 위하여 조화평균 (57.11) 을 사용하면 여기에 제시된 SSB_{Ψ} 값들과 근소한 차이를 가질 수 있다.

요인과도 상호작용 효과 ((B|A)(Z)) 를 가지지만, 이 상호작용 효과는 검증될 수 없는 효과이므로 관심을 가질 필요가 없다. 결국 문항 요인의 주 효과를 구분하는 대비들과 성별과의 상호작용 효과를 구분하는 대비들을 구성하면 된다. 문항 요인의 수준들과 성별 요인의 수준들은 서로 교차하므로 4×2=8 개의 실험조건을 구성한다. 따라서 이들 요인들의 주 효과와 상호작용 효과를 나타내는 일곱 개의 직교대비들이 <표 9-8> 과 같이 구성될 수 있다.

<표 9-8> 에서 계산된 직교대비의 자승합들을 이용하여 <표 9-7> 의 변량분석표를 재구성하면 <표 9-9> 와 같다.

〈표 9-9〉 배심판결 설문실험 자료에 대한 직교대비분석 결과

변산원	자승합	자유도	평균자승	F	p
성별 (A)	2.361	1	2.361	3.820	0.05
성별의 주 효과 (대비-3)	2.361	1	2.361	3.820	0.05
피험자 (B|A)	77.881	126	0.618		
문항 (Z)	31.967	3	10.656	37.321	0.00
손실액수 주 효과 (대비-1)	29.278	1	29.278	102.371	0.00
판결주체 주 효과 (대비-2)	1.633	1	1.633	5.710	0.02
(대비-1)×(대비-2)	1.056	1	1.056	3.692	0.06
(A)(Z)	1.350	3	0.450	1.576	0.20
(대비-1)X(대비-3)	0.661	1	0.661	2.311	0.13
(대비-2)×(대비-3)	0.344	1	0.344	1.203	0.27
(대비-1)×(대비-2)×(대비-3)	0.345	1	0.345	1.206	0.27
(B|A)(Z)	107.924	378	0.286		
전체	221.483	511	0.433		

성별 요인의 주 효과에 대한 통계적 검증을 위하여 사용되는 오차항을 <표 9-4> 의 평균자승 기댓값으로 판단하면 성별 요인의 조건 안에 둥지튼 요인인 피험자 요인 (B|A) 의 평균자승이다. 따라서 성별의 주 효과를 나타내는 대비-3 의 통계적 검증을 위하여 사용되는 오차항도 피험자 요인 (B|A) 의 평균자승 (0.618) 이다. 문항

요인의 주 효과에 대한 통계적 검증을 위하여 사용되는 오차항을 <표 9-4> 의 평균자승 기댓값으로 판단하면 피험자 요인 (B|A) 과 문항 요인 (Z) 의 상호작용 평균자승이다. 따라서 문항 요인의 주 효과를 분할하는 세 개의 직교대비 (대비-1, 대비-2, 대비-1 × 대비-2) 의 통계적 검증을 위하여 사용되는 오차항도 그들의 모태가 되는 문항 요인의 오차항과 동일한 피험자 요인 (B|A) 과 문항 요인 (Z) 의 상호작용 평균자승 (0.286) 이다. 끝으로, 성별 요인과 문항 요인의 상호작용 효과에 대한 통계적 검증을 위하여 사용되는 오차항을 <표 9-4> 의 평균자승 기댓값으로 판단하면 피험자 요인 (B|A) 과 문항 요인 (Z) 의 상호작용 평균자승이다. 따라서 성별 요인과 문항 요인의 상호작용 효과를 분할하는 세 개의 직교대비 (대비-1×대비-3, 대비-2×대비-3, 대비-1×대비-2×대비-3) 의 통계적 검증을 위하여 사용되는 오차항도 그들의 모태가 되는 성별 요인과 문항 요인의 상호작용 효과의 오차항과 동일한 피험자 요인 (B|A) 과 문항 요인 (Z) 의 상호작용 평균자승 (0.286) 이다.

문항 요인의 주 효과를 분할하는 세 개의 직교대비 (대비-1, 대비-2, 대비-1×대비-2) 의 통계적 검증을 위하여 사용되는 오차항과 성별 요인과 문항 요인의 상호작용 효과를 분할하는 세 개의 직교대비 (대비-1×대비-3, 대비-2×대비-3, 대비-1×대비-2×대비-3) 의 통계적 검증을 위하여 사용되는 오차항에 대하여 한 가지 부언설명이 필요하다. 이 오차 항들은 모두 무선요인인 피험자 요인과 고정요인인 문항 요인의 상호작용 평균자승이다. 앞서 반복측정설계에 관한 설명에서 독립변인 (e. g., 문항 요인) 의 효과를 분할하는 직교대비들의 통계적 검증을 위한 오차항은 연구자의 선택에 따라서 달라질 수 있다고 하였다. 동일한 원칙이 구획분할 교차요인 설계의 대비분석에도 적용된다. 문항 요인이 피험자 요인과 상호작용할 수 있으므로, 문항 요인의 효과를 분할하는 각각의 직교대비들도 당연히 피험자 요인과 상호작용할 수 있다. 따라서 이 직교대비들의 통계적 검증을 위하여 모태가 되는 문항 요인과 피험자 요인의 상호작용 평균자승 대신에 각 직교대비와 피험자 요인의 상호작용 평균자승을 오차항으로 사용할 수도 있다. 예를 들어, <표 9-9> 의 (대비-1)×(대비-2) 의 상호작용 효과 (즉, 손실액수와 판단주체의 상호작용 효과) 는 (B|A)(Z) 의 평균자승 (0.286) 을 오차항으로 사용하여 검증한 결과 p=0.06 으로 통계적으로 유의미하지 않았다. 그러나 (B|A)(Z) 의 평균자승 (0.286) 대신에 (B|A)×(대비-1)×(대비-2) 의 평균자승을 따로 산출하여 (대비-1)×(대비-2) 의 상호작용 효과를 검증하면 경험적인 F 와 그에 해당하는 p 값이 다르게 산출될 수 있다. 어떤 오차항을 사용하는가는 연구자가 선

택하는 문제이다. 다만, 반복측정설계와 관련해서 언급한 바와 같이 본 서에서는 표본에 따른 가변성이 더 적은 방법을 원칙적으로 적용하였다.

연습문제

9-1. 분노와 성적 각성은 비슷한 생리적 반응을 보이는 감정상태이다. 그러나 이들에 의해 유발되는 행동은 매우 다른 양상을 보이게 마련이다. 이 실험에서는 여대생들에게 폭력적인 영화 (a_1) 혹은 매우 야한 영화 (a_2) 를 보여준 후, 두 사람이 서로 경쟁하는 게임을 하도록 하였다. 이 게임 도중 한조건의 여대생들은 상대방으로부터 비겁한 반칙을 당하는 화나는 상황 (b_1) 을 경험하였고, 다른 조건 (b_2) 의 여대생들은 그러한 상황을 경험하지 않았다. 그런데 이 게임은 점수를 빼앗긴 사람이 상대방에게 매우 크고 불쾌한 소음을 듣게 해서 복수할 수 있는 기회를 주는 특징을 가진 게임이었다. 네 명의 여대생이 아래의 표와 같이 실험조건에 무선할당 되었고, 종속측정치는 각 여대생이 상대방에게 들려준 불쾌한 소음의 길이다. 변량분석을 하여 결론을 도출하라.

		화나는 상황	화나지 않는 상황
폭력 영화	여대생 1	34	11
	여대생 2	28	7
야한 영화	여대생 3	16	10
	여대생 4	11	13

9-2. 다음 표는 어떤 실험자료에 대한 변량분석결과이다. '(?)' 에 들어갈 숫자를 채워 넣어라. 실험은 A 와 B 의 두 개의 독립변인에 의해 이루어졌는데, 요인 A 는 두 개의 수준을 가지는 피험자간 요인 (between-subjects factor) 이고, 요인 B 는 두 개의 수준을 가지는 피험자내 요인 (within-subjects factor) 이다. 요인 A 와 요인 B 는 서로 교차되었다. 총 피험자는 네 명이었는데, 요인 A 의 각 수준에 두 명씩의 피험자가 무선할당 되었다.

변산원	자승합	자유도	평균자승	F
A	112.50	1	112.50	(?)
B	288.00	1	288.00	33.882
S (피험자)	(?)	(?)	(?)	
A×B	200.00	1	200.00	23.529
B×S	17.00	(?)	(?)	
집단내	(?)	(?)	(?)	
전체	643.50	7	91.93	

9-3. 다음은 장애인을 고용한 직장에서 장애인의 직업능력을 감독자와 동료들이 평가한 자료이다. 연구자는 장애인의 직업능력은 평가자에 따라서 다르게 평가될 것인데, 평가자에 따른 편파는 제조업체보다 서비스업체에서 더 크게 나타날 것으로 예상하여 제조업체 한군데와 서비스업체 한군데를 선정하여 다음과 같은 자료를 수집하였다. 종속변인은 각 평가자가 자신의 직장에서 근무하는 장애인의 직업능력을 10 점 Likert 척도에 평정한 것인데, 점수가 높을수록 직업능력이 우수한 것을 의미한다. 자료를 분석하여 연구자의 예상을 검증하되, 평가자 요인에 대한 대비분석을 함께 수행하라.

업체	장애인	평가자		
		동료	직속 감독자	사장
제조업	1	4	4	5
	2	5	3	6
	3	3	4	2
서비스업	4	7	3	9
	5	3	2	8
	6	6	4	8

9-4. 연습문제 9-3 의 자료를 분석한 연구자는 분석결과를 발표하였는데, 업체선정이 편파적이라는 비판을 받게 되었다. 따라서 후속연구에서는 제조업과 서비스업에서 각각 두 개씩의 업체를 선정하여 다음과 같은 자료를 수집하였다. 후속연구의 다른 요소들은 앞에서 이루어진 연구의 요소들과 모두 동일하였

다. 연습문제 9-3 에서와 동일한 연구자의 예상을 검증하라.

업체유형	업체	장애인	평가자		
			동료	직속 감독자	사장
제조업	1	1	4	4	5
		2	5	3	6
	2	3	3	4	2
		4	7	7	6
서비스업	3	5	7	3	9
		6	3	2	8
	4	7	6	4	8
		8	5	2	7

라틴스퀘어 설계 10

제 1 장에서 라틴스퀘어 설계 (Latin-square design) 는 불완전한 요인설계의 일종이며, 전형적인 (완전한) 교차요인설계에서는 각 독립변인 수준들의 모든 가능한 조합이 실험조건으로 설정되는데 반하여, 라틴스퀘어 설계를 활용하면 실험조건의 수를 줄일 수 있다고 하였다. 즉, 라틴스퀘어 설계의 특징은 요인이 여러 개이고, 각 요인들이 여러 개의 수준들로 이루어진 경우, 실험조건의 수를 줄여서 보다 경제적인 (적은 수의 피험자와 실험기간의 단축) 연구를 수행할 수 있다는 것이다. 그러나 이 경제성은 물론 공짜가 아니다. 이러한 경제성이 있는 반면, 라틴스퀘어 설계에 의한 실험에서는 ① 요인들 간의 상호작용 효과를 파악할 수 없고, ② 만약 요인들이 실제에 있어서 상호작용 효과를 가지는 경우에는 부정확한 결과가 산출되며, ③ 모든 요인들이 동일한 개수의 수준을 가져야 한다는 제약이 있다. 따라서 라틴스퀘어 설계를 이용하는 경우에는 이 제약들을 반드시 염두에 두어야 하고, 이러한 제약들이 있어도 무방한 경우에 사용하여야 한다.

라틴스퀘어 설계는 경제성이라는 장점이 있는 반면 이러한 제약들을 가지기 때문에 흔히 예비연구 (preliminary or pilot studies) 들을 위하여 매우 유용하게 사용된다. 예상되는 요인의 개수가 많고, 그 요인들이 여러 개의 수준들로 이루어진 경우, 라틴스퀘어 설계에 의한 예비연구를 통하여 본 연구에서 고찰할 요인들과 수준들을 선정하면, 본 연구를 위하여 보다 효율적인 연구 설계를 할 수 있다. 라틴스퀘어 설계에 관한 가장 포괄적인 참고서는 Fisher & Yates (1963) 이다. 여기에서는 라틴스퀘어 설계의 가장 기본적인 내용만을 다루고자 한다.

1. n=1 인 경우

라틴스퀘어 설계는 주로 세 가지 목적을 위하여 이용된다. 그 세 가지 목적은 ① 연구의 경제성, ② 오염변인 (가외변인) 의 통제, 그리고 ③ 순서효과의 제거이다. 연구의 경제성을 위한 라틴스퀘어 설계의 활용은 앞서 설명한 바와 같다. 오염변인의 통제와 순서효과의 제거를 위한 라틴스퀘어 설계를 설명하기 위하여 배경음악의 효과에 관한 실험을 예로 들어보자. 어떤 은행에서 매장에 은은하게 흐르는 배경음악에 따라 은행원들의 업무실적이 달라지는지 알아보기 위하여 다섯 종류의 음악을 다음과 같이 선정하였다.

α : 발라드 계열의 노래	♩♪ # ¢..I just called to say I love you....
β : 재즈 계열의 노래	♬♩ # ♪..Lord, don't let me be misunderstood...
γ : 가요 계열의 노래	♪ ¢ ♬ ♭..돌아서 눈감으면 잊을까.....
δ : 재즈 계열의 연주곡	# ♩♪♬..빤빠라 빤빠빠.....
ε : 가요 계열의 연주곡	♬♪ # ♩..뽕짜작 뽕작......

〈표 10-1〉 주일, 요일, 음악을 요인으로 가지는 라틴스퀘어 설계

주일	요일				
	월요일	화요일	수요일	목요일	금요일
1	α	β	γ	δ	ε
2	β	γ	δ	ε	α
3	γ	δ	ε	α	β
4	δ	ε	α	β	γ
5	ε	α	β	γ	δ

각각의 음악들을 하루씩 배경음악으로 사용하여 업무실적을 비교할 수 있으나, 업무실적은 요일에 따라서 달라질 수 있으므로 음악에 따른 업무실적의 차이와 요일에 따른 업무실적의 차이가 혼합되어 (confounded) 결과에 대한 해석을 모호하게 만들 수 있다. 또한 음악에 대한 반응 (업무실적) 은 음악이 제시되는 순서에 따라서도 달라질 수 있다. 따라서 업무실적에 대한 배경음악의 효과를 검증하는 과정에서 개입할 수 있는 오염요인들 (요일의 효과와 순서효과) 을 통제하기 위하여 <표 10-1> 과 같은 라틴스퀘어 설계를 할 수 있다.

〈표 10-2〉 주일, 요일, 음악을 요인으로 가지는 라틴스퀘어 설계 실험의 자료

주일	요일	음악	업무실적(Y)	평균	
1	월	α	18	주일평균	
1	화	β	17	1 주	$\overline{Y}_{1..}=17.4$
1	수	γ	14	2 주	$\overline{Y}_{2..}=19.8$
1	목	δ	21	3 주	$\overline{Y}_{3..}=21.6$
1	금	ε	17	4 주	$\overline{Y}_{4..}=22.0$
2	월	β	13	5 주	$\overline{Y}_{5..}=22.2$
2	화	γ	34		
2	수	δ	21	요일평균	
2	목	ε	16	월요일	$\overline{Y}_{.1.}=15.2$
2	금	α	15	화요일	$\overline{Y}_{.2.}=23.8$
3	월	γ	7	수요일	$\overline{Y}_{.3.}=23.4$
3	화	δ	29	목요일	$\overline{Y}_{.4.}=25.2$
3	수	ε	32	금요일	$\overline{Y}_{.5.}=15.4$
3	목	α	27		
3	금	β	13	음악평균	
4	월	δ	17	α	$\overline{Y}_{..1}=22.0$
4	화	ε	13	β	$\overline{Y}_{..2}=20.0$
4	수	α	24	γ	$\overline{Y}_{..3}=22.2$
4	목	β	31	δ	$\overline{Y}_{..4}=19.0$
4	금	γ	25	ε	$\overline{Y}_{..5}=19.8$
5	월	ε	21		
5	화	α	26	전체평균	
5	수	β	26		$\overline{Y}_{...}=20.6$
5	목	γ	31		
5	금	δ	7		

<표 10-1> 의 설계에 따라 5 주 동안 매일 계획된 종류의 음악을 배경음악으로 들려주고 그 매장에서 근무하는 전 행원의 통합된 업무실적을 지수화한 것이 <표 10-2> 와 같다. 이 연구의 종속변인은 해당 매장의 통합된 업무실적이므로 각 셀 당 1 개씩의 사례 즉, n=1 인 설계인 점에 주목하라.

1) 편차와 자승합의 분할

n=1 인 라틴스퀘어 설계에서 종속측정치 (Y) 의 전체편차는 크게 두 부분으로 나뉘는데, 하나는 각 요인의 주 효과에 의한 편차이고, 또 하나는 잔여 (residual) 이다. '잔여' 라고 불리는 편차는 전체편차에서 각 요인의 주 효과에 의한 편차를 제외한 나머지를 싸잡아 일컫는 용어이다. 전체편차에서 각 요인의 주 효과에 의한 편차를 제외한 나머지를 잔여라고 부르는 이유는 그것이 요인들 간의 상호작용 효과의 일부와 무선오차가 혼합된 것이어서 그 속성을 한가지로 정의할 수 없기 때문이다.

$$
\begin{aligned}
Y - \overline{Y}_{...} &= (\overline{Y}_{i..} - \overline{Y}_{...}) && \rightarrow \text{주일에 의한 편차} \\
&+ (\overline{Y}_{.j.} - \overline{Y}_{...}) && \rightarrow \text{요일에 의한 편차} \\
&+ (\overline{Y}_{..k} - \overline{Y}_{...}) && \rightarrow \text{음악에 의한 편차} \\
&+ (Y - \overline{Y}_{i..} - \overline{Y}_{.j.} - \overline{Y}_{..k} + 2\,\overline{Y}_{...}) && \rightarrow \text{잔여}
\end{aligned}
$$

위의 편차분할에서 잔여를 이루는 항들은 특별한 의미를 가지고 성립하는 것이 아니고, 단지 전체편차에서 각 요인에 의한 편차를 빼준 것에 불과하다. 따라서 요인이 몇 개이든 이 잔여편차의 구성인자들은 매우 쉽게 파악될 수 있다.

$$
\begin{aligned}
&(Y - \overline{Y}_{...}) - (\overline{Y}_{i..} - \overline{Y}_{...}) - (\overline{Y}_{.j.} - \overline{Y}_{...}) - (\overline{Y}_{..k} - \overline{Y}_{...}) \\
&= Y - \overline{Y}_{i..} - \overline{Y}_{.j.} - \overline{Y}_{..k} + 2\,\overline{Y}_{...}
\end{aligned}
$$

그런데 바로 이 이유 때문에 라틴스퀘어 설계에 의한 자료에서는 요인들 간의 상호작용 효과를 산출할 수 없다. 잔여를 이루는 항들을 주의깊게 살펴보면 이원상호작용을 나타내는 것도 아니고, 삼원상호작용을 나타내는 것도 아니라는 것을 쉽게 알 수 있다. 말하자면 그러한 상호작용 효과들과 그밖에 무선오차들이 모두 혼합된 잡동사니라고 할 수 있다. 예를 들어, 셋째 주 수요일에는 가요계열의 연주곡이 배경음악으로 사용되었는데, 이날의 업무실적이 전체평균과 가지는 전체편차는 다음과 같이 구성된다.

$$32-20.6 = (21.6-20.6)+(23.4-20.6)+(19.8-20.6)+(32-21.6-23.4-19.8+2\times 20.6)$$

따라서 각 편차의 자승합도 당연히 동일한 관계를 가지게 된다. 라틴스퀘어 설계에서의 잔여는 집단내 변산이 아니다. 따라서 잔여의 자승합을 SSW 가 아닌 SSR (Residual Sum-of-Squares) 로 표기하기로 하자.

〈표 10-3〉 라틴스퀘어 설계 (n=1) 의 자승합 분할

주일	요일	음악	Y	주일에 의한 편차자승 $(\bar{Y}_{i..}-\bar{Y}_{...})^2$	요일에 의한 편차자승 $(\bar{Y}_{.j.}-\bar{Y}_{...})^2$	음악에 의한 편차자승 $(\bar{Y}_{..k}-\bar{Y}_{...})^2$	잔여에 의한 편차자승 $(Y-\bar{Y}_{i..}-\bar{Y}_{.j.}-\bar{Y}_{..k}+2\bar{Y}_{...})^2$	전체 편차자승 $(Y-\bar{Y}_{...})^2$
1	월	α	18	$(17.4-20.6)^2$	$(15.2-20.6)^2$	$(22.0-20.6)^2$	$(18-17.4-15.2-22.0+2\cdot 20.6)^2$	$(18-20.6)^2$
1	화	β	17	$(17.4-20.6)^2$	$(23.8-20.6)^2$	$(20.0-20.6)^2$	$(17-17.4-23.8-20.0+2\cdot 20.6)^2$	$(17-20.6)^2$
1	수	γ	14	$(17.4-20.6)^2$	$(23.4-20.6)^2$	$(22.2-20.6)^2$	$(14-17.4-23.4-22.2+2\cdot 20.6)^2$	$(14-20.6)^2$
1	목	δ	21	$(17.4-20.6)^2$	$(25.2-20.6)^2$	$(19.0-20.6)^2$	$(21-17.4-25.2-19.0+2\cdot 20.6)^2$	$(21-20.6)^2$
1	금	ε	17	$(17.4-20.6)^2$	$(15.4-20.6)^2$	$(19.8-20.6)^2$	$(17-17.4-15.4-19.8+2\cdot 20.6)^2$	$(17-20.6)^2$
2	월	β	13	$(19.8-20.6)^2$	$(15.2-20.6)^2$	$(20.0-20.6)^2$	$(13-19.8-15.2-20.0+2\cdot 20.6)^2$	$(13-20.6)^2$
2	화	γ	34	$(19.8-20.6)^2$	$(23.8-20.6)^2$	$(22.2-20.6)^2$	$(34-19.8-23.8-22.2+2\cdot 20.6)^2$	$(34-20.6)^2$
2	수	δ	21	$(19.8-20.6)^2$	$(23.4-20.6)^2$	$(19.0-20.6)^2$	$(21-19.8-23.4-19.0+2\cdot 20.6)^2$	$(21-20.6)^2$
2	목	ε	16	$(19.8-20.6)^2$	$(25.2-20.6)^2$	$(19.8-20.6)^2$	$(16-19.8-25.2-19.8+2\cdot 20.6)^2$	$(16-20.6)^2$
2	금	α	15	$(19.8-20.6)^2$	$(15.4-20.6)^2$	$(22.0-20.6)^2$	$(15-19.8-15.4-22.0+2\cdot 20.6)^2$	$(15-20.6)^2$
3	월	γ	7	$(21.6-20.6)^2$	$(15.2-20.6)^2$	$(22.2-20.6)^2$	$(7-21.6-15.2-22.2+2\cdot 20.6)^2$	$(7-20.6)^2$
3	화	δ	29	$(21.6-20.6)^2$	$(23.8-20.6)^2$	$(19.0-20.6)^2$	$(29-21.6-23.8-19.0+2\cdot 20.6)^2$	$(29-20.6)^2$
3	수	ε	32	$(21.6-20.6)^2$	$(23.4-20.6)^2$	$(19.8-20.6)^2$	$(32-21.6-23.4-19.8+2\cdot 20.6)^2$	$(32-20.6)^2$
3	목	α	27	$(21.6-20.6)^2$	$(25.2-20.6)^2$	$(22.0-20.6)^2$	$(27-21.6-25.2-22.0+2\cdot 20.6)^2$	$(27-20.6)^2$
3	금	β	13	$(21.6-20.6)^2$	$(15.4-20.6)^2$	$(20.0-20.6)^2$	$(13-21.6-15.4-20.0+2\cdot 20.6)^2$	$(13-20.6)^2$
4	월	δ	17	$(22.0-20.6)^2$	$(15.2-20.6)^2$	$(19.0-20.6)^2$	$(17-22.0-15.2-19.0+2\cdot 20.6)^2$	$(17-20.6)^2$
4	화	ε	13	$(22.0-20.6)^2$	$(23.8-20.6)^2$	$(19.8-20.6)^2$	$(13-22.0-23.8-19.8+2\cdot 20.6)^2$	$(13-20.6)^2$
4	수	α	24	$(22.0-20.6)^2$	$(23.4-20.6)^2$	$(22.0-20.6)^2$	$(24-22.0-23.4-22.0+2\cdot 20.6)^2$	$(24-20.6)^2$
4	목	β	31	$(22.0-20.6)^2$	$(25.2-20.6)^2$	$(20.0-20.6)^2$	$(31-22.0-25.2-20.0+2\cdot 20.6)^2$	$(31-20.6)^2$
4	금	γ	25	$(22.0-20.6)^2$	$(15.4-20.6)^2$	$(22.2-20.6)^2$	$(25-22.0-15.4-22.2+2\cdot 20.6)^2$	$(25-20.6)^2$
5	월	ε	21	$(22.2-20.6)^2$	$(15.2-20.6)^2$	$(19.8-20.6)^2$	$(21-22.2-15.2-19.8+2\cdot 20.6)^2$	$(21-20.6)^2$
5	화	α	26	$(22.2-20.6)^2$	$(23.8-20.6)^2$	$(22.0-20.6)^2$	$(26-22.2-23.8-22.0+2\cdot 20.6)^2$	$(26-20.6)^2$
5	수	β	26	$(22.2-20.6)^2$	$(23.4-20.6)^2$	$(20.0-20.6)^2$	$(26-22.2-23.4-20.0+2\cdot 20.6)^2$	$(26-20.6)^2$
5	목	γ	31	$(22.2-20.6)^2$	$(25.2-20.6)^2$	$(22.2-20.6)^2$	$(31-22.2-25.2-22.2+2\cdot 20.6)^2$	$(31-20.6)^2$
5	금	δ	7	$(22.2-20.6)^2$	$(15.4-20.6)^2$	$(19.0-20.6)^2$	$(7-22.2-15.4-19.0+2\cdot 20.6)^2$	$(7-20.6)^2$
자승합				82.0	477.2	40.4	812.4	1412.0

$$SST = SSB_{주일} + SSB_{요일} + SSB_{음악} + SSR$$

2) 자유도

자승합 계산을 위한 <표 10-3> 을 자세히 보면, 전체 자승합 SST 는 셀의 개수만큼의 자료에 의해 계산된다. 라틴스퀘어 설계의 경우, 각 요인의 수준들이 r 개씩이라면, 셀 수는 r^2 개다. 그런데 그 중 한 개는 앞서 설명한 이유로 인하여 확률적 변수가 아니므로, 결국 SST 의 자유도는 r^2-1 이다. $SSB_{주일}$, $SSB_{요일}$, $SSB_{음악}$ 은 모두 r 개의 변수들에 의해 계산된다. 따라서 이들의 자유도는 모두 r-1 이다. 앞서 잔여는 전체편차에서 각 요인에 의한 편차를 제외한 나머지로 정의된다고 하였다. 따라서 SSR 의 자유도도 같은 방식으로 정의된다.

$$\begin{aligned} df_{잔여} &= df_{전체} - df_{주일} - df_{요일} - df_{음악} \\ &= (r^2-1) - 3(r-1) = (r-1)(r-2) \end{aligned}$$

3) 평균자승

라틴스퀘어 설계의 한 가지 특징은 상호작용 효과가 없다고 가정하는 것이다. 상호작용 효과가 실제로 있는 경우, 그 효과들은 서로 뒤섞여서 잔여효과에 포함된다. 그 모든 것이 뒤섞인 효과를 일종의 오차인 잔여로 간주하므로, 다시 말하면 상호작용 효과가 없다고 가정하는 것과 같다. 상호작용 효과가 없다고 가정하므로, 각 요인의 주 효과들에 대한 평균자승의 기댓값 E(MSB) 이 상호작용 효과에 의한 변산을 포함하지 않는다. 따라서 라틴스퀘어 설계에서의 평균자승의 기댓값은 <표 10-4> 와 같은 원형으로 표현된다.

라틴스퀘어 설계에서 평균자승 기댓값의 원형이 <표 10-4> 와 같이 정의되므로, 각 요인을 무선요인이라고 간주하건, 고정요인이라고 간주하건, 기댓값이 변화하지 않는다. 따라서 요인들의 속성에 대하여 어떤 모형을 간주하건 상관없이, 각 효과의 통계적 유의미도를 판단하기 위한 오차 항은 언제나 MSR 이다.

〈표 10-4〉 라틴스퀘어 설계에서 평균자승 기댓값의 원형

E($MSB_{주일}$)	$\sigma^2 + r\sigma^2_{주일}$
E($MSB_{요일}$)	$\sigma^2 + r\sigma^2_{요일}$
E($MSB_{음악}$)	$\sigma^2 + r\sigma^2_{음악}$
E(MSR)	σ^2

〈표 10-5〉 주일, 요일, 음악을 요인으로 가지는 라틴스퀘어 설계 자료의 분석 결과

변산원	자승합	자유도	평균자승	F	p
주일	82.0	4	20.5	0.30	ns
요일	477.2	4	119.3	1.76	ns
음악	40.4	4	10.1	0.15	ns
잔여	812.4	12	67.7		
전체	1412.0	24	58.8		

<표 10-5> 의 결과에서 업무실적에 대한 음악의 효과는 유의미하지 않은 것으로 나타났다. 그런데 이 효과는 주일 및 요일의 효과가 제거된 독립적인 효과이므로 의미의 해석이 비교적 명확한 효과이다. 더군다나 이 효과는 음악의 순서에 따른 오염으로부터도 자유로운 효과이다. 라틴스퀘어 설계는 이 예에서처럼 오염변인의 효과를 통제하거나 순서효과를 제거하기 위한 목적으로 많이 활용된다.

4) 다중비교

비록 음악의 효과가 유의미하지 않았지만, 만약 연구자가 사전에 특정한 가설을 가지고 있었다면 (예를 들어, 노래음악과 연주음악의 차이), 음악의 수준들을 이용하여 대비를 구성한 후, 사전대비에 의한 다중비교를 할 수 있다. 그 절차는 앞서 일원변량분석에서 설명한 내용이 그대로 적용된다. 즉, 각 음악수준의 평균들을 이용하여 대비와 대비의 자승합을 산출하고, 그것을 위에서 산출한 잔여의 평균자승 (67.7) 으로 나누어주면 각 대비의 통계적 검증을 경험적인 F 가 산출된다. 또한 만약 음악의 효과가 유의미하였다면, 역시 앞서 설명한 절차에 의하여 각종 사후비교를 할 수 있다.

5) 합산성 검증

라틴스퀘어 설계는 상호작용 효과가 없다는 가정에 기초한다. 상호작용 효과가 부재한 경우, 종속변인에 대한 요인들의 효과는 각 요인의 주 효과들의 합이다. 독립변인과 종속변인의 이러한 관계를 '합산성 (additivity)' 이라고 부른다. 따라서 이 합산성에 대한 검증은 곧 상호작용효과가 없다는 가정에 관한 검증이다. 이것을 'Tukey 의 합산성 검증 (Tukey test for additivity)' (Tukey, 1955) 이라고 부른다. 합산성 가정을 구체적으로 이해하기 위하여 위에서 살펴본 편차분할을 다시 한번 생각해보자.

$$\begin{aligned} Y - \overline{Y}_{...} &= (\overline{Y}_{i..} - \overline{Y}_{...}) \\ &+ (\overline{Y}_{.j.} - \overline{Y}_{...}) \\ &+ (\overline{Y}_{..k} - \overline{Y}_{...}) \\ &+ (Y - \overline{Y}_{i..} - \overline{Y}_{.j.} - \overline{Y}_{..k} + 2\overline{Y}_{...}) \end{aligned}$$

n=1 인 라틴스퀘어 설계에서는 소위 '집단내 변산' 이 존재하지 않으므로, 만약 독립변인들이 상호작용 효과를 가지지 않는다면 이론적으로 위의 편차분할에서 '잔여' 로 불리는 부분 $Y - \overline{Y}_{i..} - \overline{Y}_{.j.} - \overline{Y}_{..k} + 2\overline{Y}_{...}$ 이 0 이라야 한다. 다만 실증적인 자료에서는 각 종속측정치 (Y) 의 측정에서 '측정오차 (measurement error)' 혹은 '표집오차 (sampling error)' 등이 개입할 수 있으므로 상호작용 효과가 존재하지 않더라도 잔여가 0 이 아닐 수도 있다. 그러나 상호작용 효과가 존재하지 않을 때, 잔여가 0 이 아닐 수 있는 것은 종속측정치 Y 의 측정과정에 비체계적으로 혹은 무작위적으로 (randomly) 개입하는 오차에 의한 것이다.

상호작용 효과가 존재하지 않을 때 오차 없이 완벽하게 측정된 종속측정치를 '예측된 Y' 라고 부르고, 기호 $\hat{Y}$ 로 표기하자. 즉, $\hat{Y}$ 는 소위 합산성 가정이 참일 때 예측되는 혹은 이론적인 Y 이고, 실제 측정된 Y 는 $\hat{Y}$ 에 잔여 (오차) 가 덧붙여진 것이다. 그런데 상호작용 효과가 없을 때 $\hat{Y}$ 에 개입하는 잔여는 순전히 무작위적으로 개입하는 것이므로, 그 잔여와 $\hat{Y}$ 은 서로 상관관계를 가져서는 안 된다. 만약 잔여가 $\hat{Y}$ 와 특정한 관계양상을 보인다면, 그것이 의미하는 것은 잔여가 순전히 비체계적인 오차에 의해 구성되는 것이 아니라 체계적인 상호작용 효과가 개입되어 구성될 가능성을 강하게 시사한다. 합산성 가정에 대한 검토는 바로 이러한 논리에 기초하여 잔여와 $\hat{Y}$ 의 관계를 파악하여 이루어진다.

만약 종속변인에 대한 요인들의 효과가 합산적이라면, 각 종속측정치 Y 는 전체평균과 요인들의 주 효과의 합에 의해 이루어질 것으로 예측된다. 즉, 합산성 가정이 참일 때 $\hat{Y}$ 는 다음과 같이 정의된다.

$$\begin{aligned}\hat{Y} &= \overline{Y}_{...} + (\overline{Y}_{i..} - \overline{Y}_{...}) + (\overline{Y}_{.j.} - \overline{Y}_{...}) + (\overline{Y}_{..k} - \overline{Y}_{...}) \\ &= \overline{Y}_{i..} + \overline{Y}_{.j.} + \overline{Y}_{..k} - 2\,\overline{Y}_{...}\end{aligned}$$

위의 수식에서 $\hat{Y}$ 는 합산성 가정에 기초해서 예측된 종속측정치를 의미한다. 합산성가정에 기초해서 예측된 종속측정치 $\hat{Y}$ 과 실제 Y 의 차이 즉, $Y-\hat{Y}$이 바로 잔여 ($Y-\overline{Y}_{i..}-\overline{Y}_{.j.}-\overline{Y}_{..k}+2\,\overline{Y}_{...}$) 이다. 예를 들어, 둘째 주 화요일에는 가요계열의 노래가 이용되었는데, 이날 업무실적은 Y=34 이다. 그런데 합산성 가정에 기초한 이 날의 예측된 업무실적과 잔여는 다음과 같다.

$$\hat{Y} = \overline{Y}_{i..} + \overline{Y}_{.j.} + \overline{Y}_{..k} - 2\,\overline{Y}_{...} = 19.8+23.8+22.2-(2)20.6 = 24.6$$

$$\text{잔여} = Y - (\overline{Y}_{i..} + \overline{Y}_{.j.} + \overline{Y}_{..k} - 2\,\overline{Y}_{...}) = 34-24.6 = 9.4$$

동일한 방식으로 모든 종속측정치에 대하여 합산성 가정 (상호작용 효과가 없다는 가정) 에 기초해서 예측된 종속측정치 $\hat{Y}$ 와 잔여를 산출한 후, 그들의 관계를 파악하기 위하여 [그림 10-1] 과 같은 산포도를 작도할 수 있다.

만약 [그림 10-1] 의 산포도가 $\hat{Y}$ 과 잔여 사이에 특정한 상관관계를 보이는 경우에는 잔여가 비체계적인 표집오차가 아니라는 것을 의미하고, 따라서 종속측정치에 대하여 독립변인들의 상호작용 효과가 존재한다는 것을 강하게 시사한다.

Y	$\hat{Y}$	잔여
18	13.40	4.60
17	20.00	-3.00
14	21.80	-7.80
21	20.40	.60
17	11.40	5.60
13	13.80	-.80
34	24.60	9.40
21	21.00	.00
16	23.60	-7.60
15	16.00	-1.00
7	17.80	-10.80
29	23.20	5.80
32	23.60	8.40
27	27.60	-.60
13	15.80	-2.80
17	15.00	2.00
13	24.40	-11.40
24	26.20	-2.20
31	26.00	5.00
25	18.40	6.60
21	16.00	5.00
26	26.80	-.80
26	24.40	1.60
31	28.40	2.60
7	15.40	-8.40

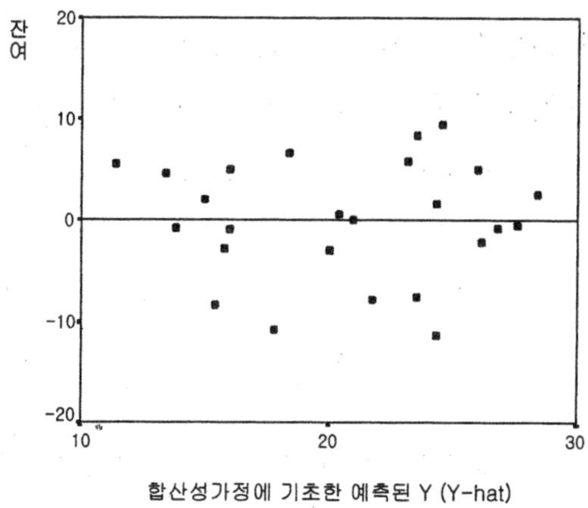

[그림 10-1] 합산성가정의 검토를 위한 $\hat{Y}$-잔여 산포도

2. n>1 인 경우

라틴스퀘어의 셀 당 측정치의 수가 두 개 이상인 경우 (n>1) 에도 요인의 효과는 앞서와 동일하게 산출된다. n=1 인 경우와 달라지는 것은 잔여의 속성과 자유도이다. n>1 인 경우의 잔여는 집단내 변산을 포함한다. 이 집단내 변산은 '순수한 오차 (pure error)' 로 간주된다. 반면에 잔여에서 집단내 변산 혹은 순수한 오차를 제외한 나머지를 '비합치 변산 (lack of fit variation)' 으로 간주한다. 비합치 변산이란 합산성 가정에 합치하지 않는 변산이라는 뜻인데, 이 변산은 독립변인들의 상호작용 효과와 무선오차가 결합된 것이다. 따라서 n>1 인 라틴스퀘어 설계에서는 잔여 자승합 (SSR) 이 순수한 오차 (집단내 변산) 에 의한 자승합 (SSPE: Sum of Square for Pure Error) 과 비합치 변산에 의한 자승합 (SSLF: Sum of Square for Lack of Fit) 으로 분리되고, 이들을 이용하여 합산성 가정이 검증된다.

합산성 가징이 합당하다고 판단되면, 잔여의 평균자승 (MSR) 을 오차항으로 이용하여 각 요인의 주 효과가 통계적으로 유의미한지를 판단 (F 검증) 한다. 반면에 합산성 가정이 부적절하다고 판단되면 MSR 은 필요이상으로 부풀려진 (상호작용에 의한 변산이 합해진) 오차항이라는 것을 의미한다. 따라서 MSR 을 오차항으로 사용하여 (그럴 수밖에 없지만) 요인들의 주 효과를 판단하기 위한 F 검증을 하는 경우, 각 요인의 주 효과를 과소평가할 수 있음을 염두에 두어야 한다. 말하자면 합산성 가정이 부적절한 경우에는 통계적 검증력 (statistical power) 이 감소한다.

그렇다면 합산성 가정이 기각되는 경우, MSR 대신에 순수한 오차의 평균자승 즉, MSPE 를 오차항으로 사용하여 주 효과의 통계적 유의미도를 판단하면 되지 않을까? 대답은 불행히도 “안 된다” 이다. 그 이유는 첫째로, 만약 상호작용 효과가 있는 경우, 각 주 효과의 평균자승들 즉, MSB 들의 기댓값은 상호작용에 의한 변산을 포함한다. 그런데 라틴스퀘어 설계의 경우, 주 효과가 어떤 상호작용효과를 포함하는지를 파악할 수 없으므로 무엇을 오차항으로 사용해야 하는지의 여부가 확정될 수 없다. 둘째로, SSLF 는 상호작용의 존재에 의해 생기는 잔여 자승합, SSR, 의 일부이지만, 어떤 상호작용에 의한 것인지 모르기 때문에 그것을 제거한 MSPE 는 지나치게 작은 오차항이 되기 쉽다. 아무튼 합산성 가정이 기각되면 난처한 상황이 전개되는 것이므로, 연구자는 가능한 상호작용 효과를 가질 가능성이 적은 독립변인들을 선택하고, 만약 합산성 가정이 기각되면 각 요인의 주 효과들이 자신이 파악한 것보다 실제로는 더 클 수 있다는 해석적 유보를 두는 것이 좋다.

〈표 10-6〉 은행지역, 은행크기, 음악을 요인으로 가지는 라틴스퀘어 설계 자료

은행지역	은행크기		
	大	中	小
대도시	(팝송노래) 19 16	(팝송음악) 20 24	(가요노래) 25 21
소도시	(가요노래) 24 22	(팝송노래) 14 15	(팝송음악) 14 14
농어촌	(팝송음악) 10 14	(가요노래) 12 13	(팝송노래) 7 4

예를 들기 위하여 앞서와 유사한 배경음악 실험을 가정하자. 그런데 이 새로운 실험에서는 은행이 위치한 지역과 은행의 크기를 고려하여 두 개씩의 점포를 선정한 후, <표 10-6> 과 같은 설계를 하였다. 또한 라틴스퀘어 셀들의 종속측정치 평균들과 각 독립변인들의 외곽평균들이 <표 10-7> 과 같이 계산되었다.

〈표 10-7〉 은행지역, 은행크기, 음악에 의한 실험조건 평균

은행지역	은행크기			전체
	대	중	소	
대도시	17.5	22.0	23.0	20.8
소도시	23.0	14.5	14.0	17.2
농어촌	12.0	12.5	5.5	10.0
전체	17.5	16.3	14.2	16.0

음악	평균
팝송음악	16.0
팝송노래	12.5
가요노래	19.5
전체	16.0

1) 편차와 자승합의 분할

<표 10-6> 에 제시된 자료의 경우, 각 종속측정치 Y 가 전체평균 $\overline{Y}_{...}$ 과 가지는 전체편차는 다음과 같이 다섯 개의 편차로 분할된다.

$$
\begin{aligned}
Y - \overline{Y}_{...} &= (\overline{Y}_{i..} - \overline{Y}_{...}) && \rightarrow \text{은행지역에 의한 편차} \\
&+ (\overline{Y}_{.j.} - \overline{Y}_{...}) && \rightarrow \text{은행크기에 의한 편차} \\
&+ (\overline{Y}_{..k} - \overline{Y}_{...}) && \rightarrow \text{음악종류에 의한 편차} \\
&+ (Y - \overline{Y}_{ijk}) && \rightarrow \text{집단내 편차 (순수오차)} \\
&+ (\overline{Y}_{ijk} - \overline{Y}_{i..} - \overline{Y}_{.j.} - \overline{Y}_{..k} + 2\,\overline{Y}_{...}) && \rightarrow \text{비합치 편차}
\end{aligned}
$$

이 편차들 중 집단내 편차와 비합치 편차를 합한 것이 잔여 (residual) 이다. 즉, (잔여)=(집단내 편차)+(비합치 편차) 의 관계가 성립한다. 통계분석을 위한 컴퓨터 소프트웨어 중에는 본 서에서 비합치 편차라고 명명한 것을 'Residual' 로 부르고, 본 서에서 잔여라고 명명한 것을 'Error' 로 부르는 것도 있다. 이러한 프로그램에서는

Error-Within+Residual 의 관계가 성립한다.

예를 들어, 대도시에 있는 작은 은행에서는 가요노래가 배경음악으로 사용되었는데, 그들 점포 중 하나에서 측정된 종속측정치 Y=25 의 전체편차는 다음과 같이 분할된다.

$$(25-16.0) = (20.8-16.0)+(14.2-16.0)+(19.5-16.0)+(25-23.0)+(23.0-20.8-14.2-19.5+2\times16.0)$$

이 경우, (25-23.0)=2 는 집단내 편차이고, (23.0-20.8-14.2-19.5+2×16.0)=0.5 는 자료가 합산성 가정과 합치하지 않아서 생기는 비합치 편차이다. 각 편차를 자승하여 모든 종속측정치에 대해서 합산한 자승합들은 다음과 같은 관계를 가진다.

$$SST = SSB_{지역} + SSB_{크기} + SSB_{음악} + \underbrace{SSPE + SSLF}_{SSR}$$

2) 자유도

n>1 인 경우에는 nr^2 개만큼의 종속측정치가 존재한다. 따라서 SST 의 자유도는 nr^2-1 이다. 각 SSB 의 자유도는 n=1 인 경우와 마찬가지로 모두 r-1 이다. SSPE 는 집단내 자승합이고, 따라서 자유도 $(n-1)r^2$ 를 가진다. SSLF 의 자유도는 SST 의 자유도에서 다른 모든 자유도를 빼준 것이다.

$$\begin{aligned} df_{LF} &= df_{전체} - df_{지역} - df_{크기} - df_{음악} - df_{PE} \\ &= (nr^2-1)-3(r-1)-(n-1)r^2 \\ &= (r-1)(r-2) \end{aligned}$$

따라서 잔여의 자유도 $df_{잔여}$ 는 다음과 같다.

$$df_{잔여} = df_{PE} + df_{LF} = (n-1)r^2 + (r-1)(r-2) = nr^2 - 3r + 2$$

이상의 논의에 의해서 은행크기, 은행지역, 음악종류를 요인으로 가지는 라틴스퀘어 분석을 하면 <표 10-8> 과 같이 결과가 요약된다.

〈표 10-8〉 은행크기, 은행지역, 음악종류를 요인으로 가지는 라틴스퀘어 분석의 결과

변산원		자승합	자유도	평균자승	F	p
은행지역		364.3	2	182.15	38.27	0.00
은행크기		34.3	2	17.15	3.60	0.06
음악종류		147.0	2	73.50	15.44	0.00
잔여		52.4	11	4.76		
	집단내	36.0	9	4.00		
	비합치	16.4	2	8.20		
전체		598.0	17	35.18		

3) 합산성 검증

라틴스퀘어 설계에 의한 변량분석에서 반드시 검증하여야 하는 가정이 합산성 검증이다. 다행히 n>1 인 경우에는 비교적 쉽게 합산성 가정에 대한 검증을 할 수 있다.

$$F^* = \frac{MSLF}{MSPE} = \frac{8.2}{4.0} = 2.5$$

만약 F^* 가 유의미하면 집단내 변산 (MSPE) 에 비하여 합산성 가정이 부적절하기 때문에 생기는 변산 (MSLF) 이 크다는 것을 의미하고, 따라서 합산성 가정이 기각된다. 이때에는 종속변인에 대하여 독립변인들이 상호작용 효과를 가진다는 것을 뜻한다. 그러나 라틴스퀘어 설계에서 그 상호작용 효과를 추정할 수는 없다. 만약 합산성 가정이 기각되면 독립변인 주 효과의 통계적 유의미도가 분석결과 산출된 것보다 더 클 가능성이 높다는 것을 유념하여야 한다.

3. 순서효과의 통제를 위한 균형화 설계

앞서 순서효과를 제거하기 위한 n=1 인 라틴스퀘어 설계를 설명하였다. 그러나 앞서 설명한 n=1 인 설계는 순서효과 뿐만 아니라 기타 가외변인의 효과를 통제하기 위한 것으로 사용될 수도 있다. 라틴스퀘어 설계는 순서효과를 통제할 목적으로 가장 자주 사용되므로 여기에서는 순수하게 순서효과만을 통제하기 위한 라틴스퀘어 설계의 예를 설명하고자 한다.

예를 들어, 어떤 콜라회사에서 콜라 선호도를 알아보기 위한 시음실험을 하였다고 가정하자. 이 실험에는 세 개의 회사에서 생산되는 A, B, C 콜라들이 이용되었다. 세 명의 피험자들에게 콜라 맛의 선호도를 평정하게 하되, <표 10-9> 와 같은 순서로 하였다고 가정하자.

〈표 10-9〉 순서효과를 통제하기 위한 라틴스퀘어 설계 예 (n=1)

피험자	순서		
	1	2	3
1	A	B	C
2	B	C	A
3	C	A	B

<표 10-9> 의 경우, 독립변인은 피험자, 시음순서, 콜라 세 가지이고, 분석절차와 방법은 모두 앞서 설명한 n=1 인 경우와 동일하다. 이러한 라틴스퀘어 설계는 '균형화 설계 (balancing design)', '교차균형화 설계 (cross-balancing design)', '순차교차 설계 (cross-over design)', '순차교환 설계 (change-over design)' 등의 여러 가지 명칭으로 불린다.

피험자 변인은 무선요인 (random factor) 이다. 그러나 앞서 설명한 바와 같이 무선요인과 고정요인의 구별이 라틴스퀘어 설계에서는 전혀 차이를 유발하지 않는다. 라틴스퀘어 설계에서 모든 주 효과를 검증하기 위한 오차항은 언제나 잔여의 평균자승 (MSR) 이다.

이 경우는 n=1 인 경우이므로 합산성 가정에 대한 검증이 다소 까다로운 추정절차를 거쳐야 한다. 또 비록 추정을 한다고 하여도, 집단내 변산 (Within-cell variation)이 존재하지 않기 때문에 SSPE 의 의미가 상당히 모호하다. 따라서 이러한 경우에는 합산성 가정에 대한 검증을 생략하는 것이 일반적이다.

〈표 10-10〉 순서효과를 통제하기 위한 라틴스퀘어 설계 예 (n〉1)

패턴	순서		
	1	2	3
1	A A A	B B B	C C C
2	B B B	C C C	A A A
3	C C C	A A A	B B B

합산성 가정에 대한 검증을 생략한다는 것은 "피험자와 시음순서가 상호작용하지 않는다" 는 가정을 하는 것이다. 즉, 순서효과가 있을 수 있지만, 그 순서효과는 모든 피험자들에게 동일하다는 가정이다. 이 가정은 일반적인 상황에서 대부분 그럴듯한 가정이다. 그러나 연구 전에 이 가정에 대해 자신이 없으면, n=1 인 설계보다는 n>1 인 설계를 고려하고, SSPE 를 산출하여 합산성 가정에 대한 검증을 하여야 한다. 만약 피험자가 아홉 명이고, 각 시음패턴을 세 명씩의 피험자가 실시하였다면, <표 10-10> 과 같은 n>1 설계상황이 된다.

이 경우는 독립변인이 시음패턴, 시음순서, 콜라이고, 분석절차와 방법은 모두 앞서 설명한 n>1 인 경우와 동일하다.

연습문제

10-1. 인지이론에 의하면 기억들은 서로 유기적인 망 (network) 을 이루고 있어서 하나의 기억이 활성화되면 그 기억과 연관된 기억이 자동적으로 활성화될 가능성이 높다고 한다. 예를 들어, "야한" 이라는 형용사는 "누드" 라는 명사와 연관성이 높아서 그 형용사를 접하게 되면 그 명사를 연상하게 된다는 것이다. 이 이론을 검증하기 위하여 우선 서로 연관성이 높은 형용사와 명사의 쌍들 열 개와, 그보다 서로 연관성이 낮은 형용사-명사의 쌍들 열 개, 등으로 형용사-명사의 쌍 50 개를 그 연관성의 정도에 따라 다섯 개의 군 (a_1, a_2, a_3, a_4, a_5) 으로 분류하였다. 따라서 한 개의 단어 쌍 집단에는 열 개의 형용사-명사쌍이 포함되었다. 또한 25 명의 피험자들의 일반적인 명사인식속도를 측정하여 인식속도가 느린 집단부터 빠른 집단까지 다섯 개의 집단 (b_1, b_2, b_3, b_4, b_5) 을 구성하였다. 따라서 한 피험자집단에는 서로 인식속도가 비슷한 다섯 명의 피험자들 (c_1, c_2, c_3, c_4, c_5) 이 포함되었다. 그런 후, 순간노출기를 이용하여 각 형용사들을 100 msec 동안씩 보여주었다. 각 형용사가 투사된 직후에 한 개의 명사를 20 msec 동안 보여주고, 그 명사가 무엇인지 응답하게 하였다. 만약 피험자가 명사를 인식하지 못하면 그 명사를 다시 보여주되, 앞서 보여준 시간보다 5 msec 더 오래 보여주었다. 같은 방식으로 피험자가 명사를 인식할 때까지 점점 시간을 늘여가면서 반복적으로 보여주었다. 종속변인은 각 피험자가 열 개의 명사를 모두 인식할 때까지 걸린 시간이다. 단어들의 연관성 차이에 의해 인식속도가 달라지는지 검증하라.

	c_1	c_2	c_3	c_4	c_5
b_1	a_1 72	a_2 62	a_3 66	a_4 51	a_5 40
b_2	a_2 65	a_3 61	a_4 40	a_5 44	a_1 59
b_3	a_3 55	a_4 46	a_5 35	a_1 63	a_2 54
b_4	a_4 34	a_5 29	a_1 54	a_2 44	a_3 50
b_5	a_5 51	a_1 49	a_2 43	a_3 30	a_4 25

10-2. 위의 명사인식실험 (연습문제 10-1) 을 위하여 라틴스퀘어 설계방식을 이용한 이유를 설명하라.

10-3. 위의 단어인식자료 (연습문제 10-1) 를 이용하여 단어들의 연관성 차이에 의해 인식속도가 달라지는지의 여부를 보다 구체적으로 파악하기 위한 사전대비분석을 하라. 단, a_1 군에 속한 형용사-명사 쌍은 연관성의 정도가 .30-.39 인 쌍들이고, a_2 군은 .40-.49, a_3 군은 .50-.59, a_4 군은 .60-.69, 마지막으로 a5 군은 연관성의 정도가 .70-.79 인 쌍들이다.

10-4. 순서효과를 제거하기 위한 라틴스퀘어 설계에서 만약 합산성 가정이 기각된다면 그것이 의미하는 것이 무엇인지 설명하라.

10-5. n=1 인 경우의 라틴스퀘어 설계는 일반적으로 각 요인의 수준이 다섯 개 이상인 경우가 많다. 그 이유를 설명하라.

10-6. 어떤 정신병원에서 환자들의 의욕을 북돋기 위한 방안을 모색하고자 한다. 그것을 위하여 정신분열증 환자 27 명을 아래와 같은 라틴스퀘어의 각 조건에 세 명씩 무선할당 하였다. a_1 은 환자들의 일상생활을 병원직원들이 거의 간섭하지 않는 조건이고 (low intervention), a_2 는 병원직원들이 환자들을 독려하여 일정한 시간동안 운동 및 놀이 등의 사회활동을 시키는 조건이며 (medium intervention), a_3 는 환자들이 그러한 사회활동을 최대한 많이 하도록 직원들이 적극적으로 개입하는 조건이다 (high intervention). 병원직원들의 개입이 환자의 의욕에 미치는 영향을 파악하는데 간섭을 줄 것으로 생각되는 가외변인으로서 직원개입의 기간 (b_1=6주, b_2=12주, b_3=18주) 과 사회활동의 다양성 (c_1=저다양성, b_2=중다양성, b_3=고다양성) 이 선정되었다. 실험을 실시하기 전에 각 환자들은 20 문항으로 구성된 의욕척도에 응답하고, 실험이 끝난 후에 다시 동일한 척도에 응답하였다. 종속변인은 의욕척도의 사후점수에서 사전점수를 뺀 차이점수이다. 합산성 가정을 검증하고, 환자들의 사회활동을 독려하는 병원직원들의 개입이 환자의 의욕에 영향을 주는지 검증하라.

	c_1	c_2	c_3
b_1	a_1 3 6 5	a_2 6 3 4	a_3 3 5 4
b_2	a_2 4 5 2	a_3 6 5 6	a_1 5 6 5
b_3	a_3 4 3 4	a_1 5 4 7	a_2 4 3 6

제 2 부

회귀분석

제 11 장　단순회귀모형
제 12 장　중다회귀모형
제 13 장　경로모형
제 14 장　상호작용효과
제 15 장　범주독립변인
제 16 장　비직선형 관계
제 17 장　로지스틱 회귀모형

단순회귀모형 11

Charles Darwin 의 조카였던 Francis Galton 은 인간특질들의 유전성을 검증하는 과정에서 회귀분석을 발전시키게 되었다 (Galton, 1877, 1885). Galton 은 또한 회귀분석에서 일종의 부산물로 만들어진 상관계수를 소개하였고, 이것을 'co-relation' 이라고 지칭하였다. Galton 이 소개한 상관계수는 그 후, 그의 제자였던 Pearson (1896)에 의해서 현재 많이 사용되는 형태로 발전하였고, 명칭도 'correlation coefficient'로 바뀌게 된다. Galton 에 의해 개발된 회귀분석은 그 이후에 나타난 많은 분석기법들의 토대가 되었고, 모든 학문분야를 통틀어 가장 널리 활용되는 자료 분석방법 중의 하나이다.

'단순회귀분석 (Simple Regression Analysis)' 은 일반적으로 두 가지의 목적을 위하여 이용된다. 첫째는 한 개의 종속변인과 한 개의 독립변인 사이의 '선형관계 (linear relationship)' 를 파악하는 것이고, 둘째는 한 개의 독립변인에 대한 주어진 값을 이용하여 종속변인의 측정치를 예측하는 것이다. 두 변인의 관계가 밀접하면 그 중 독립변인의 값으로 종속변인의 값을 정확하게 예측할 수 있고, 예측의 정확성이 높으면 그 두 변인은 밀접한 관계를 가진 것으로 정의된다. 따라서 회귀분석의 두 가지 목적은 서로 별개의 분석과정에 의해 구분되는 것이 아니고, 동일한 분석의 결과를 놓고 연구자가 어떤 측면에 더 주목하는가에 의해 구분된다.

회귀분석에 의해 파악되는 변인들 사이의 관계는 선형관계이다. 선형관계란 상수

(constant) 를 이용하여 한 변인의 값을 다른 변인의 값으로 변환할 수 있는 관계를 의미한다. 이것을 조금 복잡하게 표현하면, 관계를 개념화한 모형 (model) 에 포함된 모수 (parameter) 들이 상수라는 의미이다. 또한 모수들이 상수라는 것은 모든 관찰단위 (사례) 에 대하여 변인들 사이의 동일한 관계의 양상이 적용된다는 것이다. 예를 들어 어떤 모형이 범죄행위의 빈도에 대한 유전의 영향을 나타낸다고 가정하자. 만약 이 모형에 포함된 모수들이 모두 상수들이고, 따라서 이 모형은 범죄행위의 빈도와 유전 사이의 선형관계를 개념화하고 있다면, 이 모형은 범죄행위와 유전의 관계가 각기 다른 유전적 소양을 가진 사람들에서 모두 동일하다는 것을 암시한다. 따라서 회귀분석은 모든 관찰단위 (사례) 들에 대하여 동일한 상수들을 이용하여 그들의 독립변인의 값을 그들의 종속변인의 값으로 정확하게 변환할 수 있는지를 파악하기 위한 분석이라고 볼 수 있다. 만약 이러한 변환이 정확하게 이루어진다면, 바로 그 상수들을 독립변인의 값으로부터 종속변인의 값을 예측하기 위한 목적으로 사용할 수 있고, 이때에는 그 두 변인이 서로 높은 관계를 가진다고 말할 수 있다.

예측을 목적으로 회귀분석을 사용하는 경우에는 독립변인과 종속변인의 구별이 매우 중요하다. 독립변인은 '예측하는 변인 (predictor variable)' 이라고도 불리며, 'X' 로 표기한다. 종속변인은 '예측되는 변인 (predicted variable)' 이라고 불리며, 'Y' 로 표기한다. 반면에 관계의 정도를 파악하기 위한 회귀분석에서는 독립변인과 종속변인의 구별이 그다지 첨예하게 중요한 것은 아니다. 회귀분석이 어떤 목적으로 사용되건 상관없이, 일반적인 회귀분석에서 종속변인은 언제나 값의 가능성 범위가 무한대인 '연속변인 (continuous variable)' 이라고 가정되고, 독립변인은 연속변인 혹은 이분된 (두 개의 범주를 가지는) '범주변인 (categorical variable)' 일 수 있다. 한 가지 예외로서, 회귀분석의 일종인 '로지스틱 회귀분석 (logistic regression)' 은 범주적인 종속변인과 연속적인 독립변인의 관계를 개념화하기 위한 분석이다. 그러나 이때에도 로지스틱 회귀분석은 종속변인을 연속변인 (확률) 으로 가정하고, 독립변인을 이용하여 특정한 사례가 종속변인의 특정한 범주에 속할 확률을 예측한다.

회귀모형은 독립변인의 주어진 값을 이용하여 종속변인의 값을 예측하는 모형이다. 회귀모형의 이해를 쉽게 하기 위하여 독립변인 없는 예측은 어떤 속성을 가지는지를 우선 살펴보자.

1. 독립변인 없는 예측

어떤 영재교육기관에서 영재아동들의 지능을 측정하여 한 학급에 지능이 유사한 아동들을 15 명씩 배정하였다고 하자. 학급배정이 끝나고 몇 달이 지나서 장미반에 배정된 강천재 아동의 기록부가 분실되어 그의 지능을 알 수 없게 되었다. 그의 지능을 추정 혹은 예측할 수 있는 다른 정보가 없는 상황이라면, 그의 지능에 대한 가장 좋은 예측치는 장미반에 있는 학생들의 지능평균이다. 강천재의 실제 지능을 Y 로, 강천재의 지능에 대한 예측치를 $\hat{Y}$ 로 표기하고, 장미반의 지능평균을 $\overline{Y}$ 로 표기하자. 예측을 위해 활용할 수 있는 다른 정보가 결여된 상황에서는 $\hat{Y}=\overline{Y}$의 관계가 성립한다.

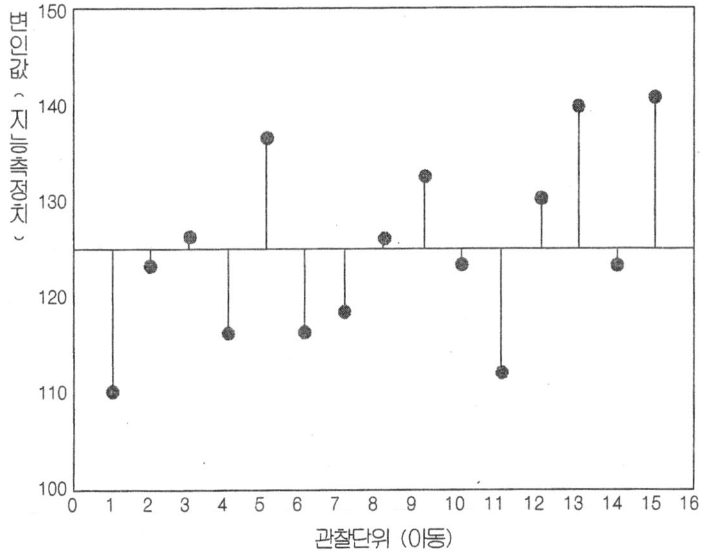

[그림 11-1] 독립변인 없는 예측의 예측오차

그러나 장미반의 지능평균과 강천재의 실제 지능은 서로 다를 수 있고, 그 다른 정도 즉, $Y-\overline{Y}$ 는 바로 예측오차이다. 동일한 예측을 장미반에 배정된 모든 아동들의 Y 값에 대해서 반복한다면, 모든 아동들의 지능에 대한 가장 좋은 예측치는 공히 $\overline{Y}$ 이다. 따라서 장미반의 모든 아동들의 지능에 대한 예측치는 또한 공히 $Y-\overline{Y}$

만큼의 예측오차를 발생시킨다. [그림 11-1] 은 이 예측오차를 나타낸다. [그림 11-1] 에서 점은 장미반 아동들의 실제 지능 Y 이고, 수평선은 장미반의 지능평균 $\overline{Y}$ =124.67 이며, 각 점과 평균선을 연결하는 수직선들의 길이가 각 아동들에 대한 예측이 발생시키는 예측오차 $Y-\overline{Y}$ 이다.

$\overline{Y}$ 가 장미반의 모든 아동들의 지능에 대한 가장 좋은 예측치인 이유는 그것이 어떠한 다른 예측치보다도 예측오차의 자승합을 최소화하기 때문이다. 이것을 평균이 가지는 '최소자승화 (least square)' 속성이라고 부른다. 즉, 주어진 한 집단의 Y 값들에 대하여 다음의 함수 값은 $\overline{Y}$ 대신에 그 자리에 어떤 다른 숫자를 사용해서 구하더라도 $\overline{Y}$ 을 사용하여 구할 때보다 더 작아질 수 없다.

$$\Sigma(Y-\overline{Y})^2 = \text{최소}$$

요약하자면, 주어진 한 집단에서 그 집단의 사례들에 대한 어떤 변인의 값을 독립변인 없이 즉, 주어진 사전정보 없이 예측하는 경우에는 그 변인의 전체평균이 가장 좋은 예측치이다. 왜냐하면 집단의 평균은 예측을 위한 최소자승화의 속성을 가지기 때문이며, 최소자승화란 평균을 예측치로 사용하면 궁극적으로 예측오차가 최소가 된다는 것을 의미하기 때문이다.

반면에 예측을 위하여 활용할 수 있는 새로운 사전정보가 주어진다면, 당연히 그 정보를 활용하여 예측을 하게 되고, 이때에는 예측오차가 사전정보 없이 집단평균으로 예측할 때보다 더 작아질 수 있다. 회귀분석에서 독립변인은 이 '새로운 사전정보'의 역할을 한다. 회귀분석에 의해 독립변인의 정보를 활용하여 예측을 하면, 이때 발생하는 예측오차 $Y-\hat{Y}$ 의 자승합은 독립변인이 없는 경우의 예측오차 $Y-\overline{Y}$ 의 자승합보다 작다. 따라서 $\Sigma(Y-\overline{Y})^2$ 와 $\Sigma(Y-\hat{Y})^2$ 의 차이는 바로 독립변인의 예측유용성 혹은 '효과 (effect)' 를 반영한다.

2. 회귀모형

'모형 (model)' 이란 자료분석을 하기 전에 연구자가 설정하는 변인들 사이의 이론적인 관계를 말한다. 회귀분석은 자료를 분석하여 무엇인가를 찾아내는 것이 아니고, 연구자가 가정하는 모형을 미리 정해놓고, 자료가 그 모형에 부합하는지의 여부 (합치도: goodness-of-fit) 를 판단하는 분석기법이다. 단순회귀모형은 두 개의 모수 (β_0 와 β_1) 를 가진다. 이 모수들은 모두 상수이며, 이들에 의해 모집단에서의 종속변인과 독립변인 사이의 선형관계가 아래와 같이 이론적으로 설정된다.

$$Y = \beta_0 + \beta_1 X + e \qquad \text{<수식 11-1>}$$

<수식 11-1> 의 선형방정식에서 Y, X, e 는 각 관찰단위 혹은 사례마다 다른 값을 가지는 변수 (variable) 이다. Y 는 각 관찰단위의 종속변인의 값이고, X 는 각 관찰단위의 독립변인의 값이며, e 는 예측오차이다. 각 종속변인의 값 Y 는 '모형에 의해 예측된 Y' 와 예측오차의 합이라고 개념화된다. 모형에 의해 예측된 Y 는 $\hat{Y}$ 로 표기한다.

$$Y = \hat{Y} + e \quad \text{혹은} \quad \hat{Y} = Y - e$$

$Y = \hat{Y} + e$ 는 다음과 같은 의미를 가진다. 종속측정치 Y 는 X 에 의해 설명되는, 혹은 예측되는 부분 ($\hat{Y}$) 과 설명되지 않는, 혹은 예측되지 않는 부분 (e) 으로 구성된다. 따라서 <수식 11-1> 의 단순회귀모형은 보다 간단히 다음과 같이 기술될 수 있다.

$$\hat{Y} = \beta_0 + \beta_1 X \qquad \text{<수식 11-2>}$$

<수식 11-1> 과 <수식 11-2> 는 동일한 회귀모형이다. <수식 11-2> 를 보면 종

속변인의 예측된 값 $\hat{Y}$ 는 독립변인 X 를 선형변환 (linear transformation) 한 숫자라는 것을 알 수 있다. 선형변환이란 어떤 변인에 상수를 더하거나, 빼거나, 곱하거나, 나누어서 그 변인의 값을 변환하는 것을 말한다. 회귀모형에서 독립변인을 선형변환하기 위해서 필요한 상수들 β_0 와 β_1 을 '회귀계수 (regression coefficient)' 라고 부른다. 기호 β 는 모수 (parameter) 를 의미한다. 즉, 모집단을 전제하는 계수이다. 표본자료를 이용하여 이 모집단 회귀계수들을 추정한 것은 각각 b_0 와 b_1 으로 표기한다. (어떤 참고서들에서는 표준화된 회귀계수를 β 로 표기하기도 한다. 그러나 여기에서는 β 를 모집단 회귀계수를 나타내는 기호로 사용하기로 하자. 표준화된 회귀계수를 지칭할 때는 b_{z1} 혹은 b_{z0} 를 사용하고자 한다.)

$\hat{Y}$ 는 X 를 선형변환한 숫자이므로 X 와 완벽한 관계를 가진다. 즉, $\hat{Y}$ 와 X 사이의 상관계수는 1.00 이다. 두 변인 사이의 상관계수가 1.00 이라는 것은 그 두 변인이 사실상 동일한 변인이라는 것을 의미한다. 다시 말해서 $\hat{Y}$ 의 실체는 독립변인이 종속변인의 단위로 표현되도록 변환된 것이다. 이것은 마치 km 단위로 측정된 거리에 상수 1000 을 곱해주어 m 단위를 가지는 거리를 산출하는 것과 똑같다.

변량분석과의 연계성을 검토하기 위하여 $Y = \hat{Y} + e$ 를 편차개념으로 기술하면 다음과 같다. Y 의 전체 평균을 $\overline{Y}$ 로 표기하면 다음과 같은 관계가 성립한다.

$$(Y - \overline{Y}) = (\hat{Y} - \overline{Y}) + (Y - \hat{Y})$$

전체편차 / X 에 의해 설명되는 편차 / X 에 의해 설명되지 않는 편차

위의 편차관계식은 다음과 같은 의미를 함축하고 있다. ① 만약 독립변인에 대한 사전정보 없이 특정한 사례의 종속변인 값 Y 를 예측하자면 Y 의 전체 평균 $\overline{Y}$ 를 그 예측치로 삼아야 한다. 왜냐하면 평균은 최소자승화의 속성을 가지기 때문이다. ② 따라서 독립변인에 대한 사전정보 없이 각 Y 를 예측하는 경우, 각 사례에 대하여 $Y - \overline{Y}$ 만큼의 예측오차가 발생한다 (전체 편차). ③ 그런데 독립변인 X 의 값을 이용하여 예측을 하는 경우에는 각 Y 에 대한 예측치는 $\hat{Y}$ 이며, 이때의 예측오차는

$Y - \hat{Y}$ 이다. ④ 따라서 독립변인을 이용하여 예측을 하는 경우에는 독립변인 없이 예측을 하는 것보다 $\hat{Y} - \bar{Y}$ 만큼의 예측오차가 줄어든다.

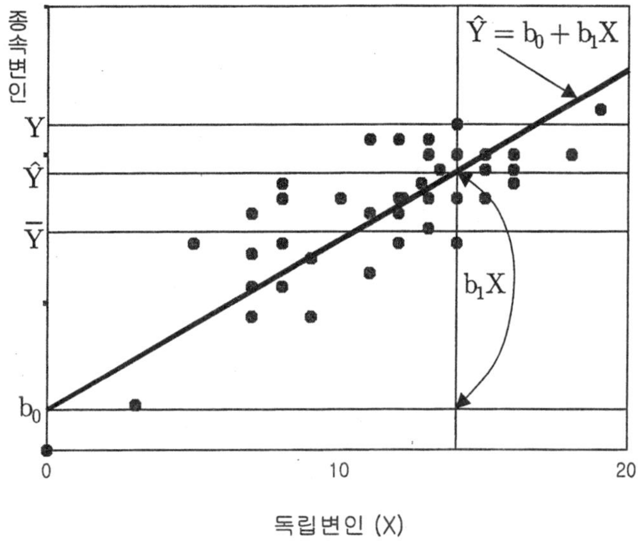

[그림 11-2] 회귀계수의 의미

이상의 논의를 도표로 나타내면 [그림 11-2] 의 산포도 (scatter-plot) 와 같다. b_0 는 표본자료를 분석하여 추정한 β_0 의 추정치인데, X 의 값이 0 일 때 예측되는 $\hat{Y}$ 이며 '절편 (intercept)' 이라고 부른다. b_1 은 표본자료를 분석하여 추정한 β_1 의 추정치인데, X 가 1 단위 변할 때 발생하는 $\hat{Y}$ 의 변화이며 '기울기 (slope)' 라고 부른다. 따라서 b_0 와 b_1 의 단위는 모두 $\hat{Y}$ (혹은 Y) 의 단위와 같다.

[그림 11-2] 를 보면 편차관계식 $(Y - \bar{Y}) = (\hat{Y} - \bar{Y}) + (Y - \hat{Y})$ 을 한눈에 파악할 수 있다. $\hat{Y} - \bar{Y}$ 는 독립변인에 대한 사전정보와 회귀모형 $\hat{Y} = b_0 + b_1X$ 을 이용하였기 때문에 줄어든 예측오차이고, $Y - \hat{Y}$ 는 회귀모형 $\hat{Y} = b_0 + b_1X$ 을 이용하여 예측을 하는데도 불구하고 여전히 발생하는 예측오차이다.

3. 최소자승화 추정치

이제 회귀모형을 이용하는 회귀분석이 무엇을 위한 분석인지를 파악해보자. 회귀분석은 [그림 11-2] 과 같은 산포도가 가지는 경향성을 하나의 선으로 개념화하기 위한 분석이다. '산포도가 가지는 경향성' 이란 독립변인과 종속변인 사이의 관계를 말한다. 선 (line) 은 방정식으로 표기할 수 있으므로 산포도가 가지는 경향성을 선으로 표기하면 그것이 곧 X 와 Y 의 관계에 대한 수학적 모형 (model) 을 도출하는 것이다. 말하자면 회귀분석은 'X 와 Y 의 관계에 대한 수학적 모형' 을 도출하기 위한 분석이다.

그런데 [그림 11-3] 의 예에서 알 수 있듯이, 독립변인의 값들과 종속변인의 값들로 이루어진 산포도에서 관계의 경향성을 나타내는 선은 무수히 많을 수 있다. 그 중에 어떤 선을 이용하여 관계의 경향성을 나타내느냐에 따라서 b_0 와 b_1 의 값이 달라진다. 그러나 단순히 관계의 경향성을 나타내기 위한 것이라면, 그 무수히 많은 가능한 선들 중에서 어떤 선이 다른 선보다 더 우수하다고 말할 수 없다.

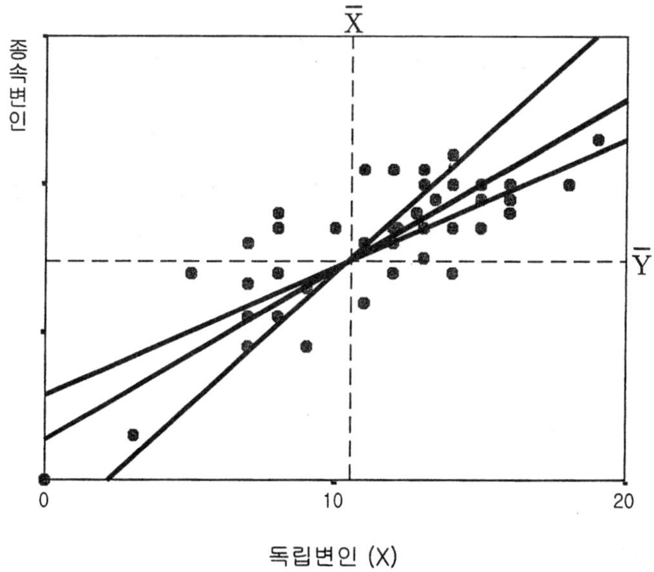

[그림 11-3] 관계의 경향성을 나타내는 다양한 선

따라서 특정한 b_0 와 b_1 을 가지는 하나의 선을 선택하기 위해서는 '관계의 경향성' 이외에 무엇인가 제 2 의 새로운 기준이 있어야 한다. 여기에서 회귀분석의 새로운 용도가 추가된다. 즉, 회귀분석을 통하여 관계의 경향성을 나타내는 선을 정하되, 그 선을 이용하여 또한 예측까지 할 수 있으면 금상첨화일 것이다. 관계의 경향성을 나타내는 선을 또한 예측을 위하여 이용하는 경우, 가장 정확한 예측을 가능하게 하는 선은 어떤 것일까?

예측을 위해서는 X 의 값이 주어져야 한다. 즉, X 의 값은 측정되는 것이 아니라, 미리 정해진 혹은 주어진 것으로 간주된다. 주어진 특정한 X 값을 회귀방정식에 대입하면 예측된 Y ($\hat{Y}$) 가 산출될 것이다. 문제의 핵심은 b_0 와 b_1 의 값이 무엇일 때 가장 정확한 $\hat{Y}$ 가 산출되느냐이다. 이때 '가장 정확한 예측' 이란 '예측오차가 최소화되는 예측' 이라는 뜻이다. 경향성을 나타내는 선을 이용하여 예측하는 경우의 예측오차란 $Y-\hat{Y}$ 를 말한다. 따라서 모든 관찰단위 (사례) 에 대하여 $Y-\hat{Y}$ 를 산출한 후, 그것의 자승합이 최소가 되는 b_0 와 b_1 를 찾으면 될 것이다. 즉, 회귀분석은 예측오차의 자승합을 최소화하는 경향선을 찾는 분석이다. 이 기준을 '최소자승화 기준 (Least Square Criterion)' 이라고 부르고, 이 기준에 의하여 모형의 계수들을 찾는 방법을 '최소자승화 방법 (Least Square Method)' 이라고 부른다.

최소자승화 기준 : $\sum (Y-\hat{Y})$ = 최소

최소자승화 방법은 비단 회귀분석에서만 사용되는 것은 아니다. 여러 종류의 자료분석 기법들이 최소자승화 방법을 이용하여 모형의 모수 혹은 계수들의 값을 추정한다. 일반적으로 $\hat{Y}$ 는 모형을 의미하고, Y 는 자료를 의미한다. 따라서 최소자승화 방법은 모형과 자료의 차이를 최소화하는 (즉, 모형-자료 사이의 합치도를 극대화하는) 계수들의 값을 정하는 기준이라고 정의될 수 있다.

이제 최소자승화 기준에 의해서 모형의 계수들 (b_0 와 b_1) 이 어떻게 결정되는지 살펴보자. 최소자승화 기준은 다음과 같이 기술된다.

$$\sum(Y-\hat{Y})^2 = \sum[Y-(b_0+b_1X)]^2 = \sum(Y-b_0-b_1X)^2$$

따라서 함수 Q= $\sum(Y-b_0-b_1X)^2$ 를 최소화하는 b_0 와 b_1 를 찾으면 된다. 함수 Q 를 최소화하는 b_0 와 b_1 를 찾기 위해서는 그 함수를 b_0 와 b_1 에 대하여 각각 편미분하고, 그 미분 값이 0 이 되는 b_0 와 b_1 를 찾으면 될 것이다. 함수 Q 를 b_0 와 b_1 에 대해서 각각 편미분하면 다음과 같다.

$$\frac{\delta Q}{\delta b_0}=-2\sum(Y-b_0-b_1X)$$

$$\frac{\delta Q}{\delta b_1}=-2\sum X(Y-b_0-b_1X)$$

따라서 다음의 두 식을 동시에 만족하는 b_0 와 b_1 를 구하면 된다.

$$-2\sum(Y-b_0-b_1X)=0$$

$$-2\sum X(Y-b_0-b_1X)=0 \qquad \text{<수식 11-3>}$$

<수식 11-3> 에서 X 와 Y 에 대신에 자료에 있는 그들의 값을 사례마다 차례로 대입하면 b_0 와 b_1 를 미지수로 가지는 두 개의 일차방정식이 도출될 것이다. 그 두 개의 일차방정식을 동시에 만족시키는 b_0 와 b_1 의 값을 구하면, 그 값들이 회귀계수들 b_0 와 b_1 에 대한 '최소자승화 추정치 (Least Square Estimators)' 들이다. 예를 들어서, 세 개의 사례들이 있고, 이 사례들의 독립변인 값들과 종속변인 측정치들이 있다면, 그 독립변인의 값들을 이용하여 종속변인의 측정치를 예측하기 위한 회귀계수들은 <표 11-1> 과 같이 산출된다.

〈표 11-1〉 최소자승화 기준에 의한 회귀계수의 산출 예

사례	독립변인	종속변인	
			$-2\sum(Y-b_0-b_1X)$ $= -2[(6-b_0-b_1 3)+(7-b_0-b_1 7)+(3-b_0-b_1 9)] = 38b_1+6b_0-32 = 0$
1	3	6	$-2\sum X(Y-b_0-b_1X)$
2	7	7	$= -2[3(6-b_0-b_1 3)+3(7-b_0-b_1 7)+9(3-b_0-b_1 9)] = 222b_1+30b_0-132 = 0$
3	9	3	$\therefore b_0 = 7.821,\quad b_1 = -0.393$

그런데 수학자들이 미분을 하지 않고도 회귀계수들 b_0 와 b_1 의 값을 보다 간편하게 구할 수 있는 계산공식을 알아내었는데, 그 공식들은 <수식 11-4> 와 같다.

$b_1 = \dfrac{\dfrac{\sum (X-\bar{X})(Y-\bar{Y})}{n-1}}{\dfrac{\sum (X-\bar{X})^2}{n-1}} = \dfrac{\sum (X-\bar{X})(Y-\bar{Y})}{\sum (X-\bar{X})^2}$	$b_0 = \bar{Y} - b_1\bar{X}$

<수식 11-4> 회귀계수의 최소자승화 추정치를 산출하는 계산공식

<수식 11-4> 의 b_1 을 위한 산출 공식을 주의깊게 살펴보면 분자는 X 와 Y 의 공변량 (covariance) 이고, 분모는 X 의 변량 (variance) 이라는 것을 알 수 있다. 따라서 만약 X 와 Y 가 미리 표준화된다면 (즉, z 점수로 변환된다면), 기울기 계수는 다름 아닌 X 와 Y 의 상관계수 r_{XY} 가 된다.

$$b_{z1} = \frac{\dfrac{\sum z_X z_Y}{n-1}}{\dfrac{\sum z_X^2}{n-1}} = \frac{\text{상관계수 혹은 표준화된 공변량}}{1} = r$$

이 사실이 의미하는 바는 b_1 은 독립변인 X 와 종속변인 Y 사이의 관계의 정도를 나타내는 계수라는 것이다. 보다 정확한 b_1 의 의미는 'X 에서 한단위의 변화가 생길 때 $\hat{Y}$ 에 생기는 변화량' 이다.

<수식 11-4> 에서 b_0 를 산출하기 위한 공식을 조금 변환하면 $\bar{Y} = b_0 + b_1\bar{X}$ 가 된다. 이것은 주어진 X 의 값이 평균 ($\bar{X}$) 과 같을 때, 예측된 종속변인의 값 ($\hat{Y}$) 은 그것의 전체평균 ($\bar{Y}$) 이라는 것을 의미한다. 즉, 회귀선은 언제나 종속변인의 평균과 독립변인의 평균이 만나는 점을 지나게 된다는 것이다. 종속변인의 평균

($\overline{Y}$) 과 독립변인의 평균 ($\overline{X}$) 이 만나는 점을 '평균점 (centroid)' 이라고 부른다.

이상의 논의를 예를 들어 살펴보기로 하자. 10 명의 응답자들에게 연령과 지난 한 해 동안 병원을 방문한 횟수를 질의하여 <표 11-2> 와 같은 자료를 구하였다.

〈표 11-2〉 연령과 지난 해 동안 병원을 방문한 횟수 자료를 이용한 회귀계수의 계산

응답자	연령 (X)	병원방문 횟수 (Y)	$X-\overline{X}$	$(X-\overline{X})^2$	$Y-\overline{Y}$	$(X-\overline{X})(Y-\overline{Y})$
1	15	2	(15-49.5)	1190.25	(2-4.5)	(15-49.5)(2-4.5)
2	30	4	(30-49.5)	380.25	(4-4.5)	(30-49.5)(4-4.5)
3	35	2	(35-49.5)	210.25	(2-4.5)	(35-49.5)(2-4.5)
4	40	6	(40-49.5)	90.25	(6-4.5)	(40-49.5)(6-4.5)
5	43	3	(43-49.5)	42.25	(3-4.5)	(43-49.5)(3-4.5)
6	48	5	(48-49.5)	2.25	(5-4.5)	(48-49.5)(5-4.5)
7	65	3	(65-49.5)	240.25	(3-4.5)	(65-49.5)(3-4.5)
8	67	8	(67-49.5)	306.25	(8-4.5)	(67-49.5)(8-4.5)
9	72	5	(72-49.5)	506.25	(5-4.5)	(72-49.5)(5-4.5)
10	80	7	(80-49.5)	930.25	(7-4.5)	(80-49.5)(7-4.5)
합	495	45	0	3898.50	0	252.50

$$b_1 = \frac{252.50}{3898.50} = 0.0648$$

$$b_0 = 4.5 - 0.0648 \cdot 49.5 = 1.2924$$

$$\text{추정된 회귀모형} : \hat{Y} = (1.2924) + (0.0648)X$$

추정된 회귀모형에 대한 해석은 다음과 같다. ① 연령이 0 세 인 사람은 지난 한 해 동안 1.2924 번 병원을 방문했을 것으로 예측된다; ② 연령이 한 살 더 많은 사람은 한 살 더 적은 사람보다 지난 한 해 동안 평균적으로 0.0648 번 더 빈번히 병원을 방문하였을 것으로 예측된다.

이와 같이 회귀모형이 추정되면 새로운 사례의 연령 (X) 이 주어지는 경우에 그 사례의 병원방문 횟수를 예측할 수 있다. 예를 들어 어떤 새로운 사례의 연령이 57 세라면, 그 사례의 병원방문 횟수는 (1.2924)+(0.0648)57=4.986 번이었을 것으로 예측된다. 연령이 0 세인 사례의 병원방문 횟수를 예측하는 것처럼, 회귀모형의 추정에

사용된 자료에 실제로 존재하는 독립변인 값의 범위를 벗어나는 독립변인의 값을 가지는 사례의 종속변인 값을 예측하는 것을 '범위 외 예측 (extrapolation)' 이라고 부른다. 반면에 연령이 57 세인 사례의 병원방문 횟수를 예측하는 것처럼, 회귀모형의 추정에 사용된 자료에 실제로 존재하는 독립변인 값의 범위 안에 포함되는 독립변인의 값을 가지는 사례의 종속변인 값을 예측하는 것을 '범위 내 예측 (interpolation)' 이라고 부른다. 모든 예측에는 언제나 오류가능성이 잠재하지만, 회귀모형을 이용하여 범위 외 예측을 하는 경우에는 특히 조심성을 가져야 한다. <표 11-2> 에서 추정된 회귀모형을 원 자료의 산포도에 회귀선으로 표시하면 [그림 11-4] 와 같다.

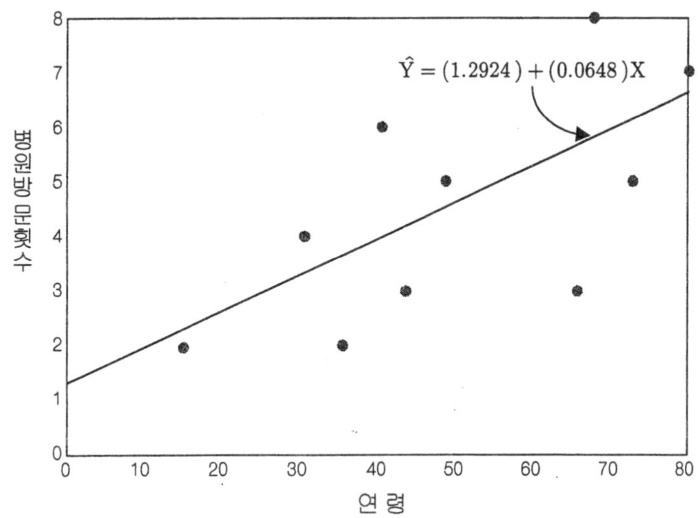

[그림 11-4] 연령과 병원방문횟수의 관계

4. 최소자승화 추정치의 속성

최소자승화 기준에 의해 추정된 회귀계수들은 ① 모집단 회귀계수들에 대한 비편중 추정치 (unbiased estimate) 이고, ② 가장 작은 표집오차 (sampling error) 를 가진다. 최소자승화 추정치가 가지는 이 두 가지 속성의 의미는 다음과 같다.

동일한 모집단으로부터, 미리 정해진 X 값을 가지는 사례들을 반복적으로 표집하여 반복적으로 회귀분석을 한 후, 각 표본에서 b_0 와 b_1 을 반복적으로 산출하면, 표본들에서 산출된 b_0 들의 평균은 모집단의 절편계수 β_0 와 같고, b_1 들의 평균은 모집단의 기울기 계수 β_1 과 같다. 즉, 최소자승화 기준에 의해 추정된 회귀계수들은 모집단 회귀계수들에 대한 비편중 추정치라는 것은 $E(b_0) = \beta_0$ 이고, $E(b_1) = \beta_1$ 이라는 의미이다.

어떤 다른 기준에 의하여 산출되는 절편계수와 기울기 계수보다도 최소자승화 기준에 의해 각 표본에서 반복적으로 산출되는 b_0 와 b_1 의 표집분포가 가장 작은 변산성 (표준오차) 을 가진다. 최소표집오차의 속성은 말하자면 표본에 따른 가변성이 가장 적은 안정적인 추정치라는 뜻이다.

5. 결정계수와 상관계수

앞서 종속측정치의 전체편차는 X 에 의해 설명되는 부분과 X 에 의해 설명되지 않는 오차로 나뉜다고 하였다. 즉,

$$(Y - \bar{Y}) = (\hat{Y} - \bar{Y}) + (Y - \hat{Y})$$

각 사례에 대하여 위의 편차들을 산출하고, 그들을 자승하여 모든 사례에 대해서 합하면 세 개의 자승합이 산출되고, 그 자승합들은 다음과 같은 관계를 가진다.

$$\sum(Y - \bar{Y})^2 = \sum(\hat{Y} - \bar{Y})^2 + \sum(Y - \hat{Y})^2$$

전체 편차의 자승합 $\sum(Y - \bar{Y})^2$ 를 SST (Sum-of-Squares for Total), 독립변인에 의해 설명되는 편차의 자승합 $\sum(\hat{Y} - \bar{Y})^2$ 을 SSR (Sum-of Squares for Regression), 독립변인에 의해 설명되지 않는 편차의 자승합 $\sum(Y - \hat{Y})^2$ 를 SSE (Sum-of-Squares for Error) 로 표기하기로 하자.

$$SST = SSR + SSE$$

'결정계수 (coefficient of determination)' 는 종속측정치 Y 의 전체 변산 중에 X 에 의해 설명되는 부분의 비율을 말한다. 이 비율을 흔히 R^2 로 표기하고, 'R-자승' 이라고 읽는다.

$$R^2 = \frac{SSR}{SST} = \frac{\sum(\hat{Y} - \overline{Y})^2}{\sum(Y - \overline{Y})^2}$$

만약 각 사례의 Y 와 $\hat{Y}$ 가 유사하다면 R^2 의 분자와 분모가 거의 같아질 것이므로 R^2 의 값은 1.00 에 근접할 것이다. 즉, X 에 의해 Y 를 예측하는 경우에 예측오차가 작으면 R^2 는 1.00 에 가까운 수치를 갖게 된다. 그런데 X 와 Y 사이의 상관관계가 강하면 예측오차가 작아지므로 결국, X 와 Y 의 관계가 강하면 R^2 는 1.00 에 가까워진다. 반면에 X 와 Y 사이의 관계가 약하면 X 를 이용하여 Y 를 예측하는 것과, X 없이 Y 를 예측하는 것이 차이가 없을 것이므로, 모든 사례의 $\hat{Y}$ 는 $\overline{Y}$ 에 근접한다. 왜냐하면, X 없이 Y 를 예측하는 경우, 모든 Y 에 대한 예측치는 $\overline{Y}$ 이기 때문이다. 이 경우에는 R^2 의 분자가 0.00 에 근접하고, 결국 R^2 의 값은 자연히 0.00 에 근접한다. 따라서 R^2 은 종속측정치 Y 의 전체 변산 중에 X 에

〈표 11-3〉 연령과 지난 한 해 동안 병원을 방문한 횟수 자료를 이용한 R^2 의 계산

응답자	연령 (X)	병원방문 횟수 (Y)	$\hat{Y}$	$(Y-\overline{Y})^2$	$(\hat{Y}-\overline{Y})^2$
1	15	2	2.26549	$(2-4.5)^2$	$(2.26549-4.5)^2$
2	30	4	3.23701	$(4-4.5)^2$	$(3.23701-4.5)^2$
3	35	2	3.56086	$(2-4.5)^2$	$(3.56086-4.5)^2$
4	40	6	3.88470	$(6-4.5)^2$	$(3.88470-4.5)^2$
5	43	3	4.07900	$(3-4.5)^2$	$(4.07900-4.5)^2$
6	48	5	4.40285	$(5-4.5)^2$	$(4.40285-4.5)^2$
7	65	3	5.50391	$(3-4.5)^2$	$(5.50391-4.5)^2$
8	67	8	5.63345	$(8-4.5)^2$	$(5.63345-4.5)^2$
9	72	5	5.95729	$(5-4.5)^2$	$(5.95729-4.5)^2$
10	80	7	6.47544	$(7-4.5)^2$	$(6.47544-4.5)^2$
합	495	45	45	38.500	16.354

의해 설명되는 부분의 비율이면서 동시에 X 와 Y 의 관계의 정도를 나타내는 지수이다. 결정계수는 비율이므로 $0 \leq R^2 \leq 1$ 의 범위를 가지며, 그 제곱근을 구하면 종속변인과 독립변인 사이의 상관계수의 절댓값이 된다.

$$R^2 = \frac{16.354}{38.500} = 0.425$$

R^2 가 0.425 라는 것은 Y 의 전체 자승합 38.500 중에 42.5% 인 16.354 가 X 에 의해 설명된다는 것을 의미한다. 단순회귀분석에서 산출되는 R^2 의 제곱근을 구하면 바로 독립변인과 종속변인 사이의 피어슨 상관계수 (r) 의 절댓값이 된다 (Pearson, 1896).

$$\begin{aligned}
\sqrt{R^2} &= \sqrt{\frac{\sum(\hat{Y}-\overline{Y})^2}{\sum(Y-\overline{Y})^2}} = \sqrt{\frac{\sum(b_0+b_1X-(b_0+b_1\overline{X}))^2}{\sum(Y-\overline{Y})^2}} \\
&= \sqrt{\frac{\sum(b_1(X-\overline{X}))^2}{\sum(Y-\overline{Y})^2}} = \sqrt{\frac{b_1^2\sum(X-\overline{X})^2}{\sum(Y-\overline{Y})^2}} \\
&= \sqrt{\frac{\left(\frac{\sum(X-\overline{X})(Y-\overline{Y})}{\sum(X-\overline{X})^2}\right)^2\sum(X-\overline{X})^2}{\sum(Y-\overline{Y})^2}} \\
&= \frac{\sum(X-\overline{X})(Y-\overline{Y})}{\sqrt{\sum(X-\overline{X})^2\sum(Y-\overline{Y})^2}} = r
\end{aligned}$$

<표 11-3> 의 예에서 연령과 병원방문 횟수 사이의 상관계수는 $\sqrt{R^2} = \sqrt{0.425} = 0.652$ 이다. 만약 모집단에서 독립변인 X 와 종속변인 Y 사이의 상관계수 (ρ) 가 0 이라면, 표본에서 산출되는 r 의 기댓값 E(r) 은 또한 0 이다. 즉, ρ=0 인 모집단에서 추출된 여러 개의 무작위 표본에서 산출된 r 의 평균은 0 일 것으로 기대된다. 따라서 동일한 상황에서 R^2 의 기댓값도 0 이 되어야 한다. 그러나 ρ=0 일지라도 표본의 상관계수 자승 (R^2) 은 언제나 정적인 (+) 인 숫자일 수밖에 없으므로 여러 개의 R^2 의 평균들은 0 보다 큰 숫자이기 마련이다. 즉, ρ=0 일 때도, E(R^2)>0 이다. 그런데 이 사실은 모순이 아닐 수 없다. 이것이 의미하는 바는, R^2 에 의해

두변인의 관계의 정도를 추정하면, 모집단에서의 관계가 약간 과대평가될 가능성이 있다는 것이다. 따라서 이 모순을 제거하고, ρ=0 인 경우, E(R^2)=0 이 되게 하기 위하여 표본에서 산출된 결정계수 R^2 를 체계적으로 축소시킨 것을 '수정된 R^2 (adjusted- R^2)' 이라고 부른다. 그러나 이러한 수정은 단지 현학적인 의미만을 지닐 뿐이고, 수정된 R^2 가 이용되어 통계적 추론을 하는 경우는 거의 없다. 회귀분석에서 효과크기를 산출할 때도 수정되지 않은 R^2 가 그냥 이용되고, 유의도 검증을 할 때도 수정되지 않은 R^2 가 이용된다.

6. 자유도

전체 자승합은 각 사례의 종속측정치와 그것의 평균에 의해 계산된다. 그런데 평균은 상수이므로 전체 자승합 SST 는 사례 수만큼의 Y 값에 의해 결정된다. 따라서 SST 의 자유도는 전체 사례수보다 하나 적은 N-1 이다.

독립변인 X 에 의해 설명되는 자승합인 SSR 은 $\sum(\hat{Y}-\overline{Y})^2$ 로 표현된다. $\hat{Y}$ 는 다름 아닌 회귀모형 혹은 회귀선인데, 회귀모형은 두 개의 모수를 가진다. 즉, 회귀모형의 실체는 두 개의 모수의 값들에 의해 정해지고, 그 모수 값들이 달라지면 다른 회귀모형이 된다. 회귀모형의 실체를 결정하는 하나의 모수는 b_0 이고, 다른 하나는 b_1 이다. 이 두 개의 숫자가 달라지면 회귀선은 달라진다. 그런데 앞서 회귀선은 반드시 평균점을 지난다고 하였다. 이 속성 때문에 회귀선의 방향과 위치에 대하여 하나의 제약이 가해지고, 결과적으로 주어진 자료에서 회귀선은 오직 절편이나 기울기 중에 한 개만이 독립적으로 가변할 수 있다. 이 사실은 앞서 제 2 장에서 설명한 바와 같이, 디딜방아의 방아대가 운동하는 궤적이 이차원 평면을 구성하는데도 불구하고 방아대의 중간부분이 회전축에 고정되어있기 때문에 운동자유도 1 을 가지는 것과 동일한 원리이다. 회귀선이 평균점에 묶여 있어야 하므로, 기울기가 가변하면 절편은 그에 종속되어 자동적으로 결정되고, 그 반대도 마찬가지이다. 회귀선은 반드시 평균점을 지나야 한다는 제약이 있기 때문에 회귀선의 절편과 기울기는 동시에 서로 독립적으로 가변할 수 없다. 회귀선의 위치와 방향을 결정하는 모수는 두 개이지만, 회귀선의 자유도는 1 이다. '모형의 자유도' 는 그 모형의 독립적인 운동차원의 수를 의미한다. 단순회귀모형의 독립적인 운동차원의 수는 1 이다. 따라서, 단순회귀 모형이 설명하는 자승합 SSR 의 자유도 또한 1 이다. 일반적으로 말해서 SSR 의 자유도는 독립변인의 수와 같다. 단순회귀분석에서는 독립변인이 한 개이므로 SSR 의 자유도는 1 이 된다.

SSE 는 $\sum(Y-\hat{Y})^2$ 로 표현된다. SSE 의 계산을 위하여 N 개의 Y 값과 $\hat{Y}$ 이 이용된다. 그런데 앞서 언급한 바와 같이 $\hat{Y}$ 은 두 개의 모수에 의해 성립한다. 따라서 SSE 의 자유도는 N-2 이다.

$$df_T = df_R + df_E$$
$$(N-1) = 1 + (N-2)$$

7. 평균자승과 모형 F

자승합을 자유도로 나누어주면 변량이 되는데, 이 변량들을 평균자승 (mean squares) 이라고 부른다.

$$MSR = SSR/1 = \sum(\hat{Y} - \overline{Y})^2$$
$$MSE = SSE/(N-2) = \sum(Y-\hat{Y})^2/(N-2)$$
$$MST = SST/(N-1) = \sum(Y-\overline{Y})^2/(N-1)$$

변량분석에서와 마찬가지로 특정한 조건하에서 MSR/MSE 의 비율은 이론적인 F 분포에 준하는 표집분포를 가진다.

$$F = \frac{MSR}{MSE}$$

이 경험적인 F 값은 종속변인에 대한 독립변인의 설명력 혹은 효과의 통계적 유의미도를 판단하기 위하여 변량분석에서와 동일한 방식으로 사용된다. 즉, 이 경험적인

F 값이 특정한 α 수준에서 결정되는 임계치 F_c 보다 크면 종속변인에 대한 독립변인의 설명력 혹은 효과가 통계적으로 유의미하다고 판단된다. 이 통계적 판단을 위한 영가설은 모집단의 기울기 계수 β_1 가 0 이고, 종속변인과 독립변인 사이의 모집단 상관계수 ρ 가 0 이라는 것이다.

영가설 : $\beta_1=0$ 혹은 $\rho=0$

따라서 경험적인 F 는 기울기 계수와 결정계수, 그리고 상관계수 모두의 통계적 유의미도를 동시에 판단하는 지수이다. 즉, 경험적인 F 가 임계치보다 크면 b_1, R^2, r 이 모두 통계적으로 유의미한 것이고, 경험적인 F 가 임계치보다 작으면 모두 유의미하지 않다.

8. 평균자승의 기댓값

영가설에 대한 F 검증의 논리를 이해하기 위해서는 MSR 과 MSE 의 기댓값을 파악할 필요가 있다. 평균자승의 기댓값은 한 가지 통계적 공리에 의존하여 도출된다. 종속변인 Y 의 모집단 변량을 σ^2 로 표기하면, 이 통계적 공리는 다음과 같이 기술된다.

SSE/σ^2 의 표집분포는 자유도가 N-2 인 χ^2 분포를 한다.
즉, $SSE/\sigma^2 = \chi^2_{(N-2)}$

그런데 χ^2 의 기댓값은 그것의 자유도이다. χ^2 분포는 자유도 개수만큼의 z^2 값들이 더해져서 생성되는 숫자들의 빈도분포 혹은 확률분포이다. 따라서 정규분포하는 어떤 변인의 z 값들을 모두 자승한 z^2 값들은 자유도가 1 인 χ^2 분포를 한다. 정규분포하는 그러한 변인들 두 개의 z^2 들을 더해서 생성되는 변인 즉, $z_1^2+z_2^2$ 는 자유도 2 인 χ^2 분포를 한다. 일반적으로 n 개의 z^2 들이 더해진

$z_1^2 + z_2^2 + \ldots\ldots + z_n^2$ 는 자유도가 n 인 χ^2 분포한다. 그런데 z^2 의 기댓값은 언제나 1 이므로, 모든 χ^2 분포의 평균은 그 분포의 자유도와 같다. 따라서 다음과 같은 등식이 도출된다.

$$E\left[\frac{SSE}{\sigma^2}\right] = N - 2$$

그런데 σ^2 는 상수이므로, $E\left[\frac{SSE}{N-2}\right] = \sigma^2 = E(MSE)$

MSE 의 기댓값은 언제나 Y 의 모집단 변량 σ^2 이다. 이것을 거꾸로 표현하면, MSE 는 Y 의 모집단 변량 σ^2 에 대한 비편중추정치 (unbiased estimate) 이다. MSR 의 기댓값을 도출하기 위하여 $SSR = \sum(\hat{Y} - \overline{Y})^2$ 을 풀어보면 다음과 같다.

$$\begin{aligned} SSR &= \sum(\hat{Y} - \overline{Y})^2 \\ &= \sum(b_0 + b_1X - b_0 - b_1\overline{X})^2 \\ &= \sum b_1^2(X - \overline{X})^2 \\ &= b_1^2\sum(X - \overline{X})^2 \end{aligned}$$

그런데 앞서 회귀분석은 독립변인 X 의 값들이 고정적이라는 가정을 한다고 하였다. '고정적' 이라는 말은 X 의 값들이 자료수집, 측정 혹은 관찰에 의해서 얻어지는 것이 아니고 선험적으로 미리 정해진다는 의미이다. 회귀분석이 이러한 가정 (fixed-X assumption) 을 하는 이유는 $\sum(X - \overline{X})^2$ 를 상수로 취급하기 위해서이다. 회귀분석은 $\sum(X - \overline{X})^2$ 를 상수로 취급해야 SSR 의 기댓값을 확정할 수 있으므로 독립변인 X 의 값들이 고정적이라는 가정 즉, 독립변인이 고정요인 (fixed factor) 이라는 깜찍한 가정을 한다. $\sum(X - \overline{X})^2$ 가 상수라면 다음의 등식이 성립한다.

$$E(SSR) = E(b_1^2)\sum(X - \overline{X})^2$$

그런데 어떤 변인 U 의 모집단 변량 $\sigma^2(U)$ 는 $E(U^2)-[E(U)]^2$ 이다. 따라서 기울기 계수 b_1 의 모집단 변량 (표준오차의 자승) 은 다음과 같다.

$$\sigma^2(b_1) = E(b_1^2)-[E(b_1)]^2 \quad \text{혹은} \quad \sigma^2(b_1) = \frac{\sigma^2}{\sum(X-\overline{X})^2}$$

위의 공식에서 $E(b_1)$ 는 다름 아닌 모집단의 기울기 계수 β_1 이다. 따라서 위의 첫 번째 공식은 $\sigma^2(b_1) = E(b_1^2)-\beta_1^2$ 와 같고, 따라서 $E(b_1^2) = \sigma^2(b_1)+\beta_1^2$ 가 성립한다. 이것을 위의 두 번째 공식과 서로 혼합하면 다음과 같은 등식이 성립한다.

$$E(b_1^2) = \frac{\sigma^2}{\sum(X-\overline{X})^2}+\beta_1^2$$

따라서,

$$E(SSR) = E(b_1^2)\sum(X-\overline{X})^2 = \sigma^2+\beta_1^2\sum(X-\overline{X})^2$$

이고, 최종적으로,

$$E(MSR) = E\left(\frac{SSR}{1}\right) = \sigma^2+\beta_1^2\sum(X-\overline{X})^2$$

독립변인 X 가 고정요인이라는 가정 ($\sum(X-\overline{X})^2$ 가 상수라는 가정) 하에, MSR 의 기댓값은 종속변인의 모집단 변량 σ^2 과 독립변인의 효과 (β_1^2) 가 합쳐진 것이다. MSE 의 기댓값은 종속변인의 모집단 변량이고, MSR 의 기댓값은 종속변인의 모집단 변량에 독립변인의 효과가 합쳐진 것이므로, $\beta_1=0$ 이라는 영가설이 맞는다면 경험적인 F 는 1.00 일 것으로 기대된다. 만약 모집단에서 독립변인의 효과가 존재하여 $\beta_1\neq0$ 라면, 경험적인 F 는 1.00 보다 커지게 된다.

9. 변량분석표

<표 11-2> 의 가상적인 자료에 이상의 논의들을 적용하면 <표 11-4> 와 같은 변량분석표로 요약할 수 있다.

〈표 11-4〉 연령과 지난 한 해 동안 병원을 방문한 횟수 자료의 변량분석표

변산원	자승합	자유도	평균자승	F	p
회귀모형 (Regression)	16.354	1	16.354	5.91	<.05
오차 (Error or Residual)	22.146	8	2.768		
전체	38.500	9	4.278		

회귀모형의 경험적인 F 값 (5.91) 이 α=0.05 수준에서 통계적으로 유의미하므로 종속변인에 대한 독립변인의 관계, 효과, 예측력이 통계적으로 의미가 있다고 해석된다. 이 통계적 유의미도는 또한 모집단에서의 기울기 계수 β_1 가 0 이 아니라는 것을 뜻하기도 하며, 모집단에서 독립변인이 설명하는 종속변인의 변량이 0 보다 크다는 것을 의미하기도 한다.

10. 기울기 계수의 안정성

단순회귀모형의 기울기 계수 b_1 은 독립변인 X 의 한 단위 변화에 수반되는 예측된 종속변인 $\hat{Y}$ 의 변화를 나타낸다. 그런데 최소자승화 기준에 의해 산출된 b_1 은 다른 어떤 기준에 의해 산출된 그것보다 안정적이라는 특징을 가진다. 이때 '안정적' 이라는 말의 의미는 동일한 모집단으로부터 동일한 유형의 자료 (X 의 값이 고정된)를 새로이 수집하여 동일한 분석을 하는 경우, 최소자승화 기준에 의해 산출된 b_1 이 표본에 따라 가변하는 정도가 작다는 의미이다. 이 특징은 어떤 하나의 연구로부터 산출된 b_1 을 모집단의 기울기 계수 β_1 에 대한 추정치로 간주할 수 있는 기초가 된다. 왜냐하면 표본마다 산출되는 b_1 이 서로 유사하면, 그 중 하나의 b_1 과

β_1 도 서로 유사할 것으로 예상되기 때문이다. 따라서 안정성의 개념은 정확성의 개념이기도 하다.

b_1 의 안정성 혹은 정확성을 직접적으로 나타내는 지수가 '추정치의 표준오차 (standard error of estimate)' 이다. 이 지수는 표본에 따른 b_1 의 가변성 혹은 변산성을 나타내는 지수로서, 그 구체적 의미는 다음과 같다. 무수히 많은 표본 집단들이 존재하고, 각 표본 집단에서 b_1 이 하나씩 산출된다면, 이때 산출되는 무수히 많은 b_1 들이 어떤 분포를 이루게 된다. 이 b_1 분포는 평균이 β_1 인 정규분포이며, 이 분포의 표준편차가 바로 '추정치의 표준오차' 이다. 앞서 기울기 계수 b_1 의 모집단 변량이 다음과 같이 정의되었다.

$$\sigma^2(b_1) = \frac{\sigma^2}{\sum(X-\overline{X})^2}$$

그런데 앞서 MSE 가 종속변인 Y 의 모집단 변량 σ^2 에 대한 비편중추정치라고 하였다. 따라서 추정치의 표준오차 $s(b_1)$ 는 다음과 같이 정의된다.

$$s(b_1) = \sqrt{\frac{MSE}{\sum(X-\overline{X})^2}}$$

위의 병원방문횟수에 관한 예에서 기울기 계수 b_1 의 값은 0.0648 로 산출되었다. 같은 자료에서 산출된 $\sum(X-\overline{X})^2$ 의 값은 3898.50 이고, MSE 의 값은 2.768 이므로, 기울기 계수 b_1 의 표준오차는 다음과 같다.

$$s(b_1) = \sqrt{\frac{2.768}{3898.50}} = 0.02665$$

다시 말하지만, 기울기 계수 b_1 의 표준오차 $s(b_1)$ 는 안정성을 나타내는 지수이다. 따라서 이 지수의 크기가 크다는 것은 특정한 표본에서 추정된 기울기 계수가 실제 모집단의 그것과 상당한 격차를 가질 가능성이 높다는 것을 시사한다. 즉, $s(b_1)$ 이 크면 b_1 의 정확성이 의심을 받게 된다. 그런데 $s(b_1)$ 의 크기는 MSE 와 독립변인 X 의 편차 자승합에 의해 좌우된다. MSE 란 회귀선을 중심으로 자료가 아래위로 산포한 정도를 나타낸다. 따라서 자료가 회귀선을 중심으로 아래위로 크게 흩어져 있거나, X 의 변산성이 작으면, $s(b_1)$ 이 커지고, 결과적으로 기울기 계수의 추정치가 부정확해진다. 결론적으로, 회귀분석의 정확성을 높이기 위해서 연구자가 할 수 있는 일은 변산성이 큰 독립변인을 선택하거나, 변산성이 커지도록 독립변인을 조작하는 것이다.

11. 기울기 계수에 대한 t 검증

표본에서 산출된 기울기 계수 b_1 을 이용하여 모집단의 기울기 계수 β_1 에 대한 영가설검증을 하기 위해서는 자유도가 N-2 인 t 분포를 이용한다.

$$\frac{b_1 - \beta_1}{s(b_1)} = t_{(N-2)}$$

이때 t 분포의 자유도가 N-2 인 이유는 $s(b_1)$ 의 계산에서 MSE 가 사용되는데, MSE 의 자유도가 N-2 이기 때문이다. 일반적으로 가장 널리 검증되는 영가설은 $\beta_1 = 0$ 이다. 병원방문횟수에 관한 예에서 이 영가설을 검증하면 다음과 같다.

$$t_8 = \frac{0.0648 - 0}{0.02665} = 2.4315$$

이 t 값은 자유도 8 과 α=0.05 수준에서 임계치보다 크고, 따라서 영가설 $\beta_1 = 0$ 은 기각된다. 여기에서 산출된 t 값과 앞서 모형검증에서 산출된 F 값은 서로 매우 긴밀한 관계를 가지고 있다. 즉, 다음의 관계가 성립한다.

$$t^2 = F = 2.4315^2 = 5.91$$

회귀모형의 F 값 (5.91) 이 α=0.05 수준에서 유의미하므로 종속변인에 대한 독립변인의 관계, 효과, 예측력이 통계적으로 의미가 있다고 해석되었다. 이 통계적 유의미도는 또한 모집단에서의 기울기 계수 β_1 가 0 이 아니라는 것을 뜻하기도 하는데, 그 이유는 바로 이와 같은 t 와 F 사이의 밀접한 관계 때문이다.

12. 단순회귀분석의 가정

1) 직선형 (straight line) 관계

이 가정은 독립변인의 각 수준 (값) 에서 종속측정치들의 평균을 구하면, 모집단에서 이 평균들이 일직선을 이룬다는 가정이다. 이 가정은 회귀계수들이 상수 (constant) 이기 때문에 존재한다. 예를 들어 기울기 b_1 은 회귀선의 전 영역에 걸쳐서 불변이다. 만약 b_1 이 변한다면, 독립변인과 종속변인 사이의 관계가 직선형이 아니고 복잡한 형태라는 것을 의미한다. 단순회귀분석에서 산출되는 기울기 계수는 상수이므로 회귀선은 일직선의 모양을 가지게 되고, 산포도에서 일직선 모양의 모형 (model) 을 도출하는 것은 곧 두 변인의 관계가 직선형이라는 가정을 하는 것이다. 만약 두 변인의 실제 관계가 곡선형일 때는 단순회귀분석 대신 중다회귀분석을 하여 그 곡선양상을 파악해야 한다. 이 가정의 파기여부를 알아보는 가장 일반적 방법은 산포도를 그려보는 것이다. 보다 엄격한 방법은 중다회귀분석을 이용하여 직선형 양상과 곡선형 양상에 대하여 통계적 검증을 수행하는 것이다.

2) 예측오차 $(Y-\hat{Y})$ 변량의 동질성 (homogeneity)

이 가정은 변량분석이 가지는 '변량의 동질성' 가정과 동일한 가정이다. 즉, 각 X 값을 가지는 사례들만 따로 모아서 그들의 Y 의 변량을 산출하면, 이 변량들이 모든 X 값에서 동일하다는 것이다. 이 가정이 필요한 이유는 변량분석에서와 마찬가지로 통계적 검증 (F 검증) 을 위한 평균자승의 기댓값을 정의하기 위하여 필요하기 때문이다. 더 정확히 말하자면 앞서 언급한 공리 $SSE/\sigma^2=\chi^2_{(N-2)}$ 가 성립하기 위하여 변량의 동질성 가정이 필요하다.

이 가정의 파기여부를 알아보기 위하여, (1) 각 사례의 예측오차를 산출하고, (2) 그 예측오차의 절댓값을 취한 후, (3) 예측오차의 절댓값과 독립변인의 상관계수를 산출하여, 만약 그 상관계수가 부적이건 정적이건 상관없이 통계적으로 유의미하면 이 가정이 파기된 것으로 본다. 예측오차의 절댓값과 독립변인의 상관계수가 정적으로 큰 숫자인 경우에는 독립변인의 값이 커질수록 예측오차의 변량이 또한 커진다는 것을 의미한다. 반대로 예측오차의 절댓값과 독립변인의 상관계수가 부적으로 큰 숫자인 경우에는 독립변인의 값이 커질수록 예측오차의 변량이 작아진다는 것을 의미한다.

3) 예측오차의 상호독립성

이 가정도 변량분석의 독립성 가정과 동일한 가정이다. 변량분석과 회귀분석에서의 통계적 유의미도 검증이 공히 F 검증이므로, F 분포의 정의를 위해서 필요한 이 가정을 역시 필요로 한다.

독립변인 X 의 값이 시간적인 서열을 의미하는 경우 혹은 동일한 사례에 대하여 반복관찰된 시점을 의미하는 경우에는 이 가정이 파기된다는 사실을 유념해야 한다. 시계열 자료가 가지는 이 문제를 해결하기 위해 발전한 것이 '시계열 분석 (Time Series Analysis)' 이다. 각 사례의 예측오차가 서로 독립적이 아닐 때, 예측오차가 '자동 상관 (autocorrelation)' 을 가진다고 말한다. 시계열 자료 이외의 일반적 자료에 대하여 예측오차의 상호 독립성 가정이 파기되는지의 여부, 혹은 각 사례들의 예측오차가 자동 상관을 가지는지의 여부를 검증하기 위한 일반적 방법으로 'Durbin-Watson 검증' 이 있다. Durbin-Watson 검증 (Durbin & Watson, 1950, 1951)에서는 각 사례들의 예측오차들이 가지는 자동 상관의 정도를 나타내는 지수 V 를 다음과 같이 산출한다.

$$V = \frac{\sum_{i=2}^{N}(e_i - e_{i-1})^2}{\sum_{i=1}^{N}e_i^2}$$

Durbin-Watson 검증의 자동 상관 지수 V 공식에서 e_i 는 i 번째 사례의 예측오차 $(Y-\hat{Y})$ 이다. Durbin-Watson 검증의 자동 상관 지수는 $0 \leq V \leq 4$ 의 범위를 가지는데, 0 에 가까울수록 사례들의 예측오차들이 정적인 자동 상관을 가진다는 것을 의미하고, 4 에 가까울수록 사례들의 예측오차들이 부적인 자동 상관을 가진다는 것을 의미한다. 지수 V 의 크기가 2 에 근접하면 예측오차의 상호독립성 가정이 잘 충족되는 것으로 볼 수 있다.

그런데, Durbin-Watson 검증에 대하여 한 가지 주의할 사항이 있다. 이 검증은 표본자료에서 각 관찰단위 혹은 사례의 위치가 고정되었다는 전제하에 의미가 있는 검증이다. 예를 들어, 사례 A 는 반드시 4 번째 표본사례이고, 사례 B 는 5 번째 표본사례이며, 이와 같은 사례들의 순서가 고정적인 자료에 대하여 Durbin-Watson 검증은 예측오차의 상호 독립성 검증으로 이용될 수 있다. 그러나 만약 연구자가 자료를 어떻게 정리하는가에 따라서 사례 A 가 4 번째 사례가 될 수도 있고, 150 번째 사례가 될 수도 있는 일반적인 경우에서는 Durbin-Watson 검증은 의미가 없다. 왜냐하면 사례들의 순서가 바뀌면 Durbin-Watson 검증에서 계산되는 자동상관 지수는 달라지기 때문이다. 따라서 비록 널리 사용되는 통계분석 소프트웨어에 Durbin-Watson 검증 절차가 포함되어 있더라도 이 검증을 맹목적으로 사용해서는 안 된다.

4) 예측오차의 모집단분포의 정규성

이 가정도 역시 F 분포의 정의를 위해서 필요한 가정이고, 따라서 변량분석과 회귀분석에 공히 존재하는 가정이다. 이 가정을 소위 '조건부 정규성 가정 (assumption of conditional normality)' 이라고 지칭할 수 있다.

회귀분석에서의 독립변인은 연속변인이거나 이분변인일 수 있으나, 그것에 상관없이 언제나 고정변인 (fixed variable) 으로 간주된다. 즉, 표본에 존재하는 독립변인의 각 값이 모집단에서부터 확률적으로 발현하는 것이 아니고, 마치 변량분석에서 독립변인의 수준들이 연구자에 의해 조작되듯이 비확률적으로 정해진다는 가정이다. 따라서 회귀분석은 독립변인이 모집단에서 정규분포 한다는 가정을 하지 않는다. 일반적으로 독립변인이 정규분포하는 것보다 균일분포 (uniform distribution) 하는 것이 회귀분석을 위하여 더 바람직하다. 실험설계에서 각 집단에 동수의 피험자가 할당되는 경우가 바로 모집단에서 독립변인이 균일분포 한다고 가정하는 대표적인 경우이다.

종속변인은 무선변인 (random variable) 이며, 그 값이 모집단으로부터 확률적으로 발현하는 변인이다. 그러나 회귀분석은 종속변인 자체가 모집단에서 정규분포한다는 가정 역시 가지지 않는다. 종속변인의 값이 확률적으로 발현한다는 말은 특정한 독립변인 (X) 의 값을 가지는 사례 (관찰단위) 들의 종속변인 (Y) 의 값이 모집단에서 정규분포하며, 자료에 포함된 (표집된) Y 값들은 이 모집단의 정규분포에서 무작위로 표집된 것이라는 뜻이다. 즉, 모집단에서 동일한 X 값을 가지는 사례들의 Y 값들이 정규분포한다는 가정을 한다. 이 가정은 일종의 조건부 (특정한 X 값에 국한되는) 정규성 가정 (normality assumption) 인데, 변량분석이 가지는 정규성 가정과 동일한 가정이다. 모집단에서 동일한 X 값을 가지는 사례들의 Y 값들이 정규분포한다는 가정은 곧 예측오차들이 모집단에서 정규분포한다는 가정이다. 자료 속에 있는 각 사례의 X 값과 Y 값을 이용하여 산포도를 그릴 수 있는데, 그 산포도를 이용하여 회귀분석의 정규성 가정을 도식으로 표현하면 [그림 11-5] 와 같다.

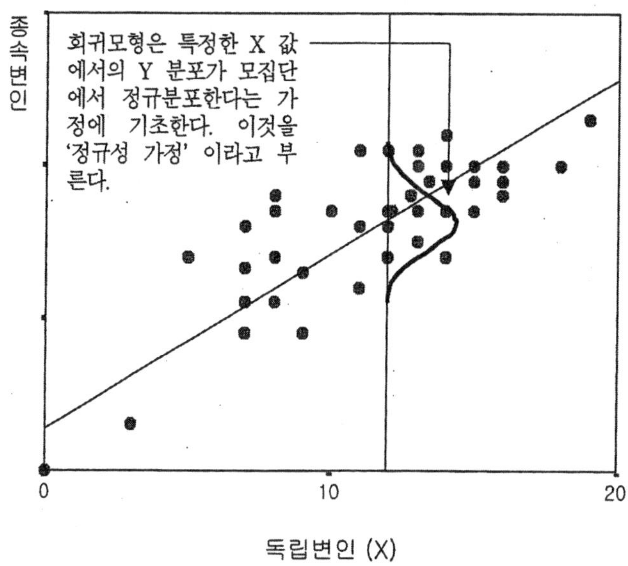

[그림 11-5] 회귀모형의 정규성 가정

5) 독립변인의 고정성

이 가정은 위에서 상세히 설명한 바 있다. 독립변인 X 를 무선요인으로 간주하고 회귀분석을 할 수도 있으나, 이때에는 통계적 검증 (F 검증) 등의 논리적 과정이 대단히 복잡해지기 때문에 회귀분석에서는 일반적으로 '고정 X (fixed-X)' 가정 하에서 분석을 수행한다. 이 가정이 실제 연구 장면에서 의미하는 바는, 만약 다른 연구자가 동일한 연구를 한다면, 그 다른 연구자는 앞선 연구에서 사용된 X 값들과 동일한 독립변인 값을 사용해야 한다는 것이다. 앞서 설명한데로, 독립변인의 변산성이 클수록 기울기 계수의 표준오차 $s(b_1)$ 가 작아지므로, 가능한 독립변인 값의 범위 전체가 자료에 포함되도록 조작하는 것이 바람직하다.

6) 독립변인의 신뢰성

이 가정은 '고정 X (fixed-X)' 가정과 밀접한 관계를 가진다. 회귀모형은 독립변인이 측정되지 않고 조작되는 것으로 간주하므로 자연히 독립변인의 값에는 측정오차가 개입될 이유가 없다. 독립변인에 측정오차가 없다는 것은 독립변인의 측정신뢰도 (reliability) 가 완벽 (r_{XX}=1.00) 하다는 뜻이다.

만약 측정오차를 가진 독립변인을 이용하여 회귀분석을 하면, 회귀분석은 독립변인과 종속변인의 관계를 심각하게 과소평가한다. 독립변인의 신뢰도가 1.00 보다 작으면, 추정된 기울기 계수 b_1 은 실제 모집단에서의 기울기 계수 β_1 보다 훨씬 작을 수 있다. 예를 들어, 독립변인의 신뢰도가 r_{XX}= 0.70 이면, b_1 은 β_1 을 30% 과소평가한다.

13. 이분독립변인

이분변인이란 가능한 값이 단지 두 개뿐인 변인을 말한다. 성별, 생사, 합격여부, 결혼상태, 등이 대표적인 이분변인들이다. 실험설계에서 두 개의 수준을 가지는 독립변인도 이분변인에 속한다. 독립변인이 이분변인인 경우의 회귀분석도 그것이 연속변인인 일반적인 경우와 전혀 다르지 않다. 다만 회귀계수들의 해석이 보다 더 실질적이라는 장점을 가진다. 이점을 납득하기 위하여 한 가지 예를 들어보자. 어떤 속옷 제조회사에서 시장규모를 파악하기 위하여 남자 다섯 명과 여자 다섯 명의 속옷의 개수를 조사한 결과가 <표 11-5> 와 같았다고 가정하자.

〈표 11-5〉 남자 5 명과 여자 5 명의 속옷의 개수 자료

남자 (X=0)	여자 (X=1)
7 4 1 5 3	15 9 10 13 23
평균 = 4	평균 = 14

<표 11-5> 의 자료에서 독립변인의 2 수준이 각각 0 과 1 로 코딩된 점을 주목하라. <표 11-5> 의 자료에 대하여 속옷 개수를 종속변인 (Y) 으로, 성별 (X) 을 독립변인으로 하는 단순회귀분석을 하면 $b_0=4$, $b_1=10$ 이 산출된다. 즉, 다음과 같은 회귀방정식이 산출된다.

$$\hat{Y} = 4 + 10X$$

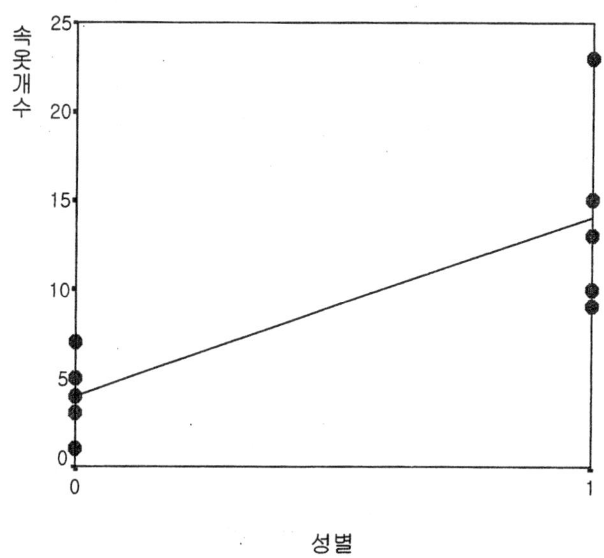

[그림 11-6] 성별과 속옷개수의 관계

독립변인이 이분변인인 경우에 회귀계수들의 의미를 명확히 파악하기 위하여 산출된 회귀방정식을 이용하여 실제 자료의 산포도에 회귀선을 작도하면 [그림 11-6] 과 같다. 절편계수 b_0 의 의미는 X 의 값이 0 일 때의 예측된 종속변인의 값이라고 하였다. 그런데 X 값이 0 이라는 것은 곧 남자집단을 의미한다. 따라서 b_0 는 곧 남자집단의 종속변인 평균이다. 일반적으로 기술하면, 독립변인이 이분변인인 경우, 절편계수 b_0 는 0 으로 코딩된 집단의 종속변인 평균이다.

기울기 계수 b_1 의 의미는 독립변인에서의 한 단위 변화에 상응하는 예측된 종속변인의 변화라고 하였다. 즉, 독립변인의 값이 0 에서 1 로 변할 때 $\hat{Y}$ 에 발생하는 변화이다. X=0 일 때의 $\hat{Y}$ 는 남자집단의 종속변인 평균이고, X=1 일 때의 $\hat{Y}$ 는 여자집단의 종속변인 평균이므로, 결국 b_1 은 두 집단의 평균차이이다. 일반적으로 기술하면, 독립변인이 이분변인인 경우, 기울기 계수 b_1 은 두 집단의 종속변인 평균차이이다.

[그림 11-6] 에 작도된 회귀선을 보면 절편은 0 으로 코딩된 집단의 종속변인 평균이고, 기울기는 두 집단의 평균차이라는 것을 한눈에 알 수 있다. 위의 자료를 회귀분석한 결과는 다음과 같다.

〈표 11-6〉 남자 5 명과 여자 5 명의 속옷의 개수 자료에 대한 회귀분석 결과

변산원	자승합	자유도	평균자승	F	p
회귀모형 (Regression)	250	1	250	13.89	<.01
오차 (Error or Residual)	144	8	18		
전체	394	9	43.78		

<표 11-6> 에 제시된 자승합들을 이용하여 산출된 R^2 는 0.635 이다. 이것은 사람들이 가지고 있는 속옷개수의 차이 (변산) 중에 63.5% 는 그 사람들의 성별차이에 의해 설명된다는 것을 의미한다. 회귀모형의 경험적인 F 값 (13.89) 이 α=0.01 수준에서 통계적으로 유의미하므로 R^2=0.635 가 통계적으로 유의미하고, 또한 기울기 계수 b_1=10 이 통계적으로 유의미하다는 것을 의미한다. 그런데 이 경우 b_1=10 은 곧 두 집단의 평균차이이므로, 그 평균차이가 통계적으로 유의미하다는 것을 뜻한다.

이것을 일반적으로 기술하면, 독립변인이 이분변인인 경우, 단순회귀모형의 통계적 검증은 두 집단의 평균차이에 대한 통계적 검증이다. 즉, 이것은 두 집단의 평균차이를 검증하는 변량분석 혹은 '독립집단 t 검증' 과 동일한 분석이다. 또한 위에서 산출된 자승합, 평균자승, F 등은 모두 변량분석을 할 때 산출되는 그들과 정확하게 일치한다. 집단들의 평균차이를 검증하기 위하여 이와 같이 회귀분석을 이용하는 것을 '회귀분석에 의한 변량분석 (Regression Analysis Approach to Analysis of Variance)' 이라고 부른다.

실험자료를 분석하기 위한 변량분석은 일반적으로 각 실험집단의 사례수가 동일하다는 가정 하에 이루어진다. 이 가정은 일원변량분석에서는 크게 중요시되는 가정이 아니지만, 독립변인이 두 개 이상인 변량분석에서는 매우 중요한 가정이다. 사례수가 동일하지 않은 실험집단으로부터 산출된 자료를 이용하여 집단차이를 검증하는 방법이 바로 여기에서 설명된 '회귀분석에 의한 변량분석' 이다. 이 용도에 대해서는 중다회귀분석에서 자세히 설명할 예정이다. 여기에서는 일단 한 가지 기본원칙을 확인하기로 하자. 그 기본원칙은 "각 실험조건의 사례수가 동일하지 않은 실험자료에 대하여 종속변인에 대한 독립변인의 효과 및 종속변인에서의 집단차이를 검증하기 위해서는 변량분석 대신 회귀분석을 이용한다" 는 것이다.

연습문제

11-1. 예측된 Y ($\hat{Y}$) 의 평균은 Y 의 평균 ($\bar{Y}$) 과 같다. 증명하라.

11-2. 어떤 변인 Y 와 X 의 피어슨 상관계수는 0.85 이다. 단순회귀분석을 하여 산출된 예측된 $\hat{Y}$ 와 독립변인 X 의 상관계수는 얼마일지 추정하고, 그 이유를 설명하라.

11-3. 위의 연습문제 11-2 에서, 예측된 $\hat{Y}$ 와 원래 Y 의 상관계수는 얼마일지 추정하고, 그 이유를 설명하라.

11-4. 다음은 군교도소 재소자 18 명과 일반부대에 근무하는 정상군인 21 명을 대상으로 그들의 지능지체성, 범죄성, 집단성을 측정한 자료이다. 지능지체성 점수는 숫자가 클수록 지체의 정도가 큰 것 (지능이 낮은 것) 을 의미하고, 범죄성과 집단성도 역시 숫자가 클수록 그 특징들이 강한 것을 의미한다. 집단성이란 개인의 가치보다 집단의 가치를 중요시하고, 자신이 소속된 집단에서 충성심을 보이려는 경향이 강한 것을 말한다.

피험자	소속	지체성	범죄성	집단성	피험자	소속	지체성	범죄성	집단성
1	군교도소	10	21	6	21	군교도소	9	22	4
2	반부대	23	25	13	22	일반부대	19	17	4
3	군교도소	9	17	1	23	일반부대	5	4	6
4	군교도소	19	26	14	24	군교도소	25	25	14
5	일반부대	13	19	8	25	일반부대	7	11	4
6	군교도소	10	15	14	26	군교도소	17	25	5
7	일반부대	7	20	14	27	일반부대	9	12	12
8	일반부대	7	8	4	28	일반부대	9	11	5
9	군교도소	3	6	3	29	군교도소	6	16	3
10	군교도소	19	19	11	30	군교도소	25	23	9
11	일반부대	8	10	6	31	일반부대	17	21	9
12	군교도소	18	25	9	32	군교도소	21	21	18
13	일반부대	7	11	3	33	일반부대	1	5	6
14	군교도소	12	21	7	34	일반부대	1	8	2
15	일반부대	4	9	0	35	군교도소	5	5	6
16	군교도소	15	10	7	36	일반부대	7	8	3
17	일반부대	18	18	8	37	일반부대	18	20	9
18	군교도소	9	18	4	38	일반부대	2	14	4
19	일반부대	5	8	3	39	군교도소	12	17	11
20	일반부대	12	10	4					

a. 위의 자료를 이용하여 독립변인 없이 범죄성을 예측할 때 발생하는 예측오차의 자승합을 산출하라.

b. 지능지체성으로 범죄성을 예측하는 회귀방정식을 도출하라.

c. 범죄성의 총변산 중 지능지체성에 의해 설명되는 부분의 비율을 산출하라.

d. 집단성과 지능지체성 사이의 상관계수가 모집단에서 0.00 라는 영가설을 검

증하고 결론을 도출하라.

e. 집단성을 지능지체성으로 예측하기 위한 회귀모형의 추정된 기울기 계수는 그 표준오차가 얼마인지 산출하라.

11-5. 위의 연습문제 11-4 에서 군교도소 집단과 일반부대 집단의 범죄성 평균들 사이의 차이가 유의미한지를 판단하고자 한다. t-검증을 하기 위한 회귀분석의 절차를 상세히 기술하고, 결론을 도출하라.

11-6. 다음은 범죄자 19 명과 일반인 19 명을 대상으로 그들이 현재까지 성관계를 가졌던 이성의 숫자를 조사한 자료이다. 범죄여부를 보고 범죄자 19 명의 성접촉 이성의 숫자를 예측하는 경우, 각 범죄자에게서 발생하는 예측오차의 평균을 계산하라.

범죄자	5	2	7	0	12	3	6	4	1	1	8	2	1	4	2	2	5	3	2
일반인	2	2	3	11	1	0	0	2	4	2	3	1	1	1	3	1	2	1	2

11-7. 연습문제 11-6 의 자료를 이용하여 범죄여부에 의해 성접촉 이성의 숫자를 예측하는 경우, 예측오차의 변량이 동질적인지의 여부를 판단하고, 또한 예측오차들이 상호 독립적인지를 파악하기 위한 Durbin-Watson 검증을 수행하라. 또한 사례들의 순서를 일부 바꾸어서 Durbin-Watson 검증을 다시 수행하고, 앞에서의 Durbin-Watson 검증과 비교하여 논의하라.

중다회귀모형 12

'중다회귀모형 (multiple regression model)' 은 일반적으로 두 가지 목적을 위하여 사용된다. 첫째는 특정한 독립변인들이 종속변인에 대하여 가지는 효과를 파악하되, 다른 독립변인들에 의한 오염을 제거하고 순수한 효과를 파악하기 위한 것이다. 예를 들어, 공격성에 대한 TV 폭력물의 영향을 파악한다고 가정하자. 이런 경우, TV 폭력물 (X_1) 을 접하는 빈도와 공격성 (Y) 을 측정한 후 회귀분석을 할 수 있다. 그런데 만약 남성호르몬 (X_2) 의 분비가 많은 사람이 TV 폭력물을 많이 접하는 경향이 있다면, 공격성에 대한 TV 폭력물 접촉빈도의 효과는 실상 남성호르몬의 효과일지도 모른다. 이런 경우, 남성호르몬의 효과를 제거한 후, TV 폭력물 접촉빈도가 공격성에 대해서 가지는 순수한 효과를 검증하기 위하여 중다회귀분석을 할 수 있다. 반면에 TV 폭력물 접촉빈도와 남성호르몬이 서로 무관하다면 남성호르몬의 효과를 통제할 필요가 없다. 연구의 주관심사인 효과변인 (TV 폭력물 접촉빈도) 을 독립변인, 통제되는 변인 (남성호르몬) 을 '공변인 (covariate)' 이라고 부르는데, 공변인에 의한 오염을 제거할 목적으로 사용되는 중다회귀분석에서 독립변인과 독립적인 (비상관된) 공변인을 사용하는 것은 무의미한 일이다.

중다회귀분석의 두 번째 목적은 종속변인을 가장 잘 예측하는, 혹은 가장 많이 설명하는 일련의 독립변인들을 파악하는 것이다. 말하자면 종속변인의 값을 정확히 예측하기 위한 가장 단순하면서도 가장 강력한 예측모형을 도출하기 위한 것이다. 이때에는 독립변인들 사이의 상호관계나 순수한 효과보다는 종속변인에 대한 독립변인의 예측력이 일차적 관심사이다. 이 두 번째 목적을 위한 분석에서는 오히려 서로 독립적인 독립변인들을 사용하는 것이 더 바람직하다. 왜냐하면 서로 상관관계가 높은 독립변인들로 이루어진 예측모형은 예측을 위하여 동일한 정보들이 중복적으로 사용된 비효율적이고 '절약의 원칙 (principle of parsimony)' 에 어긋나는 예측모형이기 때문이다.

1. 모 형

독립변인이 두 개인 중다회귀모형은 다음과 같이 기술된다.

$$Y = \beta_0 + \beta_1 X_1 + \beta_2 X_2 + \epsilon \qquad \text{혹은} \qquad \hat{Y} = \beta_0 + \beta_1 X_1 + \beta_2 X_2$$

위의 두 번째 중다회귀 방정식을 '반응함수 (response function)' 라고 부르기도 한다. 단순회귀분석에서와 마찬가지로 β_0 는 절편계수로서, 모든 독립변인들의 값이 0 일 때의 예측된 Y ($\hat{Y}$) 값이다. β_1 은 X_2 가 일정한 값에 고정된 경우, X_1 에서 한 단위 변화가 생길 때, 그에 수반되는 $\hat{Y}$ 의 변화량이다. β_2 도 동일한 의미를 가진다. 즉, β_2 은 X_1 이 일정한 값에 고정된 경우, X_2 에서 한 단위 변화가 생길 때, 그에 수반되는 $\hat{Y}$ 의 변화량이다. 기울기 계수들의 의미를 좀더 명확히 파악하기 위하여 중다회귀모형의 반응함수를 도식으로 표현하면 [그림 12-1] 과 같다.

단순회귀모형에서는 $\hat{Y}$ 이 직선을 이루게 되지만, 독립변인이 두 개인 중다회귀모형에서 $\hat{Y}$ 는 [그림 12-1] 에서 보이는 검은 면과 같은 평면을 이루게 된다. 이 평면을 '반응표면 (response surface)' 혹은 반응함수라고 부른다. 반응표면이 Y 축과 만나는 절편이 β_0 이다. [그림 12-1]에서 보이는 육면체를 X_1 축과 평행하게 자르면 특정한 X_2 값에서의 절단면이 나타나는데, 이 절단면의 윗변이 가지는 기울기가 β_1 이다. 어떠한 X_2 값에서 육면체를 절단하더라도 X_1 축과 평행하게 절단된 면의 윗변은 동일한 기울기 (β_1) 를 가진다는 것을 주목하라. 또한 육면체를 X_2 축과 평행

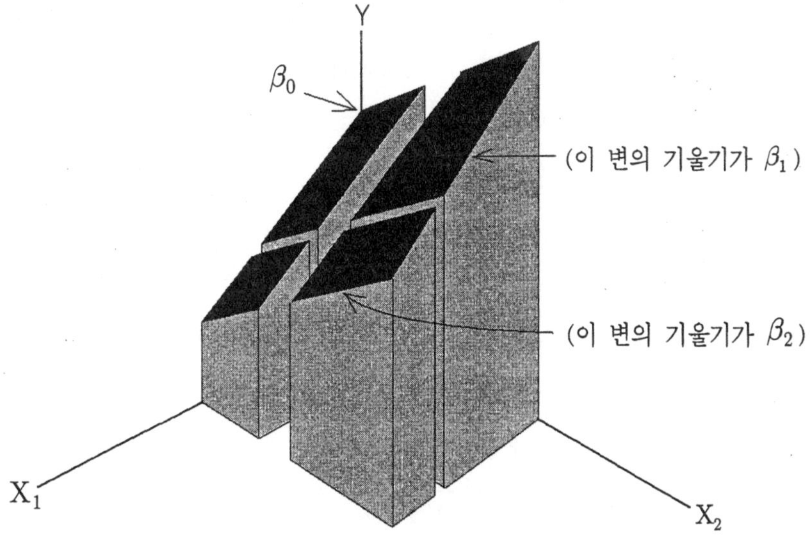

[그림 12-1] 중다회귀모형의 반응표면

하게 자르면 특정한 X_1 값에서의 절단면이 나타나는데, 이 절단면의 윗변이 가지는 기울기가 β_2 이다. 어떠한 X_1 값에서 육면체를 절단하더라도 X_2 축과 평행하게 절단된 면의 윗변은 동일한 기울기 (β_2) 를 가진다 (여기에서 설명되는 기울기 계수의 의미는 $\hat{Y} = \beta_0 + \beta_1 X_1 + \beta_2 X_2$ 의 중다회귀모형이 자료와 합치한다는 전제하에 성립하는 의미이다. 이 중다회귀모형은 종속변인이 두 개의 독립변인들의 합산적 함수라는 것을 의미한다. 만약 두 개의 독립변인들이 상호작용효과를 가지는 경우에는 육면체를 어디에서 절단하는가에 따라서 절단면의 윗변의 기울기가 달라진다. 상호작용효과를 가지는 중다회귀모형 즉, 곱셈적 모형은 나중에 자세히 설명될 것이다.).

예를 들어, $X_2 = 10$ 에서 육면체를 절단하였다고 가정하자. 그러면 절단된 면에 위치한 사례들의 예측된 종속측정치는 다음과 같이 기술된다.

$$\hat{Y} = \beta_0 + \beta_1 X_1 + \beta_2 10 = (\beta_0 + \beta_2 10) + \beta_1 X_1$$

위의 수식에서 ($\beta_0 + \beta_2 10$) 은 상수이다. 따라서 X_2 의 값이 특정한 수치에 고정되면 $\hat{Y} = \beta_0 + \beta_1 X_1 + \beta_2 10$ 의 중다회귀방정식은 X_1 만을 독립변인으로 가지는

단순회귀방정식이 되고, $(\beta_0 + \beta_2 10)$ 는 이 단순회귀방정식의 절편이 된다. 그런데 X_2 를 어떤 값에 고정시키든지 이 단순회귀방정식에서 변하는 것은 절편 $(\beta_0 + \beta_2 10)$ 뿐이다. β_1 은 X_2 가 어떤 값에 고정되든 변하지 않는다. 같은 논리로, β_2 는 X_1 이 어떤 값에 고정되든 변하지 않는다.

중다회귀계수들의 의미를 좀더 알기 쉽게 설명하면 다음과 같다. 모집단의 모든 사례들 중에 두 개의 독립변인들의 값이 모두 0 인 사례들만 골라내어 이들의 종속변인 평균을 구하면 β_0 이다. 또한 모집단의 모든 사례들 중에 특정한 X_2 값을 가진 사례들만 골라내어, X_1 을 독립변인으로 가지는 단순회귀분석을 하면, 그때 산출되는 기울기 계수가 β_1 이다. 마지막으로, 모집단의 모든 사례들 중에 특정한 X_1 값을 가진 사례들만 골라내어, X_2 을 독립변인으로 가지는 단순회귀분석을 하면, 그때 산출되는 기울기 계수가 β_2 이다.

중다회귀모형의 일반적 형태를 '일반선형회귀모형 (General Linear Regression Model)' 이라고 부르고, 다음과 같이 기술된다.

$$Y = \beta_0 + \beta_1 X_1 + \beta_2 X_2 + \beta_3 X_3 + \ldots\ldots\ldots + \beta_k X_k + \epsilon$$

중다회귀모형에서 한 독립변인의 기울기 계수는 다음과 같이 정의된다. 다른 독립변인들의 값이 고정된 경우, 해당 독립변인에서 발생하는 한 단위 변화에 수반되어 나타나는 예측된 Y 의 변화이다. 그런데 다른 독립변인들의 값을 고정시킨다는 것은 종속변인에 대한 그 다른 독립변인들의 효과를 통제한다는 것을 의미한다. 따라서 중다회귀모형의 기울기 계수는 종속변인에 대한 다른 독립변인들의 효과가 통제된 후, 해당 독립변인에서 발생하는 한 단위 변화에 수반되어 나타나는 $\hat{Y}$ 의 변화를 의미한다.

중다회귀모형에서 기울기 계수의 의미가 중요한 이유는 바로 그 의미 때문에 중다회귀모형이 사용되는 경우가 많기 때문이다. 즉, 다른 변인들의 효과를 통제한 후, 특정한 독립변인의 순수한 효과를 검증하기 위한 용도이다. 실제 연구에서는 모집단의 중다회귀계수들 대신 그들의 추정치가 활용된다. 예를 들어 Y 는 소득, X_1 는 교육수준, X_2 는 신발사이즈인 다음과 같은 중다회귀모형을 가정해보자.

$$\hat{Y} = b_0 + b_1X_1 + b_2X_2$$

b_0, b_1, b_2 는 모집단 중다회귀계수들의 추정치들이다. 표집된 사례들 중 특정한 신발사이즈 (e. g., 260) 인 사례들만 재표집하여 $\hat{Y} = b_0 + b_1X_1$ 의 단순회귀모형을 검증하면, 그때 산출된 b_1 이 위의 중다회귀모형에서 산출되는 b_1 이다. 재표집된 소집단에서는 신발사이즈가 고정되어 있으므로 이 단순회귀모형은 신발사이즈에 의해 영향을 받지 않는다. 다시 말하면 신발사이즈의 효과를 통제하는 것이다. 물론 이것은 중다회귀계수의 의미에 대한 개념적인 설명이며, 실제로는 모든 표본사례를 이용하여 그 계수들이 산출된다. 모든 표본사례가 분석에 포함되는 경우에, X_2 의 효과를 통제한다는 것은 다음과 같은 절차를 수행하는 것과 같다. ① $\hat{X}_1 = a_0 + a_1X_2$ 의 단순회귀분석을 한 후, 예측오차 혹은 잔여 (residual) $E_{1(2)}$ 를 산출한다; ② $\hat{Y} = b_0 + b_1E_{1(2)}$ 의 단순회귀분석을 한 후, b_1 을 산출한다. $E_{1(2)}$ 는 X_2 에 의해 예측되지 않는, 설명되지 않는, 혹은 영향 받지 않는 X_1 의 부분이다. 따라서 이 부분과 Y 의 관계는 X_2 의 효과가 제거된, 통제된, 혹은 고정된 관계이다.

만약 두 개의 독립변인들이 서로 독립적이라면, 다시 말해서 X_1 과 X_2 사이의 상관계수가 0 이라면, 단순회귀모형에서 산출되는 회귀계수와 중다회귀모형에서 산출되는 그것이 동일하다. 왜냐하면 중다회귀모형에 의해 통제되는 혹은 제거되는 X_2 의 효과는 X_1 에 대한 X_2 의 효과이기 때문이다. 따라서 서로 독립적인 독립변인들의 효과를 통제하기 위하여 중다회귀분석을 하는 것은 무의미하다. 그러나 만약 종속변인을 가장 잘 예측하는 모형을 알아내기 위한 목적인 경우에는 서로 독립적인 독립변인들로 중다회귀모형을 구성할 수 있다.

2. 중다회귀계수의 추정

중다회귀모형의 행렬식은 아래와 같다. **Y** 는 사례 수만큼의 요소를 가지는 열벡터 (column vector) 이고, **X** 는 (사례 수)×[(독립변인 수)+1] 만큼의 요소를 가지는 직사각형 행렬이며, **b** 는 [(독립변인 수)+1] 만큼의 요소를 가지는 열벡터이고, **e** 는 사례 수만큼의 요소를 가지는 열벡터이다. **X** 의 첫 번째 열은 모든 요소가 1 인 단위벡터이다.

$$\mathbf{Y} = \mathbf{Xb} + \mathbf{e} \text{ 혹은 } \hat{\mathbf{Y}} = \mathbf{Xb}$$

$$\mathbf{Y}=\begin{bmatrix} Y_1 \\ Y_2 \\ \cdot \\ \cdot \\ \cdot \\ Y_N \end{bmatrix},\ \mathbf{X}=\begin{bmatrix} 1 & X_{11} & X_{21} & \cdots\cdots & X_{k1} \\ 1 & X_{12} & X_{22} & \cdots\cdots & X_{k2} \\ \cdot & \cdot & \cdot & \cdots & \cdot \\ \cdot & \cdot & \cdot & \cdots & \cdot \\ \cdot & \cdot & \cdot & \cdots & \cdot \\ 1 & X_{1N} & X_{2N} & \cdots\cdots & X_{kN} \end{bmatrix},\ \mathbf{b}=\begin{bmatrix} b_0 \\ b_1 \\ \cdot \\ \cdot \\ \cdot \\ b_k \end{bmatrix},\ \mathbf{e}=\begin{bmatrix} e_1 \\ e_2 \\ \cdot \\ \cdot \\ \cdot \\ e_N \end{bmatrix},\ \hat{\mathbf{Y}}=\begin{bmatrix} \hat{Y}_1 \\ \hat{Y}_2 \\ \cdot \\ \cdot \\ \cdot \\ \hat{Y}_N \end{bmatrix}$$

$$\begin{bmatrix} Y_1 \\ Y_2 \\ \cdot \\ \cdot \\ \cdot \\ Y_N \end{bmatrix} = \begin{bmatrix} 1 & X_{11} & X_{21} & \cdots\cdots & X_{k1} \\ 1 & X_{12} & X_{22} & \cdots\cdots & X_{k2} \\ \cdot & \cdot & \cdot & \cdots & \cdot \\ \cdot & \cdot & \cdot & \cdots & \cdot \\ \cdot & \cdot & \cdot & \cdots & \cdot \\ 1 & X_{1N} & X_{2N} & \cdots\cdots & X_{kN} \end{bmatrix} \begin{bmatrix} b_0 \\ b_1 \\ \cdot \\ \cdot \\ \cdot \\ b_k \end{bmatrix} + \begin{bmatrix} e_1 \\ e_2 \\ \cdot \\ \cdot \\ \cdot \\ e_N \end{bmatrix} = \begin{bmatrix} b_0 + b_1X_{11} + b_2X_{21} \cdots\cdots + b_kX_{k1} + e_1 \\ b_0 + b_1X_{12} + b_2X_{22} \cdots\cdots + b_kX_{k2} + e_2 \\ \cdot \\ \cdot \\ \cdot \\ b_0 + b_1X_{1N} + b_2X_{2N} \cdots\cdots + b_kX_{kN} + e_N \end{bmatrix}$$

예측오차 (prediction error) 벡터 **e** 는 다음과 같이 정의된다.

$$\mathbf{e} = \mathbf{Y} - \hat{\mathbf{Y}}$$

$$\mathbf{e} = \begin{bmatrix} e_1 \\ e_2 \\ \cdot \\ \cdot \\ \cdot \\ e_N \end{bmatrix} = \begin{bmatrix} Y_1 \\ Y_2 \\ \cdot \\ \cdot \\ \cdot \\ Y_N \end{bmatrix} - \begin{bmatrix} \hat{Y}_1 \\ \hat{Y}_2 \\ \cdot \\ \cdot \\ \cdot \\ \hat{Y}_N \end{bmatrix} = \begin{bmatrix} Y_1 - \hat{Y}_1 \\ Y_2 - \hat{Y}_2 \\ \cdots \\ \cdots \\ \cdots \\ Y_N - \hat{Y}_N \end{bmatrix}$$

앞서 중다회귀모형의 $\hat{Y}$ 는 평면을 구성하는데, 이 평면을 반응표면 혹은 반응함수라고 부른다고 하였다. 따라서 중다회귀모형의 예측오차 벡터 **e** 의 각 요소들은 각 사례의 종속측정치가 반응표면으로부터 이탈한 정도를 나타내는 숫자이다. 이것을 도식으로 표현하면 [그림 12-2] 와 같다.

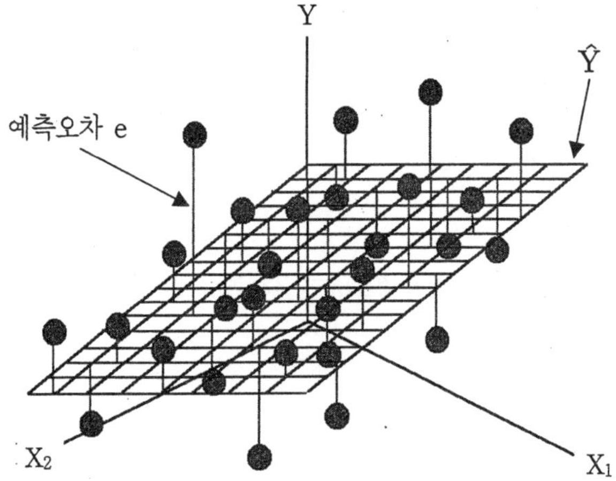

[그림 12-2] 중다회귀모형의 예측오차

중다회귀모형의 중다회귀계수 벡터 **b** 는 **e** 가 가지는 요소들의 자승합을 최소화하는 최소자승 추정치 (least square estimator) 이다. **e** 의 요소들의 자승합은 **e′e** 에 의해 산출될 수 있다. 따라서 **b** 는 다음의 함수를 최소화하는 회귀계수벡터이다.

$$\mathbf{e}'\mathbf{e} = (\mathbf{Y}-\hat{\mathbf{Y}})'(\mathbf{Y}-\hat{\mathbf{Y}})$$

$$[\mathrm{Y}_1-\hat{\mathrm{Y}}_1 \;\; \mathrm{Y}_2-\hat{\mathrm{Y}}_2 \;\; \cdots\cdots\cdots \;\; \mathrm{Y}_N-\hat{\mathrm{Y}}_N]\begin{bmatrix} \mathrm{Y}_1-\hat{\mathrm{Y}}_1 \\ \mathrm{Y}_2-\hat{\mathrm{Y}}_2 \\ \cdots \\ \cdots \\ \cdots \\ \mathrm{Y}_N-\hat{\mathrm{Y}}_N \end{bmatrix} = \begin{bmatrix} (\mathrm{Y}_1-\hat{\mathrm{Y}}_1)^2 \\ (\mathrm{Y}_2-\hat{\mathrm{Y}}_2)^2 \\ \cdots \\ \cdots \\ \cdots \\ (\mathrm{Y}_N-\hat{\mathrm{Y}}_N)^2 \end{bmatrix}$$

그런데, 최소화될 운명에 처해진 위의 불쌍한 함수를 해체하면 다음과 같다.

$$\begin{aligned} (\mathbf{Y}-\hat{\mathbf{Y}})'(\mathbf{Y}-\hat{\mathbf{Y}}) &= (\mathbf{Y}-\mathbf{Xb})'(\mathbf{Y}-\mathbf{Xb}) \\ &= \mathbf{Y}'\mathbf{Y}-\mathbf{b}'\mathbf{X}'\mathbf{Y}-\mathbf{Y}'\mathbf{Xb}+\mathbf{b}'\mathbf{X}'\mathbf{Xb} \\ &= \mathbf{b}'\mathbf{X}'\mathbf{Xb}-2\mathbf{b}'\mathbf{X}'\mathbf{Y}+\mathbf{Y}'\mathbf{Y} \end{aligned}$$

위의 수식에서 $-\mathbf{b'X'Y}-\mathbf{Y'Xb} = -2\mathbf{b'X'Y}$ 가 되는 이유는 $\mathbf{b'X'Y}$ 와 $\mathbf{Y'Xb}$ 가 모두 값이 동일한 상수 (scalar) 이기 때문이다. 이 수식을 소위 '상징적 미분 (symbolic derivative)' 을 한 후, 그 값이 0 이 되는 **b** 를 구하면, 그것이 중다회귀계수들의 최소자승 추정치가 된다.

$$\frac{\delta}{\delta \mathbf{b}}(\mathbf{Y}-\mathbf{Xb})'(\mathbf{Y}-\mathbf{Xb}) = 2\mathbf{X'Xb}-2\mathbf{X'Y} = 0$$

따라서

$$\mathbf{X'Xb} = \mathbf{X'Y}$$

결국 중다회귀모형의 회귀계수벡터 **b** 는 다음과 같이 산출된다. 회귀계수벡터 **b** 를 산출하는 이 행렬식을 '최소자승 방법에 의한 표준방정식 (Normal Equation by the Method of Least Square)' 이라고 부른다.

$$\mathbf{b} = (\mathbf{X'X})^{-1}\mathbf{X'Y}$$

X'X 를 표준화한 후, 각 요소를 사례 수 N 으로 나누어주면 독립변인들의 상관계수 행렬표가 된다. **X'X** 를 표준화한다는 말은 각 X 변인들을 표준화한 후 (평균을 빼주고 표준편차로 나누어서 z 점수로 변환한 후), **X'X** 를 구한다는 말이다. 또한 **X'Y** 를 표준화한 후, 각 요소를 사례 수 N 으로 나누어주면 독립변인들이 종속변인과 가지는 상관계수들의 벡터가 된다. 결국, 표준화된 회귀계수 (standardized regression coefficient) 들로 이루어진 벡터 **B** 는 다음과 같이 산출된다.

$$\mathbf{B} = \mathbf{R}_{XX}^{-1}\mathbf{R}_{XY}$$

위의 **B** 수식에서 $\mathbf{R}_{XX}^{-1}$ 은 독립변인들의 상관계수 행렬표의 역행렬 (inverse matrix) 이고, $\mathbf{R}_{XY}$ 는 독립변인들과 종속변인의 상관계수 열벡터 (column vector) 이다. 다시 말해서, 표준화된 회귀계수들이란 종속변인과 독립변인들을 표준화한 후 중다회귀분석을 하여 산출되는 회귀계수들을 말한다. 표준화된 회귀계수들을 이용하여 중다회귀 방정식을 기술하면 다음과 같다.

$$\hat{z_Y} = B_1 z_{X1} + B_2 z_{X2} + \dots\dots\dots\dots + B_k z_{Xk}$$

앞서 단순회귀분석에서 언급한 바와 같이 일부 통계 소프트웨어에서는 표준화된 회귀계수를 β 로 표기한다. 그러나 여기에서는 β 는 모집단의 회귀계수를 지칭하는 기호이고, B 는 표준화된 회귀계수를 지칭하는 기호라는 사실을 기억하자. 회귀계수들이 표준화되는 경우, 절편계수 B_0 는 언제나 0 이다. 왜냐하면, 회귀선은 언제나 평균점 (centroid) 을 지나게 되는데, 표준화된 변인들의 평균점은 각 표준화된 변인들의 값이 0 인 점이기 때문이다. 표준화된 기울기계수의 의미는 다음과 같이 해석된다. 중다회귀모형의 표준화된 기울기 계수는 종속변인에 대한 다른 독립변인들의 효과가 통제된 후, 해당 독립변인에서 한 개의 표준편차만큼의 변화가 발생할 때, 그에 수반되는 예측된 종속변인에서의 표준편차 변화이다.

예를 들어, B_1 은 다른 독립변인들이 모두 고정된 경우, X_1 에서 한 개의 표준편차만큼 변화가 생기면 $\hat{Y}$ 에서는 'B_1 개의 표준편차' 만큼 변화가 수반된다는 것을 의미한다. 표준화된 회귀계수와 비표준화된 회귀계수는 다음과 같은 관계를 가진다.

$$B_i = b_i \frac{s_i}{s_Y}$$

즉, 중다회귀분석을 하여 산출된 i 번째 독립변인의 중다회귀계수 b_i 에 그 독립변인의 표준편차를 곱해주고, 종속변인의 표준편차로 나누어주면 표준화된 회귀계수 B_i 가 산출된다. 표준화된 중다회귀계수들은 단위가 없는, 혹은 단위가 통일된 계수들이므로 독립변인들의 상대적 중요도를 판단하는데 활용된다.

중다회귀계수의 산출과정을 보다 명확히 이해하기 위하여 다음과 같은 간단한 가상자료를 분석해보자. 어떤 대통령후보에 대한 선호도 (Y) 가 유권자의 교육수준 (X_1) 과 월수입 (X_2) 에 의해 예측되는지를 알아보기 위하여 다섯 명의 유권자로부터 <표 12-1> 과 같은 자료를 구하였다. 교육수준은 햇수를 단위로 가지고, 월수입은 만원단위로 측정되었다.

〈표 12-1〉 어떤 대통령 후보에 대한 유권자들의 선호도 자료

유권자	선호도 (Y)	교육수준 (X_1)	월수입 (X_2)
1	7	16	120
2	3	12	90
3	9	12	250
4	4	9	80
5	6	14	100
평균	5.80	12.60	128.00
표준편차	2.39	2.61	69.79

$$\mathbf{b} = (X'X)^{-1}X'Y$$

$$= \left(\begin{bmatrix} 1 & 1 & 1 & 1 & 1 \\ 16 & 12 & 12 & 9 & 14 \\ 120 & 90 & 250 & 80 & 100 \end{bmatrix} \begin{bmatrix} 1 & 16 & 120 \\ 1 & 12 & 90 \\ 1 & 12 & 250 \\ 1 & 9 & 80 \\ 1 & 14 & 100 \end{bmatrix} \right)^{-1} \begin{bmatrix} 1 & 1 & 1 & 1 & 1 \\ 16 & 12 & 12 & 9 & 14 \\ 120 & 90 & 250 & 80 & 100 \end{bmatrix} \begin{bmatrix} 7 \\ 3 \\ 9 \\ 4 \\ 6 \end{bmatrix}$$

$$= \begin{bmatrix} -1.989 \\ 0.332 \\ 0.028 \end{bmatrix}$$

위의 결과로부터 $\hat{Y} = -1.989 + 0.332X_1 + 0.028X_2$ 라는 중다회귀방정식이 도출된다. 이 중다회귀계수들의 의미는 다음과 같다. ① 교육수준이 0 년이고, 월수입이 0 원인 사람들의 대통령 후보에 대한 선호도 평균은 -1.989 이다; ② 월수입이 동일한 사람들 중에, 교육수준이 1 년 더 많은 사람들은 1 년 더 적은 사람들보다 대통령 후보에 대하여 평균 0.332 만큼 더 높은 선호도를 가진다; ③ 교육수준이 동일한 사람들 중에, 월수입이 1 만원 더 많은 사람은 1 만원 더 적은 사람보다 대통령 후보에 대하여 평균 0.028 만큼 더 높은 선호도를 표시한다. 이 자료의 모든 변인을 표준화하면 <표 12-2> 와 같다.

〈표 12-2〉 어떤 대통령 후보에 대한 유권자들의 표준화된 선호도 자료

유권자	선호도 (z_Y)	교육수준 (z_{X1})	월수입 (z_{X2})
1	0.50	1.30	-0.11
2	-1.17	-0.23	-0.54
3	1.34	-0.23	1.75
4	-0.75	-1.38	-0.69
5	0.08	0.54	-0.40
평균	0	0	0
표준편차	1	1	1

<표 12-2> 의 표준화된 자료로 동일한 중다회귀분석을 하면 $\hat{z_Y} = 0.362 z_{X1} + 0.824 z_{X2}$ 의 중다회귀 방정식이 도출된다. 이 방정식에 대한 해석은 다음과 같다. ① 월수입이 동일한 사람들 중에, 교육수준이 한 개 표준편차만큼 더 많은 사람들은 한 개 표준편차만큼 더 적은 사람들보다 대통령 후보에 대하여 선호도 표준편차의 0.362 개만큼 더 높은 선호도를 가진다; ② 교육수준이 동일한 사람들 중에, 월수입이 한 개 표준편차만큼 더 많은 사람은 한 개 표준편차만큼 더 적은 사람보다 대통령 후보에 대하여 선호도 표준편차의 0.824 개만큼 더 높은 선호도를 표시한다; ③ 표준화된 회귀계수에 준하면 대통령 후보에 대한 선호도는 교육수준보다는 월수입의 영향을 더 크게 받는 것으로 판단된다. 비표준화된 회귀계수로는 이러한 상대적인 해석을 할 수 없다.

3. 모형검증

중다회귀모형의 회귀계수들이 산출되면 $\hat{Y}$ 이 계산되고, $\hat{Y}$ 과 Y 의 상관계수를 구한 후 그것을 자승하면 R^2 가 된다. 단순회귀에서와 마찬가지로 R^2 는 Y 의 총변산 중에 독립변인들 전체에 의해 예측되고 설명되는 부분의 비율이다.

$\hat{Y}$ 은 독립변인들에 상수를 곱해주고 상수를 더해준 값이므로 독립변인들의 단순변환에 불과하다. 따라서 Y 와 $\hat{Y}$ 사이의 상관계수 (R) 는 바로 한 개의 종속변인

〈표 12-3〉 중다회귀모형에서 R^2 의 산출

유권자	선호도 (Y)	예측된 선호도 ($\hat{Y} = -1.989 + 0.332X_1 + 0.028X_2$)
1	7	6.70
2	3	4.53
3	9	9.04
4	4	3.25
5	6	5.47
	R=0.926	R^2=0.857

과 여러 개의 독립변인 군 (群) 사이의 상관계수이다. 따라서 R 을 '중다상관 (multiple correlation)' 이라고 부른다. 중다상관의 자승 R^2, 혹은 결정계수는 Y 와 $\hat{Y}$ 사이의 상관계수 자승이면서, 동시에 단순회귀분석에서와 마찬가지로 종속변인의 전체 변산 중 독립변인에 의해 설명되는 부분의 비율로 정의된다.

$$R^2 = \frac{SSR}{SST} = \frac{\Sigma(\hat{Y}-\bar{Y})^2}{\Sigma(Y-\bar{Y})^2} = \frac{19.536}{22.800} = 0.857$$

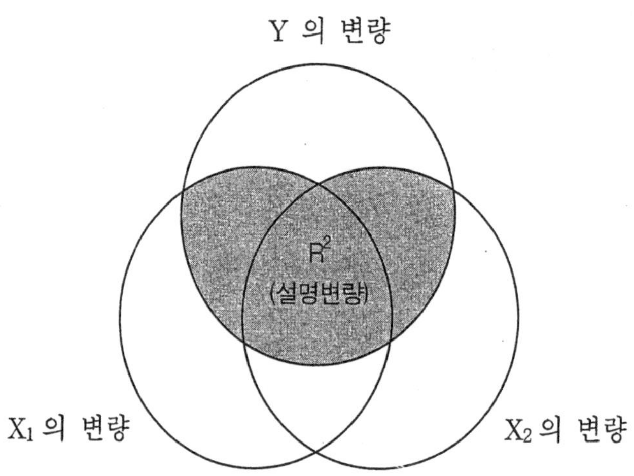

[그림 12-3] 중다회귀모형에서 R^2 의 개념적 의미

R^2=0.857 라는 숫자는 종속변인의 전체 변산 중에 약 86% 가 두 개의 독립변인에 의해 설명된다는 것이다. 이 비율의 통계적 검증을 위한 경험적인 F 값은 다음과 같이 구해진다. N 은 사례 수이고, k 는 독립변인의 수이다.

$$F = \frac{R^2/k}{(1-R^2)/(N-k-1)}$$

위의 F 검증은 중다회귀모형 전체에 대한 통계적 검증이다. 즉, 모형에 포함된 모든 독립변인들이 설명하는 종속변인의 변량이 모집단에서 0 이라는 영가설에 대한 검증이다. 이 영가설이 기각되면 모집단에서 적어도 한 개의 독립변인이 종속변인에 대하여 0 보다 큰 설명력을 가진다는 것을 의미한다. 대통령 후보의 선호도에 관한 예 자료에서 산출된 R^2 는 0.857 이므로, 이 비율의 통계적 검증을 위한 경험적인 F 값은 다음과 같이 계산된다.

$$F = \frac{0.857/2}{(1-0.857)/(5-2-1)} = 5.99$$

분자자유도 2 와 분모자유도 (5-2-1) 이고 α=0.05 인 이론적인 F 의 임계치는 19 이므로 이 모형은 통계적으로 유의미하지 않다. 즉, 모집단에서 유권자의 교육수준과 월수입이 설명하는 선호도의 변량이 0 이라는 영가설이 기각되지 않는다. 모형의 통계적 검증을 위한 경험적인 F 의 공식은 변량분석의 개념으로 바꾸면 모형의 평균자승 (MSR) 과 오차의 평균자승 (MSE) 의 비율과 같다.

$$F = \frac{R^2/k}{(1-R^2)/(N-k-1)} = \frac{\frac{SSR}{SST}/k}{\frac{SSE}{SST}/(N-k-1)}$$

$$= \frac{SSR/k}{SSE/(N-k-1)} = \frac{MSR}{MSE}$$

즉, 모형검증을 위한 경험적인 F 는 R^2 를 이용하여 산출할 수도 있고, 평균자승들을 이용하여 산출할 수도 있다. 대통령 후보의 선호도 자료에 관한 중다회귀모형에 대하여 이상의 논의를 종합하면 <표 12-4> 와 같은 변량분석표를 작성할 수 있다.

〈표 12-4〉 중다회귀모형의 변량분석표

변산원	자승합	자유도	평균자승	F	p
모형 (Regression)	19.536	2	9.768	5.985	>.05
오차 (Error)	3.264	2	1.632		
전체	22.800	4			

만약 모집단에서 독립변인들의 예측력이 0 라면 중다상관 R 은 평균적으로 0 이 된다. 다시 말해 R 의 기대치가 0 이라는 것이다. 그런데 이 경우 R^2 는 부적인 수치를 가질 수 없으므로 기대치가 0 보다 클 수밖에 없다. 따라서 R^2 는 일반적으로 모집단에서의 독립변인의 설명력을 다소 과대평가하는 것으로 간주된다. 이러한 과대평가를 수정한 지표를 소위 '수정-R^2 (adjusted R^2)' 이라고 부르고 다음과 같이 산출한다.

$$R^2(\text{adjusted}) = 1-(1-R^2)\frac{N-1}{N-k-1}$$

위의 수식에서 N 은 사례 수, k 는 독립변인의 수이다. 수정-R^2 는 R^2 보다 언제나 조금 작은데, 그 작은 정도는 독립변인의 수에 비례한다. 그런데 수정-R^2 에 대한 유의도 검증은 R^2 에 대한 그것과 동일하다. 따라서 어린 시절에 변기훈련 (toilet training) 을 지나치게 엄하게 받고 자란 연구자를 제외하면 특별히 수정-R^2 을 사용해야하는 경우는 거의 없다.

4. 준여과상관자승

중다회귀모형에서 한 독립변인 (X_1) 의 회귀계수 (b_1) 는 다른 독립변인 (X_2) 의 효과가 통제된 X_1 의 효과이다. 이 말은 b_1 이 X_2 의 효과로부터 독립적인 혹은 독자적인 X_1 의 효과를 반영한다는 뜻이다. 즉, b_1 은 X_2 가 Y 에 대해서 가지는 효과에 X_1 이 추가하는 효과를 반영한다. 따라서 b_1 의 유의도 검증도 '추가하는 효과' 에 대한 유의도 검증이다. 다음의 두 모형을 살펴보자.

$$M_f : \hat{Y} = b_0 + b_1X_1 + b_2X_2$$
$$M_r : \hat{Y} = b_0 + b_2X_2$$

모형 M_f 에서 산출된 결정계수를 R_{12}^2 라고 표기하고, 모형 M_r 에서 산출된 결정계수를 R_2^2 라고 표기하면, $R_{12}^2 - R_2^2$ 는 X_1 에 의해 추가되는 설명 변산의 비율이다.

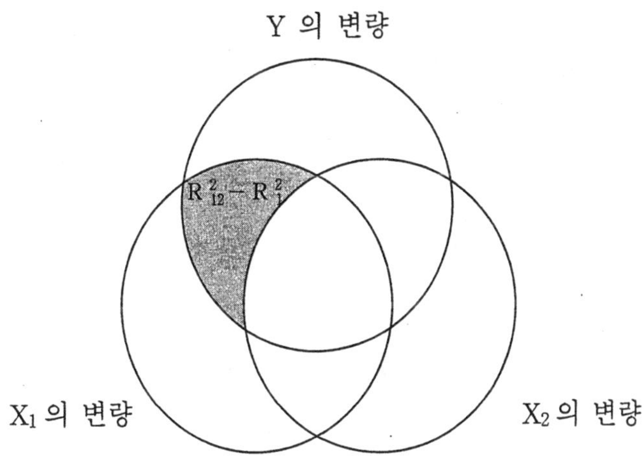

[그림 12-4] 준여과상관자승의 개념적 의미

$R_{12}^2 - R_2^2$ 를 X_1 의 '준여과상관자승 (squared semi-partial correlation coefficient)' 이라고 부르고 sr_1^2 로 표기한다 (어떤 참고서에서는 준여과상관자승을 R^2 의 차이라는 의미로 ΔR^2 로 표기하기도 한다). sr_1^2 의 제곱근 sr_1 을 '준여과상관' 이라고 부른다. 준여과상관자승과 준여과상관은 Yule (1897) 에 의해 제안된 효과지수이다. 일반적으로 준여과상관자승은 다음과 같이 정의된다.

$$sr_1^2 = R^2_{123...k} - R^2_{23...k}$$

예를 들어 sr_1^2=0.3 이라면 Y 의 총변산 중에 순전히 X_1 에 의해서만 설명되는 비율이 30% 라는 것을 의미한다. X_1 의 준여과상관자승 sr_1^2 은 다른 독립변인들과 독립적인, 따라서 X_1 의 독자적인 효과 혹은 설명력을 나타내는 지수이다. 이것을 X_1 의 '직접적 효과 (direct effect)' 라고 부른다. 마찬가지로 sr_2^2 는 $R^2_{123...k} - R^2_{134...k}$ 로 정의되고, X_2 의 직접적 효과이다.

각 독립변인의 직접적 효과는 중다회귀계수 b_i 에도 반영된다. 따라서 중다회귀계수와 준여과상관자승은 동일한 성격을 가지는 지수들이다. 다만, 준여과상관자승은 비율 혹은 % 의 의미를 가지므로 중다회귀계수보다 해석이 간단명료하다는 장점이 있고, 이 장점 때문에 많이 이용된다. 또한 준여과상관자승은 중다회귀분석에서 독립변인들의 효과를 가늠하는 공식적인 '효과크기 (effect size)' 지수이다. 아마도 중다회귀계수 b_i 와 준여과상관자승 sr_i^2 의 가장 중요한 차이점은, b_i 은 언제나 한 개의 독립변인의 효과만을 나타내는 반면, sr_i^2 은 경우에 따라서 여러 개의 독립변인들의 종합적인 효과를 나타낼 수 있다는 것이다. 이점은 나중에 좀더 명확해질 것이다. 아무튼, 중다회귀계수 b_i 와 준여과상관자승 sr_i^2 이 나타내는 직접적 효과를 보다 명확히 이해하기 위하여 [그림 12-5] 의 도식을 살펴보자.

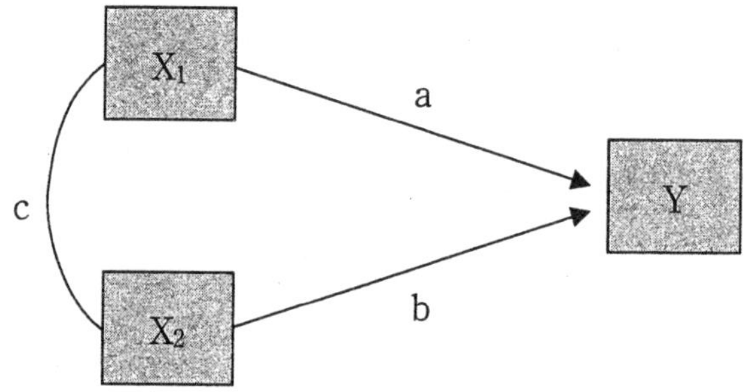

[그림 12-5] 직접적 효과와 간접적 효과

[그림 12-5] 의 도식이 바로 독립변인이 두 개인 중다회귀모형을 나타낸다. 이 도

식에서 X_1 은 두 가지 경로에 의해서 Y 에 영향을 준다. 하나는 a 경로이고, 다른 하나는 c 와 b 를 거치는 경로이다. 이러한 경로를 거치는 효과들의 합이 X_1 의 전체효과이다.

$$X_1 \text{ 의 전체효과} = a + cb$$
$$X_2 \text{ 의 전체효과} = b + ca$$

만약 X_1 만을 이용하여 단순회귀분석을 하여 기울기 계수 b_1 을 산출하거나, R^2 를 산출하거나, 혹은 X_1 과 Y 의 단순상관계수를 산출하였다면, 이 지수들은 바로 Y 에 대한 X_1 의 전체효과를 나타낸다. 그런데 X_2 를 모형에 첨가하여 중다회귀분석을 하면, 이때 산출되는 b_1 과 sr_1^2 는 X_1 의 직접적 효과 a 를 나타낸다. 다만 b_1 은 기울기를 나타내는 수치이고, sr_1^2 은 비율을 나타내는 지수라는 차이가 있을 뿐이다. 따라서 두 가지 지수는 직접적 효과를 각기 다르게 표현하는 혹은 개념화하는 방식이다.

$$X_1 \text{ 의 직접적 효과} = a = sr_1^2$$
$$X_2 \text{ 의 직접적 효과} = b = sr_2^2$$

각 독립변인의 간접적 효과는 경로 c 를 통하는 효과이다. 그런데 이 c 는 독립변인들 사이의 상관관계를 의미한다. 따라서 만약 c=0 이면 각 독립변인의 직접적 효과와 전체효과는 동일하다. 다시 말해서, 만약 독립변인들이 서로 독립적이라면 (서로 상관관계가 없다면), 각 독립변인의 직접적 효과를 산출하기 위하여 중다회귀분석을 수행하는 것이 무의미하다. 이때에는 각 독립변인과 종속변인 사이의 단순상관계수를 산출하여 자승하면 그것이 바로 각 독립변인의 직접적 효과이자 전체효과가 된다.

5. 중다회귀계수에 대한 가설검증

종속변인에 대한 X_1 의 직접적 효과의 통계적 유의미도는 sr_1^2 의 유의미도와 같고, 또한 b_1 의 유의미도이기도 하다. 이 통계적 유의미도는 모집단에서 X_1 의 직접적 효과가 0 이라는 영가설에 대한 통계적 검증이다. 이 영가설은 모집단에서 X_1 의 중다회귀계수 b_1 이 0 이라는 영가설과 동일한 가설이다. 이 유의미도 검증은 다음과 같은 F 검증이다.

$$\mathbf{F}=\frac{(R_{123..k}^2-R_{23..k}^2)/(df_{23..k}-df_{123..k})}{(1-R_{123..k}^2)/df_{123..k}}$$

$R_{123..k}^2$ 은 모든 독립변인이 포함된 전체 모형의 결정계수이고, $R_{23..k}^2$ 은 축소된 모형 (X_1 이 제외된 모형) 의 결정계수이다. $df_{123..k}$ 는 전체 모형의 오차자유도이고, $df_{23..k}$ 는 축소된 모형의 오차자유도이다. 이 경험적인 F 값의 분자자유도는 $df_{23..k}-df_{123..k}$ 이고, 분모자유도는 $df_{123..k}$ 이다.

6. 위계분석

위에서 설명된 직접적 효과와 앞으로 설명될 여러 종류의 효과들은 여러 번의 회귀분석을 하여 산출된 결정계수들을 서로 비교함으로써 가능하다. 반복적으로 수행되는 회귀분석에서 더 많은 개수의 독립변인을 가지는 회귀모형과 더 적은 개수의 독립변인을 가지는 회귀모형이 서로 비교되는데, 이때 더 큰 회귀모형이 더 작은 회귀모형에 포함된 모든 독립변인들을 가지고 있으면, 이 두 개의 회귀모형은 서로 위계적인 관계에 있다고 말한다. 이와 같이 서로 위계적인 관계에 있는 회귀모형들을 서로 비교하여 효과추정을 하는 기법을 '위계분석 (hierarchical analysis)' 이라고 부른다.

대통령후보에 대한 유권자의 선호도 자료를 예로 살펴보자. 유권자의 선호도와 월수입 사이의 단순상관계수 (zero-order correlation coefficient) 는 0.852 이다. 따라서 선호도 변량의 0.852^2=0.726 는 월수입에 의해 설명된다고 말한다. 이 말은 유권자들 사이에서 발생하는 선호도 차이 중에 약 73% 는 그 유권자들의 월수입이 다르기 때문이라는 말과 같다 (이 해석에는 선호도와 월수입 사이의 관계가 인과관계라는 암시가 내재한다. 회귀분석은 인과관계를 규명하는 통계절차가 아니지만, '회귀모형' 은 인과관계모형이다. 그 이유는 독립변인 X 가 고정요인이라고 가정하기 때문이다). 또한 이 단순상관계수 자승이 선호도에 대한 월수입의 전체효과 (total effect) 이며, 이것은 다음과 같은 단순회귀분석에서 산출되는 결정계수이기도 하다.

예측된 선호도 = $b_0 + b_2$(월수입) : R_2^2=0.726

그런데, 앞서 산출한 바와 같이 월수입과 함께 교육수준이 독립변인으로 포함된 중다회귀모형 (전체 모형) 의 결정계수는 0.857 이었다.

예측된 선호도 = $b_0 + b_2$(월수입)$+b_1$(교육수준) : R_{12}^2=0.857

이제, 교육수준만을 독립변인으로 사용하여 단순회귀분석을 하면 결정계수가 0.181 로 산출된다. 이 결정계수는 교육수준의 전체효과이다.

예측된 선호도 = $b_0 + b_1$(교육수준) : R_1^2=0.181

따라서 월수입의 준여과상관자승은 sr_2^2=0.857-0.181=0.676 이다. 이 준여과상관자승은 월수입이 독자적으로 설명하는 선호도 변량의 비율이며, 월수입의 직접적 효과 (direct effect) 이다. 이 직접적 효과의 경험적인 F 값은 다음과 같다.

$$F = \frac{(0.857 - 0.181)/(3-2)}{(1-0.857)/2} = 9.45$$

그런데 분자자유도 (3-2)=1 과 분모자유도 2 를 가지는 이론적인 F 분포에서 α=0.05 를 위한 임계치는 F_c=18.5 이다. 따라서 월수입의 직접적 효과는 통계적으로 유의미하지 않고, 또한 모집단에서 β_2=0 라는 영가설이 기각되지 않는다.

7. 다중공선성

'공선성 (collinearity)' 이라는 용어의 엄밀한 의미는 두변인의 상관계수가 1.00 이라는 뜻이다. 그러나 일반적으로 1.00 에 가까운 상관관계를 일컫는 용어로 자주 쓰인다. 다중공선성 (multicollinearity) 이란 중다회귀분석에서 독립변인들 사이에 높은 상관관계가 존재하는 상황을 일컫는 용어이다. 그러나 이 현상은 중다회귀분석에만 존재하는 것이 아니고, 모수추정을 위하여 최소자승화 기준을 사용하는 다변량분석에 공히 존재하는 현상이다. 이 현상이 거론되는 이유는 독립변인들 사이의 높은 상관관계가 때때로 잘못된 판단을 유도할 수 있기 때문이다. 예를 들어 다중공선성이 존재하면 원 자료에 오직 한두 개의 사례가 첨가되거나 누락되어도 추정된 회귀계수의 크기가 큰 폭으로 달라질 수 있고, 심지어는 부호가 바뀔 수도 있다.

다중공선성은 회귀계수를 산출하는 과정에서 발생하는 수학적인 현상이다. 앞서 $B = R_{XX}^{-1}R_{XY}$ 라고 하였다. 따라서 회귀계수를 산출하기 위해서는 독립변인들 사이의 상관계수 행렬표의 역 (inverse), R_{XX}^{-1} 를 산출해야 한다. 역행렬은 그것에 본래의 행렬을 곱해주었을 때 단위행렬 (identity matrix) 이 산출되는 행렬이다. 즉, $A^{-1}A=I$ 가 성립할 때, A^{-1} 는 A 의 역행렬이다. 그런데 행렬의 역을 구하기 위해서는 우선 행렬의 determinant 를 구할 필요가 있다. 예를 들어 2×2 행렬의 determinant 는 다음과 같이 구한다.

$$A = \begin{matrix} 1 & 2 \\ 3 & 4 \end{matrix}, \quad |A| = (1 \times 4) - (3 \times 2) = -2$$

Determinant 는 행렬의 역을 산출하는 과정에서 나눗셈의 분모로 사용된다. 위의 행렬 A 의 역행렬은 다음과 같이 산출된다.

$$A^{-1} = \begin{vmatrix} \frac{4}{-2} & \frac{-2}{-2} \\ \frac{-3}{-2} & \frac{1}{-2} \end{vmatrix} \qquad A^{-1}A = \begin{vmatrix} \frac{4}{-2} & \frac{-2}{-2} \\ \frac{-3}{-2} & \frac{1}{-2} \end{vmatrix} \begin{vmatrix} 1 & 2 \\ 3 & 4 \end{vmatrix} = \begin{vmatrix} 1 & 0 \\ 0 & 1 \end{vmatrix}$$

따라서 determinant 가 0 인 경우는 역행렬의 산출이 불가능하다. 역이 존재하지 않는 행렬을 singular matrix 라고 부른다. 위의 예에서 행렬 **A** 를 두 개의 독립변인들의 상관계수행렬 표라고 가정하자. 만약 두 개의 독립변인들 사이의 상관계수가 1.00 이라면, **A** 는 모든 요소가 1 인 행렬이고, determinant 는 0 이 된다. 이때에는 $\mathbf{R}_{XX}^{-1}$ 혹은 $(\mathbf{X}'\mathbf{X})^{-1}$ 이 존재하지 않으므로 중다회귀분석이 수학적으로 불가능하다.

또한 determinant 는 행렬의 역을 산출하는 과정에서 나눗셈의 분모로 사용되므로, determinant 가 0 에 가까울 때는 매우 큰 숫자들을 가지는 역행렬이 산출될 수 있다. 역행렬의 숫자들이 커지면 b 혹은 B 도 또한 (그 절댓값이) 매우 커진다. 그런데 이러한 변화는 곱셈적인 변화이므로, 원래의 $\mathbf{R}_{XX}$ 에 조그만 변화가 생겨도 그것이 b 혹은 B 에 크게 증폭되어 나타나고, 결국 b 혹은 B 의 산출이 매우 불안정해진다. 즉, 회귀계수들의 표준오차가 커진다.

다중공선성이 초래하는 여러 가지 문제들 중에 가장 대표적인 것이 불안정성 (instability) 과 관계방향의 오류 (wrong sign) 이다. 예를 들어 다중공선성이 존재하는 경우 자료의 극히 적은 일부를 무작위로 제거하고 분석하면 회귀계수들의 크기가 크게 바뀌거나, 회귀계수의 기존의 부호가 바뀌어버릴 수 있다.

불안정성이나 방향의 오류와 같이 명백하게 잘못된 결과가 산출되지 않더라도 다중공선성이 존재하는 경우에는 독립변인의 역할에 대해 해석의 오류를 범하기 쉽다. 앞서 준여과상관자승은 Y 의 총 변산 (total variation) 중에 X_1 이 독자적으로 설명하는 부분의 비율이라고 하였다. 이것은 즉 [그림 12-6] 와 같은 상황을 의미한다.

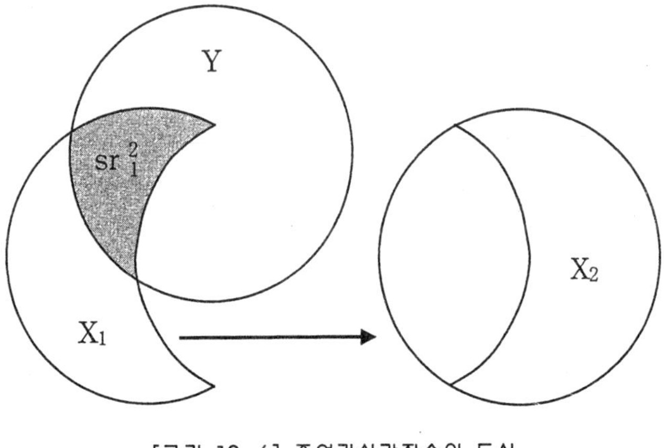

[그림 12-6] 준여과상관자승의 도식

[그림 12-6] 의 도식을 주의깊게 살펴보면, sr_1^2 은 우선 ① X_1 과 X_2 사이의 공변산을 X_1 의 변산에서 제거하고, ② X_1 의 나머지 변산과 Y 의 공변산이 Y 의 총 변산에서 차지하는 비율을 산출한 것이다. 따라서 X_1 과 X_2 사이의 공변산이 크면 (즉, 상관관계가 높으면) X_1 의 나머지 변산이 작아져서 그것이 설명하는 Y 의 총 변산도 상대적으로 작아질 수밖에 없다. 즉, 다중공선성이 존재하면 종속변인을 설명하기 위하여 실제로는 중요한 독립변인의 직접적 효과가 미약하거나 통계적으로 유의미하지 않은 것으로 파악될 가능성이 높아진다.

일부 독립변인들을 조합하여 다른 독립변인들을 생성한 경우에는 다중공선성의 위험을 심각히 고려하여야 한다. 예를 들어, 두 개의 독립변인들의 값을 서로 곱하여 새로운 독립변인을 생성한 경우이거나, 한 개의 독립변인의 값을 자승해주어 두 번째의 독립변인을 생성한 경우에는 원래의 독립변인들과 생성된 독립변인들이 매우 높은 상관관계를 가지게 되므로 다중공선성의 위험이 확실히 존재한다. 이와 같은 독립변인의 생성이 불가피한 경우에는 원래 변인들을 소위 '센터링 (centering)' 한 후에 새로운 독립변인을 생성하면 다중공선성의 발생을 예방할 수 있다. 센터링이란 원래 변인의 값에서 그 변인의 평균을 빼주는 것이다.

일부 독립변인들을 조합하여 다른 독립변인들을 생성한 경우 이외의 일반적인 상황에서 다중공선성을 예방하거나 치유하는 가장 간단한 방법은 상관관계가 높은 독립변인들을 찾아내어 그들 중 일부를 분석에서 제외하는 것이다. 또 다른 방법은 그들을 대상으로 하여 주성분분석 (principal component analysis) 을 하여 서로 독립적인 주성분들을 추출한 후, 기존의 독립변인들 대신 주성분들을 이용한 중다회귀분석을 하는 것이다.

8. 매개모형과 공통원인모형

어떤 독립변인 X_1 이 종속변인 Y 에 대해 가지는 전체효과가 유의미한 반면, 그것의 직접적 효과가 유의미하지 않은 경우에는 변인들 사이의 관계에 관하여 두 가지 가능성이 존재한다. 첫째는 매개모형 (mediator model) 이고, 둘째는 공통원인모형 (common cause model) 이다.

매개모형은 Y 에 대한 X_1 의 효과가 X_2 에 의해 매개된다는 가정을 하는 모형으로써, X_1 의 간접적 효과만을 가정하는 모형이다. 변인들 사이의 실제 관계가 이와 같을 때, X_1 의 전체효과는 유의미한 반면, 직접적 효과는 유의미하지 말아야 한다. 이 모형의 특징은 매개되는 변인 (X_1) 이 매개하는 변인 (X_2) 에 대한 원인이라는 가정을 하는 것이다. 예를 들어, X_1 이 상실경험, X_2 가 우울증, Y 가 자살생각일 때 이러한 매개모형이 성립할 가능성이 높다.

[도식 12-1] 매개모형과 공통원인모형

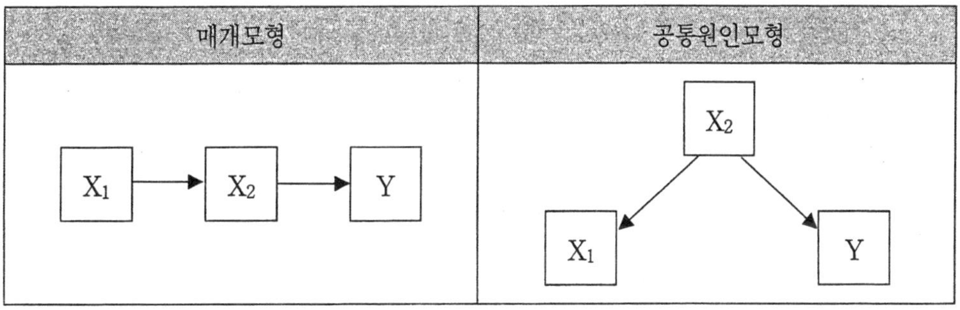

반면에 공통원인모형은 X_2 가 X_1 과 Y 에 대한 공통원인이라는 가정을 하는 모형이다. 예를 들어, X_1 이 외설물 접촉빈도, X_2 이 남성호르몬의 양, Y 가 성범죄일 때 이러한 공통원인 모형이 성립할 가능성이 높다. 이때에도 X_1 의 전체효과는 유의미한 반면, 직접적 효과는 유의미하지 않다.

결국, 매개모형과 공통원인모형은 개념적으로 서로 별개의 모형이지만, 수학적으로는 서로 구별되지 않는 모형들이다. 따라서 위계절차에 의한 중다회귀분석을 이용하여 동일한 변인들 사이의 관계가 매개모형의 관계인지, 아니면 공통원인모형의 관계인지를 구별하는 것은 불가능하다. 이 두 모형들 사이의 구별은 이론적인 차원에서 이루어져야 한다. 이론적인 차원에서 두 개의 독립변인들 중 어떤 것이 원인이고 어떤 것이 결과인지를 파악하여 모형의 형태에 대한 판단을 하는 것이다. 예를 들어, 상식적으로 판단할 때, 우울증이 상실경험에 대한 원인이기 보다는 그 반대가 성립할 가능성이 더 높다. 따라서 상실경험, 우울증, 자살생각들 사이의 관계는 매개모형이 적용될 가능성이 더 높다고 본다. 이러한 이론적인, 혹은 선험적인 판단과 더불어,

위계분석에 의한 전체효과 및 직접적 효과의 검증을 통하여 변인들 사이의 관계에 관한 이론적 모형이 도출된다.

연습문제

12-1. 앞서 단순회귀분석의 연습문제 11-4 에서 이용된 군교도소 재소자와 일반부대에 근무하는 정상군인들 자료를 이용하여 다음의 문제들에 답하라.

a. 집단성과 지체성으로 범죄성을 예측하는 중다회귀모형을 산출하라.

b. 위에서 산출된 중다회귀모형을 기초로 범죄성의 '반응표면' 을 작도하라.

c. 위에서 산출된 중다회귀모형의 R^2 를 산출하고, 그것의 통계적 유의미도를 검증하라.

d. 범죄성에 대한 집단성과 지체성의 준여과상관자승을 각각 산출하고, 그들의 통계적 유의미도를 검증하라.

e. 다중공선성의 존재를 판단하라.

f. 집단성, 지체성, 범죄성 사이의 관계가 매개모형에 더 적합한지, 아니면 공통원인모형에 더 적합한지 판단하라.

12-2. 어떤 중다회귀모형에서 R^2=0.16 인데 이것은 자유도 3 과 128 에서 유의미하다. SSR 이 180 이라면, 독립변인 효과를 위한 F 값이 얼마인지 계산하라.

12-3. 응답자 101 명으로부터 세 개의 변인 Y, X_1, X_2 에 대한 자료를 수집하였다. Y 의 모집단변량에 대한 추정치는 25 이다. X_1 을 이용하여 Y 를 예측하기 위한 회귀분석을 한 결과 산출된 예측된 Y ($\hat{Y}$) 의 모집단변량 추정치는 15

이다. X_1 을 이용하여 Y 를 예측하기 위한 회귀분석에서 산출된 R^2 은 얼마일까?

12-4. 위의 연습문제 12-3 에서 Y 를 X_1 과 또 다른 변인 X_2 로 예측하기 위한 중다회귀분석에서 산출된 예측된 Y ($\hat{Y}$) 의 모집단변량 추정치는 20 이다. 그렇다면 X_2 의 준여과상관자승 sr_2^2 은 얼마일까?

12-5. 다음은 36 개 국가에서 수집된 암 발생건수에 관한 가상적 자료이다 (Glantz & Slinker, 2001). 만약 간접흡연이 암을 유발한다면 폐암에 걸리는 남성이 많은 국가에서는 여성의 유방암 발생빈도도 높게 나타나야할 것이다. 따라서 다음의 자료를 분석하여 과연 간접흡연이 암을 유발하는지에 관하여 결론을 도출하라.

국가	유방암 환자 (/100,000)	남성 폐암 환자 (/100,000)	평균 동물성 지방 섭취량 (g/하루)	국가	유방암 환자 (/100,000)	남성 폐암 환자 (/100,000)	평균 동물성 지방 섭취량 (g/하루)
1	1	2	15	19	25	76	119
2	1	5	10	20	26	71	100
3	4	19	18	21	24	44	120
4	5	9	22	22	25	48	135
5	5	7	18	23	25	49	143
6	7	11	20	24	23	47	120
7	8	15	38	25	23	47	81
8	9	43	40	26	22	68	99
9	8	16	62	27	22	52	100
10	9	30	40	28	19	48	92
11	10	17	39	29	19	24	95
12	9	41	39	30	19	48	120
13	9	32	41	31	18	53	80
14	10	37	38	32	17	37	100
15	10	27	38	33	17	43	40
16	12	44	76	34	16	49	88
17	13	14	30	35	17	20	107
18	15	66	103	36	16	68	64

경로모형 13

'경로모형 (path model)' 은 관찰된 변인들에 대한 인과관계모형 (causal model) 을 통칭하는 용어이다. 따라서 하나의 인과관계 모형인 중다회귀모형은 경로모형의 일종으로 간주될 수 있다. 경로모형은 중다회귀모형에 대하여 보다 광범위한 개념적 맥락을 제공할 수 있기 때문에 경로모형을 이해하면 중다회귀모형의 이해에 큰 도움이 된다. 특히 앞 장에서 설명된 매개모형이나 공통원인모형을 비롯하여 여러 개의 변인들이 가지는 복잡한 인과관계 모형은 경로모형의 맥락에서 매우 쉽게 개념화된다.

경로모형은 크게 나누어 계수산출 절차와 모형검증 절차로 구성된다. 계수산출 절차는 모형에 포함된 모수의 추정치를 표본자료를 이용하여 수학적으로 계산하는 절차이고, 모형검증 절차는 수학적으로 정의된 모형이 모집단에서 타당성을 가질 것인지에 관하여 확률적인 판단을 하는 절차이다. 따라서 모형검증 절차는 확률분포에 관한 통계적 이론에 기초한다. 본 장에서의 목적은 중다회귀모형을 보다 넓은 안목에서 이해하기 위해서 필요한 경로모형의 개념들을 설명하는 것이다. 따라서 여기에서는 중다회귀모형을 포함하는 일반적 경로모형의 계수산출 절차에 관해서만 살펴보고자 한다. 경로모형의 모형검증 절차와 그 절차에 관여하는 통계적 확률이론에 관해서는 박광배 (2000) 에서 자세히 설명하였다.

1. 경로모형 방정식

중다회귀모형에는 언제나 한 개의 종속변인이 설정되는 반면, 경로모형에는 여러 개의 종속변인과 여러 개의 독립변인이 동시에 포함될 수 있다. 바로 이 특성 때문에 중다회귀모형은 종속변인이 한 개로 설정된 경로모형이라고 간주될 수 있다. 경로모형의 설정에는 몇 가지 원칙이 있다. ① 모형에 포함된 다른 변인으로부터 인과적인 영향을 받는 것으로 설정된 변인은 모두 종속변인으로 간주되고, 흔히 '내생변인 (endogenous variable)' 이라고 불린다; ② 모형에 포함된 다른 변인으로부터 인과적인 영향을 받지 않는 변인은 모두 독립변인으로 간주되고, 흔히 '외생변인 (exogenous variable)' 이라고 불린다; ③ 내생변인으로 설정된 변인들은 모형에 포함된 다른 변인들과 반드시 인과관계만을 가진다; ④ 외생변인으로 설정된 변인은 모형에 포함된 다른 외생변인과 상관관계를 가진다; ⑤ 외생변인으로 설정된 변인은 모형에 포함된 다른 내생변인과 인과관계만을 가질 수 있다; ⑥ 모든 내생변인은 예측오차의 영향을 받는다; ⑦ 내생변인의 예측오차는 모형에 포함된 모든 다른 변인과 모든 예측오차들과 독립적이다; ⑧ 인과관계의 영향은 한 방향으로만 흐르고, 결과의 영향이 원인으로 회귀하지 않는다. 이와 같은 8 가지 원칙에 의해서 구성된 경로모형은 <표 13-1> 과 같이 기술된다.

〈표 13-1〉 경로모형의 행렬방정식

$\mathbf{Y} = B\mathbf{Y} + \Gamma\mathbf{X} + \zeta$	$\mathbf{Y}$ = (q × 1) 의 내생변인 벡터 $\mathbf{X}$ = (p × 1) 의 외생변인 벡터 $\mathbf{B}$ = (q × q) 의 인과관계 계수행렬 Γ = (q × p) 의 인과관계 계수행렬 ζ = (q × 1) 의 예측오차 벡터

어떠한 경로모형이라도 예외 없이 <표 13-1> 의 일반 행렬식으로 표현된다. <표 13-1> 의 행렬식에 포함된 기호들은 모두 행렬을 나타내지만, 내부요소들이 숫자들이 아니고 변인과 계수를 나타내는 기호들로 구성되는 상징적인 행렬들이다.

행렬 $\mathbf{Y}$ 는 행의 수가 내생변인의 수 (q) 와 같고 열의 수가 한 개인 내생변인의 벡터이다. 이 벡터의 요소들은 Y_1, Y_2, ... Y_q 의 내생변인을 나타내는 기호들이다. 행렬 **X** 는 행의 수가 외생변인의 수 (p) 와 같고 열의 수가 한 개인 외생변인의 벡터이다. 이 벡터의 요소들은 X_1, X_2, ... X_p 의 외생변인을 나타내는 기호들이다. 내생변인들 사이의 인과관계 계수행렬 **B** 는 대각선 요소들이 비어 있는 정사각형 행렬이다. 행렬 **B** 의 행은 영향을 받는 내생변인을 나타내고 열은 영향을 미치는 내생변인을 나타내기 때문에 행과 열의 수가 같고, 인과관계 계수행렬이므로 대각선 요소들에 아무 것도 존재하지 않는 다소 특이한 형태를 가진다 (비어있는 요소는 0 으로 간주된다). 내생변인들 사이의 인과관계 계수행렬 **B** 의 요소들은 β_{12}, β_{32}, 등의 인과관계 계수들을 나타내는 요소들인데, 첫 번째 아래첨자는 영향을 받는 내생변인을 나타내고, 두 번째 아래첨자는 영향을 주는 내생변인을 나타낸다. 외생변인들과 내생변인들 사이의 인과관계 계수행렬 **Γ** 는 행이 영향을 받는 내생변인 (Y 변인) 을 나타내고 열은 영향을 주는 외생변인 (X 변인) 을 나타내는 직사각형 행렬이다. 외생변인들과 내생변인들 사이의 인과관계 계수행렬 **Γ** 의 요소들은 γ_{12}, γ_{32}, 등의 인과관계 계수들을 나타내는 요소들인데, 첫 번째 아래첨자는 영향을 받는 내생변인을 나타내고, 두 번째 아래첨자는 영향을 주는 외생변인을 나타낸다. 행렬 **Γ** 는 내생변인의 수 (q) 와 외생변인의 수 (p) 가 서로 다를 수 있으므로 직사각형의 형태를 가진다. 마지막으로 행렬 **ζ** 는 행의 수가 내생변인의 수 (q) 와 같고 열의 수가 한 개인 내생변인의 예측오차 벡터이다. 이 벡터의 요소들은 ζ_1, ζ_2, ... ζ_q 의 예측오차를 나타내는 기호들이다. 다음의 [그림 13-1] 은 경로모형의 대표적인 예다.

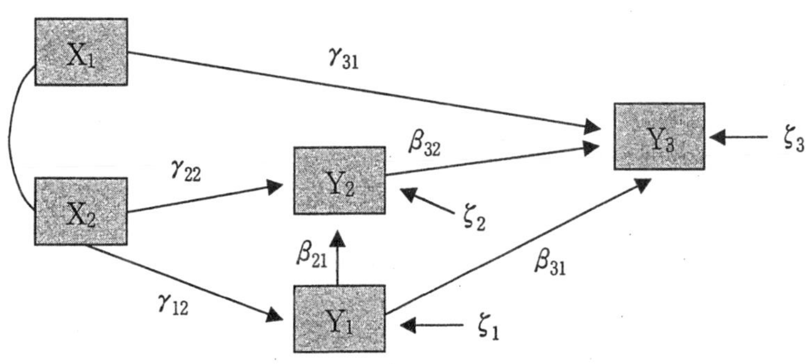

[그림 13-1] 경로모형의 예

[그림 13-1] 의 모형을 <표 13-1> 과 같은 행렬식으로 표현한 후, 그 행렬식을 풀

어쓰면 세 가지 중다회귀방정식으로 표현된 경로모형이 도출된다. 경로모형 중다회귀방정식의 개수는 내생변인의 개수 (q) 와 같다.

$$\mathbf{Y} = \boldsymbol{B}\mathbf{Y} + \boldsymbol{\Gamma}\mathbf{X} + \boldsymbol{\zeta}$$

$$\begin{bmatrix} Y_1 \\ Y_2 \\ Y_3 \end{bmatrix} = \begin{bmatrix} 0 & 0 & 0 \\ \beta_{21} & 0 & 0 \\ \beta_{31} & \beta_{32} & 0 \end{bmatrix} \begin{bmatrix} Y_1 \\ Y_2 \\ Y_3 \end{bmatrix} + \begin{bmatrix} 0 & \gamma_{12} \\ 0 & \gamma_{22} \\ \gamma_{31} & 0 \end{bmatrix} \begin{bmatrix} X_1 \\ X_2 \end{bmatrix} + \begin{bmatrix} \zeta_1 \\ \zeta_2 \\ \zeta_3 \end{bmatrix}$$

$$Y_1 = \gamma_{12}X_2 + \zeta_1$$

$$Y_2 = \beta_{21}Y_1 + \gamma_{22}X_2 + \zeta_2$$

$$Y_3 = \beta_{31}Y_1 + \beta_{32}Y_2 + \gamma_{31}X_1 + \zeta_3$$

모형도로부터 경로모형 중다회귀방정식들을 도출하는 요령은 경로모형의 일반 행렬식 $\mathbf{Y} = \boldsymbol{B}\mathbf{Y} + \boldsymbol{\Gamma}\mathbf{X} + \boldsymbol{\zeta}$ 에 설정된 모형에 따라서 각 행렬의 구성요소를 대입하고, 그 행렬식을 풀어쓰면 된다. 이 요령을 체득하면 아무리 복잡한 경로모형이더라도 매우 쉽게 경로모형을 위한 중다회귀방정식으로 변환할 수 있다.

2. 계수산출

경로모형의 중다회귀방정식이 확정되면 그 방정식들에 포함된 계수들은 중다회귀분석에 의해 산출된다 (ζ_1, ζ_2, ..., ζ_q 은 예측오차이므로 '변인' 이고 '계수' 가 아니다). 이 계수들을 '경로계수 (path coefficient)' 라고 부르는데, 다름 아닌 회귀계수 혹은 기울기 계수들이다. 계수산출의 과정을 예를 이용하여 살펴보자. <표 13-2> 는 15 명의 직장인을 대상으로 그들의 직무만족도, 직무독립성, 월수입, 그리고 연령을 조사한 자료이다.

<표 13-2> 에서 직무만족도는 10 점 Likert 척도로 측정되었는데, 점수가 높을수록 자신이 종사하는 직무에 대한 만족도가 높은 것을 의미한다. 월수입은 만원 단위로 측정되었다. 직무독립성은 역시 10 점 Likert 척도로 측정되었는데, 점수가 높을

수록 자신의 직무를 스스로 판단하고 실행할 수 있는 권한이 높다는 것을 의미한다. 이상의 네 가지 변인들의 관계에 대하여 [그림 13-2] 와 같은 경로모형을 가정하고 경로계수들을 산출해보자.

〈표 13-2〉 직장인 15 명의 직무만족도, 직무독립성, 월수입, 그리고 연령 자료

응답자	연령	직무독립성	월수입	직무만족도
1	27	3	185	2
2	30	4	209	3
3	29	8	206	6
4	29	7	227	7
5	24	6	170	3
6	25	5	163	3
7	29	5	221	5
8	35	10	282	10
9	29	6	211	5
10	29	6	220	6
11	29	8	238	7
12	27	5	182	4
13	34	7	235	6
14	27	7	193	5
15	29	4	208	4

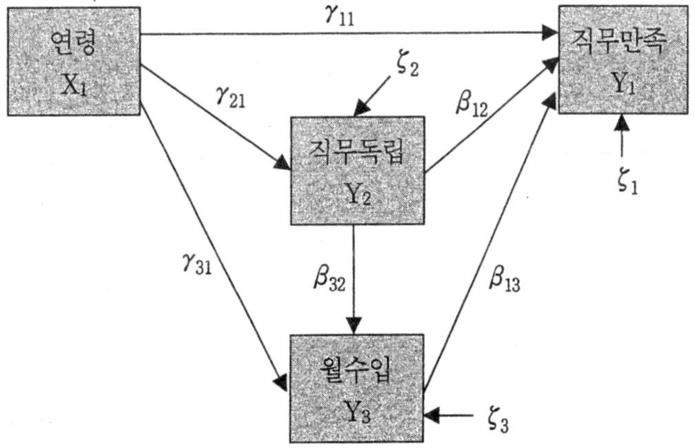

[그림 13-2] 직무만족도, 직무독립성, 월수입, 연령의 경로모형

[그림 13-2] 의 경로모형은 연령이 두 종류의 경로를 통하여 직무만족도에 영향을 준다는 것을 전제하는 모형이다. 한 가지 경로는 γ_{11} 인데, 이것은 직무만족도에 대한 연령의 직접적인 영향을 의미한다. 연령이 직무만족도에 영향을 주는 두 번째 경로는 직무독립성과 월수입을 거치는 간접적인 경로다. 만약에 직접적 경로 γ_{11} 가 통계적으로 유의미하지 않고, 다른 경로들이 통계적으로 유의미하다면, 앞 장에서 언급한 연령과 직무만족도의 인과관계에 관한 소위 '매개모형 (mediator model)' 이 모집단에서 존재한다고 볼 수 있다. 그리고 이때에는 직무독립성과 월수입이 연령과 직무만족도의 인과관계를 매개하는 '매개변인 (mediator variable)' 이라고 말한다.

[그림 13-2] 의 경로모형은 세 개의 내생변인을 가지므로 행렬 **Y** 는 (3×1) 의 벡터이다. 외생변인은 한 개가 설정되었으므로, 행렬 **X** 는 (1×1) 의 벡터이다. 내생변인들 사이의 인과관계 계수 행렬 **B** 는 내생변인이 세 개이므로 (3×3) 의 행렬이며, 내생변인과 외생변인 사이의 인관관계 계수 행렬 **Γ** 는 내생변인이 세 개이고 외생변인이 한 개이므로 (3×1) 의 벡터이다. 끝으로 예측오차 벡터 **ζ** 는 내생변인이 세 개이므로 (3×1) 의 벡터이다. 이 행렬들을 이용하여 [그림 13-2] 에 제시된 경로모형의 행렬방정식을 구성하면 다음과 같다.

$$\mathbf{Y} = \boldsymbol{B}\mathbf{Y} + \boldsymbol{\Gamma}\mathbf{X} + \boldsymbol{\zeta}$$

$$\begin{bmatrix} Y_1 \\ Y_2 \\ Y_3 \end{bmatrix} = \begin{bmatrix} 0 & \beta_{12} & \beta_{13} \\ 0 & 0 & 0 \\ 0 & \beta_{32} & 0 \end{bmatrix} \begin{bmatrix} Y_1 \\ Y_2 \\ Y_3 \end{bmatrix} + \begin{bmatrix} \gamma_{11} \\ \gamma_{21} \\ \gamma_{31} \end{bmatrix} [X_1] + \begin{bmatrix} \zeta_1 \\ \zeta_2 \\ \zeta_3 \end{bmatrix}$$

[그림 13-2] 에 제시된 경로모형의 행렬방정식을 각 내생변인들에 대하여 풀어쓰면 다음과 같은 세 개의 중다회귀방정식으로 표현된 경로모형이 유도된다.

$$Y_1 = \beta_{12}Y_2 + \beta_{13}Y_3 + \gamma_{11}X_1 + \zeta_1$$

$$Y_2 = \gamma_{21}X_1 + \zeta_2$$

$$Y_3 = \beta_{32}Y_2 + \gamma_{31}X_1 + \zeta_3$$

중다회귀방정식으로 표현된 경로모형이 유도되면 그 중다회귀모형들을 자료에 적용하여 경로계수들을 산출한다. 위의 중다회귀방정식으로 표현된 경로모형에는 절편계수가 없다. 그런데 중다회귀모형에는 일반적으로 절편계수가 존재한다. 이 차이는 전혀 아무런 중요성이나 의미를 가지지 않는다. 중다회귀방정식으로 표현된 경로모형이 절편계수를 가지지 않는 것은 모형에 포함된 모든 변인들이 센터링되었다는 가정을 하는 것에 불과하다. 따라서 만약 변인들의 편차점수 (평균을 빼준 점수) 를 이용하여 경로계수들을 산출하기 위한 중다회귀분석을 한다면 모든 중다회귀모형의 절편계수의 값이 0 이 된다. 즉, 절편계수는 각 변인의 '원점 (origin)' 을 어떻게 설정하는가에 따라 달라지므로 절편계수를 무시하는 것은 다만 각 변인들의 편차점수를 이용하여 분석한 셈 치는 것에 불과하다.

위에서 유도된 세 개의 중다회귀방정식을 <표 13-2> 의 자료에 적용하여 산출된 경로계수들은 <표 13-3> 과 같다. 결과를 보면, 직무만족도에 대한 연령의 직접적 효과 (γ_{11}) 를 제외한 모형의 모든 경로들이 통계적으로 유의미하다. 따라서 직무만족에 대한 연령의 효과는 직무독립성과 월수입에 의해 매개된다고 결론을 내릴 수 있다. 즉, 직무만족도에 영향을 주는 변인들에 대하여 경로분석에 의해 최종적으로 파악된 모형은 앞 장에서 설명한 매개모형 (mediator model) 이다.

〈표 13-3〉 직무만족도, 직무독립성, 월수입, 연령의 인과관계에 대한 경로모형의 계수 값

계수	값	표준오차	t	p
β_{12}	0.588	0.097	6.041	0.000
β_{13}	0.047	0.012	3.972	0.002
γ_{11}	-0.118	0.109	-1.090	0.299
γ_{21}	0.325	0.153	2.125	0.053
β_{32}	4.407	2.007	2.195	0.049
γ_{31}	8.043	1.286	6.256	0.000

<표 13-3> 에 제시된 계수 값들은 표준화되지 않은 회귀계수 값들이다. 경로모형에 관한 일부 참고서들에서는 표준화된 회귀계수 값들을 '경로계수' 로 간주하기도 한다. 그러나 계수의 표준화 여부는 연구자가 선택하기 나름이고, 경로분석을 위하여 본질적인 중요성을 가지지 않는다. 다만, 만약 연구자가 산출된 계수 값들을 일견하

여 그들의 상대적인 크기를 상호 비교할 목적이라면 표준화된 회귀계수들을 이용하는 것이 좋다. 만약 설정된 모형 내에서 통계적으로 의미가 있는 경로와 의미가 없는 경로를 구별할 목적이라면 계수의 표준화 여부는 중요하지 않다.

경로모형은 인과관계 모형이므로 결과에 대한 해석도 당연히 인과적인 해석을 해야 한다. 그러나 모형으로서의 인과관계와 '사실 (fact)' 로서의 인과관계를 혼동해서는 안 된다. 경로모형에 설정되는 인과관계는 모형에 본질적으로 내재하는 가정에 불과한 것이고, 경로모형이 인과관계를 증명하거나 발견하는 것은 결코 아니다. 예를 들어, [그림 13-2] 의 모형에는 연령이 직무독립성과 월수입에 대한 원인으로 가정되었다. 이 가정은 변인들의 내용에 비추어 상식적으로 타당한 가정으로 생각된다. 왜냐하면 직무독립성과 월수입이 연령에 대한 원인으로 생각하기는 어렵기 때문이다. 그러나 직무독립성과 월수입이 직무만족도에 대한 원인으로 가정된 경로들은 비록 분석의 결과 통계적으로 유의미한 것으로 나타나긴 하였으나 그 인과적 방향에 대하여 확신하기 어렵다. 반대로, 직무만족도가 직무독립성과 월수입에 대한 원인이거나, 그 변인들이 실제로는 서로 무관하지만 모형에 포함되지 않은 제 3 의 다른 공통원인에 의하여 함께 결정되는 결과변인들일 가능성은 항상 상존한다. 즉, 경로모형에서 설정되는 인과관계는 항상 선험적으로 전제되는 것이기 때문에, 경로분석에 의하여 인과관계가 증명되거나 발견되는 것이 아니라는 점을 잊어서는 안 된다.

본 장에서는 경로분석의 절차 중에 오직 계수산출 절차에 관해서만 살펴보았다. 일반적인 경로분석에서는 연구자에 의해서 설정된 모형 전체의 검증절차가 뒤따른다. 모형검증 절차는 설정된 모형 전체가 자료 (변인들 사이의 상관관계) 와 합치하는 정도를 판단하는 절차이다. 즉, 모형검증 절차는 개별적인 계수들에 대한 판단을 위한 것이 아니고, 모형 전체에 대한 판단을 위한 절차이다. 그러나 본 장의 목적은 경로분석과 중다회귀분석의 관련성을 파악하는 것이고, 경로모형은 여러 개의 중다회귀모형들이 체계적으로 조직화된 것이라는 점을 이해하는 것이므로 경로분석의 모형검증절차는 다루지 않았다. 경로분석의 모형검증절차는 일반적으로 '구조방정식모형 (structural equation model)' 의 분석개념들을 이용하여 이루어지므로 그와 관련된 문헌들을 참고하기 바란다.

연습문제

13-1. 〔그림 13-2〕 의 경로모형을 수정하여 직무독립성과 월수입의 인과관계를 역전시킨 후 경로계수들을 산출하라.

13-2. 다음은 체중감량 프로그램에 참여한 20 명의 피험자들을 대상으로 2 주 동안 체중감량 프로그램을 실시한 후에 수집된 자료이다. '운동에 대한 태도' 는 태도척도를 이용하여 측정된 점수인데, 숫자가 클수록 긍정적인 태도를 의미한다. '운동량' 은 매일 운동하는 시간을 분 단위로 측정하여 2 주간의 측정

피험자	운동에 대한 태도	운동량	음식섭취량	감소체중
1	13	18	2169	5
2	18	49	2190	6
3	17	62	2277	3
4	16	25	1709	6
5	9	21	1867	8
6	9	22	1429	7
7	16	22	1681	7
8	26	52	1997	4
9	17	22	2096	4
10	16	24	2548	3
11	16	28	2235	10
12	12	49	1968	8
13	25	23	1931	6
14	14	17	1797	5
15	16	53	1794	6
16	9	13	1474	6
17	10	12	2361	-5
18	23	19	2376	3
19	22	36	2175	2
20	21	34	1927	5

치를 평균한 것이다. '음식섭취량' 은 매일 섭취하는 음식의 칼로리를 측정하여 역시 2 주간의 측정치를 평균한 것이다. '감소체중' 은 프로그램을 실시하기 전의 체중에서 2 주 후의 체중이 감소한 정도를 Kg 단위로 측정한 것이다 (0 보다 작은 값은 체중이 증가한 것이다). 운동에 대한 태도, 운동량, 음식섭취량, 감소체중 사이의 인과관계에 대한 경로모형을 구성하고, 그 모형의 경로계수들을 산출하되, 표준화된 계수들과 표준화되지 않은 계수들을 함께 산출하라.

상호작용효과 14

상호작용효과는 종속변인에 대한 한 독립변인의 효과가 다른 독립변인의 각 수준에서 동일하지 않다는 것을 의미하며, 변량분석의 맥락에서는 <표 14-1> 과 같이 정의된다.

〈표 14-1〉 주 효과와 상호작용 효과의 개념적 의미

독립변인 B	독립변인 A		
	수준 1	수준 2	A 의 주 효과 : (I+III)-(II+IV) B 의 주 효과 : (I+II)-(III+IV) AB 상호작용 효과 : (I+IV)-(II+III)
수준 1	I	II	
수준 2	III	IV	

따라서 독립변인 A 와 독립변인 B 의 수준들이 1 과 -1 로 코딩되는 경우, 상호작용 효과의 수학적 의미는 A 와 B 가 곱해진 제 3 의 변인의 효과이다.

독립변인을 <표 14-2> 와 같은 식으로 코딩하는 것을 소위 '대비코딩 (contrast coding)' 이라고 부르는데, 대비코딩의 핵심은 한 변인의 코딩 값의 합이 0 이 되는 것이다. 대비코딩의 또 한 가지 특징은 상호작용 항과 각 독립변인이 서로 '직교적 (orthogonal)' 이 된다는 것이다. 변인들의 코딩 값이 서로 직교적일 때, 만약 각 변인

의 각 코딩 값을 가지는 사례수가 동일하면, 그 변인들은 서로 '독립적 (independent)'이다. 즉, 변인들 간 상관계수가 0 이다. 그러나 변인들의 코딩 값이 직교적이라도, 만약 각 코딩 값을 가지는 사례수가 동일하지 않으면, 변인들 간의 상관계수는 0 이 아니고, 따라서 각 변인들은 서로 독립적이지 않다.

〈표 14-2〉 상호작용 효과의 수학적 의미

독립변인 B	독립변인 A	
	1	-1
1	1	-1
-1	-1	1

연속변인의 경우, 코딩 값의 합이 0 이 되도록 하는 가장 간단한 방법은 변인의 원래 값에 상관없이 그 원래 값에서 평균을 빼주면 된다. 평균을 빼주는 것을 '센터링 (centering)' 한다고 말하고, 평균을 빼준 변인의 값을 '편차점수 (deviation score)' 라고 부른다. 센터링하는 것은 연속변인을 대비 코딩하는 방법이다.

1. 상호작용효과의 추정

중다회귀분석에서 상호작용 효과의 검증은 바로 이 편차점수를 이용한다. X_1 의 편차점수를 $(x_1 = X_1 - \overline{X}_1)$ 로 정의하고, X_2 의 편차점수를 $(x_2 = X_2 - \overline{X}_2)$ 로 정의하면 상호작용효과의 검증을 위한 중다회귀모형은 다음과 같다.

$$\hat{Y} = b_0 + b_1x_1 + b_2x_2 + b_{12}x_1x_2$$

위의 중다회귀모형에서 b_1 은 x_1 의 주 효과, b_2 는 x_2 의 주 효과, b_{12} 는 x_1 과 x_2 의 상호작용 효과이다. 편차점수 x_1 과 x_2 는 원래의 변인 X_1 과 X_2 에서 각각 상수를 빼준 것이므로 그 점수들의 이론적인 속성이나 성격은 원래 변인들과 동일하다.

요약하면, 연속변인들의 상호작용효과를 검증하기 위한 항은 우선 각 독립변인을 센터링하여 편차점수로 변환한 후, 그들을 곱해주어 구성한다.

상호작용 효과인 b_{12} 의 통계적 유의미도는 상호작용 항 x_1x_2 이 포함된 '상호작용효과모형 (interaction model)' 과 주 효과 항들만 포함된 '주 효과모형 (main effect model)' 에서 산출된 R^2 의 차이 즉, sr_{12}^2 에 대한 F 검증에 의해 판단된다.

$$F = \frac{(R_I^2 - R_M^2)/(df_M - df_I)}{(1 - R_I^2)/df_I}$$

R_I^2 은 상호작용 효과 모형에서 산출된 결정계수이고, R_M^2 은 주 효과 모형에서 산출된 결정계수이며, df_I 와 df_M 은 각각 상호작용 효과 모형과 주 효과 모형의 MSE 의 자유도이다.

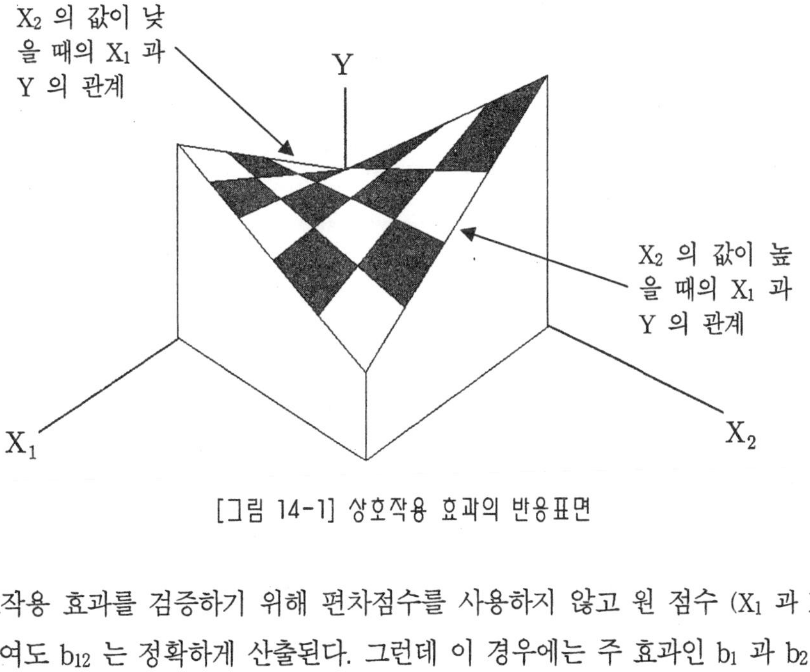

[그림 14-1] 상호작용 효과의 반응표면

상호작용 효과를 검증하기 위해 편차점수를 사용하지 않고 원 점수 (X_1 과 X_2) 를 사용하여도 b_{12} 는 정확하게 산출된다. 그런데 이 경우에는 주 효과인 b_1 과 b_2 가 부정확하게 산출된다. 그 이유는 원 점수를 사용하는 경우, 상호작용 항 X_1X_2 와 각 주효과 항 (X_1, X_2) 이 서로 높은 상관관계를 가지게 되고, 그 결과 다중공선성 (multicollinearity) 이 발생하기 때문이다.

한 가지 가상적인 동물실험 자료를 이용하여 상호작용 효과의 검증과정을 살펴보자. 이 실험은 어미 쥐의 스트레스 호르몬이 태아 쥐의 체중에 어떤 영향을 주는지를 파악하기 위하여 실시되었다. 구체적으로는 태아 쥐의 체중에 대하여 태아 쥐의 몸길이와 어미 쥐의 스트레스 호르몬이 상호작용 효과를 가지는지를 파악하는 것이 이 실험의 핵심 목적이다. 그 목적을 위하여 16 마리의 임신한 어미 쥐를 두 집단으로 나누고, 한 집단은 정상적인 환경에서 임신기간을 거치도록 하였고, 두 번째 집단의 어미 쥐들은 간헐적으로 전기충격이 가해지는 환경에서 임신기간을 거치도록 하였다. 임신기간 중에 어미 쥐들의 스트레스 호르몬의 양을 여러 차례 측정하였고, 어미 쥐들이 새끼를 낳은 후, 각 어미 쥐가 낳은 새끼들의 체중과 몸길이를 측정하였다. <표 14-3> 의 자료에서 스트레스 호르몬의 양은 여러 차례에 걸친 측정치의 평균이고, 새끼의 체중과 몸길이는 한 어미가 낳은 새끼들의 평균치이다. <표 14-3> 에는 상호작용 효과를 검증하기 위해 필요한 편차점수와 상호작용 항이 또한 제시되었다.

〈표 14-3〉 태아 쥐의 체중에 대한 어미 쥐의 스트레스 효과를 검증하기 위한 실험자료

집단	스트레스 호르몬 (X_1)	몸무게 (Y)	몸길이 (X_2)	호르몬 편차 (x_1)	몸길이 편차 (x_2)	상호작용 항 (x_1x_2)
정상 환경	0.30	31	7.6	-0.58	-5.88	3.43
정상 환경	0.40	32	7.7	-0.48	-4.88	2.36
정상 환경	0.20	34	8.1	-0.68	-2.88	1.96
정상 환경	0.30	37	9.2	-0.58	0.13	-0.07
정상 환경	0.20	40	9.9	-0.68	3.13	-2.13
정상 환경	0.60	40	10.3	-0.28	3.13	-0.88
정상 환경	0.40	43	10.9	-0.48	6.13	-2.96
정상 환경	0.20	46	11.9	-0.68	9.13	-6.23
전기 충격	1.41	29	6.4	0.53	-7.88	-4.15
전기 충격	1.80	31	4.9	0.92	-5.88	-5.39
전기 충격	1.20	32	5.3	0.32	-4.88	-1.54
전기 충격	1.70	35	6.2	0.82	-1.88	-1.53
전기 충격	1.10	37	5.4	0.22	0.13	0.03
전기 충격	1.61	39	6.5	0.73	2.13	1.54
전기 충격	1.20	40	5.2	0.32	3.13	0.99
전기 충격	1.51	44	6.1	0.63	7.13	4.47
평균	0.883	7.600	36.875	0	0	-0.633

<표 14-3> 의 자료에서 몸무게 (Y) 를 종속변인으로 가지고, 호르몬 편차, 몸길이 편차, 그리고 상호작용 항을 독립변인으로 가지는 중다회귀분석을 수행하면 다음과 같은 회귀방정식과 결정계수가 도출된다.

$$\hat{Y} = 7.460 - 2.671x_1 + 0.158x_2 - 0.221x_1x_2 \ : \ R_I^2 = 0.855$$

반면에 상호작용 항을 독립변인으로 가지지 않는 주 효과 모형을 검증하면 다음과 같은 회귀방정식과 결정계수가 도출된다.

$$\hat{Y} = 7.600 - 2.593x_1 + 0.165x_2 \ : \ R_M^2 = 0.762$$

상호작용 효과가 포함된 모형은 태아 쥐의 몸무게 변산 중에서 85.5% 를 설명하고, 오직 태아 쥐의 몸길이와 어미 쥐의 스트레스 호르몬이 가지는 주 효과만을 포함하는 모형은 태아 쥐의 몸무게 변산 중에서 76.2% 를 설명한다. 따라서 태아 쥐의 몸무게에 대한 상호작용 효과의 준여과상관자승 sr_{12}^2 은 다음과 같다.

$$R_I^2 - R_M^2 = 0.855 - 0.762 = 0.093$$

즉, 태아의 몸무게 변산 중에서 9.3% 를 태아 쥐의 몸길이와 어미 쥐의 스트레스 호르몬의 상호작용 효과가 설명한다. 이 상호작용 효과의 통계적 검증을 위한 경험적인 F 는 다음과 같이 산출된다.

$$F = \frac{(R_I^2 - R_M^2)/(df_M - df_I)}{(1 - R_I^2)/df_I} = \frac{0.093/(13-12)}{(1-0.855)/12} = 7.699$$

경험적인 F 값 7.699 는 분자자유도 1 과 분모자유도 12 인 이론적 F 분포에서 α =0.05 의 임계치 4.75 를 초과한다. 따라서 태아 쥐의 몸무게에 대한 태아 쥐의 몸길이와 어미 쥐의 스트레스 호르몬의 상호작용 효과는 통계적으로 유의미하다.

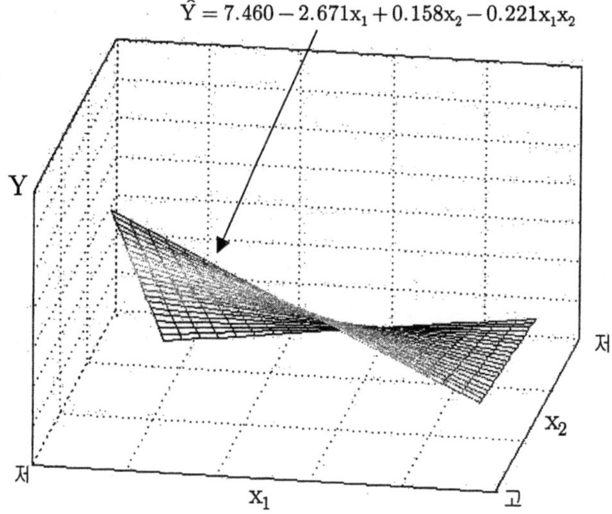

[그림 14-2] 어미 쥐의 스트레스 (x_1) 와 태아 쥐의 몸길이 (x_2) 의 상호작용 효과에 의한 태아 쥐 몸무게 (Y) 의 반응표면

상호작용 항의 준여과상관자승 $sr_{12}^2 = R_I^2 - R_M^2$ 에 대한 통계적 검증을 위하여 산출된 경험적인 F 는 상호작용 항이 포함된 모형에서 산출되는 상호작용 항의 기울기 계수 b_{12} 에 대한 통계적 검증을 위한 경험적인 F 이기도 하다. 따라서 상호작용 항의 기울기 계수 b_{12}=-0.221 역시 α=0.05 수준에서 통계적으로 유의미하다.

상호작용 효과가 통계적으로 유의미하다는 것은 무슨 의미일까? 중다회귀분석에서의 상호작용 효과의 의미는 변량분석에서의 그것과 동일하다. 즉, 종속변인에 대한 한 독립변인의 효과가 다른 독립변인의 수준들에서 동일하지 않다는 것이다. <표 14-3> 의 자료에서 확인된 상호작용 효과의 의미를 반응표면으로 표현하면 [그림 14-2] 과 같다. [그림 14-2] 를 보면, 어미 쥐의 스트레스 (x_1) 가 높을 때 (고) 는 새끼 쥐의 몸길이 (x_2) 와 몸무게 (Y) 가 거의 상관관계를 가지지 않는 반면, 어미 쥐의 스트레스 (x_1) 가 낮을 때 (저) 는 새끼 쥐의 몸길이 (x_2) 가 증가함에 따라서 몸무게 (Y) 가 가파르게 증가하는 것을 볼 수 있다. 또한, 새끼 쥐의 몸길이 (x_2) 가 짧을 때 (저) 는 어미 쥐의 스트레스 (x_1) 가 증가함에 따라 새끼 쥐의 몸무게 (Y) 가 다소 증가하는 추세를 보이지만, 새끼 쥐의 몸길이 (x_2) 가 길 때 (고) 는 어미 쥐의 스트레스 (x_1) 가 증가함에 따라 새끼 쥐의 몸무게 (Y) 가 급격하게 감소하는 추세를 보인다.

2. 연속변인과 범주변인의 상호작용효과

독립변인들 중에 일부는 연속변인이고, 일부는 범주변인인 경우, 그 독립변인들의 상호작용효과는 특별한 의미를 가지는 경우가 많다.

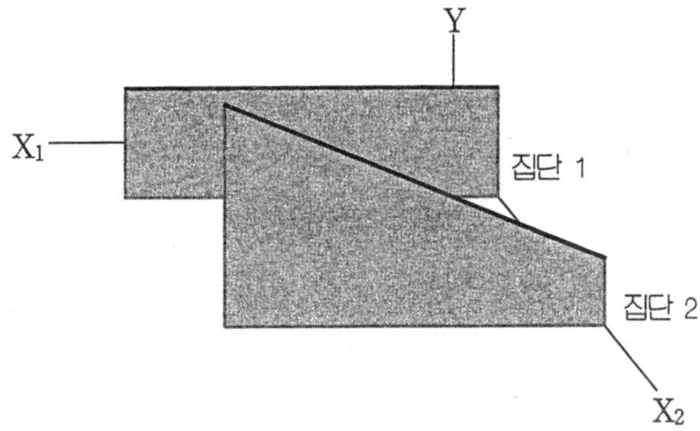

[그림 14-3] 연속변인과 범주변인의 상호작용 반응표면

예를 들어 '폭력의 순환가설' 이 남자들과 여자들에서 공히 적용되는 가설인지의 여부를 판단한다고 가정하자. 종속변인 (Y) 은 자신의 자식을 학대하는 정도이고, 독립변인 (X_1) 은 자신이 어린 시절에 학대받은 정도이며, 또 하나의 독립변인 (X_2) 은 성별이라고 가정하자. 만약 Y 에 대한 X_1 의 효과가 X_2 의 각 범주에서 동일하지 않다면 Y 에 대한 X_1 과 X_2 의 상호작용 효과가 존재해야 한다. 즉, Y 에 대한 X_1 과 X_2 의 상호작용 효과는 [그림 14-3] 와 같은 반응표면의 양상을 의미한다. 이 상호작용 효과는 Y 와 X_1 사이의 상관계수가 여자집단과 남자집단에서 동일한지의 여부에 대한 검증이 된다. 서로 독립적인 집단들에서 산출된 상관계수들이 통계적으로 유의미한 차이를 가지는지를 검증하는 방법은 중다회귀분석에서 연속변인과 범주변인 사이의 상호작용 효과를 검증하는 것이다.

따라서 연속변인인 X_1 은 센터링을 해주고 (x_1), 범주변인인 X_2 는 대비코딩을 한 후 (x_2), 그 둘을 곱하여 상호작용 항을 만들어서 다음과 같은 중다회귀모형을 산출한다.

$$\hat{Y} = b_0 + b_1x_1 + b_2x_2 + b_{12}x_1x_2$$

위의 중다회귀분석에서 b_{12} 가 유의미하면 Y 와 X_1 사이의 상관계수가 X_2 의 각 범주에서 유의미하게 서로 다르다는 것을 의미한다.

각기 독립적인 집단들에서 상관계수가 동일한지의 여부는 검사나 척도의 타당도 검증에서 많이 검토되는 사항이다. 예를 들어 미국에서 개발된 어떤 척도를 한국어로 번역한 경우, 그 척도가 미국에서 가지는 예언타당도, 준거타당도, 동시타당도 등이 한국에서도 유사한 정도로 확인되어야 두 개의 서로 다른 문화권에서 동일한 현상을 측정하는 척도라고 확신할 수 있다. 그러한 비교문화적 타당도 검증을 위하여 여기에서 설명된 중다회귀분석에 의한 상관계수의 차이검증이 활용된다.

3. 변인군의 상호작용효과

경우에 따라서는 연구에 관련된 특정한 구인 (construct) 이 한 개의 변인으로 조작적 정의되지 않고 여러 개의 변인으로 조작적 정의되고 측정될 수 있다. 예를 들어 아동의 '사회성' 을 연구하기 위하여 유치원 교사의 평가, 부모의 평가, 당사자의 평가, 친구의 평가 등을 사회성 지표로 수집할 수 있다. 하나의 구인에 대한 측정치가 여러 개 존재하는 경우, 그 중 하나만을 선택하거나, 여러 개 측정치들을 모두 합한 총점으로 그 구인을 정의하여 분석하는 경우가 많다. 그러나 여러 개의 측정치들 중 하나만을 선택하는 것은 자료의 낭비일 뿐만 아니라, 어떤 측정치를 선택하는가에 따라서 결과가 달라질 수 있다. 또한 합산한 총점을 이용하면 개별 측정치들의 특성과 차이점을 파악할 수 없고, 만약 측정치들이 서로 다른 성향의 변인들이라면, 그들을 합산한 총점의 성격이 무엇인지 규정하기 어려워진다. 이러한 문제들이 예상되는 경우에는 구인에 대한 여러 개 측정치들 모두를 개별적으로 사용하여 구인의 효과를 파악할 수 있다. 여기에서는 두 개의 구인이 있고, 각 구인이 여러 개의 변인들로 측정되었으며, 분석의 초점은 구인들 간의 상호작용 효과에 있는 경우를 설명하고자 한다.

이해를 돕기 위하여 가상적인 예를 사용하자. 사랑하는 사람의 죽음, 자신에게 닥

친 사업실패 등의 불행한 경험을 많이 겪을수록 정신건강이 약해질 것으로 추정되지만, 위로받거나 도움을 받을 수 있는 주변사람들의 사회/정서적 지지 (social/emotional support) 가 있을 때는 없을 때보다 불행한 생활경험의 피해가 감소될 것으로 예측할 수 있다. 즉, 정신건강에 대하여 불행한 경험과 사회/정서적 지지가 상호작용효과를 가질 것으로 예상된다. 이 예상을 검증하기 위하여 우울증 (Y), 개인 사생활에서의 불행한 경험횟수 (X_1), 공적인 사회생활에서의 불행한 경험횟수 (X_2), 가족/친지 중 피험자가 정서적으로 의지할 수 있는 사람의 수 (X_3), 친구/동료 중 피험자가 정서적으로 의지할 수 있는 사람의 수 (X_4) 를 측정하였다. 즉, X_1 과 X_2 는 '불행한 경험' 이라는 구인에 대한 두 개의 측정치이고, X_3 와 X_4 는 '사회/정서적 지지' 라는 구인에 대한 두 개의 측정치이다.

'불행한 경험' 과 '사회/정서적 지지' 의 상호작용 효과를 검증하기 위해서는 우선 독립변인들을 센터링 하고, 센터링한 변인들 (x_i) 을 서로 곱해서 상호작용 항을 만들어주면 된다. 그런데 각 구인이 여러 개의 측정치들로 대표되므로, 상호작용 항이 여러 개 생기게 되고, 따라서 변인군의 상호작용효과를 검증하기 위해서는 상호작용 효과 모형 (interaction model) 과 주 효과 모형 (main effects model) 을 비교하는 위계분석이 필수적이다. 아래의 모형들에서 독립변인들의 아래첨자에 특히 유념하라.

$$\hat{Y} = b_0 + b_1x_1 + b_2x_2 + b_3x_3 + b_4x_4 + b_{13}x_1x_3 + b_{14}x_1x_4 + b_{23}x_2x_3 + b_{24}x_2x_4$$

$$\hat{Y} = b_0 + b_1x_1 + b_2x_2 + b_3x_3 + b_4x_4$$

위의 상호작용 효과 모형에서 산출되는 R_I^2 와 주 효과 모형에서 산출되는 R_M^2 의 차이는 '불행한 경험' 과 '사회/정서적 지지' 의 상호작용효과를 나타낸다. 이 sr^2 에 대한 유의도 검증은 위에서 설명한 바와 같다.

연습문제

14-1. 앞서 단순회귀분석의 연습문제 11-4 에서 이용된 군교도소 재소자와 일반부대에 근무하는 정상군인들 자료를 이용하여 범죄성과 집단성 사이의 상관관계가 군교도소 집단과 일반부대 집단에서 동일한지 검증하라.

14-2. 다음의 자료는 16 명의 아동들을 대상으로 7 세, 11 세, 16 세에 측정한 독해능력 검사와 산수능력 검사의 자료이다. 점수들은 모두 표준화된 규준점수들이다. 연구자는 아동들이 16 세가 되었을 때의 산수능력에 대하여 11 세 때 산수능력이 독해능력과 상호작용 효과를 가질 것으로 예상하였다. 자료를 분석하여, 과연 아동들이 16 세가 되었을 때의 산수능력에 대하여 11 세 때 산수능력이 독해능력과 상호작용 효과를 가지는지를 검증하고, 만약 상호작용 효과를 가진다면 특히 몇 세 때의 독해능력과 상호작용 효과를 가지는지 파악하라.

아동	7 세 독해	11 세 독해	16 세 독해	11 세 산수	16 세 산수
1	37.5	84.0	78.0	44.0	80.0
2	11.5	4.5	4.0	9.5	3.5
3	1.5	1.0	7.5	6.5	19.0
4	81.0	90.5	99.0	80.5	63.5
5	18.5	35.5	34.0	40.5	55.5
6	67.5	98.5	98.0	66.0	74.0
7	41.5	53.0	34.0	53.0	74.0
8	99.0	65.0	92.5	78.0	92.5
9	37.5	59.0	65.0	13.0	13.5
10	11.5	29.5	19.5	6.5	59.5
11	20.5	41.0	34.0	31.0	39.0
12	81.0	80.0	78.0	76.0	85.0
13	67.5	87.5	59.0	87.5	51.0
14	20.5	11.5	5.0	20.0	32.5
15	99.0	59.0	85.0	76.0	82.5
16	99.0	11.5	26.0	34.5	32.5

범주독립변인 15

독립변인이 범주변인이고, 범주의 수가 세 개 이상인 경우에는 그 변인을 그대로 이용하여 회귀분석을 할 수 없다. 왜냐하면 독립변인의 어떤 범주에 어떤 숫자를 할당하여 코딩하는가에 따라서 결과가 달라지기 때문이다. 그런 경우에는 범주 독립변인을 대비코딩 (contrast coding) 하거나, 참조코딩 (reference coding) 하거나, 효과코딩 (effects coding) 하여 중다회귀모형을 구성하여야 한다. 이 세 가지 코딩방식을 통틀어 '더미코딩 (dummy coding)' 이라고 부른다.

1. 대비코딩

독립변인이 범주변인인 경우, 앞 장에서 설명한 대비코딩에 의해 중다회귀분석을 한다. 독립변인의 범주가 세 개 이상일 때, 서로 직교적인 대비 (orthogonal contrast)를 범주의 수보다 한 개 적은 수만큼 만들 수 있다. 이 대비들이 서로 직교적이기 위해서는 두 가지의 조건이 충족되어야 한다. ① 각 대비가 가지는 코딩 값의 합이 0이어야 한다; ② 대비들의 코딩 값을 서로 곱한 후, 그 곱한 값들을 모두 더하면 0이 되어야 한다. 예를 들어 독립변인이 '관람한 포르노종류' 인데, 이 범주변인은 남녀누드 포르노, 남자누드 포르노, 여자누드 포르노의 세 가지 범주를 가진다고 가정하자. 이 세 가지 범주를 두 개의 대비를 이용하여 <표 15-1> 과 같이 대비코딩할 수 있다.

〈표 15-1〉 범주 독립변인의 대비코딩

포르노종류	X	C_1	C_2
남자누드	1	-1	1
여자누드	2	-1	-1
남녀누드	3	2	0

피험자	동공확대	X	C_1	C_2
1	10	1	-1	1
2	21	1	-1	1
3	13	1	-1	1
4	15	1	-1	1
5	30	1	-1	1
6	0	2	-1	-1
7	1	2	-1	-1
8	3	2	-1	-1
9	1	2	-1	-1
10	0	2	-1	-1
11	25	3	2	0
12	47	3	2	0
13	18	3	2	0
14	36	3	2	0
15	53	3	2	0

<표 15-1> 에서 C_1 (대비 1) 은 커플누드를 관람한 집단과 싱글누드를 관람한 집단을 서로 비교하는 변인이고, C_2 (대비 2) 는 두 개의 싱글누드 관람집단을 서로 비교하는 변인이다. <표 15-1> 과 같이 대비코딩이 되면, 원래의 독립변인 X (포르노종류) 대신에 두 개의 대비를 이용하여 다음과 같은 중다회귀분석을 하면, <표 15-2> 와 같은 결과가 산출된다.

$$\hat{Y} = b_0 + b_1C_1 + b_2C_2$$

〈표 15-2〉 대비코딩에 의한 중다회귀분석 결과

계수	추정치	표준오차	표준화 추정치	t	p	R^2	F	p
b_0	18.20	2.49		7.32	0.00			
b_1	8.80	1.76	0.75	5.01	0.00	0.732	16.35	0.00
b_2	8.40	3.04	0.41	2.76	0.02			

앞의 중다회귀모형에서 산출되는 R^2=0.732 는 바로 원래 독립변인 X (포르노종류)의 효과이다. 이 R^2 가 α=0.01 수준에서 통계적으로 유의미하므로, 세 집단의 동공확대 평균이 모집단에서 동일하다는 영가설이 기각된다.

'포르노종류' 효과가 통계적으로 유의미하면, 다음 단계로 중다회귀계수들에 의해 특히 어떤 집단에서의 차이가 통계적으로 유의미한지에 관하여 세부적인 검토를 할 수 있다. 말하자면 중다회귀계수들의 통계적 유의미도는 변량분석에서 집단간 사전비교를 하는 것과 같다. b_0=18.20, b_1=8.80, b_2=8.40 로 산출되었는데, 이들은 모두 α=0.05 수준에서 통계적으로 유의미하다. 대비 1 효과의 통계적 유의미도와 대비 2 효과의 통계적 유의미도는 서로 독립적이다. 각 독립변인 범주의 사례수가 서로 달라서 대비들이 서로 상관관계를 가지는 경우에도, 각 대비의 회귀계수들은 다른 대비의 효과가 통제된 효과를 반영하므로 통계적 유의미도 검증이 서로 영향을 주지 않는다. 또한 직교대비에 의한 집단간 비교는 '사후검증 (posteriori test)' 이 아니고, 자료분석에 앞서 미리 가설을 설정하고 비교하는 '사전검증 (a priori test)' 이다.

한 개의 독립변인이 있고, 이 독립변인이 네 개의 범주를 가지는 경우, 서로 직교적인 세 개의 대비를 만들어서 범주적인 독립변인의 효과를 검증한다. 만약 독립변인의 범주가 다섯 개이면 네 개의 대비를 만들어서 효과검증을 한다. <표 15-3> 의 두 가지 예는 모두 합당한 대비코딩방법이다. 어떤 경우를 택하느냐는 연구자가 비교하고자하는 것이 무엇인가에 달려있다.

〈표 15-3〉 독립변인 범주가 네 개인 경우에 가능한 직교대비의 예

독립변인	예 A			예 B		
범주	대비 1	대비 2	대비 3	대비 1	대비 2	대비 3
1	1	1	0	1	1	1
2	1	-1	0	1	1	-1
3	-1	0	1	1	-2	0
4	-1	0	-1	-3	0	0

2. 참조코딩

범주적인 독립변인의 범주들을 직교대비들로 코딩한 후, 중다회귀분석을 통하여 종속변인에 대한 범주적인 독립변인의 효과를 산출하고, 독립변인의 각 범주들 사이에서 종속변인 평균들의 차이를 검증하는 동일한 분석을 참조코딩 (reference coding)에 의해서 할 수도 있다. 참조코딩의 한 가지 특징은 코딩에 사용되는 숫자가 0 과 1의 두 가지뿐이라는 것이다. 참조코딩의 또 한 가지 중요한 특징은 소위 '참조집단 (reference group)' 을 연구자가 임의로 정하는 것인데, 참조집단은 모든 더미변인 (dummy variable) 의 값이 0 인 집단을 말한다. 위에서 예로 사용된 '포르노집단' 을 참조코딩하면 <표 15-4> 와 같다.

〈표 15-4〉 범주 독립변인의 참조코딩

포르노종류	X	D_1	D_2
남자누드	1	1	0
여자누드	2	0	1
남녀누드	3	0	0

피험자	동공확대	X	D_1	D_2
1	10	1	1	0
2	21	1	1	0
3	13	1	1	0
4	15	1	1	0
5	30	1	1	0
6	0	2	0	1
7	1	2	0	1
8	3	2	0	1
9	1	2	0	1
10	0	2	0	1
11	25	3	0	0
12	47	3	0	0
13	18	3	0	0
14	36	3	0	0
15	53	3	0	0

<표 15-4> 의 예에서는 남녀누드 집단이 참조집단이다. 동공확대에 대한 '포르노종류' 의 효과를 검증하기 위하여 참조코딩된 더미변인들을 이용하여 다음과 같은 중다회귀모형을 검증하면 <표 15-5> 와 같은 결과가 산출된다.

$$\hat{Y} = b_0 + b_1 D_1 + b_2 D_2$$

〈표 15-5〉 참조코딩에 의한 중다회귀분석 결과

계수	추정치	표준오차	표준화 추정치	t	p	R^2	F	p
b_0	35.80	4.30		8.32	0.00			
b_1	-18.00	6.09	-0.51	-2.96	0.01	0.732	16.35	0.00
b_2	-34.00	6.09	-0.99	-5.72	0.00			

참조더미변인들을 이용한 모형에서 산출되는 R^2 의 값은 앞서 대비코딩한 경우에 산출된 값과 동일한 0.732 이다. 즉, 어떤 코딩방식을 채택하건 상관없이 원래의 독립변인 '포르노종류' 의 효과는 동일하게 산출된다. 반면에 중다회귀계수들의 값은 물론 코딩방식에 따라 달라진다. 참조코딩을 사용하는 경우에는 b_0=35.80, b_1=-18.00, b_2=-34.80 로 산출된다. 이 중다회귀계수들의 값은 앞서 대비코딩에 의해 산출된 중다회귀계수들과 다른 의미를 가진다. 참조코딩에 의해 산출되는 중다회귀계수들의 의미를 파악하기 위하여 중다회귀방정식이 독립변인의 각 집단에서 어떻게 정의되는지 살펴보자. 우선 참조집단인 남녀누드 집단은 D_1=0 이고, D_2=0 로 코딩되었다. 그런데 독립변인인 '포르노종류' 의 수준이 남녀누드 (포르노종류='3') 로 고정되면, $\hat{Y}$ 는 그 집단의 종속변인 평균 ($\bar{Y}_3$) 이 된다. 따라서 남녀누드 집단에 속한 사례들에 대하여 중다회귀방정식은 다음과 같이 정의된다.

$$\hat{Y} = \bar{Y}_3 = b_0 + b_1(0) + b_2(0) = b_0$$

즉, 다시 말해서, 참조코딩에 의한 중다회귀모형의 절편계수 (b_0) 는 참조집단의 종속변인 평균이다. 같은 방식에 의하여 독립변인의 나머지 범주들에 속한 사례들의 예측된 종속변인을 정의하면 다음과 같다.

남자누드 집단 (D_1=1, D_2=0) : $\hat{Y} = \bar{Y}_1 = b_0 + b_1(1) + b_2(0) = b_0 + b_1 = \bar{Y}_3 + b_1$

여자누드 집단 (D_1=0, D_2=1) : $\hat{Y} = \bar{Y}_2 = b_0 + b_1(0) + b_2(1) = b_0 + b_2 = \bar{Y}_3 + b_2$

따라서 $b_1 = \bar{Y}_1 - \bar{Y}_3$ 로 정의되고, $b_2 = \bar{Y}_2 - \bar{Y}_3$ 로 정의된다. 이 결과를 풀어

서 말하면 다음과 같다. 범주변인의 효과를 검증하기 위해서 범주변인을 참조코딩하는 경우, 중다회귀모형의 b_1 계수는 더미변인 D_1 에 1 로 코딩된 집단과 참조집단의 종속변인 평균차이고, b_2 계수는 더미변인 D_2 에 1 로 코딩된 집단과 참조집단의 종속변인 평균차이다. 이 원칙을 <표 15-4> 의 자료에 적용하면, 남녀누드 집단의 종속변인 평균이 35.80 이고 (b_0=35.80 이므로), 남자누드 집단과 남녀누드 집단의 종속변인 평균차이가 -18.00 이며 (b_1=-18.00 이므로), 여자누드 집단과 남녀누드 집단의 종속변인 평균차이가 -34.00 (b_2=-34.00 이므로) 라는 의미이다.

따라서 각 기울기 계수에 대한 통계적 유의도 검증, 혹은 각 참조더미변인들의 준여과상관자승에 대한 통계적 검증은 바로 집단평균들의 차이에 대한 통계적 검증이 된다. 여기에서 예로 사용하는 포르노종류의 효과에 대한 결과에서는 두 개의 기울기 계수 (b_1 와 b_2) 가 모두 유의미하므로, 종속변인에서 남자누드 집단과 남녀누드 집단의 평균차이가 통계적으로 유의미하고, 여자누드 집단과 남녀누드 집단의 평균차이가 또한 통계적으로 유의미하다고 결론을 내릴 수 있다.

3. 효과코딩

대비코딩과 참조코딩 이외에, 동일한 자료를 효과코딩 (effects coding) 에 의해 분석할 수도 있다. 동일한 자료를 효과코딩하면 <표 15-6> 과 같다.

효과코딩의 특징은 참조코딩 방식에서의 참조집단이 모든 효과더미변인에 -1 로 코딩된다는 것이다. 다른 집단들은 앞서 참조코딩 방식과 동일한 방식으로 숫자 1 과 0 을 이용하여 코딩한다. 동공확대에 대한 '포르노종류' 의 효과를 검증하기 위하여 효과더미변인을 이용하여 다음과 같은 중다회귀모형을 검증하였다.

$$\hat{Y} = b_0 + b_1E_1 + b_2E_2$$

효과코딩에 의한 중다회귀분석에서 산출되는 모형의 결정계수 R^2 도 앞서 대비코딩에 의한 분석과 참조코딩에 의한 분석에서 산출된 결정계수들과 동일한 0.732 이다. 즉, 코딩을 어떻게 하건 상관없이 원래의 독립변인 '포르노종류' 의 효과는 동

〈표 15-6〉 범주 독립변인의 효과코딩

포르노종류	X	E_1	E_2
남자누드	1	1	0
여자누드	2	0	1
남녀누드	3	-1	-1

피험자	동공확대	X	E_1	E_2
1	10	1	1	0
2	21	1	1	0
3	13	1	1	0
4	15	1	1	0
5	30	1	1	0
6	0	2	0	1
7	1	2	0	1
8	3	2	0	1
9	1	2	0	1
10	0	2	0	1
11	25	3	-1	-1
12	47	3	-1	-1
13	18	3	-1	-1
14	36	3	-1	-1
15	53	3	-1	-1

〈표 15-7〉 효과코딩에 의한 중다회귀분석 결과

계수	추정치	표준오차	표준화 추정치	t	p	R^2	F	p
b_0	18.20	2.49		7.32	0.00			
b_1	-0.40	3.51	-0.02	-0.11	0.91	0.732	16.35	0.00
b_2	-17.20	3.51	-0.85	-4.89	0.00			

일하게 산출된다. 반면에 중다회귀계수들의 값은 물론 코딩방식에 따라 달라진다. 효과코딩을 사용하는 경우에는 b_0=18.20, b_1=-0.40, b_2=-17.20 로 산출된다. 이 중다회귀계수들의 값은 앞서 대비코딩 혹은 참조코딩에 의해 산출된 중다회귀계수들과 다른 의미를 가진다. 효과코딩에 의해 산출되는 중다회귀계수들의 의미를 파악하기 위하여 중다회귀방정식이 각 집단에서 어떻게 정의되는지 살펴보자. 우선 남녀누드 집단은 E_1=-1 이고, E_2=-1 로 코딩되었다. 그런데 독립변인인 '포르노종류' 의 수준이 남녀누드 (포르노종류='3') 로 고정되면, $\hat{Y}$ 는 그 집단의 종속변인 평균 ($\overline{Y}_3$) 이 된다. 따라서 남녀누드 집단에 속한 사례들에 대하여 중다회귀방정식은 다음과 같이 정의된다.

$$\hat{Y} = \overline{Y}_3 = b_0 + b_1(-1) + b_2(-1) = b_0 - b_1 - b_2$$

같은 방식에 의하여 독립변인의 나머지 집단들에 속한 사례들의 예측된 종속변인을 정의하면 다음과 같다.

남자누드 집단	$(E_1=1, E_2=0) : \hat{Y} = \overline{Y}_1 = b_0 + b_1(1) + b_2(0) = b_0 + b_1$
여자누드 집단	$(E_1=0, E_2=1) : \hat{Y} = \overline{Y}_2 = b_0 + b_1(0) + b_2(1) = b_0 + b_2$

따라서, 정리하면,

$$\overline{Y}_1 = b_0 + b_1, \qquad \overline{Y}_2 = b_0 + b_2, \qquad \overline{Y}_3 = b_0 - b_1 - b_2$$

위의 세 가지 등식을 b_0 에 대하여 연립적으로 풀면 $b_0 = (\overline{Y}_1 + \overline{Y}_2 + \overline{Y}_3)/3 = \overline{Y}_.$ 이 된다. 즉, 효과코딩에 의한 중다회귀모형의 절편계수 (b_0) 는 종속변인의 전체평균 ($\overline{Y}_.$) 이다. 이 결과를 이용하여 나머지 회귀계수들의 의미를 정의할 수 있다. 즉, $b_1 = \overline{Y}_1 - \overline{Y}_.$ 이고, $b_2 = \overline{Y}_2 - \overline{Y}_.$ 이다. 그런데, 변량분석에서 특정한 집단의 종속변인 평균과 종속변인의 전체평균 사이의 차이 ($\overline{Y}_i - \overline{Y}_.$) 를 소위 '효과 (effect)' 라고 지칭한다. 따라서 효과코딩에 의한 중다회귀분석의 기울기 계수들은 다음과 같이 정의된다. 범주 독립변인의 효과를 검증하기 위해서 독립변인을 효과코딩하는 경우, 중다회귀모형의 b_1 계수는 효과더미변인 E_1 에 1 로 코딩된 집단의 종속변인 평균과 종속변인의 전체평균 사이의 차이 (E_1=1 집단의 효과) 이고, b_2 계수는 효과더미변인 E_2 에 1 로 코딩된 집단의 종속변인 평균과 전체평균 사이의 차이 (E_2=1 집단의 효과) 이다. 이 원칙을 <표 15-6> 의 자료에 적용하면, 종속변인의 전체평균이 18.20 이고 (b_0 =18.20 이므로), 남자누드 집단의 종속변인 평균과 전체평균의 차이가 -0.40 이며 (b_1 =-0.40 이므로), 여자누드 집단의 종속변인 평균과 전체평균의 차이가 -17.20 (b_2 =-17.20 이므로) 라는 의미이다.

따라서 각 기울기 계수에 대한 통계적 유의도 검증, 혹은 각 효과더미변인들의 준여과상관자승에 대한 통계적 검증은 바로 집단의 효과 (effect) 에 대한 통계적 검증이 된다. 여기에서 예로 사용하는 포르노종류의 효과에 대한 결과에서는 두 개의 기울기 계수 중 b_1 은 통계적으로 유의미하지 않고, b_2 는 $\alpha=0.01$ 수준에서 통계적으로 유의미하다. 따라서 남자누드 ($E_1=1$) 는 동공확대에 대하여 효과가 없고, 여자누드 ($E_2=1$) 는 동공확대에 대하여 큰 효과가 있다고 결론을 내릴 수 있다. 이 결론은 피험자들이 남자들인 경우 매우 그럴듯한 결론이다.

4. 교차요인설계

독립변인이 두 개 이상이고, 그들이 모두 범주변인인 경우에는 각 독립변인의 주 효과와 그들의 상호작용 효과를 검증하는 다원변량분석 상황이 된다. 다원변량분석을 중다회귀분석으로 수행하는 방법은 각 독립변인들을 대비코딩 하는 것이다. 독립변인들의 주 효과와 상호작용 효과에 대한 전반적 검증 (omnibus test) 만이 필요한 경우에는 대비코딩 대신 참조코딩이나 효과코딩을 하여도 동일한 결과가 산출된다. 그러나 전반적 검증과 함께 실험조건들의 평균들에 대한 사전비교 (a priori comparison) 를 동시에 수행하기 위해서는 대비코딩을 하는 것이 더 효율적이다. 왜냐하면 참조코딩이나 효과코딩에 의해 생성되는 더미변인들도 세부적인 실험조건 간 차이를 반영하지만 그들은 서로 독립적이지 않은 반면, 대비코딩에 의해 생성되는 직교대비들은 서로 독립적이기 때문이다.

앞서 이원변량분석의 설명에서 사용한 포르노그래피 실험의 자료를 중다회귀분석으로 재분석해보자. 원 자료에는 첫 번째 요인이 '포르노종류' 라고 지칭되고, 남자누드=1, 여자누드=2, 남녀누드=3 으로 코딩되었다. 두 번째 요인은 '피험자 성별' 인데, 여자=1, 남자=2 로 코딩되었다. 이 두 개의 요인들의 주 효과와 상호작용 효과를 검증하기 위하여 <표 15-8> 과 같이 다섯 개의 직교대비를 만들 수 있다.

첫 번째 요인 포르노종류는 세 개의 수준을 가지므로, 그것의 주 효과는 두 개의 직교대비 C_1 과 C_2 에 의해 검증될 수 있다. C_1 은 남자 혹은 여자가 등장하는 포르노그래피와 남녀가 함께 등장하는 포르노그래피의 효과를 비교하는 대비이고, C_2 는 남자가 등장하는 포르노그래피와 여자가 등장하는 포르노그래피의 효과를 비교하는 대비이다. 두 번째 요인 피험자 성별은 두 개의 수준을 가지므로, 그것의 주 효과는 한 개의 직교대비 C_3 에 의해 검증될 수 있다. C_4 와 C_5 는 포르노종류와 피험자 성별의 상호작용 효과를 검증하기 위한 대비들인데, $C_4=C_1 \times C_3$, $C_5=C_2 \times C_3$ 로 구성되었다. 이 다섯 개의 대비들은 모두 서로 직교적이다.

〈표 15-8〉 포르노그래피 실험의 주 효과와 상호작용 효과를 위한 직교대비

피험자	동공확대	포르노종류	성별	C_1	C_2	C_3	C_4	C_5
1	10	1	1	1	1	1	1	1
2	21	1	1	1	1	1	1	1
3	13	1	1	1	1	1	1	1
4	15	1	1	1	1	1	1	1
5	30	1	1	1	1	1	1	1
6	5	1	2	1	1	-1	-1	-1
7	8	1	2	1	1	-1	-1	-1
8	4	1	2	1	1	-1	-1	-1
9	0	1	2	1	1	-1	-1	-1
10	3	1	2	1	1	-1	-1	-1
11	0	2	1	1	-1	1	1	-1
12	1	2	1	1	-1	1	1	-1
13	3	2	1	1	-1	1	1	-1
14	1	2	1	1	-1	1	1	-1
15	0	2	1	1	-1	1	1	-1
16	42	2	2	1	-1	-1	-1	1
17	78	2	2	1	-1	-1	-1	1
18	66	2	2	1	-1	-1	-1	1
19	59	2	2	1	-1	-1	-1	1
20	81	2	2	1	-1	-1	-1	1
21	25	3	1	-2	0	1	-2	0
22	47	3	1	-2	0	1	-2	0
23	18	3	1	-2	0	1	-2	0
24	36	3	1	-2	0	1	-2	0
25	53	3	1	-2	0	1	-2	0
26	35	3	2	-2	0	-1	2	0
27	59	3	2	-2	0	-1	2	0
28	42	3	2	-2	0	-1	2	0
29	31	3	2	-2	0	-1	2	0
30	48	3	2	-2	0	-1	2	0

주 효과와 상호작용 효과를 대표하는 대비들이 각각 한 개씩이 아니므로 위의 다섯 개 대비들을 이용한 한 개의 중다회귀모형에서 산출되는 한 세트의 중다회귀계수들만으로는 주 효과와 상호작용효과를 산출할 수 없다. 따라서 앞에서와 같이 코딩된 대비들을 이용하여 다음과 같은 일련의 위계적인 중다회귀분석을 한다.

모형 1 : $\hat{Y} = b_0 + b_1C_1 + b_2C_2 + b_3C_3 + b_4C_4 + b_5C_5$

모형 2 : $\hat{Y} = b_0 + b_1C_1 + b_2C_2 + b_3C_3$

모형 3 : $\hat{Y} = b_0 + b_1C_1 + b_2C_2$

모형 4 : $\hat{Y} = b_0 + b_3C_3$

모형 1 과 모형 2 에서 산출되는 R^2 의 차이는 C_4 와 C_5 의 결합된 효과이며 즉, 포르노종류와 성별의 상호작용 효과이다. 모형 2 와 모형 3 에서 산출되는 R^2 의 차이는 C_3 의 효과이며 즉, 성별의 (직접적인) 주 효과이다. 모형 2 와 모형 4 에서 산출되는 R^2 의 차이는 C_1 과 C_2 의 결합된 효과이며 즉, 포르노종류의 (직접적인) 주 효과이다.

두 개의 중다회귀모형에서 각각 산출된 R^2 의 차이는 sr^2 이며, 이에 대한 통계적 유의미도는 앞서 설명된 바와 같은 F 검증에 의해 이루어진다. 이 F 검증을 위하여 두 개의 중다회귀모형 중에 독립변인을 더 많이 가진 모형을 'Large 모형', 독립변인을 더 적게 가진 모형을 'Small 모형' 이라고 지칭하자. 그러면 Large 모형에서 산출된 결정계수를 R_L^2 로 표기하고, Small 모형에서 산출된 결정계수를 R_S^2 로 표기할 수 있다. 또한 Large 모형이 가지는 독립변인의 수를 $k_{L大}$ 로 표기하고, Small 모형이 가지는 독립변인의 수를 k_S 로 표기할 수 있다. 마지막으로, 상호작용 항들을 포함하는 모형 1 을 'Full 모형' 이라고 부르고, 그 모형에서 산출된 결정계수를 R_F^2 로 표기하며, 그 모형에 포함된 독립변인의 수를 k_F 로 표기하자. 그러면 주 효과와 상호작용 효과를 위한 결정계수의 차이 sr^2 에 대한 통계적 유의미도는 일반적으로 다음의 F 값에 의해 이루어진다.

$$F = \frac{(R_L^2 - R_S^2)/(k_L - k_S)}{(1 - R_F^2)/(N - k_F - 1)}$$

앞의 경험적인 F 값에 대한 분자자유도는 $k_L - k_S$ 이고, 분모자유도는 $N - k_F - 1$ 이다. 위에서 계산된 경험적인 F 값이 이론적인 임계치 F 값보다 크면 R^2 차이가 통계적으로 유의미하다고 판단된다.

〈표 15-9〉 주 효과와 상호작용 효과에 대한 F 검증

모형	R^2	(모형 1) v. (모형 2) 상호작용 효과	(모형 2) v. (모형 3) 성별의 주 효과	(모형 2) v. (모형 4) 포르노종류의 주 효과
1	0.854	R^2 차이 = 0.452 $F_{2,24}$ = 37.17 $p < .01$	R^2 차이 = 0.153 $F_{1,24}$ = 25.16 $p < .01$	R^2 차이 = 0.249 $F_{2,24}$ = 20.48 $p < .01$
2	0.402			
3	0.249			
4	0.153			

<표 15-9> 의 F 검증 결과를 보면, 세 개의 R^2 차이가 모두 통계적으로 유의미하므로 동공확대에 대한 성별의 주 효과, 포르노종류의 주 효과, 그리고 그 요인들의 상호작용 효과가 모두 통계적으로 유의미하다고 판단된다.

주 효과와 상호작용 효과에 대한 전반적 검증 (omnibus test) 은 준여과상관자승에 의해 이루어지고, 만약 전반적 검증 결과, 주 효과 혹은 상호작용 효과가 유의미하면, 그 효과들에 대한 해석은 Full 모형의 중다회귀계수들에 의해 이루어진다.

$$\hat{Y} = b_0 + b_1C_1 + b_2C_2 + b_3C_3 + b_4C_4 + b_5C_5$$

〈표 15-10〉 Full 모형의 중다회귀계수

계수	추정치	표준오차	표준화 추정치	t	p
b_0	27.8	1.91		14.56	0.00
b_1	-5.8	1.35	-0.34	-4.30	0.00
b_2	-11.1	2.34	-0.37	-4.75	0.00
b_3	-9.6	1.91	-0.39	-5.03	0.00
b_4	-3.0	1.35	-0.17	-2.22	0.04
b_5	19.5	2.34	0.65	8.34	0.00

<표 15-10> 의 중다회귀계수들을 보면, C_1 의 회귀계수 -5.8 은 α=0.01 수준에서 통계적으로 유의미하다. 그런데 C_1 은 남자 혹은 여자가 등장하는 포르노그래피와 남녀가 함께 등장하는 포르노그래피의 효과를 비교하는 대비이다. 따라서 싱글 누드와 커플 누드가 유발하는 생리적 반응 (동공확대) 에는 통계적으로 유의미한 차이가

존재한다고 결론내릴 수 있다. 다른 회귀계수들도 같은 방식으로 해석된다.

5. 불균형 교차요인설계

'불균형 교차요인설계 (unbalanced factorial design)' 란 각 실험조건에 할당된 피험자의 수가 동일하지 않은 교차요인설계를 말한다. 즉, 동일 사례 수 가정이 파기된 실험설계이다. 앞서 일원변량분석에서와는 달리, 동일 사례 수 가정은 이원변량분석 등의 교차요인설계를 위한 분석에서는 매우 중요한 가정인데, 그 이유는 겉으로 드러나지는 않지만 교차요인설계의 자승합 분할이 동일 사례 수 가정에 기초하기 때문이라고 하였다. 예를 들어, 동일 사례 수 가정이 충족되지 않으면 이원변량분석에서 산출되는 세 개의 집단간 자승합 (두 개의 주 효과와 상호작용 효과의 자승합) 과 집단내 자승합을 합한 것이 전체 자승합이 되지 않고, 따라서 분석의 결과를 해석할 수 없는 상황이 발생할 수 있다. 그 근본적인 이유는 각 실험조건 셀의 사례 수가 동일하지 않을 때는 이원변량분석의 독립변인들이 서로 독립적이지 않기 때문이다. 예를 들기 위하여, <표 15-8> 의 자료를 약간 수정하여 <표 15-11> 과 같이 동일 사례 수 가정이 파기된 실험자료가 있다고 가정하자.

〈표 15-11〉 셀의 사례 수가 동일하지 않은 이원실험설계 자료

	남자누드 (single)	여자누드 (single)	남녀누드 (couple)
여자대학생	10 21 13 15 30	0 1 3 1 0	25 47 53
남자대학생	5 4 0 3	42 78 66 59 81	35 59 42 31 48

<표 15-11> 은 남녀누드를 본 여자대학생 피험자가 세 명이고, 남자누드를 본 남자대학생 피험자가 네 명이며, 다른 조건에서는 모두 피험자가 다섯 명인 실험자료이다. 이와 같이 교차요인설계의 실험조건들이 불균형을 이루게 되면, 독립변인들 사이의 상관계수가 0 이 아니게 되고, 결과적으로 이원변량분석에서 산출되는 한 독립변인의 효과는 그 독립변인의 순수한 효과가 아니라 다른 독립변인의 효과와 혼합된 효과이다. 이 점을 이해하기 위하여 두 개의 독립변인들에 대하여 고정모형

을 가정하고 <표 15-11> 의 자료를 이원변량분석 한 결과가 <표 15-12> 에 제시되었다. 여기에서 '이원변량분석을 한 결과' 란 앞서 변량분석에서 설명한 집단간 자승합의 계산공식 ($SSB_A = \sum(\overline{Y}_{i.} - \overline{Y}_{..})^2$, $SSB_B = \sum(\overline{Y}_{.j} - \overline{Y}_{..})^2$, $SSB_{AB} = \sum(\overline{Y}_{ij} - \overline{Y}_{i.} - \overline{Y}_{.j} + \overline{Y}_{..})^2$) 을 이용한 변량분석을 말한다.

〈표 15-12〉 실험조건 셀의 피험자 수가 동일하지 않은 실험에 대한 이원변량분석

고정모형을 가정하는 경우				
변산원	자승합	자유도	평균자승	F
포르노그래피 (A)	4466.1	2	2233.1	21.43**
피험자 성별 (B)	3459.3	1	3459.3	33.23**
(A)×(B)	8358.5	2	4179.3	40.15**
집단내	2186.3	21	104.1	
전체	17446.5	26	671.0	

<표 15-12> 의 자승합들을 살펴보면, 4466.1+3459.3+8358.5+2186.3≒17446.5 라는 것을 알 수 있다. 이와 같이 각 실험조건 셀의 피험자 수가 동일하지 않을 때에는 SSB_A, SSB_B, SSB_{AB}, SSW 를 모두 합한 것이 SST 보다 커지는데, 이러한 현상이 의미하는 바는 각 효과들을 서로 독립적인 효과들로 해석할 수 없다는 것이다. 예를 들어, <표 15-12> 에서 산출된 포르노그래피의 주 효과 (F 혹은 η^2) 는 포르노그래피의 효과뿐만 아니라 피험자 성별의 효과와 상호작용 효과, 그리고 집단내 변산까지 모두 혼합된 것이다. 일반적으로 이러한 문제들은 독립변인들 사이의 상관관계가 높을수록 더 심각해질 수 있는데, 독립변인들 사이의 상관관계는 실험조건들의 사례수들 사이에 균형이 심하게 손상될수록 높아진다.

여기에서는 <표 15-11> 의 불균형 교차요인설계 자료를 예로 이용하여 교차요인설계에 의해서 이루어진 실험의 자료에서 동일 사례 수 가정이 파기되는 경우, 각 독립변인의 주 효과와 상호작용 효과를 산출하는 중다회귀분석을 설명하고자 한다. 이 목적을 위한 중다회귀분석은 몇 가지 다양한 방식이 가능하다. 여러 가지 다양한 방식이 가능한 이유는 서로 독립적인 효과들을 분리해내는 방식이 관점에 따라서 다양할 수 있기 때문이다. 독립적인 효과들을 분리해내는 방식은 곧 자승합을 분할하는 방식이다.

앞서 살펴보았듯이, 변량분석에서 일반적으로 많이 사용되는 자승합이 불균형 교차요인설계의 경우에는 적절하지 않다. 불균형 교차요인설계에서는 소위 '유형-I 자승합 (Type-I SS)' 혹은 '모형-I 자승합 (Model-I SS)' 이라고 불리는 자승합을 산출하거나, 아니면 소위 '유형-II 자승합 (Type-II SS)' 혹은 '모형-II 자승합 (Model-II SS)' 이라고 불리는 자승합, 혹은 '유형-III 자승합 (Type-III SS)' 혹은 '모형-III 자승합 (Model-III SS)' 이라고 불리는 자승합을 산출하여 주 효과와 상호작용 효과를 분리해야 한다. 유형-I 자승합, 유형-II 자승합, 유형-III 자승합은 주 효과들과 상호작용 효과를 서로 독립적이 되도록 분리한 것이다. 그런데 이 자승합들의 산출은 위계적인 중다회귀분석에 의해 이루어진다.

1) 유형-I 자승합에 의한 주 효과와 상호작용 효과의 검증

위계적인 중다회귀분석에 의해 유형-I 자승합을 산출하기 위해서는 우선, 실험조건들의 사례 수가 불균형을 이루는 <표 15-11> 의 자료에서 독립변인들을 <표 15-8> 에서와 동일한 방법으로 대비코딩하고, 생성된 직교대비들을 이용하여 각 독립변인의 주 효과와 독립변인들의 상호작용 효과를 산출하기 위한 세 개의 중다회귀모형을 검증하는 위계분석을 수행한다.

$$\text{모형 1}: \hat{Y} = b_0 + b_1C_1 + b_2C_2 + b_3C_3 + b_4C_4 + b_5C_5$$

$$\text{모형 2}: \hat{Y} = b_0 + b_1C_1 + b_2C_2 + b_3C_3$$

$$\text{모형 3}: \hat{Y} = b_0 + b_3C_3$$

위의 중다회귀모형들을 주의깊게 살펴보면, 모형 3 은 피험자 성별의 주 효과 모형이고, 모형 2 는 피험자 성별의 주 효과와 포르노종류의 주 효과가 합쳐진 모형이며, 모형 1 은 주 효과들에 상호작용 효과가 합쳐진 모형이라는 것을 알 수 있다. 따라서 모형 3 에서 산출되는 R_3^2 는 피험자 성별의 주 효과를 반영하고, 모형 3 에서 산출되는 R_3^2 와 모형 2 에서 산출되는 R_2^2 의 차이는 포르노종류의 주 효과를 반영하며, 모형 2 에서 산출되는 R_2^2 와 모형 1 에서 산출되는 R_1^2 의 차이는 상호작용 효과를 반영한다. 이 결정계수들과 그들의 차이를 요약하면 <표 15-13> 과 같다.

〈표 15-13〉 위계분석에 의한 주 효과와 상호작용 효과 (모형 3 : 피험자 성별 주 효과)

모형	R^2	(모형 1) v. (모형 2) 상호작용 효과	(모형 2) v. (모형 3) 포르노종류의 주 효과	(모형 3) 피험자 성별의 주 효과
1	0.875			
2	0.403	$R_1^2 - R_2^2$ = 0.472	$R_2^2 - R_3^2$ = 0.205	R_3^2 = 0.198
3	0.198			

<표 15-12> 에서 알 수 있듯이, 불균형 교차요인설계에서의 종속변인 (동공확대)의 전체 자승합 SST 는 17446.5 이다. 그런데 <표 15-13> 에 의하면 이 종속변인의 전체 자승합 중에 47.2% 인 8228.124 를 상호작용 효과가 설명한다 (반올림에 의한 약간의 오차가 있음). 이 상호작용 자승합 8228.124 는 위계분석에 의해 산출되는 것이므로 다른 주 효과들로부터 독립적인 혹은 순수한 상호작용 효과의 설명 자승합이다. 이 상호작용 효과는 두 개의 직교대비들에 의한 효과이므로 자유도가 2 인 효과이다. 또한 <표 15-13> 에 의하면 전체 자승합 중에 20.5% 인 3572.802 를 포르노종류의 주 효과가 설명하고, 19.8% 인 3459.326 을 피험자 성별의 주 효과가 설명한다. 포르노종류의 주 효과가 설명하는 자승합 3572.802 는 또한 위계분석에 의해 산출되는 것이므로 피험자 성별의 주 효과로부터 독립적인 혹은 순수한 설명 자승합이다. 포르노종류의 주 효과는 자유도가 2 인 효과이고, 피험자 성별의 주 효과는 자유도가 1 인 효과이다. 이와 같은 위계적인 절차에 의해 순차적으로 산출되는 자승합을 통계분석을 위한 컴퓨터 소프트웨어에서는 흔히 '유형-I 자승합 (Type-I SS)' 혹은 '모형-I 자승합 (Model-I SS)' 이라고 부른다.

상호작용 효과를 위한 유형-I 자승합 : $SST(R_1^2 - R_2^2)$=17446.5×0.472=8228.124

포르노종류의 주 효과를 위한 유형-I 자승합 : $SST(R_2^2 - R_3^2)$=17446.5×0.205 =3572.802

피험자 성별의 주 효과를 위한 유형-I 자승합 : $SST(R_3^2)$=17446.5×0.198=3459.326

이 결과들을 변량분석표로 요약하면 <표 15-14> 와 같다. 불균형 이원교차요인설계 자료에 대하여 이원변량분석을 수행한 결과인 <표 15-12> 와, 같은 자료에 대하여 직교대비분석에 의한 위계적인 중다회귀분석 (유형-I 자승합)을 수행한 결과인 <표

15-14>를 비교해 보면 서로 다르다는 것을 알 수 있다. 만약 각 실험조건의 사례수가 모두 동일한 균형화된 설계 자료라면 두 가지 분석의 결과는 동일하여야 한다. <표 15-14> 에 제시된 세 개의 집단간 자승합과 집단내 자승합을 합산하면 전체 자승합과 같다는 사실에 주목하라. 반면에 <표 15-12> 의 자승합들은 이와 같은 일관성을 가지지 않는다. 불균형 설계된 자료의 분석을 위해서는 직교대비분석에 의해 유형-I 자승합을 산출하는 위계적인 중다회귀분석이 일반적인 이원변량분석보다 선호된다. 그 이유는 전자의 분석에서 산출되는 주 효과와 상호작용 효과들이 모두 서로 독립적이므로 결과의 해석이 보다 명료하기 때문이다.

〈표 15-14〉 불균형 이원교차요인설계의 중다회귀분석 결과 (모형 3 : 피험자 성별 주 효과)

유형-I 자승합을 이용하는 경우				
변산원	자승합	자유도	평균자승	F
포르노그래피 (A)	3572.802	2	1786.4	17.16**
피험자 성별 (B)	3459.326	1	3459.3	33.23**
(A)×(B)	8228.124	2	4114.1	39.52**
집단내	2186.267	21	104.1	
전체	17446.519	26	671.0	

유형-I 자승합은 순차적인 위계분석에 의해 산출되는 자승합이므로 '순차자승합 (sequential sum of square)' 이라고 불리기도 한다. 불균형 설계된 자료에서 서로 독립적인 주 효과들과 상호작용 효과를 산출하기 위해서 유형-I 자승합을 사용하는 방법의 한 가지 단점은 위계모형들 중에 가장 작은 마지막 모형 (모형 3) 을 어떻게 구성하는가에 따라 결과가 약간씩 다를 수 있다는 것이다. 앞의 분석 예에서는 마지막 모형이 피험자 성별의 주 효과 모형이 되도록 구성하였다. 그러나 그 마지막 모형이 포르노종류의 주 효과 모형이 되도록 구성할 수도 있다. 마지막 모형이 포르노종류의 주 효과 모형이 되는 경우에는 다음과 같은 세 개의 위계모형이 검증된다.

모형 1 : $\hat{Y} = b_0 + b_1C_1 + b_2C_2 + b_3C_3 + b_4C_4 + b_5C_5$

모형 2 : $\hat{Y} = b_0 + b_1C_1 + b_2C_2 + b_3C_3$

모형 3 : $\hat{Y} = b_0 + b_1C_1 + b_2C_2$

이 경우에는 모형 3 이 포르노종류의 주 효과 모형이고, 모형 2 는 피험자 성별의 주 효과와 포르노종류의 주 효과가 합쳐진 모형이며, 모형 1 은 주 효과들에 상호작용 효과가 합쳐진 모형이다. 따라서 모형 3 에서 산출되는 R_3^2 는 포르노종류의 주 효과를 반영하고, 모형 3 에서 산출되는 R_3^2 와 모형 2 에서 산출되는 R_2^2 의 차이는 피험자 성별의 주 효과를 반영하며, 모형 2 에서 산출되는 R_2^2 와 모형 1 에서 산출되는 R_1^2 의 차이는 상호작용 효과를 반영한다. 이 결정계수들과 그들의 차이를 요약하면 <표 15-15> 와 같다.

〈표 15-15〉 위계분석에 의한 주 효과와 상호작용 효과 (모형 3 : 포르노종류 주 효과)

모형	R^2	(모형 1) v. (모형 2) 상호작용 효과	(모형 2) v. (모형 3) 피험자 성별의 주 효과	(모형 3) 포르노종류의 주 효과
1	0.875			
2	0.403	$R_1^2 - R_2^2$ = 0.472	$R_2^2 - R_3^2$ = 0.147	R_3^2 = 0.256
3	0.256			

이와 같은 위계적인 절차에 의해 순차적으로 산출되는 유형-I 자승합들을 위에서 기술된 동일한 방식에 의하여 산출해서 변량분석표로 요약하면 <표 15-16> 과 같다.

〈표 15-16〉 불균형 이원교차요인설계의 중다회귀분석 결과 (모형 3 : 포르노종류 주 효과)

유형-I 자승합을 이용하는 경우				
변산원	자승합	자유도	평균자승	F
포르노그래피 (A)	4466.063	2	2233.0	21.45**
피험자 성별 (B)	2566.065	1	2566.1	24.65**
(A)×(B)	8228.124	2	4114.1	39.52**
집단내	2186.267	21	104.1	
전체	17446.519	26	671.0	

<표 15-16> 의 결과를 <표 15-14> 와 비교해보면, 포르노종류의 주 효과와 피험

자 성별의 주 효과가 각기 다르다는 것을 알 수 있다. 반면에 두 개의 표에 제시된 상호작용 효과는 동일하다. <표 15-14> 에서는 피험자 성별의 주 효과에 다른 효과들이 혼합되어 있을 가능성이 높은 반면, <표 15-16> 에서는 포르노종류의 주 효과에 다른 효과들이 혼합되어 있을 가능성이 높다. 따라서 불균형 교차요인설계에서 유형-I 자승합을 이용하여 효과검증을 하기 위해서 위계적인 중다회귀모형을 구성할 때, 연구에서 비교적 이론적 비중이 적은 독립변인의 주 효과 모형을 위계모형들 중에 가장 작은 마지막 모형으로 설정하는 것이 좋다.

2) 유형-II 자승합에 의한 주 효과와 상호작용 효과의 검증

위계적인 중다회귀분석에 의해 유형-II 자승합을 산출하기 위해서는 유형-I 자승합 산출의 경우와 마찬가지로, 실험조건들의 사례 수가 불균형을 이루는 <표 15-11> 의 자료에서 독립변인들을 <표 15-8> 에서와 동일한 방법으로 대비코딩한다. 그런 후, 생성된 직교대비들을 이용하여 각 독립변인의 주 효과와 독립변인들의 상호작용 효과를 산출하기 위한 네 개의 중다회귀모형을 검증하는 위계분석을 수행한다.

$$\text{모형 1} : \hat{Y} = b_0 + b_1C_1 + b_2C_2 + b_3C_3 + b_4C_4 + b_5C_5$$

$$\text{모형 2} : \hat{Y} = b_0 + b_1C_1 + b_2C_2 + b_3C_3$$

$$\text{모형 3} : \hat{Y} = b_0 + b_1C_1 + b_2C_2$$

$$\text{모형 4} : \hat{Y} = b_0 + b_3C_3$$

앞의 중다회귀모형들을 주의깊게 살펴보면, 모형 4 는 피험자 성별의 주 효과 모형이고, 모형 3 은 포르노종류의 주 효과 모형이며, 모형 2 는 피험자 성별의 주 효과와 포르노종류의 주 효과가 합쳐진 모형이고, 모형 1 은 주 효과들에 상호작용 효과가 합쳐진 모형이라는 것을 알 수 있다. 따라서 모형 2 에서 산출되는 R_2^2 와 모형 3 에서 산출되는 R_3^2 의 차이는 피험자 성별의 주 효과를 반영하고, 모형 2 에서 산출되는 R_2^2 와 모형 4 에서 산출되는 R_4^2 의 차이는 포르노종류의 주 효과를 반영하며, 모형 2 에서 산출되는 R_2^2 와 모형 1 에서 산출되는 R_1^2 의 차이는 상호작용 효과를 반영한다. 이 결정계수들과 그들의 차이를 요약하면 <표 15-17> 과 같다.

〈표 15-17〉 위계분석에 의한 주 효과와 상호작용 효과

모형	R^2	(모형 1) v. (모형 2) 상호작용 효과	(모형 2) v. (모형 4) 포르노종류의 주 효과	(모형 2) v. (모형 3) 피험자 성별의 주 효과
1	0.875	$R_1^2 - R_2^2$ = 0.472	$R_2^2 - R_4^2$ = 0.205	$R_2^2 - R_3^2$ = 0.147
2	0.403			
3	0.256			
4	0.198			

<표 15-12> 에서 알 수 있듯이, 불균형 교차요인설계에서의 종속변인 (동공확대) 의 전체 자승합 SST 는 17446.5 이다. 그런데 <표 15-17> 에 의하면 이 종속변인의 전체 자승합 중에 47.2% 인 8228.124 를 상호작용 효과가 설명한다 (반올림에 의한 약간의 오차가 있음). 이 상호작용 자승합 8228.124 는 위계분석에 의해 산출되는 것이므로 다른 주 효과들로부터 독립적인 혹은 순수한 상호작용 효과의 설명 자승합이다. 이 상호작용 효과는 두 개의 직교대비들에 의한 효과이므로 자유도가 2 인 효과이다. 또한 <표 15-17> 에 의하면 전체 자승합 중에 20.5% 인 3572.802 를 포르노종류의 주 효과가 설명하고, 14.7% 인 2566.065 을 피험자 성별의 주 효과가 설명한다. 포르노종류의 주 효과가 설명하는 자승합 3572.802 는 또한 위계분석에 의해 산출되는 것이므로 피험자 성별의 주 효과로부터 독립적인 혹은 순수한 설명 자승합이다. 피험자 성별의 주 효과가 설명하는 자승합 2566.065 는 또한 위계분석에 의해 산출되는 것이므로 포르노종류의 주 효과로부터 독립적인 혹은 순수한 설명 자승합이다. 포르노종류의 주 효과는 자유도가 2 인 효과이고, 피험자 성별의 주 효과는 자유도가 1 인 효과이다. 이와 같은 위계적인 절차에 의해 산출되는 자승합을 통계분석을 위한 컴퓨터 소프트웨어에서는 흔히 '유형-II 자승합 (Type-II SS)' 혹은 '모형-II 자승합 (Model-II SS)' 이라고 부른다.

상호작용 효과를 위한 유형-II 자승합 : $SST(R_1^2 - R_2^2)$=17446.5×0.472=8228.124

포르노종류의 주 효과를 위한 유형-II 자승합 : $SST(R_2^2 - R_4^2)$=17446.5×0.205=3572.802

피험자 성별의 주 효과를 위한 유형-II 자승합 : $SST(R_2^2 - R_3^2)$=17446.5×0.147=2566.065

유형-II 자승합은 각 요인의 주 효과 자승합이 다른 요인의 효과가 제거된 후에 산출되는 것이므로 '외곽자승합 혹은 잉여자승합 (marginal sum of square)' 이라고 불리기도 한다. 이 결과들을 변량분석표로 요약하면 <표 15-18> 와 같다.

〈표 15-18〉 불균형 이원교차요인설계의 중다회귀분석 결과

유형-II 자승합을 이용하는 경우				
변산원	자승합	자유도	평균자승	F
포르노그래피 (A)	3572.802	2	1786.4	17.16**
피험자 성별 (B)	2566.065	1	2566.1	24.65**
(A)×(B)	8228.124	2	4114.1	39.52**
집단내	2186.267	21	104.1	
전체	17446.519	26	671.0	

3) 유형-III 자승합에 의한 주 효과와 상호작용 효과의 검증

위계적인 중다회귀분석에 의해 유형-III 자승합을 산출하기 위해서는 유형-I 자승합과 유형-II 자승합의 경우와 마찬가지로, 실험조건들의 사례 수가 불균형을 이루는 <표 15-11> 의 자료에서 독립변인들을 <표 15-8> 에서와 동일한 방법으로 대비코딩한다. 그런 후, 생성된 직교대비들을 이용하여 각 독립변인의 주 효과와 독립변인들의 상호작용 효과를 산출하기 위한 네 개의 중다회귀모형을 검증하는 위계분석을 수행한다.

모형 1 : $\hat{Y} = b_0 + b_1C_1 + b_2C_2 + b_3C_3 + b_4C_4 + b_5C_5$

모형 2 : $\hat{Y} = b_0 + b_1C_1 + b_2C_2 + b_3C_3$

모형 3 : $\hat{Y} = b_0 + b_1C_1 + b_2C_2 + b_4C_4 + b_5C_5$

모형 4 : $\hat{Y} = b_0 + b_3C_3 + b_4C_4 + b_5C_5$

앞의 중다회귀모형들을 주의깊게 살펴보면, 모형 4 는 피험자 성별의 주 효과 (C_3)와 상호작용효과 (C_4, C_5) 가 합쳐진 모형이고, 모형 3 은 포르노종류의 주 효과 (C_1, C_2) 와 상호작용 효과가 합쳐진 모형이며, 모형 2 는 피험자 성별의 주 효과와 포르노종류의 주 효과가 합쳐진 모형이고, 모형 1 은 모든 주 효과들에 상호작용 효과가 합쳐진 모형이라는 것을 알 수 있다. 따라서 모형 1 에서 산출되는 R_1^2 와 모형 2 에서 산출되는 R_2^2 의 차이는 상호작용 효과를 반영하고, 모형 1 에서 산출되는 R_1^2 와 모형 3 에서 산출되는 R_3^2 의 차이는 성별의 주 효과를 반영하며, 모형 1 에서 산출되는 R_1^2 와 모형 4 에서 산출되는 R_4^2 의 차이는 포르노종류의 주 효과를 반영한다.

여기에서 한 가지 주목해야 할 사항이 있다. 위의 모형 3 과 모형 4 를 보면 포르노종류와 피험자 성별의 상호작용을 전제하면서도 그 독립변인들 중 한 개 씩이 모형에서 누락되었다는 것을 알 수 있다. 즉, 모형 3 은 피험자 성별을 독립변인으로 가지지 않는 모형이고, 모형 4 는 포르노종류를 독립변인으로 가지지 않는 모형이다. 그럼에도 불구하고 모형 3 과 모형 4 는 공히 포르노종류와 피험자 성별이 상호작용 효과를 가진다는 전제를 한다. 즉, 유형-Ⅲ 자승합을 산출하기 위해서 필요한 모형 3 과 모형 4 는 말하자면 '존재하지 않는 변인의 상호작용 효과'를 전제하는 이상한 모형들이다. 앞서 제 5 장의 이원변량분석에 관한 설명에서 상호작용 효과는 전체 집단간 차이에서 각 독립변인의 주 효과가 설명하는 부분을 제거하고 남는 부분을 의미한다고 하였다. 따라서 독립변인의 주 효과를 전제하지 않은 채 상호작용 효과를 전제하는 것은 매우 이해하기 어려운 모형이다. 모형구성에 존재하는 이러한 개념적 모순성이 유형-Ⅲ 자승합을 이용하는 방법의 단점이다.

〈표 15-19〉 위계분석에 의한 주 효과와 상호작용 효과

모형	R^2	(모형 1) v. (모형 2) 상호작용 효과	(모형 1) v. (모형 4) 포르노종류의 주 효과	(모형 1) v. (모형 3) 피험자 성별의 주 효과
1	0.875	$R_1^2 - R_2^2$ = 0.472	$R_1^2 - R_4^2$ = 0.261	$R_1^2 - R_3^2$ = 0.107
2	0.403			
3	0.768			
4	0.614			

유형-III 자승합을 산출하기 위한 모형 1, 2, 3, 4 에서 산출되는 결정계수들과 그들의 차이를 요약하면 <표 15-19> 와 같다.

<표 15-12> 에서 알 수 있듯이, 불균형 교차요인설계에서의 종속변인 (동공확대)의 전체 자승합 SST 는 17446.5 이다. 그런데 <표 15-19> 에 의하면 이 종속변인의 전체 자승합 중에 47.2% 인 8228.124 를 상호작용 효과가 설명한다 (반올림에 의한 약간의 오차가 있음). 이 상호작용 자승합 8228.124 는 위계분석에 의해 산출되는 것이므로 다른 주 효과들로부터 독립적인 혹은 순수한 상호작용 효과의 설명 자승합이다. 이 상호작용 효과는 두 개의 직교대비들에 의한 효과이므로 자유도가 2 인 효과이다. 또한 <표 15-19> 에 의하면 전체 자승합 중에 26.1% 인 4554.195 를 포르노종류의 주 효과가 설명하고, 10.7% 인 1860.630 을 피험자 성별의 주 효과가 설명한다. 포르노종류의 주 효과가 설명하는 자승합 4554.195 는 또한 위계분석에 의해 산출되는 것이므로 피험자 성별의 주 효과로부터 독립적인 혹은 순수한 설명 자승합이다. 피험자 성별의 주 효과가 설명하는 자승합 1860.630 는 또한 위계분석에 의해 산출되는 것이므로 포르노종류의 주 효과로부터 독립적인 혹은 순수한 설명 자승합이다. 포르노종류의 주 효과는 자유도가 2 인 효과이고, 피험자 성별의 주 효과는 자유도가 1 인 효과이다. 이와 같은 위계적인 절차에 의해 산출되는 자승합을 통계분석을 위한 컴퓨터 소프트웨어에서는 흔히 '유형-III 자승합 (Type-III SS)' 혹은 '모형-III 자승합 (Model-III SS)' 이라고 부른다.

상호작용 효과를 위한 유형-III 자승합 : $SST(R_1^2 - R_2^2) = 17446.5 \times 0.472 = 8228.124$

포르노종류의 주 효과를 위한 유형-III 자승합 : $SST(R_1^2 - R_4^2) = 17446.5 \times 0.261 = 4554.195$

피험자 성별의 주 효과를 위한 유형-III 자승합 : $SST(R_1^2 - R_3^2) = 17446.5 \times 0.107 = 1860.630$

유형-III 자승합은 각 요인의 주 효과 자승합이 다른 요인의 효과가 제거된 후에 산출되는 것이므로 유형-II 자승합과 마찬가지로 일종의 '외곽자승합 혹은 잉여자승합 (marginal sum of square)' 이다. 이 결과들을 변량분석표로 요약하면 <표 15-20> 과 같다.

〈표 15-20〉 불균형 이원교차요인설계의 중다회귀분석 결과

유형-Ⅲ 자승합을 이용하는 경우				
변산원	자승합	자유도	평균자승	F
포르노그래피 (A)	4554.195	2	2277.1	21.87**
피험자 성별 (B)	1860.630	1	1860.6	17.87**
(A)×(B)	8228.124	2	4114.1	39.52**
집단내	2186.267	21	104.1	
전체	17446.519	26	671.0	

앞서 설명한 바와 같이 실험조건들의 사례수가 동일하지 않으면 독립변인들 사이에 상관관계가 형성된다. 따라서 독립변인들을 변환한 직교대비들 사이에서도 상관관계가 성립하게 된다. 이런 경우의 대비들은 서로 직교적이지만 서로 독립적이 아니다. 유형-Ⅲ 자승합은 주 효과를 나타내는 대비와 상호작용 효과를 나타내는 대비들 사이에도 상관관계가 존재하므로 그 상관관계를 제거하고 순수한 주 효과를 산출하기 위한 의도를 가지고 산출되는 자승합이다. 예를 들어, 실험조건들의 사례수가 동일하지 않으면 피험자 성별을 나타내는 대비 C_3 는 포르노종류를 나타내는 대비들 C_1, C_2 와 상관관계를 가지게 되는 것은 물론이고, 상호작용을 나타내는 대비들 C_4, C_5 와도 상관관계를 가지게 된다. 따라서 피험자 성별의 유형-Ⅲ 주 효과 자승합 1860.63 은 C_3 의 변산으로부터 C_1, C_2, C_4, C_5 와 공변하는 부분을 제거하고 나머지 C_3 의 변산이 설명하는 종속변인의 변산이다.

4) 자승합 유형의 요약

불균형 설계된 자료에서 서로 독립적인 주 효과들과 상호작용 효과를 산출하기 위한 세 가지 방법들은 제각기 단점들이 있다. 유형-I 자승합을 사용하는 방법의 단점은 위계모형들 중에 가장 작은 마지막 모형 (모형 3) 을 어떻게 구성하는가에 따라 결과가 약간씩 다를 수 있다는 것이다. 또한 가장 작은 마지막 모형에 의해 산출되는 주 효과는 순수한 주 효과가 아니다. 반면에 유형-Ⅱ 자승합과 유형-Ⅲ 자승합을 이용하면 유형-I 자승합의 이러한 단점이 효율적으로 보완된다. 그러나 유형-Ⅱ 자승합과 유형-Ⅲ 자승합을 이용하는 방법은 나름대로 다른 단점을 가진다. 유형-Ⅱ 자승

합을 이용하여 산출된 <표 15-18> 을 보면 세 개의 효과 자승합과 집단내 자승합을 모두 더하면 전체 자승합보다 작다는 것을 알 수 있다. 즉, 전체 변산 중에 분석에서 고려되지 않는 변산이 어딘가에 존재한다는 것이다. 그러나 이러한 '쉐도우 변산' 의 존재에도 불구하고 주 효과들과 상호작용 효과의 유형-II 자승합은 모두 서로 독립적이다. 유형-III 자승합의 경우에도 유형-II 자승합에서와 마찬가지로 역시 '쉐도우 변산'이 존재하게 된다. 더불어서 유형-III 자승합의 경우에는 존재하지 않는 독립변인의 상호작용 효과를 가정하는 이상한 중다회귀모형을 구성해야 하는 개념적 문제가 있다. 즉, 전체 집단간 차이에서 각 독립변인의 주 효과가 설명하는 부분을 제거하고 남는 부분을 상호작용 효과로 간주하는 일반적인 분석논리와 상반되는 절차에 의해 산출되는 자승합이 유형-III 자승합이다.

불균형 교차요인설계에 의한 자료를 분석하여 범주적인 독립변인들의 주 효과와 상호작용 효과를 산출하기 위해서는 직교대비분석에 의한 위계적인 중다회귀분석을 통하여 유형-I 자승합, 유형-II 자승합 혹은 유형-III 자승합을 이용해야 한다. 물론 통계분석을 위한 컴퓨터 소프트웨어를 사용하면 여기에서 설명된 위계적인 방식에 의한 중다회귀분석을 연구자가 일일이 수행하지 않더라도 이 자승합들을 매우 쉽게 산출해낼 수 있다. 그러나 그 자승합 유형들 중에 어떤 것을 선택할 것인지를 판단하기 위해서는 그 자승합들이 산출되는 과정과 그들의 의미 그리고 단점에 대한 명확한 이해가 있어야 한다. 그러나 실제의 연구 상황에서는 불균형 교차요인설계에 의한 자료에 대하여 어떤 유형의 자승합이 적절한 것인지를 판단하기는 쉽지 않다. 만약 교차요인설계에 의한 실험에서 각 실험조건의 사례 수가 모두 동일하다면 모든 유형의 자승합들도 또한 동일해지므로 자료분석과 해석이 간단해진다는 사실을 실험의 계획과 설계 그리고 수행과정에서 유념하는 것이 바람직하다.

연습문제

15-1. 발달심리학의 애착이론에 의하면 유아기에 보호자와 애착되는 유형이 안전애착, 불안애착, 회피애착으로 나뉜다고 한다. 또한 성인기에 이성 혹은 배우자와의 애착도 동일한 범주로 구분될 수 있다고 한다. 다음은 18 명의 응답자를 유아기의 애착유형과 성인기의 애착유형으로 구분한 후, 그들의 성격적 불안감을 측정한 가상적인 자료이다. 중다회귀분석을 하여 애착유형과 성격적 불안감 사이의 관계가 어떤 양상을 가지는지에 관하여 세밀한 분석을 실시하고 보고서를 작성하라.

		성인기 애착유형		
		안전애착	불안애착	회피애착
유아기 애착유형	안전애착	7 7	9 12	8 6
	불안애착	10 8	17 13	10 14
	회피애착	12 14	21 19	5 7

15-2. 다음은 4 집단의 남자들을 대상으로 폭력성을 측정한 가상적인 자료이다. 폭력성에서 집단차이가 존재하는지를 파악하기 위한 중다회귀분석을 하되, 집단을 대비코딩하는 경우, 참조코딩하는 경우, 효과코딩하는 경우를 비교하고, 각각 결론을 기술하라.

피험자	집단	폭력성 점수
1	초강력계 형사	23
2	희대의 범죄자	52
3	얌전한 대학생	8
4	관음증 젊은이	5
5	관음증 젊은이	13
6	희대의 범죄자	24
7	초강력계 형사	37
8	얌전한 대학생	12
9	희대의 범죄자	32

10	관음증 젊은이	10
11	초강력계 형사	41
12	얌전한 대학생	16
13	초강력계 형사	43
14	관음증 젊은이	11
15	얌전한 대학생	11
16	희대의 범죄자	46
17	희대의 범죄자	29
18	얌전한 대학생	9
19	관음증 젊은이	7
20	초강력계 형사	34

15-3. 다음은 연습문제 5-9 의 자료를 약간 변형한 자료이다. 중다회귀분석을 이용하여 주 효과와 상호작용 효과를 검증하되, 유형-I 자승합을 사용하는 경우, 유형-II 자승합을 사용하는 경우, 그리고 유형-III 자승합을 사용하는 경우를 각각 산출하고 결과를 비교하라.

성별	고 매력	중 매력	저 매력
남자	9 10 9 11 13 5 8 10	8 8 12 7 8 4	14 11 6 10 10
여자	10 9 6 15 10 11	6 12 9 9 10 8 11	14 13 10 13 12 16

비직선형 관계 16

회귀모형을 일반적으로 '선형모형 (linear model)' 이라고 부른다. 이때 선형모형이란 독립변인과 종속변인 사이의 직선형 관계를 가정하는 모형이라는 의미가 아니다. 물론 단순회귀모형은 독립변인과 종속변인의 관계가 직선형이라는 가정을 한다. 그러나 중다회귀모형은 직선형 관계의 가정을 하지 않을 뿐만 아니라, 필요하다면 매우 복잡하게 얽힌 비직선형 관계도 모형화할 수 있다. 그럼에도 불구하고, 중다회귀모형도 역시 선형모형이라고 부른다. 엄밀하게 말해서 선형모형이란 모수 (parameter)의 선형성을 가정하는 모형을 말한다. 모수의 선형성이란 모형에 포함된 모수들 중에 다수의 모수들이 서로 곱해져서 만들어지거나, 한 모수를 다른 모수로 나누어서 만들어지거나, 자승되어 만들어지는 모수가 존재하지 않는 상태를 말한다. 이것을 '모수의 선형성 (linear in the parameters)' 이라고 부른다. 회귀모형은 바로 이러한 모수의 선형성을 가정하는 모형이다. 회귀모형에 포함되는 모수들 (β_i) 은 모두 일차항 (first-degree) 이다. 즉, β_i^2 혹은 $\beta_i \beta_j$ 와 같은 회귀계수는 존재하지 않는다. 반면에 회귀모형에는 상호작용 항과 같이 독립변인들이 서로 곱해지거나, 혹은 한 독립변인이 자승된 항이 포함될 수 있다. 만약에 모형 안에 그러한 독립변인 항이 존재하지 않으면, 그것을 '변인의 선형성 (linear in the variables)' 이라고 부른다. 단순회귀모형은 모수의 선형성과 변인의 선형성을 모두 가정하는 모형이다. 그러나 중다회귀모형은 모수의 선형성만을 가정한다.

중다회귀분석에서 비직선형 관계 (nonlinear relationship) 는 직선형 관계 (linear relationship) 와 곡선형 관계 (curvilinear relationship) 가 조합된 관계로 개념화된다. 그런데 이러한 개념화는 두 가지 유형으로 나뉜다. 첫 번째 유형은 독립변인을 가능한 값이 무한대인 연속변인 (continuous variable) 으로 가정하는 경우에 적용되는 유형으로서 '다항회귀모형 (polynomial regression model)' 이라고 부른다. 두 번째 유형은 독립변인의 값 혹은 수준들이 서로 서열적인 범주 (ordinal category) 로 이루어진 경우에 적용되는 유형으로서 '직교다항모형 (orthogonal polynomial model)' 이라고 부른다. 다시 말해서 중다회귀모형 중 비직선형 모형은 다항회귀모형과 직교다항모형이 있는데, 이 두 가지 모형은 독립변인을 연속변인으로 취급하는가, 아니면 서열적인 범주변인으로 취급하는가에 따라서 구별되는 모형들이다.

1. 다항회귀모형

독립변인이 연속변인으로 취급되는 경우, 비직선형 관계의 검증을 위한 회귀모형은 '직선형 항 (linear component)' 과 '곡선형 항 (curvilinear component)' 을 가지는 다음과 같은 '다항회귀모형 (polynomial regression model)' 이다.

$$\hat{Y} = b_0 + b_1 x + b_2 x^2$$

위의 방정식에서 x^2 은 센터링된 독립변인 x 를 자승해준 값이다. 말하자면 하나의 독립변인을 두 번 사용하여 모형을 구성한다. b_1 은 독립변인과 종속변인 사이의 직선형 관계를 나타내는 계수이고, b_2 는 동일한 독립변인과 종속변인 사이의 곡선형 관계를 나타내는 계수이다. 독립변인의 원 점수 (X) 를 사용하는 경우, 직선형 항과 곡선형 항이 필연적으로 서로 높은 상관관계를 가지므로 곡선형 관계를 검증하는 위의 모형에서도 x 는 센터링된 편차점수가 이용된다.

다항회귀계수들의 통계적 유의미도를 파악하기 위해서는 위의 다항모형을 검증한 후 곡선형 항 (x^2) 이 제거된 모형을 검증하여 두 개의 R^2 를 산출한다. 두 개의 R^2

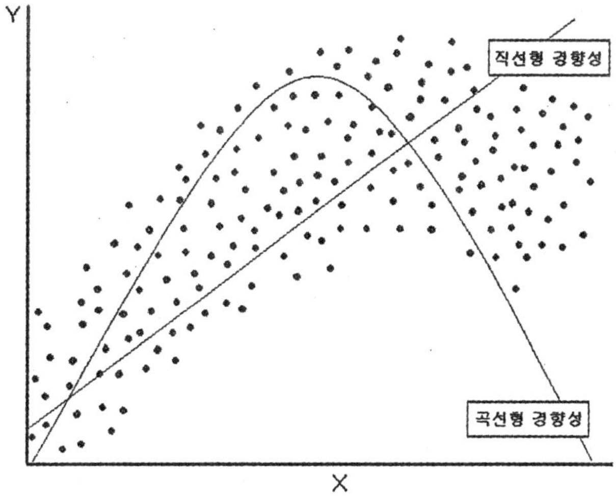

[그림 16-1] 다항회귀모형의 직선형 항과 곡선형 항

의 차이는 곡선형 항인 x^2 의 효과를 반영하고, x^2 가 제거된 모형에서 산출된 R^2 는 직선형 항인 x 의 효과를 반영한다. 만약 b_1 는 유의미하지만 b_2 는 그렇지 않다면 독립변인 (X) 와 종속변인 (Y) 의 관계는 직선형이라는 것을 의미하고, 반대로 b_2 는 유의미하지만 b_1 는 그렇지 않다면 두변인의 관계가 순수하게 곡선형이라는 것을 의미한다.

〈표 16-1〉 다항회귀모형 계수들의 통계적 유의미도의 의미

	b_1 有意味	b_1 無意味
b_2 有意味	Y 는 X 의 단조형 (monotonic) 함수	Y 는 X 의 포물선형 (curvilinear) 함수
b_2 無意味	Y 는 X 의 직선형 (linear) 함수	Y 와 X 는 더 복잡한 관계이거나 무관계

예를 들어, 어떤 학습실험에서 동일한 의미의 영어단어와 한국어단어를 서로 짝을 지어 반복적으로 보여주면 영어단어에 대한 학습효과가 증가할 것인데, 그 증가하는 추세가 어떤지를 파악하려고 한다고 가정하자. 이 실험을 위하여 피험자들이 모르는 영어단어 25 개를 선택하고, 그 25 개의 영어단어들을 의미가 같은 한국어단어와 짝을 짓게 한 후, 영어-한국어 단어 쌍들을 컴퓨터 화면을 통하여 피험자에게 제시해 주었다. 첫 번째 집단에게는 25 개의 영어-한국어 쌍을 한 번씩 제시해 주었고, 두

번째 집단에게는 두 번씩, 세 번째 집단에게는 세 번씩, 그리고 여섯 번째 집단에게는 여섯 번씩 제시해주었다. 단어 쌍들의 제시가 끝난 후, 영어단어의 한국어 해석에 관한 시험을 실시하였고, 18 명 피험자들의 점수가 <표 16-2> 와 같다.

〈표 16-2〉 언어학습 실험자료

단어 쌍 제시횟수					
1 번	2 번	3 번	4 번	5 번	6 번
4 6 5	7 10 10	13 14 16	16 17 21	18 19 20	19 20 21

또한 제시횟수를 독립변인으로, 영어시험점수를 종속변인으로 이용한 다항회귀모형이 [그림 16-2] 에 제시되었다. [그림 16-2] 의 곡선은 $\hat{Y}$ 의 궤적 (반응표면) 이다. [그림 16-2] 에 제시된 다항회귀방정식은 '센터링된 제시횟수' 를 독립변인으로 하여 산출된 것이다.

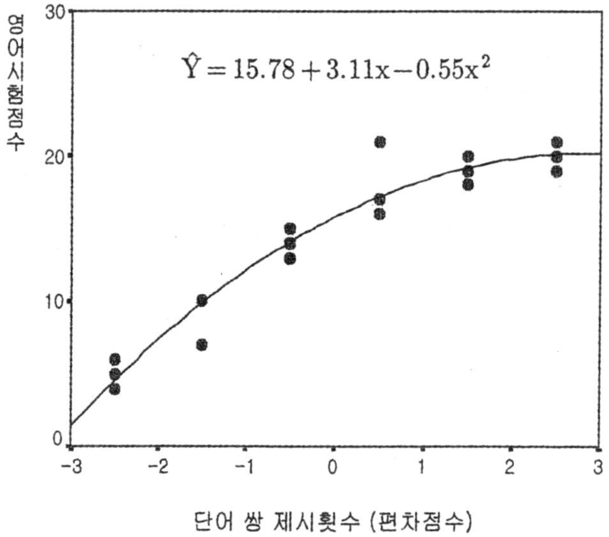

[그림 16-2] 언어학습 실험자료의 다항회귀모형

[그림 16-2] 의 다항회귀모형에서 산출된 b_1 (3.11) 과 b_2 (-0.55) 는 모두 α=0.01 수준에서 유의미하다. 따라서 제시횟수와 영어시험성적은 서로 '단조형 관계

(monotonic relationship)' 를 가지는 것으로 판단된다. 다항회귀모형의 기울기 계수에 대한 통계적 유의미도를 판단하여 종속변인과 독립변인의 관계가 곡선형인지 아니면 직선형인지를 파악하지만, 기울기 계수의 수치 자체는 해석하지 않는다. 예를 들어 b_1 의 값이 3.11 이라는 것을 어떻게 해석해야 되는지는 분명하지 않다. 따라서 다항회귀모형이 독립변인과 종속변인이 가지는 관계의 양상을 파악하기 위해서 검증되는 경우에는 회귀계수의 수치 자체는 활용가치가 전혀 없다. 다만 회귀계수들의 수치 자체는 종속변인의 예측치 $\hat{Y}$ 를 산출하는데 이용될 뿐이다.

다항회귀모형의 계수들의 수치 자체는 직접적인 해석의 대상이 아니지만, 그 계수들의 부호는 비직선형 관계의 방향을 알려줄 수 있다. 곡선형 항의 계수 b_2 의 부호가 + 이면 독립변인과 종속변인의 관계가 전반적으로 U 형 (concave upward) 이라는 것을 의미하고, b_2 의 부호가 - 이면 독립변인과 종속변인의 관계가 전반적으로 ∩ 형 (concave downward) 이라는 것을 의미한다. 따라서 b_2 이 통계적으로 유의미하고 부호가 + 이면 예측된 종속변인의 최소값이 존재할 가능성이 있고, b_2 이 통계적으로 유의미하고 부호가 - 이면 예측된 종속변인의 최대값이 존재할 가능성이 있다. 만약 이 최소값 혹은 최대값이 연구의 중요한 관심사인 경우에는 산출된 다항회귀 방정식을 미분하여 그 값을 구할 수 있다. 참고로, 예측된 종속변인에서 최소값 혹은 최대값이 존재하는 경우에 그 최소값 혹은 최대값 $\hat{Y}_M$ 과 그것을 예측하는 독립변인의 값 x_M 은 각각 다음과 같이 구한다.

$$\hat{Y}_M = \frac{4b_2b_0 - b_1^2}{4b_2} \qquad x_M = -\frac{b_1}{2b_2}$$

언어학습 실험의 경우, $\hat{Y}_M = [4(-0.55)(15.78) - 3.11^2]/4(-0.55) = 20.18$ 이고, 이 최대값을 예측하는 편차 제시횟수는 $x_M = -3.11/[2(-0.55)] = 2.83$ 이다. 그런데 제시횟수의 평균이 3.5 이므로, 제시횟수가 3.5+2.83=6.33 일 때 학습이 최대가 될 것으로 예상된다. 그러나 예측을 위하여 언제나 염두에 두어야할 것은 주어진 자료의 범위 밖에서 행해지는 예측은 극도의 조심성을 가지고 행해져야 한다는 것이다.

2. 직교다항모형

독립변인이 서열적인 범주변인으로 취급되는 경우, 비직선형 관계를 검증하기 위한 회귀모형을 '직교다항모형 (orthogonal polynomial model)' 이라고 부른다. 직교다항모형은 변량분석의 맥락에서 살펴본 '경향분석 (trend analysis)' 과 동일한 분석모형이다. 위의 학습실험 예에서 독립변인인 제시횟수는 연속변인으로 간주되었다. 그러나 그 변인은 범주변인이고, 범주들이 서로 서열적인 관계를 가지는 변인으로 간주될 수도 있다. 독립변인을 서열적인 범주변인으로 간주하는 경우, 그 독립변인의 수준들을 직선형 경향과 곡선형 경향을 각각 대표하는 직교적인 대비로 코딩한 후, 그 대비들을 이용해 중다회귀분석을 하여 곡선형관계를 검증하는 것이 직교다항모형이다.

〈표 16-3〉 직교다항모형을 위한 직교대비

	제시횟수					
	1 번	2 번	3 번	4 번	5 번	6 번
직선대비	-5	-3	-1	1	3	5
곡선대비	-5	1	4	4	1	-5

<표 16-3> 과 <표 16-4> 의 두 가지 대비들 (직선대비와 곡선대비) 은 서로 직교적이며, 만약 각 제시횟수 조건내의 사례수가 동일하면 서로 독립적이기도 하다. 독립변인의 범주가 여섯 개이므로 서로 직교적인 대비를 다섯 개 만들 수 있다. 따라서 필요하다면 제시횟수와 영어시험점수 사이의 관계에 관하여 더 복잡한 모형을 검증할 수도 있다. 그러나 만약 연구자의 관심이 직선형, 단조형, 포물선형의 판단에 국한된다면, 위의 두 개의 대비 이외에 다른 대비들을 검증하는 것은 불필요한 일이다. 위의 대비들을 이용하여 다음과 같은 중다회귀모형을 검증한다.

$$\hat{Y} = b_0 + b_1C_1 + b_2C_2$$

〈표 16-4〉 직교다항모형을 위한 독립변인 제시횟수의 직교대비 코딩

피험자	제시횟수	영어시험점수	직선대비 (C_1)	곡선대비 (C_2)
1	1	4	-5	-5
2	1	6	-5	-5
3	1	5	-5	-5
4	2	7	-3	1
5	2	10	-3	1
6	2	10	-3	1
7	3	13	-1	4
8	3	14	-1	4
9	3	15	-1	4
10	4	16	1	4
11	4	17	1	4
12	4	21	1	4
13	5	18	3	1
14	5	19	3	1
15	5	20	3	1
16	6	19	5	-5
17	6	20	5	-5
18	6	21	5	-5

위의 모형에서 산출된 b_1 와 b_2 는 각각 직선경향성과 곡선경향성을 반영한다. 이 중다회귀계수들의 값은 <16-5> 와 같다.

〈표 16-5〉 직교다항모형의 중다회귀계수

회귀계수	값	표준오차	t	p
b_0	14.167	0.350	40.527	0.00
b_1	1.557	0.102	16.216	0.00
b_2	0.369	0.093	3.950	0.00

<표 16-5> 를 보면 두 개의 기울기 계수들이 모두 통계적으로 유의미하므로, 영어시험점수와 단어 제시횟수 사이의 관계는 직선형 경향성과 곡선형 경향성이 공존하는 단조형 관계라고 결론을 내릴 수 있다.

앞에서, 직교다항모형은 변량분석의 맥락에서 살펴본 경향분석과 동일한 분석모형이라고 하였다. 이 점을 확실히 이해하기 위하여 <표 16-4> 의 자료를 경향분석의 절차에 따라 분석해보자. 단어 쌍 제시횟수에 따른 영어시험점수의 평균은 <표 16-6> 과 같다.

〈표 16-6〉 단어 쌍 제시횟수에 따른 영어시험점수의 평균

	제시횟수					
	1 번	2 번	3 번	4 번	5 번	6 번
영어점수평균	5.0	9.0	14.0	18.0	19.0	20.0

<표 16-6> 의 평균들을 이용하여 <표 16-3> 에 설정된 두 개의 직교대비들의 대비 값과 대비자승합을 각각 계산하고, 더불어서 집단간 자승합 $SSB = \Sigma(\bar{Y}_i - \bar{Y}_.)^2$ 과 집단내 자승합 $SSW = \Sigma(Y - \bar{Y}_i)^2$ 을 계산하면 다음과 같다.

$$SSB = \sum(\bar{Y}_i - \bar{Y}_.)^2 = 548.5$$

$$SSW = \sum(Y - \bar{Y}_i)^2 = 28.0$$

$$SSB_{\Psi_1} = \frac{n\ \Psi_1^2}{\sum_{i=1}^{5} c_{1i}^2}$$

$$= \frac{3[(-5)5+(-3)9+(-1)14+(1)18+(3)19+(5)20]^2}{(-5)^2+(-3)^2+(-1)^2+(1)^2+(3)^2+(5)^2} = 509.19$$

$$SSB_{\Psi_2} = \frac{n\ \Psi_2^2}{\sum_{i=1}^{5} c_{2i}^2}$$

$$= \frac{3[(-5)5+(1)9+(4)14+(4)18+(1)19+(-5)20]^2}{(-5)^2+(1)^2+(4)^2+(4)^2+(1)^2+(-5)^2} = 34.32$$

계산된 대비자승합과 집단내 자승합을 이용하여 변량분석표를 작성하면 <표 16-7> 과 같다.

〈표 16-7〉 단어 쌍 제시횟수와 영어시험점수 자료에 대한 경향분석 결과

변산원		자승합	자유도	평균자승	F	p
집단간		548.50	5	109.70	47.01	<.01
	c_1	509.19	1	509.19	218.21	<.01
	c_2	34.32	1	34.32	14.71	<.01
집단내		28.00	12	2.33		
전체		576.50	17	33.91		

<표 16-7> 에서 직선형 경향성 대비 (C_1) 와 포물선형 경향성 대비 (C_2) 의 자승합을 합하면 집단간 자승합 (548.50) 과 동일하지 않은 이유는 실험조건이 여섯 개이므로 다섯 개의 직교대비로 집단간 자승합을 분할할 수 있는데, 이 분석에서는 두 개의 직교대비들만 산출되었기 때문이다. 동일한 이유에 의해서 두 개의 직교대비들의 자유도의 합 (2) 이 집단간 변산의 자유도 (5) 와 동일하지 않다. <표 16-7> 을 보면 단어 쌍 제시횟수와 영어시험점수 사이의 관계경향에 대한 직선형 경향성 대비와 포물선형 경향성 대비가 모두 통계적으로 유의미하다는 것을 알 수 있다. 이 결론은 앞서 중다회귀모형을 이용한 직교다항모형 분석의 결론과 일치한다.

독립변인을 서열적인 범주변인으로 간주하는 경우, 그 독립변인과 종속변인의 비직선형 관계를 검증하기 위해서는 독립변인의 수준들을 직선형 경향과 곡선형 경향을 각각 대표하는 직교적인 대비들로 코딩한 후, 그 대비들을 이용해 중다회귀분석을 하여 곡선형관계를 검증하는 직교다항모형을 사용할 수도 있고, 변량분석의 개념 맥락에서 경향분석을 할 수도 있다. 어떤 방식으로 분석을 하건 동일한 결론이 유도된다.

연습문제

16-1. 3 세부터 8 세 사이에 아동의 동작성 지능이 지속적으로 증가하는지, 아니면 증가하는 속도가 점차 둔화되는지를 알고자 한다. 이 가정은 동작성 지능 (Y) 에 대한 연령 (X) 의 효과가 직선적인지, 아니면 특정한 한계점에 점진적으로 접근하는 단조형인지에 대한 가정이다. 다음의 자료를 이용하여 이 가정을 검증하고 결과를 해석하라. 단, 한번은 다항회귀모형을 검증하고, 또 한번은 직교다항모형을 검증하라. 아래의 자료에 제시된 동작성 지능은 표준화된 IQ 가 아니라, 지능검사에서 채점된 원점수 (raw score) 이다. 각 연령군에서 3 명씩의 아동들이 검사되었다.

3 세	4 세	5 세	6 세	7 세	8 세
3.5	8.9	14.8	12.5	14.2	18.9
4.2	10.5	16.1	15.4	16.6	14.1
6.4	11.3	12.7	17.9	16.2	12.8

16-2. 어떤 심리학자가 포르노그래피에 대한 신체/생리적 반응 (구체적으로는 동공의 확대) 이 인성특질 중의 하나인 '지적 욕구/호기심' 과 관련되는지를 파악하기 위하여 30 명의 남자대학생 피험자들을 대상으로 실험을 수행하였다. 우선 연구자는 피험자들의 '지적 욕구/호기심'을 표준화된 심리척도로 측정하고, 피험자가 거울에 비친 자신의 얼굴을 바라보는 동안 피험자 눈동자의 동공 (pupil) 의 지름을 측정하였다. 거울에 비친 자신의 얼굴을 바라보는 동안의 동공 (pupil) 의 지름을 측정한 이유는 피험자의 평소 동공크기 즉, 지적 호기심이 자극되지 않은 상태에서의 동공크기를 측정하여 기저선 (baseline) 으로 사용하기 위한 것이다. 지적 욕구/호기심과 동공지름의 기저선을 측정한 후, 각 피험자들에게 포르노그래피를 보여주고, 피험자가 포르노그래피를 응시하는 동안에 그 피험자 눈동자의 동공 (pupil) 의 지름을 다시 측정하였다. 이 실험에서 산출된 원 자료가 다음의 표로 제시되었다. 원 자료 표에서 변인 '동공확대' 는 포르노그래피를 응시하는 동안에 측정된 동공지름이 기저선으로 측정된 동공지름으로부터 증가한 정도를 % 로 나타낸 것이다. 포르

노그래피에 대한 동공의 생리적 반응이 인성특질 중의 하나인 '지적 욕구/호기심' 과 어떤 양상으로 관련되는지를 파악하라.

피험자	지적 호기심	동공확대	피험자	지적 호기심	동공확대
1	32	12	16	44	20
2	36	15	17	39	16
3	39	15	18	34	14
4	34	13	19	41	22
5	32	6	20	31	7
6	40	21	21	32	6
7	35	14	22	41	19
8	37	16	23	33	8
9	31	1	24	33	6
10	32	5	25	39	19
11	32	8	26	44	21
12	31	4	27	34	16
13	39	17	28	35	19
14	32	6	29	31	6
15	41	20	30	41	18

17 로지스틱 회귀모형

일반적인 회귀분석에서 예측되는 변인은 언제나 값의 가능성 범위가 무한대인 연속변인이라고 가정되고, 예측하는 변인은 연속변인이거나 혹은 범주변인이다. 이 원칙에 대한 한 가지 예외로, '로지스틱 회귀모형 (logistic regression model)' 은 예측되는 변인이 범주변인인 경우에 범주변인과 연속적인 독립변인의 관계를 파악하기 위한 중다회귀모형이다. 이때 예측되는 범주변인이 이분된 (dichotomized) 변인인 경우, 이러한 변인을 '가부 (可否) 반응변인 (quantal response variable)' 이라고 부르고, 가부반응변인에 대한 독립변인들의 효과를 검증하는 통계적 모형들을 '가부반응분석 (quantal response analysis)' 이라고 부른다 (Haberman, 1978). 가부반응분석에 속하는 대표적 분석모형들에는 로짓 분석 (logit analysis), 로지스틱 회귀분석, 그리고 프로빗 분석 (probit analysis) 등이 있다.

각종 가부반응분석들은 범주적인 가부반응변인을 연속적인 종속변인으로 변환하여 변환된 종속변인과 독립변인의 관계 혹은 변환된 종속변인에 대한 독립변인의 효과를 중다회귀모형을 이용하여 검증한다. 따라서 이 분석들에서는 가부반응변인과 종속변인의 개념적인 구별이 필요하다. 가부반응변인이란 원 자료의 형태 그대로의 이분된 값을 가지는 변인을 의미한다. 예를 들면, 성공여부, 유무죄 판결, 생사여부, 취업여부, 완쾌여부, 입학여부 등이 가부반응변인이다. 반면에 이분된 가부반응변인을 연속적인 값을 가지도록 변환해준 것을 종속변인이라고 부른다. 중다회귀분석에서 실제로 사용되는 '예측되는 변인' 은 연속적인 값을 가지도록 변환해준 종속변인이다. 따라서 가부반응분석들은 범주적인 가부반응변인을 연속적인 종속변인으로 변환하기 위한 각기 독특한 규칙을 사용하는데, 이 변환규칙들을 통틀어 '연결함수 (link function)' 라고 부른다. 가부반응분석들은 공히 중다회귀모형의 일반적인 구조를 가지지만, 어떤 연결함수를 사용하여 범주적인 가부반응변인을 연속적인 종속변인으로 변환하는가에 따라서 위에서 언급한 여러 가지 종류로 구분된다.

1. 이론적인 범주 확률분포

로지스틱 회귀모형을 비롯한 가부반응분석 모형들은 반응변인의 각 범주에서 나타나는 빈도들의 비율을 예측하는 응용통계학적 모형들이다. 따라서 이 모형들은 모집단에서 가부반응변인의 각 범주에 존재하는 사례들의 비율들과 표본에서 나타나는 각 범주의 비율들 사이의 관계에 관한 통계학적 확률분포이론들에 근거하여 통계적 판단을 한다. 예를 들어, 모든 살인사건 재판에서 유죄판결을 받는 피의자의 비율과 무죄판결을 받는 피의자의 비율은 모집단 비율들이다. 그런데 특정한 연구에서 표집된 살인사건 피의자들 중에서 유죄판결을 받은 피의자의 비율과 무죄판결을 받은 피의자의 비율은 표본 비율들이다. 모집단에서 표본을 무작위로 추출하는 경우, 모집단의 범주 비율과 표본의 범주 비율 사이의 관계에 관한 통계적 확률분포이론들은 반응변인의 속성과 예측의 속성에 따라 다양한 종류가 존재하는데, 그 확률분포이론들 중에 대부분의 가부반응분석에서는 이항분포 (binomial distribution), 다항분포 (multinomial distribution), 그리고 승적다항분포 (product multinomial distribution) 가 많이 사용된다. 이들 세 가지 확률분포이론들 중에서 승적다항분포가 가장 일반적인 이론이고 다항분포와 이항분포는 승적다항분포의 일종 혹은 특수한 경우이다. 또한 이항분포는 다항분포의 일종 혹은 특수한 경우이다. 여기에서는 이 분포들에 대하여 살펴보고자 한다.

1) 이항분포

예를 들어 한국의 대통령 선거에 어떤 사람이 입후보하였다고 가정하자. 한국의 선거권을 가진 국민들 중에서 이 입후보자를 지지하는 사람의 비율을 π_1 이라고 표기하고, 반대하는 사람의 비율을 π_0 라고 표기하자. 즉, $\pi_0=1-\pi_1$ 이다. 그런데 이 모집단 비율들을 추정하기 위하여 10 명의 유권자들을 대상으로 설문조사를 하였다고 가정하자. 이 N=10 인 표본자료에서 '지지' 를 표명한 사례의 비율을 P_1 이라고 표기하고, '반대' 를 표명한 사례의 비율을 P_0 라고 표기하자. 즉, $P_0=1-P_1$ 이다. 그런데, 동일한 조사를 반복적으로 수행한다면, 각 조사에서 산출되는 P_0 와 P_1 은 조금씩 달라질 것이다. 이항분포 (binomial distribution) 는 이러한 상황에서 각 조사마다 P_0 와 P_1 이 어떻게 나타날 것인가에 관한 통계적 이론분포이다. 이항분포는 <수식 17-1> 과 같이 정의된다.

$$\mathrm{Pr}(\mathrm{n}_0, \mathrm{n}_1) = \frac{\mathrm{N}!}{\mathrm{n}_0!\mathrm{n}_1!}\pi_0^{\mathrm{n}_0}\pi_1^{\mathrm{n}_1} \qquad \text{<수식 17-1>}$$

<수식 17-1> 의 이항분포 확률식에서 Pr 은 '확률 (probability)' 의 약자이다. 따라서 $\mathrm{Pr}(n_0, n_1)$ 은 '표본에서 반대자의 빈도가 n_0 이고, 지지자의 빈도가 n_1 일 확률' 을 의미한다. 즉, <수식 17-1> 에서 n_0 는 표본에서 특정한 후보자를 반대하는 사례의 숫자이고, n_1 은 표본에서 특정한 후보자를 지지하는 사례의 숫자이며, N 은 표본의 전체 사례 수인데, $N=n_0+n_1$ 이 성립한다. 그런데 <수식 17-1> 의 이항분포에서는 N 이 고정된 것으로 가정된다. 이 말은 N 이 자료가 수집된 후에 사후적으로 파악되는 것이 아니고, 자료를 수집하기 전에 연구자가 정하는 것이며, 동일한 조사를 반복하는 경우에도 고정적으로 유지되는 것이라는 가정이다. 따라서 동일한 모집단에서 조사표본을 반복적으로 추출하는 경우에 N 은 모든 표본에서 동일하지만, n_0 와 n_1 은 표본마다 다르게 산출된다.

<수식 17-1> 의 이항분포 확률식은 다음과 같은 물음에 답할 수 있다. "한국의 유권자 전체 중에 이 대통령 후보자를 지지하는 사람의 비율이 70% 이고, 반대하는 사람의 비율이 30% 일 때, 한국의 유권자 전체 중에 10 명을 무작위 추출하여 후보자에 대한 지지여부를 질문하면 '지지' 를 표명하는 사례의 수가 6 이고, '반대' 를 표

명하는 사례의 수가 4 일 확률은 얼마인가?" 이 물음에 대한 답은 다음과 같다.

$$\text{이항분포 } \Pr(4,6) = \frac{10!}{4!6!}0.3^4 0.7^6 = 0.200121$$

2) 다항분포

이항분포는 두 개의 범주에서 나타나는 빈도 혹은 비율에 관한 이론적 확률분포를 일컫는 용어이다. 그런데 범주의 수가 세 개 이상이면, 이항분포는 곧바로 다항분포 (multinomial distribution) 로 확장된다. 예를 들어, 한국의 선거권을 가진 국민들 중에서 특정한 대통령 입후보자를 지지하는 사람의 비율을 π_2 라고 표기하고, 입장을 정하지 못한 사람의 비율을 π_1 이라고 표기하며, 반대하는 사람의 비율을 π_0 라고 표기하자. 즉, $\pi_0+\pi_1+\pi_2=1$ 이다. 또한 이 모집단 비율들을 추정하기 위하여 10 명의 선거권자들을 대상으로 설문조사를 하였다고 가정하자. 이 표본자료에서 '지지' 를 표명한 사례의 비율을 P_2 라고 표기하고, 입장을 정하지 못한 사람의 비율을 P_1 이라고 표기하며, '반대' 를 표명한 사례의 비율을 P_0 라고 표기하자. 즉, $P_0+P_1+P_2=1$ 이다. 그런데, 동일한 조사를 반복적으로 수행한다면, 각 조사에서 산출되는 P_0, P_1, P_2 는 조금씩 달라질 것이다. 다항분포는 이러한 상황에서 각 조사마다 표본빈도가 어떻게 나올 것인가에 관한 통계적 이론분포이다. 다항분포는 <수식 17-2> 와 같이 정의된다.

$$\text{다항분포 } \Pr(n_0, n_1, n_2) = \frac{N!}{n_0!n_1!n_2!}\pi_0^{n_0}\pi_1^{n_1}\pi_2^{n_2} \qquad \text{<수식 17-2>}$$

<수식 17-2> 의 다항분포 확률식에서도 Pr 은 역시 '확률 (probability)' 의 약자이다. 따라서 $\Pr(n_0, n_1, n_2)$ 은 '표본에서 반대자의 빈도가 n_0 이고, 입장을 정하지 못한 사람의 빈도가 n_1 이며, 지지자의 빈도가 n_2 일 확률' 을 의미한다. 즉, <수식 17-2> 에서 N 은 표본의 전체 사례 수인데, $N=n_0+n_1+n_2$ 이 성립한다. 그런데 <수식 17-2> 의 다항분포에서도 역시 N 이 고정된 것으로 가정된다. 이 말은 N 이 자료가 수집된 후에 사후적으로 파악되는 것이 아니고, 자료를 수집하기 전에 연구자가 정

하는 것이며, 동일한 조사를 반복하는 경우에도 고정적으로 유지되는 것이라는 가정이다. 따라서 동일한 모집단에서 조사표본을 반복적으로 추출하는 경우에 N 은 모든 표본에서 동일하지만, n_0, n_1, n_2 는 표본마다 다르게 산출된다.

<수식 17-2> 의 다항분포 확률식은 다음과 같은 물음에 답할 수 있다. "한국의 유권자 전체 중에 특정한 대통령 후보자를 지지하는 사람의 비율이 30% 이고, 입장을 정하지 못한 사람의 비율이 50% 이며, 반대하는 사람의 비율이 20% 일 때, 한국의 유권자 전체 중에 열 명을 무작위 추출하여 후보자에 대한 지지여부를 질문하였을 때 '지지' 를 표명하는 사례의 수가 5 이고, '미정' 이라고 응답하는 사례의 수가 네 명, 그리고 '반대' 를 표명하는 사례의 수가 한 명일 확률은 얼마인가?" 이 물음에 대한 답은 다음과 같다.

$$\Pr(1,4,5) = \frac{10!}{1!4!5!} 0.2^1 0.5^4 0.3^5 = 0.038273$$

3) 승적다항분포

승적다항분포 (product multinomial distribution) 란 교차분할표의 행 (row) 혹은 열 (column) 중에 한쪽의 외곽빈도 (marginal frequency) 가 고정되었다는 가정 하에, 교차분할표의 셀 빈도들이 모집단의 조건확률분포 (conditional probability distribution) 에 따라 나타나는 분포를 말한다. '승적 (product)' 이라는 용어는 곱셈을 의미하는 수리통계학적 용어이다. 예를 들어, 어떤 새로운 약의 효과를 검증하기 위하여 N 명의 환자를 동일한 인원수의 두 집단으로 무작위할당하고, 한 집단 (실험집단) 의 환자들에게는 새로운 약을 투여하고, 다른 집단 (통제집단) 의 환자들에게는 위약 (placebo) 을 투여한 후, 일정한 기간이 지난 뒤에 그들 중 몇 명이 완쾌되었는지 셈하여 정리하면 <표 17-1> 과 같은 2×2 교차분할빈도가 얻어진다.

<표 17-1> 의 교차분할표에 제시된 기호들은 모두 빈도 (frequency) 들이다. 따라서 $n_{1+} = n_{11} + n_{12}$, $n_{2+} = n_{21} + n_{22}$, $n_{+1} = n_{11} + n_{21}$, $n_{+2} = n_{12} + n_{22}$ 라는 사실을 우선 상기하자. 위의 예에서 실험집단의 외곽빈도 n_{1+} 와 통제집단의 외곽빈도 n_{2+} 는 모집단의 확률분포에 따라 정해지는 것이 아니고, 연구자가 임의로 고정하는 것이다. 그러나 고정된 숫자 n_{1+} 이 완쾌 혹은 미완쾌 범주로 분할되는 것은 연구자의

임의적 결정에 의한 것이 아니고 진짜 약이 투여된 모집단의 확률분포에 따라 결정된다. 즉, n_{11} 와 n_{12} 는 조건확률적인 (진짜 약이 투여되었다는 조건) 빈도이다. 마찬가지로 고정된 숫자 n_{2+} 이 완쾌 혹은 미완쾌 범주로 분할되는 것은 위약이 투여된 모집단의 확률분포에 따라 결정된다. 즉, n_{21} 와 n_{22} 는 조건확률적인 (위약이 투여되었다는 조건) 빈도이다. 이와 같이 전체표본이 교차분할되고, 그 중 행 외곽 혹은 열 외곽 빈도들이 고정된 비확률적 빈도로 가정되는 상황에서, 교차분할표의 셀 빈도들이 발생하는 조건확률 (conditional probability) 을 수학적으로 개념화한 것이 승적다항분포이다.

〈표 17-1〉 약 효과의 검증을 위한 실험의 교차분할표

	실험집단	통제집단	전체
완쾌	n_{11}	n_{21}	n_{+1}
미완쾌	n_{12}	n_{22}	n_{+2}
전체	n_{1+}	n_{2+}	N

따라서 승적다항분포는 여러 개의 이항분포 혹은 다항분포들의 결합분포 (joint distribution) 라고 할 수 있다. <표 17-1> 에서 실험집단과 통제집단을 따로 분리하여 완쾌와 미완쾌 셀의 빈도가 발현하는 확률을 개념화하면 위에서 설명한 이항분포 (다항분포) 확률식에 의해서 두 개의 이항분포 (다항분포) 확률이 산출될 수 있다. 승적다항분포는 그 두 개의 이항분포 (다항분포) 가 곱해진 분포인데, <표 17-1> 의 경우, <수식 17-3> 과 같이 정의된다.

$$\text{승적다항분포 } \Pr(n_{11}, n_{12}, n_{21}, n_{22}) = \left(\frac{n_{1+}!}{n_{11}!n_{12}!}\pi_{11}^{n_{11}}\pi_{12}^{n_{12}}\right)\left(\frac{n_{2+}!}{n_{21}!n_{22}!}\pi_{21}^{n_{21}}\pi_{22}^{n_{22}}\right)$$

<수식 17-3>

<수식 17-3> 의 승적다항분포 확률식을 자세히 보면 실험집단에서의 이항분포 (다항분포) 확률식과 통제집단에서의 이항분포 (다항분포) 확률식이 곱해진 것이라는 사실을 알 수 있다. 만약 실험의 조건들이 세 개라면 세 개의 이항분포 (다항분포) 확

률식이 곱해져서 승적다항분포 확률이 되고, 실험의 조건들이 네 개라면 네 개의 이항분포 (다항분포) 확률식이 곱해져서 승적다항분포 확률이 된다.

예를 들어, 새로 개발된 신약이 투여된 모든 환자의 모집단에서 60% 가 완쾌되고, 그 약이 투여되지 않은 모든 환자의 모집단에서는 20% 가 완쾌된다고 가정하자. 즉, 환자들의 모집단에서 신약이 투여되었을 때의 완쾌확률은 $\pi_{11} = 0.6$ 이고, 투여되지 않았을 때의 완쾌확률은 $\pi_{21} = 0.2$ 라는 가정이다. 이 확률들은 '조건확률 (conditional probability)' 이라는 점을 유념하자. 그런데 이 조건확률들을 추정하기 위하여 실험집단과 통제집단에 각각 열 명씩의 피험자를 할당하였다고 가정하자. 즉, $n_{1+} = 10$ 이고, $n_{2+} = 10$ 이다. 그런데 실험집단에서는 일곱 명이 완쾌되고, 통제집단에서는 네 명이 완쾌되는 결과가 나왔다면, $n_{11} = 7$, $n_{12} = 3$, $n_{21} = 4$, $n_{22} = 6$ 이다.

환자들의 모집단에서 신약이 투여되었을 때의 완쾌될 조건확률은 $\pi_{11} = 0.6$ 이고, 투여되지 않았을 때의 완쾌될 조건확률은 $\pi_{21} = 0.2$ 라면, 실험집단과 통제집단에 각각 열 명씩의 피험자들이 할당된 실험에서 $n_{11} = 7$, $n_{12} = 3$, $n_{21} = 4$, $n_{22} = 6$ 의 셀 빈도들이 나타날 확률은 다음과 같은 승적다항분포 확률이다.

$$\Pr(7, 3, 4, 6) = \left(\frac{10!}{7!3!}(0.6)^7(0.4)^3\right)\left(\frac{10!}{4!6!}(0.2)^4(0.8)^6\right) = 0.018936$$

2. 연결함수

앞서 가부반응분석들은 범주적인 가부반응변인을 연속적인 종속변인으로 변환하기 위한 각기 독특한 규칙을 사용하는데, 이 변환규칙들을 통틀어 연결함수라고 부른다고 하였다. 여기에서는 가장 일반적으로 많이 사용되는 '로짓 연결함수 (logit link function)' 와 '프로빗 연결함수 (probit link function)' 을 설명하고자 한다. 이들 두 가지 연결함수들 중에 로지스틱 회귀모형은 로짓함수를 사용하여 범주적인 가부반응변인을 연속적인 종속변인으로 변환한다.

1) 로짓 연결함수

로짓 (logit) 이라는 용어는 '로지스틱 확률단위 (logistic probability unit)' 의 약칭이다 (Berkson, 1944). 로짓은 c×r 의 교차분할표 (c 개의 행 범주와 r 개의 열 범주로 이루어진 교차분할표) 에서 산출되는 숫자인데, 그 교차분할표에 대하여 한 가지 가정을 전제로 한다. 그 가정이란 교차분할표내의 빈도들이 앞에서 설명한 승적다항분포에 따라서 발현하는 빈도들이라는 것이다.

(1) 승산

승적다항분포가 가정되는 경우, 비확률적으로 고정된 외곽빈도를 가지는 변인을 일반적으로 독립변인, 그리고 그 고정된 외곽빈도를 조건확률적으로 재분할하는 변인을 반응변인으로 간주한다 ('조건확률적' 이라는 표현은 외곽빈도가 고정되었다는 의미이다). <표 17-1> 의 예에서는 연구자가 설정한 '처치집단' 이 독립변인이고, '완쾌여부' 가 반응변인이 될 수 있다. 독립변인의 각 범주 (실험집단과 통제집단) 내에서 그 범주의 고정된 외곽빈도가 반응변인의 각 범주로 분할되는 조건확률은 반응변인에 대한 독립변인의 효과에 의해 영향을 받는다. 독립변인 (처치집단) 의 각 범주 (실험집단과 통제집단) 에서 완쾌된 환자와 미완쾌된 환자의 조건비율을 각각 구하면 <표 17-2> 와 같다.

〈표 17-2〉 독립변인의 각 범주에서 완쾌된 환자와 미완쾌된 환자의 조건비율

	실험집단	통제집단
완쾌	$P_{실험} = \frac{n_{11}}{n_{1+}}$	$P_{통제} = \frac{n_{21}}{n_{2+}}$
미완쾌	$1-P_{실험} = \frac{n_{12}}{n_{1+}}$	$1-P_{통제} = \frac{n_{22}}{n_{2+}}$
전체	1.00	1.00

이제, 독립변인의 각 범주에서 P_i 와 $1-P_i$ 의 비율을 산출하면, 그 비율을 '승산 (odds)' 이라고 부른다.

$$\text{실험집단에서의 완쾌승산} = \frac{P_{\text{실험}}}{1-P_{\text{실험}}} = \frac{n_{11}}{n_{12}}$$

$$\text{통제집단에서의 완쾌승산} = \frac{P_{\text{통제}}}{1-P_{\text{통제}}} = \frac{n_{21}}{n_{22}}$$

어떤 독립변인 범주에서 승산의 값이 1.00 이면 완쾌되는 비율과 미완쾌되는 비율이 동일하다는 것을 의미한다. 반면에 승산의 값이 1.00 보다 크면, 완쾌되는 비율이 미완쾌되는 비율보다 크고, 1.00 보다 작으면 완쾌되는 비율이 미완쾌되는 비율보다 작다는 것을 의미한다. 따라서 <표 17-2> 의 예에서 승산은 완쾌 가능성을 나타내는 지수라고 할 수 있다. 승산은 0.00 과 $+\infty$ 사이의 값을 가진다.

(2) 로짓

승산은 그 의미가 매우 분명하여 유용한 지수이지만, 완쾌비율 (P_i) 과 미완쾌비율 ($1-P_i$) 이 동일한 경우 (승산 = 1.00) 를 중심으로 비대칭적인 범위를 가진다는 단점이 있다. 왜냐하면 완쾌비율이 최소값 0.00 인 경우 승산은 0.00 이고, 완쾌비율이 최대값 1.00 인 경우 승산은 $+\infty$ 이 되는데, 완쾌비율이 중간 값인 0.50 인 경우에 승산은 1.00 이 되기 때문이다. 그런데 승산을 로그변환하면 그러한 비대칭성이 사라지는 장점이 있다. 승산을 자연로그 (natural logarithm) 로 변환한 것이 로짓이다.

$$\text{logit}_i = \ln(\text{odds}) = \ln\left(\frac{P_i}{1-P_i}\right)$$

위의 로짓 수식에서 기호 'ln' 은 자연상수 e (2.718....) 를 기수 (基數) 로 하는 자연로그를 의미한다. 만약 승산이 1.00 이면, 로짓은 0.00 이 된다. 만약 승산이 0.00 이면 로짓은 $-\infty$ 가 되고, 승산이 $+\infty$ 이면 로짓도 $+\infty$ 가 된다. 예를 들어, 실험집단과 통제집단에 각각 50 명씩의 피험자가 할당되었는데, 진짜 약을 투여한 실험집단에서는 그중 35 명이 완쾌하였고, 위약을 투여한 통제집단에서는 다섯 명이 완쾌되었다면, 실험집단과 통제집단의 로짓은 각각 다음과 같다.

$$\text{logit}_1 = \ln\left(\frac{P_1}{1-P_1}\right) = \ln\left(\frac{0.70}{1-0.70}\right) = 0.847$$

$$\text{logit}_2 = \ln\left(\frac{P_2}{1-P_2}\right) = \ln\left(\frac{0.10}{1-0.10}\right) = -2.197$$

실험집단의 로짓이 0 보다 크므로 실험집단에서 완쾌비율이 미완쾌비율보다 높다는 것을 알 수 있고, 통제집단의 로짓이 0 보다 작으므로 통제집단에서 완쾌비율이 미완쾌비율보다 낮다는 것을 알 수 있다. 즉, 로짓은 각 실험조건에서 미완쾌비율에 상대적인 완쾌비율의 높낮이를 지수화한 것이며, 각 실험조건 내에서 '완쾌여부' 라는 범주적 반응변인이 함축하는 '可否' 정보를 연속적인 값으로 변환해준 숫자이다.

로짓에 관하여 몇 가지 간단한 속성을 기억해두면 유용하다. 우선, 로짓으로부터 역으로 P_i 를 구하는 것은 다음과 같다.

$$\frac{P_i}{1-P_i} = e^{\text{logit}_i} \text{ 이므로,} \quad P_i = \frac{e^{\text{logit}_i}}{1+e^{\text{logit}_i}} = \frac{1}{1+e^{-\text{logit}_i}}$$

예를 들어, 위의 예에서 실험집단의 로짓이 0.847 이므로 그 집단의 환자들 중에 완쾌된 환자의 비율 P_1 은 다음과 같이 역산될 수 있다.

$$P_1 = \frac{1}{1+e^{-0.847}} = 0.70$$

또한 완쾌비율을 변환한 로짓과 미완쾌비율을 변환한 로짓은 부호만 바뀔 뿐이고 절댓값이 동일하다. 예를 들어 위의 예에서 실험집단의 완쾌비율이 0.7 이고 미완쾌비율이 0.3 이므로 실험집단에서 완쾌비율을 변환한 로짓과 미완쾌비율을 변환한 로짓은 다음과 같이 절댓값이 같고 다만 부호가 서로 반대이다.

$$\text{실험집단에서 완쾌비율을 변환한 로짓} = \ln\left(\frac{P_1}{1-P_1}\right) = \ln\left(\frac{0.7}{0.3}\right) = 0.8473$$

$$\text{실험집단에서 미완쾌비율을 변환한 로짓} = \ln\left(\frac{1-P_1}{P_1}\right) = \ln\left(\frac{0.3}{0.7}\right) = -0.8473$$

2) 프로빗 연결함수

프로빗 (probit) 이라는 용어는 '확률단위 (probability unit)' 의 약칭이다 (Bliss, 1934). 프로빗은 로짓과 마찬가지로 c×r 의 교차분할표 (c 개의 행 범주와 r 개의 열 범주로 이루어진 교차분할표) 에서 산출되는 숫자이며, 교차분할표내의 빈도들이 위에서 설명한 승적다항분포에 따라서 발현하는 빈도들이라는 가정에 기초한다. 승적다항분포가 가정되는 경우, 비확률적으로 고정된 외곽빈도를 가지는 독립변인의 각 범주 (실험집단과 통제집단) 내에서 그 범주의 고정된 외곽빈도가 반응변인의 각 범주 (완쾌와 미완쾌) 로 분할되는 조건확률을 표준정규분포의 누적확률 (cumulative probability) 로 간주하고, 그 누적확률에 해당하는 표준점수 (z) 로 조건확률을 변환한 것이 프로빗이다. 따라서 프로빗은 흔히 z_p 로 표기한다.

예를 들어, <표 17-2> 에서 실험집단의 환자들 중 완쾌된 환자의 비율 P_1 이 0.7 일 때, 이 비율을 [그림 17-1] 와 같은 표준정규분포의 누적확률로 간주하면 그 누적확률에 해당하는 z_p 는 0.524 이다.

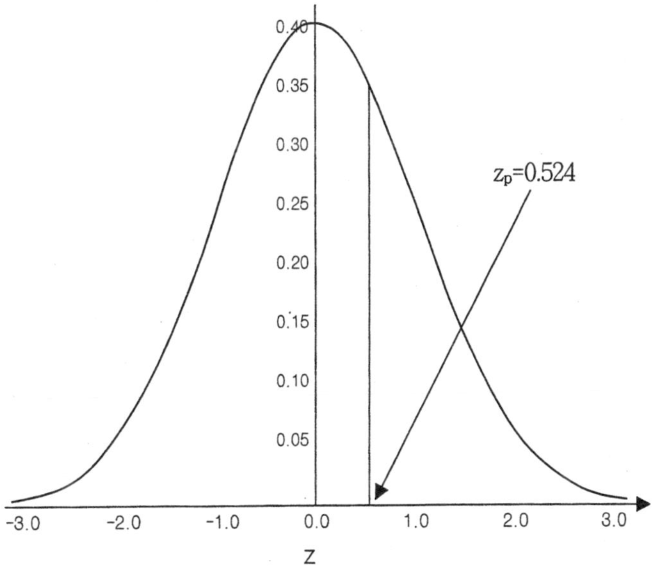

[그림 17-1] 표준정규분포에서 누적확률 0.7 에 해당하는 프로빗 (z 점수)

간단히 말해서, 0 보다 커야 하고 1 보다 작아야 하는 조건확률의 한계를 제거하기 위하여 그 조건확률을 정규분포의 수학적 속성을 이용한 비선형변환 (nonlinear transformation) 한 것이 프로빗이다. <표 17-2> 의 실험집단과 통제집단에 각각 50 명씩의 피험자가 할당되었는데, 진짜 약을 투여한 실험집단에서는 그 중 35 명이 완쾌하였고, 위약을 투여한 통제집단에서는 다섯 명이 완쾌되었다면, P_1 은 0.7 이고, P_2 는 0.1 이므로, 실험집단과 통제집단의 프로빗은 각각 0.524 와 -1.282 이다.

일반적으로 동일한 범주자료를 로짓 연결함수를 이용하여 변환하면 프로빗 연결함수를 이용하여 변환하는 것에 비하여 절댓값이 다소 커진다. 그러나 그 두 가지 연결함수는 거의 모든 자료분석을 위하여 동일한 결과를 산출한다. 다만, 프로빗 연결함수는 로짓 연결함수에 비하여 더 제한적인 용도를 가진다. 왜냐하면 프로빗 연결함수는 단속적인 혹은 범주적인 현상인 승적다항분포에 준하여 발현하는 조건확률의 이면에 실제로는 연속적인 분포인 정규분포가 내재한다는 가정을 가지기 때문이다. 생화학이나 의학 등의 분야에서는 프로빗 연결함수의 이 가정이 유용한 경우도 많다 (이 분야들에서는 프로빗을 임계저항력, 치사량, 역치 등으로 개념화하는 경우가 많다). 그러나 이 가정이 매우 특수한 가정이기 때문에 대부분의 가부반응분석들에서는 프로빗 연결함수보다는 로짓 연결함수를 이용하여 범주적인 반응변인을 연속적인 종속변인으로 변환한 후 분석에 활용하는 경우가 더 많다.

3. 로지스틱 회귀모형

반응변인이 두 개의 범주를 가지는 가부반응변인이고, 독립변인 (X) 이 연속변인이거나 범주변인인 경우에 로짓 회귀모형 혹은 로지스틱 회귀모형은 다음과 같이 기술된다.

$$\widehat{\text{logit}} = b_0 + b_1 X$$

로지스틱 회귀모형에서는 비록 독립변인 X 가 연속변인인 경우에도 그 변인의 각 값이 하나의 범주로 간주된다.

〈표 17-3〉 자살시도 여부와 인지적 몰락 점수 자료

인지적 몰락 점수 (X)	자살시도자	자살비시도자	승산	로짓 (logit)
0	0	12	0.0000	-∞
1	1	17	0.0588	-2.8336
2	0	13	0.0000	-∞
3	0	14	0.0000	-∞
4	3	17	0.1765	-1.7344
5	2	16	0.1250	-2.0794
6	0	20	0.0000	-∞
7	3	19	0.1579	-1.8458
8	5	22	0.2273	-1.4815
9	3	17	0.1765	-1.7344
10	4	15	0.2667	-1.3216
11	1	18	0.0556	-2.8896
12	7	14	0.5000	-0.6931
13	3	18	0.1667	-1.7916
14	6	14	0.4286	-0.8472
15	4	15	0.2667	-1.3216
전체	42	261		

예를 들어, 자신과 자신의 삶에 대한 의미부여를 거부하는 경향인 '인지적 몰락 (cognitive deconstruction)' 이 자살시도의 경험이 있는 사람과 그러한 경험이 없는 사람을 예측할 수 있는지를 검증하기 위하여 303 명의 응답자를 대상으로 조사를 하였다고 가정하자. 303 명중 42 명이 자살시도의 경험이 있고, 나머지 261 명은 자살시도의 경험이 없다고 응답하였다. 인지적 몰락 (X) 은 15 문항으로 이루어진 심리척도로 측정된 점수이고, 자살시도의 유무는 시도자가 1 로, 비시도자가 0 으로 코딩된 가부반응변인이다. 반응변인인 자살시도유무가 범주적인 가부반응변인이므로, 그 변인에 대한 인지적 몰락의 효과는 로지스틱 회귀모형에 의해 검증될 수 있다.

로지스틱 회귀모형을 적용하기 위해서는 우선 독립변인 (인지적 몰락) 의 각 값에서 로짓이 산출될 필요가 있고, 원 자료가 <표 17-3> 과 같은 형태로 정리되어야 한다. 이 자료정리의 핵심은 독립변인 (인지적 몰락) 의 각 값을 가지는 사례들 중에

반응변인 (자살시도) 의 한 범주에 속하는 사례의 수와 반응변인 (자살시도) 의 다른 범주에 속하는 사례의 수를 산출하는 것이다.

일단 원 자료가 <표 17-3> 과 같은 형태로 정리되면, 로지스틱 회귀분석은 원 자료를 사용하지 않고, <표 17-3> 과 같이 정리된 자료를 사용하여 회귀계수 b_0 와 b_1 을 산출한다. 즉, 로지스틱 회귀모형의 독립변인 혹은 예측하는 변인 X 의 값은 각 응답자의 인지적 몰락 점수가 아니라, <표 17-3> 에 제시된 0 부터 15 까지의 점수이다. 또한 종속변인은 <표 17-3> 에 제시된 로짓이다. 바로 이 이유 때문에 앞서 '자살시도' 를 종속변인으로 지칭하지 않고 반응변인으로 지칭하였다. 연구자의 관심은 자살시도유무에 대한 인지적 몰락의 효과 혹은 예측력이지만, 분석에서는 자살시도가 종속변인으로 이용되지 않고, 그 대신 로짓이 종속변인으로 이용된다. 따라서 <표 17-3> 의 자료에 대한 로지스틱 회귀분석에서 '사례 수' 는 303 이 아니라 16 이다.

<표 17-3> 에 정리된 자료를 이용하여 회귀분석을 하여 회귀계수들 b_0 와 b_1 이 산출되면, 그들에 대한 해석은 일반적인 회귀계수의 해석과 동일한 원칙에 의해 이루어진다. 즉, b_0 의 값은 인지적 몰락 (X) 의 값이 0 일 때 예측된 로짓이다. 또한 b_1 은 인지적 몰락점수가 1 점 증가하거나 감소할 때 그에 따라 증가하거나 감소하는 로짓의 예측치이다. 예측되는 종속변인이 로짓이기 때문에 회귀계수들의 의미도 그에 따라 다분히 추상화되는 경향이 있다. 그런데 다행히도 추정된 로지스틱 회귀모형은 반응변인의 특정한 범주 비율을 예측하는 모형으로 매우 쉽게 전환될 수 있다.

$$\widehat{\text{logit}} = \ln \frac{\hat{P}}{1-\hat{P}} = b_0 + b_1 X$$

따라서,

$$\frac{\hat{P}}{1-\hat{P}} = e^{(b_0 + b_1 X)}$$

따라서,

$$\hat{P} = \frac{1}{1 + e^{-(b_0 + b_1 X)}}$$

앞의 등식에 의해서 독립변인이 특정한 값을 가질 때 연구자가 관심을 가지는 반응의 예측된 확률 P 을 산출할 수 있다. 자살시도와 같이 연구자가 관심을 가지는 반응을 '성향 (propensity)' 이라고 부르기도 한다 (Rosenbaum & Rubin, 1983). 다시 말해서, 로지스틱 회귀모형은 주어진 독립변인 값 (X) 에 의하여 반응변인의 특정한 (연구자의 관심대상인) 성향이 나타날 확률 P 를 추정하는 모형으로 개념화할 수도 있다. 다만, 위의 마지막 등식이 보여주듯이, 이 성향확률 P 와 독립변인 X 의 관계는 직선형 관계 (straight line relationship) 가 아니고, 로그함수관계 혹은 S 자형 관계 (ogive relationship) 라는 사실을 유념하면 된다.

요약하자면, 로지스틱 회귀모형은 두 가지 형태로 개념화될 수 있다. 첫째는 로짓을 예측하는 선형모형이라는 것이다. 이 경우의 로지스틱 회귀모형은 로짓과 독립변인의 관계가 직선형이라고 가정한다. 로지스틱 회귀모형의 두 번째 형태는 특정한 반응의 비율 P 를 예측하는 곡선형모형이라는 것이다. 이 경우의 로지스틱 회귀모형은 특정한 성향비율 P 와 독립변인의 관계가 S 자형 혹은 오자이브 (ogive) 형이라고 가정한다. 이 두 가지 형태의 로지스틱 회귀모형은 별개의 모형들이 아니고, 동일한 모형을 다르게 표현하는 것뿐이라는 사실을 유념하여야 한다. [그림 17-2] 의 두 모형은 동일한 자료를 설명하는 동일한 로지스틱 회귀모형이다.

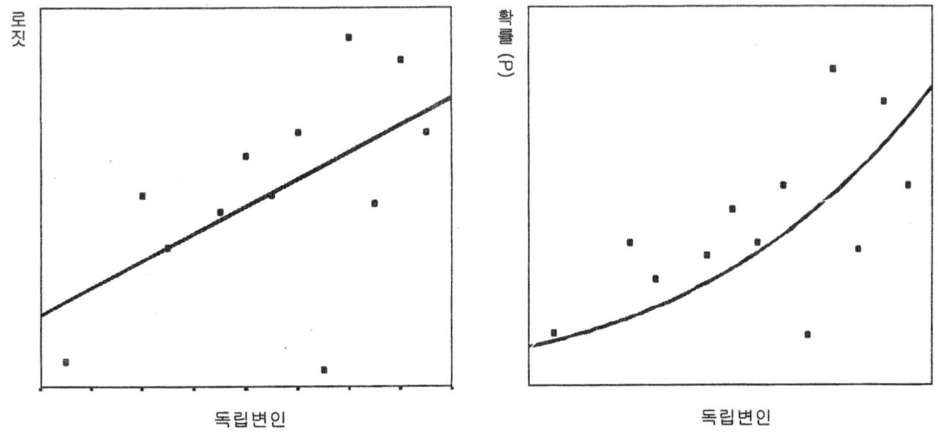

[그림 17-2] 동일한 자료를 설명하는 두 가지 동일한 로지스틱 회귀모형

4. 로지스틱 회귀계수의 추정

로지스틱 회귀분석은 반응변인을 로짓으로 변환하는 것 이외에 또 다른 한 가지 면에서 일반적인 회귀분석과 차이를 가진다. 그것은 회귀계수 산출이 최소자승화방법에 의해 이루어지지 않고, 최대우도추정방법 (maximum likelihood estimation method) 에 의해 이루어진다는 것이다. 로지스틱 회귀분석에서는 두 가지 이유 때문에 회귀계수의 산출이 최소자승화방법에 의해 이루어질 수 없다. 그 두 가지 이유는 변량의 동질성 가정 (homogeneity of variance assumption) 이 충족되리라고 기대할 수 없다는 것과 '영 빈도 (zero frequency) 의 문제' 이다.

1) 변량의 동질성 가정

앞서 최소자승화 방법에 의한 회귀분석의 가정들 중에 "모든 X 값에서 예측오차 $(Y-\hat{Y})$ 의 변량은 동일 (constant) 하다" 는 가정을 설명한 바 있다. 이 가정을 '변량의 동질성 가정 (homogeneity of variance assumption)' 이라고 부르는데, 이 가정은 회귀분석과 변량분석을 비롯하여 독립변인과 종속변인을 구별하는 대부분의 통계모형이 공히 가지는 매우 중요한 가정이다. 그런데 로지스틱 회귀분석에서는 독립변인의 모든 값이 범주로 간주되고, 독립변인의 각 범주에서 반응변인의 로짓이 산출되어 분석의 종속변인으로 이용되는 특성 때문에 이 가정이 지켜지기 매우 어렵다. 독립변인의 각 값 범주에서의 로짓변량은 그 범주의 전체 사례수를 n_i 로 표기하고, 로짓의 분자에 해당하는 빈도를 n_{i1}, 로짓의 분모에 해당하는 빈도를 n_{i2} 라고 표기하면 다음과 같이 정의된다.

$$\text{독립변인 범주 } i \text{ 의 로짓의 변량} = V_i = \frac{n_i}{n_{i1}n_{i2}}$$

다시 말해서 로짓변량 V_i 는 범주 i 의 사례 수 n_i 에 의해서 직접적으로 달라진다. 일반적으로 로짓변량 V_i 는 범주 i 의 사례 수 n_i 와 역의 관계를 가진다. 위의 자살시도에 관한 예에서 인지적 몰락점수가 1 인 범주의 로짓변량은 18/(1)(17) = 1.059 인 반면, 인지적 몰락점수가 8 인 범주의 로짓변량은 27/(5)(22) = 0.245 이다.

독립변인의 각 값을 가지는 사례수가 모두 동일하도록 즉, 독립변인의 빈도분포가 균일분포 (uniform distribution) 하도록 연구자가 조작하는 경우를 제외하면, 독립변인의 각 수준에서 종속변인인 로짓의 변량이 큰 폭으로 달라지는 것이 일반적이므로, 로지스틱 회귀분석에서는 최소자승화 방법에 의해 회귀계수를 산출하기 위한 중요한 가정을 충족하지 못하는 경우가 매우 많아지게 마련이다. 일반적으로 로지스틱 회귀분석에서는 변량의 동질성 가정이 충족되리라고 기대할 수 없다.

2) 영빈도

로지스틱 회귀모형의 계수들이 최소자승화 방법으로 추정될 수 없는 또 다른 이유는 <표 17-3> 의 자살시도 예에서 명확히 나타나고 있다. <표 17-3> 의 예에서 인지적 몰락 점수가 0 점, 2 점, 3 점, 6 점인 사람들은 모두 자살비시도자들이다. 즉, 이들의 경우에는 반응이 반응변인의 한 범주에 모두 몰려 있고, 반응변인의 또 다른 범주에는 빈도가 0 이다. 이와 같이 반응변인의 한 범주가 0 빈도를 갖는 경우에는 로짓이 정의되지 않는다. 왜냐하면 이런 경우의 로짓은 -∞ 혹은 +∞ 이기 때문이다.

이와 같이 영빈도가 존재하면 두 가지 중 한 가지 방식에 의하여 처리된다. 첫째는 그것을 소위 '구조적 영 (structural zero)' 으로 간주하는 것인데, 말하자면 본질적으로 빈도가 나타날 수 없는 반응범주로 간주하는 것이다. 예를 들어, 성별과 임신여부로 2×2 교차분할표를 작성하면, '남자' 이면서 '임신' 이라는 반응범주에는 언제나 영빈도가 나타날 수밖에 없다. 이러한 범주에서 나타나는 영 (0) 빈도를 구조적 영이라고 한다. 만약 어떤 범주의 영빈도가 구조적 영이라고 간주되면, 그 범주가 분석에서 제외된다. 위의 예에서 인지적 몰락 점수가 0 점, 2 점, 3 점, 6 점인 사례들을 분석에서 모두 제외한다면, 영빈도를 구조적 영으로 간주하는 것이다.

영빈도를 처리하는 두 번째 방식은 그것을 소위 '무선적 영 (random zero)' 으로 간주하는 것이다. 즉, 모집단에서는 그 범주에 사례가 존재하지만, 표본에서는 우연에 의하여 사례가 나타나지 않았다고 간주하는 것이다. 이때에는 영빈도를 아주 작은 숫자의 인위적인 빈도로 교체한다. 일반적으로는 숫자 0.5 가 가장 많이 이용된다.

로지스틱 회귀분석의 독립변인은 흔히 연속변인이고, 연속변인은 매우 많은 수의 값은 가지게 마련이다. 따라서 독립변인의 각 값을 가지는 사례들의 수가 작은 경우가 자주 발생하고, 그 작은 사례들이 반응변인의 특정한 반응범주에 모두 몰리게 되어, 결과적으로 영빈도를 가지는 반응범주가 자주 나타나는 경향이 있다. 이러한 영빈도를 구조적 영빈도로 간주하건, 아니면 무선적 영빈도로 간주하건, 최소자승화 방법에 의해 산출되는 계수들은 그러한 인위적인 조작에 따라서 크게 달라질 수 있다.

3) 최대우도추정 방법

변량의 동질성 가정을 기대할 수 없고, 영빈도가 많이 나타나게 된다는 사실은 로지스틱 회귀분석의 독특한 특성이다. 그런데 최소자승화 방법에 의해 산출되는 회귀계수들은 이러한 특성에 의해 크게 왜곡될 가능성이 매우 높다. 따라서 로지스틱 회귀분석에서는 최대우도추정 (maximum likelihood estimation) 방법에 의하여 회귀계수들을 산출한다.

최대우도추정 방법은 순환과정을 거치는 모수추정 방법이다. 이 방식은 특정한 우도함수 (likelihood function) 을 설정하고 이 함수를 최대화하는 모수 값들을 순환과정을 거쳐 산출한다. 이때 우도란 특정한 로지스틱 회귀모형이 모집단에서 참이라는 가정 하에 자료의 로짓들이 발생할 확률을 의미한다. 이 확률은 승적다항분포를 가정하고 추정된다. 그런데 우도를 최대화하는 것은 다음과 같은 로그화한 우도함수를 최대화하는 것과 같다 (이 함수는 승적다항분포에서 유도된 것이다).

$$\mathrm{Log(likelihood)} = -\sum n_i \ln[1 + e^{b_0 + b_1 X}] + \sum n_i (b_0 + b_1 X)$$

위의 함수식에서 n_i 는 각 독립변인 범주 i 의 전체 사례수이고, ln 은 자연로그이며, e 는 자연상수 2.718... 이다. 간단히 말해서, 로지스틱 회귀분석은 위의 로그화한 우도함수 Log (likelihood) 를 최대가 되게 하는 b_0 와 b_1 의 값을 순환절차에 의해 추정한다.

일반적으로 우도산출은 세 가지의 요소를 필요로 하는 확률추정이다. 이 요소들 중 하나라도 결여되면 우도추정이 불가능하다. 첫째, 현상의 발생을 지배하는 잠재적 원리에 대한 가정이 필요하다. 동전 던지기의 경우에는 동전이 공정하다는 가정 혹은 앞면 나올 확률이 0.5 라는 가정 등을 말하고, 로지스틱 회귀분석의 경우에는 특정한 로지스틱 회귀모형을 말한다. 둘째, 발생한 현상이 있어야 한다. 예를 들면 동전을 열 번 던진 결과 앞면이 세 번 나왔다던가, 특정한 로짓들이 구해진 것을 말한다. 셋째, 잠재적 원리와 실제 현상의 관계를 결정하는 이론적인 확률분포가 있어야 한다. 동전 던지기의 경우에는 이항분포가 이용되고, 최대우도추정에 의한 로지스틱 회귀분석에서는 승적다항분포가 이용된다.

4) 추정된 로지스틱 회귀모형의 용도

<표 17-3> 의 자료에 대하여 최대우도추정 방법에 의해 산출된 회귀계수들은 $b_0 = -3.1551$, $b_1 = 0.1483$ 이다. 따라서 자살시도와 인지적 몰락 사이의 관계는 다음과 같이 추정되었다.

$$\widehat{\text{logit}}_{\text{SUICIDE}} = -3.1551 + 0.1483X \quad \text{혹은} \quad \hat{P}_{\text{SUICIDE}} = \frac{1}{1 + e^{-[-3.1551 + 0.1483X]}}$$

인지적 몰락 점수 (X) 가 0 일 때, 자살시도의 로짓은 -3.1551 일 것으로 예측되고, 인지적 몰락 점수가 1 점 증가하면 그 로짓이 0.1483 증가할 것으로 예측된다. 만약 특정한 인지적 몰락 점수를 가진 사람이 자살을 시도할 확률을 산출하고자 한다면 위의 두 번째 모형방정식을 이용하면 된다. 예를 들어, 인지적 몰락 점수가 11 인 사람이 자살을 시도할 확률은 다음과 같다.

$$\hat{P}_{\text{SUICIDE}} = \frac{1}{1 + e^{-[-3.1551 + 0.1483(11)]}} = 0.179$$

반대로, 특정한 비율을 예측하는 독립변인의 값을 파악하기 위한 목적으로 추정된 로지스틱 회귀모형을 이용할 수도 있다. 예를 들어, 추정된 로지스틱 회귀모형이 자살시도확률을 예측하는 정확한 모형이라면, 자살시도를 할 확률 0.5 를 예측하는 인지적 몰락점수는 다음과 같다.

$$X = \frac{\ln\left(\frac{\hat{P}}{1-\hat{P}}\right) - b_0}{b_1} = \frac{\ln\left(\frac{0.5}{0.5}\right) + 3.1551}{0.1483} = 21.275$$

위의 수식을 주의깊게 살펴보면, $\hat{P} = 0.5$ 일 때 예측된 로짓은 0 이므로, 특정한 반응 확률 P=0.5 를 예측하는 독립변인의 값은 다름 아닌 $-b_0/b_1$ 라는 것을 알 수 있다. 따라서 어떤 사례를 인지적 몰락 척도로 측정한 결과 그 사례의 점수가 21.275 보다 높을 때는 그 사례가 자살시도를 할 확률이 하지 않을 확률보다 높을 것으로 예측되고, 인지적 몰락 점수가 21.275 보다 낮다면 그 사례는 자살시도를 할 확률이 하지 않을 확률보다 낮을 것으로 예측할 수 있다. 특정한 반응 확률 P=0.5 를 예측하는 독립변인의 값을 임계저항력, 역치, 치사량 등의 용어로 지칭한다. 여기에서의 예에서는 자살시도를 위한 인지적 몰락 점수의 역치 (threshold) 가 21.275 라고 할 수 있다. [그림 17-3] 은 이 역치를 도식적으로 보여주고 있다. 인지적 몰락 점수의 크기가 이 역치를 넘어가면 자살시도의 가능성이 매우 높다는 의미이다.

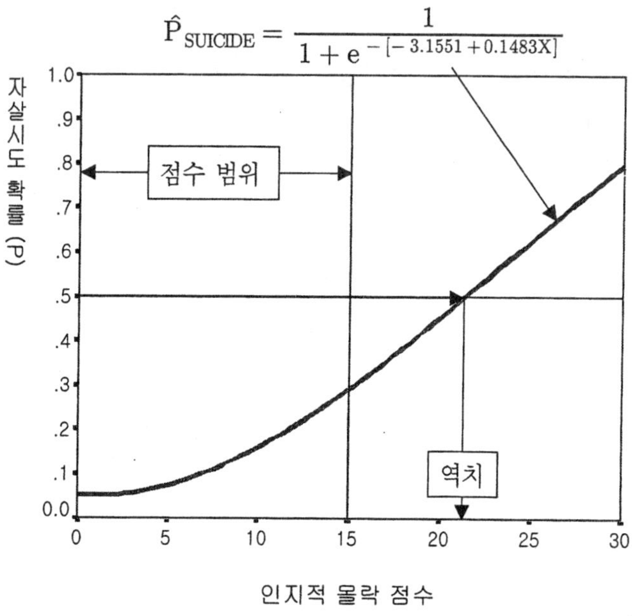

[그림 17-3] 로지스틱 회귀모형에서 도출되는 '역치'

그런데 [그림 17-3] 을 보면, 자살시도의 여부를 판가름하는 인지적 몰락 점수의 역치가 실제로 가능한 점수의 범위를 넘어서는 영역에서 설정되는 것을 알 수 있다. 이것은 인지적 몰락을 측정하는 척도가 자살시도 위험이 비교적 낮은 사람들을 변별하기 위한 목적으로 개발된 것이라는 점을 암시한다. 즉, 이 척도가 만약 자살시도의 여부를 판단할 목적으로 만들어진 것이라면, 이 척도는 소위 '난이도' 가 매우 낮은 척도이다. 역치가 실제로 가능한 점수의 범위를 넘어서는 영역에서 설정되므로 산출된 역치에 대한 해석은 매우 신중하게 이루어져야 한다.

5. 통계적 검증

1) 우도비 카이자승

최대우도추정 방법에 의한 로지스틱 회귀분석의 가장 중요한 특징은 표본의 크기가 클 때 로그화된 우도함수 Log(likelihood) 가 모형합치도를 위한 통계적 기준이 될 수 있다는 것이다. 표본의 크기가 클 때, -2Log(likelihood) 는 자유도가 df=(로짓 수)-(독립변인 수)-1 인 카이자승 분포를 한다. 이 카이자승 지수는 합치도 지수이므로 모형에 의해 예측된 로짓과 실제 로짓의 차이가 작을수록 작아지는 지수이다. 즉, 모형합치도가 좋을수록 -2Log(likelihood) 는 작다.

$$\chi^2 = -2\text{Log}(\text{likelihood})$$

<표 17-3> 의 자료에서 산출된 -2Log(likelihood) 의 값은 230.482 이고, 이것은 자유도 df=12-1-1=10 의 χ^2 분포를 하는 모형합치도 지수이다.

만약 두 개의 로지스틱 회귀모형이 서로 위계적인 관계를 가진다면, 그 두 개의 위계적인 관계를 가진 로지스틱 회귀모형에서 각기 산출된 -2Log(likelihood) 즉, χ^2 의 차이는 역시 카이자승 분포를 한다. 어떤 큰 모형이 다른 작은 모형의 모든 모수를 가지고 있고, 덧붙여서 추가적인 모수를 가질 때 그 두 모형은 서로 위계적인 관계를 가진다고 말한다. 일반적으로는 독립변인을 더 많이 가지는 모형이 큰 모형이

고, 독립변인의 수가 작은 모형이 작은 모형이다. 독립변인을 더 많이 가진 큰 모형의 합치도가 작은 모형의 합치도보다 우월하기 마련이므로, 두 모형이 위계관계를 가지면, 작은 모형의 카이자승이 큰 모형의 카이자승보다 언제나 더 크다 (즉, 작은 모형의 합치도가 항상 더 나쁘다). 따라서 위계관계를 가지는 두 모형의 카이자승 차이는 큰 모형에 추가된 독립변인들이 모형합치도에 기여하는 정도를 나타내는 또 하나의 카이자승 지수이다. 이와 같은 '차이 카이자승' 의 자유도는 두 모형의 자유도의 차이이다. 이 차이 카이자승을 '우도비 카이자승 (likelihood ratio chi-square)' 이라고 부르는데, Wilks (1935) 에 의해 개발된 이후, 빈도자료에 대한 모형검증에서 매우 중요한 역할을 한다. 차이 카이자승을 우도비 카이자승이라고 지칭하는 이유에 대해서는 박광배 (1992) 를 참조하라.

$$\text{우도비 } \chi^2 = [-2\text{Log}(\text{likelihood})_{\text{small model}}] - [-2\text{Log}(\text{likelihood})_{\text{large model}}]$$

2) 모형검증

로지스틱 회귀모형에 대한 통계적 검증은 방금 위에서 설명한 우도비 카이자승을 이용하여 이루어진다. 이때 우도비 카이자승은 연구자가 설정한 로지스틱 회귀모형에서 산출되는 카이자승과 소위 '빈 모형 (null model)' 혹은 '독립성 모형 (independence model)' 이라고 불리는 모형에서 산출되는 카이자승의 차이를 의미한다. 빈 모형 혹은 독립성 모형은 독립변인이 없는 로지스틱 회귀모형을 말한다. 즉, 다음과 같은 로지스틱 회귀모형이 빈 모형 혹은 독립성 모형이다.

$$\widehat{\text{logit}}_{\text{SUICIDE}} = b_0 \quad \text{혹은} \quad \hat{P}_{\text{SUICIDE}} = \frac{1}{1 + e^{-(b_0)}}$$

빈 모형의 b_0 는 다름 아닌 로짓의 전체 평균이다. 예를 들어, <표 17-3> 의 가장 오른쪽 열에 제시된 로짓들의 평균을 구하면 -1.71 인데, 이것이 독립변인 없이 자살시도 로짓을 예측하는 경우의 예측된 로짓이다. 빈 모형은 주어진 자료에 대하여 검증할 수 있는 모든 가능한 모형들 중 설명력 혹은 합치도가 가장 낮은 모형이다. <표 17-3> 의 자료에 적용된 빈 모형의 합치도는 243.878 로 산출되는데, 이 지수는 주어진 자료에서 산출할 수 있는 최대의 카이자승 지수이다. 즉, 같은 자료에 대하여 어떤 다른 로지스틱 회구모형을 검증하더라도 이것보다 더 큰 -2Log(likelihood) 를 산출할 수 없다.

빈 모형에 독립변인이 추가되면 추가된 독립변인을 가지는 모형의 카이자승은 빈 모형의 카이자승보다 작다. 이 카이자승의 차이 혹은 우도비 카이자승은 바로 로짓에 대한 추가된 독립변인의 설명력 혹은 예측력을 반영하는 지수이다.

<표 17-3> 의 자료에 적용된 빈 모형의 카이자승은 χ^2_{null}=243.878 이고 자유도는 df_{null}=12-0-1=11 이다. 반면에 독립변인 인지적 몰락 (X) 이 추가된 모형의 카이자승은 $\chi^2_{research}$=230.482 이고 자유도는 $df_{research}$=12-1-1=10 이다 (아래첨자 'research' 는 '연구모형' 이라는 의미이다). 따라서 우도비 카이자승은 다음과 같다.

$$\text{우도비 } \chi^2 = \chi^2_{null} - \chi^2_{research} = 243.878 - 230.482 = 13.396$$

이 우도비 χ^2 의 자유도는 df_{null}-$df_{research}$=1 이다. 우도비 χ^2 의 값 13.396 은 자유도가 1 인 카이자승 지수인데, 자유도가 1 인 카이자승 분포에서 α=0.05 의 임계치 (3.841) 보다 크므로 자살시도 로짓에 대한 인지적 몰락 점수의 효과 혹은 설명력이 통계적으로 유의미하다는 것을 의미한다. 다른 말로 표현하면, 빈 모형에 비하여 인지적 몰락 (X) 이 독립변인으로 추가된 모형의 합치도 (모형이 예측하는 로짓과 실제 로짓의 일치도) 가 통계적으로 유의미하게 더 좋다고 말할 수 있다.

3) 회귀계수의 통계적 검증

동일한 모집단에서 추출되는 각기 다른 표본에서 로지스틱 회귀모형의 회귀계수들은 약간씩 다르게 산출되기 마련인데, 표본의 크기가 크면 각기 다른 표본에서 최대우도추정 방법에 의해 산출되는 계수들이 정규분포한다. 이 속성을 '최대우도추정치의 정규성' 이라고 부른다. 최대우도추정치가 가지는 이 속성에 의해서 추정된 회귀계수들에 대한 통계적 유의미도 검증이 가능해진다. 즉, 최대우도추정 방법에 의해 추정된 회귀계수를 그것의 표준오차로 나누어주면 z 값이 된다. 이 z 값을 자승한 z^2 를 'Wald 통계치' 라고 부르는데 (Wald, 1943), 이 지수는 일종의 카이자승 지수이며 로지스틱 회귀모형이 가지는 회귀계수들의 통계적 검증을 위하여 사용된다.

$$\text{Wald} = z^2 = \left(\frac{b_1}{s(b_1)}\right)^2$$

<표 17-3> 의 자료에서 산출된 $b_1 = 0.1483$ 의 Wald 통계치는 11.939 이며, 이것은 α=0.05 의 수준에서 통계적으로 유의미하다. 따라서 자살시도 로짓에 대한 인지적 몰락 (X) 의 효과 혹은 예측력이 모집단에서 존재한다고 판단된다.

그런데 세심한 독자는 여기에서 한 가지 불일치를 발견하게 된다. 위에서 자살시도 로짓에 대한 인지적 몰락 점수의 효과 혹은 설명력을 우도비 χ^2 으로 평가해본 결과 13.396 이 산출되었는데, 동일한 인지적 몰락 점수의 효과 혹은 설명력을 로지스틱 회귀계수 (b_1) 에 대한 통계적 검증 방법인 Wald 통계치로 평가해본 결과 11.939 가 산출되었다. 여기에서 사용된 예에서는 우도비 χ^2 과 로지스틱 회귀계수 (b_1) 의 Wald 통계치는 공히 인지적 몰락 점수의 효과 혹은 설명력에 대한 통계검증을 위한 통계치이고, 그들은 또한 공히 카이자승 지수들이므로 당연히 동일한 수치를 산출해야 마땅하다. 그런데 그 수치가 불일치하는 이유는 무엇일까? 우도비 χ^2 과 Wald 통계치 사이의 이러한 불일치는 매우 자주 발생하는 현상인데, 일반적으로 학자들은 Wald 통계치의 결함 때문이라고 생각한다. Menard (1995) 는 시뮬레이션 연구를 통하여 로지스틱 회귀계수의 크기 (b_1) 와 그것의 표준오차 ($s(b_1)$) 의 크기가 정적인 상관관계를 가지는 경향이 있다는 것을 발견하였다. 따라서 회귀계수가 크면 Wald 통계치는 작아지는 경향이 있다. 종속변인 로짓에 대한 독립변인의 효과가 크면 회귀계수 (b_1) 가 크게 산출된다. 그런데 이때 Wald 통계치는 오히려 작아지므로 독립변인의 효과가 통계적으로 유의미하지 않다는 잘못된 판단을 할 수 있다. 또한 Agresti (1996) 는 표본의 사례수가 작을수록 독립변인의 효과에 대한 통계검증 수단으로서 우도비 χ^2 이 Wald 통계치보다 더 신뢰롭다는 것을 발견하였다. 따라서 예에서 목격되는 바와 같이 독립변인의 효과 혹은 설명력에 대한 통계검증 방법으로서 우도비 χ^2 과 Wald 통계치가 서로 불일치하는 경우에는 우도비 χ^2 에 근거하여 모형에 대한 판단과 독립변인의 효과에 대한 판단을 하는 것이 바람직하다고 할 수 있다.

6. 로지스틱 회귀모형의 장점과 단점

로지스틱 회귀분석의 한 가지 장점은 범주적인 반응변인과 연속적인 독립변인의 비선형적 관계 (nonlinear relationship) 의 검증을 위하여 쉽게 이용할 수 있다는 것이다. 일단 독립변인의 각 값에서 반응변인의 로짓이 계산되면 그 이외의 모든 것은 일반적인 회귀분석에 준하여 이루어지므로 회귀분석으로 가능한 모든 모형검증이 범주적인 반응변인에 대하여 이루어질 수 있다. 또한 최대우도추정 방법이 가지는 모든 통계적 장점을 가진다는 것도 매우 유용한 속성이다. 반응변인의 범주가 세 개 이상인 경우의 로지스틱 회귀분석을 '다항 로지스틱 회귀분석 (multinomial logistic regression)' 이라고 부르고, 독립변인이 두 개 이상인 경우의 로지스틱 회귀분석을 '로지스틱 중다회귀분석 (logistic multiple regression)' 이라고 부른다. 이러한 다소 복잡한 모형들에 대해서는 Collett (1991), Fienberg (1987), Agresti (1990), Cox & Snell (1989) 등을 참고하면 좋다.

연속변인의 각 값이 하나의 범주변인으로 간주된다는 것은 대부분의 경우 범주의 수가 많다는 것을 의미한다. 더구나 연속적인 독립변인이 두 개 이상이 되면 그들의 값들에 의해 교차분할되는 범주의 수가 엄청난 숫자로 늘어난다. 교차분할된 범주가 이렇게 많이 존재하면 자연히 빈 범주 (사례가 없는 범주) 의 수가 많아지게 마련이다. 이런 경우에는 통계적 추론에 심각한 오류를 범할 수 있다. 특히 5 미만의 빈도를 가지는 범주의 수가 많으면 합치도 지수에 심각한 왜곡이 생길 수 있다 (Gottman & Roy, 1990). 따라서 로지스틱 회귀분석은 표본의 크기가 커야 한다는 실질적, 이론적 필요를 가진다. 그러나 이것은 단순히 연구에서 수집된 전체 사례수가 많아야 한다는 것을 의미하는 것이 아니다. 전체 사례수가 많아도 그들이 몇 개의 범주에 모두 몰려있으면 문제는 여전히 남게 된다. 따라서 로지스틱 회귀분석을 계획할 때는 연구에서 관찰되는 전체표본을 모집단으로부터 무작위 표집하기 보다는 독립변인의 각 값에 대하여 빈도분포가 균일분포 하도록 계획적 표집을 하는 것이 더 바람직하다. 말하자면 일종의 실험설계를 계획하는 것이다.

연습문제

17-1. 다음은 어떤 회사에서 올해 남녀 신입사원 응시자 각 10 명을 심사하고 그중에 일부를 채용한 자료이다. 그런데 이 회사가 창립된 이래 지금까지 응시하였던 모든 남자응시자들 중에는 40% 가 채용되었고, 모든 여자응시자들 중에는 70% 가 채용되었다. ① 올해 응시자들에 대하여 아래의 표와 같은 채용심사 결과가 나올 확률을 산출하라. ② 이 회사가 창립된 이래 지금까지 응시하였던 모든 자료를 이용하여 남자응시자집단과 여자응시자집단에서 각각 채용될 승산과 로짓을 산출하라. ③ 올해의 경우에 남자응시자집단과 여자응시자집단에서 각각 채용될 프로빗을 산출하라.

	남자	여자
채용	7	3
탈락	3	7

17-2. 다음은 Graubard & Korn (1987) 에 실제로 보고된 자료이다. 이 연구에서는 임신초기의 임산부 음주가 태아의 기형을 유발하는지를 파악하기 위하여 임산부들이 임신 3 개월째에 하루에 섭취하는 평균음주량에 대한 설문응답을 하였다. 그런 후, 태아가 출생하였을 때 기형의 유무를 관찰하였다. ① 임산부의 음주와 태아의 기형이 관계를 가지는지의 여부를 로지스틱 회귀분석으로 파악하고 결과를 면밀히 해석하라. ② 임신초기에 하루평균 다섯 잔의 술을 마시는 임산부가 기형아를 생산할 확률을 산출하라. ③ 기형아를 출산할 수 있는 음주량의 역치 (threshold) 를 구하라.

태아	하루평균 음주량				
	0 잔	1 잔	2 잔	4 잔	6 잔
정상	17,066	14,464	788	126	37
기형	48	38	5	1	1

17-3. 다음은 농구선수 100 명이 자유투를 실시한 자료이다. 각 선수들은 어깨 근

육의 근력을 kg 단위로 측정한 후, 농구골대에서 10 m 떨어진 지점에서 자유투를 실시하였다. 자유투가 성공한 경우는 '1' 로 코딩하고, 실패한 경우는 '0' 으로 코딩하였다. ① 어깨 근육의 근력으로 자유투 성공확률을 예측하는 로지스틱 회귀모형을 산출하고, ② 어깨 근육의 근력이 자유투 성공확률에 대하여 통계적으로 의미 있는 예측력을 가지는지를 판단하라. 또한 ③ 10 m 자유투 성공을 위한 어깨근육 근력의 역치를 구하라.

선수	근력	자유투	선수	근력	자유투	선수	근력	자유투
1	24	1	35	27	0	69	20	0
2	24	0	36	27	0	70	21	0
3	26	0	37	29	0	71	27	1
4	23	1	38	24	0	72	20	0
5	22	0	39	25	0	73	22	1
6	27	0	40	27	1	74	23	0
7	23	1	41	22	0	75	27	1
8	24	1	42	28	0	76	28	1
9	21	0	43	21	0	77	28	1
10	21	1	44	25	0	78	27	1
11	21	0	45	27	1	79	20	1
12	20	0	46	29	1	80	24	0
13	26	0	47	23	0	81	22	0
14	22	1	48	25	0	82	27	0
15	27	1	49	28	0	83	29	1
16	29	0	50	21	0	84	22	1
17	26	1	51	26	0	85	23	1
18	23	0	52	30	1	86	27	0
19	27	0	53	23	0	87	29	1
20	20	0	54	25	0	88	21	0
21	21	1	55	25	1	89	25	1
22	27	0	56	23	0	90	21	0
23	22	0	57	23	0	91	29	1
24	22	0	58	29	1	92	25	1
25	26	0	59	24	0	93	23	0
26	30	1	60	21	0	94	26	0
27	22	0	61	23	1	95	26	1
28	23	0	62	26	0	96	29	1
29	21	0	63	26	1	97	21	1
30	27	1	64	28	1	98	24	0
31	21	0	65	22	0	99	26	1
32	21	1	66	21	0	100	28	1
33	22	0	67	24	0			
34	21	0	68	24	1			

공변량분석

제 3 부

제 18 장　공변량분석

공변량분석 18

'공변량분석 (ANCOVA: Analysis of Covariance)' 은 변량분석 (ANOVA) 과 회귀분석 (Regression Analysis) 이 결합된 분석방법이다. 공변량분석의 궁극적 목적은 변량분석과 마찬가지로 실험집단간 차이를 검증하는 것이다. 그런데 공변량분석은 일반적인 변량분석에 비하여 두 가지의 독특한 용도를 가진다. 첫째는 실험집단간 차이 검증의 검증력 (power) 을 높이기 위하여 공변량분석을 활용한다는 것이고, 둘째는 실험 전에 이미 존재하는 실험집단간 차이를 수학적으로 통제하기 위해 공변량분석을 한다는 것이다. 이 두 가지 용도가 공변량분석의 주된 특징이다.

첫 번째 용도는 변량분석의 구획설계가 가지는 용도와 동일한 것이다. 변량분석에서 구획변인이 포함되면 연구관심의 주 대상인 독립변인에 의한 실험집단간 차이는 변하지 않지만, 그 실험집단 차이의 통계적 검증을 위한 오차 (MSW) 가 줄어든다. 오차가 줄어들면 모집단에서 실험집단간 차이가 실제로 존재하는 경우에, 실험집단간의 평균차이가 통계적으로 유의미해질 가능성이 증가한다. 공변량분석에서도 동일한 구조에 의하여 실험집단들의 차이검증에서 통계적 검증력이 증가한다. 즉, 모집단에서 실제로 실험집단들의 차이가 존재하는 경우, 공변량분석은 통계검증의 오차를 감소시킴으로서 모집단에서 존재하는 실험집단들의 차이를 보다 정확히 알아낼 수 있다. 이 목적으로 공변량분석을 사용하기 위해서는 종속변인과 긴밀한 관계 혹은 높은 상관관계를 가지는 '공변인 (covariate)' 을 선택하여야 한다. 종속변인과 긴밀한 관계 혹은 높은 상관관계를 가지는 공변인을 다른 말로 표현하면, 종속변인에서 피험자들 사이의 개인차를 많이 유발하는 변인이라고 할 수 있다. 따라서 공변인은 구획설계에서 구획변인이 하는 것과 동일한 역할을 하는 통제변인을 말한다. 다만, 공변량분석에서의 공변인은 연속변인이라는 점이 구획변인과 다른 점이다. 결론적으로, 집단차이 검증의 검증력을 높이기 위한 목적으로 공변량분석을 하는 경우에는 종속변인과 높은 상관관계를 가지는 공변인을 통제변인으로 사용하여야 한다.

공변량분석의 두 번째 용도는 첫 번째 것과 매우 다른 것이며, 공변량분석을 다른 분석방법들과 구별되게 하는 매우 독특한 특징이다. 특히 실험연구에서 공변량분석을 사용하는 경우는 거의 언제나 이 두 번째 용도를 활용하기 위해서이다. 따라서 공변량분석은 이 두 번째 용도의 이해를 통하여 파악되어야 한다.

공변량분석의 두 번째 특징은 자료분석에서 소위 '기저선 (baseline)' 의 차이 혹은 '사전검사 (pre-test)' 의 차이에 의한 오염을 통제하는 것이다. 예를 들어, 포르노그래피에 대한 생리적 반응을 알아보기 위한 실험에서 각기 다른 종류의 포르노그래피 집단들에 피험자들을 할당한 후, 포르노그래피를 관람하는 동안의 혈압을 측정하여 포르노그래피 집단들 사이에 평균혈압의 차이가 통계적으로 유의미한지를 검증한다고 가정하자. 이런 경우 우연에 의해 실험 전 혈압이 집단마다 동일하지 않을 수 있다. 만약 그렇다면 비록 실험 후 혈압에서 실험집단간 차이가 발견되더라도 그것이 포르노그래피의 차이에 의한 것인지, 아니면 어떤 실험집단이 다른 실험집단보다 평소의 혈압이 높았던 사람들로 이루어졌기 때문인지를 구별할 수 없게 된다. 이러한 해석의 모호성을 예방하기 위하여 실험 전에 소위 기저선 혈압을 측정한다. 즉, 평소의 혈압을 측정하는 것이다. 이렇게 기저혈압이 측정되면 그것을 공변인으로 이용하여 공변량분석을 함으로써 평소혈압의 차이를 통제한 실험조건들의 차이를 검증할 수 있다.

생리적인 현상에 대한 실험자료를 분석하기 위하여 공변량분석이 활용되는 경우를 간단히 요약하면 다음과 같다. ① 피험자들의 평소 생리지표 (혈압, 맥박, 체온, 호르몬 분비, 동공크기, 등) 는 그 평균치가 각 실험조건에서 동일하도록 통제되어야 한다; ② 그 통제를 위하여 가장 좋은 방법은 무선할당에 의한 구조적 통제이다; ③ 어떤 이유로 무선할당이 불가능하거나 불완전한 경우에는 평소 생리지표를 실험 전에 측정하여 기저선을 파악한다; ④ 파악된 기저선을 공변인으로 이용한 공변량분석을 통하여 평소 생리지표의 차이를 수학적으로 통제한다.

실험의 종속변인이 생리적인 현상인 경우에는 거의 언제나 기저선을 측정하고 공변량분석을 사용하여 종속변인에서 실험 전에 이미 존재하는 실험집단간 차이를 통제하여야 한다. 생리적인 현상에 대한 실험뿐만 아니라 교육, 치료, 정책, 홍보/광고 등의 효과검증을 하는 경우에도 소위 '사전-사후' 반복검사를 하여 사후검사 (post-test) 에서의 실험집단간 차이를 검증할 때 사전검사 (pre-test) 의 차이를 통제해야하는 경우가 많다. 그런데 이 목적으로 공변량분석을 이용할 때 주목해야할 사실이 있다. 공변인 혹은 공변량분석이라는 용어의 '공변 (covariation)' 은 독립변인과 함께 변한다는 뜻이다. 즉, 독립변인의 수준에 따라 평균값이 변하는 변인을 공변인으로 사용해야 한다는 뜻이다. 실험 전에 이미 존재하는 실험집단간 차이를 통제하기 위한 목적으로 공변량분석을 할 때에는 독립변인과 높은 상관관계를 가지는 공변인을 사용하여야 한다. 만약 공변인의 평균이 독립변인의 수준들 즉, 실험집단들에서 동일하다면 공변인분석을 하는 의의가 없다. 예를 들어, 실험의 실험조건과 통제조건에서 사전검사의 평균이 동일하다면 사전검사를 공변인으로 사용한 공변량분석은 쓸데없는 짓을 하는 것과 같다. 이때에는 사후검사만을 가지고 일반적 변량분석을 통하여 실험처치의 효과를 검증하면 된다.

1. 기본원리

공변량분석의 기본원리를 이해하기 위하여 가장 간단한 경우를 생각해보자. 어떤 심리학자가 뱀을 지나치게 두려워하는 사람들의 뱀 공포증을 치료하기 위한 학습치료 방법을 개발하였다. 이 학습치료 방법의 효과를 검증하기 위하여 우선 뱀 공포증에 시달리는 사람들의 공포심을 측정하고 (사전검사), 그들을 처치조건과 통제조건으로 할당하였다. 처치조건은 학습치료 방법으로 한 달간 치료를 하고 나서 다시 공포심을 측정하였고, 통제조건은 아무런 치료를 하지 않은 채 한 달 후에 공포심을 다시 측정하였다.

사후검사에서 처치조건과 통제조건 사이에 차이가 발견된다면 그 차이는 실험처치에 의해 유발된 것일 수도 있고, 사전검사에서의 두 집단 차이가 반영된 것일 수도 있다. 이런 경우, 사전검사와 사후검사는 필연적으로 높은 상관관계를 가진다. 즉, 원래부터 남보다 심한 공포심을 가졌던 피험자의 사후검사 점수는, 비록 본인의 사전검사 점수보다는 낮겠지만, 다른 피험자들의 사후점수보다는 여전히 상대적으로 심한 공포심을 보일 것이다. 따라서 사전검사와 사후검사의 산포도를 각 집단별로 나누어 그리면 [그림 18-1] 과 같은 양상이 나타날 것이다.

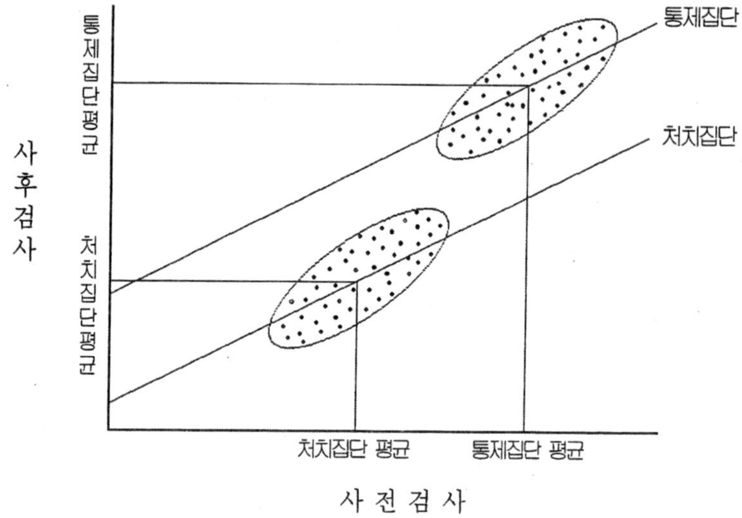

[그림 18-1] 각 실험조건 내에서 사전검사 점수와 사후검사 점수의 관계

[그림 18-1] 의 도표에서 사선은 사후검사를 종속변인으로, 사전검사를 독립변인으로 하는 회귀분석을 각 실험조건별로 수행했을 때 산출되는 회귀선을 나타낸다. [그림 18-1] 의 도표에 의하면 사후검사 (Y 축) 에서 처치집단과 통제집단이 매우 큰 평균차이를 보이고 있다. 그러나 두 집단은 사전검사 (X 축) 에서도 평균차이를 보이므로 사후검사에서의 평균차이가 모두 실험처치에 의한 것이 아니다. 사후검사 점수에서의 실험집단간 평균차이의 일부는 사전검사에서의 평균차이를 반영한다. 따라서 공변량분석은 사전검사에서 두 실험집단의 평균들이 동일하도록 자료를 조정한 후, 사후검사에서의 평균차이를 산출한다. 이때 자료를 조정하는 방법은 [그림 18-1] 에 나타난 두 실험집단의 산포도들을 각각 그들의 회귀선을 따라 이동시키는 것이다. 즉, 통제집단의 산포도는 회귀선을 따라 아래쪽으로 이동시키고, 처치집단의 산포도는 그들의 회귀선을 따라 위쪽으로 이동시켜서, 두 실험집단의 사전검사 평균이 동일해지는 지점에 배열한 후, 그때 나타난 사후검사의 평균차이를 검증하는 것이다. 이 절차를 도식으로 표현하면 [그림 18-2] 와 같다.

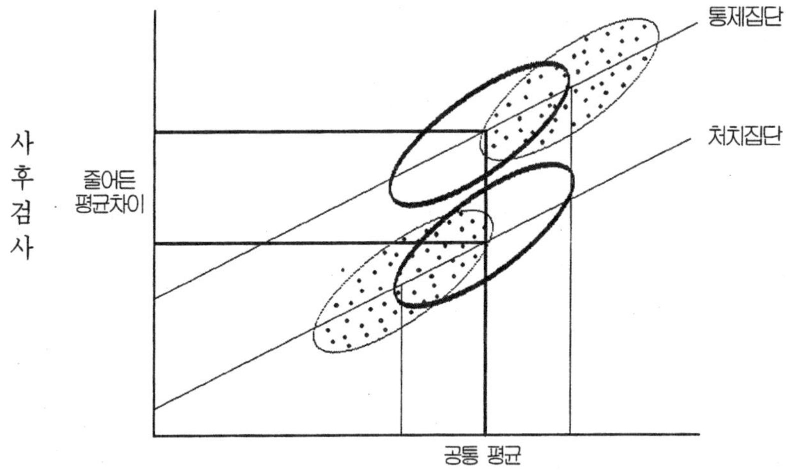

[그림 18-2] 공변량 분석에 의해 검증되는 사후검사 점수의 조정평균 차이

공변량분석은 두 실험집단의 사전검사 평균이 동일해지도록 통제한다. 이때 동일해지는 공통평균은 두 실험집단을 취합해서 산출한 전체 평균 (두 실험집단의 사례수가 같은 경우에는 두 평균들의 평균) 이다. 두 실험집단의 공통평균이 반드시 전체 평균에 통일될 필요는 없으나, 다만 관례적으로 그렇게 하는 것뿐이다. 사실은 두 실험집단의 공통평균은 어떤 값으로 통일되건 상관없다. 회귀방정식을 이용하여 두 실험집단의 사전검사 평균을 전체평균에 통일시킨 후, 그에 따라 변하는 사후검사 평균을 산출한다. 이 변화한 사후검사 평균을 '조정평균 (adjusted mean)' 이라고 부른다. 그런데 두 회귀선의 기울기가 동일한 경우, 조정평균들 사이의 차이는 두 회귀선의 절편의 차이와 같다. 따라서 조정평균의 차이는 다름 아닌 두 회귀선의 절편계수들의 차이이고, 결국 공변량분석은 절편계수에 대한 실험집단간 차이검증이라고 할 수 있다. 요약하면, 각 실험집단내에서 사전검사와 사후검사의 회귀선이 동일한 기울기를 가지는 경우, 공변량분석은 각 실험집단내에서 산출되는 회귀방정식들의 절편계수들 사이의 차이에 대한 통계적 검증이다.

공통평균을 전체평균에 통일시키는 것은 단지 임의적인 관행에 불과하다. 어떠한 점수에 실험집단들의 사전검사 평균들을 통일시키건 상관없이 동일한 결과가 나와야 공변량분석의 논리적 근거가 인정된다. 왜냐하면 사후검사에서의 실험집단간 차이를 처치효과로 해석하기 위해서는 '실험집단들의 사전검사 평균이 같다면' 이라는 전제를 해야 하는데, 이 전제는 어떤 특정한 공통의 값을 요구하는 것이 아니기 때문이다. 그 값이 무엇이든 사전검사의 평균이 동일하면 사후검사에서의 실험집단간 차이가 명확하게 해석되어야 한다. 따라서 공변량분석이 수학적으로 사전검사 평균을 전체평균에 통일시키는 것은 단지 편리성 때문이며 필연적인 이유가 있는 것은 아니다. 그런데 어떠한 점수에 실험집단들의 사전검사 평균들을 통일시키건 상관없이 동일한 결과가 나오기 위해서는 각 실험집단내 회귀선의 기울기가 동일해야 한다. 만약 각 실험집단내 회귀선의 기울기가 동일하지 않으면 사전검사평균을 어디에서 통일시키느냐에 따라 사후검사에서의 평균차이가 달라진다. 이때에는 비록 사전검사에서의 실험집단 평균들이 동일할지라도 사후검사에서의 평균차이를 실험처치에 따른 효과로 일률적으로 해석할 수 없게 된다. 따라서 공변량분석은 각 실험집단내 회귀선의 기울기가 동일하다는 가정에 기초한다. 요약하면, 공변량분석은 매우 중요한 한 가지 가정에 기초하는데, 이 가정은 공변인 (i. e., 사전검사) 과 종속변인 (i. e., 사후검사) 의 회귀선이 모든 실험집단내에서 동일한 기울기를 가진다는 것이다. 이 가정을 '회귀선 기울기의 동일성 (Homogeneity of Regression Slope)' 이라고 부른다.

$\overline{Y}_{i\ adj} = \overline{Y}_i - b_w(\overline{X}_i - \overline{X}_.)$	$\overline{Y}_{i\ adj}$: 집단 i 의 종속변인 조정평균 $\overline{Y}_i$: 집단 i 의 원래 종속변인 평균 b_w : 회귀선의 기울기 계수 $\overline{X}_i$: 집단 i 의 원래 공변인 평균 $\overline{X}_.$: 공변인 전체평균

<수식 18-1> 종속변인 조정평균의 계산

회귀선의 기울기가 모든 실험집단에서 동일하다는 가정 하에 i 집단의 종속변인 조정평균 (adjusted mean) 은 <수식 18-1> 과 같이 산출된다.

2. 절 차

공변량분석의 연산과정을 설명하기 위하여 뱀 공포증의 치료효과에 관한 예를 사용하기로 하자. 이 가상적인 실험에서 <표 18-1> 과 같은 자료가 산출되었다. 이 자료에서 처치조건은 1 로, 통제조건은 0 으로 코딩되었고, 사전검사와 사후검사 점수는 공포심 점수이다.

〈표 18-1〉 뱀 공포증에 대한 치료효과를 검증하기 위한 가상적인 자료

피험자	실험집단	사전검사	사후검사
1	0	23	20
2	0	26	24
3	0	19	16
4	0	22	20
5	0	24	21
6	0	28	26
7	0	20	17
8	0	26	24
9	1	18	12
10	1	20	13
11	1	14	8
12	1	19	12
13	1	16	10
14	1	15	8
15	1	17	11
16	1	16	9

이제 <표 18-1> 의 실험설계 목적을 상기해보자. 이 실험설계는 궁극적으로 사후검사에서의 실험집단간 평균차이를 검증하기 위한 것이다. 따라서 사후검사 (Y) 를 종속변인으로, 실험집단 (G) 을 독립변인으로 가지는 회귀분석을 하여 산출되는 기울기가 바로 사후검사에서의 실험집단간 평균차이이다.

$$\hat{Y} = 21 - 10.63G \qquad \text{<수식 18-2>}$$

<수식 18-2> 의 회귀방정식은 통제집단 (G =0) 의 사후검사 평균은 21 이고, 처치집단 (G =1) 의 사후검사 평균은 21-10.63(1)=10.37 이며, 두 집단의 사후검사 평균차이는 10.63 이라는 것을 말해준다. 그런데 사전검사를 측정한 이유는 '만약 사전검사에서 두 실험집단이 동일하다면, 사후검사에서의 실험집단간 평균차이는 얼마나 될까?' 라는 질문에 답하기 위한 것이다. 이 질문에 답하기 위해서는 사전검사를 또 하나의 독립변인으로 사용하여 중다회귀분석을 하면 된다.

$$\hat{Y} = b_0 + b_1 G + b_2 X \qquad \text{<수식 18-3>}$$

<수식 18-3> 의 방정식에서 $\hat{Y}$ 는 예측된 사후검사 점수이고, G 는 0 과 1 로 코딩된 실험집단이며, X 는 사전검사 점수이다. 이때 b_1 은 바로 모든 피험자의 사전검사 점수 (X) 가 일정한 값에 고정된 경우의 실험집단간 평균차이이다.

$$\hat{Y} = -3.83 - 3.62G + 1.06X$$

산출된 회귀방정식에 의하면 두 실험집단의 사전검사 평균이 동일해지면 그들의 사후검사 평균차이는 3.62 가 될 것이다. <수식 18-2> 에서 산출된 원래의 평균차이 (10.63) 보다 많이 줄어들었다는 사실을 주목하라. 그렇다면 다른 회귀계수들의 의미는 무엇일까? 사전검사 (X) 의 회귀계수 b_2 는 앞서 설명한 실험집단내 회귀선의 기울기 (b_w) 이다. 절편계수의 의미를 파악하기 위하여 위의 중다회귀방정식에 두 집단의 G 값을 대입하면 다음과 같은 두 개의 단순회귀식이 산출된다.

$$\text{통제집단 (G =0)}: \hat{Y} = -3.83 + 1.06X$$
$$\text{처치집단 (G =1)}: \hat{Y} = -3.83 - 3.62 + 1.06X$$

이 두 개의 회귀방정식은 다음과 같은 사실을 말해준다. ① 통제집단에서 회귀선의 절편은 -3.83 이다; ② 처치집단에서 회귀선의 절편은 (-3.83-3.62) = -7.45 이다. 즉, 통제집단에서 사전점수가 0 이었던 피험자의 사후검사 점수는 평균적으로 -3.83 일 것이고, 처치집단에서 사전점수가 0 이었던 피험자의 사후검사 점수는 평균적으로 -7.45 일 것으로 예상된다.

마지막으로 각 집단의 조정평균을 산출하기 위하여 우선 사전검사 점수에서 각 실험집단의 평균들과 전체 평균을 구하면 다음과 같다. $\overline{X}_0 = 23.50$, $\overline{X}_1 = 16.88$, $\overline{X}_. = 20.19$. 따라서 각 실험집단의 조정평균은 <수식 18-1>에 의하여 다음과 같다.

$$\overline{Y}_{0\ adj} = \overline{Y}_0 - b_w(\overline{X}_0 - \overline{X}_.) = 21.00 - 1.06\,(23.50 - 20.19) = 17.49$$

$$\overline{Y}_{1\ adj} = \overline{Y}_1 - b_w(\overline{X}_1 - \overline{X}_.) = 10.37 - 1.06\,(16.88 - 20.19) = 13.87$$

이상의 절차를 요약하면 다음과 같다. 공변량분석은 0 과 1 로 코딩된 집단변인과 공변인을 독립변인으로 가지는 <수식 18-3> 과 같은 중다회귀분석이다. <수식 18-3> 에서 집단변인 (G) 의 회귀계수 (b_1) 는 실험집단간 조정평균의 차이이다. <수식 18-3> 에서 공변인의 회귀계수 (b_2) 는 공변인과 종속변인의 실험집단내 회귀선의 기울기 (b_w) 이다.

3. 가설검증

공변량분석에서 초미의 관심사는 실험집단간 조정평균의 차이 (b_1) 가 통계적으로 유의미한지의 여부이다. 이 통계적 판단은 sr_1^2 의 유의미도 판단에 의해 이루어진다. 즉, 다음과 같은 두 개의 회귀분석을 수행한다.

공변량분석 모형 : $\hat{Y} = b_0 + b_1G + b_2X$

공변인 효과 모형 : $\hat{Y} = b_0 + b_2X$

공변량분석 모형에서 산출된 결정계수를 R_f^2 로 표기하자. 공변인 (covariate) 만을 독립변인으로 가지는 모형에서 산출된 결정계수를 R_r^2 로 표기하자. R_f^2 는 실험집단 (G) 과 공변인 (X) 에 의해 설명되는 종속변인 변량의 비율이고, R_r^2 는 공변인에 의해서 설명되는 종속변인 변량의 비율이므로 R_f^2 는 R_r^2 보다 언제나 크다. 그런데 그 두 가지 결정계수의 차이는 바로 공변인의 영향을 제거한 집단변인의 직접적 설명력을 뜻한다. 이 직접적 설명력의 통계적 유의미도가 바로 b_1 의 유의미도이다.

$$F = \frac{(R_f^2 - R_r^2)/1}{(1 - R_f^2)/(N-2-1)}$$

<표 18-1> 의 자료에서 산출된 R_f^2 는 0.993 이다. 즉, 사후검사의 총 변량 중에 99% 가 사전검사와 실험집단에 의해 설명된다는 것이다. 그런데 R_r^2 는 0.960 이다. 따라서 R_f^2 와 R_r^2 의 차이는 0.03 인데, 이것은 사후검사의 총 변량 중 약 3% 가 순수하게 실험집단의 평균차이에 기인한다는 뜻이다. 이 3% 의 직접적 설명변량에 대한 경험적인 F 는 (0.033/1)/(0.007/13)=61.281 으로서 분자자유도 1 과 분모자유도 13 의 이론적인 F 분포에서 α=0.01 의 임계치 (9.07) 를 초과한다. 따라서 사전검사에서의 실험집단간 차이를 제거하고 난 후에도 사후검사에서 두 실험집단이 여전히 가지는 평균차이가 통계적으로 유의미하다고 판단된다. 즉, 사후검사에서의 두 실험집단의 조정평균의 차이 3.62 가 통계적으로 유의미하다는 것을 뜻한다.

4. 공변량분석표

변량분석의 결과를 변량분석표로 일목요연하게 제시하듯이, 공변량분석의 결과도 공변량분석표로 작성하여 보고하는 것이 바람직하다. 공변량분석표를 작성하기 위해서는 필요한 자승합 (sum of squares) 들이 계산되어야 한다. 공변량분석에서의 자승합들이란 (1) 공변인의 효과가 제거된 집단간 자승합 (SSAB: adjusted-between sum of squares); (2) 공변인의 효과가 제거된 집단내 자승합 (SSAW: adjusted-within sum of squares); (3) 공변인의 효과가 제거된 전체자승합 (SSAT: adjusted-total sum of squares) 을 말한다.

우선 종속변인 (사후검사) 의 전체 자승합은 언제나 마찬가지로 $SST = \sum(Y - \overline{Y}_{.})^2$ 로 정의된다. 그런데 위에서 언급된 R_r^2 는 종속변인의 전체 변산 중에 공변인 (사전검

사) 에 의해 설명되는 부분의 비율이다. 따라서 종속변인의 전체 자승합 중에 공변인 효과 (공변인에 의해 설명되는 부분) 를 제거한 부분 SSAT 는 다음과 같이 정의된다.

$$SSAT = (1 - R_r^2)SST = (1-0.960)601.008 = 24.040$$

위에서 언급된 $R_f^2 - R_r^2$ 는 종속변인의 전체 변산 중에서 공변인의 영향을 제거한 실험집단의 직접적 영향에 의해 설명되는 부분의 비율이라고 하였다. 따라서 공변인의 효과가 제거된 집단간 자승합 SSAB 는 다음과 같이 정의된다.

$$SSAB = (R_f^2 - R_r^2)SST = (0.993-0.960)601.008 = 19.833$$

마지막으로, R_f^2 는 종속변인의 전체 변산 중에서 집단변인과 공변인에 의해 설명되는 부분이다. 따라서 $1 - R_f^2$ 는 집단변인에 의해 설명되지 않는 종속변인 변산 중, 공변인에 의해서도 설명되지 않는, 혹은 공변인의 효과가 제거된 부분의 비율이다. 결국, 공변인의 효과가 제거된 집단내 자승합 SSAW 는 다음과 같이 정의된다.

$$SSAW = (1 - R_f^2)SST = (1-0.993)601.008 = 4.207$$

SSAT 의 자유도는 N-1-C 이다. 이때 C 는 공변인의 개수이다. SSAB 의 자유도는 g-1 이다. 이때 g 는 집단수이다. SSAW 의 자유도는 N-g-C 이다. 이와 같이 산출된 자승합들과 자유도들을 이용하여 공변량분석표를 작성하면 <표 18-2> 와 같다.

〈표 18-2〉 공변량분석표

변산원	자승합	자유도	평균자승	F	p
조정된 집단간	19.833	1	19.833	61.281	<.01
조정된 집단내	4.207	13	0.324		
조정된 전체	24.040	14	1.717		

5. 회귀선 기울기의 동일성 가정

앞서 설명된 바와 같이, 만약 실험집단내 회귀선의 기울기가 동일하지 않으면 사전검사평균을 어디에서 통일시키느냐에 따라 사후검사에서의 실험집단간 평균차이가 달라진다. 따라서 공변량분석은 실험집단내 회귀선의 기울기가 동일하다는 가정에 기초한다. 이 가정은 다름 아닌 종속변인 (Y) 에 대하여 집단변인 (G) 과 공변인 (X) 이 상호작용효과를 갖지 않는다는 가정이다.

만약 이 가정이 자료와 부합하지 않으면 공변량분석의 결과를 해석할 수 없다. 따라서 공변량분석을 할 때는 반드시 이 가정에 대한 타당성 검토를 거쳐야 한다. 이 가정의 타당성 검토는 다음과 같은 회귀모형에서 산출된 b_3 의 유의미도에 의해 이루어진다.

$$\hat{Y} = b_0 + b_1G + b_2X + b_3GX \qquad \text{<수식 18-4>}$$

<수식 18-4> 의 모형에서 산출되는 b_3 는 바로 집단변인과 공변인의 상호작용효과를 나타내는 지수이고, 이 지수가 유의미하지 않으면 실험집단내 회귀선들이 동일한 기울기를 가진다고 판단된다. <수식 18-4> 의 중다회귀모형에서 산출되는 b_1 과 b_2 는 다중공선성 때문에 부정확하다. 그러나 <수식 18-4> 의 중다회귀모형을 검증하는 목적은 b_3 를 파악하기 위한 것이고, b_3 는 정확하게 산출되므로 다중공선성을 무시하여도 좋다.

6. 세 개 이상의 실험집단 차이 검증

집단변인 G 가 세 개 이상의 범주를 가지는 경우에는 범주수보다 한 개 적은 개수의 '더미변인 (dummy variable)' 을 이용하여 분석한다. 예를 들어 집단범주가 세 개인 경우에는 <표 18-3> 과 같이 참조코딩에 의한 두 개의 더미변인을 만들어줄 수 있다.

〈표 18-3〉 집단범주가 3 개인 경우의 참조코딩

G	D_1	D_2
1	1	0
2	0	1
3	0	0

세 개의 범주를 가지는 집단변인이 위와 같이 두 개의 더미변인으로 코딩되면 공변량분석 모형은 다음과 같이 구성된다.

$$\hat{Y} = b_0 + b_1 D_1 + b_2 D_2 + b_3 X \qquad \text{<수식 18-5>}$$

<수식 18-5> 의 모형에서 산출되는 결정계수 R_f^2 와 공변인 효과 모형 $\hat{Y} = b_0 + b_3 X$ 에서 산출되는 결정계수 R_r^2 의 차이는 공변인의 효과가 통제된 집단효과를 나타내는 준여과상관자승이다. 이 준여과상관자승에 대한 통계적 유의미도는 다음의 경험적인 F 값에 의해 판단된다.

$$F = \frac{(R_f^2 - R_r^2)/2}{(1 - R_f^2)/(N-3-1)}$$

세 개의 범주를 가지는 공변량분석 모형의 회귀계수들을 이해하기 위하여 집단을 나타내는 더미변인들의 값을 <수식 18-5> 의 모형에 대입하면 다음과 같다.

$$\text{집단 1 : } \hat{Y}_1 = b_0 + b_1(1) + b_2(0) + b_3 X = (b_0 + b_1) + b_3 X$$
$$\text{집단 2 : } \hat{Y}_2 = b_0 + b_1(0) + b_2(1) + b_3 X = (b_0 + b_2) + b_3 X$$
$$\text{집단 3 : } \hat{Y}_3 = b_0 + b_1(0) + b_2(0) + b_3 X = b_0 + b_3 X$$

즉, b_0 는 두 개의 더미변인 (D_1 과 D_2) 에 모두 0 이 할당된 집단 (G=3) 의 회귀선의 절편이다. 두 번째 더미변인 (D_2) 의 값이 1 로 할당된 집단 (G=2) 의 절편은

$b_0 + b_2$ 이고, 첫 번째 더미변인 (D_1) 의 값이 1 로 할당된 집단 (G=1) 의 절편은 $b_0 + b_1$ 이다. b_3 는 모든 집단에서 동일하다고 가정되는 이 회귀선들의 기울기 (b_w) 이다.

집단변인과 공변인의 상호작용효과를 검증하기 위해서는 <수식 18-5> 의 중다회귀모형에서 산출된 R_f^2 를 다음의 상호작용효과 모형에서 산출된 R_i^2 에서 빼주어 상호작용효과의 준여과상관자승을 산출한다.

$$\hat{Y} = b_0 + b_1D_1 + b_2D_2 + b_3X + b_4D_1X + b_5D_2X$$

준여과상관자승 $R_i^2 - R_f^2$ 의 경험적인 F 값은 다음과 같다.

$$F = \frac{(R_i^2 - R_f^2)/2}{(1 - R_i^2)/(N-5-1)}$$

〈표 18-4〉 가상적인 포르노그래피 실험자료

집단 (G)	D_1	D_2	피험자	캠퍼스 (X)	포르노그래피 (Y)
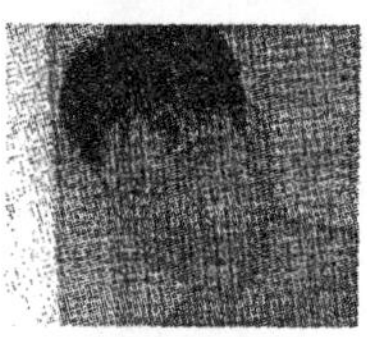	1	0	1	2.68	2.88
	1	0	2	2.37	2.67
	1	0	3	2.49	2.69
	1	0	4	2.51	2.71
	1	0	5	2.43	2.73
	0	1	6	2.39	2.38
	0	1	7	2.32	2.42
	0	1	8	2.26	2.29
	0	1	9	2.41	2.52
	0	1	10	2.28	2.30
	0	0	11	2.59	2.99
	0	0	12	2.73	3.23
	0	0	13	2.62	3.02
	0	0	14	2.68	3.18
	0	0	15	2.66	3.06

앞의 경험적인 F 값이 분자자유도 2 와 분모자유도 N-5-1 의 이론적인 F 분포에서 임계치를 초과하지 않으면 모집단에서 종속변인에 대하여 실험집단과 공변인이 상호작용효과를 갖지 않는다는 것이므로 회귀선 기울기의 동일성 가정이 수용되고, 따라서 공변량분석의 결과가 타당성을 갖는다.

예를 위하여 앞서 변량분석에서 이용한 포르노그래피 실험을 약간 변형시켜보자. 독립변인의 수준은 앞서와 마찬가지로 세 종류의 포르노그래피이다. 앞에서는 대학캠퍼스 사진을 관람할 때의 동공크기에 비하여 포르노그래피를 볼 때의 동공크기를 % 로 환산하여 종속변인 측정치로 이용하였다. 여기에서는 포르노그래피를 볼 때의 동공크기 (mm) 를 종속변인 (Y) 으로, 대학캠퍼스 사진을 볼 때의 동공크기를 공변인 (X) 으로 사용해보자. 자료는 <표 18-4> 와 같다.

〈표 18-5〉 포르노그래피 실험자료를 위한 공변량분석

모형	R^2
$\hat{Y} = -1.781 + 2.903D_1 + 1.351D_2 + 1.836X - 1.190D_1X - 0.630D_2X$	0.986
$\hat{Y} = 0.624 - 0.413D_1 - 0.211D_2 + 0.931X$	0.975
$\hat{Y} = -1.992 + 1.896X$	0.901

캠퍼스 사진을 볼 때의 동공크기 (공변인) 의 효과를 통제하고 실험집단 차이를 검증하기 위하여 <표 18-5> 와 같은 세 개의 중다회귀모형을 검증하였다. <표 18-5> 의 세 가지 중다회귀모형 중 두 번째가 공변량분석의 기본모형이다. 첫 번째 모형은 회귀선 기울기의 동일성 가정을 검증하기 위해서 추가로 검증되는 모형이고, 세 번째 모형은 두 번째 모형에서 산출된 집단의 직접적 효과에 대하여 통계적 유의미도 검증을 위해서 추가되는 모형이다. 두 번째의 기본모형에서 산출되는 계수들을 이용하여 조정평균을 산출하고 다중비교 등을 수행한다.

우선 공변량분석의 기본적 가정인 집단내 회귀선 기울기의 동일성을 확인하기 위하여 공변인과 실험집단의 상호작용효과를 검증하였다.

$$F = \frac{(0.986 - 0.975)/2}{(1 - 0.986)/(15 - 5 - 1)} = 3.54$$

이 경험적인 F 값이 분자자유도 2 와 분모자유도 9 에서 유의미하지 않으므로 종속변인에 대하여 공변인과 실험집단이 상호작용효과를 가지지 않고, 따라서 공변량분석을 수행하여 공변인의 효과를 통제한 실험집단간 차이를 검증할 수 있다. 공변인의 효과가 통제된 실험집단 차이의 통계적 유의미도는 다음의 F 값에 의해 판단된다.

$$F = \frac{(0.975 - 0.901)/2}{(1 - 0.975)/(15 - 3 - 1)} = 16.28$$

이 경험적인 F 값은 분자자유도 2 와 분모자유도 11 에서 통계적으로 유의미하다 (p<.01). 따라서 세 실험집단의 기저선 (캠퍼스 사진을 볼 때의 동공크기) 이 동일하다고 가정하는 경우, 세 종류의 포르노그래피가 각기 다른 동공반응을 유발한다고 결론내릴 수 있다. 이상의 결과를 공변량분석표로 요약하면 다음과 같다. 공변량분석표를 작성하는 요령은 위에서 상술한 바와 같다.

〈표 18-6〉 포르노그래피 실험의 공변량분석표

변산원	자승합	자유도	평균자승	F	p
조정된 집단간	0.10222	2	0.05111	16.28	<.01
조정된 집단내	0.03453	11	0.00314		
조정된 전체	0.13676	13	0.01052		

7. 다중비교

집단변인의 범주가 세 개 이상이면, 그 범주들을 대비코딩, 참조코딩, 혹은 효과코딩하여 실험집단들 사이의 조정평균차이에 대한 다중비교를 할 수 있다. 포르노그래피 실험의 예에서 각 실험집단의 평균과, 각종 코딩계수의 예는 <표 18-7> 과 같다.

<표 18-7> 의 평균들을 보면 기저선 (캠퍼스) 에서 세 실험집단의 평균이 모두 동일하지 않으므로, 종속변인 (포르노그래피) 의 조정평균의 실험집단간 차이는 공변량분석에 의해 변화될 수 있다.

〈표 18-7〉 포르노그래피 실험의 예에서 각 실험집단의 평균과, 각종 코딩계수의 예

변인 \ 집단		남자누드	여자누드	남녀누드	전체
캠퍼스 (X) 평균		2.496	2.332	2.656	2.494
포르노그래피 (Y) 평균		2.736	2.382	3.096	2.738
대비코딩	C_1	1	1	-2	
	C_2	1	-1	0	
참조코딩	D_1	1	0	0	
	D_2	0	1	0	
효과코딩	E_1	1	0	-1	
	E_2	0	1	-1	

1) 참조코딩

<표 18-7> 에서 참조코딩에 의한 공변량분석의 기본모형은 다음과 같이 산출되었다.

$$\hat{Y} = 0.624 - 0.211D_1 - 0.413D_2 + 0.931X$$

모든 실험집단에서 회귀선의 기울기가 동일한 경우, 조정평균의 차이는 바로 각 실험집단내에서 산출되는 회귀선들의 절편 차이이다. 앞서 살펴본 바와 같이 각 실험집단내에서의 회귀선은 다음과 같이 정의된다.

$$\text{실험집단 1}: \quad \hat{Y}_1 = b_0 + b_1(1) + b_2(0) + b_3X = (b_0 + b_1) + b_3X$$

$$\text{실험집단 2}: \quad \hat{Y}_2 = b_0 + b_1(0) + b_2(1) + b_3X = (b_0 + b_2) + b_3X$$

$$\text{실험집단 3}: \quad \hat{Y}_3 = b_0 + b_1(0) + b_2(0) + b_3X = b_0 + b_3X$$

즉, 실험집단 1 의 회귀선 절편은 $(b_0 + b_1)$ 이고, 실험집단 2 의 회귀선 절편은 $(b_0 + b_2)$ 이며, 실험집단 3 의 회귀선 절편은 b_0 이다. 따라서 b_1 (-0.211) 은 D_1

=1 로 코딩된 집단의 조정평균과 $(D_1 = 0, D_2 = 0)$ 으로 코딩된 참조집단의 조정평균 사이의 차이이다. 같은 원칙에 의하여 b_2 (-0.413) 은 D_2=1 로 코딩된 집단의 조정평균과$(D_1 = 0, D_2 = 0)$ 으로 코딩된 참조집단의 조정평균 사이의 차이가 된다. 따라서 b_1 이 유의미하면, 실험집단 1 과 실험집단 3 의 종속변인 평균이 공변인의 효과를 통제한 후에 통계적으로 유의미한 차이를 가진다는 것을 의미한다. 또한 b_2 가 유의미하면, 실험집단 2 와 실험집단 3 의 종속변인 평균이 공변인의 효과를 통제한 후에 통계적으로 유의미한 차이를 가진다는 것을 의미한다.

〈표 18-8〉 공변인 효과에 대한 조정 전과 후의 실험집단간 종속변인 평균차이 (참조코딩)

조정 전 평균차이		조정 후 평균차이	
집단 1 v. 집단 3	집단 2 v. 집단 3	집단 1 v. 집단 3	집단 2 v. 집단 3
-0.360	-0.714	-0.211	-0.413

이와 같이 각 실험집단을 참조집단과 비교하는 다중비교는 추가적인 분석 없이 이루어질 수 있다. 그러나 만약 연구자가 원하는 집단비교가 참조집단과의 비교 이외의 것일 때는 대비코딩이나 효과코딩을 하여 집단비교를 하면 된다.

2) 대비코딩

실험집단을 대비코딩하는 경우에는 각 대비변인들의 기울기 계수는 그 대비변인이 나타내는 실험집단들의 조정평균차이를 반영한다.

$$\hat{Y} = b_0 + b_1C_1 + b_2C_2 + b_3X$$

예를 들어, 세 개의 실험집단이 첫 번째 대비변인 C_1 에서는 (1, 1, -2) 로 코딩되고, 두 번째 대비변인 C_2 에서는 (1, -1, 0) 로 코딩되었다면, 실험집단내에서의 회귀선은 다음과 같이 정의된다. C_1 은 실험집단 1 과 실험집단 2 를 합하여, 그 합한 집단을 실험집단 3 과 비교하는 대비이다. 반면에 C_2 는 실험집단 1 과 실험집단 2 를 상호 비교하는 대비이다.

$$\text{실험집단 1 : } \hat{Y}_1 = b_0 + b_1(1) + b_2(1) + b_3X = (b_0 + b_1 + b_2) + b_3X$$
$$\text{실험집단 2 : } \hat{Y}_2 = b_0 + b_1(1) + b_2(-1) + b_3X = (b_0 + b_1 - b_2) + b_3X$$
$$\text{실험집단 3 : } \hat{Y}_3 = b_0 + b_1(-2) + b_2(0) + b_3X = (b_0 - 2b_1) + b_3X$$

따라서 실험집단 1 과 실험집단 2 를 합한 집단의 평균은 다음과 같다.

$$\frac{\hat{Y}_1 + \hat{Y}_2}{2} = \frac{(b_0 + b_1 + b_2 + b_3X) + (b_0 + b_1 - b_2 + b_3X)}{2} = b_0 + b_1 + b_3X$$

반면에 실험집단 3 의 평균은 $\hat{Y}_3 = (b_0 - 2b_1) + b_3X$ 이므로, 실험집단 1 과 2 를 합한 집단의 조정평균과 실험집단 3 의 조정평균의 차이는 $b_0 + b_1 - b_0 + 2b_1 = 3b_1$ 이다. 결국 b_1 이 유의미하면 C_1 으로 대표되는 실험집단 1 과 2 를 합한 집단의 조정평균과 실험집단 3 의 조정평균의 차이가 통계적으로 유의미하다는 것을 뜻한다. 통계적 유의미도는 상수와 무관하므로 b_1 의 유의미도와 $3b_1$ 의 유의미도는 동일하다. 실험집단 1 과 2 의 조정평균차이는 $b_0 + b_1 + b_2 - b_0 - b_1 + b_2 = 2b_2$ 이다. 따라서 b_2 이 유의미하면 C_2 로 대표되는 실험집단 1 과 2 의 조정평균차이가 통계적으로 유의미하다는 것을 뜻한다.

포르노그래피 예 자료를 C_1 에서는 (1, 1, -2) 로, C_2 에서는 (1, -1, 0) 로 대비코딩하여 산출된 공변량분석모형은 다음과 같다.

$$\hat{Y} = 0.417 - 0.104C_1 + 0.101C_2 + 0.931X$$

따라서 실험집단 1 과 2 를 합한 집단의 조정평균과 실험집단 3 의 조정평균의 차이는 3(-0.104)=-0.312 이고, 실험집단 1 과 실험집단 2 의 조정평균차이는 2(0.101)=0.202 이다. b_1 과 b_2 가 모두 유의미하므로, 이 조정평균차이들도 모두 유의미하다.

〈표 18-9〉 공변인 효과에 대한 조정 전과 후의 실험집단간 종속변인 평균차이 (대비코딩)

조정 전 평균차이		조정 후 평균차이	
집단 1+2 v. 집단 3	집단 1 v. 집단 2	집단 1+2 v. 집단 3	집단 1 v. 집단 2
-0.537	0.354	-0.312	0.202

3) 효과코딩

실험집단을 효과코딩하는 경우에는 각 효과변인의 기울기 계수는 그 변인에 1 로 코딩된 실험집단의 조정평균과 전체 조정평균의 차이를 반영한다.

$$\hat{Y} = b_0 + b_1E_1 + b_2E_2 + b_3X$$

예를 들어 세 개의 실험집단이 첫 번째 효과변인 E_1 에서는 (1, 0, -1) 로 코딩되고, 두 번째 효과변인 E_2 에서는 (0, 1, -1) 로 코딩되었다면, 실험집단내에서의 회귀선은 다음과 같이 정의된다.

$$\text{실험집단 } 1 : \hat{Y}_1 = b_0 + b_1(1) + b_2(0) + b_3X = (b_0 + b_1) + b_3X$$
$$\text{실험집단 } 2 : \hat{Y}_2 = b_0 + b_1(0) + b_2(1) + b_3X = (b_0 + b_2) + b_3X$$
$$\text{실험집단 } 3 : \hat{Y}_3 = b_0 + b_1(-1) + b_2(-1) + b_3X = (b_0 - b_1 - b_2) + b_3X$$

따라서 전체평균은 다음과 같이 정의된다.

$$\hat{Y}_. = \frac{\hat{Y}_1 + \hat{Y}_2 + \hat{Y}_3}{3} = \frac{b_0 + b_1 + b_3X + b_0 + b_2 + b_3X + b_0 - b_1 - b_2 + b_3X}{3}$$
$$= b_0 + b_3X$$

따라서 b_1 은 실험집단 1 (E_1=1) 의 조정평균과 전체 조정평균의 차이이고, b_2 는 실험집단 2 (E_2=1) 의 조정평균과 전체조정평균의 차이이다. b_1 과 b_2 의 통계적 유의미도는 그들이 나타내는 조정평균차이에 대한 통계적 유의미도이다.

포르노그래피 예 자료를 E_1 에서는 (1, 0, -1) 로, E_2 에서는 (0, 1, -1) 로 효과코딩하여 산출된 공변량분석모형은 다음과 같다.

$$\hat{Y} = 0.417 - 0.003E_1 - 0.205E_2 + 0.931X$$

따라서 실험집단 1 의 조정평균과 전체 조정평균 사이의 차이는 -0.003 이고, 실험집단 2 의 조정평균과 전체 조정평균 사이의 차이는 -0.205 이다. 이들 중 b_2 만이 유의미하다.

〈표 18-10〉 공변인 효과에 대한 조정 전과 후의 집단간 종속변인 평균차이 (효과코딩)

조정 전 평균차이		조정 후 평균차이	
집단 1 v. 전체	집단 2 v. 전체	집단 1 v. 전체	집단 2 v. 전체
-0.002	-0.356	-0.003	-0.205

4) 조정평균

앞서 각 실험집단의 조정평균은 다음과 같이 정의되었다.

$$\overline{Y}_{i\ adj} = \overline{Y}_i - b_w(\overline{X}_i - \overline{X}_.)$$

그런데 위에서 살펴보았듯이, 실험집단을 참조코딩하거나, 대비코딩하거나, 효과코딩하는 방법들에는 상관없이, 공변인 (X) 의 회귀계수는 언제나 동일하다. 포르노그래피 예에서는 실험집단에 대한 코딩방법에 상관없이 기저선으로 측정된 동공크기 '캠퍼스' 의 회귀계수는 언제나 0.931 이었다. 따라서 각 실험집단의 조정평균은 어떤 코딩방법을 사용하여 공변량분석을 하건 동일한 숫자들이 산출된다. 포르노그래피 예에서 각 실험집단의 조정평균은 각각 다음과 같다.

$$\bar{Y}_{1\ adj} = 2.736 - 0.931(2.496 - 2.494) = 2.734$$

$$\bar{Y}_{2\ adj} = 2.382 - 0.931(2.332 - 2.494) = 2.533$$

$$\bar{Y}_{3\ adj} = 3.096 - 0.931(2.656 - 2.494) = 2.945$$

이 조정평균들을 이용하여 위에서 설명한 각종 코딩방식에 의해 산출되는 기울기 계수들의 의미를 검증할 수 있다.

8. 두 개 이상의 공변인

공변인이 여러 개인 경우에도 한 개인 경우와 동일한 절차와 논리에 의해 공변량 분석을 한다. 예를 들어, [그림 18-3] 에 묘사된 것과 같이, 집단변인 (G) 의 범주가 두 개이고, 공변인이 X_1, X_2 두 개일 때 공변량분석은 두 개의 집단들이 모든 공변인들에서 평균이 동일하다면 종속변인에서 어떤 평균차이를 가질 것인지를 파악한 후, 종속변인에서의 그 조정된 평균차이에 대한 통계적 검증을 한다.

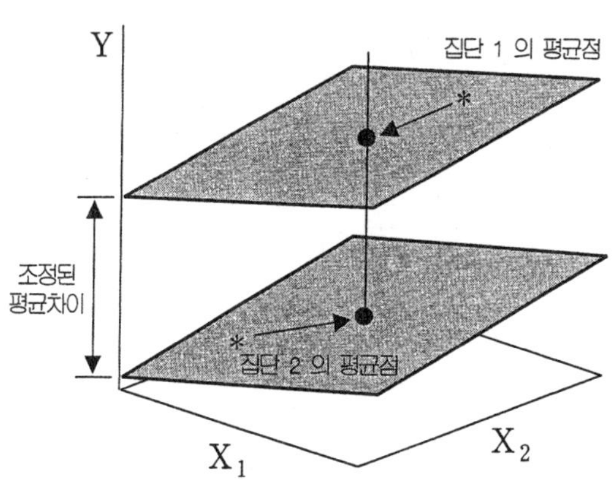

[그림 18-3] 집단변인의 범주가 2 개이고, 공변인이 X_1, X_2 두 개일 때의 반응표면과 조정된 평균차이

[그림 18-3] 에서 '*' 표시는 종속변인 (Y) 과 두 개의 공변인들 (X_1, X_2) 에서 각 집단이 가지는 평균점이다. 이 평균점들은 각 집단에서 두 개의 공변인으로 종속

변인을 예측하는 '공변인 효과 모형' 을 검증하는 경우에 산출되는 예측된 종속변인 ($\hat{Y}$) 이 만들어내는 반응표면에 위치한다. 이때 집단 1 의 종속변인 평균 ($\overline{Y}_1$) 과 집단 2 의 종속변인 평균 ($\overline{Y}_2$) 사이의 차이는 두 집단이 공변인들 (X_1, X_2) 에서 가지는 차이를 포함한다.

공변량분석은 두 집단들이 종속변인에서 가지는 차이에서 공변인의 차이에 의한 부분을 제거하기 위하여 [그림 18-3] 에서 '*' 로 표시된 두 집단의 평균점을 반응표면을 따라서 '●' 표시된 지점으로 이동시킨다. 두 집단의 평균점이 '●' 표시된 지점으로 이동하면 두 집단들이 공변인들에서 동일한 평균을 가지게 된다는 점을 주목하라. '●' 표시된 지점이 Y 축에서 가지는 값이 각 집단의 '조정된 평균' ($\overline{Y}_{1\ adj}$ 와 $\overline{Y}_{2\ adj}$) 이다. 두 집단의 평균점이 '●' 표시된 지점으로 이동한 후, 두 집단의 조정된 평균들 사이의 차이가 조정된 평균차이이다. 그런데 두 집단의 반응표면이 평행일 때, 조정된 평균차이는 각 집단에서 두 개의 공변인으로 종속변인을 예측하는 '공변인 효과 모형' 을 검증하는 경우에 산출되는 절편계수들 사이의 차이와 같다.

집단변인 (G) 의 범주가 2 개이고, 공변인이 X_1, X_2 두 개일 때 다음과 같은 중다회귀모형들을 산출하여 공변량분석을 한다.

상호작용효과 모형 : $\hat{Y} = b_0 + b_1G + b_2X_1 + b_3X_2 + b_4GX_1 + b_5GX_2$

공변량분석 모형 : $\hat{Y} = b_0 + b_1G + b_2X_1 + b_3X_2$

공변인 효과 모형 : $\hat{Y} = b_0 + b_2X_1 + b_3X_2$

상호작용효과 모형과 공변량분석 모형의 R^2 차이는 집단변인과 공변인들 사이의 상호작용 효과를 나타낸다. 따라서 공변량분석이 가능하기 위해서는 상호작용효과 모형과 공변량분석 모형의 R^2 차이가 통계적으로 유의미하지 말아야 한다. 공변량분석 모형과 공변인 효과 모형의 R^2 차이는 공변인을 통제한 실험집단 효과 혹은 독립변인 효과이다. 이 R^2 차이가 유의미하면 두 개의 공변인들을 통제한 후에도 종속변인에서의 실험집단간 차이가 존재한다고 판단된다.

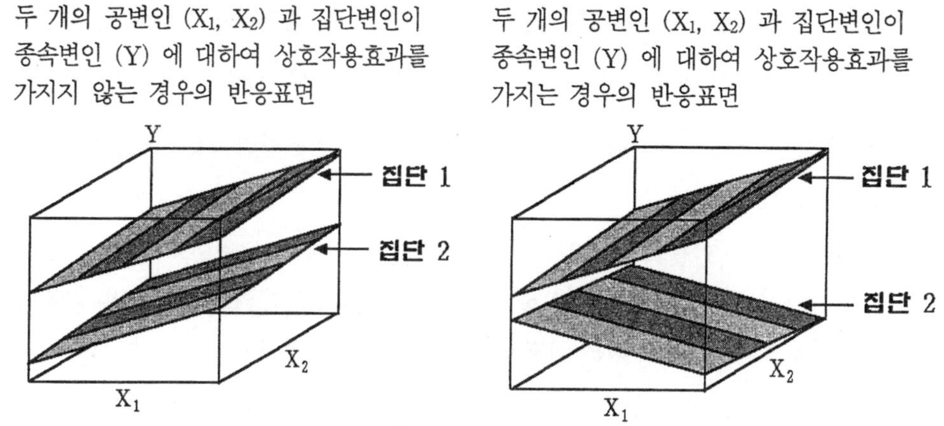

[그림 18-4] 집단변인과 공변인들이 상호작용하지 않는 경우와 상호작용하는 경우

집단변인과 다수의 공변인들 사이의 상호작용이란 무엇을 의미하는 것일까? 앞서 공변인이 한 개인 경우에, 집단변인과 공변인의 상호작용효과가 있으면 각 실험집단에서 회귀선의 기울기가 동일하지 않은 것을 의미한다고 하였다. 이때의 기울기는 종속변인에 대한 공변인의 회귀선이 가지는 기울기이다. 만약 공변인이 두 개라면, 공변인들과 종속변인의 관계는 직선이 아니라 평면 즉, 반응표면 (response surface 혹은 hyper-plane) 이 된다. 각 실험집단에서의 이 반응표면이 서로 평행이면, 다수의 공변인과 집단변인이 종속변인에 대하여 상호작용효과를 가지지 않는 것이다. 반면에 각 실험집단에서의 이 반응표면이 서로 평행이 아니면, 다수의 공변인과 집단변인이 종속변인에 대하여 상호작용효과를 가지는 것이다. 이것을 도식적으로 표현하면 [그림 18-4] 와 같다.

공변인들과 집단변인이 종속변인에 대하여 상호작용효과를 가지면 공변량분석은 그 의미를 상실한다. 왜냐하면, 공변인들의 어떤 값에 실험집단들의 평균들을 일치시키는가에 따라서 종속변인에서의 조정된 실험집단 평균의 차이가 달라지기 때문이다. 그런데 공변인이 여러 개인 경우에는 공변인들과 집단변인이 서로 상호작용하지 않는 상황은 매우 희귀한 상황이라고 할 수 있다. 따라서 공변인이 여러 개인 경우에는 공변량분석의 '비상호작용' 가정에 대하여 매우 섬세한 검토를 거친 후에 결론을 도출하여야 한다.

공변량분석에 의해 통제되는 공변인의 최대개수는 N-(G+1) 이다. N 은 사례수이고, G 는 집단수이다. 예를 들어, 두 개의 실험집단에 각각 20 명씩이 할당되었다면,

최대로 40-(2+1)=37 개의 공변인이 통제될 수 있다. 그러나 일반적으로 다음의 비율이 0.1 을 초과하지 않는 범위 내에서 통제될 공변인의 수를 결정하는 것이 좋다고 알려져 있다 (Huitema, 1980: 161). 아래의 수식에서 C 는 공변인의 개수이다. 이 비율이 0.1 을 초과하면 공변량분석의 결과가 매우 불안정해진다고 한다. 즉, 다른 표본에서는 매우 다른 결과가 나타날 가능성이 높다는 뜻이다.

$$\frac{C+(G-1)}{N} < 0.1$$

공변인이 여러 개인 경우에도 앞서와 마찬가지로 위의 '공변량분석 모형' 이 기본모형이다. 따라서 공변량분석 모형에서 산출된 회귀계수들을 이용하여 각 실험집단들의 종속변인 조정평균을 계산한다.

$$\overline{Y}_{i\ adj} = \overline{Y}_i - \sum_{j=1}^{k} b_{wj}(\overline{X}_{ij} - \overline{X}_{.j}) \qquad \text{<수식 18-6>}$$

<수식 18-6> 의 조정평균 수식에서 아래첨자 i 는 실험집단을 의미하고, j 는 공변인을 의미한다. $\overline{Y}_i$ 는 i 번째 실험집단의 조정 전 종속변인 평균이다. b_{wj} 는 공변량분석의 기본모형에서 산출된 j 번째 공변인의 회귀계수이다. $\overline{X}_{ij}$ 는 i 번째 집단에서 j 번째 공변인의 평균이다. $\overline{X}_{.j}$ 는 j 번째 공변인의 전체평균이다.

각 집단에서 <수식 18-6> 을 이용하여 조정된 종속변인 평균을 구한 후, 그 종속변인 평균들의 집단간 차이 $\overline{Y}_{1\ adj} - \overline{Y}_{2\ adj}$ 를 구하면 그것은 공변인 효과 모형 $\hat{Y} = b_0 + b_2X_1 + b_3X_2$ 을 각 집단별로 검증한 후 산출된 절편계수 (b_0) 의 집단간 차이와 같다. 즉, 공변인이 여러 개인 공변량분석은 공변인들 (X_1, X_2) 로 종속변인 (Y) 을 예측하는 중다회귀모형을 각 집단별로 검증한 후, 각 집단에서 산출된 절편계수의 차이를 통계적으로 검증하는 분석이다.

연습문제

18-1. 공변량분석에서 산출되는 조정평균의 차이는 일반적으로 종속변인의 원래 평균차이보다 작다. 그러나 조정평균의 차이가 조정전의 차이보다 커지는 경우도 있는데, 어떤 경우에 조정평균의 차이가 오히려 증가하는지를 설명하라 (Hint: 회귀선의 기울기가 동일하지 않으면 공변량분석이 불가능하고, 조정평균이라는 것이 존재하지 않는다. 따라서 이 문제는 회귀선의 기울기가 동일하다는 가정 하에 답하라.).

18-2. 〈표 18-4〉 의 자료를 구획분할 교차요인 설계로 간주하여 변량분석한 후, 공변량분석의 결과와 비교하여 같은 점과 다른 점을 설명하라.

18-3. 다음은 어떤 회사의 신입사원 선발자료이다. 선발은 면접점수에 의해 이루어졌다. 다른 변인들은 성차별의 유무를 파악하기 위해 입사원서에서 발췌한 것이다. 성별의 값이 1 이면 남자, 2 이면 여자를 뜻한다. 다른 모든 변인에서는 높은 값이 '좋은 것' 을 의미한다. 학교평점과 영어점수, 그리고 '매너' 가 동일한데도 불구하고 남자가 여자보다 더 높은 면접점수를 받았다면 고용성차별이 존재한다고 본다. ① 과연 이 회사에서 그러한 고용성차별을 하는지의 여부를 판단하기 위한 공변량분석을 하고, ② 공변량분석표를 작성하라.

응시자	성별	면접점수	영어점수	학교평점	매너점수
1	1	9	95	4.25	3
2	1	5	45	3.87	7
3	2	7	80	3.65	2
4	1	8	75	4.01	4
5	2	3	40	3.98	6
6	2	6	60	3.63	4
7	1	6	65	3.75	5
8	1	7	65	3.27	3
9	1	9	85	3.91	7
10	2	4	55	3.59	6
11	1	5	55	3.63	5
12	2	5	65	4.01	8
13	2	3	45	3.61	9
14	2	7	75	3.72	4
15	1	8	75	4.01	3
16	2	6	70	3.84	6
17	1	6	65	3.65	2
18	1	7	65	3.49	7
19	1	5	55	4.01	4
20	2	4	45	4.21	3
21	1	9	95	3.28	2
22	1	6	55	3.85	7
23	2	5	60	3.74	4
24	2	3	45	3.69	3
25	1	8	85	3.95	6
26	2	7	70	4.32	9
27	2	4	55	3.26	5
28	1	7	65	3.88	4
29	1	8	85	3.76	5
30	2	5	65	3.42	7

부록 1 : F 분포의 임계치

α=0.05

		분자자유도														
		1	2	3	4	5	6	7	8	9	10	11	12	14	16	20
	1	161.45	199.50	215.71	224.58	230.16	233.99	236.77	238.88	240.54	241.88	242.98	243.91	245.36	246.46	248.01
	2	18.51	19.00	19.16	19.25	19.30	19.33	19.35	19.37	19.38	19.40	19.40	19.41	19.42	19.43	19.45
	3	10.13	9.55	9.28	9.12	9.01	8.94	8.89	8.85	8.81	8.79	8.76	8.74	8.71	8.69	8.66
	4	7.71	6.94	6.59	6.39	6.26	6.16	6.09	6.04	6.00	5.96	5.94	5.91	5.87	5.84	5.80
	5	6.61	5.79	5.41	5.19	5.05	4.95	4.88	4.82	4.77	4.74	4.70	4.68	4.64	4.60	4.56
	6	5.99	5.14	4.76	4.53	4.39	4.28	4.21	4.15	4.10	4.06	4.03	4.00	3.96	3.92	3.87
	7	5.59	4.74	4.35	4.12	3.97	3.87	3.79	3.73	3.68	3.64	3.60	3.57	3.53	3.49	3.44
	8	5.32	4.46	4.07	3.84	3.69	3.58	3.50	3.44	3.39	3.35	3.31	3.28	3.24	3.20	3.15
	9	5.12	4.26	3.86	3.63	3.48	3.37	3.29	3.23	3.18	3.14	3.10	3.07	3.03	2.99	2.94
	10	4.96	4.10	3.71	3.48	3.33	3.22	3.14	3.07	3.02	2.98	2.94	2.91	2.86	2.83	2.77
	11	4.84	3.98	3.59	3.36	3.20	3.09	3.01	2.95	2.90	2.85	2.82	2.79	2.74	2.70	2.65
	12	4.75	3.89	3.49	3.26	3.11	3.00	2.91	2.85	2.80	2.75	2.72	2.69	2.64	2.60	2.54
	13	4.67	3.81	3.41	3.18	3.03	2.92	2.83	2.77	2.71	2.67	2.63	2.60	2.55	2.51	2.46
	14	4.60	3.74	3.34	3.11	2.96	2.85	2.76	2.70	2.65	2.60	2.57	2.53	2.48	2.44	2.39
	15	4.54	3.68	3.29	3.06	2.90	2.79	2.71	2.64	2.59	2.54	2.51	2.48	2.42	2.38	2.33
	16	4.49	3.63	3.24	3.01	2.85	2.74	2.66	2.59	2.54	2.49	2.46	2.42	2.37	2.33	2.28
	17	4.45	3.59	3.20	2.96	2.81	2.70	2.61	2.55	2.49	2.45	2.41	2.38	2.33	2.29	2.23
	18	4.41	3.55	3.16	2.93	2.77	2.66	2.58	2.51	2.46	2.41	2.37	2.34	2.29	2.25	2.19
	19	4.38	3.52	3.13	2.90	2.74	2.63	2.54	2.48	2.42	2.38	2.34	2.31	2.26	2.21	2.16
	20	4.35	3.49	3.10	2.87	2.71	2.60	2.51	2.45	2.39	2.35	2.31	2.28	2.22	2.18	2.12
	21	4.32	3.47	3.07	2.84	2.68	2.57	2.49	2.42	2.37	2.32	2.28	2.25	2.20	2.16	2.10
	22	4.30	3.44	3.05	2.82	2.66	2.55	2.46	2.40	2.34	2.30	2.26	2.23	2.17	2.13	2.07
	23	4.28	3.42	3.03	2.80	2.64	2.53	2.44	2.37	2.32	2.27	2.24	2.20	2.15	2.11	2.05
분	24	4.26	3.40	3.01	2.78	2.62	2.51	2.42	2.36	2.30	2.25	2.22	2.18	2.13	2.09	2.03
모	25	4.24	3.39	2.99	2.76	2.60	2.49	2.40	2.34	2.28	2.24	2.20	2.16	2.11	2.07	2.01
자	26	4.23	3.37	2.98	2.74	2.59	2.47	2.39	2.32	2.27	2.22	2.18	2.15	2.09	2.05	1.99
유	27	4.21	3.35	2.96	2.73	2.57	2.46	2.37	2.31	2.25	2.20	2.17	2.13	2.08	2.04	1.97
도	28	4.20	3.34	2.95	2.71	2.56	2.45	2.36	2.29	2.24	2.19	2.15	2.12	2.06	2.02	1.96
	29	4.18	3.33	2.93	2.70	2.55	2.43	2.35	2.28	2.22	2.18	2.14	2.10	2.05	2.01	1.94
	30	4.17	3.32	2.92	2.69	2.53	2.42	2.33	2.27	2.21	2.16	2.13	2.09	2.04	1.99	1.93
	32	4.15	3.29	2.90	2.67	2.51	2.40	2.31	2.24	2.19	2.14	2.10	2.07	2.01	1.97	1.91
	34	4.13	3.28	2.88	2.65	2.49	2.38	2.29	2.23	2.17	2.12	2.08	2.05	1.99	1.95	1.89
	36	4.11	3.26	2.87	2.63	2.48	2.36	2.28	2.21	2.15	2.11	2.07	2.03	1.98	1.93	1.87
	38	4.10	3.24	2.85	2.62	2.46	2.35	2.26	2.19	2.14	2.09	2.05	2.02	1.96	1.92	1.85
	40	4.08	3.23	2.84	2.61	2.45	2.34	2.25	2.18	2.12	2.08	2.04	2.00	1.95	1.90	1.84
	42	4.07	3.22	2.83	2.59	2.44	2.32	2.24	2.17	2.11	2.06	2.03	1.99	1.94	1.89	1.83
	44	4.06	3.21	2.82	2.58	2.43	2.31	2.23	2.16	2.10	2.05	2.01	1.98	1.92	1.88	1.81
	46	4.05	3.20	2.81	2.57	2.42	2.30	2.22	2.15	2.09	2.04	2.00	1.97	1.91	1.87	1.80
	48	4.04	3.19	2.80	2.57	2.41	2.29	2.21	2.14	2.08	2.03	1.99	1.96	1.90	1.86	1.79
	50	4.03	3.18	2.79	2.56	2.40	2.29	2.20	2.13	2.07	2.03	1.99	1.95	1.89	1.85	1.78
	55	4.02	3.16	2.77	2.54	2.38	2.27	2.18	2.11	2.06	2.01	1.97	1.93	1.88	1.83	1.76
	60	4.00	3.15	2.76	2.53	2.37	2.25	2.17	2.10	2.04	1.99	1.95	1.92	1.86	1.82	1.75
	65	3.99	3.14	2.75	2.51	2.36	2.24	2.15	2.08	2.03	1.98	1.94	1.90	1.85	1.80	1.73
	70	3.98	3.13	2.74	2.50	2.35	2.23	2.14	2.07	2.02	1.97	1.93	1.89	1.84	1.79	1.72
	80	3.96	3.11	2.72	2.49	2.33	2.21	2.13	2.06	2.00	1.95	1.91	1.88	1.82	1.77	1.70
	100	3.94	3.09	2.70	2.46	2.31	2.19	2.10	2.03	1.97	1.93	1.89	1.85	1.79	1.75	1.68
	125	3.92	3.07	2.68	2.44	2.29	2.17	2.08	2.01	1.96	1.91	1.87	1.83	1.77	1.73	1.66
	150	3.90	3.06	2.66	2.43	2.27	2.16	2.07	2.00	1.94	1.89	1.85	1.82	1.76	1.71	1.64
	200	3.89	3.04	2.65	2.42	2.26	2.14	2.06	1.98	1.93	1.88	1.84	1.80	1.74	1.69	1.62
	400	3.86	3.02	2.63	2.39	2.24	2.12	2.03	1.96	1.90	1.85	1.81	1.78	1.72	1.67	1.60
	1000	3.85	3.00	2.61	2.38	2.22	2.11	2.02	1.95	1.89	1.84	1.80	1.76	1.70	1.65	1.58

이 표는 SPSS 의 IDF.F 함수기능을 이용하여 제작되었다.

α=0.01

	분자자유도														
	1	2	3	4	5	6	7	8	9	10	11	12	14	16	20
1	4052.18	4999.50	5403.35	5624.58	5763.65	5858.99	5928.36	5981.09	6022.47	6055.85	6083.32	6106.32	6142.69	6170.10	6208.74
2	98.50	99.00	99.17	99.25	99.30	99.33	99.36	99.37	99.39	99.40	99.41	99.42	99.43	99.44	99.45
3	34.12	30.82	29.46	28.71	28.24	27.91	27.67	27.49	27.35	27.23	27.13	27.05	26.92	26.83	26.69
4	21.20	18.00	16.69	15.98	15.52	15.21	14.98	14.80	14.66	14.55	14.45	14.37	14.25	14.15	14.02
5	16.26	13.27	12.06	11.39	10.97	10.67	10.46	10.29	10.16	10.05	9.96	9.89	9.77	9.68	9.55
6	13.75	10.92	9.78	9.15	8.75	8.47	8.26	8.10	7.98	7.87	7.79	7.72	7.60	7.52	7.40
7	12.25	9.55	8.45	7.85	7.46	7.19	6.99	6.84	6.72	6.62	6.54	6.47	6.36	6.28	6.16
8	11.26	8.65	7.59	7.01	6.63	6.37	6.18	6.03	5.91	5.81	5.73	5.67	5.56	5.48	5.36
9	10.56	8.02	6.99	6.42	6.06	5.80	5.61	5.47	5.35	5.26	5.18	5.11	5.01	4.92	4.81
10	10.04	7.56	6.55	5.99	5.64	5.39	5.20	5.06	4.94	4.85	4.77	4.71	4.60	4.52	4.41
11	9.65	7.21	6.22	5.67	5.32	5.07	4.89	4.74	4.63	4.54	4.46	4.40	4.29	4.21	4.10
12	9.33	6.93	5.95	5.41	5.06	4.82	4.64	4.50	4.39	4.30	4.22	4.16	4.05	3.97	3.86
13	9.07	6.70	5.74	5.21	4.86	4.62	4.44	4.30	4.19	4.10	4.02	3.96	3.86	3.78	3.66
14	8.86	6.51	5.56	5.04	4.69	4.46	4.28	4.14	4.03	3.94	3.86	3.80	3.70	3.62	3.51
15	8.68	6.36	5.42	4.89	4.56	4.32	4.14	4.00	3.89	3.80	3.73	3.67	3.56	3.49	3.37
16	8.53	6.23	5.29	4.77	4.44	4.20	4.03	3.89	3.78	3.69	3.62	3.55	3.45	3.37	3.26
17	8.40	6.11	5.18	4.67	4.34	4.10	3.93	3.79	3.68	3.59	3.52	3.46	3.35	3.27	3.16
18	8.29	6.01	5.09	4.58	4.25	4.01	3.84	3.71	3.60	3.51	3.43	3.37	3.27	3.19	3.08
19	8.18	5.93	5.01	4.50	4.17	3.94	3.77	3.63	3.52	3.43	3.36	3.30	3.19	3.12	3.00
20	8.10	5.85	4.94	4.43	4.10	3.87	3.70	3.56	3.46	3.37	3.29	3.23	3.13	3.05	2.94
21	8.02	5.78	4.87	4.37	4.04	3.81	3.64	3.51	3.40	3.31	3.24	3.17	3.07	2.99	2.88
22	7.95	5.72	4.82	4.31	3.99	3.76	3.59	3.45	3.35	3.26	3.18	3.12	3.02	2.94	2.83
23	7.88	5.66	4.76	4.26	3.94	3.71	3.54	3.41	3.30	3.21	3.14	3.07	2.97	2.89	2.78
분모자유도 24	7.82	5.61	4.72	4.22	3.90	3.67	3.50	3.36	3.26	3.17	3.09	3.03	2.93	2.85	2.74
25	7.77	5.57	4.68	4.18	3.85	3.63	3.46	3.32	3.22	3.13	3.06	2.99	2.89	2.81	2.70
26	7.72	5.53	4.64	4.14	3.82	3.59	3.42	3.29	3.18	3.09	3.02	2.96	2.86	2.78	2.66
27	7.68	5.49	4.60	4.11	3.78	3.56	3.39	3.26	3.15	3.06	2.99	2.93	2.82	2.75	2.63
28	7.64	5.45	4.57	4.07	3.75	3.53	3.36	3.23	3.12	3.03	2.96	2.90	2.79	2.72	2.60
29	7.60	5.42	4.54	4.04	3.73	3.50	3.33	3.20	3.09	3.00	2.93	2.87	2.77	2.69	2.57
30	7.56	5.39	4.51	4.02	3.70	3.47	3.30	3.17	3.07	2.98	2.91	2.84	2.74	2.66	2.55
32	7.50	5.34	4.46	3.97	3.65	3.43	3.26	3.13	3.02	2.93	2.86	2.80	2.70	2.62	2.50
34	7.44	5.29	4.42	3.93	3.61	3.39	3.22	3.09	2.98	2.89	2.82	2.76	2.66	2.58	2.46
36	7.40	5.25	4.38	3.89	3.57	3.35	3.18	3.05	2.95	2.86	2.79	2.72	2.62	2.54	2.43
38	7.35	5.21	4.34	3.86	3.54	3.32	3.15	3.02	2.92	2.83	2.75	2.69	2.59	2.51	2.40
40	7.31	5.18	4.31	3.83	3.51	3.29	3.12	2.99	2.89	2.80	2.73	2.66	2.56	2.48	2.37
42	7.28	5.15	4.29	3.80	3.49	3.27	3.10	2.97	2.86	2.78	2.70	2.64	2.54	2.46	2.34
44	7.25	5.12	4.26	3.78	3.47	3.24	3.08	2.95	2.84	2.75	2.68	2.62	2.52	2.44	2.32
46	7.22	5.10	4.24	3.76	3.44	3.22	3.06	2.93	2.82	2.73	2.66	2.60	2.50	2.42	2.30
48	7.19	5.08	4.22	3.74	3.43	3.20	3.04	2.91	2.80	2.71	2.64	2.58	2.48	2.40	2.28
50	7.17	5.06	4.20	3.72	3.41	3.19	3.02	2.89	2.78	2.70	2.63	2.56	2.46	2.38	2.27
55	7.12	5.01	4.16	3.68	3.37	3.15	2.98	2.85	2.75	2.66	2.59	2.53	2.42	2.34	2.23
60	7.08	4.98	4.13	3.65	3.34	3.12	2.95	2.82	2.72	2.63	2.56	2.50	2.39	2.31	2.20
65	7.04	4.95	4.10	3.62	3.31	3.09	2.93	2.80	2.69	2.61	2.53	2.47	2.37	2.29	2.17
70	7.01	4.92	4.07	3.60	3.29	3.07	2.91	2.78	2.67	2.59	2.51	2.45	2.35	2.27	2.15
80	6.96	4.88	4.04	3.56	3.26	3.04	2.87	2.74	2.64	2.55	2.48	2.42	2.31	2.23	2.12
100	6.90	4.82	3.98	3.51	3.21	2.99	2.82	2.69	2.59	2.50	2.43	2.37	2.27	2.19	2.07
125	6.84	4.78	3.94	3.47	3.17	2.95	2.79	2.66	2.55	2.47	2.39	2.33	2.23	2.15	2.03
150	6.81	4.75	3.91	3.45	3.14	2.92	2.76	2.63	2.53	2.44	2.37	2.31	2.20	2.12	2.00
200	6.76	4.71	3.88	3.41	3.11	2.89	2.73	2.60	2.50	2.41	2.34	2.27	2.17	2.09	1.97
400	6.70	4.66	3.83	3.37	3.06	2.85	2.68	2.56	2.45	2.37	2.29	2.23	2.13	2.05	1.92
1000	6.66	4.63	3.80	3.34	3.04	2.82	2.66	2.53	2.43	2.34	2.27	2.20	2.10	2.02	1.90

이 표는 SPSS 의 IDF.F 함수기능을 이용하여 제작되었다.

부록 2 : t 분포와 χ^2 분포의 임계치

자유도	t 분포 (양방검증)				χ^2 분포	
	α=.10	α=.05	α=.02	α=.01	α=.05	α=.01
1	6.314	12.706	31.821	63.657	3.841	6.635
2	2.920	4.303	6.965	9.925	5.991	9.210
3	2.353	3.182	4.541	5.841	7.815	11.345
4	2.132	2.776	3.747	4.604	9.488	13.277
5	2.015	2.571	3.365	4.032	11.070	15.086
6	1.943	2.447	3.143	3.707	12.592	16.812
7	1.895	2.365	2.998	3.499	14.067	18.475
8	1.860	2.306	2.896	3.355	15.507	20.090
9	1.833	2.262	2.821	3.250	16.919	21.666
10	1.812	2.228	2.764	3.169	18.307	23.209
11	1.796	2.201	2.718	3.106	19.675	24.725
12	1.782	2.179	2.681	3.055	21.026	26.217
13	1.771	2.160	2.650	3.012	22.362	27.688
14	1.761	2.145	2.624	2.977	23.685	29.141
15	1.753	2.131	2.602	2.947	24.996	30.578
16	1.746	2.120	2.583	2.921	26.296	32.000
17	1.740	2.110	2.567	2.898	27.587	33.409
18	1.734	2.101	2.552	2.878	28.869	34.805
19	1.729	2.093	2.539	2.861	30.144	36.191
20	1.725	2.086	2.528	2.845	31.410	37.566
21	1.721	2.080	2.518	2.831	32.671	38.932
22	1.717	2.074	2.508	2.819	33.924	40.289
23	1.714	2.069	2.500	2.807	35.172	41.638
24	1.711	2.064	2.492	2.797	36.415	42.980
25	1.708	2.060	2.485	2.787	37.652	44.314
26	1.706	2.056	2.479	2.779	38.885	45.642
27	1.703	2.052	2.473	2.771	40.113	46.963
28	1.701	2.048	2.467	2.763	41.337	48.278
29	1.699	2.045	2.462	2.756	42.557	49.588
30	1.697	2.042	2.457	2.750	43.773	50.892
40	1.684	2.021	2.423	2.704	55.758	63.691
60	1.671	2.000	2.390	2.660	79.082	88.379
120	1.658	1.980	2.358	2.617	146.567	158.950

이 표는 SPSS 의 IDF.T 함수기능과 IDF.CHISQ 함수기능을 이용하여 제작되었다.

참고문헌

박광배 (1992). **빈도분석**. 서울: 성원사.

박광배 (2000). **다변량분석**. 서울: 학지사.

Agresti, A. (1990). *Categorical Data Analysis.* New York: John Wiley & Sons.

Agresti, A. (1996). *An Introduction to Categorical Data Analysis.* New York: John Wiley and Sons, Inc.

Babington-Smith, B. (1950). On some difficulties encountered in the use of factorial designs and analysis of variance with psychological experiments. *British Journal of Psychology, 40*, 250-268.

Baxter, B. (1942). A study of reaction time using factorial design. *Journal of Experimental Psychology, 31*, 430-437.

Berkson, J. (1944). Application of the logistic function to bioassay. *Journal of the American Statistical Association, 39*, 357-365.

Bliss, C. I. (1934). The method of probits. *Science, 79*, 38-39.

Box, G. E. P. (1954). Some theorems in quadratic forms applied in the study of analysis of variance problems: II. Effects of inequality of variance and covariance between errors in the two-way classification. *Annals of Mathematical Statistics, 35*, 484-498.

Brooks, M. (2001). *Fly: The Unsung Hero of Twentieth-century Science.* Great Britain: Phoenix.

Brown, M. B. & Forsythe, A. B. (1974). Robust tests for the equality of variances. *Journal of the American Statistical Association, 69*, 364-367.

Cohen, J. (1988). *Statistical Power Analysis for the Behavioral Sciences.* Hillsdale, NJ: Lawrence Erlbaum.

Collett, D. (1991). *Modelling Binary Data.* London: Chapman & Hall.

Collier, R. O., Baker, F. B., Mandeville, G. K. & Hayes, T. F. (1967). Estimates of test size for several test procedures based on conventional variance ratios in the repeated measures design. *Psychometrika, 32*, 339-353.

Cowles, M. (1989). *Statistics in Psychology: An Historical Perspective.* Hillsdale, NJ: Lawrence Erlbaum.

Cox, D. R. & Snell, E. J. (1989). *The Analysis of Binary Data (2nd eds.).* London: Chapman and Hall.

Duncan, D. (1955). Multiple rage tests and multiple F test. *Biometrics, 11(1)*, 1-42.

Dunn, O. J. (1958). Estimation of the means of dependent variables. *Annals of Mathematical Statistics*, 29, 1095-1111.

Dunn, O. J. (1961). Multiple comparisons using rank sums. *Technometrics*, 6, 241-252.

Dunnett, C. W. (1955). A multiple comparison procedure for comparing several treatments with a control. *Journal of American Statistical Association, 50*, 1096-1211.

Durbin, J. & Watson, G. S. (1950). Testing for serial correlation in least squares regression I. *Biometrika*, Vol. 37, pp. 409-428.

Durbin, J. & Watson, G. S. (1951). Testing for serial correlation in least squares regression II. *Biometrika*, Vol. 38, pp. 159-178.

Ferguson, G. A. & Takane, Y. (1989). *Statistical Analysis in Psychology and Education.* (6th eds.). New York: McGraw-Hill.

Fienberg, S. E. (1987). *The Analysis of Cross-Classified Categorical Data.* Cambridge: The MIT Press.

Fisher, R. A. (1925). *Statistical Methods for Research Workers.* London: Oliver & Boyd.

Fisher, R. A. & MacKenzie, W. A. (1923). Studies in crop variation. II. The manurial response of different potato varieties. *Journal of Agricultural Science, 13*, 311-320.

Fisher, R. A. & Yates, F. (1963). *Statistical Tables for Biological, Agricultural and Medical Research.* Edinburgh: Oliver & Boyd Ltd.

Galton, F. (1877). Typical laws of heredity. *Proceedings of the Royal Institution of Great Britain, 8*, 282-301.

Galton, F. (1885). Regression towards mediocrity in hereditary stature. *Journal of the Anthropological Institute of Great Britain and Ireland, 15*, 246-263.

Garrett, H. E. (1940). Variability in learning under massed and spaced practice. *Journal of Experimental Psychology, 26*, 547-567.

Garrett, H. E. & Zubin, J. (1943). The analysis of variance in psychological research.

Psychological Bulletin, 40, 233-267.

Geisser, S. & Greenhouse, S. W. (1958). An extension of Box's results on the use of the F distribution in multivariate analysis. *Annals of Mathematical Statistics, 29*, 885-891.

Glantz, S. A. & Slinker, B. K (2001). *Primer of Applied Regression & Analysis of Variance (2nd Eds.)*. New York: McGraw-Hill, Inc.

Glass, G. V., Peckham, P. D., & Sanders, J. R. (1972). Consequences of failure to meet assumptions underlying the fixed effects analysis of variance and covariance. *Review of Educational Research, 42*, 237-288.

Gottman, J. M. & Roy, A. K. (1990). *Sequential Analysis.* Cambridge: Cambridge University Press.

Graubard, B. I. & Korn, E. L. (1987). Choice of column scores for testing independence in ordered 2 x K contingency tables. *Biometrika, 43*, 471-476.

Greenhouse, S. W. & Geisser, S. (1959). On methods in the analysis of profile data. *Psychometrika, 24*, 95-112.

Haberman, S. J. (1978). *Analysis of Qualitative Data.* San Diego, CA: Academic Press.

Howell, D. C. (1998). *Statistical Methods for Psychology.* New York: Duxbury Press.

Huitema, B. E. (1980). *The Analysis of Covariance and Alternatives*. New York: John Wiley & Sons, Inc.

Humphreys, L. G. (1943). The strength of the Thorndikian response as a function of the number of practice trials. *Journal of Comparative Psychology, 35*, 101-110.

Huynh, H. & Feldt, L. S. (1970). Conditions under which mean square ratios in repeated measurement designs have exact F-distributions. *Journal of the American Statistical Association, 65*, 1582-1589.

Huynh, H. & Feldt, L. S. (1976). Estimation of the Box correction for degrees of freedom from sample data in randomized block and split-plot designs. *Journal of Educational Statistics, 1*, 69-82.

Huynh, H. & Mandeville, G. K. (1979). Validity conditions in repeated measures designs. *Psychological Bulletin, 86*, 964-973.

Keselman, H. J. & Rogan, J. C. A. (1978). A comparison of the modified-Tukey and Scheffé methods of multiple comparisons for pairwise contrasts. *Journal of the American Statistical Association, 73*, 47-51.

Keppel, G. (1982). *Design and Analysis: A Researcher's Handbook (2nd eds.)*. Englewood Cliffs, NJ: Prentice-Hall.

Keuls, M. (1952). Use of the "Studentized Range" in connection with an analysis of variance. *Euphytica, 1*, 112-122.

Kirk, R. E. (1995). *Experimental Design: Procedures for the Behavioral Sciences. (3rd ed.)*. Pacific Grove, CA: Brooks/Cole.

Levene, H. (1960). Robust tests for equality of variances. In Olkin, I., Ghurye, S. G., Hoeffding, W., Madow, W. G. & Mann, H. B. (Eds.). *Contributions to Probability and Statistics: Essays in Honor of Harold Hotelling.* Stanford University Press, Stanford, Carolina. 278-292.

Lindquist, E. F. (1953). *Design and Analysis of Experiments in Psychology and Education.* Boston: Houghton Mifflin.

Lovie, A. D. (1979). The analysis of variance in experimental psychology: 1934-1945. *British Journal of Mathematical and Statistical Psychology, 32*, 151-178.

Lovie, A. D. (1981). On the early history of ANOVA in the analysis of repeated measure designs in psychology. *British Journal of Mathematical and Statistical Psychology, 34,* 1-15.

Menard, S. (1995). Applied Logistic Regression Analysis. Quantitative Applications in the Social Sciences, No. 106. New York: Sage Myers, J. L. & Well, A. D. (1991). *Research Design and Statistical Analysis.* NY: Harper-Collins.

Newman, D. (1939). The distribution of range in samples from a normal population, expressed in terms of an independent estimate of standard deviation. *Biometrika, 31,* 20-30.

Olejnik, S. F. & Algina, J. (1984). Parametric ANCOVA and the rank transform ANCOVA when the data are conditionally non-normal and heteroscedastic. *Journal of Educational Statistics, 9*, 129-149.

Olejnik, S. F. & Algina, J. (1987). An analysis of statistical power for parametric ANCOVA and rank transform ANCOVA. *Communications in Statistics, Part A-Theory and Methods, 16,* 1923-1949.

Park, K. B., Upshaw, H. S. & Koh, S. D. (1988). East Asians' responses to Western health items. *Journal of Cross-cultural Psychology, 19*, 51-64.

Pearson, K. (1896). Mathematical contributions to the theory of evolution. III. Regression, heredity, and panmixia. *Philosophical Transactions of the Royal Society, A, 187*, 253-318.

Reitz, W. (1934). Statistical techniques for the study of institutional differences. *Journal of Experimental Education, 3*, 11-24.

Rosenbaum, P. R. & Rubin, D. R. (1983). The central role of the propensity score in observational studies for causal effects. *Biometrika, 70*, 41-55.

Rosenthal, R. & Rosnow, R. L. (1985). *Contrast Analysis: Focused Comparisons in the Analysis of Variance*. New York: Cambridge.

Rouanet, H. & Lépine, D. (1970). Comparison between treatments in a repeated-measurement design: ANOVA and multivariate methods. *British Journal of Mathematical and Statistical Psychology, 23*, 147-163.

Rubin-Rabson, G. (1937). The influence of analytical pre-study in memorizing piano music. *Archives of Psychology, 22*, 260-270.

Scheffé, H. (1953). A method for judging all contrasts in analysis of variance. *Biometrika, 40*, 87-104.

Snedecor, G. W. (1934). *Calculation and Interpretation of the Analysis of Variance and Covariance*. Ames, Iowa: Collegiate Press.

Snedecor, G. W. (1946). *Statistical Methods*. Ames, IA: Iowa State College Press.

Tukey, J. W. (1953). The problem with multiple comparisons. Unpublished manuscript. Princeton University.

Tukey, J. W. (1955). Queries. *Biometrics, 11,* 111-113.

Wald, A. (1943). Test of statistical hypotheses concerning several parameters when the number of observations is large. *Tansactions of the American Mathematical Society, 54,* 426-482.

Wilk, M. B. & Kempthorne, O. (1955), Fixed, mixed, and random models. *Journal of the American Statistical Association, 50*, 1144-1167.

Wilks, S. S. (1935). The likelihood test of independence in contingency tables. *Annals of Mathematical Statistics, 6*, 190-196.

Yule, G. U. (1897). On the theory of correlation. *Journal of the Royal Statistical Society, 60*, 812-854.

연습문제 해답

1-2. '구입여부' 는 이분변인이므로 정규분포하지 않는다.

2-6. $E(F) = (N_2 - 1)(N_2 - 3) = 29/27 = 1.074$

3-1. SST=4140.4, SSB=3028.8, SSW=1111.6

3-4. df_{total}=71, df_{within}=66, $df_{between}$=5

3-5. df_{total}=18, df_{within}=16, $df_{between}$=2

3-6. 이 문제는 이론적인 문제라기보다는, 실증적인 문제이다. 즉, 경우에 따라 다르다는 것이 가장 정확한 해답이다. 그 이유는 다음과 같다. 첫째, 어떤 실험집단의 모집단이 큰 변량을 가지면, 그 모집단에서 추출된 표본들의 평균들이 큰 폭으로 달라질 수 있다. 둘째, 그러나 변량과 평균이 서로 독립적이므로, 변량의 동질성 가정이 파기되는 경우에 그것이 평균차이 자체에 체계적인 편파를 유발하지는 않을 것으로 기대된다. 다시 말해서 변량의 동질성 가정이 파기되었다고 해서 그로 인하여 평균차이들이 체계적으로 (한쪽 방향으로) 일관되게 줄어들거나 늘어날 이유는 없다. 경우에 따라서는 평균차이가 크게 나타나고, 다른 경우에는 작게 나타날 수 있다. 그러나 일반적으로는 위에서 기술된 첫 번째 이유로 인하여 집단간 자승합을 증가시키는 효력이 나타나기 쉽고, 따라서 집단차이를 과대평가하는 결과로 귀착되기 쉽다. 그러나 반대의 결과가 예측될 수도 있다. 그 이유는 다음과 같다. 변량의 동질성 가정은 흔히 피험자의 수가 작을 때 파기되기 쉽고, 그것은 표본이 불안정하다는 것을 암시하는 경우가 많다. 표본이 불안정하면 집단내 변산이 증가하는 것이 일반적이고, 그로 인하여 집단차이에 대한 유의도 검증이 부정적으로 영향 받을 수 있다. 즉, 동일한 평균차이가 유의미하지 않게 되는 경우가 많아질 수

있다. 말하자면 평균차이를 과소평가하는 결과가 생길 수 있다.

3-7. MSB 와 MSW 는 변량지수이다. 변량이 서로 독립적이라는 것은 공변하는 부분이 없다는 것이다. 즉, MSB 와 MSW 가 완벽하게 서로 다른 변산 혹은 개인차에 대한 정보를 반영할 때 그들을 서로 독립적이라고 부른다. 그런데 MSB 와 MSW 는 각각 SSB 와 SSW 의 평균치이다. 따라서 SSB+SSW=SST 가 성립하면 MSB 와 MSW 는 서로 독립적이고, SSB+SSW≠SST 이면 MSB 와 MSW 는 서로 중복된 개인차 정보를 반영한다.

3-8.

변산원	자승합	자유도	평균자승	F	p
집단간	153	4	38.25	3.84	>.05
집단내	315	44	7.39		
전체	478	48	9.96		

468　　9.75　7.16　5.34　<.01

3-9. F 값만을 보고하는 연구관행의 폐단은 단적으로 말해서 학문의 커뮤니케이션 기능을 마비시키는 결과를 초래한다는 것이다. 그 이유는 최소한 세 가지로 요약할 수 있다. 첫째는 연구결과에 대한 해석이 극심하게 추상화된다는 것이고, 둘째는 서로 다른 연구들의 결과를 서로 비교할 수 없다는 것이며, 셋째로는 연구자가 자신의 실험적 조작에 대하여 적용하는 묵시적 가정을 다른 연구자가 파악할 수 없다는 것이다.

1) 연구결과에 대한 궁극적 해석은 모수추정치에 의해 이루어진다.

상관연구들은 상관계수를 보고하고, 그 상관계수의 통계적 의미를 판단할 수 있는 t, 혹은 F 값을 보고하는 것이 일반적 관행이다. 회귀분석을 이용하는 연구들은 회귀계수 혹은 결정계수를 보고하고, 그 계수들의 t 값 혹은 F 값을 보고하는 것이 일반적 관행이다. 이 연구들에서 상관계수 혹은 회귀계수들을 보고하는 첫째 이유는 그 계수들이 바로 연구자가 검증한 이론적 모형의 내용을 기술하는 모수추정치들이기 때문이다. 관계의 정도를 파악하기 위하여 상관분석 혹은 회귀분석을 하였다면 파악된 관계의 정도를 최우선적으로 보고하는 것은 너무도 당연한 일이다. 상관계수, 회귀계수, 결정계수들은 변인들 사이의 관계의 정도를 나타낸다. 관계의 정도가 강한지 약한지의 여부는 그 계수들의 유의도 판단을 위한 t 값이나 F 값에 의해 판단할 수 없다. 왜냐하면 t 값이나 F 값 등의 통계적 지수들은 관계의 정도뿐만 아니라 자료의 양 즉, 오차의 자유도에 의해서 좌우되기 때문이다. 상관분석과 회귀분석에서 계수들을 보고하지 않는 것은 연구자가 가설모형을 애매하게 제시하고 끝내 그 모형의 구체적 내용을 밝히지 않는 것과 같다.

변량분석도 상관분석이나 회귀분석과 마찬가지로 일반선형모형의 일종이다. 즉, 독립변인과 종속변인의 관계를 파악하기 위한 통계적 모형이다. 변량분석에서 독립변인과 종속변인 사이의 관계는 η 혹은 η^2 로 표현되며, 이 지수들이 바로 변량분석모형의 모수추정치이다. η^2 는 전체자승합 (SST) 에 대한 집단간자승합 (SSB) 의 비율이다. 즉, 종속변인의 전체 변산 중 특정한 독립변인에 의해, 혹은 독립변인들 사이의 상호작용에 의해 설명되는 부분의 비율이다. 따라서 변량분석표가 논문에 제시되어 있으면 그 표에 제시된 자승합들을 이용하여 독자들은 매우 쉽게 η 혹은 η^2 를 산출할 수 있다.

상관계수, 회귀계수, 결정계수, η^2 등의 모수추정치들은 자료를 수학적으로 요약한 것이며, 주어진 자료를 초월하여 존재하는 통계적 이론이나 가정 혹은 추상적 개념에 기초한 것이 아니다. 예를 들어 η^2 는 SSB 와 SST 의 단순비율이고, SSB 와 SST 는 각각 자료수치들과 그들의 평균에 의해 계산되는 숫자들에 불과하다. η^2 를 산출하는 과정에는 어떠한 통계적 이론이나 가정도 전혀 개입하지 않는다. 이러한 모수추정치들을 보고하는 것은 연구의 특정한 목적에 부합하도록 자료 그 자체를 일목요연하게 정리하고 요약하여 제시하는 것이라고 볼 수 있다. 말하자면 상관계수, 회귀계수, 결정계수, η^2 등의 모수추정치들은 연구의 특정한 목적에 부합하도록 요약된 자료 그 자체이고, 따라서 이 모수추정치들에 대한 해석도 철저하게 자료의 속성에 준하여 이루어지면 된다. 예를 들어, 회귀계수의 의미는 독립변인에서의 한 단위 변화에 수반되는 종속변인 값의 평균적 단위변화이다. 연구자가 회귀계수를 이해하고 해석하기 위해서는 자신이 사용한 변인들의 단위 이외에 어떠한 다른 개념도 필요하지 않다. η^2 의 의미는 더 간단하다: 종속변인의 변산 중 독립변인과 공변하는 부분의 비율이다.

반면에 t 혹은 F 의 의미는 고도로 관념화된 통계적 이론들에 기초하고 있고, 그 지수들은 자료 자체가 아니라 현실성이 불확실한 여러 가지 가정들의 전제하에 모집단의 추상적인 상태를 반영한다. 그런데 대부분의 연구에서 모집단의 정체가 불분명하므로, 결과적으로 t 혹은 F 의 의미는 극도로 추상적이고 유보적일 수밖에 없다. 변량분석의 결과를 보고하면서 자승합들에 대한 기술 없이 오로지 F 값만 보고하는 경우는 말하자면 자료를 보고하지 않는 것과 같고, 따라서 F 값의 의미를 구체적으로 해석할 수 없게 된다.

2) F 값만을 보고하는 연구들은 서로 비교될 수 없다.

서로 다른 연구의 결과들이 서로 비교될 수 있는 것은 모수추정치들에 의해 가능한 것이며, 그들의 통계적 유의미도에 의한 것이 아니다. 예를 들어 어떤 연구자가 발견한 두변인 사이의 상관계수가 0.80 이었고, 기존의 다른 연구에서 발견된 동일한 변인들 사이의 상관계수가 0.75 이었다면, 이 연구자는 자신의 연구결과가 기존의 연구결과와 대략 일치한다는 것을 알 수 있다. 반면에 통계적 유의미도를 판단하기 위한 t 값이나 F 값은 관계의 정도뿐만 아니라 자료의 양에 의해서도 달라지는 지수들이므로 t 값이나 F 값에 의해서는 두 개의 서로 다른 연구들에서 발견된 결과들이 서로 유사한 것들인지, 다른 것들인지를 판단할 수 없다.

η^2 는 전체자승합 (SST) 에 대한 집단간자승합 (SSB) 의 비율인데, 분모가 특정한 연구에서 채택된 독특한 실험조작과는 무관한 전체자승합이므로, 동일한 변인들을 사용한 서로 다른 연구들에서 계산된 η^2 는 서로 비교될 수 있다. 이 이유로 인하여 F 값만을 보고하는 실험연구는 메타분석 (meta-analysis) 에 포함될 수 없게 된다. 근자에 들어 메타분석의 중요성이 점차로 광범위하게 인식되고 있다. 그 이유는 한개의 연구에 의해 어떤 이론적 쟁점에 관하여 결정적인 결론을 내릴 수 있는 경우가 거의 없기 때문이다. 어떤 연구에서 특정한 결과가 도출되었더라도 그 결과가 신뢰받기 위해서는 유사한 연구들이 반복적으로 비슷한 결과들을 보여주어야 한다. 이것은 소위 '복제가능성 (replicability)' 이라고 불리는 과학의 중요한 기본조건 중의 하나이다. 복제가능성이란 특정한 연구가 모든 절차 및 속성에서 동일하게 반복되면 동일한 결과가 나와야 한다는 원칙이다. 그러나 현실적으로 어떤 연구를 모든 절차 및 속성에서 동일하도록 반복한다는 것은 불가능한 일이다. 복제가능성의 이념을 현실적으로 구현하기 위한 방법이 메타분석이다. 메타분석은 각기 다른 분석방법에 의하여 수행된 다양한 연구들의 결과를 모두 효과크기로 변환한 후, 그 효과크기들을 취합하여 많은 연구들의 결과들에서 공통적으로 발견되는 경향성을 도출하는 기법이다. 그런데 변량분석을 이용한 연구가 F 값만을 보고하는 경우에는 그것을 효과크기로 변환할 수 없고, 결과적으로 메타분석에 포함될 수 없게 된다. 변량분석의 결과를 효과크기로 전환하기 위해서는 자승합들이 보고되거나 η 혹은 η^2 가 반드시 보고되어야 한다. 메타분석에 포함될 수 없다는 것은 다른 연구들과의 비교가 어렵게 된다는 것을 의미하고, 궁극적으로는 학문발전에 대한 기여의 폭이 극히 제한된다는 것을 의미한다.

3) 실험조건들에 대한 묵시적 가정에 따라 F 값은 달라진다.

실험자료의 경우, 연구자가 독립변인의 수준들에 대하여 어떤 묵시적 가정을 하느냐에 따라서 F 값이 달라지고, 독립변인 효과의 통계적 유의미도가 뒤바뀔 수 있다. 실험에서 조작된 독립변인의 수준들이 무수히 많은 수준들 가운데에서 무작위로 추출된 것이라고 가정하는 경우를 무선모형 (random model) 이라고 부르고, 이때에는 독립변인의 무수히 많은 수준들 중 실험에 포함되지 않은 다른 수준들에도 분석결과가 일반화되는 것으로 해석한다. 반면에 실험에서 조작된 독립변인의 수준들이 그 독립변인이 가질 수 있는 수준들을 모두 망라한 것으로 가정하는 경우를 고정모형 (fixed model) 이라고 부르고, 이때에는 분석결과가 그 수준들에만 적용되는 것으로 해석하여야 한다. 그런데 문제는 어떤 독립변인에 대하여 무선모형을 가정해야 하는지, 아니면 고정모형을 가정해야 하는지의 여부는 분석결과를 어떻게 일반화할 것인지를 결정하는 연구자에게 전적으로 달려있다는 것이다. 예를 들어 거의 동일한 연구를 수행하는 2 명의 연구자들 중 한명은 자신의 연구에서 이용된 독립변인에 대하여 고정모형을 가정하는 반면, 또 다른 연구자는 동일한 독립변인에 대하여 무선모형을 가정할 수 있다. 이렇게 독립변인의 수준들에 대한 연구자들의 묵시적 가정이 다르면, 거의 동일한 자료에 있어서도 독립변인의 효과를 검증하기 위한 F 값은 거의 언제나 달라질 뿐만 아니라, 한 연구에서는 통계적으로 유의미하고, 다른 연구에서는 유의미하지 않을 수 있다. 연구자들이 만약 최종보고서 혹은 논문에서 F 값만을 보고한다면, 이러한 혼란을 교정할 수 없게 된다. 어떤 연구자가 고정모형을 가정하고 변량분석을 하고 F 값만을 보고하였다면, 무선모형을 가정하는 경우는 어떤 결과가 산출될지에 관심을 가지는 다른 연구자가 그 결과에 대하여 전혀 아무런 추정을 할 수 없게 된다. 또한 만약 어떤 독립변인에 대하여 일부의 연구들은 무선모형을 가정하고 다른 연구들은 고정모형을 가정하는 상황에서 그 연구들의 결과를 일관성 있게 통합하기 위해서는 변량분석표가 완벽하게 보고되는 것이 필수적이다. F 값만을 보고한 연구들은 말하자면 학문의 커뮤니케이션 기능을 마비시키는 결과를 초래한다. 특히, 연구자가 독립변인에 대하여 고정모형을 가정한 것인지, 아니면 무선모형을 가정한 것인지의 여부를 연구보고에 명시하지 않고 F 값만을 보고하는 경우에는 그 F 값의 의미가 전혀 파악될 수 없다는 점을 명심할 필요가 있다.

3-10. 종속변인의 평균, 평균자승, 표준편차, 변량을 집단별로 산출하면 다음과 같다.

	실험집단 1	실험집단 2	실험집단 2
평균	42.80	135.80	70.80
평균자승	1831.34	18441.64	5012.64
표준편차	32.29	56.01	43.85
변량	1042.70	3136.70	1922.70

위의 숫자들을 주의깊게 살펴보면 변량이 평균과 비례하여 변하는 것을 알 수 있다. 따라서 이 경우에는 종속변인을 제곱근 변환하여 변량의 동질성을 확보할 수 있을 것으로

사료된다. 따라서 다음과 같이 종속변인을 제곱근 변환한다.

실험집단	원래 종속변인	제곱근 변환된 종속변인
1	4	2
1	16	4
1	49	7
1	64	8
1	81	9
2	49	7
2	121	11
2	144	12
2	169	13
2	196	14
3	16	4
3	36	6
3	81	9
3	100	10
3	121	11

제곱근 변환된 종속변인의 변량을 집단별로 산출하면 다음과 같다. 원래 종속변인의 변량에 비하여 제곱근 변환된 종속변인의 변량은 집단간 차이가 획기적으로 감소했음을 알 수 있다.

실험집단 1	실험집단 2	실험집단 3
8.5	7.3	8.5

원래 종속변인과 변환된 종속변인을 각각 이용하여 변량분석한 결과가 다음과 같다.

원래 종속변인에 의한 ANOVA					제곱근 변환된 종속변인에 의한 ANOVA				
변산원	SS	df	MS	F	변산원	SS	df	MS	F
집단간	22763.33	2	11381.67	5.60*	집단간	74.53	2	37.27	4.60*
집단내	24408.40	12	2034.03		집단내	92.20	12	8.10	
전체	47171.73	14			전체	171.73	14		

변환된 종속변인에 의한 변량분석은 원래 종속변인에 의한 경우에 비하여 다소 낮은 F 값을 보여준다. 이것은 변량분석을 위하여 변량의 동질성 가정이 파기된 자료를 이용하는 대가라고 할 수 있다. 여기에서 한 가지 주목할 사실은 비록 제곱근 변환을 하여 변

량의 동질성을 어느 정도 인위적으로 확보하였다고 해도, 이 자료는 기본적으로 '변량의 동질성 가정이 파기된 자료' 라는 사실이다. 만약 다른 측정도구를 이용하고, 더 많은 피험자를 실험하여 처음부터 변량의 동질성이 확보된 자료를 구한다면, 그 자료에서 F 값이 더 올라갈지, 아니면 내려갈지는 앞서 <연습문제 8 번> 에서 언급한 바와 같이 해보아야 알 수 있는 일이다. 또 한 가지 주목할 사실은 변환된 자료를 이용한 분석결과의 해석은 변환방식을 고려하여야 한다는 것이다. 예를 들어 변환된 자료에서 산출된 η^2는 0.434 인데, 이 숫자는 '종속변인 제곱근' 의 전체변산 중 약 43% 를 집단차이가 설명한다는 것이다. 이것의 실질적 의미는 각 연구에서 조심스럽게 해석되어야 한다.

4-1.

대비	$\bar{Y}_1$	$\bar{Y}_2$	$\bar{Y}_3$	$\bar{Y}_4$
Ψ_1	1	-1	0	0
Ψ_2	1	0	-1	0
Ψ_3	1	0	0	-1
Ψ_4	0	1	-1	0
Ψ_5	0	1	0	-1
Ψ_6	0	0	1	-1
Ψ_7	1	1	-1	-1
Ψ_8	1	-1	-1	1
Ψ_9	1	-1	1	-1
Ψ_{10}	1	1	1	-3
Ψ_{11}	1	1	-3	1
Ψ_{12}	1	-3	1	1
Ψ_{13}	-3	1	1	1

4-2. 이 문제의 해답은 여러 개일 수 있다. 여기에 제시된 것은 가능한 답들 중 일부이다.

	직교대비 세트 1				직교대비 세트 2				직교대비 세트 3			
	$\bar{Y}_1$	$\bar{Y}_2$	$\bar{Y}_3$	$\bar{Y}_4$	$\bar{Y}_1$	$\bar{Y}_2$	$\bar{Y}_3$	$\bar{Y}_4$	$\bar{Y}_1$	$\bar{Y}_2$	$\bar{Y}_3$	$\bar{Y}_4$
Ψ_1	1	1	-1	-1	1	1	1	-3	1	1	-2	0
Ψ_2	1	-1	0	0	1	1	-2	0	1	-1	0	0
Ψ_3	0	0	1	-1	1	-1	0	0	0	0	1	-1

4-3. 대비효과를 파악하기 위한 F 값은 대비의 평균자승을 전반적 검증의 오차평균자승(MSW) 로 나누어준다. 따라서 전반적 검증을 위한 F 와 대비효과를 위한 F 의 분모는 동일하다. 반면에 전반적 검증을 위한 F 의 분자는 집단간 자승합의 자유도는 g-1 인 반면, 대비효과의 자유도는 언제나 1 이다. 따라서 대비효과를 위한 F 의 분자가 전반적 검증을 위한 F 의 분자보다 더 큰 경우가 생길 수도 있다.

4-4. 맥주회사가 파악하려고 하는 문제에 답하기 위해서는 두 개의 직교대비를 산출할 필요가 있다. 그 두 개의 대비들은 다음과 같다.

	♂-1	♂-2	♀-1	♀-2	제품모양	제조과정
평균	3.333	5.667	4.667	3.000	8.333	8.333
Ψ_1	1	1	1	1	-2	-2
Ψ_2	1	1	-1	-1	0	0

Ψ_1 은 사람이 등장하는 광고와 그렇지 않은 광고의 비교이고, Ψ_2 는 남성이 등장하는 광고와 여성이 등장하는 광고의 비교이다. 두 개의 대비와 그들의 자승합을 구하면 다음과 같다.

$$\Psi_1 = (1)3.333 + (1)5.667 + (1)4.667 + (1)3.000 + (-2)8.333 + (-2)8.333 = -16.665$$

$$\Psi_2 = (1)3.333 + (1)5.667 + (-1)4.667 + (-1)3.000 + (0)8.333 + (0)8.333 = 1.333$$

$$SSB_{\Psi 1} = \frac{3(-16.665)^2}{[(1)^2 + (1)^2 + (1)^2 + (1)^2 + (-2)^2 + (-2)^2]} = \frac{831.6675}{12} = 69.431$$

$$SSB_{\Psi 2} = \frac{3(1.333)^2}{[(1)^2 + (1)^2 + (-1)^2 + (-1)^2 + (0)^2 + (0)^2]} = \frac{5.3307}{4} = 1.333$$

위에서 계산된 대비의 자승합을 이용하여 변량분석표를 작성하면 다음과 같다.

변산원	자승합	자유도	평균자승	F	유의도
집단간 (광고)	83.111	5	16.622	5.071	p<.01
대비 1	69.431	1	69.431	21.181	p<.01
대비 2	1.333	1	1.333	0.407	ns
대비 3-5	12.347	3	4.116	1.256	ns
집단내 (오차)	39.333	12	3.278		
전체	122.444	17	7.203		

결론적으로 사람이 등장하는 광고와 등장하지 않는 광고는 광고 선호도에서 차이를 유발하는데, 사람이 등장하지 않는 광고가 더 선호된다. 사람이 등장하는 경우에 등장인물의 성별은 차이를 유발하지 않는다.

4-5. 4 집단의 종속변인 평균을 이용하여 직선형 대비와 곡선형 대비를 아래와 같이 산출한다.

	12 시간	24 시간	36 시간	48 시간
평균	19.375	20.750	22.625	26.250
직선대비 Ψ_1	-3	-1	1	3
포물선대비 Ψ_2	-1	1	1	-1

$$\Psi_1 = (-3)19.375 + (-1)20.750 + (1)22.625 + (3)26.250 = 22.5$$

$$\Psi_2 = (-1)19.375 + (1)20.750 + (1)22.625 + (-1)26.250 = -2.25$$

$$SSB_{\Psi 1} = \frac{8(22.5)^2}{(-3)^2 + (-1)^2 + (1)^2 + (3)^2} = 202.500$$

$$SSB_{\Psi 2} = \frac{8(-2.25)^2}{(-1)^2 + (1)^2 + (1)^2 + (-1)^2} = 10.125$$

위의 대비들을 이용하여 변량분석표를 작성하면 다음과 같다.

변산원	자승합	자유도	평균자승	F	유의도
집단간 (수면광고)	213.250	3	71.083	46.558	p<.01
대비 1	202.500	1	202.500	132.613	p<.01
대비 2	10.125	1	10.125	6.631	p<.05
대비 3	0.625	1	0.625	0.409	ns
집단내 (오차)	42.750	28	1.527		
전체	256.000	31			

결론적으로, 수절증과 수면결핍의 관계에는 직선형 경향과 곡선형 경향이 모두 존재하는데, 특히 직선형 경향이 매우 강력하다. 이 경향은 집단평균들을 그래프로 그려보면 확연히 알 수 있다.

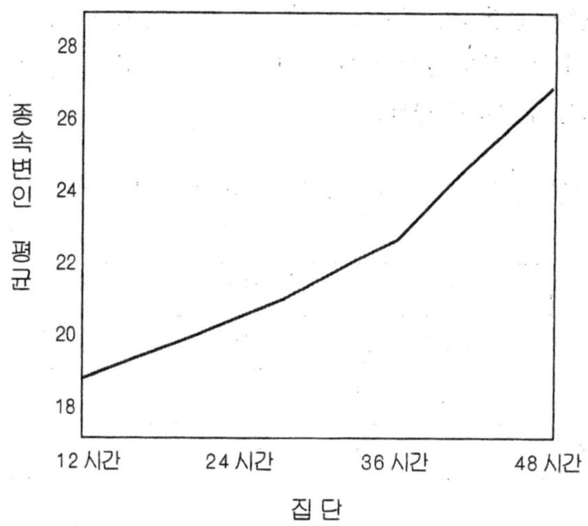

따라서 수절증과 수면결핍의 관계는 기울기가 점차로 커지는 단조형 관계 (monotonic relationship) 라고 할 수 있다.

4-6. 직선형 경향이 차지하는 변산비율 = 202.500/256.000 = 0.79
포물선형 경향이 차지하는 변산비율 = 10.125/256.000 = 0.04

4-8. 싱글누드와 커플누드를 비교하는 대비의 자승합은 2323.2 이고, 그 대비의 F 값은 25.08 로 산출되었다. 이 F 값의 분자자유도는 1 이고, 분모자유도는 12 이다. 자유도가 1 과 12 일 때, α=0.05 의 임계치는 4.75 이고, α=0.01 의 임계치는 9.33 이다. 그런데 Scheffè 검증을 위한 임계치는 $(g-1)F_c$ 이므로, 싱글누드와 커플누드를 비교하는 대비를 위한 Scheffè 검증의 임계치는 α=0.05 일 때 (3-1)4.75=9.5 이고, α=0.01 일 때 (3-1)9.33=18.66 이다. 그런데 싱글누드와 커플누드를 비교하는 대비의 F 값은 두 개의 임계치 모두를 능가하는 25.08 이므로, 이 대비는 Scheffè 검증에 의하여 α=0.01 수준에서 통계적으로 유의미하다.

4-11. 실험집단이 여섯 개이고, 각 실험집단에 세 명씩의 피험자가 있으므로, 범위통계치의 임계치는 α=0.05 일 때 4.75 이고, α=0.01 일 때 6.10 이다. 또한 변량분석에서 산출된 MSW 는 3.278 이다. 따라서 다음의 숫자보다 큰 평균차이는 Tukey 검증에 의해 모두 유의미한 것으로 판단된다.

α=0.05 수준	α=0.01 수준
$4.75\sqrt{\frac{3.278}{3}}=4.965$	$6.10\sqrt{\frac{3.278}{3}}=6.376$

각 집단의 평균차이를 위의 지수들과 비교해보면, α=0.05 수준에서 첫 번째 (♂-1) 와 다섯 번째 (제품모양) 집단의 평균차이가 유의미하고, 첫 번째 (♂-1) 와 여섯 번째 (제조과정), 네 번째 (♀-2) 와 다섯 번째 (제품모양), 네 번째 (♀-2) 와 여섯 번째 (제조과정) 집단의 평균차이가 각각 유의미하다. α=0.01 수준에서 유의미한 평균차이는 없다.

5-1. 어린시절의 학대경험과 자기자식에 대한 학대 사이의 관계가 남자집단과 여자집단에서 각기 다르다는 것을 의미한다. 두 변인 사이의 관계가 남자 혹은 여자집단 중 하나에서는 강하고, 다른 한 집단에서는 약하던가, 한 집단에서는 관계가 있고 다른 집단에서는 없던가. 혹은 한 집단에서는 관계의 방향이 정적이고 다른 집단에서는 부적일 수 있다. 그 구체적인 양상이 어떠한지는 어린시절의 학대경험과 성별로 교차분할된 설계행렬에서 자식에 대한 학대의 평균들을 검토하여 판단하면 된다.

5-2. 상호작용에 의한 편차란 "각 집단평균과 전체평균의 차이 $(\bar{Y}_{ij}-\bar{Y}_{..})$ 중에 첫 번째 요인 A 에 의한 편차와 두 번째 요인 B 에 의한 편차의 합을 제외한 나머지" 를 말한다. 이 나머지가 0 이 아니면 $(\bar{Y}_{ij}-\bar{Y}_{..})$ 가 요인 A 와 요인 B 의 합산적 효과 이외에 추가적으로 곱셈적 효과에 의해 구성된다는 것을 의미한다.

5-5. 상호작용효과는 주 효과와 독립적이다. 즉, 상호작용효과에 의한 집단간 자승합과 주 효과에 의한 집단간 자승합은 서로 별개의 변산을 대표한다. 그 때문에 상호작용에 의한 자승합과 주 효과에 의한 자승합을 합하면 전체 집단간 자승합과 동일하다. 따라서 상호작용효과를 검증하기 위하여 주 효과의 존재가 전제될 필요가 없다. 즉, 최면요법과 수치침요법이 둘 다 개별적으로 사회불안에 대하여 효과를 가지지 않더라도, 두 치료요법이 동시에 시술되면 큰 효과를 볼 수도 있다. 반대로 최면요법과 수치침요법이 둘 다 매우 큰 개별적인 치료효과를 가지더라도, 두 치료요법이 동시에 시술되면 효과가 없을 수도 있다. 바로 이러한 특성 때문에 상호작용효과는 지대한 과학적 관심의 대상이 된다.

5-6. $SSB_A=121.5$, $SSB_B=1.5$, $SSB_{AB}=181.5$, $SSW=184.0$, $SST=488.5$

5-7.

고정모형				
변산원	자승합	자유도	평균자승	F
A	121.500	1	121.500	13.207**
B	1.500	1	1.500	.163
AB	123.000	1	181.500	19.728
집단내	184.000	20	9.200	
전체	488.500	23	21.239	

무선모형				
변산원	자승합	자유도	평균자승	F
A	121.500	1	121.500	0.669
B	1.500	1	1.500	0.008
AB	123.000	1	181.500	19.728**
집단내	184.000	20	9.200	
전체	488.500	23	21.239	

혼합모형(요인 A 가 무선, 요인 B 는 고정)				
변산원	자승합	자유도	평균자승	F
A	121.500	1	121.500	13.207**
B	1.500	1	1.500	0.008
AB	123.000	1	181.500	19.728**
집단내	184.000	20	9.200	
전체	488.500	23	21.239	

5-8 무선모형은 독립변인의 수준들이 무수히 많은 가운데서 일부가 표집된 것으로 간주되는 모형이므로 특정한 집단들의 차이가 관심의 대상이 아닐 뿐만 아니라 설혹 대비분석을 하여도 그 결과를 어떻게 일반화할지 정할 수 없다. 간단히 말해서 무선요인에 대한 대비분석은 해석이 불가능하다. 또한 무선모형에서 실질적인 관심의 초점은 실험에 포함되지 않은 수준들의 차이를 파악하는 것이다. 따라서 실험에 포함된 수준들 간의 특정한 차이는 굳이 검증할 필요가 없다.

5-9. 대비 1 은 성별의 비교, 대비 2 는 매력도의 3 수준 중 고매력 집단과 다른 집단의 비교, 대비 3 은 매력도의 3 수준 중 중매력과 저매력의 비교가 되도록 코딩하고, 대비 4 와 대비 5 는 매력도 대비들과 성별대비의 상호작용효과가 되도록 코딩한 후 변량분석한 결과가 다음과 같다.

변산원	자승합	자유도	평균자승
성별 (A)	28.444	1	28.444
대비 1	28.444	1	28.444
매력도 (B)	58.167	2	29.083
대비 2	1.135	1	1.135
대비 3	57.032	1	57.032
성별×매력도 (AB)	6.722	2	3.361
대비 4	1.685	1	1.685
대비 5	5.037	1	5.037
집단내	183.667	30	6.122
전체	277.000	35	7.914

a. 매력도가 고정요인인 경우, 매력도 효과의 가설검증을 위한 오차항은 집단내 평균자승이므로 매력도에 의해 구성되는 대비들의 가설검증을 위한 오차항도 모두 집단내 평균자승이다. 따라서 각 대비들의 F 값은 다음과 같이 설정된다: F(대비 1)=28.444/6.122; F(대비 2)=1.135/6.122; F(대비 3)=57.032/6.122; F(대비 4)=1.685/6.122; F(대비 5)=5.037/6.122.

b. 매력도가 무선요인인 경우, 매력도의 주 효과를 위한 오차항은 집단내 평균자승이고, 성별의 주 효과를 위한 오차항은 상호작용 평균자승이며, 상호작용효과를 위한 오차항은 집단내 평균자승이 된다. 따라서 각 대비들의 F 값은 다음과 같이 설정된다: F(대비 1)=28.444/3.361; F(대비 2)=1.135/6.122; F(대비 3)=57.032/6.122; F(대비 4)=1.685/6.122; F(대비 5)=5.037/6.122. 그러나 앞서 연습문제 31 에서 살펴본 바와 같이 무선요인의 대비는 해석할 수 없다. 또한 무선요인이 관여하는 상호작용효과는 역시 무선요인이 되므로, 상호작용효과의 대비도 해석할 수 없다.

5-10. 이 문제는 기본적으로 연구자가 분석결과를 어떻게 일반화하려고 하는지에 달려있다. 다만, 상식적으로 판단할 때, b 는 고정모형보다는 무선모형을 가정하는 것이 더 그럴듯할 것으로 사료된다.

5-11. 연습문제 3-9 의 해답을 참고하라.

5-12. Scheffè 검증과 Tukey 검증 등의 사후검증방법들은 실험설계행렬에서 외곽평균들의 차이를 검증하기 위한 방법들이며, 실험설계행렬의 내부평균 혹은 셀 평균들의 차이를 검증하기 위한 것이 아니다. 반면에 상호작용효과는 셀 평균들의 양상에 의해 결정된

다. 그러나 상호작용효과는 셀 평균들의 단순한 차이를 의미하는 것이 아니고, 셀 평균들의 차이의 차이를 의미한다. 평균들의 차이의 차이에 대한 통계적 유의미도를 판단하는 사후검증방법은 존재하지 않는다.

흔히 상호작용효과가 유의미한 경우, 셀 평균들의 차이를 통계적으로 사후검증하고, 그 검증결과를 주관적으로 해석하여 상호작용효과를 파악하고자 시도하는 경우가 많다. 예를 들어, 상호작용효과가 유의미한 경우 Scheffè 검증이나 Tukey 검증을 이용하여 $\bar{Y}_{21}-\bar{Y}_{22}$ 의 차이를 검증하고, $\bar{Y}_{11}-\bar{Y}_{12}$ 의 차이를 검증한 후, 그 두 개의 검증결과의 차이를 주관적으로 파악하여 상호작용효과의 양태를 해석하는 것이다. 그런데 이러한 임의적인 관행은 세 가지의 중요한 사실을 간과하는 잘못된 관행이다.

첫째로, 앞서 언급한 바와 같이 Scheffè 검증과 Tukey 검증 등의 사후검증방법들은 실험설계행렬에서 외곽평균들의 차이를 검증하기 위한 방법들이며, 실험설계행렬의 내부평균 혹은 셀 평균들의 차이를 검증하기 위한 것이 아니다 (일원변량분석의 경우에는 외곽평균과 셀 평균이 동일하므로 마치 셀 평균 사이의 차이를 검증하는 듯이 보인다. 그러나 일원변량분석의 경우에도 사후검증은 원칙적으로 외곽평균들 사이의 차이에 대한 검증이다). 독립변인이 두 개 이상일 때 셀 평균들의 차이를 검증하기 위하여 Scheffè 검증 혹은 Tukey 검증을 사용하는 경우에 제 1 종 오류를 범할 확률이 어떻게 설정되는지에 대한 확고한 근거가 설정된 바 없다.

둘째로, 이원변량분석에서 $\bar{Y}_{21}-\bar{Y}_{22}$, $\bar{Y}_{11}-\bar{Y}_{12}$, $\bar{Y}_{11}-\bar{Y}_{21}$, $\bar{Y}_{12}-\bar{Y}_{22}$ 의 차이들을 파악하는 것을 소위 '단순 주 효과 검증 (test of simple main effect)' 이라고 부른다. 그런데 이 단순 주 효과들은 상호작용효과의 일부분이 아니고, 주 효과와 상호작용 효과가 혼합된 것이다 (이것에 대한 증명은 Kirk, 1995 을 참고하라). 따라서 이 셀 평균 차이들을 통계적으로 검증한다고 하여도 그것이 반영하는 것은 요인의 주효과일 수도 있고, 상호작용효과일 수도 있으며, 둘 다일 수도 있다.

이원변량분석에서 셀 평균들의 차이를 Scheffè 검증 혹은 Tukey 검증하는 것은 단순 주 효과에 대한 검증을 Scheffè 검증 혹은 Tukey 검증이 설정하는 제 1 종 오류를 범할 확률에 의해 판단하는 것이다. 그런데 이 단순 주 효과들의 차이를 다시 주관적으로 파악하여 상호작용효과를 해석할 때는 판단오류의 확률에 대한 어떠한 논리적 근거도 존재하지 않는다. 다시 말해서 Scheffè 검증 혹은 Tukey 검증에 의해 단순 주 효과들을 파악한 후, 그 단순 주 효과들의 차이를 주관적으로 파악하여 상호작용효과를 해석하는 것은 얼핏 매우 과학적이고 엄격한 통계분석인 듯이 보이지만 사실은 셀 평균들의 그래프를 시각적으로 해석하는 것과 다를 것이 없는 비통계적인 방법이다.

셋째로, 셀 평균 차이 (단순 주 효과) 가 모두 유의미하지 않더라도 상호작용효과는 유의미할 수 있고, 그 반대도 성립한다. 예를 들어 다음과 같은 실험자료가 존재한다고 가정하자.

	a_1	a_2
b_1	$\bar{Y}_{11}=6.82$ $s_{11}=1.72$ $n_{11}=5$	$\bar{Y}_{21}=11.44$ $s_{21}=2.02$ $n_{21}=5$
b_2	$\bar{Y}_{12}=9.62$ $s_{12}=2.42$ $n_{12}=5$	$\bar{Y}_{22}=9.61$ $s_{22}=2.69$ $n_{22}=5$

변산원	자승합	df	평균자승	F
A	26.556	1	26.556	5.282*
B	1.153	1	1.153	.229
A×B	26.772	1	26.772	5.235*
집단내	80.438	16	5.027	
전체	134.918	19	7.101	

위의 경우는 상호작용효과는 유의미하지만, $\bar{Y}_{21}-\bar{Y}_{22}$ 의 차이와 $\bar{Y}_{11}-\bar{Y}_{12}$ 의 차이는 모두 유의미하지 않다 (이 셀 평균들의 차이는 사후검증방법들에 비하여 검증력이 월등히 높은 단순 t 검증을 하여도 유의미하지 않다). 상호작용효과는 유의미하지 않지만, $\bar{Y}_{21}-\bar{Y}_{22}$ 의 차이와 $\bar{Y}_{11}-\bar{Y}_{12}$ 의 차이는 모두 유의미한 예는 훨씬 쉽게 만들어 낼 수 있다. 이러한 경우들이 존재하는 이유는 상호작용효과가 단순한 셀 평균들의 차이를 의미하는 것이 아니고, 관계의 차이 혹은 차이의 차이를 의미하는 것이기 때문이다. 따라서 소위 단순주효과검증이라고 흔히 불리기도 하는 셀 평균간의 차이검증은 상호작용효과를 이해하는데 도움이 되지 않는다.

5-13.

변산원	자승합	자유도	평균자승	F	p
성별	31.250	1	31.250	0.781	0.390
전기충격	281.250	1	281.250	7.031	0.071
성별×전기충격	361.250	1	361.250	9.031	0.008
집단내	640.000	16	40.000		
전체	1313.750	19	69.145		

전기충격의 주 효과와 상호작용 효과를 해석하기 위하여 4 집단의 평균을 구해보면 다음과 같다.

	약한 전기충격	강한 전기충격	전체
남	6	-10	-2.0
여	0	1	0.5
전체	3.0	-4.5	-0.75

타인에게 본의 아니게 혹은 실수로 피해를 입힌 후, 피해자의 인격이나 성격 혹은 지능 등을 낮게 평가하는 경향은 남자에게서 두드러지게 나타나고, 여자들에서는 나타나지 않는 것으로 판단된다.

6-1. $SSB_{고립}$=162.000; $SSB_{보상}$=3.125; $SSB_{성별}$=24.500; $SSB_{고립\times보상}$=6.125; $SSB_{고립\times성별}$=8.000; $SSB_{보상\times성별}$=10.125; $SSB_{고립\times보상\times성별}$=3.125; SSW=18.500; SST=235.500

변산원	자승합	자유도	평균자승	F	p
고립	162.000	1	162.000	210.162	0.000
보상	3.125	1	3.125	4.054	0.055
성별	24.500	1	24.500	31.784	0.000
고립×보상	6.125	1	6.125	7.946	0.010
고립×성별	8.000	1	8.000	10.378	0.004
보상×성별	10.125	1	10.125	13.135	0.001
고립×보상×성별	3.125	1	3.125	4.054	0.055
집단내	18.500	24	0.771		
전체	235.500	31	7.597		

7-2.

변산원	자승합	자유도	평균자승	F	p
실험조건 (C)	297.548	5	59.510	8.129	<.01
피험자 (S)	1575.810	6	262.635		
C×S	219.619	30	7.321		
집단내	0	0	0		
전체	2092.976	41	51.048		

실험조건간의 평균차이가 통계적으로 유의미하므로 수작업의 효율성은 피로도에 따라 달라진다고 볼 수 있다.

7-3. 여섯 개 실험조건간의 변량-공변량 행렬은 다음과 같다.

	사전	2.5 mph	3.4 mph	4.2 mph	5.0 mph	사후
사전	43.571	41.690	38.524	35.571	40.905	43.690
2.5 mph	41.690	52.952	36.619	49.357	42.690	51.786
3.4 mph	38.524	36.619	43.952	32.357	46.690	42.119
4.2 mph	43.571	49.357	32.357	52.905	39.238	49.690
5.0 mph	40.905	42.690	46.690	39.238	50.905	47.357
사후	43.690	51.786	42.119	49.690	47.357	54.952

위의 변량-공변량 행렬에 준하여 c=6, $\overline{E}_{..}$=43.995, $\sum\sum E_{ij}^2$ =70883.482, $\overline{E}_D$=49.873, $\overline{E}_{.1}$=40.659, $\overline{E}_{.2}$=45.849, $\overline{E}_{.3}$=40.044, $\overline{E}_{.4}$=44.520, $\overline{E}_{.5}$=44.631, $\overline{E}_{.6}$=48.266 으로 산출된다. 이 지수들을 이용하여 산출된 합동대칭성 지수 ϵ 는 0.404 이다. 따라서 [연습문제 38 번] 의 '실험조건' 의 효과를 위한 F 의 임계치는 분모자유도가 30 이고 분자자유도가 5 가 아니라, 분모자유도 30×0.404=12.12, 분자자유도 5×0.404=2.08 에서 찾아져야 한다. 분모자유도 12 와 분자자유도 2 에서 α=0.05 수준의 임계치는 3.89 이고, α =0.01 수준의 임계치는 6.93 이다.

7-4. '검사종류' 를 두 개의 대비변인으로 코딩하되, C_1 은 WAIS 와 나머지 두 개의 검사를 비교하는 대비이고, C_2 는 WUMV 와 WSA 를 서로 비교하는 대비가 되도록 코딩한다. 세검사의 평균이 각각 11.17 (WAIS), 9.25 (WUMV), 7.33 (WSA) 이므로, 두 개의 대비는 각각 다음과 같이 계산된다.

$$\Psi_1 = (2)11.17 + (-1)9.25 + (-1)7.33 = 5.76$$

$$\Psi_2 = (0)11.17 + (1)9.25 + (-1)7.33 = 1.92$$

따라서 이 대비들의 자승합은 각각 $SSB_{\Psi 1} = \frac{12(5.76)^2}{6}$ =66.355, $SSB_{\Psi 2} = \frac{12(1.92)^2}{2}$ =22.118 이다. 그런데 합동대칭성 가정의 충족여부를 파악하기 위하여 3 검사들 사이의 변량-공변량 행렬을 구하면 다음과 같다.

	WAIS	WUMV	WSA
WAIS	9.242	7.409	5.758
WUMV	7.409	7.477	5.636
WSA	5.758	5.636	6.242

변량-공변량 지수들을 이용하여 ϵ 을 산출하는데 필요한 지수들을 계산하면 다음과 같다: c=3; $\bar{E}_{..}$=6.730; $\sum\sum E^2_{ij}$ =419.907; $\bar{E}_D$=7.654 $\bar{E}_{.1}$=7.470; $\bar{E}_{.2}$=6.841; $\bar{E}_{.3}$ =5.879. 이 지수들을 이용하여 계산된 ϵ 의 값은 0.849 이다. 그런데 검사들 간의 차이를 검증하기 위한 오차항은 검사요인과 피험자요인 사이의 상호작용 항이고, 이 상호작용항의 자유도는 22 이다. 따라서 검사들 간의 차이에 대한 전반적 검증이나, 검사들 사이의 차이로 이루어진 대비의 효과검증을 위하여 정해지는 F 임계치는 분모자유도가 0.849×22=18.679 혹은 19 에서 정해진다. 이상의 결과를 이용하여 변량분석표를 완성하면 다음과 같다.

변산원	자승합	자유도	평균자승	F	p
검사 (T)	88.473	2	44.237	31.917	<.01
C_1	66.355	1	66.355	47.875	<.01
C_2	22.118	1	22.118	15.958	<.01
피험자 (S)	222.083	11	20.189		
T×S	30.500	22	1.386		
집단내	0	0	0		
전체	341.056	35	9.744		

7-5. 우선, 합동대칭성 지수 ϵ 을 산출하기 위하여 네 개의 실험조건들 사이의 변량-공변량 행렬을 다음과 같이 산출하였다.

	a_1b_1	a_1b_2	a_2b_1	a_2b_2
a_1b_1	274.222	75.778	189.556	-117.667
a_1b_2	75.778	214.444	72.667	-113.000
a_2b_1	189.556	72.667	199.778	-105.111
a_2b_2	-117.667	-113.000	-105.111	120.222

c=4; $\bar{E}_{..}$ =50.8195; $\sum\sum E_{ij}^2$ =344782.8; $\bar{E}_D$ =202.1665; $\bar{E}_{.1}$ =105.472; $\bar{E}_{.2}$ =62.472; $\bar{E}_{.3}$ =89.223; $\bar{E}_{.4}$ =53.889. 이 지수들을 이용하여 산출된 합동대칭성 지수 ϵ 의 값은 0.683 이다. 요인 A 의 주 효과를 검증하기 위한 오차항은 요인 A 와 '조' 요인의 상호작용이고, 이 상호작용효과의 자유도는 9 이므로, F 임계치를 위한 분모자유도는 0.683×9=6.147 혹은 6 에서 결정되어야 한다. 분자자유도가 1 이고 분모자유도가 6 일 때 α=0.05 수준에서의 F 임계치는 5.99 이고, α=0.01 수준에서의 F 임계치는 13.75 이다. 요인 B 의 주 효과를 검증하기 위한 F 임계치와 AB 상호작용 효과을 검증하기 위한 F 임계치도 분자자유도와 분모자유도가 모두 동일하므로 요인 A 의 주 효과를 위한 임계치와 모두 동일하다.

변산원	자승합	자유도	평균자승	F	p
A	4000.000	1	4000.000	23.293	<.01
B	3610.000	1	3610.000	13.004	<.05
조	1829.500	9	203.278		
A×B	490.000	1	490.000	3.140	ns
A×조	1545.500	9	171.722		
B×조	2498.500	9	277.611		
A×B×조	1404.500	9	156.056		
집단내	0	0	0		
전체	15378.00	39	394.308		

8-1. 상호작용의 개념은 종속측정치에 대한 한 요인 (A) 의 효과가 다른 요인 (B) 의 각 수준에서 다르다는 것을 의미한다. 이 말은 요인 A 의 한 수준에 존재하는 요인 B 의 수준들과 요인 A 의 다른 수준에 존재하는 요인 B 의 수준들이 서로 다르면 의미가 없는 말이 된다. 더 구체적인 예를 들어보자. 치료자 1, 2, 3 이 모두 첫 번째 치료방법을 사용하여 치료한 결과 세 명의 치료자의 치료효과에 차이가 발견된 반면, 동일한 치료자 3 명이 두 번째 치료방법을 사용하여 치료한 환자들에서는 치료자간의 차이가 발견되지 않았다면, 치료자와 치료방법이 서로 상호작용한다고 말한다. 즉, 특정한 치료자와 특정한 치료방법이 결합하면 그 두 가지 요인의 합산적 효과 이외에 추가적인 상승효과가 있다는 것이다. 그런데 각 치료방법을 서로 다른 치료자들이 이용하는 둥지요인설계에서는 이러한 상호작용을 파악할 수 없게 된다.

8-2. 둥지 튼 요인의 특정한 수준에서의 평균과 전체평균의 차이는 둥지 튼 요인의 수준들 간의 편차와 둥지요인의 수준들 간의 편차가 합쳐진 편차이다. 따라서 순수하게 둥지 튼

요인의 수준들에 의해서 유발되는 평균차이는 둥지요인의 동일한 수준에 포함된 둥지 튼 요인의 수준평균들 사이에서 산출되어야 한다. 즉, $\bar{Y}_{ij}-\bar{Y}_{..}=(\bar{Y}_{ij}-\bar{Y}_{i.})+(\bar{Y}_{i.}-\bar{Y}_{..})$ 의 관계가 성립하므로 $\bar{Y}_{ij}-\bar{Y}_{..}$ 를 둥지 튼 요인의 순수한 효과라고 볼 수 없다. 둥지 튼 요인의 순수한 효과는 $\bar{Y}_{ij}-\bar{Y}_{i.}$ 이다.

9-1.

변산원	자승합	자유도	평균자승	F	p
영화 (A)	112.50	1	112.50	8.654	ns
상황 (B)	288.00	1	288.00	33.882	<.05
여대생 (S|A)	26.00	2	13.00	산출불능	
A×B	200.00	1	200.00	23.529	<.05
B×(S|A)	17.00	2	8.50	산출불능	
집단내	0	0	0		
전체	643.50	7	91.93		

영화와 상황의 상호작용효과를 해석하기 위하여 각 실험조건에서의 평균을 계산하면 다음과 같다.

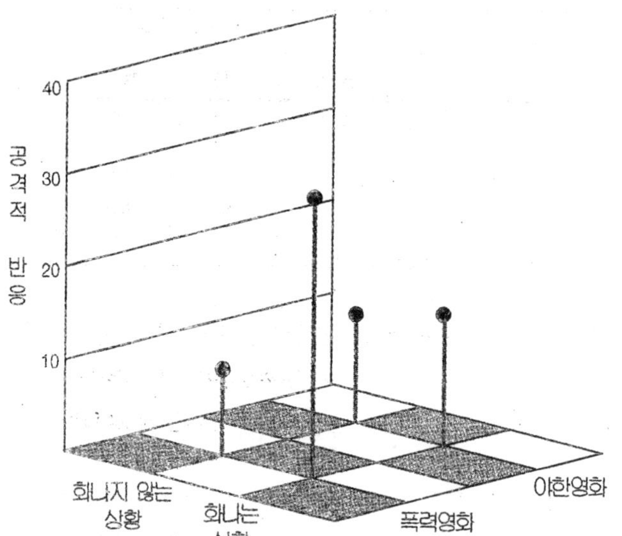

폭력영화를 관람한 여대생들은 분노를 유발하는 상황의 여부에 따라서 매우 다르게 반응하는 반면, 야한영화를 관람한 여대생들은 분노유발 상황에 대하여 크게 반응하지 않는 것으로 보인다. 다시 말해서 폭력영화의 관람은 분노유발 상황에서 공격성을 유발할 가능성이 높으나, 외설영화는 같은 상황에서 공격성을 유발하지 않는 것으로 보인다.

10-1.

변산원	자승합	자유도	평균자승	F	p
단어연관성	1607.440	4	401.860	7.365	<.01
인식속도	1223.840	4	305.960	5.608	<.01
피험자	306.640	4	76.660	1.405	ns
잔여	654.720	12	54.560		
전체	3792.640	24	158.027		

10-2. 첫째 이유는 다섯 개의 단어연관성 수준에 비하여 피험자의 수가 상대적으로 적다는 것이다. 둘째 이유는 피험자들의 고유한 인식속도를 효과적으로 통제해야할 필요가 있다는 것이다. 즉, 경제성과 오염변인의 통제가 주된 이유이다. 셋째 이유로는 단어연관성과 인식속도가 상호작용할 것으로 생각되지 않는다는 것이다. 예를 들어, 인식속도가 낮은 피험자들은 단어연관성이 높을수록 인식을 빨리 하고, 인식속도가 높은 피험자들은 단어연관성이 높을수록 인식을 느리게 할 것으로 예상되지는 않는다. 따라서 라틴스퀘어 설계를 사용해야하는 필요와 요건이 충족된다고 생각된다.

10-3. 단어연관성의 수준들에 대하여 다음과 같은 4 개의 직교대비들을 구성할 수 있다.

수준	1	2	3	4	5	Ψ	SSB_{Ψ}
평균	59.4	53.6	52.4	39.2	39.8		
C1	1/3	1/3	1/3	-1/2	-1/2	15.633	1466.344
C2	2	-1	-1	0	0	12.800	136.533
C3	0	1	-1	0	0	1.200	3.600
C4	0	0	0	1	-1	-0.600	0.900

위에 계산된 자승합들은 모두 자유도가 1 이므로 곧 평균자승이기도 하다. 따라서 그 자승합들을 위의 [연습문제 48 번] 에서 계산된 잔여의 평균자승으로 나누어주면 각 대비의 F 값이 산출된다. 그 결과에 준하여 단어연관성의 효과를 해석하면 된다.

10-4. 합산성 가정이 기각되면 요인들 간에 상호작용효과가 존재한다는 것을 의미한다. 그런데 순서효과를 제거하기 위한 라틴스퀘어 설계에서 상호작용효과란 한 요인의 수준들이 제시되는 순서에 따라 종속측정치의 값이 변화한다는 것을 의미한다. 이런 경우에는 연구자의 관심대상인 독립변인의 효과를 검증하기 위한 오차 (잔여) 에 상호작용효과가 혼합되어 공정한 효과검증이 불가능하게 된다.

10-5. n=1 인 경우, 5×5 보다 작은 라틴스퀘어 설계는 일반적으로 자유도가 지나치게 낮아지는 단점이 있다. 예를 들어 4×4 설계에서는 특정한 요인의 효과를 위한 분자자유도는 3 인 반면, 분모자유도 (잔여의 자유도) 는 6 에 불과하다. 잔여의 자유도가 작으면 잔여의 평균자승이 커지는 경향이 있고, 결과적으로 요인의 F 값이 작아질 수 있다. 또한 분모자유도가 작으면 요인의 효과검증을 위한 F 값의 임계치가 상당히 증가하여 통계적 검증력 (statistical power) 을 떨어뜨리는 결과를 초래하기 쉽다.

10-6.

변산원		자승합	자유도	평균자승	F	p
의욕고취방안		4.667	2	2.333	1.615	ns
기간		1.556	2	0.778	0.538	ns
활동다양성		5.556	2	2.778	1.923	ns
잔여		28.889	20	1.444		
	집단내	27.000	18	1.500		
	비합치	1.889	2	0.945		
전체		40.667	26	1.564		

$F^* = \frac{MSLF}{MSPE} = \frac{0.945}{1.500} = 0.63$. 0.63 은 분자자유도 2 와 분모자유도 18 의 임계치를 초과하지 않으므로 유의미하지 않다. 따라서 합산성 가정은 기각되지 않는다. 즉, 요인들 간의 상호작용효과는 없다고 판단된다.

11-4. a. $\sum (Y - \bar{Y})^2 = 1651.441$

b. $\hat{Y} = 6.751 + 0.762X$

c. $R^2 = 0.599$

d. 집단성을 종속변인으로, 지능지체성을 독립변인으로 하여 회귀분석을 하면 R^2=0.388 이 산출된다. 따라서 두변인 사이의 상관계수는 R=0.623 이다. 그런데 R^2 에 대한 F 값은 23.438 이고, 이것은 분자자유도 1 과 분모자유도 37 에서 유의미하다. 따라서 집단성과 지능지체성 사이의 상관계수가 모집단에서 0 이라는 영가설은 기각된다.

e. $s(b_1) = \sqrt{\frac{MSE}{\sum (X - \bar{X})^2}} = \sqrt{\frac{11.483}{1703}} = 0.082$

11-5. 군교도소집단을 0 으로, 일반부대집단을 1 로 코딩한 후, 범죄성을 종속변인으로, 소속 집단을 독립변인으로 설정하여 회귀방정식을 산출하면 $\hat{Y} = 18.444 - 5.635X$ 이 산출된다. 즉, 군교도소집단의 범죄성 평균이 18.444 이고, 두 집단의 범죄성 평균의 차이는 -5.635 이다. 따라서 일반부대집단의 범죄성 평균은 (18.444-5.635=12.809) 이다. 범죄성 평균의 차이 -5.635 에 대한 t 값은 -2.911 이며, 이것은 α=0.01 수준에서 유의미하다. 따라서 군교도소집단의 모집단이 일반부대집단의 모집단보다 높은 범죄성 평균을 가질 것으로 추론된다.

12-1. a. $\hat{Y}$ =6.354+0.160(집단성)+0.699(지체성)

b.

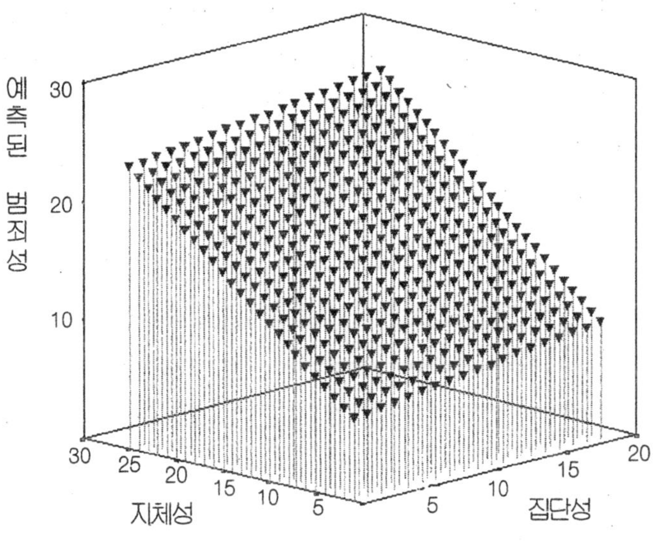

c. R^2=0.606, F=27.671, p<.01

d. 집단성만을 독립변인으로 지정하여 회귀모형을 산출하면 $\hat{Y} = 9.520 + 0.841X$ 이고, 이 모형의 결정계수는 R^2=0.298 이다. 반면에 지체성만을 독립변인으로 지정하여 회귀모형을 산출하면 $\hat{Y} = 6.751 + 0.762X$ 이고, 이 모형의 결정계수는 R^2=0.599 이다. 따라서 지체성과 범죄성 사이의 준여과상관자승은 0.606- 0.298 = 0.308 이고, 집단성과 범죄성 사이의 준여과상관자승은 0.606-0.599 = 0.007 이다.

e. 두 개의 독립변인 집단성과 지체성 사이의 상관계수는 다중공선성을 우려할 정도가 못되는 0.623 이다. 또한 전체 사례 중에 무작위로 5% 를 제거하고 중다회귀모형을 산출하고, 또 다시 전체 사례 중에 다른 5% 를 제거하고 중다회귀모형을 산출한 결과, 첫 번째 모형은 $\hat{Y}$ =6.270+0.225(집단성)+0.651(지체성) 으로 산출되었고, 두 번째 모형은 $\hat{Y}$ =6.406+0.156(집단성)+0.698(지체성) 로 산출되었다. 전체 사례를 이용한 모형과 무작위로 사례일부를 제거한 모형들의 기울기 계수들이 큰 차이를 보이지 않으므로 다중공선성이 크게 우려되지 않는 상황으로 판단된다.

f. 매개모형과 공통원인모형 중에서 어떤 모형이 더 타당한지의 판단은 순전히 이론적인 판단이다. 집단성은 가치관을 나타내는 변인이므로 후천적인 환경요인에 의해 좌우될 가능성이 높은 변인이다. 반면에 지체성은 유전적인 요인에 의해 어느 정도 결정될 가능성이 많고, 범죄성은 유전적인 요인과 환경적인 요인의 영향이 매우 불분명한 변인이라고 사료된다. 따라서 지체성이 다른 두 변인에 대한 공통원인으로 설정된 모형이나, 혹은 지체성이 범죄성을 유발하고, 범죄성이 집단성을 유발하는 매개모형 중에서 한 가지가 타당할 것으로 사료된다. 두 개의 모형 중에서 어떤 모형을 더 신뢰할 것인지의 여부는 관련연구들을 세심하게 검토하여 논리적으로 결정하여야 한다.

14-1. 우선 소속집단을 대비코딩하기 위하여 군교도소집단을 -1 로, 일반부대집단을 1 로 코딩한다. 대비코딩된 소속집단을 x_1 으로 표기하자. 다음으로 집단성을 센터링하기 위하여 각 사례의 집단성 점수에서 집단성의 전체평균 7.00 을 빼주어 집단성의 편차점수를 산출한다. 집단성의 편차점수를 x_2 로 표기한다. 세 번째로 x_1 과 x_2 를 곱해주어 상호작용 항 x_{12} 를 만든다. 이상 세 개의 독립변인을 포함하는 full 모형은 $\hat{Y} = 10.491 - 2.048x_1 + 0.769x_2 + 0.297x_{12}$ 로 산출되고, 이 full 모형의 R^2 는 0.427 이다. 그 다음으로 상호작용 항이 제거된 reduced 모형을 산출하면 $\hat{Y} = 10.515 - 2.072x_1 + 0.722x_2$ 이고, 이 reduced 모형의 R^2 는 0.392 이다. 두 모형의 R^2 차이는 상호작용효과이고, 이 차이에 대한 F 값은 $F = \frac{(0.427 - 0.392)/1}{(1 - 0.427)/35} = 2.138$ 이다. 이 F 값은 분자자유도 1 과 분모자유도 35 일 때의 임계치 4.12 초과하지 않으므로 범죄성에 대한 집단성과 소속집단의 상호작용효과는 유의미하지 않다. 따라서, 결론적으로, 집단성과 범죄성의 상관관계는 군교도소집단과 일반부대집단에서 동일하다고 판단된다.

15-1. 두 개의 범주변인에 의하여 아홉 개의 조건들이 구성되므로 여덟 개의 직교대비변인들이 다음과 같이 구성될 수 있다.

유아기 애착유형	성인기 애착유형	유아기 애착유형의 주 효과		성인기 애착유형의 주 효과		상호작용 효과			
		C_1	C_2	C_3	C_4	C_5	C_6	C_7	C_8
안전애착	안전애착	1	1	1	1	1	1	1	1
안전애착	불안애착	1	1	1	-1	1	-1	1	-1
안전애착	회피애착	1	1	-2	0	-2	0	-2	0
불안애착	안전애착	1	-1	1	1	1	1	-1	-1
불안애착	불안애착	1	-1	1	-1	1	-1	-1	1
불안애착	회피애착	1	-1	-2	0	-2	0	2	0
회피애착	안전애착	-2	0	1	1	-2	-2	0	0
회피애착	불안애착	-2	0	1	-1	-2	2	0	0
회피애착	회피애착	-2	0	-2	0	4	0	0	0

불안감 점수를 종속변인으로 하여 다음과 같은 4 개의 중다회귀모형을 검증한다.

모형	R^2
$\hat{Y} = b_0 + b_1C_1 + b_2C_2 + b_3C_3 + b_4C_4 + b_5C_5 + b_6C_6 + b_7C_7 + b_8C_8$	$R^2_{12345678}$ =0.915
$\hat{Y} = b_0 + b_1C_1 + b_2C_2 + b_3C_3 + b_4C_4$	R^2_{1234} =0.660
$\hat{Y} = b_0 + b_1C_1 + b_2C_2$	R^2_{12} =0.219
$\hat{Y} = b_0 + b_3C_3 + b_4C_4$	R^2_{34} =0.441

$R^2_{12345678} - R^2_{1234} = 0.915 - 0.660 = 0.255$ 는 상호작용효과에 의해 설명되는 종속변인 변산의 비율이다. 따라서 상호작용효과의 유의미도를 위한 F 는 $\frac{(R^2_{12345678} - R^2_{1234})/(8-4)}{(1-R^2_{12345678})/(18-8-1)} = 6.75$ 이고, 이것은 분자자유도 4 와 분모자유도 9, 그리고 α=0.01 수준에서 유의미하다.

$R^2_{1234} - R^2_{34} = 0.660 - 0.441 = 0.219$ 는 유아기 애착유형의 주 효과에 의해 설명되는 종속변인 변산의 비율이다. 따라서 유아기 애착유형의 주 효과를 위한 F 는 $\frac{(R^2_{1234} - R^2_{34})/(4-2)}{(1-R^2_{12345678})/(18-8-1)} = 11.595$ 이고, 이것은 분자자유도 2 와 분모자유도 9, 그

리고 α=0.01 수준에서 유의미하다.

$R^2_{1234} - R^2_{12} = 0.660 - 0.219 = 0.441$ 는 성인기 애착유형의 주 효과에 의해 설명되는 종속변인 변산의 비율이다. 따라서 성인기 애착유형의 주 효과를 위한 F 는 $\frac{(R^2_{1234} - R^2_{12})/(4-2)}{(1-R^2_{12345678})/(18-8-1)} = 23.348$ 이고, 이것은 분자자유도 2 와 분모자유도 9, 그리고 α=0.01 수준에서 유의미하다.

모든 주 효과와 상호작용 효과가 유의미하므로, 이 효과들을 해석하기 위하여 full 모형의 회귀계수들을 검토한다. full 모형의 회귀계수들은 다음과 같다.

$$\hat{Y} = 11.056 - 0.972C_1 - 1.917C_2 + 1.361C_3 - 2.750C_4 - 1.069C_5 + 0.375C_6 + 0.292C_7 + 0.625C_8$$

이 회귀계수들 중 b_1, b_2, b_3, b_4, b_5 이 유의미하다. 그중 최상위의 효과인 b_5 의 의미를 해석하기 위하여 C_5 의 코딩 값을 살펴볼 필요가 있다. C_5 의 코딩 값을 주의깊게 살펴보면, 유아기 애착유형 중 안전애착과 불안애착에서 성인기 애착유형에 대한 코딩 값들이 동일 (1, 1, -2) 하고, 유아기의 회피애착에서는 성인기 애착유형에 대한 코딩 (-2, -2, 4) 이 유아기의 나머지 두 유형에서의 코딩과 다르다는 것을 알 수 있다. 따라서 b_5 가 유의미한 것은 성인기의 애착유형에 따른 불안감 차이가 유아기에 안전애착된 사람들과 불안애착된 사람들에서는 동일하고, 유아기에 회피애착된 사람에서는 유아기의 다른 두 유형에서와 달라진다는 것을 의미한다.

15-2. 네 개의 집단을 아래와 같이 대비코딩, 참조코딩, 효과코딩할 수 있다. 물론 아래에 제시된 코딩계수들은 예에 지나지 않는다. 연구자의 분석목적에 따라서 다른 계수들을 이용하여 집단변인을 각종 코딩방식으로 변환할 수 있다.

집단	대비코딩			참조코딩			효과코딩		
	C_1	C_2	C_3	D_1	D_2	D_3	E_1	E_2	E_3
초강력계 형사	1	1	0	1	0	0	1	0	0
희대의 범죄자	1	-1	0	0	1	0	0	1	0
얌전한 대학생	-1	0	1	0	0	1	0	0	1
관음증 젊은이	-1	0	-1	0	0	0	-1	-1	-1

각각의 코딩방식을 이용하여 폭력성 점수를 예측하는 세 개의 중다회귀모형을 검증한 결과는 다음과 같다.

	대비코딩			참조코딩			효과코딩		
	C_1	C_2	C_3	D_1	D_2	D_3	E_1	E_2	E_3
b 계수	12.950	-0.500	1.000	26.400	27.400	2.000	12.450	13.450	-11.950
t	7.77**	-0.21	0.42	5.60**	5.81**	0.42	4.31**	4.66**	-4.14**
R^2	0.791			0.791			0.791		
모형 F	20.174**			20.174**			20.174**		

어떤 코딩방식을 사용하건 모형합치도 (R^2 와 모형 F) 는 동일하게 산출된다. 이것은 당연한 것으로서 코딩방식에 상관없이 동일한 범주변인 (집단) 의 효과에 의해 모형합치도가 결정되기 때문이다. 폭력성의 변산 중 4 개의 집단에 의해 설명되는 비율은 약 79% 이고, 이것은 통계적으로 유의미하다 (F=20.174). 집단의 효과가 유의미하다는 것은 폭력성 점수에서 집단간의 평균차이가 존재한다는 것으로서 변량분석의 전반적 검증 (omnibus test) 과 동일한 의미로 해석된다.

그러나 어떤 코딩방식을 채택하는가에 따라서 기울기 계수들은 달라진다. 따라서 범주독립변인을 대비코딩할 것인지, 무의미코딩을 할 것인지, 아니면 효과코딩을 할 것인지는 연구자가 어떤 종류의 기울기 계수를 원하는가에 따라 결정되어야한다. 각 코딩방식을 채택하는 경우, 기울기계수들의 의미는 다음과 같다.

여기에서 채택된 대비코딩에서 첫 번째 대비변인인 C_1 의 기울기 계수는 형사집단과 범죄자집단을 합한 집단과 대학생집단과 젊은이 집단을 합한 집단의 평균차이를 반영한다 (정확하게는 평균차이의 1/2). 이 평균차이에 대한 t 값은 7.77 로서 α=0.01 수준에서 유의미하다. C_2 의 기울기 계수는 형사집단과 범죄자집단의 평균차이를 반영한다 (정확하게는 평균차이의 1/2). 이 평균차이는 유의미하지 않다. C_3 의 기울기 계수는 대학생집단과 젊은이 집단의 평균차이를 반영한다 (정확하게는 평균차이의 1/2). 이 평균차이 또한 유의미하지 않다.

무의미코딩을 채택한 경우에는 D_1 의 기울기 계수 26.400 은 형사집단과 참조집단 (관음증 젊은이) 의 평균차이다. 이 평균차이는 유의미하다. D_2 의 기울기 계수 27.400 은 범죄자집단과 참조집단의 평균차이다. 이 평균차이 또한 유의미하다. D_3 의 기울기 계수 2.000 은 대학생집단과 참조집단의 평균차이다. 이 평균차이는 유의미하지 않다. 효과코딩을 채택한 경우에는 E_1 의 기울기 계수 12.450 은 형사집단과 전체평균의 차이다. 이 차이는 유의미하다. E_2 의 기울기 계수 13.450 은 범죄자집단과 전체평균의 차이다. 이 차이 또한 유의미하다. E_3 의 기울기 계수 -11.950 은 대학생집단과 전체평균의 차이다. 이 차이 또한 유의미하다.

16-1. 다항회귀모형을 검증하기 위하여 우선 각 사례의 연령 (X) 에서 연령평균을 빼어서 연령의 편차점수 (x) 를 각 사례에 대하여 산출한다. 그런 후, 연령의 편차점수 (x) 를 자승하여 곡선형 항 (x^2) 을 만들어준다. x 와 x^2 을 독립변인으로 가지는 다항회귀모형을 산출하면 다음과 같다.

$$\hat{Y} = 14.969 + 1.996x - 0.808x^2;\ R^2 = 0.835$$

위의 다항회귀모형에서 산출된 b_1 (1.996) 에 대한 t 값은 7.502 이고, 이 t 값은 α =0.01 에서 유의미하다. 또한 b_2 (-0.808) 에 대한 t 값은 -4.437 이고, 이 t 값 또한 α =0.01 에서 유의미하다. 따라서 연령과 동작성 지능의 관계는 점차적으로 증가추세가 둔화되는 단조형이라고 사료된다.

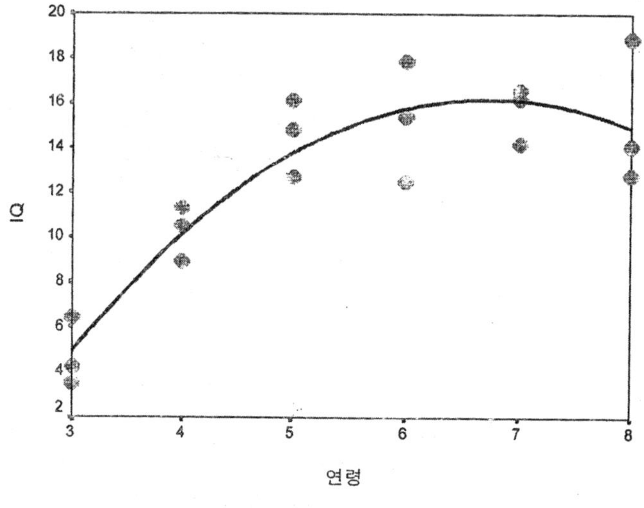

직교다항모형을 검증하기 위하여 연령을 다음과 같이 직선대비와 곡선대비로 코딩하였다.

	연령					
	3 세	4 세	5 세	6 세	7 세	8 세
직선대비 (C_1)	-5	-3	-1	1	3	5
곡선대비 (C_2)	-5	1	4	4	1	-5

두 개의 직교대비를 이용하여 직교다항모형을 검증한 결과 다음과 같은 모형이 산출되었다.

$\hat{Y} = 12.611 + 0.998C_1 + 0.539C_2$; $R^2 = 0.835$

위의 직교다항모형에서 산출된 b_1 (0.998) 에 대한 t 값은 7.502 이고, 이 t 값은 α =0.01 에서 유의미하다. 또한 b_2 (0.539) 에 대한 t 값은 -4.437 이고, 이 t 값 또한 α =0.01 에서 유의미하다. 따라서 다항회귀모형에서와 마찬가지로 연령과 동작성 지능의 관계는 점차적으로 증가추세가 둔화되는 단조형이라고 사료된다.

다항회귀모형과 직교다항모형은 언제나 동일한 결론을 도출한다. 또한 두 모형은 모형합치도 (R^2) 도 동일하고, 회귀계수들에 대한 t 값도 동일하다. 두 모형은 동일한 곡선형 관계모형을 검증하는 서로 다른 방식에 지나지 않는다.

17-2.

```
data list free/ drink normal freq.
value labels normal 1 'abnormal' 0 'normal'.
weight by freq.
begin data
0 0 17066
0 1 48
1 0 14464
1 1 38
2 0 788
2 1 5
4 0 126
4 1 1
6 0 37
6 1 1
end data.
logistic regression var normal
 /method=enter drink.
```

위의 SPSS 프로그램을 실행하면 다음과 같은 로지스틱 회귀모형이 산출된다.

예측된 logit = -5.9921 + 0.2404(DRINK)

Null-모형의 카이자승과 위의 모형의 카이자승의 차이는 2.534 이고, 이 차이 카이자승은 자유도 1 에서 유의미하지 않다. 즉, 음주량에 의해 기형아 출산을 예측하는 것은 음주에 관한 정보 없이 예측하는 것에 비하여 의미 있는 차이를 유발하지 않는다는 것이다. 위의 로지스틱 회귀모형을 기형비율을 예측하는 모형으로 전환하면 다음과 같다.

$$\hat{P}_{기형} = \frac{1}{1 + e^{-[-5.9921 + 0.2404(DRINK)]}}$$

따라서 임신초기에 하루평균 다섯 잔의 술을 마시는 임산부가 기형아를 생산할 확률은 다음과 같다.

$$\hat{P}_{기형} = \frac{1}{1 + e^{-[-5.9921 + 0.2404(5)]}} = 0.00824$$

18-1. 사전검사에서 두 집단의 평균이 동일하지 않다는 전제하에, 사후검사에서의 조정 전 처치집단 평균과 조정 전 통제집단 평균의 차이가 두 집단의 회귀선의 절편차이보다 작을 때는 언제나 조정평균의 차이가 원래 평균차이보다 커진다. 예를 들면 다음과 같은 상황이다.

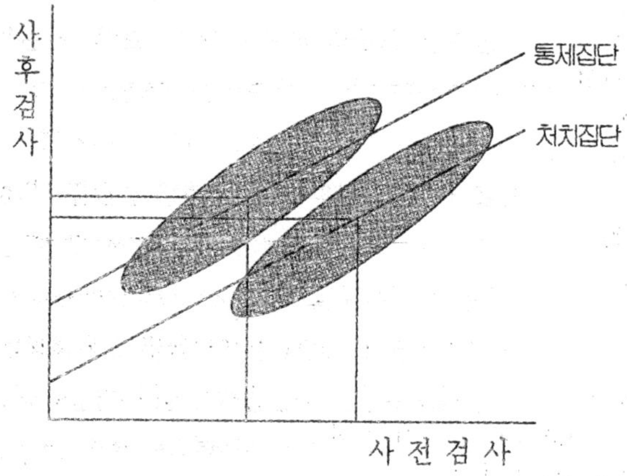

두 집단의 사전검사 평균이 동일해지도록 각 집단의 산포를 회귀선을 따라 이동시키면 사후검사의 조정평균에서 두 집단의 차이가 더 확대된다. 이것은 두 집단의 회귀선 절편의 차이와 사후검사에서의 평균차이를 비교해보면 극명하게 드러난다. 사후검사에서의 조정평균의 차이는 바로 두 개의 회귀선의 절편차이다. 위의 그림을 보면 사후검사에서 두 집단의 절편차이가 평균차이보다 크다는 것을 알 수 있다.

18-3. 학교평점과 영어점수, 그리고 매너가 동일한데도 불구하고 남녀간에 면접점수의 차이가 존재하는지를 검증하기 위하여 '성별' 을 0 (남자) 과 1 (여자) 로 재코딩한 후, 다음과 같은 세 개의 중다회귀모형을 검증한다.

$\hat{Y}$면접=b_0+b_1(성별)+b_2(영어)+b_3(평점)+b_4(매너)+b_5(성별×영어)+b_6(성별×평점)
+b_7(성별×매너)

$\hat{Y}$면접=b_0+b_1(성별)+b_2(영어)+b_3(평점)+b_4(매너)

$\hat{Y}$면접=b_0+b_2(영어)+b_3(평점)+b_4(매너)

첫 번째 모형은 상호작용 항들을 포함하지만, 그 모형을 검증하는 목적은 R^2 를 산출하기 위함이고 기울기계수는 용도가 없으므로 독립변인들을 굳이 센터링할 필요가 없다. 첫 번째 모형에서 산출된 결정계수 R_1^2 는 0.941, 두 번째 모형에서 산출된 결정계수 R_2^2 는 0.921, 세 번째 모형에서 산출된 결정계수 R_3^2 는 0.853 이었다. R_1^2 와 R_2^2 의 차이는 반응표면의 평행성 가정의 충족여부를 판단하는데 이용된다.

$$F = \frac{(R_1^2 - R_2^2)/(k_1 - k_2)}{(1 - R_1^2)/(N - k_1 - 1)} = \frac{(0.941 - 0.921)/(7-4)}{(1 - 0.941)/(30 - 7 - 1)} = 2.486$$

이 F 값은 분자자유도 3 과 분모자유도 22 에서 유의미하지 않다. 따라서 반응표면의 평행성 가정은 기각되지 않고, 공변량분석을 위한 가정이 충족된다.

두 번째 모형과 세 번째 모형의 합치도 차이는 공변인들이 모두 통제된 성별효과를 반영한다. 즉, 학교평점과 영어점수, 그리고 매너가 동일한데도 불구하고 남녀간에 면접점수의 차이가 존재하면 두 번째 모형과 세 번째 모형에서 산출된 결정계수의 차이가 유의미할 것이다.

$$F = \frac{(R_2^2 - R_3^2)/(k_2 - k_3)}{(1 - R_2^2)/(N - k_2 - 1)} = \frac{(0.921 - 0.853)/(4-3)}{(1 - 0.921)/(30 - 4 - 1)} = 21.519$$

이 F 값은 분자자유도 1 과 분모자유도 25, 그리고 α=0.01 수준에서 유의미하다. 따라서 학교평점과 영어점수, 그리고 매너가 동일한데도 불구하고 남녀간에 면접점수의 차이가 존재한다고 사료되며, 결론적으로 성차별이 존재한다.

이 결론을 좀더 명확히 확인하기 위하여 남자집단과 여자집단에서의 면접점수의 조정평균 차이를 검토할 필요가 있다. 두 번째 모형에서 산출된 '성별' 의 기울기 계수가 바로 이 조정평균의 차이다.

$\hat{Y}$면접=-1.841-1.017(성별)+0.098(영어)+0.516(평점)+0.007(매너)

즉, 남녀집단에서의 면접점수의 조정평균 차이는 -1.017 이다. 그런데 '성별' 이 남자는 0, 여자는 1 로 코딩된 변인이므로 결국 여자집단의 조정평균이 남자집단의 조정평균보다 1.017 만큼 낮다는 것을 알 수 있다.

찾아보기

가부 반응변인 385
가외변인 20
가중 합 94
가중평균 72
감마함수 51
결측치 87
경로계수 328
경로모형 325
경향분석 94, 378
경험적인 F 79
계승 51
계획된 비교 93
고정 X 293
고정모형 131
곡선형 관계 374
공변량 275
공변량분석 415
공변성 14
공변인 299, 415
공선성 318
공통원인모형 320
관찰 16
관찰의 독립성 가정 50
교차균형화 설계 257
교차균형화 177
교차요인설계 21
구인 342
구조방정식모형 332
구조적 영 401
구획분할 교차요인설계 204, 227
균일분포 291
균형화 설계 257
기각가능성 36
기울기 271
기저선 416

내생변인 326

다듬은 집단평균 56
다중공선성 318
다중범위검증 111
다중비교 93
다항 로지스틱 회귀모형 409
다항분포 386
다항회귀모형 374
단순 주 효과검증 141
단순상관계수 316
단순회귀분석 265
단위 43
단조형 관계 376
대비 94
대비분석 94, 97
대비의 자승합 98
대비코딩 335, 345
대수평균 72
독립변인 18
독립성 모형 406
독립성 187
독립적 336
독립집단 t 검증 296
독립집단설계 25
동일 사례 수 가정 83
둥지요인설계 21, 209
둥지튼 요인 23, 209

라틴스퀘어 설계 23, 178, 243
로지스틱 중다회귀분석 409
로지스틱 확률단위 392
로지스틱 회귀모형 385
로지스틱 회귀분석 266
로짓 분석 385
로짓 연결함수 391

로짓 392
로짓변량 400

매개모형 320
매개변인 330
매칭 26
모수 266
모수의 선형성 373
모수추정치 42
모집단 효과크기의 추정치 68
모형 269
무선모형 132
무선오차 변산 30
무선오차 44
무선적 영 401
무선할당 24
밀도 50
밀도함수식 50

반복측정설계 25, 85, 176
반응변인 20
반응표면 300
반응함수 300
범람효과 177
범위 내 예측 277
범위 외 예측 277
범위 통계치 108
범주변인 19, 266
변량 40, 275
변량분석 13
변량의 기댓값 41
변량의 동질성 가정 49
변량의 동질성 187
변산성 30
변수 269
변인 18
변인의 선형성 373
부가가치 121
분류변인 18
불균형 교차요인설계 357
비독립집단설계 26
비선형변환 396
비직선형 관계 374
비편중 추정치 41, 277
비합치 변산 252
빈 모형 406

사전검사 416
사전검증 347
사전비교 93
사후검사 417
사후검증 347
사후비교 93
산포도 38
삼원교차요인설계 160
삼원변량분석 159
삼원상호작용 효과 159
상관계수 68
상징적 미분 306
상호작용효과 119, 335
상호작용 효과모형 337
선형관계 265
선형모형 373
선형변환 269
선형조합 201
성분점수 201
성향 399
센터링 336
셀 120
수정된 281
수정된-t 분포 114
수준 19
수학적 필연 48
순서효과 177
순수한 오차 252
순차곱셈 51
순차교차 설계 257
순차교환 설계 257
순차효과 177
승산 392
승수변환 88
승적다항분포 386
시계열 분석 290
시너지 효과 121
신뢰도 16
실험 13
실험설계 13
실험조건 22

역 베타 분포 48
역치 404
연결함수 386
연속변인 20, 266
연습효과 25, 177
영 가설 79
영 빈도 400
예측되는 변인 266
예측오차 269
예측하는 변인 266
오염변인 20
오자이브 399
옴니버스 검증 93
외생변인 326
요인 19
요인설계 22
우도비 카이자승 406
우도함수 402

원점 331
위계분석 316
위계설계 209
유목변인 19
유형-I 자승합 359
이요인 반복측정설계 195
이요인 실험설계 19
이원 교차요인 설계 120
이원 요인설계 120
이원변량분석 119
이항분포 386
인과관계 14
인과관계모형 325
일반선형회귀모형 302
일요인 실험설계 19
일요일 반복측정설계 178
임계치 54

자동 상관 290
자승합 32
자연로그 393
자연상수 393
자유도 33
전반적 검증 93
전이효과 25
전체편차 47
전체평균으로부터의 편차 47
절약의 원칙 300
절편 271
정규 확률도표 84
정규성 가정 49
정규성 187
정보 42
정보의 양 42
제 1 종 오류 55

조건 22
조건부 정규성 가정 291
조작 16
조정평균 419
조화평균 111
종속변인 20
종속측정치 20
주 효과 119
주 효과모형 337
준여과상관 313
준여과상관자승 313
중다상관 310
중다회귀모형 299
중심극한법칙 73
직교다항모형 374
직교대비 96
직교대비분석 97
직교적 335
직접적 효과 314
질적 변인 19
집단간 편차 47
집단내 편차 47
짝짓기설계 26, 85

차원 31
차이 카이자승 406
참조집단 348
참조코딩 345
처치 16
처치변인 18
최대우도추정방법 400
최소자승 방법에 의한 표준 방정식 306
최소자승화 기준 273
최소자승화 방법 273
최소자승화 추정치 274

최소자승화 268
최소편차자승합 37
추정치의 표준오차 287
측정 16
측정변인 20
측정오차 250

타당도 16
통계적 분석 17
통제 17
통제적 검증력 88
통제조건 113

편차분해 47
편차점수 31, 336
편포 57
평균으로부터의 편차 31
평균의 표준오차 72
평균자승 40, 282
폐해변인 20
표준점수 43
표준편차 42
표준화된 회귀계수 270
표집오차 78, 250, 277
프로빗 분석 385
프로빗 연결함수 391
프로빗 395
피로효과 25
피어슨 상관계수 280
피어슨 적률상관 68
피험자간 설계 27
피험자간 요인 설계 177
피험자내 설계 27
피험자내 요인 설계 176

합동대칭성 지수 192

합동대칭성 187
합산성 250
합치도 269
현장통제 175
혼합모형 132
혼합설계 228
확률단위 395
회귀계수 270
회귀분석 19
회귀분석에 의한 변량분석 296
회귀선 기울기의 동일성 420
효과 30, 44
효과코딩 345
효과크기 30, 314

α 55
Bonferroni 검증 106
centering 32
Circularity 가정 190
co-relation 265
correlation coefficient 265
determinant 318
df 65
Duncan 검증 108
Dunn 검증 107
Dunnett 검증 113
Durbin-Watson 검증 290
F 검증 80
F 분포 48
F 통계치 49
F 49

F-분포 30
Fisher 의 LSD 검증 114
HSD 110
Levene 의 변량동질성 검증 56
Newman-Keuls 검증 108
p 81
P-P 도표 84
Scheffè 검증 115
singular matrix 319
Sphericity 가정 190
student-t 114
Tukey 검증 108, 110
Tukey 의 합산성 검증 250
Wald 통계치 407

저자약력

박광배는 중앙대학교 법과대학을 졸업하고 미국 일리노이 주립대학(시카고)에서 심리학으로 석사와 박사학위(1989년)를 받았다. 학위과정에서는 Dr. Harry S. Upshaw의 지도 아래 심리측정 및 연구방법론을 전공하였으며, 충북대학교 심리학과에서 재직하는 동안 주로 연구방법론 분야의 강의를 맡아오고 있다. 심리학의 내용 분야에서는 법심리학에 지대한 관심을 가지고 있고, 1999년부터는 미국 Wiley 출판사에서 발간되는 학술지 "Behavioral Sciences & the Law"의 국제판 편집장(international editor)을 맡고 있다. 지금까지 "빈도분석"과 "법심리학", "변다변량분석", "다차원척도법" 등의 저서를 출판하였다.

[개정판]
변량분석과 회귀분석

1999년 6월 24일 1판 1쇄 발행
2003년 4월 25일 2판 1쇄 발행
2020년 4월 20일 2판 11쇄 발행

지은이 • 박 광 배
펴낸이 • 김 진 환
펴낸곳 • (주) 학지사
04031 서울특별시 마포구 양화로 15길 20 마인드윌드빌딩 5층
대표전화 • 02) 330-5114　팩스 • 02) 324-2345
등록번호 • 제313-2006-000265호
홈페이지 • http://www.hakjisa.co.kr
페이스북 • https://www.facebook.com/hakjisabook

ISBN 978-89-7548-856-6 93310

정가 18,000원

저자와의 협약으로 인지는 생략합니다.
파본은 구입처에서 교환하여 드립니다.